Kauderwelsch plus
Band 35

© David Harding@Fotolia.com

Wegweiser in Stettin

Impressum

Kauderwelsch plus

Bob Ordish

Polnisch – Wort für Wort
plus
Wörterbuch Polnisch

erschienen im
REISE KNOW-HOW Verlag Peter Rump GmbH
Osnabrücker Str. 79, D-33649 Bielefeld
info@reise-know-how.de

1. Auflage 2013

Wörterbuch © 2013 LINGEA s.r.o., Brünn, Tschechische Republik
Bearbeitung Josef Overberg, Oliver A. Iggesen
Layout Claudia Schmidt
Layout-Konzept Günter Pawlak, FaktorZwo! Bielefeld
Umschlag Peter Rump (Foto: © jacek_kadaj@Fotolia.com)
Kartographie Iain Macneish
Fotos Gunda Urban (GU);
Fotografen@Fotolia.com (Nachweis am jeweiligen Foto)
Druck und Bindung Werbedruck GmbH Horst Schreckhase, Spangenberg

ISBN 978-3-89416-719-6
Printed in Germany

Dieses Buch ist erhältlich in jeder Buchhandlung Deutschlands, Österreichs, der Schweiz und der Benelux-Staaten. Bitte informieren Sie Ihren Buchhändler über folgende Bezugsadressen:

Deutschland Prolit GmbH, Postfach 9, 35461 Fernwald (Annerod) sowie alle Barsortimente
Schweiz AVA-buch 2000, Postfach 27, CH-8910 Affoltern
Österreich Mohr Morawa Buchvertrieb GmbH, Sulzengasse 2, A-1230 Wien
Belgien & Niederlande Willems Adventure, www.willemsadventure.nl

direkt Wer im Buchhandel kein Glück hat, bekommt unsere Bücher zuzüglich Porto- und Verpackungskosten auch direkt über unseren Internet-Shop: **www.reise-know-how.de**

Zu diesem Buch ist ein **AusspracheTrainer** erhältlich, auf **Audio-CD** in jeder Buchhandlung Deutschlands, Österreichs, der Schweiz und der Benelux-Staaten oder als **MP3-Download** unter **www.reise-know-how.de**

Der Verlag möchte die **Reihe Kauderwelsch** weiter ausbauen und **sucht Autoren!** Mehr Informationen finden Sie unter ***www.reise-know-how.de/rkh_mitarbeit.php***

Kauderwelsch plus

Bob Ordish

Polnisch

Wort für Wort

Wörterbuch Polnisch

ENERGIA ATOMOWA?
NIE, DZIĘKUJĘ!

Kauderwelsch-Sprechführer sind anders!

Warum? Weil sie Sie in die Lage versetzen, wirklich zu sprechen und die Leute zu verstehen.

Wie wird das gemacht? Abgesehen von dem, was jedes Sprachbuch bietet, nämlich Vokabeln, Beispielsätze usw., zeichnen sich die Bände der Kauderwelsch-Reihe durch folgende Besonderheiten aus:

Die **Grammatik** wird in einfacher Sprache so weit erklärt, dass es möglich wird, ohne viel Paukerei mit dem Sprechen zu beginnen, wenn auch nicht gerade druckreif.

Alle Beispielsätze werden doppelt ins Deutsche übertragen: zum einen **Wort-für-Wort**, zum anderen in „ordentliches" Hochdeutsch. So wird das fremde Sprachsystem sehr gut durchschaubar. Denn in einer fremden Sprache unterscheiden sich z. B. Satzbau und Ausdrucksweise recht stark vom Deutschen. Ohne diese Übersetzungsart ist es so gut wie unmöglich, schnell einzelne Wörter in einem Satz auszutauschen.

Unsere ganze Erfahrung als Reisende, Sprachpraktiker und Büchermacher sind in das Konzept **Wörterbuch** eingeflossen. Auf über 160 Seiten bieten wir Ihnen ca. 10.000 ausgewählte Vokabeln des Grund- und Aufbauwortschatzes speziell abgestimmt auf die Bedürfnisse des Reisenden und die Besonderheiten des polnischen Sprachraums.

Die **Autorinnen** und **Autoren** der Reihe sind Globetrotter, die die Sprache im Land selbst gelernt haben. Sie wissen daher genau, wie und was die Leute auf der Straße sprechen. Deren Ausdrucksweise ist nämlich häufig viel einfacher und direkter als z. B. die Sprache der Literatur oder des Fernsehens.

Besonders wichtig sind im Reiseland **Körpersprache**, **Gesten**, **Zeichen** und **Verhaltensregeln**, ohne die auch Sprachkundige kaum mit Menschen in guten Kontakt kommen. In allen Bänden der Kauderwelsch-Reihe wird darum besonders auf diese Art der nonverbalen Kommunikation eingegangen.

Kauderwelsch-Sprechführer sind keine Lehrbücher, aber viel mehr als Sprachführer! Wenn Sie ein wenig Zeit investieren und einige Vokabeln lernen, werden Sie mit ihrer Hilfe in kürzester Zeit schon Informationen bekommen und Erfahrungen machen, die „sprachlosen" Reisenden verborgen bleiben.

Inhalt

Konversation

Anhang

Danzig (Gdańsk), am Ufer der Mottlau (Motława)

Vorwort

Natürlich sprechen viele Polen Deutsch oder Englisch, und zwar wahrscheinlich besser, als Sie selbst Polnisch sprechen werden. Aber dies sollte Sie nicht davon abhalten, es trotzdem zu versuchen und dadurch ganz andere andere Möglichkeiten zu haben, um Land und Leute kennen zu lernen.

Es spielt keine Rolle, dass Sie grammatische Fehler machen werden. Lassen Sie sich dadurch nicht irritieren, denn hier ist der Hang zum Perfektionismus fehl am Platz. Ihr Versuch, sich ein bisschen in der Landessprache zu verständigen, wird sich auf jeden Fall lohnen. Die Menschen reagieren auf solche Bemühungen sehr positiv. Das, was Sie unterwegs erfahren werden, können Sie dann auch viel besser nachvollziehen. Wenn zwischen Reisenden und Touristen unterschieden wird, kann damit gleich bei den Sprachkenntnissen begonnen werden.

Schließlich können Sie den Menschen Ihres Reiselandes kein größeres Zeichen der Achtung entgegenbringen, als deren Sprache zu lernen und anzuwenden.

Viel Spaß beim Üben und Sprechen im Land!

Hinweise zur Benutzung

Der Kauderwelsch-Sprechführer besteht aus drei Teilen: aus der Grammatik, dem Konversationsteil und einer Wörterliste.

Grammatik

Die Grammatik beschränkt sich auf das Wesentliche und ist so einfach gehalten wie möglich. Deshalb sind auch nicht alle Ausnahmen und Unregelmäßigkeiten der Sprache erklärt. Sie können natürlich auch sofort mit dem Konversationsteil beginnen und die Grammatik zum Nachschlagen verwenden.

Konversation

In diesem Teil finden Sie Sätze aus dem Alltagsgespräch, die Ihnen einen ersten Eindruck davon vermitteln sollen, wie die polnische Sprache „funktioniert", und die Sie auf das vorbereiten sollen, was Sie später im Land hören werden. Hier geht es in erster Linie um die praktische Anwendung der Sprache in konkreten Situationen. Hintergrundinformationen über die Verhältnisse in Polen sind auch darin enthalten. Benutzen Sie die Beispielsätze auch als Fundus von Satzschablonen und -mustern, die Sie selbst Ihren Bedürfnissen anpassen.

Lautschrift

Damit Sie die Sätze sofort aussprechen können, ist unter dem polnischen Satz eine einfach ablesbare Lautschrift ergänzt, für die man keine Zusatzkenntnisse braucht.

Wort-für-Wort-Übersetzung

Die Wortreihenfolge des Polnischen können Sie anhand der Wort-für-Wort-Übersetzung nachvollziehen. Jedem polnischen Wort entspricht ein Wort in der Wort-für-Wort-Übersetzung. Wird ein polnisches Wort im Deutschen durch zwei Wörter wiedergegeben, sind diese durch einen Bindestrich verbunden.

Hören Sie sich Ausprachebeispiele mit Ihrem Smartphone an! Ausgewählte Kapitel im Konversationsteil sind dafür mit einem QR-Code ausgestattet.

Proszę bardzo.
proschä bardso
ich-bitte sehr
Bitte sehr.

Dziękuję.
dshjänkujä
ich-danke
Danke.

Erklärende Zusatzangaben, z. B. zur Beugung eines Wortes, stehen direkt nach einem Wort in Klammern.

Czytam książkę mojego brata.
tschytam kschjo^{ng}schkä mojägo brata
ich-lese Buch^{Akk} *meines*^{Gen} *Bruders*^{Gen}
Ich lese das Buch von meinem Bruder.

Nic nie było.
njitz njä byuo
nichts nicht es-war
Es ist nichts passiert.

Wörter, die man in einem Satz untereinander austauschen kann, werden durch Schrägstrich getrennt. Wörter, die im polnischen Beispielsatz in Klammern stehen, können entfallen.

(on / ona / ono) ma
(n / ona / ono) ma
er / sie / es hat

Mit Hilfe der Wort-für-Wort-Übersetzung können Sie die Beispielsätze leicht Ihren eigenen Bedürfnissen anpassen, auch wenn das Ergebnis nicht immer perfekt ist.

Wörterbuch

Das Wörterbuch im zweiten Teil des Buches hilft Ihnen dabei. Es enthält einen umfangreichen Wortschatz Polnisch - Deutsch und Deutsch - Polnisch. Ein separates Taschenwörterbuch ist nicht notwendig.

Umschlagklappe Die Umschlagklappe hilft, die wichtigsten Sätze und Formulierungen stets parat zu haben. Hier finden sich schnell die wichtigsten Angaben zur Aussprache und eine kleine Liste der wichtigsten Fragewörter, Richtungs- und Zeitangaben. Aufgeklappt ist der Umschlag eine wesentliche Erleichterung, da nun die gewünschte Satzkonstruktion mit dem entsprechenden Vokabular aus den einzelnen Kapiteln kombiniert werden kann. Wenn alles nicht mehr weiterhilft, dann ist vielleicht das Kapitel „Nichts verstanden? – Weiterlernen!" der richtige Tipp. Es befindet sich ebenfalls im Umschlag, stets bereit, mit der richtigen Formulierung für z. B. „Ich habe leider nicht verstanden." oder „Wie bitte?" auszuhelfen.

Danziger Rathaus am Langen Markt

Polnisch – unaussprechbar?

Vielen geht es mit der polnischen Sprache zunächst wie Heinrich Heine: Der Bedienstete der Familie Schnabelewopski in der gleichnamigen Novelle wird als „Prrschtzztwitsch" vorgestellt!

Aber dieser Name ist natürlich nur eine Persiflage!

Fast genauso schlimm sehen für Nichteingeweihte echte polnische Wörter aus. Etwa cześć, was nichts anderes bedeutet als „Hallo" oder auch „Tschüss". Besonders die langen Mitlautgruppen, die gerade das Schriftbild der polnischen Sprache charakterisieren, wirken ziemlich furchteinflößend:

prz	in	**przeciwko** (gegen)
trz	in	**trzeba** (man muss, es ist nötig)
chrz	in	**chrząszcz** (Käfer)
szcz	in	**szczur** (Ratte)

Allerdings entsprechen sich dabei die einzelnen Buchstaben und die tatsächlich ausgesprochenen Laute nicht immer eins zu eins: auch das Deutsche hat Buchstabenkombinationen, die nur einen einzelnen Laut wiedergeben (z. B. „sch"); das Polnische hat eben besonders viele davon.

Geht man der Sache etwas tiefer auf den Grund, entdeckt man, dass die beiden indoeuropäischen Sprachen Deutsch und Polnisch sehr viel gemein haben. Dabei handelt es sich hier nicht nur um den Wortschatz (Wörter wie hotel, bank, student, telefon, aber auch dach und kartofel), sondern vor allem auch um den grammatischen Aufbau.

Erstens werden Vokabeln durch eine Reihe von Vorsilben gebildet, wie man es auch vom Deutschen kennt. Zweitens besitzen beide Sprachen ein komplexes System von Fällen und Endungen, das sie letztendlich einer gemeinsamen Ur-Vorgängersprache verdanken.

Die Probleme werden aber dadurch nicht geringer, dass beide Sprachen vom Aufbau her ähnlich sind. Denn Polnisch ist noch (!) komplizierter als die „deutsche Sprache, schwere Sprache". Polnisch ist immer noch sehr konservativ, d. h. es hat alte Formen im Wesentlichen beibehalten.

Sogar Ortsbezeichnungen und Zahlen werden gebeugt (wie teilweise noch im Mittelhochdeutschen vor 600 Jahren!), und bei Verben in der Vergangenheitsform wird nach dem Geschlecht des Subjekts differenziert.

Kaschubisch wird als Regionalsprache im Hinterland von Danzig gesprochen.

Polnisch ist eine slawische Sprache und gehört mit dem Tschechischen, Slowakischen, Kaschubischen, Ober- und Niedersorbischen zur westslawischen Untergruppe.

Wieso das alles? Ist es zum Erlernen der Sprache überhaupt wichtig?

Wie allgemein bekannt, liegt Polen zwischen Deutschland und Russland geographisch extrem ungünstig. Dreimal ist das Land im 18. Jh. geteilt worden, so dass es als eigenständiger Staat lange Zeit nicht mehr existierte. Die polnische Sprache wurde durch die jeweiligen Großmächte (Preußen, Russland, Österreich-Ungarn) weitgehend unterdrückt. Aber die Polen schafften es, ihre Sprache am Leben zu halten. Sie wurde zeitweise praktisch als „Fremdsprache" gelehrt, was dazu beitrug, dass sich die altertümliche Standardform auf Kosten der Dialekte weitgehend durchsetzen konnte. Für den nationalen Identitätssinn war auch die Religion von entscheidender Bedeutung. Mit dem Katholizismus kam das lateinische Alphabet nach Polen, im Gegensatz zur orthodoxen und kyrillischen Tradition in Russland, obwohl die Lateinschrift nur mit Ach und Krach der polnischen Sprache angepasst werden konnte – daher gibt es zahlreiche zusätzliche Buchstaben.

Seitenzahlen

Um Ihnen den Umgang mit den Zahlen zu erleichtern, wird auf jeder Seite die Seitenzahl auch auf Polnisch angegeben!

Die Sprache spiegelt also in sehr starkem Maße die stürmische Geschichte des Landes wider. Die Hintergründe sind schon von Interesse, aber es mutet Ihnen keiner zu, intensiv in die verzwickte Grammatik einzusteigen und perfekte Sätze herunterleiern zu können. Wir wollen den Akzent auf das Sprechen legen, womit Sie möglichst bald anfangen sollten.

Aussprache & Betonung

Das polnische Alphabet weist gegenüber dem deutschen einige Besonderheiten auf.

ą, ć, ę, ł, ń, ó, ś, ź, ż	nicht im Deutschen
ä, ö, ü	nicht im Polnischen
q, x	nur in Fremdwörtern

Betonung

Die Betonung liegt grundsätzlich auf der vorletzten Silbe (z. B. lekarz läkasch „Arzt"). Ausnahmen betreffen fast nur die Fremdwörter auf -yka / -ika (z. B. muzyka musyka „Musik").

Mitlaute (Konsonanten)

In der folgenden Tabelle werden den polnischen Buchstaben und Buchstabenkombinationen die in diesem Buch verwendeten Lautschriftzeichen gegenübergestellt.

Grundsätzlich gilt: ein Akzentzeichen auf einem Mitlautbuchstaben macht die Aussprache dieses Mitlauts „weicher" (ć, ź, ś, ń; diese Regel betrifft

ą	on, o^ng	entweder nasaliertes „o" wie frz. „**bon**", oder aber „on" wie in „**Sonn**tag": **są** ßo^ng (sie sind), **piątek** pjontäk (Freitag)
c	tz	stimmloses „tz" wie in „He**tze**" **cena** tzäna (Preis)
ć, ci	tschj	weicher als „tsch" in „**tsch**üss", zugleich ähnlich dem „tch" in „Brö**tch**en", aber stärker „gezischt": **mieć** mjätschj (haben), **ciepło** tschjäpuo (warm)
cz	tsch	wie „tsch" in „**tsch**üss": **poczta** potschta (Post)
dz	ds	stimmhaftes „ds", wie in „Run**ds**aal": **bardzo** bardso (sehr)

dź, dzi	dshj	stimmhaftes Gegenstück zu ć, ähnlich wie „dsch" in „**Dsch**ungel", aber weicher: **dźwig** dshjwik (Kran), **gdzie** gdshjä (wo)
dż	dsh	stimmhaftes „dsch" wie in „**Dsch**ungel": **dżungla** dshungla (Dschungel)
e	ä	offenes „e" wie in „**E**cke": **chleb** chläp (Brot)
ę	än, ä^{ng}, ä	entw. nasaliertes „e" wie „un" in frz. „Verd**un**", oder aber „en"; am Wortende wie einfaches e: **mięso** mjä^{ng}ßo (Fleisch), **będzie** bändshjä (wird sein), **proszę** proschä (bitte)
h, ch	ch	„ch" („Ach-Laut") wie in „Da**ch**": **dach** dach (Dach), **herbata** chärbata (Tee)
i	(j)i	zwischen Mitlaut u. Selbstlaut wie „j": **miasto** mjaßto (Stadt)
ks	kß (x)	wie „x" in „Ta**x**i"
ksi	kschj	Kombination k + poln. ś (si): **książka** kschjo^{ng}schka (Buch)
ł	u	Halbvokal zwischen „u" und „w", wie in „a**u**a": **zły** suy (schlecht)
ń, ni	nj	wie „nj" in „Ta**nj**a", am Wortende leicht nasal: **dzień** dshjänj (Tag) **niebo** njäbo (Himmel)
o	o	offenes „o" wie in „**O**tto": **można** moshna (man darf)
ó	u	„u" wie in „B**u**tt" **Bóg** buk (Gott)
r	r (rr)	stets gerolltes Zungenspitzen-R: **peron** pär(r)on (Bahnsteig), **tor** tor(r) (Gleis)
rz	sh	gleiche Aussprache wie ż: **rzeka** shäka (Fluss)

nicht den Selbstlaut ó*). Ein dem Mitlaut nachfolgendes* i *hat genau denselben Effekt. Man verwendet die Kombination Mitlaut +* i *vor Selbstlauten am Wortanfang und im Wortinneren, und den Mitlaut mit Akzentzeichen am Wort- oder Silbenende.*

Eigentlich stimmhafte (und auch mit den entsprechenden Buchstaben geschriebene) Mitlaute werden am Wort- bzw. Silbenende stimmlos gesprochen. Beispiele:
ksiądz kschjontz *„Priester",*
drób drup *„Geflügel"*

Dieses Aussprachephänomen kennen wir übrigens auch im Deutschen (vgl. Rad raat *– Räder).*

s	ß	stimmloses „ß / ss“ wie in „Ma**ß**“ **samochód** ßamochut (Auto)
ś, si	schj	weicher als „sch“ in „**Sch**af“, zugleich ähnlich dem „ch“ in „liebli**ch**“, aber stärker „gezischt“: **dziś** dshjischj (heute) **siostra** schjoßtra (Schwester)
sz	sch	stimmloses „sch“ wie in „**Sch**af“: **szkoła** schkoua (Schule)
w	w	wie „w“ in „**W**ein“: **wódka** wutka (Wodka)
y	y	halbwegs zwischen Auslaut-„e“ in „End**e**“ und „i“ in „d**i**ck“: **my** my (wir)
z	s	stets stimmhaftes „s“ wie in „Mu**s**eum“: **koza** kosa (Ziege)
ź, zi	shj	stimmhaftes Gegenstück zu ś, ähnlich wie „j“ in „**J**ournal“, aber weicher: **późno** pushjno (spät)
ż	sh	stimmhaftes „sch“, wie „j“ in „**J**ournalist“ oder „g“ in „Gara**g**e“: **żona** shona (Ehefrau)

Das y *also keinesfalls als „ü“ aussprechen!*

Marktplatz und Rathaus von Posen (Poznań)

Eine sehr häufig vorkommende Mitlautgruppe ist szcz wie in Szczecin (Stettin), die man „schtsch" ausspricht. Dazu gibt es auch ein weich ausgesprochenes Gegenstück, nämlich ść. Dessen furchterregende Lautschriftwiedergabe schjtschj beruht aber nur darauf, dass wir im Deutschen keine wirklich passende Entsprechung haben. Tatsächlich erfordert die Aussprache dieser Buchstabenkombination nicht mehr Übung als eben „schtsch"!

Die anderen Buchstaben werden im Wesentlichen wie im Deutschen ausgesprochen.

Schwierigkeiten bereitet vor allem die Tatsache, dass es viele ähnlich klingende Zischlaute mit jeweils „harten" und „weichen" Varianten gibt; diese sind in einer nicht-wissenschaftlichen Lautschrift nur schwer darzustellen. Wenn man jedoch die Regeln für die Aussprache der einzelnen Buchstaben und Kombination beherrscht, kann man fast alle Wörtern vorhersagbar aussprechen, denn Ausnahmen gibt es nur wenige und haben meist mit der lautlichen Umgebung zu tun.

Selbstlaute (Vokale)

Selbstlaute werden im Polnischen grundsätzlich kurz und offen ausgesprochen:

Lange Selbstlaute gibt es im Polnischen überhaupt nicht.

a	wie in „D**a**ch", „**a**ch"
e	wie in „**E**cke", „Dr**e**ck"
o	wie in „P**o**tt", „K**o**mma"
u, ó	wie in „B**u**tter", „B**u**lle"

Doppellaute

Doppelte identische Selbstlaute kommen nur als Resultat von Beugungen vor, z. B. historii (Genitiv von historia „Geschichte"). Dagegen sind Kombinationen unterschiedlicher Selbstlaute recht häufig. Die Aussprache ist aber zumeist anders als im Deutschen. Ein Beispiel:

Nie wiem.
njä wjäm
nicht ich weiß
Ich weiß nicht.

Hier kommt die Regel zum Tragen, dass ein i direkt nach einem Mitlaut dessen Aussprache „weich" macht.

Es gibt allerdings Wörter mit der Buchstabenverbindung -aj, *das genauso wie deutsches „ei" oder „ai" ausgesprochen wird. Dies ist aber keine Ausnahme von der Regel, denn das* j *ist hierbei ein Mitlaut.* raj raj *(wie* rei*) Paradies*

Der deutsche Doppellaut „ei" (= „ai") kommt im Polnischen praktisch nicht vor. Ein Pole würde ihn zweisilbig wie „e-i" (bzw „a-i") aussprechen. Dasselbe gilt für den Doppellaut „eu" (polnisch „e-u"). Er wird ähnlich wie in „b**eu**nruhigen" gesprochen, allerdings ohne den deutschen Knacklaut der Stimmritze. Jeder einzelne Buchstabe wird gesprochen. Dies gilt sogar für verdoppelte Mitlaute.

Europa
ä-uropa

Europa

jazda konna
jasda kon-na
Fahrt pferdische
Ausritt, Pferdereiten

© GU

Ältere Herrschaften auf einer Bank

Wörter, die weiterhelfen

Ohne jegliche Grammatikkenntnisse können Sie bereits folgende Floskeln verwenden, um sich verständlich zu machen:

Gdzie jest ...?	Wo ist ...?
gdshjä jäßt	
Czy ma pan / pani ...?	Gibt es / Haben Sie ...?
tschy ma pan / panji	(*zum Mann / zur Frau*)
Jest / Są ...	Es gibt ...
jäßt / ßo^{ng}	
Dziękuję.	Danke.
dshjänkujä	
Można?	Darf ich / man?
moshna	
Tak.	Ja.
tak	
Nie.	Nein.
njä	
Można ...	Man kann / darf ...
moshna	

Benutzen Sie pan, *wenn Sie einen Herren anreden, und* pani, *wenn Sie eine Dame anreden!*

In diese Sätze können Sie alle sinnvollen Wörter aus dem Wörterbuch einsetzen.

Czy ma pan / pani wódkę?
tschy pan / panji ma wutkä
ob hat Herr / Dame Wodka
Haben Sie Wodka?

Nie ma.
njä ma
nicht es-hat
Haben wir nicht.

To jest mleko.
to jäßt mläko
Das ist Milch.

To są jabłka.
to ßo^{ng} japka
Das sind Äpfel.

Jest mleko.
jäßt mläko
es-ist Milch
Es gibt Milch.

Są jabłka.
ßo^{ng} japka
es-sind Äpfel
Es gibt Äpfel.

Bardzo dobrze.
bardso dobshä
sehr gut
Sehr gut! / Alles klar!

Proszę bardzo.
proschä bardso
ich-bitte sehr
Bitte sehr.

Dziękuję.
dshjänkujä
ich-danke
Danke.

Czy można zapalić?
tschy moshna sapalitschj
ob man-darf rauchen
Darf man rauchen?

Nie można.
njä moshna
nicht man-darf
Man darf nicht.

Wörter, die Sie schon kennen

Nicht nur die „internationalen" Wörter sind hier vertreten, sondern auch einige, die insbesondere dem Deutschen sehr ähnlich sind. Das gute polnische Wort dach kennen Sie schon. „International" heißt übrigens międzynarodowy *(„zwischen-national")*.

adres	adräß
balet	balät
kino	kino
minister	minjißtär
muzeum	musäum
park	park
parlament	parlamänt
sport	ßport
student	ßtudänt
taksówka	takßufka
teatr	täatr
telefon	täläfon
telegram	tälägram
turysta	turyßta
wino	wino
wódka	wutka

Kauderwelsch-AusspracheTrainer
*Falls Sie sich die wichtigsten polnischen Sätze, die in diesem Buch vorkommen, einmal von einer Polin gesprochen anhören möchten, kann Ihnen Ihre Buchhandlung den **AusspracheTrainer (Audio-CD)** zu diesem Buch besorgen. Sie bekommen ihn auch über unseren Internetshop **www.reise-know-how.de** Der **AusspracheTrainer** steht dort auch als **MP3-Download** zur Verfügung. Alle Sätze, die Sie auf dem **AusspracheTrainer** hören können, sind in diesem Buch mit einem 👂 gekennzeichnet.*

Satzstellung

Die Wortreihenfolge im Satz ist im Polnischen zwar im Prinzip frei, meistens ist sie jedoch wie im deutschen Hauptsatz:

Die verschiedenen Abweichungen von diesem Grundmuster, die für das Deutsche so typisch (und obligatorisch) sind, haben im Polnischen keine Bedeutung.

Satzgegenstand	Satzaussage	Satzergänzung
Subjekt (S)	Prädikat (P)	Objekt (O)

Marek (*S*) **czyta** (*P*) **polskie czasopismo** (*O*).
maräk tschyta polßkiä tschaßopißmo
Marek (*S*) liest (*P*) (eine) polnische Zeitschrift (*O*).

On chce czytać czasopismo, a nie książkę.
on chtzä tschytatschj tschaßopißmo a njä kschjo^{ng}shkä
er er-will lesen Zeitschrift und nicht Buch^{Akk}
Er will eine Zeitschrift lesen, nicht ein Buch.

Diese Wortstellung wird auch dann beibehalten, wenn am Satzanfang eine Zeitbestimmung o. ä. steht, wie z. B. dzisiaj „heute“:

Dziś Marek chce czytać gazetę.
dshjischj maräk chtzä tschytatschj gasatä
heute Marek er-will lesen Zeitung^{Akk}
Heute will Marek eine Zeitung lesen.

dziś *ist die Kurzform,* dzisiaj *die Langform.*

Marek chce czytać gazetę dzisiaj.
marāk chtzä tschytatschj gasätä dshjischjaj
Marek er-will lesen Zeitung^{Akk} *heute*
Heute will Marek eine Zeitung lesen.

Die Zeitbestimmung kann auch am Satzende stehen.

Vor- & Nachsilben

Eine strukturelle Gemeinsamkeit zwischen dem Polnischen und dem Deutschen ist die häufige Benutzung von Vorsilben (Fachbegriff: Präfixe), die dem jeweiligen Grundwort zusätzliche Bedeutungsnuancen hinzufügen, oder von diesem gänzlich neue Wörter ableiten können. Im Deutschen kennen wir z. B. die Vorsilben „an-", „ab-", „ent-" oder „be-". Die Vorsilbe „be-" etwa kann dabei den Sinn des Wortes sehr verändern: Man denke nur an „kommen" und das davon abgeleitete „bekommen". Im Polnischen geschieht dies ebenso. Dazu kommt aber noch, dass solche Vorsilben eine Schlüsselrolle bei der Bildung der Zeitformen des Verbs spielen. Mehr darüber im Kapitel „Aspekte".

Auch die Endung eines Wortes weist auf seine grammatische Funktion hin. So enden fast alle Grundformen der deutschen Verben auf „-en". Dem entspricht im Polnischen die Endung -ć. Wenn ein polnisches Tätigkeitswort auf -am endet, weiß man, dass damit die 1. Person Einzahl (die „ich"-Form) in der Gegenwartszeit gemeint ist. Haupt- und Eigenschaftswörter haben ebenfalls ihre geschlechts- bzw. fallspezifischen Endungen. Näheres dazu steht in den entsprechenden Kapiteln.

Hauptwörter

Polnische Hauptwörter werden, anders als im Deutschen, nicht von Artikeln begleitet. Deutsche, deren Sprache stark vom Artikelgebrauch geprägt ist, und wo Artikel überdies noch das Geschlecht anzeigen, können diese Tatsache kaum nachvollziehen, aber es ist so.

„Ein" als reine Mengenangabe wird mit jeden übersetzt (siehe „Zahlen"). Anstelle eines stark betonten „der / die / das" verwendet man im Polnischen das hinweisende Fürwort ten / ta / to (dieser/-e/-es).

grammatisches Geschlecht

Männliche Nomen enden auf einen Mitlaut:

dom	dom	Haus
brat	brat	Bruder

Es gibt eine wichtige Ausnahme, bei der das natürliche Geschlecht das grammatische Geschlecht bestimmt:

mężczyzna	mä^{ng}schtschysna	Mann

Weibliche Hauptwörter enden meistens auf -a oder auf „weiche" Mitlaute, vor allem -ść:

poczta	potschta	Post
miłość	miuoschjtschj	Liebe

Sächliche Hauptwörter enden in der Regel auf -o, -e oder -um:

miasto	mjaßto	Stadt
pole	polä	Feld

Es kommen die Endungen -y, -i und -e (sowie -owie) vor. Männliche Hauptwörter, die Personen bezeichnen, verhalten sich anders als solche, die unbelebte Dinge oder Tiere bezeichnen: meist verändert sich bei Personen der letzte Mitlaut von „hart" zu „weich", und es wird die zu dem veränderten Mitlaut passende Endung angefügt. Bei Dingen oder Tieren findet solch ein Mitlautwechsel nicht statt, und die Endungen werden entsprechend dem ursprünglichen Mitlaut der Einzahl angefügt. Die Details sind aber noch komplizierter!

Von pole (Feld) ist übrigens auch der Landesname Polska polßka abgeleitet. Es bedeutet ungefähr „Land der Felder".

Mehrzahl

Es gibt verschiedene Endungen zur Bildung der Mehrzahlform, wobei das Geschlecht des Hauptwortes wichtig ist, aber auch der Klang des letzten Mitlauts. Wir wollen uns hier nicht um sämtliche Regeln kümmern, da die Sache sehr kompliziert ist, und zwar insbesondere beim männlichen Geschlecht. Im Grunde geht es darum, den vorhergehenden Mitlaut weich zu machen bzw. beizubehalten.

Polak – Polacy polak – polatzy	Pole – Polen
koń – konie konj – konjä	Pferd – Pferde
dom – domy dom – domy	Haus – Häuser
ptak – ptaki ptak – ptaki	Vogel – Vögel
przyjaciel – przyjaciele pschyjatschjäl – pschyjatschjälä	Freund – Freunde

Die absichtliche Verwendung einer unangemessenen Mehrzahlendung (z. B. die für Tiere und Gegenstände) kann im Polnischen eine Beleidigung sein!

Die Mehrzahl-Endung -owie gilt speziell für „ehrwürdige" männliche Personen. Sie wird benutzt bei männlichen Bezeichnungen für „Verwandtschaft" oder „Rang", z. B. synowie (Söhne) oder oficerowie (Offiziere). Mit -owie kann man aber auch die Mehrzahl von vielen polnischen Familiennamen bilden:

Bozik – Bozikowie boshjik – boshjikowjä	die Boziks

Familiennamen auf -ski sind grammatisch gesehen Eigenschaftswörter. Sie haben die „normale“ männliche Mehrzahlendung -scy.

Rogoziński – Rogozińscy
die Rogozinskis

Beim weiblichen und sächlichen Geschlecht ist die Mehrzahlbildung überschaubarer.

Normalerweise gilt: Beim weiblichen Hauptwort ersetzt -y oder -i den letzten Selbstlaut, je nach dem klanglichen Charakter des vorausgehenden Mitlauts (nach bestimmten Mitlauten auch -e). Beim sächlichen Geschlecht ist die Endung -a.

Die Grammatik kennt leider keine Gleichberechtigung: die Verteilung der Mehrzahlendungen ist bei weiblichen Hauptwörtern (aller Art) genau gleich wie bei denjenigen männlichen Hauptwörtern, die Tiere und Gegenstände bezeichnen! Und die Slawisten sprechen hier sogar von einem einheitlichen „Nicht-Personen-Plural“!

matka – matki *(w)* matka – matki	Mutter – Mütter
poczta – poczty *(w)* potschta – potschty	Postamt – Postämter
spódnica – spódnice *(w)* ßpudnjitza – ßpudnjitzä	Rock – Röcke
miasto – miasta *(s)* mjaßto – mjaßta	Stadt – Städte
okno – okna *(s)* okno – okna	Fenster *(Ez – Mz)*

Auch hier gibt es wieder Ausnahmen:

dziecko – dzieci *(s)* — Kind – Kinder
dshjätzko – dshjätschji

Das alles sieht wie ein harter Brocken aus, zumal es noch dazu verschiedene Fälle gibt, die auch teilweise ähnliche Mitlautwechsel mit sich bringen (siehe „Fälle“). Versuchen Sie daher nicht, jede Einzelheit sofort auswendig zu lernen.

wichtige Eigenschaftswörter

dobry	dobry	gut
zły	suy	schlecht
młody	muody	jung
nowy	nowy	neu
stary	ßtary	alt
wysoki	wyßoki	hoch, groß
niski	njiski	niedrig, klein
głęboki	guämboki	tief
wielki	wjälki	groß (bedeutend)
duży	dushy	groß (Ausmaß)
mały	mauy	klein
długi	duugi (dwugi)	lang
krótki	krutki	kurz
szeroki	schäroki	breit
wąski	wo[ng]ßki	eng, schmal
piękny	pjänkny	schön
brzydki	bshytki	hässlich
mądry	mondry	klug
głupi	guupi (gwupi)	dumm
szybki	schypki	schnell
powolny	powolny	langsam
ciepły	tschjäpuy	warm
gorący	gorontzy	heiß
zimny	shjimny	kalt
lekki	läk-ki	leicht
ciężki	tschjä[ng]schki	schwer
wczesny	ftschäßny	früh
późny	pushjny	spät
tani	tanji	billig
drogi	drogi	teuer

Farben

czerwony	tschärwony	rot
żółty	shuty	gelb
zielony	shjälony	grün

niebieski	njäbjäski	blau
biały	bjauy	weiß
czarny	tscharny	schwarz
szary	schary	grau

Steigern & Vergleichen

Eigentlich gibt es hier keine Überraschungen. Auch die gesteigerten Formen werden gebeugt.

steigern

Um die erste Steigerungsform (Komparativ) zu bilden, wird die Endung des Eigenschaftsworts je nach Geschlecht mit -szy (männl.), -sza (weibl.) bzw. -sze (sächl.) ersetzt. Für den Superlativ setzt man noch die Vorsilbe naj- vor die komplette Komparativform.

In den Tabellen werden jeweils nur die männlichen Endungen verwendet.

nowy	**nowszy**	**najnowszy**
nowy	nofschy	najnofschy
neu	neuer	neuester, der neueste

nowsze czasopismo
nofschä tschaßopißmo
neuere Zeitschrift
neuere Zeitschrift

najnowsza książka
najnofscha kschjo^ng^schka
neuestes Buch
das neueste Buch

Wie in jeder Sprache sind die Ausnahmen bei den am häufigsten benutzten Wörtern zu finden. Die Steigerung „gut, besser ..." ist im Polnischen genauso unregelmäßig wie bei uns:

dobry	**lepszy**	**najlepszy**
dobry	läpschy	najläpschy
gut	besser	bester, der beste

Weitere unregelmäßig gesteigerte Adjektive:

zły	**gorszy**	**najgorszy**
suy	gorschy	najgorschy
schlecht	schlechter	schlechtester, der schl.
mały	**mniejszy**	**najmniejszy**
mauy	mnjäjschy	najmnjäjschy
klein	kleiner	kleinster, der kleinste
wielki	**większy**	**największy**
wjälki	wjänkschy	najwjänkschy
groß	größer	größter, der größte

vergleichen

Vergleicht man nun zwei Personen oder Dinge miteinander, benutzt man zusätzlich zur Komparativform das Wörtchen niż (als).

Marek jest starszy niż Piotr.
maräk jäßt ßtarschy njisch pjotr
Marek ist älter als Piotr.

Sind die miteinander verglichenen Personen oder Dinge gleich, so benutzt man tak + Eigenschaftswort + jak:

Basia jest tak wysoka jak Kasia.
baschja jäßt tak wyßoka jak kaschja
Basia ist so groß (*wörtl.:* hoch) wie Kasia.

Wenn man sagen will, dass jemand „zu viel" von einer Eigenschaft hat, so benutzt man das Wort za + Eigenschaftswort:

Ten samochód jest za drogi dla ciebie.
tän ßamochut jäßt sa drogi dla tschjäbjä
Dieses Auto ist zu teuer für dich.

derselbe / der gleiche

Im Polnischen wird unterschieden zwischen ten sam (derselbe) und taki sam (der gleiche), die erwartungsgemäß auch gebeugt werden.

Ten sam wird benutzt, wenn es um dieselbe Person bzw. denselben Gegenstand geht, d. h. wenn etwas identisch ist. Taki sam dagegen drückt Gleichartigkeit aus, z. B. wenn es um zwei Autos des gleichen Modells und der gleichen Farbe handelt.

ten *(m)* dieser	**ta** *(w)* diese	**to** *(s)* dieses
ten sam *(m)* derselbe	**ta sama** *(w)* dieselbe	**to samo** *(s)* dasselbe
taki sam *(m)* der gleiche	**taka sama** *(w)* die gleiche	**takie samo** *(s)* das gleiche

Und damit haben Sie auch die hinweisenden Fürwörter ten, ta, to (dieser, -e, -es) sowie taki, taka, takie (solcher / so einer, solche / so eine, solches / so eines) kennengelernt.

To jest ta sama pani.
to jäßt ta ßama panji
das es-ist diese selbe Frau
Es ist dieselbe Frau.

Mam taki sam plecak jak twój.
mam taki ßam pletzak jak tfuj
ich-habe solcher selber Rucksack wie deiner
Ich habe den gleichen Rucksack wie du.

Umstandswörter

Umstandswörter (Adverbien) werden von Eigenschaftswörtern abgeleitet, indem man die Endung des Adjektivs durch -ie bzw. -o (je nach dem vorhergehenden Mitlaut) ersetzt:

Umstandswörter als Mengenangaben:
dużo dusho *viel,*
mało mauo *wenig.*

inteligentny intäligäntny	**inteligentnie** intäligäntnjä	intelligent
szybki schypki	**szybko** schypko	schnell
mądry mondry	**mądrze** mondshä	klug, weise

Kierowca zareagował szybko.
kjäroftza saräagowau schypko
Fahrer er-reagierte schnell[Adv]
Der Fahrer hat schnell reagiert.

Auch Umstandswörter können gesteigert werden. Dafür ersetzt man die Endungen des Eigenschaftsworts im Komparativ bzw. Superlativ (einschließlich der Steigerungsendung) durch -iej.

lepszy	**lepiej**	besser
najlepszy	**najlepiej**	am besten

Dzisiaj jest cieplej niż wczoraj.
dshjischjaj jäßt tschjäpläj njisch ftschoraj
heute es-ist wärmer[Adv] *als gestern*
Heute ist es wärmer als gestern.

dużo, wiele
viel (*Adv.*)

więcej
mehr (*Adv.*)

mało
wenig (*Adv.*)

mniej
weniger (*Adv.*)

Auch im Polnischen zählt man zu den Umstandswörtern eine ganze Reihe wichtiger Vokabeln, die nicht von Eigenschaftswörtern abgeleitet sind.

zawsze	safschä	immer
nigdy	njigdy	nie(mals)
często	tschä[ng]ßto	oft
teraz	täras	jetzt
tu	tu	hier
tam	tam	dort
razem	rasäm	zusammen

Persönliche Fürwörter

Im Grunde entsprechen die persönlichen Fürwörter (Personalpronomen) dem aus dem Deutschen bekannten System.

Es gibt jedoch zwei wichtige Unterschiede, die man sich merken muss. Erstens existiert so etwas wie die höfliche Anredeform „Sie" im Polnischen nicht. Was die Polen stattdessen sagen, entspricht der alten deutschen Anredeform „der Herr" bzw. „die Dame", die man ab und zu noch in Tante-Emma-Läden zu hören bekommt.

pan	pan	(der) Herr
panowie	panowjä	(die) Herren
pani	panji	(die) Dame
panie	panjä	(die) Damen

Wenn man ein Ehepaar oder eine gemischte Gruppe von Frauen und Männern anspricht, sagt man państwo („die Herrschaften").

Dies alles sieht zwar kompliziert aus, man gewöhnt sich aber schnell daran. In der Praxis braucht man sowieso meistens nur pan bzw. pani.

Die zweite Abweichung vom Deutschen besteht darin, dass im Polnischen die Personalpronomen für den Satzgegenstand (Subjekt) nur dann benutzt werden, wenn die handelnde Person besonders hervorgehoben werden soll. Man kann nämlich die Person des Subjekts bereits eindeutig an der Endung des Tätigkeitswortes erkennen.

czytam tschytam	*ich-lese*	ich lese
ja czytam ja tschytam	*ich ich-lese*	ich (!) lese (*und nicht du*)

Obwohl die Personalpronomen seltener als im Deutschen verwendet werden, muss man sie natürlich trotzdem kennen.

Einzahl		
ja	ja	ich
ty	ty	du
on	on	er
ona	ona	sie
ono	ono	es
Mehrzahl		
my	my	wir
wy	wy	ihr
oni	onji	sie (*alle*)
one	onä	sie (*nur Frauen*)

Oni (sie) bezieht sich nur auf eine Gruppe von Männern oder auf eine gemischte Gruppe von Frauen und Männern.

Achtung, verwechseln Sie nicht:

ja	ja	ich
tak	tak	ja

Besitzanzeigende Fürwörter

Besitzanzeigende Fürwörter richten sich wie Eigenschaftswörter nach dem Geschlecht des Hauptwortes, das sie begleiten.

Unveränderlich (und daher eher nicht den Eigenschaftswörtern ähnlich) sind die Formen jego, jej *und* ich. *Es spielt also hier keine Rolle, ob das Hauptwort, das sie begleiten, in der Ein- oder Mehrzahl steht.*

Hauptwort steht in der Einzahl

	männl.	weibl.	sächl.
mein	**mój**	**moja**	**moje**
dein	**twój**	**twoja**	**twoje**
sein	**jego**	**jego**	**jego**
ihr	**jej**	**jej**	**jej**
unser	**nasz**	**nasza**	**nasze**
euer	**wasz**	**wasza**	**wasze**
ihr	**ich**	**ich**	**ich**
Ihr	**pana** *(m)* / **pani** *(w)* / **państwa**		

Bei der höflichen Anrede verwendet man als Ersatz für das fehlende besitzanzeigende Fürwort („Ihr") die Genitivformen von pan, pani *und* państwo. *Auch hier ist die grammatische Zahl des „besessenen" Nomens unwichtig.*

mój syn muj ßyn mein Sohn	**moja córka** moja tzurka meine Tochter	**moje dziecko** mojä dshjätzko mein Kind
jego ojciec jägo ojtschjätz sein Vater	**jej ojciec** jägo ojtschjätz ihr Vater	**ich ojciec** ich ojtschjätz ihr *(Mz)* Vater
jego matka jägo matka seine Mutter	**jej matka** jäj matka ihre Mutter	**pana matka** pana matka Ihre Mutter

Hauptwort steht in der Mehrzahl

Wie bei den Adjektiven gibt es hier nur zwei Gruppen, eine für männliche Personen und eine für alles andere.

männl. Personen		alle anderen
meine	**moi**	**moje**
deine	**twoi**	**twoje**
seine	**jego**	–
ihre	–	**jej**
unsere	**nasi**	**nasze**
eure / Ihre	**wasi**	**wasze**
ihre	**ich**	**ich**

moi przyjaciele
moji pschyjatschjälä
meine Freunde

moje przyjaciółki
mojä pschyjatschjuki
meine Freundinnen

moje buty
mojä buty
meine Schuhe

moje dzieci
mojä dshjätschji
meine Kinder

Wenn der Besitzer des Hauptwortes zugleich das Subjekt des Satzes ist, ist im Polnischen die Benutzung des rückbezüglichen besitzanzeigenden Fürwortes swój zwingend. Man kann es mit „eigenes" übersetzen:

Es bildet sämtliche Beugungsformen parallel zu mój *und* twój.

(Ja) mam swoją książkę.
(ja) mam ßfojo^ng kschjo^ngschkä
(ich) habe eigene Buch^Akk
Ich habe mein eigenes Buch.

Beachten Sie, dass swój *für Subjekte aller Personen gilt.*

© Rico K.@Fotolia.com

Mühlenbake in Swinemünde (Świnoujście)

Sein & Haben

Das Hilfsverb „sein“ heißt im Polnischen być, und „haben“ mieć. Anders als im Deutschen wird das Hilfsverb „sein“ nur sehr begrenzt, und „haben“ nie zur Bildung der Zeitformen von Tätigkeitswörtern verwendet. Dies geschieht vielmehr mit Vorsilben und Endungen. Eine Form wie „er ist gegangen“ wird z. B. so ausgedrückt: on poszedł (= po-szed-ł), weiblich ona po-sz-ła und sächlich ono po-sz-ło. Mehr zur Bildungsweise dieser Formen finden Sie in den Kapiteln „Aspekte“ und „Vergangenheit“.

Krakau (Kraków), unter den Tuchhallen (Sukiennice)

Beugung von „sein“

(ja) jestem (ja) jäßtäm ich bin	**(my) jesteśmy** (my) jäßtäschjmy wir sind
(ty) jesteś (ty) jäßtäschj du bist	**(wy) jesteście** (wy) jäßtäschjtschjä ihr seid
(on / ona / ono) jest (on / ona / ono) jäßt er / sie / es ist	**(oni / one) są** (onji / onä) ßo[ng] sie sind
To jest drogie. to jäßt drogjä Das ist teuer.	**On jest lekarzem.** on jäßt läkashäm Er ist Arzt.

Beugung von „haben“

Die Endungen von mieć sind recht regelmäßig.

(ja) mam (ja) mam ich habe	**(my) mamy** (my) mamy wir haben
(ty) masz (ty) masch du hast	**(wy) macie** (wy) matschjä ihr habt
(on / ona / ono) ma (on / ona / ono) ma er / sie / es hat	**(oni / one) mają** (onji / onä) majo[ng] sie haben

Mam plan miasta.
mam plan mjaßta
ich-habe Plan Stadt[Gen]
Ich habe einen Stadtplan.

Wo im Deutschen ein zusammengesetztes Hauptwort steht, benutzt man im Polnischen oft den Genitiv (häufig aber auch Eigenschaftswörter).

Tätigkeitswörter

Das polnische Verb unterscheidet vier Beugungsklassen, wie beispielsweise auch das Lateinische oder das Französische. Die eigentlichen Beugungsendungen der Personalformen sind ähnlich wie bei „sein“ und „haben“.

	kochać	**rozumieć**
	kochatschj	rosumjätschj
	lieben	verstehen
ja	**kocham**	**rozumiem**
ty	**kochasz**	**rozumiesz**
on / ona / ono	**kocha**	**rozumie**
my	**kochamy**	**rozumiemy**
wy	**kochacie**	**rozumiecie**
oni / one	**kochają**	**rozumieją**

	pracować	**widzieć**
	pratzowatschj	widshjätschj
	arbeiten	sehen
ja	**pracuję**	**widzę**
ty	**pracujesz**	**widzisz**
on / ona / ono	**pracuje**	**widzi**
my	**pracujemy**	**widzimy**
wy	**pracujecie**	**widzicie**
oni / one	**pracują**	**widzą**

Wenn man einmal eine personengebeugte Form kennt, sind die anderen Personenformen üblicherweise kein Problem. Problematisch kann es jedoch sein, von der Grundform (Infinitiv) auf die richtigen Personenendungen zu schließen.

Eine Erklärung, wie man alle polnischen Verben richtig beugt, würde leider den Rahmen unseres Kauderwelsch-Sprechführers sprengen. Man sollte sich aber auf jeden Fall merken, dass jeweils die Endungen der 3. Person Einzahl („er / sie / es“) sowie der 3. Person Mehrzahl („sie“) die Beugungsgruppe des polnischen Tätigkeitswortes verraten:

kochać	**kocha**	**kochają**
kochatschj		
rozumieć	**rozumie**	**rozumieją**
rosumjätschj		
pracować	**pracuje**	**pracują**
pratzowatschj		
widzieć	**widzi**	**widzą**
widshjätschj		

Damit ist das Thema der Beugungsklassen noch lange nicht erschöpft. Es reicht aber, um einen groben Überblick zu haben.

Unregelmäßige Tätigkeitswörter

Es gibt leider ziemlich viele unregelmäßige Tätigkeitswörter. Aber auch bei den unregelmäßigen Verben gibt es ein leicht erkennbares System. Normalerweise handelt es sich um Lautverschiebungen im Wortinneren (am „Wortstamm"), und nicht um Abweichungen von den regelmäßigen Endungen. Auch hier genügt es, sich ein oder zwei Beugungsformen zu merken, um auf die Beugungsendungen sämtlicher Personen schließen zu können.

	brać	**stać**
	bratschj	ßtatschj
	nehmen	stehen
ja	**biorę**	**stoję**
ty	**bierzesz**	**stoisz**
on / ona / ono	**bierze**	**stoi**
my	**bierzemy**	**stoimy**
wy	**bierzecie**	**stoicie**
oni / one	**biorą**	**stoją**

	iść	**jechać**
	ischjtschj	jächatschj
	gehen	fahren
ja	**idę**	**jadę**
ty	**idziesz**	**jedziesz**
on / ona / ono	**idzie**	**jedzie**
my	**idziemy**	**jedziemy**
wy	**idziecie**	**jedziecie**
oni / one	**idą**	**jadą**

Modalverben

Modalverben werden als Hilfsverben zusammen mit einem vollen Tätigkeitswort gebraucht und verleihen diesem einen zusätzlichen Bedeutungsaspekt (z. B. „können", „wollen", „müssen", „dürfen" usw.).

Dabei wird das Modalverb gebeugt, und das Vollverb bleibt in der Grundform (Infinitiv). Wenn man also die korrekten Formen der Modalverben kennt, hat man einen guten Trick, um sich das Auswendiglernen oder Erraten der gebeugten Verbformen zu ersparen.

Das gebeugte Modalverb steht an der gewohnten Stelle wie jedes andere Tätigkeitswort. Die Grundform des Vollverbs steht jedoch nach dem Modalverb.

chcieć chtschjätschj
wollen

Chcę zostać w mieście.
chtzä soßtatschj w mjäschjtschjä
ich-will bleiben in Stadt[Lok]
Ich will in der Stadt bleiben.

Die höflichere Variante „möchte" gibt es auch, und zwar ausgedrückt durch die Bedingungsform „würde wollen":

Chciałbym być nauczycielem.
chtschjaubym bytschj na-utschytschjäläm
ich-würde-wollen sein Lehrer[Instr]
Ich möchte Lehrer werden.

möchte

Bardzo lubię piwo.
bardso lubjä piwo
sehr ich-mag Bier
Ich mag Bier sehr gern.

lubić lubitschj
mögen,
gern haben

„Können" im Sinne von „Möglichkeit haben" heißt móc (mutz), im Sinne von „eine Fähigkeit erworben haben" jedoch umieć (umjätschj).

Czy może pan mi pomóc?
tschy moshä pan mi pomutz
ob er-kann Herr mir helfen
Können Sie mir bitte helfen?

können

Ten chłopiec dobrze umie pływać.
tän chuopjätz dobshä umjä puywatschj
dieser Junge gut er-weiß schwimmen
Dieser Junge kann gut schwimmen.

Można ist ein unpersönlicher Ausdruck und bedeutet „man darf / kann, es ist möglich":

man darf, kann
es ist möglich

Tu można wymieniać pieniądze.
tu moshna wymjänjatschj pjänjondsä
hier man-kann wechseln Geld
Hier kann man Geld wechseln.

In der Vergangenheit wird dies zu można było:

Nie można było nic kupić.
njä moshna byuo njitz kupitschj
nicht man-kann es-war nichts kaufen
Man konnte nichts kaufen.

„Dürfen" im Sinne von „Erlaubnis haben" kann man auch mit wolno + *Infinitiv ausdrücken.*

müssen Auch „müssen" kann man persönlich (musieć muschjätschj) und unpersönlich ausdrücken:

Muszę jutro pojechać autobusem do Poznania.
muschä jutro pojächatschj autobußäm do posnanja
ich-muss morgen fahren Bus[Instr] *nach Posen*[Gen]
Morgen muss ich mit dem Bus nach Posen fahren.

man muss, es ist nötig Der unpersönliche Ausdruck trzeba (man muss / es ist nötig) bleibt immer unverändert:

Trzeba już iść.
tschäba jusch ischjtschj
man-muss schon gehen
Ich muss / wir müssen schon gehen.

	chcieć wollen	móc können
ja	chcę	mogę
ty	chcesz	możesz
on / ona / ono	chce	może
my	chcemy	możemy
wy	chcecie	możecie
oni / one	chcą	mogą

	umieć können	musieć müssen
ja	umiem	muszę
ty	umiesz	musisz
on / ona / ono	umie	musi
my	umiemy	musimy
wy	umiecie	musicie
oni / one	umieją	muszą

Aspekte

Die so genannten „Aspekte“ der Tätigkeitswörter sind wohl für Deutsche der schwierigste Teil der polnischen Grammatik, weil es so etwas im Deutschen nicht gibt.

Aspekte sind nicht mit Zeitformen zu verwechseln. Grundkriterium dabei ist, ob die Handlung noch im Verlauf (unvollendet) oder bereits abgeschlossen (vollendet) ist.

Bis jetzt haben Sie ganz überwiegend Formen im unvollendeten Aspekt kennen gelernt, weil diese in der Praxis häufiger gebraucht werden. Es ist fast nicht möglich, ganz fehlerfrei mit den Aspekten umzugehen. Dafür ist das System viel zu kompliziert und erfordert echtes Sprachgefühl.
Trotzdem sei hier in groben Zügen erklärt, wie es funktioniert. Die Aspekte sind charakteristisch für alle slawischen Sprachen. Im Deutschen benötigt man meist zusätzliche Wörter, um den gleichen Sachverhalt auszudrücken. Und obwohl das Polnische hier teilweise andere Denkkategorien als das Deutsche zeigt, lässt sich das dahinterstehende Prinzip trotzdem nachvollziehen.

Altstadt von Warschau (Warszawa)

unvollendeter Aspekt

Der unvollendete Aspekt kann die Gewohnheitsmäßigkeit einer Handlung ausdrücken:

(Zwykle) kupował gazetę.
(swyklä) kupowau gasätä
(üblicherweise) er-kaufte[unvo] *Zeitung*
(Üblicherweise) kaufte er eine Zeitung.

Piszę listy.
pischä listy
ich-schreibe[unvo] *Briefe*
Ich schreibe Briefe.

Das erste Beispiel zeigt eine sich wiederholende Handlung in der Vergangenheit, das zweite eine in der Gegenwart. Überdies kann der unvollendete Aspekt auch den Verlauf einer Handlung, die während der Äußerung noch immer andauert, zum Ausdruck bringen.

Hier geht es nicht um das Resultat des Schreibens, sondern um den Vorgang des Schreibens.

Dzisiaj pisałem list.
dshjischjaj pißauäm lißt
heute ich-schrieb[unvo, m] *Brief*
Heute war ich dabei, einen Brief zu schreiben.

vollendeter Aspekt

Allerdings gibt es sehr wohl vollendete Verbformen, die scheinbar eine Gegenwartsform darstellen. Diese werden aber zur Bildung der Zukunft verwendet (siehe Kapitel „Die Zeiten“).

Die Tatsache, dass es hier nur um vollendete, abgeschlossene Handlungen geht, schließt (im Prinzip) logischerweise eine Gegenwartsform für diesen Aspekt aus, denn die Gegenwart kann noch nicht abgeschlossen sein. Hier wird nämlich betont, was bereits beendet worden ist oder in der Zukunft beendet werden wird. Oft steht hierbei das Resultat der Handlung im Mittelpunkt.

Dzisiaj napisałem list.
dshjischjaj napißauäm lißt
heute ich-habe-geschrieben[vo, m] *Brief*
Heute habe ich einen Brief geschrieben.
(*Und er ist fertig geschrieben.*)

Hier habe ich das Tätigkeitswort in der Vergangenheit mit Hilfe der deutschen Konstruktion Hilfsverb + Partizip (Mittelwort) übersetzt, obwohl das polnische napisałem kein Partizip ist (historisch geht es allerdings aus einem solchen hervor). Ich übersetze es hier aber so, um den vollendeten Charakter der Handlung zu verdeutlichen.

Außerdem muss man berücksichtigen, dass wir im Deutschen bei den Zeitformen wohl etwas nachlässig sind: wenn man sagt „ich gehe jetzt", dann liegt die Handlung durchaus noch knapp) in der Zukunft, wird aber mit der Gegenwart ausgedrückt. Polnisch ist in dieser Hinsicht konsequenter.

Kiedy napisałeś list?
kjädy napißauäschj lißt
wann du-hast-geschrieben[vo, m] *Brief*
Wann hast du den Brief geschrieben?
(= *zu Ende geschrieben*)

Noch einmal zum Vergleich in Tabellenform:

piszę pischä	ich schreibe, bin am Schreiben
pisałem pißauäm	ich war am Schreiben

Beide Verbformen stehen hier im unvollendeten Aspekt. Die Zeitstufen sind jedoch verschieden, denn die erste steht in der Gegenwart, und die zweite in der Vergangenheit. Vergleichen Sie deshalb auch:

pisałem pißauäm	ich war am Schreiben (*wie oben*)
napisałem napißauäm	ich habe geschrieben

Aber berücksichtigen Sie stets: die polnischen Aspekte sind keine Zeitstufen. Im Deutschen gelten zwar „ich schrieb" und „ich habe geschrieben" als unterschiedliche „Zeiten", tatsächlich stehen sie aber beide in der Vergangenheit. Eine gewisse Ähnlichkeit besteht auch zum Englischen mit seiner „Verlaufsform", aber auch diese ist nicht ganz deckungsgleich mit dem unvollendeten Aspekt im Polnischen.

Hier stehen beide Beispiele jeweils in der Vergangenheit. Die unterschiedlichen Aspekte geben dabei die Zusatzinformation an, ob eine Handlung in der Vergangenheit sich lediglich ereignete (unvollendeter Aspekt) oder in der Vergangenheit abgeschlossen wurde (vollendeter Aspekt).

Glücklicherweise gibt es eine Reihe von kleinen Schlüsselwörtern, die einen deutlichen Hinweis auf den zu benutzenden Aspekt geben, wie zawsze (immer) oder czasem (manchmal). Diese stehen regelmäßig mit einem Tätigkeitswort im vollendeten Aspekt. Raz bzw. jeden raz (einmal) spielt eine ähnliche Rolle als Anzeiger für den vollendeten Aspekt, ebenso już (schon).

Für den Anfänger dürfte jedoch der unvollendete Aspekt von größerer Bedeutung sein. Einerseits ist er (meist) einfacher zu bilden, andererseits nützlicher, da man von ihm alle drei Zeitstufen bilden kann. Im Wörterbuch sind die Aspekte immer gekennzeichnet.

Zug in polnischer Landschaft

aus „unvollendet“ wird „vollendet“

Man kann den vollendeten Aspekt bilden, indem man dem Tätigkeitswort im unvollendeten Aspekt eine Vorsilbe voranstellt, wie z. B. pisać – napisać (schreiben), robić – zrobić (machen, tun) Diese Tätigkeitswörter werden im vollendeten Aspekt genauso gebeugt wie im unvollendeten Aspekt. Zwei weitere Beispiele mit noch anderen Vorsilben

Leider muss man die passende Vorsilbe für jedes Tätigkeitswort jeweils einzeln lernen.

unvollendet	vollendet	
czekać	**zaczekać**	warten
tschäkatschj	satschäkatschj	
jechać	**pojechać**	fahren
jächatschj	pojächatschj	

Es gibt noch zwei weitere Möglichkeiten, Aspektformen zu bilden. Die erstere funktioniert mittels einer Veränderung des „Stammes“ im Inneren des Wortes:

Bei Verben mit solchen Aspektpaaren ist üblicherweise die vollendete Form historisch ursprünglicher und oft auch einfacher zu beugen, während die unvollendete Form davon abgeleitet, länger und komplizierter ist.

unvollendet	vollendet	
dawać	**dać**	geben
dawatschj	datschj	
pomagać	**pomóc**	helfen
pomagatschj	pomutz	

Solche Aspektpaare folgen oft unterschiedlichen Beugungsklassen. Dies zeige ich anhand des Beispiels von dawać – dać (geben):

	unvollendet	vollendet
	dawać	**dać**
ja	**daję**	**dam**
	ich gebe	ich werde geben
ty	**dajesz**	**dasz**
on / ona / ono	**daje**	**da**
my	**dajemy**	**damy**
wy	**dajecie**	**dacie**
oni / one	**dają**	**dadzą**

Zweitens wird der vollendete Aspekt einiger wichtiger Tätigkeitswörter gänzlich anders als im unvollendeten Aspekt gebildet, z. B.:

unvollendet	vollendet	
mówić	**powiedzieć**	sprechen
muwitschj	powjädshjätschj	
widzieć	**zobaczyć**	sehen
widshjätschj	sobatschytschj	

Hier sind wir bei den unregelmäßigen Verben. Es sind praktisch zwei getrennte Verben, die sich aber zu einem Aspektpaar ergänzen.

	unvollendet	vollendet
	mówić	**powiedzieć**
ja	**mówię**	**powiem**
	ich spreche	ich werde sprechen
ty	**mówisz**	**powiesz**
on / ona / ono	**mówi**	**powie**
my	**mówimy**	**powiemy**
wy	**mówicie**	**powiecie**
oni / one	**mówią**	**powiedzą**

Die Zeiten

Tätigkeitswörter im vollendeten Aspekt können nicht alle Zeitformen bilden.

Vergangenheit

Meistens wird sowohl im vollendeten als auch im unvollendeten Aspekt die Vergangenheitsform gebildet, indem man den Endbuchstaben des Infinitivs durch die entsprechende Endung der Vergangenheit ersetzt. Für die Vergangenheit gibt es in der Einzahl eindeutige Endungen für männliche, weibliche und sächliche Hauptwörter.

(on) szedł (on) schät	er ging
(ona) szła (ona) schua	sie ging
(ono) szło (ono) schuo	es ging

Allerdings ist bei unserem Beispiel, dem sehr wichtigen Verb iść *„gehen“, die Bildung des Vergangenheitsstammes äußerst unregelmäßig. Die eigentlichen Endungen gelten jedoch für alle Verben.*

In der Vergangenheit Mehrzahl sieht es etwas anders aus, weil wieder zwischen männlichen Personen einerseits und allen anderen Kategorien andererseits unterschieden wird:

(oni) szli (oni) schli	sie gingen (*Männer*)
(one) szły (onä) schuy	sie gingen (*alle anderen*)

Für gemischte Gruppen aus Männern und Frauen verwendet man ebenfalls die männliche Verbform.

Das Prinzip der Geschlechtsmarkierung gilt auch für die 1. und 2. Person, hier demonstriert an einem regelmäßigen Tätigkeitswort:

pisałem pißauäm *ich-schrieb*^{m} ich (*Mann*) schrieb	**pisałam** pißauam *ich-schrieb*^{w} ich (*Frau*) schrieb

Im vollendeten Aspekt wird auf genau die gleiche Weise gebeugt:

napisałem napißauäm *ich-schrieb*^{m} ich habe geschrieben	**napisałam** napißauam *ich-schrieb*^{w} ich habe geschrieben

In der Gegenwart wird, wie im Deutschen, das Geschlecht nicht unterschieden.

(ja) idę	ich gehe (*m* / *w*)
(on / ona) idzie	er / sie geht
(ja) piszę	ich schreibe (*m* / *w*)
(on / ona) pisze	er / sie schreibt

Folgende Tabelle zeigt sämtliche Vergangenheitsformen anhand von pisać (schreiben):

Einzahl	**männlich**	**sächlich**	**weiblich**
ja	**pisałem**	–	**pisałam**
ty	**pisałeś**	–	**pisałaś**
on / ono / ona	**pisał**	**pisało**	**pisała**
Mehrzahl	**männl. Pers.**	**alle anderen**	
my	**pisaliśmy**	**pisałyśmy**	
wy	**pisaliście**	**pisałyście**	
oni / one	**pisali**	**pisały**	

unregelmäßige Tätigkeitswörter

In der Gegenwartszeit hatten wir das Verb brać (nehmen) als unregelmäßig kennengelernt. In der Vergangenheit ist seine Beugung viel voraussagbarer. Dies gilt für sehr viele Verben.

Einzahl	**männlich**	**sächlich**	**weiblich**
ja	**brałem**	–	**brałam**
ty	**brałeś**	–	**brałaś**
on / ono / ona	**brał**	**brało**	**brała**
Mehrzahl	**männl. Pers.**	**alle anderen**	
my	**braliśmy**	**brałyśmy**	
wy	**braliście**	**brałyście**	
oni / one	**brali**	**brały**	

Tatsächlich unregelmäßig ist iść (gehen):

Einzahl	**männlich**	**sächlich**	**weiblich**
ja	**szedłem**	–	**szłam**
ty	**szedłeś**	–	**szłaś**
on / ono / ona	**szedł**	**szło**	**szła**

männl. Pers.	alle anderen	Mehrzahl
szliśmy	szłyśmy	my
szliście	szłyście	wy
szli	szły	oni / one

©JK@Fotolia.com

Hohe Tatra (Tatry Wysokie)

Zukunft im unvollendeten Aspekt

Im Deutschen benutzt man die eigentliche Zukunftskonstruktion mit „werden“ relativ selten. Sobald eine eindeutige Zeitangabe dabeisteht, verwenden wir normalerweise die Gegenwartsform.

Im Polnischen ist dies jedoch nicht der Fall. Hier muss man die Zukunftskonstruktion mit będę (bändä) usw. (Zukunftsform von być „sein“) benutzen. Die Wortstellung ist: będę (usw.) + Grundform des Vollverbs.

a	**będę pisać**	ich werde schreiben
ty	**będziesz pisać**	du wirst schreiben
on / ono / ona	**będzie pisać**	er / sie / es wird schreiben
my	**będziemy pisać**	wir werden schreiben
wy	**będziecie pisać**	ihr werdet schreiben
oni / one	**będą pisać**	sie werden schreiben

Eine andere Möglichkeit ist die Kombination von „werden“ + Vergangenheit. Diese sollten Sie wenigstens passiv kennen.

Ez	**männl.**	**weibl.**
ja	**będę pisać**	**będę pisała**
Mz	**männl. Pers.**	**alle anderen**
my	**będziemy pisali**	**będziemy pisały**

Da będę ohnehin die Zukunft von być darstellt, benötigen wir für dieses Verb nur diese eine Form und nicht etwa będę + być.

Zukunft im vollendeten Aspekt

Die Zukunft kann sowohl im unvollendeten und als auch im vollendeten Aspekt ausgedrückt werden. Für den vollendeten Aspekt der Zukunft benutzt man die vollendete Gegenwartsform; diese Form hat also Zukunftsbedeutung. Sowohl będę pisać als auch napiszę bedeuten demnach „ich werde schreiben“. Dabei betont ersteres aber den Vorgang (oder die Gewohnheit) des Schreibens, während letzteres auf das Ergebnis des Schreibens abzielt („aufschreiben“, „zu Ende schreiben“).

Verneinung

Verneint wird eine Aussage mit nie (nicht), das vor dem gebeugten Tätigkeitswort steht:

Nie mogę.
njä mogä
nicht ich-kann
Ich kann nicht.

doppelte Verneinung

Bei besonderen Verneinungswörtern wie „nichts", „nie" usw. wird immer „doppelt" verneint. Auch in solchen Fällen erhält das Tätigkeitswort die Verneinungpartikel nie (nicht).

Nic nie mówię.
njitz njä muwjä
nichts nicht ich-spreche
Ich sage nichts.

Nigdy nie byłem w Polsce.
njigdy njä byuäm w polßtzä
nie nicht ich-war^{m} *in Polen*^{Lok}
Ich war noch nie in Polen.

w żadnym razie
w shadnym rashjä
in keinem^{Lok} *Fall*^{Lok}
auf keinen Fall

Nikt nic nie mówi.
njikt njitz njä muwi
niemand nichts nicht spricht
Niemand sagt irgendetwas.

Weitere Verneinungswörter

nie
nein
nic
nichts
nigdy
niemals
nikt
niemand
nigdzie
nirgendwo
żaden, -dna, -dne
keiner, -e, -es

Fragen

Man unterscheidet zwischen Entscheidungsfragen und Satzfragen. Auf Entscheidungsfragen antwortet man nur mit „ja“, „nein“ oder „vielleicht“. Sie werden ohne ein spezielles Fragewort gebildet. Auf Satzfragen wird ein vollständiger Satz bzw. eine konkrete Angabe als Antwort erwartet. Man bildet sie mit speziellen Fragewörtern (z. B. „wer“, „wie“).

Entscheidungsfragen

Also werden Entscheidungsfragen im Polnischen zwar ohne ein „spezielles“ Fragewort gebildet, können aber im Gegensatz zum Deutschen eben doch ein „allgemeines“ Fragewort enthalten.

In Entscheidungsfragen bleibt die Wortfolge des entsprechenden polnischen Aussagesatzes erhalten. Sie sind entweder am Tonfall zu erkennen oder werden mit der Fragepartikel czy eindeutig als Entscheidungsfrage gekennzeichnet. Dieses Wörtchen hat keine weitere Bedeutung als „Achtung, jetzt kommt eine Frage!“, und kann auch nie für sich alleine stehen. Es steht immer am Satzanfang.

Aussagesatz:	Fragesatz:	
S V	S V	? S V
On pali.	**On pali?**	**Czy on pali?**
on pali	on pali	tschy on pali
Er raucht.	Raucht er?	Raucht er?

Dieses czy kann man eventuell mit dem deutschen „ob“ wiedergeben, so als ob man sagen würde: „Ob er (wohl) raucht?“

Satzfragen (mit speziellem Fragewort)

Satzfragen werden durch Fragewörter eingeleitet, die immer am Anfang der Frage stehen:

kto?	kto	wer?
dokąd?	dokont	wohin?
skąd?	ßkont	woher?
ile?	ilä	wie viel?
dlaczego?	dlatschägo	warum?
jak?	jak	wie?
co?	tzo	was?
gdzie?	gdshjä	wo? / wohin?
kiedy?	kjädy	wann?
jaki?	jaki	was für ein?

Wenn der Satzgegenstand ein Hauptwort ist, ändert sich die Wortreihenfolge ebenso wie im Deutschen:

Co robi twój przyjaciel?
tzo robi tfuj pschyjatschjäl
Was macht dein Freund?

Ist der Satzgegenstand jedoch ein persönliches Fürwort, bleibt die Wortreihenfolge des polnischen Aussagesatzes (Subjekt - Verb) erhalten. Das persönliche Fürwort wird dem Tätigkeitswort also nicht nachgestellt:

Co on robi?
tzo on robi
Was macht er?

Hafeneinfahrt in Kolberg (Kołobrzeg)

Und was **Befehlssätze** *betrifft: Polnisch hat natürlich auch gebeugte Befehlsformen des Verbs (Imperativ), die sogar relativ einfach zu bilden sind, wobei es aber wiederum Unterschiede zwischen den Beugungsklassen gibt. Allerdings gelten direkte Aufforderungen gegenüber Unbekannten in vielen Situationen als unhöflich. Sie können sich also das Erlernen der Befehlsformen ersparen, indem sie* proszę + *Grundform (Infinitiv) des Verbs benutzen. Achten Sie hier auf die Aspekte: Wünsche, die durch eine einmalige Handlung erfüllt werden sollen, verlangen den vollendeten Aspekt.*

Proszę pana wejść.
(bitte Herrn eintreten)
Kommen Sie herein!

Bindewörter

Die Bindewörter (Konjunktionen) werden ganz ähnlich wie im Deutschen verwendet.

i	i	und, auch
a	a	und, aber, dagegen
lub	lup	oder
albo	albo	oder
albo ... albo	albo ... albo	entweder ... oder
jak	jak	als, wie
ponieważ	ponjäwasch	weil
dlatego	dlatägo	deshalb
jeśli	jäschjli	wenn, falls
potem	potäm	dann, darauf, danach
wtedy	ftädy	dann, damals
że	shä	dass
co	tzo	immer wenn

Już wiem, że ona tu jest.
jusch wjäm shä ona tu jäßt
schon ich-weiß dass sie hier sie-ist
Ich weiß schon, dass sie hier ist.

Mam biały i niebieski sweter.
mam bjauy i njäbjäßki ßwätär
ich-habe weißen und blauen Pullover
Ich habe einen weißen und blauen Pullover.

Sweter jest niebieski, a spódnica jest biała.
ßwätär jäßt njäbjäßki a ßpudnjitza jäßt bjaua
Pullover ist blauer aber Rock ist weiße
Der Pullover ist blau, aber der Rock ist weiß.

Für „weil, denn" gibt es auch eine kurze Konjunktion: bo.

Ponieważ deszcz pada, nie chcę iść na spacer.
ponjäwasch däschtsch pada njä chtzä ischjtschj na ßpatzär
weil Regen fällt nicht ich-will gehen auf Spaziergang
Da es regnet, will ich keinen Spaziergang machen.

Chciałbym oglądać telewizję.
chtschjaubym oglondatschj täläwisjä
ich-würde-wollen^{m} schauen Fernsehen^{Akk}
Ich möchte fernsehen.

Potem możemy iść na spacer.
potäm moshämy ischjtschj na ßpatzär
dann wir-können gehen auf Spaziergang
Dann können wir einen Spaziergang machen.

Mieszkają w Warszawie albo w Gdańsku.
mjäschkajo^{ng} w Warschawjä albo w gdanjßku
sie-wohnen in Warschau^{Lok} oder in Danzig^{Lok}
Sie wohnen in Warschau oder Danzig.

Verhältniswörter

Wie im Deutschen verlangen Verhältniswörter (Präpositionen) jeweils bestimmte Fälle für das von ihnen abhängige Hauptwort. Bestimmte Präpositionen können jedoch unterschiedliche Fälle verlangen. Das hängt dann von der konkreten Bedeutung, die sie in dem gegebenen Satz haben, ab. Im Deutschen wie im Polnischen gilt dies vor allem für Präpositionen, die sowohl eine örtliche Lage als auch das Ziel einer Bewegung ausdrücken.

Er war in dem Haus. (in + *Dativ*)
Er ging in das Haus. (in + *Akkusativ*)

Im Polnischen sind die Fälle der Ruhelage der Lokativ sowie der Instrumental, der Fall der Bewegung ist ebenfalls der Akkusativ.

Verhältniswörter

Auch viele „speziellere“ Präpositionen verlangen den Genitiv, z. B.: obok *„neben“*, podczas *„während“*, oprócz *„außer“*, zamiast *„anstelle“*, naprzeciwko *„gegenüber“*

z powodu + *Gen: „wegen“*

Präpositionen mit dem Genitiv	
dla	für
do	nach *(Richtung)*, bis
u	bei
od	von, seit
bez	ohne
z	aus

dla pana
dla pana
für Sie *(den Herrn)*

do domu
do domu
nach Hause

u przyjaciół
u pschyjatschju
bei Freunden

z drewna
s dräwna
aus Holz

Präposition dem Dativ	
przeciw	gegen

Jechałem przez Warszawę.
Ich bin durch Warschau gefahren.

Präposition (nur) mit dem Akkusativ	
przez	durch (hindurch)

kawa z mlekiem
Kaffee mit Milch

Präposition (nur) mit dem Instrumental	
z	mit *(Begleitung)*

Mówiliśmy o Polsce.
Wir haben über Polen gesprochen.

Präpositionen (nur) mit dem Lokativ	
o	über *(Thema)*
przy	an, bei *(örtlich)*

Idę na stację. *(Akk)*
Ich gehe zum Bahnhof.

Mój brat już jest na stacji. *(Lok) – Mein Bruder ist schon am Bahnhof.*

mit dem Lokativ oder dem Akkusativ	
na	auf
w	in
po	nach (*Lok.: zeitlich*; *Akk.*: z. B. in „nach Brot gehen“ = holen)

przed obiadem *(Instr)*
vor dem Mittagessen

mit dem Instrumental oder dem Akkusativ	
nad	über
pod	unter

przed	vor (*örtlich; im Instr. auch zeitlich*)
za	hinter (*örtlich*); *im Akk. auch:* für
między	zwischen
poza	außerhalb, jenseits von

przed budynkiem *(Instr)*
vor dem Gebäude

wyjść przed dom *(Akk)*
vor das Haus gehen

Die Fälle

Mit den polnischen Fällen ist es noch komplizierter als im Deutschen. Erstens gibt es drei Fälle mehr, und zweitens wird häufiger gebeugt, sogar Zahlen und Ortsbezeichnungen. Ein Hauptwort wird durch das Anhängen oder auch das Weglassen von Endungen gebeugt.

Welche Endung nun genau angefügt werden muss, hängt z. T. auch davon ab, ob das Hauptwort „belebt“ (ein Lebewesen) oder „unbelebt“ (kein Lebewesen) ist. Beispielsweise enden männliche „belebte“ Hauptwörtern im Genitiv (fast) immer auf -a, „unbelebte“ männliche dagegen sehr häufig auf -u:

Die „Belebtheit“ bei den Fällen ist nicht dasselbe wie die „Personenkategorie“ bei der Mehrzahl! Bei ersterer geht es um alle Menschen und Tiere, bei letzterer nur um Männer.

dla pana	**do pokoju**
dla pana	do pokoju
für Herrn[Gen]	*nach Zimmer*[Gen]
für den Herrn	auf das Zimmer

Genitiv

Abgesehen von den sehr zahlreichen Genitiv-Präpositionen antwortet der Genitiv im Polnischen natürlich auch auf die Frage „wessen?“, bezeichnet also den Besitzer.

ojciec przyjaciela	*Vater Freundes*[Gen]
ojtschjätz pschyjatschjäla	der Vater des Freundes

Diese Regel erstreckt sich auch auf Aussagen vom Typ „gibt es nicht“ bzw. „ist nicht da“:

Chleba nie ma.
(Brotes[Gen] nicht es-hat)
Es gibt / wir haben kein Brot.

Ojca nie było.
(Vaters[Gen] nicht es-war)
Vater war nicht da.

Aber dieser Fall hat im Polnischen noch andere, wichtige Funktionen. So steht die direkte Satzergänzung (Objekt; antwortet auf „wen oder was?“) zwar auch im Polnischen normalerweise im Akkusativ. Wird die Satzaussage aber verneint, dann muss das Objekt immer im Genitiv stehen.

Czytam książkę
tschytam kschjo[ng]schkä
ich-lese Buch[Akk]
Ich lese ein Buch.

Nie czytam książki.
njä tschytam kschjo[ng]schki
nicht ich-lese Buches[Gen]
Ich lese kein Buch.

Nach Mengenangaben, und wenn das Objekt des Satzes nur einen Teil (d. h. eine Teilmenge) einer größeren Einheit darstellt, steht ebenfalls der Genitiv.

Daj mi ten chleb.
daj mi tän chläp
gib mir dieses Brot
Gib mir dieses Brot.

Daj mi chleba.
daj mi chläba
gib mir Brotes[Gen]
Gib mir (etwas) Brot.

Natürlich auch:
kilo mięsa
(Kilo Fleisches[Gen])
ein Kilo Fleisch

butelka piwa
(Flasche Bieres[Gen])
eine Flasche Bier

Der Begriff der Mengenangabe, die den Genitiv erfordert, ist im Polnischen viel weiter gefasst als im Deutschen.

Chcesz mało wina?
chtzäsch mauo wina
du-willst ein-wenig Weines[Gen]
Möchtest du ein wenig Wein?

Dativ / Akkusativ

Der Dativ drückt wie im Deutschen das „indirekte Objekt“ aus (Frage: „wem?“, z. B. mit den Verben „sagen“ oder „geben“) und tritt daher nicht ganz so häufig in Erscheinung. Der Akkusativ wiederum ist der Fall des „direkten Objekts“ in bejahten Sätzen („wen oder was?“) und antwortet nach Präpositionen oft auf die Frage „wohin?“ (Akkusativ der Richtung). Bei männlichen Hauptwörtern, die Personen bezeichnen, und bei Fürwörtern (Frage-, persönliche Fürwörter usw.), die sich auf Personen beiderlei Geschlechts beziehen, ist die Akkusativform immer gleich dem Genitiv. Dies hat nichts mit der Verneinungsregel zu tun.

Wczoraj spotkałem twojego męża.
ftschoraj ßpotkauäm tfojägo me^{ng}sha
gestern ich-traf^{m} deinen Ehemann$^{\text{Akk (= Gen)}}$
Gestern habe ich deinen Mann getroffen.

Lokativ

Der Lokativ existiert im Deutschen nicht. Er steht praktisch nur nach gewissen Präpositionen, von denen die meisten auf die Frage „wo?“ antworten. Er ist also der Fall, der den Ort ausdrückt, an dem die Handlung stattfindet (im Deutschen: der Dativ).

Leider treten gerade im Lokativ häufig lautliche Veränderungen an Selbst- und Mitlauten des Wortstammes auf.

Znajduję się w mieście.
snajdujä schjä w mjäschjtschjä
ich-befinde sich in Stadt^{Lok}
Ich befinde mich in der Stadt.

Instrumental

Das Polnische kennt noch einen weiteren Fall, den es im Deutschen nicht gibt. Der Instrumental ist – wie der Name schon sagt – der Fall, mit dem man das Instrument (Werkzeug, Fahrzeug, usw.) ausdrückt, durch das die Handlung des Verbs zustandekommt. Er antwortet somit auf die Frage „womit?“. In dieser Verwendung steht im Polnischen keine zusätzliche Präposition; im Deutschen muss man an dieser Stelle „mit“ oder „durch“ benutzen. Zugleich drückt er den „Begleiter“ als Person oder Zutat aus. In dieser Bedeutung muss im Polnischen wie im Deutschen die

Präposition „mit“ verwendet werden (polnisch z). Diese beiden verschiedenen Bedeutungen von „mit“ sollten nicht verwechselt werden.

jechać samochodem	**z przyjacielem**
jächatschj ßamochodäm	s pschyjatschjäläm
ich-fahre Auto[Instr]	*mit Freund*[Instr]
mit dem Auto fahren	mit dem / einem Freund

Im Deutschen steht an dieser Stelle der Nominativ, also die Grundform des Hauptwortes. Ist die Ergänzung der Satzaussage mit być *jedoch ein Eigeschaftswort, dann steht dieses auch im Polnischen (meist) im Nominativ.*

Der Instrumental hat noch eine andere wichtige Funktion. Er bezeichnet, was jemand ist bzw. wird, oder als was er arbeitet. Er kennzeichnet also Hauptwörter als Ergänzung von Satzaussagen mit być und ähnlichen Verben.

Jestem Polakiem.	**Zostane lekarzem.**
jästäm polakjäm	soßtanä läkashäm
ich-bin Pole[Instr]	*er-wird Arzt*[Instr]
Ich bin Pole.	Er wird Arzt.

Im Folgenden möchte ich die Fallendungen einiger Musterwörter in Tabellenform vorstellen.

männliche Hauptwörter, Einzahl

syn *Sohn*
nauczyciel *Lehrer*

belebte männliche Nomen: Gen = Akk

Nom	**syn**	**nauczyciel**
Gen	**syna**	**nauczyciela**
Dat	**synowi**	**nauczycielowi**
Akk	**syna**	**nauczyciela**
Instr	**synem**	**nauczycielem**
Lok	**synu**	**nauczycielu**

chłopiec *Junge*
Der Lokativ ist bei männlichen Nomen entweder -(i)e *oder* -(i)u, *der Dativ fast immer* -owi.

Nom	**chłopiec**	**profesor**
Gen	**chłopca**	**profesora**
Dat	**chłopcu**	**profesorowi**
Akk	**chłopca**	**profesora**
Instr	**chłopcem**	**profesorem**
Lok	**chłopcu**	**profesorze**

Nom	**telefon**	**hotel**
Gen	**telefonu**	**hotelu**
Dat	**telefonowi**	**hotelowi**
Akk	**telefon**	**hotel**
Instr	**telefonem**	**hotelem**
Lok	**telefonie**	**hotelu**

unbelebte männliche Nomen: Nom. = Akk. Der Genitiv ist bei unbelebten männl. Nomen meist -u, *manchmal* -a.

Nom	**dzień**	**mężczyzna**
Gen	**dnia**	**mężczyzny**
Dat	**dniowi**	**mężczyźnie**
Akk	**dzień**	**mężczyznę**
Instr	**dniem**	**mężczyzną**
Lok	**dniu**	**mężczyźnie**

dzień *Tag*

mężczyzna *Mann; wird wie weibl. Nomen gebeugt.*

weibliche Hauptwörter, Einzahl

Bei den weiblichen Hauptwörtern spielt die Unterscheidung belebt – unbelebt keine Rolle.

Nom	**kobieta**	**koleżanka**
Gen	**kobiety**	**koleżanki**
Dat	**kobiecie**	**koleżance**
Akk	**kobietę**	**koleżankę**
Instr	**kobietą**	**koleżanką**
Lok	**kobiecie**	**koleżance**

kobieta *Frau*
koleżanka *Kollegin*

Nom	**kawa**	**kuchnia**
Gen	**kawy**	**kuchni**
Dat	**kawie**	**kuchni**
Akk	**kawę**	**kuchnię**
Instr	**kawą**	**kuchnią**
Lok	**kawie**	**kuchni**

kawa *Kaffee*
kuchnia *Küche*

weibliche Nomen: Dat = Lok

Nom	**podróż**	**miłość**
Gen	**podróży**	**miłości**
Dat	**podróży**	**miłości**
Akk	**podróż**	**miłość**
Instr	**podróżą**	**miłością**
Lok	**podróży**	**miłości**

podróż *Reise*
miłość *Liebe*
weibl. Nomen auf Mitlaut: Nom = Akk

sächliche Hauptwörter, Einzahl

miasto *Stadt*
imię *Name*
sächliche Nomen: Nom = Akk

Nom	**miasto**	**imię**
Gen	**miasta**	**imienia**
Dat	**miastu**	**imieniu**
Akk	**miasto**	**imię**
Instr	**miastem**	**imieniem**
Lok	**mieście**	**imieniu**

männliche Hauptwörter, Mehrzahl

Die Unterscheidung zwischen „Personen" (= Männern), „Nicht-Personen" und „ehrwürdigen" Personen ist nur im Nominativ wichtig.
Polak *Pole*
gość *Gast*
ojciec *Vater*
pociąg *Zug*

Nom	**Polacy**	**goście**
Gen	**Polaków**	**gości**
Dat	**Polakom**	**gościom**
Akk	**Polaków**	**gości**
Instr	**Polakami**	**gośćmi**
Lok	**Polakach**	**gościach**

belebte männliche Nomen: Gen = Akk
unbelebte männliche Nomen: Nom = Akk

Nom	**ojcowie**	**pociągi**
Gen	**ojców**	**pociągów**
Dat	**ojcom**	**pociągom**
Akk	**ojców**	**pociągi**
Instr	**ojcami**	**pociągami**
Lok	**ojcach**	**pociągach**

weibliche Hauptwörter, Mehrzahl

gazeta *Zeitung*
noc *Nacht*
alle weiblichen Nomen: Nom = Akk

Nom	**gazety**	**noce**
Gen	**gazet**	**nocy**
Dat	**gazetom**	**nocom**
Akk	**gazety**	**noce**
Instr	**gazetami**	**nocami**
Lok	**gazetach**	**nocach**

sächliche Hauptwörter, Mehrzahl

Nom	**zdjęcia**	**zwierzęta**
Gen	**zdjęć**	**zwierząt**
Dat	**zdjęciom**	**zwierzętom**
Akk	**zdjęcia**	**zwierzęta**
Instr	**zdjęciami**	**zwierzętami**
Lok	**zdjęciach**	**zwierzętach**

Die meisten weiblichen und sächlichen Nomen haben in der Mehrzahl einen endungslosen Genitiv.

zdjęcie *Foto*
zwierzę *Tier*

Palast der Kultur und Wissenschaft, Warschau (Warszawa)

Beugung der Eigenschaftswörter

Selbstverständlich werden im Polnischen auch die Eigenschaftswörter nach Fällen gebeugt. Dadurch stimmen sie eben auch im Fall mit dem Hauptwort, auf das sie sich beziehen, überein. Die schlechte Nachricht zuerst: die Fallendungen der Adjektive sind fast immer ganz anders als die der Hauptwörter. Die gute Nachricht aber ist, dass es hier, anders als bei den Nomen, so gut wie keine Ausnahmen gibt, und diese Endungen kommen dann auch wieder bei vielen Fürwörtern vor.

miły *lieb, nett*

männl. Adjektive Akk.: miły *bei Unbelebtem,* miłego *bei Lebewesen*

Eigenschaftswörter, Einzahl

	männl.	weibl.	sächl.
Nom	**miły**	**miła**	**miłe**
Gen	**miłego**	**miłej**	**miłego**
Dat	**miłemu**	**miłej**	**miłemu**
Akk	**miły / miłego**	**miłą**	**miłe**
Instr	**miłym**	**miłą**	**miłym**
Lok	**miłym**	**miłej**	**miłym**

In der Mehrzahl gilt wiederum die Unterscheidung zwischen Männern und allen anderen, allerdings nur im Nominativ Einzahl (Erweichung des letzten Mitlauts bei Männern).

Eigenschaftswörter, Mehrzahl

	männl. Personen	alle anderen
Nom	**mili**	**miłe**
Gen	**miłych**	**miłych**
Dat	**miłym**	**miłym**
Akk	**miłych**	**miłe**
Instr	**miłymi**	**miłymi**
Lok	**miłych**	**miłych**

Wechselstube

Beugung der Fürwörter

Die Beugungsendungen der Fürwörter entsprechen im Wesentlichen denen der Eigenschaftswörter. Bei den persönlichen Fürwörtern gibt es allerdings unregelmäßige Formen, und in einigen Fällen auch Kurzformen zusätzlich zu den „normalen" Langformen.

Die Kurzformen stehen bei Verben, wenn das Fürwort nicht besonders betont wird. Die Langformen stehen nach Verhältniswörtern, können aber bei besonderer Betonung auch mit Tätigkeitswörtern kombiniert werden.

Die Kurzformen können nicht am Satzanfang stehen.

Genitiv und Akkusativ sind jeweils identisch, ganz gleich, ob sich das Fürwort auf einen Mann oder eine Frau bezieht.

1. und 2. Person (ich / du / wir / ihr)

In Fällen mit einer Unterscheidung zwischen Lang- und Kurzform steht die Langform zuerst, und die Kurzform nach dem Komma.

	ja	ich
Gen	**mnie**	meiner, mich
Dat	**mnie, mi**	mir
Akk	**mnie**	mich
Instr	**(ze) mną**	(mit) mir
Lok	**(o) mnie**	(über) mich

	ty	du
Gen	**ciebie, cię**	deiner, dich
Dat	**tobie, ci**	dir
Akk	**ciebie, cię**	dich
Instr	**(z) tobą**	(mit) dir
Lok	**(o) tobie**	(über) dich

Die Verhältniswörter z(e) *und* o *stehen hier nur zur Verdeutlichung.*

	my	wir
Gen	**nas**	unser, uns
Dat	**nam**	uns
Akk	**nas**	uns
Instr	**(z) nami**	(mit) uns
Lok	**(o) nas**	(über) uns

Dann gibt es noch das rückbezügliche Fürwort, das immer dann verwendet wird, wenn die Person, auf die sich dieses Pronomen bezieht, identisch mit dem Satzgegenstand (Subjekt) ist. Es hat keine Grundform im Nominativ; die anderen Fälle werden genauso wie die Langformen von ty *gebeugt:*

	wy	ihr
Gen	**was**	eurer, euch
Dat	**wam**	euch
Akk	**was**	euch
Instr	**(z) wami**	(mit) euch
Lok	**(o) was**	(über) euch

Gen	siebie
Dat	sobie
Akk	siebie
Inst	(ze) sobą
Lok	(o) sobie

Chciałbyś iść z nami?
chtschjaubyschj ischjtschj s nami
du-würdest-wollen^{m} gehen mit uns^{Inst}
Möchtest du mit uns mit?

Zna mnie a nie ciebie.
sna mnjä a njä tschjäbjä
er/sie-kennt mich^{Akk} und nicht dich^{Akk}
Mich kennt er / sie, nicht dich.

Für den Akkusativ gibt es außerdem noch die häufig vorkommende Kurzform się.

Książka jest dla was.
kschjo^{ng}schka jäßt dla waß
Buch sie-ist für euch^{Gen}
Das Buch ist für euch.

Mówiliśmy o sobie.
Wir sprachen über uns (selbst).

Mówiliśmy o tobie.
muwilischjmy o tobjä
wir-sprachen über dich^{Lok}
Wir sprachen von dir.

Kocham cię.
kocham tschjä
ich-liebe dich^{Akk}
Ich liebe dich

Daj mi gazetę.
daj mi gasätä
gib mir^{Dat} Zeitung^{Akk}
Gib mir mal die Zeitung

3. Person (er / sie es; sie Mehrzahl)

Die unbetonte Kurzform steht, wie in der 1. / 2. Person auch, nach dem Verb.

Hier gibt es sogar drei verschiedene Formen: eine unbetonte Kurzform, eine betonte Form, die mit dem Verb steht, und eine, die mit Verhältniswörtern kombiniert wird.

	Tätigk.	betont	Verhältn.	
		on (er) / **ono** (es)		
Gen	**go**	**jego**	**niego**	seiner
Dat	**mu**	**jemu**	**niemu**	ihm
Akk (*m*)	**go**	**jego**	**niego**	ihn /
(*sächl.*)	**je**	**je**	**nie**	es
Instr	–	–	**(z) nim**	
Lok	–	–	**(o) nim**	
		ona (sie)		
Gen	**jej**	**jej**	**niej**	ihrer
Dat	**jej**	**jej**	**niej**	ihr
Akk	**ją**	**ją**	**nią**	sie
Instr	–	–	**(z) nią**	
Lok	–	–	**(o) niej**	
		oni (sie, *Mz männl.*) / **one** (sie, *Mz n.-männl.*)		
Gen	**ich**	**ich**	**nich**	sie
Dat	**im**	**im**	**nim**	ihnen
Akk (m)	**ich**	**ich**	**nich**	sie
(n.-m.)	**je**	**je**	**nie**	
Instr	–	–	**(z) nimi**	
Lok	–	–	**(o) nich**	

Dałem mu ten list.
Ich gab ihm diesen Brief.

Jemu dałem a nie jej.
Ihm gab ich ihn, und nicht ihr.

Nie widziałam go wczoraj.
Gestern habe ich ihn nicht gesehen. (sagt eine Frau).

Jego nie lubię, ją lubię.
Den mag ich nicht, aber sie mag ich.

Widzę ich.
Ich sehe sie (= Männer).

Widzę je.
Ich sehe sie (= Frauen, Dinge).

Für die höfliche Anrede (Sie) verwendet man pan („der Herr") bzw. pani („die Dame"). Diese Ausdrücke werden natürlich auch gebeugt.

Proszę pana / pani.
proschä pana / panji
ich-bitte Herrn^{Akk} / Dame^{Akk}
Ich bitte Sie darum. / Entschuldigen Sie.

Die persönlichen Fürwörter der 3. Person zeigen also die Endungen der Eigenschaftswörter, ebenso die verschiedenen Klassen von Fürwörtern, die es sonst noch so gibt: besitzanzeigende, hinweisende, Fragefürwörter usw. Hier kann ich Ihnen nur raten, im Gespräch Sätze zu vermeiden, die solche Formen erforderlich machen. Die Beugung der wichtigsten Frageformen „wer" und „was" möchte ich Ihnen aber dennoch nicht vorenthalten.

	wer?	was?
Nom	**kto**	**co**
Gen	**kogo**	**czego**
Dat	**komu**	**czemu**
Akk	**kogo**	**co**
Instr	**(z) kim**	**czym**
Lok	**(o) kim**	**(o) czym**

Im Polnischen verlangt das Verb „suchen" eine Satzergänzung im Genitiv.

Czego szukasz?
tschägo schukasch
was/wessen^Gen du-suchst
Was suchst du?

also z. B. czegoś *(Gen. von „etwas") oder* komuś *(Dat. „jemand")*

Durch Anhängen von -ś an die jeweiligen Beugungsformen der Fragewörter erhält man die Beugung von ktoś „jemand" bzw. coś „etwas".

Zahlen & Zählen

In den meisten Sprachen verschafft das Kapitel über Zahlen eine Atempause. Man muss nur die Zahlenreihe können. Polnisch dagegen birgt auch hier böse Überraschungen.

0	**zero**	säro
1	**jeden**	jädän
2	**dwa**	dwa
3	**trzy**	tschy
4	**cztery**	tschtäry
5	**pięć**	pjänjtschj
6	**sześć**	schäschjtschj
7	**siedem**	schjädäm
8	**osiem**	oschjäm
9	**dziewięć**	dshjäwjänjtschj
10	**dziesięć**	dshjäschjänjtschj

Die Zahlen 11 bis 19 werden mittels Einer plus -naście gebildet, wobei die Einerzahlen 4, 5, 6 und 9 leicht verändert werden.

11	**jedenaście**	jädänaschjtschjä
12	**dwanaście**	dwanaschjtschjä
13	**trzynaście**	tschynaschjtschjä
14	**czternaście**	tschtärnaschjtschjä
15	**piętnaście**	pjätnaschjtschjä
16	**szesnaście**	schäßnaschjtschjä
17	**siedemnaście**	schjädämnaschjtschjä
18	**osiemnaście**	oschjämnaschjtschjä
19	**dziewiętnaście**	dshjäwjätnaschjtschjä

Die Zehner und Hunderter werden jedoch sehr viel komplizierter gebildet als im Deutschen. Auf Deutsch sagt man ganz einfach „einhundert", „zweihundert" usw. Die Polen benutzen dagegen für „hundert" vier verschiedene Formen. Bei den Zehnern gibt es eine ähnliche Vielfalt. Schuld hieran ist neben lautlichen Angleichungsregeln vor allem die Tatsache, dass auch die Zahlen gebeugt werden. Doch dazu etwas später.

20	**dwadzieścia**	dwadshjäschjtschja
30	**trzydzieści**	tschydshjäschjtschji
40	**czterdzieści**	tschtärdshjäschjtschji
50	**pięćdziesiąt**	pjänjdshjäschjont
60	**sześćdziesiąt**	schäshjdshjäschjont
70	**siedemdziesiąt**	schjädämdshjäschjont
80	**osiemdziesiąt**	oschjämdshjäschjont
90	**dziewięćdziesiąt**	dshjäwjänjdshjäschjont

100	**sto**	ßto
200	**dwieście**	dwjäschjtschjä
300	**trzysta**	tschyßta
400	**czterysta**	tschtäryßta
500	**pięćset**	pjänjtschjßät

600	**sześćset**	schäjßät
700	**siedemset**	schjädämßät
800	**osiemset**	oschjämßät
900	**dziewięćset**	dshjäwjänjtschjßät

1.000	**tysiąc**	tyschjontz
1.000.000	**milion**	miljon

Je nach Geschlecht des gezählten Hauptwortes haben jeden und dwa unterschiedliche Formen:

m	**jeden**	jädän	**dwa**	dwa
w	**jedna**	jädna	**dwie**	dwjä
s	**jedno**	jädno	**dwa**	dwa

jeden złoty
ein Złoty

dwie gazety
zwei Zeitungen

Diese Formen für „zwei" gelten aber nur für Gegenstände – und (die weibliche) für Frauen! Für männliche Personen und gemischte Gruppen gibt es noch jeweils andere, und dies für praktisch alle Zahlen oberhalb der „eins".

männliche Personen:
3 trzej
4 czterej
5 pięciu
6 sześciu
7 siedmiu
8 ośmiu
9 dziewięciu
10 dziesięciu
100 stu

gemischte Gruppen:
3 troje
4 czworo
5 pięcioro

dwaj chłopcy *(m)*
zwei Jungen

dwoje dzieci *(gemischt)*
zwei Kinder

Reihenfolge zusammengesetzter Zahlen

Tausender – Hunderter – Zehner – Einer.

25	**dwadzieścia pięć**
694	**sześćset dziewięćdziesiąt cztery**
3.278	**trzy tysiące dwieście siedemdziesiąt osiem**

Steht eine Zahl mit einem Hauptwort, dann gilt: 1 sowie 2 bis 4 (auch 22 bis 24, 32 bis 34 usw.) verlangen keinen besonderen Fall für das Gezählte (d. h., nur den Nominativ).

To są dwa polskie miasta.
to ßo^{ng} dwa polßkjä mjaßta
Das sind zwei polnische Städte.

To są dwadzieścia dwa polskie miasta.
to ßo^{ng} dwadshjäschjtschja dwa polßkjä mjaßta
Das sind zweiundzwanzig polnische Städte.

Von 5 bis 21, 25 bis 31, 35 bis 41 usw. wird im Polnischen der Genitiv verlangt, weil die Zahlen nun als „Kollektiv" betrachtet werden.

To jest pięć polskich miast.
to jäßt pjänjtschj polßkich mjaßt
das es-ist fünf polnischer^{Gen} Städte^{Gen}
Das sind fünf polnische Städte.

To jest dwadzieścia pięć polskich miast.
to jäßt dwadshjäschjtschja pjänjtschj polßkich mjaßt
das es-ist zwanzig fünf polnischer^{Gen} Städte^{Gen}
Das sind fünfundzwanzig polnische Städte.

Das bedeutet, diese Zahlen verhalten sich wie Nomen, die gezählten Dinge sind ihr „Besitzer" (Genitiv!), und das Verb der Satzaussage steht in der Einzahl, sächliche Endung. Also: „fünf polnische Städte" = „eine Fünfzahl polnischer Städte". – Das erklärt dann übrigens auch die Unregelmäßigkeiten bei der Bildung der Zehner- und Hunderterzahlen.

Ordnungszahlen

pierwszy	pjärfschy	erster
drugi	drugi	zweiter
trzeci	tschätschji	dritter
czwarty	tschwarty	vierter
piąty	pjonty	fünfter
szósty	schußty	sechster
siódmy	schjudmy	siebter
ósmy	ußmy	achter
dziewiąty	dshjäwjonty	neunter
dziesiąty	dshjäschjonty	zehnter

Wie Eigenschaftswörter stimmen die Ordnungszahlen mit dem Hauptwort, auf das sie sich beziehen, in Geschlecht und Fall überein.

To jest moja trzecia wizyta.
to jäßt moja tschjätschja wisyta
das ist mein dritter Besuch
Es ist mein dritter Besuch.

Zeit & Datum

Auch in diesem Kapitel kommt man nicht ohne gebeugte Zahlen aus.

Uhrzeit

Która jest godzina?
ktura jäßt godshjina
welche sie-ist Stunde
Wie spät ist es?

Die Stunden werden mit Ordnungs-, die Minuten mit Grundzahlen ausgedrückt. Vier Uhr ist also czwarta bzw. szesnasta (godzina entfällt bei den Zeitangaben meistens):

o czwartej
um vier (Uhr)

pięć (minut) po czwartej
pjänjtschj (minut) po tschwartäj
fünf (Minuten) nach vierte[Lok]
fünf nach vier (auch 16:05 Uhr)

wpół do szóstej
fpu do schußtäj
halb bis sechste[Gen]
halb sechs (auch 17:30)

za pięć ósma
sa pjänjtschj ußma
hinter fünf achte
fünf vor acht

kwadrans po piątej
kfadra[ng]ß po pjontäj
Viertel nach fünfte[Lok]
Viertel nach fünf (17:15)

za kwadrans trzecia
sa kfadra[ng]ß tschätschja
hinter Viertel dritte
Viertel vor drei

Datum

Bei der Datumsangabe stehen sowohl der Tag als auch der Monat im Genitiv.

Którego mamy dzisiaj?
kturägo mamy dshjischjaj
welcher^{Gen} *wir-haben heute*
Welches Datum haben wir heute?

Dzisiaj mamy pierwszego marca.
dshjischjaj mamy pjärfschägo martza
Heute haben wir den 1. März

Dzisiaj jest pierwszy marca.
dshjischjaj jäßt pjarfschy martza
Heute ist der 1. März.

Die Datumsangabe erfolgt wie im Deutschen mit einer Ordnungszahl.

dwunastego lutego
dwunastägo lutägo
am 12. Februar

Auch die Jahresangabe ist im Wesentlichen eine Ordnungszahl.

dwa tysiące dziesiątego roku
dwa tyschjontzä dshjäschjontägo roku
zweitausendsten^{Gen} *zehnten*^{Gen} *Jahres*^{Gen}
im Jahr 2010

Genauer gesagt sind normalerweise nur die Zehner und die Einer Ordnungszahlen; die Tausender und Hunderter stehen in der Grundzahl. Ausnahme:
dwutysięczny rok
das Jahr 2000

rok	rok	Jahr (*Ez*)
lata	lata	Jahre (*Mz*)
lat	lat	Jahre (*Mz, Genitiv*)

Feiertage in Polen

Nowy Rok	Neujahrstag
Wielkanoc	Ostern
1 maja	Tag der Arbeit (1. 5.)
3 maja (Swięto Konstytucji)	Verfassungstag (3. 5. 1791)
Boże Ciało	Fronleichnam

Glückwünsche

Wesołych Świąt Wielkanocnych!
Frohe Ostern!

Wesołych Świąt Bożego Narodzenia!
Frohe Weihnachten!

Najlepsze życzenia urodzinowe!
Herzlichen Glückwunsch zum Geburtstag!

Wszystkiego najlepszego (z okazji urodzin)
Alles Beste (zum Geburtstag)

Wniebowzięcie Najświętszej Marii Panny	Mariä Himmelfahrt (15. 8.)
Wszystkich Świętych	Allerheiligen (1. 11.)
Wigilia	Heiligabend
Boże Narodzenie	Weihnachten

Jahreszeiten (pory roku)

wiosna	wjoßna	Frühling
lato	lato	Sommer
jesień	jäschjänj	Herbst
zima	shjima	Winter

Will man aus den Jahreszeiten eine Zeitangabe machen, benötigt man die Beugung im Instrumental.

wiosną	*Frühling*^{Instr}	im Frühling
latem	*Sommer*^{Instr}	im Sommer
jesienią	*Herbst*^{Instr}	im Herbst
zimą	*Winter*^{Instr}	im Winter

Tageszeiten (pory dnia)

ranek	ranäk	Morgen
przedpołudnie	pschätpouudnjä	Vormittag
południe	pouudnjä	Mittag
popołudnie	popouudnjä	Nachmittag
wieczór	wjätschur	Abend
dzień	dshjänj	Tag
noc	notz	Nacht
północ	punotz	Mitternacht
doba	doba	24-Stunden-Tag

Monate (miesiące)

styczeń	ßtytschänj	Januar
luty	luty	Februar
marzec	mashätz	März
kwiecień	kwjätschjänj	April
maj	maj	Mai
czerwiec	tschärwjätz	Juni
lipiec	lipjätz	Juli
sierpień	schjärpjänj	August
wrzesień	wshäschjänj	September
październik	pashjdshjärnjik	Oktober
listopad	lißtopat	November
grudzień	grudshjänj	Dezember

Bei Zeitangaben wie „im Januar, Februar" usw. wird diesmal das Verhältniswort w (we) benötigt und der Monatsname in den Lokativ gesetzt.

w styczniu	im Januar
w lutym*	im Februar
w marcu	im März
w kwietniu	im April
w maju	im Mai
w czerwcu	im Juni
w lipcu	im Juli
w sierpniu	im August
we wrześniu	im September
w październiku	im Oktober
w listopadzie	im November
w grudniu	im Dezember

* Der Februar (luty) ist im Polnischen grammatisch gesehen ein Eigenschaftswort, daher die besondere Endung.

Wochentage (dni tygodnia)

poniedziałek	ponjädshjauäk	Montag
wtorek	ftoräk	Dienstag
środa	schjroda	Mittwoch
czwartek	tschwartäk	Donnerstag
piątek	pjontäk	Freitag
sobota	ßobota	Samstag
niedziela	njädshjäla	Sonntag

Bei Zeitangaben steht w mit dem Akkusativ.

w poniedziałek	am Montag
we wtorek	am Dienstag
w środę	am Mittwoch
w czwartek	am Donnerstag
w piątek	am Freitag
w sobotę	am Samstag
w niedzielę	am Sonntag

Zeit (czas)

godzina godshjina	Stunde
minuta minuta	Minute
dzień (*Mz* **dni**) dshjänj (dnji)	Tag
tydzień (*Mz* **tygodnie**) tydshjänj (tygodnjä)	Woche
rok (*Mz* **lata**) rok (lata)	Jahr
rano rano	morgens
w południe f pouudnjä	mittags
po południu po pouudnju	nachmittags

wieczorem wjätschoräm	abends
nocą (w nocy) notzo^ng (w notzy)	nachts
wczoraj ftschoraj	gestern
przedwczoraj pschätftschoraj	vorgestern
dzisiaj, dziś dshjischjaj, dshjischj	heute
jutro jutro	morgen
pojutrze pojutshä	übermorgen
dwa dni temu dwa dnji tämu	vor zwei Tagen
za pięć dni sa pjänjtschj dnji	in zwei Tagen
już jusch	schon
jeszcze (nie) jäschtschä (njä)	noch (nicht)
czasem tschaßäm	manchmal
zawsze sawschä	immer
natychmiast natychmjaßt	sofort
zaraz saraß	gleich
w porę f porä	rechtzeitig
za późno sa pushjno	zu spät
nagle naglä	plötzlich

Wanderpause in der Hohen Tatra (Tatry Wysokie)

Wie die Polen sind

Wenn wir etwas vermitteln wollen, benutzen wir nicht nur Worte, sondern setzen auch **Gestik** und **Körpersprache** ein. Man kann zum Beispiel jemandem „einen Vogel" zeigen. Oder man kann durch ein Zeichen mit dem Daumen zu verstehen geben, dass alles in Ordnung ist. Mit dem Kopf nicken heißt „ja", den Kopf schütteln „nein".

Nur beim Trampen gibt es einen Unterschied: statt wie im Westen Europas mit dem Daumen zu hantieren, streckt man in Polen (wie im ganzen Osten Europas) gleich den ganzen Arm aus, praktisch wie ein Verkehrspolizist.

Ein deutlicher Unterschied zwischen Deutschen und Polen besteht aber im Bereich der Körpersprache. Natürlich sind Pauschalisierungen etwas gefährlich. Dennoch finde ich die Polen grundsätzlich offener und ungezwungener. Sie werden sehr viele freundliche, spontane Menschen kennen lernen. Das drückt sich auch in der Körpersprache aus. Es wird mehr gestikuliert, weniger mit der Hand vor dem Mund gesprochen bzw. mit übergeschlagenen Beinen gesessen (beides ein Zeichen von „Verschlossenheit").

Es wird sich viel häufiger umarmt und geküsst, beim Verabschieden, beim Willkommenheißen usw. Auch zwischen Männern und Frauen gibt es mehr solcher körperlicher Kontakte, was für Deutsche vielleicht zu Missverständnissen führen kann. Im Grunde gehen die Männer mit den Frauen „charmanter" um, mit Handkuss, Türaufhalten, In-den-Mantel-Helfen usw. Peinliches Schweigen während und vor allem am Anfang eines Gesprächs ist selten.

Ich sollte auch den typischen Sinn der Polen für Humor erwähnen, der sehr eng damit zusammenhängt, dass die Dinge eher auf die leichte Schulter genommen werden. Die Ironie ist eine „Kunstform" in Polen – die Kurzgeschichten von Sławomir Mrożek sind ein gutes Beispiel dafür. Vieles geht eben nach dem Motto Jakoś to będzie – „Irgendwie wird es schon werden."

Kirche in Polen

Von der Kirche in Irland abgesehen, hat die katholische Kirche Polens eine einzigartige Stellung in Europa. Seit der polnischen Staatsbildung gehören Nation und Religion zusammen: im Jahre 966 ließ sich Fürst Mieszko I. bekehren, und damit, wie damals üblich, auch sein Volk. Seitdem ist Polen ein Bollwerk des katholischen Christentums, z. B. gegen die Tataren, aber auch gegen die Türken. 1683 schlug Jan Sobieski die türkischen Armeen vor Wien und rettete dabei das christliche Abendland.

Während der Zeit des geteilten Polens wurden Kirche und Sprache zu den Pfeilern des Nationalgefühls (polskość). Aus diesem Grunde bekämpften die Nazis auch die Kirche in Polen. Mit anderen Worten: Die Kirche hat stets mit dem Volk zusammen gelitten. Das polnische Volk hat darum ein starkes Vertrauen in die Kirche, das auf Frömmigkeit und Respekt vor dieser urpolnischen Institution, aber auch auf politischen Widerstandsgedanken beruht.

In Polen sind die Kirchen nie so voll gewesen wie in der Gegenwart. Jährlich reisen 1,5

Millionen Pilger nach Częstochowa (Tschenstochau), wo sich im Paulinerkloster auf der Jasna Góra (dem Hellen Berg) das Altarbild der Matka Boska Częstochowska (Schwarze Muttergottes von Tschenstochau) befindet. Kirchliche Feiertage werden noch mit Überzeugung begangen. Manchmal sieht man von Dorfleuten gepflegte kleine, südländisch anmutende Straßenkapellen.

Während der Zeit des Sozialismus hat Karol Wojtyła als Papst Johannes Paul II. seine Heimat dreimal besucht. Viele denken, dass diese Besuche eine wesentliche Rolle beim endgültigen Sturz des damaligen Systems spielten. Wie dem auch sei, die katholische Kirche bleibt auch nach der Wende sehr einflussreich in Polen. Doch ganz so unangefochten ist ihre geistige Vormachtstellung nicht mehr. Mit der Entwicklung einer pluralistischen Gesellschaft und der vorschreitenden Verwestlichung des Lebensstils wächst auch die Kritik am katholischen Gedankengut. Man denke nur an die polemische Abtreibungsdebatte, die in Polen immer noch geführt wird. Gerade im Bereich der Sexualmoral rücken viele jüngere Polen deutlich von den überkommenen Einstellungen ab.

Ein Tipp für touristische Kirchenbesucher: in Polen sind die meisten Kirchen fast durchgängig zugänglich. Allerdings ist aufgrund der Diebstahlsgefahr oft außerhalb der Gottesdienstzeiten nur ein mit Gittern abgetrennter Vorraum geöffnet.

In Polen gibt es aber nicht ausschließlich katholische Kirchen. Man findet auch evangelische und orthodoxe Kirchen sowie Synagogen, in den tatarischen Siedlungen an der Ostgrenze sogar vereinzelte Moscheen.

	Bóg buk	Gott
	kościół katolicki koschjtschju katolitzki	katholische Kirche
	kościół protestancki koschjtschju protäßtantzki	evangelische Kirche
	cerkiew tsärkjäf	orthodoxe Kirche
	synagoga ßynagoga	Synagoge
	klasztor klaschtor	Kloster
	przydrożna kapliczka pschydroshna kaplitschka	Straßenkapelle
	ksiądz kschjontz	Priester
	papież papjäsch	Papst
wierzyć *glauben*	**wiara** wjara	Glaube
	wierny wjärny	Gläubiger
	msza mscha	Messe
	nabożeństwo naboshänjßtwo	Gottesdienst
modlić się *beten*	**modlitwa** modlitfa	Gebet
	pielgrzymka pjälgshymka	Wallfahrt
	ołtarz outasch	Altar
	organy organy	Orgel
	świeca schjwjätza	Kerze
	święty schjwjänty	heilig; Sankt ...

chrzest chschäßt	Taufe
pogrzeb pogshäp	Beerdigung

Alter Grabstein in Marienburg (Malbork)

Anrede & Begrüßung

Wie Sie bereits wissen, ist die höfliche Anredeform im Polnischen anders als im Deutschen. In der Anrede sagt man anstelle des persönlichen Fürwortes „Sie“ pan (Herr) bzw. pani (Frau, Dame). Auch im Deutschen ist diese Ausdrucksweise noch immer nicht ganz ausgestorben, z. B. beim Einkaufen: „Was wünschen der Herr / die Dame?".

Sonst ist der Usus im Polnischen relativ unproblematisch. Ty und wy entsprechen dem Deutschen „du" bzw. „ihr". Geduzt wird wie im Deutschen. Dabei können Sie sich also auf Ihr Gefühl verlassen.

Mit einem Smartphone können Sie sich die mit einem gekennzeichneten Sätze dieses Kapitels anhören. Scannen Sie einfach den QR-Code mit Hilfe einer kostenlosen App (z. B. „Barcoo" oder „Scanlife").

Begrüßung

Dzień dobry.
dshjänj dobry
Tag guter
Guten Tag / Morgen.

Jak się pan / pani ma?
jak schjä pan / panji ma
wie sich Herr / Dame hat
Wie geht es Ihnen?

Jak leci?
jak lätschji
wie es-fliegt
Wie geht's?

Bardzo dobrze, dziękuję.
bardso dobshä dshjänkujä
sehr gut ich-danke
Sehr gut, danke.

Dobry wieczór.
dobry wjätschur
guter Abend
Guten Abend.

Dobranoc.
dobranotz
gute-Nacht
Gute Nacht.

Cześć!
tschäschjtschj
Ehre
Hallo! / Tschüss!

Do widzenia.
do widsänja
bis Sehens^{Gen}
Auf Wiedersehen.

Man hört aber auch do zobaczenia. Dies stammt vom Verb zobaczyć (sehen) im vollendeten Aspekt (widzieć ist der unvollendete Aspekt). Der vollendete Aspekt legt hier nahe, dass ein Wiedersehen mit großer Wahrscheinlichkeit bald stattfinden wird. Man kann es also auch mit „bis demnächst" übersetzen. Es wirkt damit etwas vertraulicher als do widzenia.

Höflichkeiten

Proszę (bitte) heißt wörtlich „ich bitte“, da es die 1. Person Einzahl von prosić (bitten) ist.

Der Gebrauch der Fälle bei der angeredeten Person, die man um etwas bittet, ist ein wenig konfus. Bei Männern sagt man auf jeden Fall proszę pana, *bei mehreren Personen* proszę państwa. *Dies ist der Form nach ein Genitiv bzw. vielmehr der damit identische Akkusativ bei „Belebtem“ („ich bitte den Herrn“). Wird eine Frau angeredet, herrscht selbst bei Muttersprachlern Verwirrung. Als korrekt gilt* proszę pani. *Dies ist entweder der Genitiv oder die Anredeform Vokativ (dazu später). Der Akkusativ* proszę panią *ist falsch, auch wenn man ihn hören kann. Korrekt ist aber* proszę panią o coś *(„um etwas bitten“)!*

Proszę pani, gdzie jest dworzec?
proschä panji gdshjä jäßt dwoshätz
ich-bitte Dame wo er-ist Bahnhof
Können Sie mir sagen, wo der Bahnhof ist?

Proszę pana!
proschä pana
ich-bitte Herrn
Kommen Sie bitte herein!

Przepraszam.
pschäprascham
ich-entschuldige-mich
Verzeihen Sie, bitte.

Czy może mi pan pokazać ...?
tschy moshä mi pan pokasatschj
ob er-kann mir Herr zeigen
Können Sie mir bitte zeigen ...?

Czy może mi pan / pani powiedzieć gdzie jest muzeum?
tschy moshä mi pan / panji powjädschjätschj gdshjä jäßt musäum
ob kann mir Herr / Dame sagen wo es-ist Museum
Können Sie mir bitte sagen, wo das Museum ist?

Czy można zapalić?
tschy moshna sapalitschj
ob man-darf rauchen
Darf man rauchen?

Proszę bardzo.
proschä bardso
ich-bitte sehr
Bitte sehr.

Verständigung

Falls es mit der Verständigung mal doch nicht so gut funktioniert:

Czy pan / pani mówi po niemiecku?
tschy pan / panji muwi po njämjätzku
ob Herr / Dame spricht auf Deutsch[Lok]
Sprechen Sie Deutsch?

Statt po niemiecku *können Sie auch die anderen Sprachen aus der Liste einsetzen.*

po angielsku	po angjälßku	Englisch
po francusku	po frantzußku	Französisch
po polsku	po polßku	Polnisch

Rozumiem.
rosumjäm
ich-verstehe
Ich verstehe.

Nie rozumiem.
njä rosumjäm
nicht ich-verstehe
Ich verstehe nicht.

Już wiem.
jusch wjäm
schon ich-weiß
Ich weiß schon.

Nic nie rozumiem.
njitz njä rosumjäm
nichts nicht ich-verstehe
Ich verstehe nichts.

Co to znaczy po niemiecku?
tzo to snatschy po njämjätzku
was das es-bedeutet auf Deutsch[Lok]
Was bedeutet das auf Deutsch?

Proszę mówić trochę wolniej.
proschä muwitschj trochä wolnjäj
ich-bitte sprechen etwas langsamer
Würden Sie bitte langsam sprechen?

Das erste Gespräch

Ein erstes Gespräch könnte etwa wie folgt dargestellt verlaufen.

To jest pani Byjoś.
to jäßt panji byjoschj
das sie-ist Frau Byjoś
Ich darf Ihnen Frau Byjoś vorstellen.

To jest Anna.
to jäßt an-na
das sie-ist Anna
Das ist Anna.

Nazywam się Robert.
nasywam schjä robärt
ich-nenne mich Robert
Ich heiße Robert.

Jestem ...
jäßtäm
ich-bin
Ich bin ...

Miło mi.
miuo mi
lieb mir
Freut mich.

Czy jest pan / pani tu po raz pierwszy?
tschy jäßt pan / panji tu po raß pjärfschy
ob ist Herr / Dame hier auf Mal erster
Sind Sie zum ersten Mal hier?

Czy pan / pani jest tu sam / sama?
tschy pan / panji jäßt tu ßam / ßama
ob Herr / Dame ist hier allein(m/w)
Sind Sie alleine hier?

Jestem tu z przyjaciółmi.
jäßtäm tu s pschyjatschjumi
ich-bin hier mit Freunden^{Instr}
Ich bin mit Freunden zusammen hier.

Jestem tu z żoną / z mężem.
jäßtäm tu s shono^{ng} / s mä^{ng}shäm
ich-bin hier mit Ehefrau^{Instr} / *mit Ehemann*^{Instr}
Ich bin mit meiner Frau / meinem Mann hier.

Mit einem Smartphone können Sie sich die mit einem gekennzeichneten Sätze dieses Kapitels anhören.

Austriak
Österreicher
Austriaczka
Österricherin
austriacki
österreichisch
Szwajcar
Schweizer
Szwajcarka
Schweizerin
szwajcarski
schweizerisch
Amerykanin
Amerikaner
Amerykanka
Amerikanerin
amerykański
amerikanisch
Anglik
Engländer
angielski
englisch
Francuz
Franzose
Francuzka
Französin
francuski
französisch

Austria *(w)*
Österreich
Szwajcaria *(w)*
Schweiz
Ameryka
Amerika
Anglia *(w)*
England
Francja
Frankreich

Czy panu / pani się tu podoba?
tschy panu / panji schjä tu podoba
ob Herrn[Dat] / Dame[Dat] sich hier es-gefällt
Gefällt es Ihnen hier?

Skąd pan / pani pochodzi?
ßkont pan / panji pochodshji
woher Herr / Dame er-kommt-her
Woher kommen Sie?

Jakie pan / pani ma obywatelstwo?
jakjä pan / panji ma obywatälßtfo
welche Herr / Dame hat Staatsbürgerschaft
Welche Staatsangehörigkeit haben Sie?

Jestem z Niemiec / ze Szwajcarii / z Austrii.
jäßtäm s njämjätz / sä schwaitzari / s außtri
ich-bin aus Deutschland[Gen] / aus Schweiz[Gen] / aus Österreich[Gen]
Ich bin aus Deutschland / aus der Schweiz / aus Österreich.

Die jeweils ungebeugten Ländernamen lauten Niemcy (Deutschland; grammatisch ein Mehrzahlwort), Szwajcaria und Austria.

Republika Federalna Niemiec (RFN)
räpublika fädäralna njämjätz (äräfän)
Bundesrepublik Deutschland

Jesteśmy tu na urlopie.
jäßtäschjmy tu na urlopjä
wir-sind hier auf Urlaub[Lok]
Wir machen hier Urlaub.

Gdzie pan / pani pracuje?
gdshjä pan / panji pratzujä
wo Herr / Dame arbeitet
Wo arbeiten Sie?

Umgangssprachlich kann letzterer Satz auch bedeuten: „Was sind Sie von Beruf?“

Die Berufsangabe steht im Instrumental.

Jestem studentem / studentką.
jäßtäm ßtudäntäm / ßtudäntko[ng]
ich-bin Student/Studentin[Instr]
Ich bin Student / Studentin.

Oder man ist z. B. eines von Folgendem:

... nauczycielem na-utschytschjäläm	... Lehrer
... nauczycielką na-utschytschjälko[ng]	... Lehrerin
... robotnikiem robotnjikjäm	... Arbeiter
... pracownikiem pratzownjikjäm	... Angestellter
... kierownikiem kjärownjikjäm	... Direktor, Leiter
... na bezrobociu na bäsrobotschju	... arbeitslos

adwokat
Anwalt
lekarz
Arzt
rolnik
Bauer
urzędnik
Beamter
rzemieślnik
Handwerker
inżynier
Ingenieur
dziennikarz
Journalist
kucharz
Koch
artysta
Künstler
sprzedawca
Verkäufer
sprzedawczyni
Verkäuferin

Na razie.
na rashjä
Bis später. / Bis dann.

Do jutra.
do jutra
Bis morgen.

© Artur Bogacki@Fotolia.com

Bus im Einsatz

Floskeln & Redewendungen

Wierzę, że ...
Ich glaube, dass ...
Uważam, że ...
Ich meine, dass ...
Mam nadzieję, że ...
Ich hoffe, dass ...
zapewne
sicher, bestimmt
chętnie
gern
prawdopodobnie
wahrscheinlich
oczywiście
selbstverständlich
Proszę powiedzieć!
Sagen Sie!
Nie szkodzi!
Macht nichts!
Nie wierzę w to.
Das glaube ich nicht.
Tego nie chcę.
Ich möchte das nicht.
Ratunku!
Hilfe!
Mam stracha.
Ich habe Angst.

Wie in jeder Sprache gibt es auch im Polnischen Floskeln, die man einfach kennen muss, weil man sie nicht einfach nur aus dem Deutschen übersetzen kann.

Floskeln

Tak! tak	Ja!
Owszem! ofschäm	Jawohl! Freilich
Rzeczywiście! shätschywischjtschjä	Wirklich! / Tatsache!
Dobrze! / Dobra! dobshä / dobra	Gut! / Okay!
Naprawdę? naprawdä	Wirklich? (Ernsthaft?)
Jeszcze raz! jäschtschä raß	Noch einmal!
Szkoda! schkoda	Wie schade!
Już wiem. jusch wjäm	Das weiß ich schon.
Przepraszam. pschäprascham	Entschuldigung.

Dabei wird tak (ja, jawohl) oft und gerne wiederholt.

Ausrufe

Hier sehen wir nun Beispiele für den Vokativ, den Fall der Anrede, den ich in den Beugungstabellen der Hauptwörter unterschlagen habe.

Mój Boże! muj boshä	Mein Gott!
Człowieku! tschuowjäku	Mensch!
Boże drogi! boshä drogi	Meine Güte!

Pech! päch	Pech!
Ależ tak! aläsch tak	Ja doch!
Ależ nie! aläsch njä	Nicht doch!
Ach! ach	Ach!
Ach tak! ach tak	Ach so!
Aj! aj	O je! / Aua!
no, ... no	na / tja / also ...
Szkoda! schkoda	Schade!
Jazda! / Start! jasda / tart	Los, auf!
Świństwo! schjfinjßtfo	Schweinerei!
Nie! njä	Nein!

Beschauliche Stimmung mit Ruderbooten

Das Wetter

Wie überall sorgt auch in Polen das Wetter zuverlässig für Gesprächsstoff:

chmura
Wolke
pochmurnie
bewölkt
jasno
klar
mgła – mgliście
Nebel – neblig
słonecznie
sonnig
wiatr – wietrznie
Wind – windig
burza – burzliwie
Sturm, Gewitter – stürmisch
śnieg
Schnee
lód
Eis
stopień
Grad (Temperatur)

Jaka jest pogoda?
jaka jäßt pogoda
welches es-ist Wetter
Wie ist das Wetter?

Pada deszcz.
pada deschtsch
es-fällt Regen
Es regnet.

Jaki piękny dzień!
jaki pjänkny dshjänj
welcher schöner Tag
Heute ist es sehr schön.

Słońce świeci.
ßuonjtzä schjfjätschji
Sonne sie-leuchtet
Die Sonne scheint

Jaka okropna pogoda!
jaka okropna pogoda
welches schreckliches Wetter
Was für ein schreckliches Wetter!

Pferdekutsche

Wohnen & Leben

In Polen wurde im letzten Weltkrieg unheimlich viel zerstört, und es gab bis in unsere Zeit einen enormen Bedarf an Wohnungen. Die Mehrheit der städtischen Bevölkerung wohnt in durch Wohnungsbaugenossenschaften (spółdzielnie mieszkaniowe) errichteten Großsiedlungen aus Plattenbauten, in denen die Wohnverhältnisse beengt sind.

Es kommt noch dazu, dass Polen ziemlich früh heiraten und bis vor kurzem auch früh recht viele Kinder bekamen. Die Familienbande sind eng. So kommt es, dass junge Leute selbst nach der Hochzeit noch lange bei den Eltern wohnen bleiben, denn es kann Jahre dauern, eine eigene Wohnung zu bekommen. Bis dahin leben die Generationen unter einem Dach zusammen. Das kann natürlich zu Reibereien führen. Aber in dieser Gesellschaft wird praktisch niemand alleine gelassen.

In diesen „engen" Familienkreis werden Gäste meist spontan und freundlich aufgenommen. Es wird ihnen eine überwältigende Gastfreundschaft entgegengebracht.

Was Wohnungen angeht, war die Situation auf dem Land schon immer anders als in der Großstadt: Privateigentum wurde schon in Zeiten des Sozialismus großgeschrieben. Schon damals gab es sowohl Eigentumswohnungen als auch private Bauernhöfe neben den staatlichen „Landwirtschaftlichen Produktionsgenossenschaften" (spółdzielnie produkcyjne), die in Polen nie so wichtig waren wie in der ehemaligen DDR.

Die privaten Häuser, alte wie neue, sind oft sehr sauber und gepflegt. Seit der Wende herrscht ein Boom der Einfamilienhäuser.

wieś *(w)*
Dorf
miasto
Stadt
dzielnica
Stadtteil, Viertel
stolica
Hauptstadt
mieszkaniec
Einwohner
osiedle
Neubausiedlung
dom
Haus
państwo
Staat
obywatel
Staatsbürger

Für die Neureichen gibt es mittlerweile extrem luxuriöse Wohnanlagen, z. T. mit Schlagbaum und Sicherheitsdienst.

Zu Gast sein

Die polnische Gastfreundschaft ist berühmt: Die Polen tun für den Gast alles. Es ist es in Polen nach wie vor Sitte, Gästen so oft und herzlich zu essen und trinken anzubieten, bis sich diese wirklich heftig dagegen wehren. Dann sagt man:

gość *(m)*
Gast
gospodarz *(m)*
Gastgeber
gościnność *(w)*
Gastfreundschaft

Dziękuję, już nie dam rady.
dshjänkujä jusch njä dam rady
ich-danke schon nicht ich-gebe Rat
Danke, ich kann nicht mehr.

To jest pyszne.
to jäßt pyschnä
das es-ist köstlich
Das ist köstlich.

Zaraz pęknę.
saraß pänknä
gleich ich-platze[vo]
Ich platze gleich.

Już mi szumi w głowie.
jusch mi schumi w guowjä
schon mir es-rauscht in Kopf[Lok]
Es steigt mir schon zu Kopf. *(Alkohol)*

rodzina
Familie
rodzice
Eltern
rodzeństwo
Geschwister

Verwandtschaft

babka, babcia bapka, baptschja	Großmutter, Oma
dziadek dshjadäk	Großvater, Opa
małżeństwo maushänjßtfo	Ehepaar
żona shona	Ehefrau
mąż mo^ng^sch	Ehemann
matka matka	Mutter

ojciec ojtschjätz	Vater
mamusia mamuschja	Mutti
tatuś tatuschj	Vati
dziewczynka dshjäftschynka	Mädchen *(Kind)*
dziewczyna dshjäftschyna	Mädchen *(jugendlich)*
chłopiec chuopjätz	Junge
siostra – brat schjoßtra – brat	Schwester – Bruder
wnuk – wnuczka wnuk – wnutschka	Enkel – Enkelin
ciotka, ciocia tschjotka, tschjotschja	Tante
wujek wujäk	Onkel
bratanek – bratanica bratanäk – bratanjitza	Neffe – Nichte *(Kind des Bruders)*
siostrzeniec – siostrzenica schjoßtschänjätz – schjoßtschänjitza	Neffe – Nichte *(Kind der Schwester)*

teść *(m)*
Schwiegervater
teściowa
Schwiegermutter
zięć *(m)*
Schwiegersohn
synowa
Schwiegertochter
szwagier, szwagierka
Schwager, Schwägerin

Namen

Polnische Namen bestehen aus Vorname (imię) und Familienname (nazwisko), z. B.: Roman Polański.

Typische Endungen für polnische Familiennamen sind -ski bzw. -cki, obwohl natürlich viele Polen Nachnamen haben, die nicht diesem Muster entsprechen. Die genannten Namen sind im Prinzip Eigenschaftswörter, daher wird bei weiblichen Personen das -i durch -a ersetzt, also z. B. Irena Polańska.

Bei der Anrede können polnische Namen in eine Sonderform, den Vokativ, gesetzt werden. Hier einige Beispiele, wie Namen im Vokativ gebeugt werden:

Der Gebrauch des Vokativs ist in der gesprochenen Sprache nicht obligatorisch, außer in feststehenden Wendungen.

Ewa	wird zu	**Ewo!**
Kasia	wird zu	**Kasiu!**
Krzysztof	wird zu	**Krzysztofie!**
Staszek	wird zu	**Staszku!**

człowiek (Mensch) **Człowieku!** (Mensch!)

Weiterhin gibt es Kosenamen in Hülle und Fülle. Von den Taufnamen können gängige Kurzformen abgeleitet werden, die dann ihrerseits noch eine „individuelle" Koseform hinzubekommen.

Roman	wird zu	**Romek, Romeczek**
Barbara	wird zu	**Basia, Baśka**

Seebrücke in Zoppot (Sopot)

Essen & Trinken

Den Kellner ruft man mit proszę pana, eine Kellnerin mit proszę pani.

Das Wort „Kellner“ selbst heißt kelner, *aber als Anrede gilt es als unhöflich.*

Jestem głodny / głodna.
jäßtäm guodny / guodna
ich-bin hungrig(m/w)
Ich habe Hunger.

Chce się mi jeść.
chtzä schjä mi jäschjtschj
es-will mir sich essen
Ich habe Hunger.

Chce się mi pić.
chtzä schjä mi pitschj
es-will mir sich trinken
Ich habe Durst.

Na zdrowie!
na sdrowjä
auf Gesundheit
Prosit!

śniadanie	schjnjadanjä	Frühstück
obiad	objat	Mittagessen
kolacja	kolatzja	Abendessen
posiłek	poschjiuäk	Mahlzeit
przekąska	pschäko[ng]ßka	Vorspeise
zupa	supa	Suppe
danie główne	danjä guuwnä	Hauptgericht
deser	däßär	Nachtisch
jadłospis	jaduoßpiß	Speisekarte
nóż	nusch	Messer
widelec	widälätz	Gabel
łyżka	uyschka	Löffel
łyżeczka	uyshätschka	Teelöffel
talerz	taläsch	Teller
szklanka	schklanka	Glas
filiżanka	filishanka	Tasse
kieliszek	kjälischäk	Glas f. Alkohol

napoje
Getränke
kawa
Kaffee
herbata
Tee
z mlekiem
mit Milch
z cukrem
mit Zucker
kakao
Kakao
sok
Saft
woda mineralna
Mineralwasser
piwo
Bier
wino
Wein
wódka
Wodka, Schnaps

Proszę o jadłospis / rachunek.
proschä o jaduoßpiß / rachunäk
ich-bitte um Speisekarte / Rechnung
Die Speisekarte / Rechnung, bitte.

przyprawa
Gewürz
sól *(w)*
Salz
pieprz
Pfeffer
cukier
Zucker
musztarda
Senf
chrzan
Meerrettich
majonez
Mayonnaise
czosnek
Knoblauch
ocet
Essig
olej
Öl

jajko sadzone
Spiegelei
jajecznica
Rührei
jajko na miękko / na twardo
weiches / hartes Ei

Reszta dla pana / pani.
räschta dla pana / panji
Rest für Herrn^{Gen} / Dame^{Gen}
Stimmt so!

Smacznego!
ßmatschnägo
Guten Appetit!

chleb / bułka	chläp / buka	Brot / Brötchen
masło	maßuo	Butter
miód	mjut	Honig
dżem	dshäm	Marmelade
ser	ßär	Käse
kiełbasa	kjäubaßa	Wurst
szynka	schynka	Schinken
mleko	mläko	Milch
jajko	jajko	Ei
mięso	mjä^{ng}ßo	Fleisch
wieprzowina	wjäpschowina	Schweinefleisch
wołowina	wouowina	Rindfleisch
cielęcina	tschjälänjtschjina	Kalbfleisch
drób	drup	Geflügel, Huhn
kurczak	kurtschak	Hähnchen
indyk	indyk	Pute
ryba	ryba	Fisch
ziemniaki *(Mz)*	shjämnjaki	Kartoffeln
frytki *(Mz)*	frytki	Pommes frites
ryż	rysch	Reis
kasza	kascha	Grütze
makaron *(Ez)*	makaron	Nudeln
sałatka	ßauatka	Salat

Gemüse

Gemüse heißt warzywa, wenn es sich um die frischen Lebensmittel handelt, z. B. beim Einkauf, und jarzyny als Speise, v. a. als Beilage. Beides sind Mehrzahlwörter.

sałata	ßauata	Salat
ogórek	oguräk	Gurke
pomidor	pomidor	Tomate

papryka	papryka	Paprika
cebula	tzäbula	Zwiebel
kapusta	kapußta	Kohl
por	por	Lauch, Porree
seler	ßälär	Sellerie
groch *(Ez)*	groch	Erbsen
fasola *(Ez)*	faßola	Bohnen
kukurydza	kukurydsa	Mais
grzyby *(Mz)*	gshyby	Pilze

ciasto
Kuchen
ciastka *(Mz)*
Kekse, Kleingebäck
tort
Torte
budyń *(m)*
Pudding
śmietana
Sahne
lody *(Mz)*
Speiseeis
orzechy *(Mz)*
Nüsse
czekolada
Schokolade
cukierek
Bonbon
pralinki *(Mz)*
Pralinen

Obst (owoce)

jabłko	japko	Apfel
gruszka	gruschka	Birne
czereśnia	tschäräschjnja	Süßkirsche
wiśnia	wischjnja	Sauerkirsche
śliwka	schjlifka	Pflaume
brzoskwinia	bshoskfinja	Pfirsich
winogrono	winogrono	Weintraube
pomarańcza	pomaranjtscha	Orange
cytryna	tsytryna	Zitrone
truskawka	trußkafka	Erdbeere
jagoda	jagoda	(wilde) Beere

polnische Nationalgerichte

barszcz (czerwony)	Rote-Bete-Suppe
bigos	geschmortes Sauerkraut mit verschiedenen Wurst- und Fleischsorten sowie Pilzen
krupnik	Graupensuppe mit Fleisch und Gemüse
zupa ogórkowa	Suppe aus Fleisch, sauren Gurken, Gemüse und Sahne
zupa grzybowa	Pilzsuppe
chłodnik	kalte, erfrischende Suppe aus saurer Milch mit Gemüse

In der polnischen Küche spielen Fleisch, Kohl, Sauerkraut, Kartoffeln, Pilze und Kutteln eine wichtige Rolle. Fisch, vor allem aus dem Süßwasser, ist geräuchert und gebraten überall zu bekommen und sehr zu empfehlen.

Die Küche zeigt Einflüsse aus Russland, Österreich, Tschechien und Deutschland, hat aber auch Ähnlichkeiten mit der skandinavischen. Die Snacks an den Imbissständen haben internationale Bezeichnungen, Ausnahme: zapiekanka *(überbackenes halbes Baguette mit verschiedenen Belägen)*

żurek	Suppe aus gesäuertem Mehl
kartoflanka	Kartoffelsuppe
kapuśniak	Sauerkrautsuppe
flaki	Kutteln in Brühe
gulasz	Gulasch
sznycel	Schnitzel
kotlet schabowy	Kotelett
kotlet mielony	Frikadelle
golonka	Eisbein
gołąbki	Kohlrouladen
fasolka po bretońsku	Bohnen in Tomatensoße
szaszłyk	Schaschlik
kiełbasa na gorąco	Brühwurst
pierogi	gefüllte Teigtaschen
pyzy	Hefeklöße
naleśniki	Eier- / Pfannekuchen

Polnische Töpferware

Einkaufen

Seit der Wende hat sich die Situation in Polen völlig verändert. Mittlerweile verkaufen westlich orientierte Läden mit teilweise grellen Fassaden alles, was man auch zu Hause finden kann. In den Großstädten gibt es Einkaufszentren, die sieben Tage die Woche rund um die Uhr geöffnet haben. Auch normale Supermärkte sind in Ermangelung einer Ladenschlussregelung bis spät in die Nacht geöffnet. Zugleich gibt es immer noch eine erstaunliche Vielzahl kleiner und kleinster Gemischtwarenläden auf dem Land und in der Vorstadt. Die typischen Kioske und „wilden" Bauernmärkte der Wendezeit sind mittlerweile seltener geworden.

Mit einem Smartphone können Sie sich die mit einem gekennzeichneten Wörter und Sätze dieses Kapitels anhören.

Ladenbezeichnungen

sklep	skläp	Laden
supermarket	ßupärmarkät	Supermarkt
piekarnia	pjäkarnja	Bäckerei
cukiernia	tzukjärnja	Konditorei
masarnia	maßarnja	Fleischerei
księgarnia	kschjängarnja	Buchhandlung
dom towarowy	dom towarowy	Kaufhaus
centrum handlowe	tzäntrum handlowä	Einkaufszentrum
nabiał	nabjau	Milch und Eier
fryzjer	frysjär	Friseur

szewc
Schuster
obuwie
Schuhwerk
krawiec
Schneider
odzież *(w)*
Kleidung
zegarmistrz
Uhrmacher
pralnia
Wäscherei

Gdzie jest najbliższa księgarnia?
gdshjä jäßt najblisch-scha kschjängarnja
wo sie-ist nächste Buchhandlung
Wo ist die nächste Buchhandlung?

Hier die höfliche Formulierung, wenn man um Hilfe bitten möchte:

Czy może mi pan / pani pomóc, proszę?
tschy moshä mi pan / panji pomutz proschä
ob kann mir Herr / Dame helfen ich-bitte
Würden Sie mir bitte helfen?

Słucham pana / pani!
ßuucham pana / panji
ich-höre Herrn / Dame^{Akk}
Ja, bitte?

Czy jest mleko?
tschy jäßt mläko
ob sie-ist Milch
Haben Sie Milch?

Nie ma mleka.
njä ma mläka
nicht es-hat Milch^{Gen}
Es gibt keine Milch.

Czy są jajka?
tschy ßo^{ng} jajka
ob sie-sind Eier
Haben Sie Eier?

Gdzie można kupić chleb?
gdshjä moshna kupitschj chläp
wo man-darf kaufen Brot
Wo kann ich Brot kaufen?

Ile to kosztuje?
ilä to koschtujä
wieviel das es-kostet
Wie viel kostet das?

Ile płacę?
ilä puuatzä
wieviel ich-zahle^{unvo}
Was muss ich zahlen?

Wenn Sie den Preis nicht verstanden haben, bitten Sie darum, ihn aufzuschreiben.

Nie rozumiem, proszę mi to napisać.
njä rosumjäm proschä mi to napißatschj
nicht ich-verstehe ich-bitte mir das aufschreiben^{vo}
Ich verstehe nicht, schreiben Sie es bitte auf.

otwarte
geöffnet
zamknięte
geschlossen
czynne
in Betrieb (Öffnungszeiten)
remanent
Inventur
remont
Renovierung
wyprzedaż
Ausverkauf

In Polen mittlerweile weit verbreitet:

karta kredytowa
Kreditkarte
karta debetowa
EC-Karte

Mengenangaben

gram	gram	Gramm
deko	däko	10 Gramm
kilo(gram)	kilo(gram)	Kilo
pół kilo	pu kilo	halbes Kilo
litr	litr	Liter
pół litra	pu litra	halber Liter
sztuka	schtuka	Stück
pół chleba	pu chläba	halbes Brot
połowa	pouowa	Hälfte
butelka	butälka	Flasche
pudełko	pudäuko	Schachtel

Nach Mengenangaben steht der Genitiv.

Einkaufsliste (ohne Lebensmittel)

książka	kschjo^{ng}schka	Buch
słownik	ßuownjik	Wörterbuch
mapa	mapa	Landkarte
plan miasta	plan mjaßta	Stadtplan
gazeta	gasäta	Zeitung
czasopismo	tschaßopißmo	Zeitschrift
ołówek	ouuwäk	Bleistift
długopis	duugopiß	Kugelschreiber
grzebień	gshäbjänj	Kamm
szczotka	schtschotka	Bürste
mydło	myduo	Seife
szampon	schampon	Shampoo
dezodorant	däsodorant	Deodorant
żyletki	shylätki	Rasierklingen
chusteczki do nosa		Taschentücher
papier toaletowy		Toilettenpapier
szczoteczka do zębów		Zahnbürste
pasta do zębów		Zahnpasta
podpaska	potpaßka	Damenbinde
prezerwatywa	präsärwatywa	Kondom
plaster	plaßtär	Heftpflaster
pieluszki	pjäluschki	Windeln

koszula
Hemd
sweter
Pullover
kurtka
Jacke
płaszcz
Mantel
spodnie *(Mz)*
Hose
sukienka
Kleid
skarpety *(Mz)*
Socken
rajstopy *(Mz)*
Strumpfhose
buty *(Mz)*
Schuhe
majtki *(Mz)*
Unterhose
biustonosz
Büstenhalter
parasol
Regenschirm

proszek do prania		Waschpulver
zabawka	sabafka	Spielzeug
bateria	batäria	Batterie
latarka	latarka	Taschenlampe
świeca	schjfjätza	Kerze
klej	kläj	Klebstoff
zapałki	sapauki	Streichhölzer
zapalniczka	sapalnjitschka	Feuerzeug
papierosy	papjäroßy	Zigaretten
guzik	gushjik	Knopf
korkociąg	korkotschjonk	Korkenzieher
otwieracz do butelek		Flaschenöffner

Wilanów-Palast, Warschau (Warszawa)

Übernachten

Polen hat ein großes Angebot an Beherbergungsbetrieben in allen Preislagen. Neben den internationalen Hotels gibt es zahllose Privathotels, gerade in den Tourismusgebieten und entlang der Landstraßen. Achten Sie auch Schilder am Straßenrand wie pensjonat (Privatpension), pokoje (Zimmer) und noclegi (Übernachtungen). Die Jugendherberge heißt auf Polnisch schronisko młodzieżowe.

Mit einem Smartphone können Sie sich die mit einem gekennzeichneten Sätze dieses Kapitels anhören.

hotel	hotäl	Hotel
bagaż	bagasch	Gepäck
klucz	klutsch	Schlüssel
piętro	pjäntro	Etage
łazienka	uashjänka	Badezimmer
prysznic	pryschnjitz	Dusche
łóżko	uuschko	Bett
pościel	poschjtschjäl	Bettwäsche
ręcznik	räntschnjik	Handtuch
światło	schjwjatuo	Licht

Będziemy tylko jedną dobę.
bändshjämy tylko jädno^{ng} dobä
wir-werden-sein nur eine^{Akk} 24-Stunden-Tag^{Akk}
Nur eine Übernachtung, bitte.

Pokój nie podoba mi się.
pokuj njä podoba mi schjä
Zimmer nicht es-gefällt mir sich
Das Zimmer gefällt mir nicht.

Kiedy jest śniadanie?
kjädy jäßt schjnjadanjä
wann es-ist Frühstück
Wann gibt es Frühstück?

pokój jednoosobowy
Einzelzimmer
pokój dwuosobowy
Doppelzimmer
łóżeczko
Kinderbett
prześcieradło
Bettlaken
poduszka
Kissen
kołdra
Bettdecke
koc
Wolldecke

Das Frühstück ist in Polen mittlerweile häufiger im Übernachtungspreis inbegriffen als früher, aber eben nicht immer und überall.

Proszę nas obudzić jutro rano o godzinie szóstej.
proschä naß obudshjitschj jutro rano o godshjinjä schußtäj
ich-bitte uns wecken morgen früh um Uhr[Lok] sechste[Lok]
Wecken Sie uns bitte morgen früh um sechs.

Wildes Campen ist verboten. Beachten Sie daher auch folgendes Hinweisschild:

kemping wzbroniony!
Camping verboten!

Unter Umständen kann man natürlich auch Einheimische fragen:

Czy możemy tu rozbić namiot?
tschy moshämy tu rosbitschj namjot
ob wir-können hier aufschlagen[vo] Zelt
Dürfen wir hier unser Zelt aufschlagen?

Czy jest tu woda do picia?
tschy jäßt tu woda do pitschja
ob ist hier Wasser zu Trinken
Gibt es hier Trinkwasser?

Einen offiziellen Campingplatz zu finden, sollte aber nicht allzu schwierig sein, denn es gibt mehr als 200 überall im Land, besonders an der Küste und den Seen. Sie verfügen alle über die in Mitteleuropa übliche Ausstattung. Auch ist die Ankunft zu jeder Uhrzeit möglich, weil sie rund um die Uhr geöffnet haben.

kemping
Camping(platz)
namiot
Zelt
przyczepa kempingowa
Wohnwagen
samochód kempingowy
Wohnmobil
umywalnia
Waschhaus
kołek namiotowy
Hering (Zelt)
drążek
Stange
lina
Seil, Leine
śpiwór
Schlafsack
rower
Fahrrad
przejażdżka rowerowa
Radtour

Möchte man eine Fahrradtour in Polen machen, so ist Camping genau das Richtige. Es gibt etliche Reiseveranstalter in Polen und im Ausland, die Radtouren, aber auch Kajaktouren, Bergwanderungen u. ä. organisieren.

Unterwegs

Mit einem Smartphone können Sie sich die mit einem gekennzeichneten Sätze dieses Kapitels anhören.

Zur allerersten Orientierung fragt man:

Jak się dostać do miasta?
jak schjä doßtatschj do mjaßta
wie sich bekommen zu Stadt[Gen]
Wie kommt man in die Stadt?

Jak daleko jest do Puław?
jak daläko jäßt do puuaf
wie weit es-ist zu Puławy[Gen]
Wie weit ist es nach Puławy?

Richtungshinweise	
na lewo na läwo	nach links
na prawo na prawo	nach rechts
prosto proßto	geradeaus
daleko daläko	weit
blisko / niedaleko blißko / njädaläko	nah
z powrotem ß powrotäm	zurück
ulica ulitza	Straße *(in der Stadt)*
droga droga	Straße, Weg

in der Stadt

To jest bardzo piękne.
to jäßt bardso pjänknä
das es-ist sehr schön
Das ist sehr schön.

Chcę się przejść po mieście.
chtzä schjä pschäjtschjtschj po mjäschjtschjä
ich-will sich hindurchgehen durch Stadt[Lok]
Ich will einen Stadtbummel machen.

Czy jest zniżka dla studentów?
tschz jäßt snjischka dla ßtudäntuf
ob es-ist Ermäßigung für Studenten[Gen]
Gibt es eine Ermäßigung für Studenten?

Co warto zobaczyć:
Was sehenswert ist:

osobliwości	oßobli-woschjtschji	Sehenswürdig-keiten
stare miasto	ßtarä mjaßto	Altstadt
budynek	budynäk	Gebäude
muzeum	musäum	Museum
galeria sztuki	galäria schtuki	Kunstgalerie
wystawa	wyßtawa	Ausstellung
pomnik	pomnjik	Denkmal
zamek	samäk	Burg, Schloss
pałac	pauatz	Palast
ratusz	ratusch	Rathaus
kościół	koschjtschju	Kirche
katedra	katädra	Dom
rynek	rynäk	Marktplatz
targ	tark	(Wochen-)Markt
most	moßt	Brücke
park	park	Park
ogród	ogrut	Garten
cmentarz	tzmäntasch	Friedhof
grób	grup	Grab
ruiny	ru-iny	Ruine
wykopalisko	wykopalißko	Ausgrabung

Czy można tu fotografować?
tschy moshna tu fotografowatschj
ob man-darf hier fotografieren
Darf man hier fotografieren?

mit städtischen Verkehrsmitteln

Der öffentliche Nahverkehr mit Bus (autobus), O-Bus (trolejbus) und Straßenbahn (tramwaj) ist noch immer günstig, wenn auch teurer als in der Vergangenheit. Jechać na gapę (schwarzfahren) sollte man aber tunlichst vermeiden. Fahrkarten für Bus und Straßenbahnen löst man entweder am Automaten oder an einem der Ruch-Kioske.

przystanek autobusowy pschyßtanäk autobußowy	Bushaltestelle
przystanek tramwajowy pschyßtanäk tramwajowy	Straßenbahn- haltestelle
dworzec autobusowy dwoshätz autobußowy	Busbahnhof

Da das Überlandbusnetz gut ausgebaut ist, erreicht man mit dem Bus praktisch jeden Bestimmungsort.

kasa autobusów dalekobieżnych
kaßa autobußuf daläkobjäshnych
Fahrkartenschalter für Fernreisebusse

Proszę bilet do Lublina.
proschä bilät do lublina
ich-bitte Fahrkarte zu Lublin[Gen]
Eine Fahrkarte nach Lublin, bitte.

Da man für diese Konstruktion den Ortsnamen im Genitiv beugen muss, hier noch einige wichtige Beispiele:

do Warszawy	nach Warschau
do Gdańska	nach Danzig
do Poznania	nach Posen
do Katowic	nach Kattowitz

mit der Eisenbahn

Es gibt in Polen drei Kategorien: den pociąg ekspresowy (D-Zug) und den pociąg pośpieszny (Schnellzug), beide mit einer 1. und einer 2. Klasse, sowie den pociąg osobowy (Bummelzug). Mit dem letztgenannten kann man durchaus erleben, dass Bäuerinnen samt Hühnern einsteigen.

Auch in Polen hat der Bahnverkehr gegenüber dem individuellen Autoverkehr an Bedeutung verloren. Dennoch kann es zu Spitzenzeiten noch immer sinnvoll sein, eine Platzkarte (miejscówka) zu erwerben. Alle öffentlichen Verkehrsmittel sind für unsere Begriffe preiswert.

„Eingang" und „Ausgang" sind sehr leicht zu verwechseln.

kolej koläj	Eisenbahn, Bahn
dworzec dwoshätz	Bahnhof
wejście wäjschjtschjä	Eingang
wyjście wyjschjtschjä	Ausgang
peron päron	Bahnsteig
tor tor	Gleis
rozkład jazdy roskuat jasdy	Fahrplan
przyjazd pshyjast	Ankunft

odjazd odjast	Abfahrt
punktualny punktualny	pünktlich
pociąg potschjonk	Zug
wagon sypialny wagon ßypjalny	Schlafwagen
wagon restauracyjny wagon räßtauratzyjny	Speisewagen
kasa biletowa kaßa bilätowa	Fahrkartenschalter
bilet bilät	Fahrkarte
bilet powrotny bilät powrotny	Hin- u. Rückfahrkarte
pierwszej klasy pjärfschäj klaßy	erster Klasse
drugiej klasy drugjäj klaßy	zweiter Klasse
miejscówka mjäjßtzufka	Platzkarte
przesiąść się pschäschjo^{ng}schjtschj schjä	umsteigen
Palenie wzbronione! palänjä wsbronjonä	Rauchen verboten!

Proszę bilet do Zakopanego pierwszej klasy.
proschä bilät do sakopanägo pjärfschäj klaßy
ich-bitte Fahrkarte zu Zakopane^{Gen} *erster*^{Gen} *Klasse*^{Gen}
Eine Fahrkarte erster Klasse nach Zakopane, bitte.

Der Ortsname Zakopane *ist ein Eigenschaftswort und zeigt die entsprechenden Beugungsendungen.*

Czy ten pociąg zatrzymuje się w Krakowie?
tschy tän potschjonk satschymujä schjä f krakowjä
ob dieser Zug er-hält-an sich in Krakau^{Lok}
Hält dieser Zug in Krakau?

Pociąg jest opóźniony.
potschjonk jäßt opushnjony
Zug er-ist verspätet
Der Zug hat Verspätung.

mit dem Auto

Seit Polen zur EU gehört, benötigt man für die Einreise mit dem Auto keine besonderen Dokumente mehr. Die neuen Autobahnen sind gebührenpflichtig.

Hinweisschilder

Wyjazd	Ausfahrt
Wjazd	Einfahrt
Objazd	Umleitung
Koniec	Ende
Piesi	Fußgänger
Uwaga budowa	Achtung Baustelle
Koleiny	Spurrillen
Kontrola radarowa	Radarkontrolle
Czarny punkt	Unfallschwerpunkt

Koniec *steht unter einem Schild, wenn dessen Geltungsbereich endet.*
Seit 2009 stehen in manchen Landesteilen an den Durchgangsstraßen in praktisch jeder Ortschaft fest installierte Radarfallen.

Tankstelle

stacja benzynowa statzja bänsynowa	Tankstelle
(za)tankować (sa)tankowatschj	tanken
benzyna / paliwo bänsyna / paliwo	Benzin / Kraftstoff
olej napędowy (diesel) oläj napändowy	Diesel
olej oläj	Öl
powietrze powjätschä	Luft

motocykl
Motorrad

Proszę napełnić zbiornik.
proschä napäunjitschj sbjornjik
ich-bitte füllen Tank
Bitte volltanken.

Do pełna.
do päuna
zu voll[Gen]
Voll!

Panne / Unfall

wypadek wypadäk	Unfall
awaria awarja	Panne
pęknięta dętka pänknjänta däntka	Reifenpanne
naprawić naprawitschj	reparieren
warsztat warschtat	Werkstatt

prawo jazdy
Führerschein

odciągnąć
abschleppen

Samochód nie pali.
ßamochut njä pali
Auto nicht es-zündet
Der Wagen springt nicht an.

Popsuł mi się samochód.
popßu mi schjä ßamochut
es-ging-kaputt mir sich Auto
Ich habe eine Autopanne.

Przepraszam, czy mogę zadzwonić?
pschäprascham tschy mogä sadswonjitschj
ich-entschuldige ob ich-kann klingeln
Verzeihung, darf ich Ihr Telefon benutzen?

silnik / motor schjilnjik / motor	Motor
rozrusznik rosruschnjik	Anlasser
świeca zapłonowa schjwjätza sapuonowa	Zündkerze

dziwne odgłosy
merkwürdige Geräusche

nieszczelny
undicht

chłodnica chuodnjitza	Kühler
biegi *(Mz)* bjägi	Getriebe
sprzęgło ßpschänguo	Kupplung
hamulce *(Mz)* chamultzä	Bremsen
hamulec ręczny chamulätz räntschny	Handbremse
akumulator akumulator	Batterie
wycieraczka wytschjäratschka	Scheibenwischer
światła *(Mz)* schjfjatua	Licht, Scheinwerfer
światło stopu schjfjatuo ßtopu	Bremslicht
kierunkowskaz kjärunkofskas	Blinker
pas bezpieczeństwa paß bäspjätschänjstfa	Sicherheitsgurt
oś oschj	Achse
koło kouo	Rad
opona opona	Reifen
dętka däntka	Schlauch *(Reifen)*

światła
bedeutet auch
„Ampel"

per Anhalter

Polen ist traditionell ein sehr anhalterfreundliches Land; dies gilt besonders für die LKW-Fahrer. In der Vergangenheit war Trampen sehr weit verbreitet. Nicht nur junge Leute taten dies, sondern auch alte Bäuerinnen, die am Dorfrand Schlange standen, um eine Mitfahrgelegenheit zu bekommen. Allerdings ist es in Polen üblich, dass die Anhalter dem Fahrer einige Złoty für seine Mühe geben.

jechać autostopem trampen
jächatschj autoßtopäm
fahren Autostopp[Instr]

Dokąd pan / pani jedzie?
dokont pan / panji jädshjä
wohin Herr / Dame fährt
Wohin fahren Sie?

Proszę mnie tu wysadzić.
proschä mnjä tu wyßadshjitschj
ich-bitte mich hier aussetzen
Setzen Sie mich bitte hier ab.

mit dem Flugzeug

samolot	ßamolot	Flugzeug
lotnisko	lotnjißko	Flughafen
lot	lot	Flug
przylot	pschylot	Ankunft
odlot	odlot	Abflug

lecieć
fliegen

Grenzpfahl

Kultur, Sport & Nachtleben

Wörtlich heißt ruch *„Bewegung" oder „Verkehr". Die Bezeichnung entspricht somit der österreichischen „(Tabak-)Trafik".*

In Warschau und anderen großen Städten informieren verschiedene Veranstaltungsmagazine in polnischer, englischer und gelegentlich auch deutscher Sprache über die aktuellen Ereignisse und angesagten Lokalitäten. Sie bekommt man in Tourismusbüros, Hotels, aber auch an den allgegenwärtigen Kiosken mit der Aufschrift Ruch.

Kultur

sztuka	schtuka	Kunst
teatr	täatr	Theater
opera	opära	Oper
balet	balät	Ballett
koncert	kontzärt	Konzert

Danzig, (Gdańsk) Frauengasse (ul. Mariacka)

Freizeit und Sport

wycieczka	wytschjätschka	Ausflug
wędrować	wändrowatschj	wandern
jeździć konno	jäshjdshjitschj kon-no	reiten
wędkować /	wäntkowatschj /	angeln
łowić ryby	uowitschj ryby	
pływać	puywatschj	schwimmen
pływalnia	puywalnja	Schwimmbad
plaża	plasha	Strand
żeglować	shäglowatschj	segeln
surfingować	ßerfingowatschj	surfen
piłka nożna	piuka noshna	Fußball
piłka ręczna	piuka räntschna	Handball
koszykówka	koschykufka	Basketball
siatkówka	schjatkufka	Volleyball
tenis	tänjiß	Tennis
deskorolka	däskorolka	Skateboard
jeździć na nartach		Ski laufen
jeździć na łyżwach		eislaufen
jeździć na sankach		Schlitten fahren

las	*Wald*
drzewo	*Baum*
pole	*Feld*
góry	*Berge*
rzeka	*Fluss*
jezioro	*See*
morze	*Meer*

grać w piłkę nożną
Fußball spielen

mecz piłki nożnej
Fußballspiel

narta
Ski

ausgehen

Der Gebrauch des Wortes bar kann in Polen ein bisschen verwirren. Unter bar mleczny und bar przekąskowy versteht man einfache und sehr billige Restaurants vom Typ einer Kantine, in denen alle möglichen Kleingerichte angeboten wird, zumeist mit Selbstbedienung. Typisch für die Zeit des Sozialismus, sind diese Billigrestaurants mittlerweile oft ziemlich heruntergekommen, vor allem was die Hygiene betrifft.

Diese Lokale bieten im Prinzip keine Fleischgerichte an, man sollte sie aber dennoch nicht mit vegetarischen Restaurants verwechseln.

In den Touristenzentren und in den größeren Städten veranstalten große Restaurants regelmäßig Tanzabende. Vor allem in Warschau und Krakau kann man bei Jam-Sessi-

Jazz hat in Polen eine große Tradition.

ons in Jazz-Clubs die moderne polnische Musik kennen lernen.

Typisch sind aber auch die „Kinderdiscos“ in den Jugendfreizeitzentren.

In manchen Städten, zumal in Krakau, findet man zahlreiche zauberhafte kawiarnie, Cafés mit Tanz, in denen praktisch alles Trinkbare und auch Essen angeboten wird.

In einer winiarnia gibt es hauptsächlich Wein, in einer piwiarnia hauptsächlich Bier, und in einer knajpa (Kneipe) alles Alkoholische gleicher-maßen. Nachtklubs (klub nocny) sind meist den großen Hotels angeschlossen. Außerdem gibt es noch die koktajl-bar. Die hält aber nicht immer, was der Name verspricht. In den Überbleibseln der Vorwendezeit serviert man dort nämlich nur Soda oder Milchshakes (eben die so genannten koktajle), Eiscreme oder auch ein Stück Kuchen. Seit der Wende ist das Angebot an Lokalen natürlich ganz westlich und unüberschaubar geworden.

Getränke

Honigwein bzw. -likör kennt man auch unter der Bezeichnung krupnik *Dies kann aber auch „Graupensuppe“ bedeuten!*

piwo	piwo	Bier
białe wino	bjauä wino	Weißwein
czerwone wino		Rotwein
szampan	schampan	Sekt
miód pitny	mjut pitny	Met, Honigwein
winiak	winjak	Weinbrand
koniak	konjak	Cognac

Wodka

Wódka ist das polnische Nationalgetränk. Es ist üblich, das ganze Glas auf einmal hinunterzukippen. Wodka wird oft eiskalt und nie verdünnt getrunken, obwohl man Mineralwasser (woda mineralna) dazu bestellen kann. Manchmal spült man auch mit einem Schluck Tee nach.

Polnischer Wodka existiert in vielen verschiedenen Sorten und Geschmacksrichtungen. Neben dem bekannten Klaren (czysta wódka) findet man so auch Kirschwodka (wiśniówka), Pfefferwodka (pieprzówka) und Wodka mit Steppengras (żubrówka).

Wichtig: Zum Wodka soll man essen. Es gilt als Unsitte, den Gästen Wodka ohne Essen anzubieten. Im Restaurant muss man zum Wodka zumindest eine kleine Vorspeise bestellen.

Liebesschlösser

Bürokratisches

Seit Ende 2007 ist auch in Polen das Schengen-Abkommen in Kraft, und die Personenkontrollen an der Grenze zu Deutschland und anderen EU-Staaten wurden abgeschafft. Dies ist eine Reiseerleichterung, die angesichts der früheren Visapflicht und des damit verbundenen Papierkriegs geradezu unglaublich wirkt. Als Reisedokument ist der Personalausweis mitzuführen.

Nach den offiziellen Informationen des Auswärtigen Amtes besteht in Polen nach wie vor die Pflicht zur behördlichen Registrierung bei einem Aufenthalt von mehr als drei Tagen. In der Realität scheint diese Vorschrift aber niemand mehr zu interessieren.

urząd meldunkowy	Meldeamt
zameldować sę	sich anmelden
wymeldować się	sich abmelden
paszport	Reisepass
dowód osobisty	Personalausweis
formularz	Formular
podpis	Unterschrift
policja	Polizei
doniesienie	Anzeige
złożyć	einreichen *(Dokument)*

Bank, Post & Telefonieren

In den Banken sind heutzutage Fremdsprachenkenntnisse verbreitet; für Post- und Telefonämter gilt dies allerdings nicht im selben Maße. Fragen Sie auf alle Fälle erst nach, bevor Sie gleich mit einer Fremdsprache loslegen!

Geld können Sie nicht nur bei der Bank in Złoty wechseln, sondern auch in einer der sehr zahlreichen Wechselstuben. Dort ist es auch günstiger. Geldautomaten sind mittlerweile ebenso verbreitet wie im Westen.

bei der Bank

bank	bank	Bank
kantor	kantor	Wechselstube
bankomat	bankomat	Geldautomat

pieniądze *(Mz)*	pjänjondsä	Geld
banknot	banknot	Geldschein
moneta	monäta	Münze
drobne *(Mz)*	drobnä	Kleingeld
czek podróżny	tschäk podrushny	Reisescheck
karta kredytowa	karta krädytowa	Kreditkarte
wymienić	wymjänjitschj	wechseln
wypłacić	wypuatschjitschj	auszahlen
wpłacić	fpuatschjitschj	einzahlen
przekazać	pschekasatschj	überweisen
konto / **rachunek**	konto / rachunäk	Konto

Jaki jest kurs?
jaki jäßt kurß
was-für-einer er-ist Kurs
Wie ist der Kurs?

bei der Post

Die polnische Post (Poczta Polska) ist seit der Wende vom Telefonbetrieb getrennt. Briefkästen sind meist rot, aber auch grün (Stadtpost) sowie blau (Luftpost).

poczta potschta	Post
poczta lotnicza potschta lotnjitscha	Luftpost
list lißt	Brief
polecony polätzony	Einschreiben *(Brief)*
telegram tälägram	Telegramm
paczka patschka	Paket
pocztówka potschtufka	Postkarte

koperta
Briefumschlag

nadawca
Absender

adresat
Empfänger

kod pocztowy
Postleitzahl

widokówka widokufka	Ansichtskarte
znaczek snatschäk	Briefmarke
wysłać wyßuatschj	schicken, senden

Telefonieren

telefon
Telefon
telefonować
telefonieren
rozmowa
Telefonat, Gespräch
numer telefoniczny
Telefonnummer
numer kierunkowy
Vorwahlnummer
budka telefoniczna
Telefonzelle
karta telefoniczna
Telefonkarte
sieć stacjonarna
Festnetz
komórka
Handy
wybrać
wählen
naładować
aufladen

Auch in Sachen Telefonie hat sich in Polen in den vergangenen Jahren alles radikal verändert. Musste man sich früher in den allermeisten Fällen sein Gespräch vermitteln lassen, so verfügt Polen heutzutage über ein Festnetz nach westeuropäischem Standard. Daher sind auch die öffentlichen Telefonämter mit ihren Kabinen nicht mehr so wichtig wie einst. Die meisten Reisenden dürften aber ihr eigenes Mobiltelefon (telefon komórkowy) nach Polen mitbringen. Praktisch alle deutschen Mobilfunkanbieter haben Roaming-Verträge mit polnischen Telefongesellschaften. Die Netzabdeckung ist gut. Allerdings kommt man bei Überlandfahrten recht häufig in Funklöcher.

Telefon jest popsuty.
täläfon jäßt popßuty
Telefon ist kaputt
Das Telefon funktioniert nicht.

Kto mówi?	**To ...**
kto muwi	to
wer er-spricht	*das ...*
Wer ist da?	Hier ist ...

In den touristischen Zentren findet man nach kurzer Suche garantiert ein Internet-Café (kafejka internetowa) mit einer überwiegend jugendlichen Kundschaft. Hier dürfte man sich zumindest auf Englisch verständigen können.

Krank sein

Wenn Sie in einem Hotel krank werden, teilen Sie einfach an der Rezeption mit, dass Sie medizinische Betreuung benötigen. Falls Sie die Sache selbst in die Hand nehmen müssen, fragen Sie nach dem nächsten Ärztehaus (przychodnia) oder einer Arztpraxis (gabinet lekarski). Die Ärztehäuser stehen oft in der Tradition der Polikliniken aus sozialistischer Zeit. An der Qualität der Behandlung tut dies keinen Abbruch, und es gibt üblicherweise auch einen Zahnarzt unter demselben Dach. Bekannt geworden sind die zahlreichen kostengünstigen Spezialpraxen für Zahnersatz entlang der deutsch-polnischen Grenze.

Proszę prędko wezwać lekarza / pogotowie.
proschä präntko wäswatschj läkasha / pogotowjä
ich-bitte schnell herbeirufen Arzt / Krankenwagen
Rufen Sie bitte sofort einen Arzt / Krankenwagen.

Die Notruf-Telefonnummer in Polen ist 999 (Polizei: 997).

Czy lekarz może przyjechać i zbadać mnie tutaj?
tschy läkasch moshä pschyjächatschj i sbadatschj mnjä tutaj
ob Arzt er-kann kommen und untersuchen mich hier
Kann der Arzt herkommen und mich hier untersuchen?

beim Arzt

Czuję się źle.
tschujä schjä shjlä
ich-fühle sich schlecht
Ich fühle mich schlecht.

Jestem chory / chora.
jäßtäm chory / chora
ich-bin krank(m/w)
Ich bin krank.

Boli mnie tutaj.
boli mnjä tutaj
es-schmerzt mich hier
Hier tut es weh.

Wymiotowałem / -am.
wymjotowauäm / -am
ich-erbrach(m/w)
Ich habe mich übergeben.

boleć	bolätschj	weh tun
chory	chory	krank
lekarz	läkasch	Arzt
laryngolog	laryngolok	HNO-Arzt
okulista	okulista	Augenarzt
pediatra	pädiatra	Kinderarzt
dentysta	däntyßta	Zahnarzt
godzina przyjęć	godshjina pschyjänjtschj	Sprechstunde
szpital	schpital	Krankenhaus
karetka pogotowia	karätka pogotowja	Krankenwagen
kwit	kfit	Quittung

ząb
Zahn
ból zębów
Zahnschmerzen
proteza zębowa
Zahnersatz
korona
Krone
mostek
Brücke (Zahn)
plombować
plombieren
dziąsło
Zahnfleisch

beim Zahnarzt

Boli mnie ząb.
boli mnjä somp
er-schmerzt mich Zahn
Ich habe Zahnschmerzen.

Proszę o znieczulenie.
proschä o snjätschulänjä
ich-bitte um Betäubung
Ich bitte um eine Betäubung.

Proszę zaplombować, nie wyrywać.
proschä saplombowatschj njä wyrywatschj
Bitte plombieren, nicht ziehen.

apteka	aptäka	Apotheke
recepta	rätzäpta	Rezept
lekarstwo	läkarßtwo	Arznei
zażywać	sashywatschj	einnehmen
ciśnienie krwi	tschjischjnjänjä krwi	Blutdruck
gorączka	gorontschka	Fieber
ból głowy	bul guowy	Kopfschmerzen
ból gardła	bul gardua	Halsschmerzen
ból brzucha	bul bshucha	Bauchschmerzen
biegunka	bjägunka	Durchfall
zatwardzenie	satfardsänjä	Verstopfung
kaszel	kaschäl	Husten
katar	katar	Schnupfen
przeziębienie	pschäshjämbjänjä	Erkältung
grypa	grypa	Grippe
zapalenie	sapalänjä	Entzündung
zatrucie	satrutschjä	Vergiftung
użądlenie	ushondlänjä	Stich *(Insekt)*
alergia	alärgia	Allergie
oparzenie słoneczne	opashänjä ßuonätschnä	Sonnenbrand

tabletka
Tablette
aspiryna
Aspirin
krople *(Mz)*
Tropfen
czopek
Zäpfchen
maść
Salbe
strzykawka
Spritze (Gerät)
zastrzyk
Spritze (Injektion)
plaster
Heftpflaster
termometr
Thermometer
pigułka antykoncepcyjna
Antibabypille

Proszę zażywać lekarstwo przed każdym posiłkiem.
proschä sashywatschj läkarßtfo pschät kashdym poschjiukjäm
ich-bitte einnehmen Arznei vor jeder[Instr] Mahlzeit[Instr]
Bitte nehmen Sie die Medizin vor jeder Mahlzeit ein.

... po każdym posiłku
... po kashdym poschjiuku
... nach jeder Mahlzeit

... razy dziennie
... rasy dshjän-njä
...-mal täglich

do zewnętrznego zastosowania
do säwnäntschnägo saßtoßowanja
zur äußerlichen Anwendung

Körper (ciało)

głowa	guowa	Kopf
mózg	musk	Gehirn
oko	oko	Auge
nos	noß	Nase
ucho	ucho	Ohr
usta *(Mz)*	ußta	Mund
warga	warga	Lippe
gardło	garduo	Hals
ręka	ränka	Hand, Arm
ramię	ramjä	Schulter, Arm
palec	palätz	Finger
plecy *(Mz)*	plätzy	Rücken
pierś	pjärschj	Brust
brzuch	bshuch	Bauch
serce	ßärtzä	Herz
żołądek	shouondäk	Magen
jelito	jälito	Darm
płuca *(Mz)*	puutza	Lunge
wątroba	wontroba	Leber
nerki *(Mz)*	närki	Nieren
noga	noga	Bein
stopa	ßtopa	Fuß
kość	koschjtschj	Knochen
żebro	shäbro	Rippe
skóra	ßkura	Haut
mięsień	mjä^{ng}schjänj	Muskel

krew Blut
mocz Urin

Toilette

Oft findet man an den Toilettentüren nur Symbole: ein Kreis steht für die Damentoilette, ein Dreieck für die Herrentoilette.

Dla Panów / Męski
dla panuf / mä^{ng}ßki
für Herren / männlich
Herren

Dla Pań / Damski
dla panj / damßki
für Damen / weiblich
Damen

Gdzie jest toaleta?
gdshjä jäßt toaläta
wo sie-ist Toilette
Wo ist die Toilette?

zajęte
besetzt

wolne
frei

ubikacja
Toilette (förmlich)

spłuczka
Spülung

papier toaletowy
Toilettenpapier

zatkane
verstopft

© fotonaj@Fotolia.com

Südpolnische Holzarchitektur

Der Autor

Bob Ordish, geboren 1954 in London, lebte insgesamt acht Jahre in Deutschland. Von 1990 an wohnte er in den Niederlanden. Er studierte Germanistik und Französisch in England. Über Polnisch, das er aus Interesse gelernt hatte, sagte er: „Von der polnischen Sprache bin ich so begeistert, weil sie so schön und klangvoll ist, weil die Menschen in Polen so spontan und gastfreundlich sind, und weil das Land mit seiner schwierigen Geschichte so faszinierend ist. Kurzum, weil ich sehr viel Wertvolles für mich persönlich mit dieser Sprache verbinde." – Bob Ordish verstarb im Jahr 2001.

Anka Byjoś wurde 1958 in Biała Podlaska geboren und studierte Gartenbau in Lublin. „Seit 1984 wohne ich in der Bundesrepublik. Die Mitarbeit an diesem Buch hat mir zum ersten Mal bewusst gemacht, wie kompliziert meine eigene Muttersprache ist."

Wörterbuch
Polnisch – Deutsch
Deutsch – Polnisch

Ein gutes Wörterbuch ist in der Fremde mehr wert als ein Schwert.
(arabische Redensart)

Das polnische Alphabet

A, B, C, Ć, D, E, F, G, H, I, J, K, L, Ł, M,
N, O, Ó, P, R, S, Ś, T, U, V, W, Z, Ź, Ż

Abkürzungen im Wörterbuch

j-m = jemandem
j-n = jemanden
j-s = jemandes
Ez = Einzahl (Singular)
Mz = Mehrzahl (Plural)
m = männlich (Maskulinum)
s = sächlich (Neutrum)
w = weiblich (Femininum)
n-mpers. = nicht die männliche Personalform (bei der Mehrzahl)
Nom = Nominativ
Akk = Akkusativ
Dat = Dativ
Gen = Genitiv
Ins = Instrumental
Lok = Lokativ
Vok = Vokativ
indekl. = wird nicht gebeugt
adj = Eigenschaftswort (Adjektiv)
adv = Umstandswort (Adverb)
conj = Bindewort (Konjunktion)
interj = Ausruf (Interjektion)
uv = unvollendet (imperfektiv)
vo = vollendet (perfektiv)
Präs. = Gegenwart (Präsens)
Vergang. = Vergangenheit
Imp. = Befehlsform (Imperativ)
Inf. = Grundform (Infinitiv)
P = Person
unpers. = unpersönlich
Komp. = Komparativ
n = Hauptwort (Nomen)
num = Zahlwort (Numerale)
part = Partikel
prep = Verhältniswort (Präposition)
pron = Fürwort (Pronomen)
v = Tätigkeitswort (Verb)
NoD = norddeutsch
ÖrD = österreichisches Deutsch
SüD = süddeutsch
SwD = schweizerdeutsch
ugs. = umgangssprachlich

Zeichenerklärung

1, 2, 3, ... Die Zahlen listen unterschiedliche Bedeutungen eines Stichwortes auf.
~ Das Tildensymbol dient als Platzhalter für das Stichwort in festen Redewendungen.
A + ~ Großbuchstabe + Tilde: Platzhalter, aber das Stichwort beginnt in der Redewendung mit einem Großbuchstaben.
▸ Beginn der Auflistung von festen Redewendungen und Beispielsätzen.
♦ Die Raute zeigt einen Wechsel der Wortklasse an.

A

abonament *m* (*Gen* ~u) Abonnement *s etw. Gen*
aborcja *w* (*Gen,Dat,Lok, Gen Mz* -ji) Abtreibung *w*
aby *conj* damit (zu dem Zweck)
adekwatny *adj* adäquat, angemessen, angemessen *etw. Dat*
administracja *w* (*Gen,Dat,Lok, Gen Mz* -ji) Verwaltung *w*
adres *m* (*Gen* ~u) Adresse *w*, Anschrift *w*
adresat *m* (*Nom Mz* -aci) Empfänger *m* (eines Briefes usw.)
adwokat *m* (*Nom Mz* -aci) Anwalt *m*, Rechtsanwalt *m*
agencja *w* (*Gen,Dat,Lok, Gen Mz* -ji) Agentur *w*
agresor *m* (*Dat* ~owi; *Nom Mz* -orzy) Aggressor *m*, Angreifer *m*
akademik *m* (*Nom Mz* ~i) Akademiemitglied *s*, Studentenwohnheim *s*, Studentenheim *s*
akapit *m* (*Gen* ~u) Absatz *m* (eines Textes)
aktor *m* (*Nom Mz* -orzy) Schauspieler *m*
aktualny *adj* aktuell
akurat *adv* **1** akkurat, genau **2** gerade
alarm *m* (*Nom Mz* ~y) **1** Alarmanlage *w* **2** Alarm *m*
albo *conj* oder; **~..., ~...** entweder... oder
aleja *w* (*Gen,Dat,Lok, Gen Mz* -ji) Allee *w*, Straße *w* (Avenue), Avenue *w*
alergia *w* (*Gen,Dat,Lok, Gen Mz* -ii) Allergie *w gegen etw.*
alfabet *m* (*Gen* ~u) Alphabet *s*
alkohol *m* (*Gen* ~u; *Gen Mz* ~i) Alkohol *m*
alkoholik *m* (*Nom Mz* -icy) Alkoholiker *m*, notorischer Trinker, Gewohnheitstrinker *m*
alkoholowy *adj* alkoholisch
ambasada *w* (*Dat,Lok* -sadzie; *Gen Mz* -d) Botschaft *w* (Vertretung)
ambasador *m* (*Dat* ~owi; *Nom Mz* -orzy/~owie) Botschafter *m*
Ameryka *w* (*Dat* -yce; *Gen Mz* -k; *Dat Mz* -kom) Amerika *s*
Amerykanin *m* (*Gen* ~a; *Nom Mz* -ie; *Gen,Akk Mz* -nów) Amerikaner *m*
amerykański *adj* amerikanisch
amortyzator *m* (*Gen* ~a) Federung *w*, Stoßdämpfer *m*
ananas *m* (*Gen* ~a; *Nom Mz* ~y) Ananas *w*
angielski *adj* englisch; **język ~** Englisch(e) *s*; **po angielsku** englisch
Anglia *w* (*Gen,Dat,Lok, Gen Mz* -ii) England *s*
Anglik *m* (*Nom Mz* -icy) Engländer *m* (Person)
antybiotyk *m* (*Gen* ~u) Antibiotikum *s*
antyk *m* (*Gen* ~u) **1** Antike *w* **2** Antiquität *w*
antykoncepcja *w* (*Gen,Dat,Lok, Gen Mz* -ji) Empfängnisverhütung *w*
antykoncepcyjny środek *m* ~ Verhütungsmittel *s*
anulować *vo* annullieren, stornieren (Bestellung usw.)
aparat *m* (*Gen* ~u) Apparat *m*, Gerät *s* (elektrisches usw.); **~ *m* (fotograficzny)** Kamera *w* (fotografisch), Fotoapparat *m*; **~ *m* ortodontyczny** Zahnspange *w*
apetyt *m* (*Gen* ~u) Appetit *m auf etw. Akk*
aprobata *w* (*Dat,Lok* -acie; *Gen Mz* -t) Zustimmung *w*
apteczka *w* (*Dat,Lok* -czce; *Gen Mz* -czek) Verbandkasten *m*, Erste-Hilfe-Kasten *m*
apteka *w* (*Dat* -ece; *Gen Mz* -k; *Dat Mz* -kom) Apotheke *w*
arbuz *m* (*Gen* ~a; *Nom Mz* ~y) Wassermelone *w*, Zuckermelone *w*
architekt *m* (*Nom Mz* -kci) Architekt *m*
architektura *w* (*Dat* -urze; *Lok Mz* ~ch) Architektur *w*, Baukunst *w*
aresztować *vo* verhaften *j-n*
argument *m* (*Gen* ~u) Argument *s*
armia *w* (*Gen,Dat,Lok, Gen Mz* -ii) Armee *w*, Heer *s*, Militär *s* (Streitkräfte)
artykuł *m* (*Gen* ~u) **1** Artikel *m* (Aufsatz), Beitrag *m* (Artikel usw.) **2** Artikel *m* (Ware) ► **~ *m* żywnościowy** Lebensmittel *s*, Nahrungsmittel *s*; **~ redakcyjny** Editorial *s* (Artikel); **~y *m Mz* biurowe** Schreibwaren *Mz*; **~y *m Mz* gospodarstwa domowego** Haushaltswaren *Mz*; **~y *m Mz* spożywcze** Lebensmittel *Mz*
artysta *m* (*Dat* -yście; *Nom Mz* -yści) Künstler *m*
asortyment *m* (*Gen* ~u) Sortiment *s*
astma *w* Asthma *s*
atak *m* (*Gen* ~u) **1** Angriff *m* (Aggression) **2** Anfall *m*
atakować *uv* angreifen *j-n/etw.* (militärisch)
atrakcyjny *adj* reizend, attraktiv
Australia *w* (*Gen,Dat,Lok, Gen Mz* -ii) Australien *s*
Australijczyk *m* (*Nom Mz* -ycy) Australier *m*
australijski *adj* australisch
Austria *w* (*Gen,Dat,Lok* -ii) Österreich *s*
austriacki *adj* österreichisch
Austriak *m* (*Nom Mz* -acy) Österreicher *m*
autentyczny *adj* authentisch, rein (Gefühl usw.)
auto *s* (*Dat* -tu; *Gen Mz* -t) Auto *s*, Wagen *m* (Kraftwagen), Pkw *m*
autobus *m* (*Gen* ~u) Bus *m* (Verkehrsmittel); **~ *m* (dalekobieżny)** Reisebus *m*; **Uciekł mi ~.** Ich habe den Bus verpasst.
autokar *m* (*Gen* ~u) Reisebus *m*
automat *m* (*Gen* ~u) Automat *m* (Maschine); **~ *m* biletowy** Fahrkartenautomat *m*; **~ *m***

(na monety) Münzautomat *m*, Automat *m* (Zigaretten usw.)
automatyczny *adj* automatisch
autor *m* (*Nom Mz* -orzy) Autor *m*, Schreiber *m* (eines Briefes usw.)
autostop *m* (*Gen* ~u) Autostopp *m*; **jechać/podróżować** *uv* **~em** trampen, per Anhalter fahren
autostrada *w* (*Dat,Lok* -adzie; *Gen Mz* -d) Autobahn *w*, Fernstraße *w*, Schnellstraße *w*
awaria *w* (*Gen Mz* -ii) **1** Störung *w* (technische), Panne *w* (Fahrzeug) **2** Ausfall *m* (vorübergehender usw.)
awaryjny *adj* Pannen-; **lądowanie** *s* **awaryjne** Notlandung *w*; **wyjście** *s* **awaryjne** Notausgang *m*
Azja *w* (*Gen,Dat,Lok, Gen Mz* -ji) Asien *s*
Azjata *m* (*Dat* -acie; *Nom Mz* -aci; *Gen Mz* -tów) Asiat *m*, Asiate *m*
azjatycki *adj* asiatisch
aż *part* erst (spät)

B

babcia *w* (*Nom Mz* -ie) Großmutter *w*
bać się *uv* (*Präs. 1P* boję się; *Imp.* bój się) **1** fürchten *j-n/etw.* **2** fürchten *für j-n/etw., um j-n/etw.*, sich sorgen *um j-n/etw.*
badać *uv* (*Präs. 1P* -am; *Imp.* -aj) **1** erforschen *etw. Akk*, untersuchen *etw. Akk* (Struktur usw.), forschen **2** mustern, untersuchen *etw. Akk* (Problem usw.)
badanie *s* (*Gen Mz* -ań) **1** Umfrage *w*, Befragung *w*, Untersuchung *w* (eines Gebietes usw.) **2** Untersuchung *w* (ärztliche) ► **~ kontrolne** Nachuntersuchung *w*
bagaż *m* (*Gen* ~u; *Gen Mz* ~y/~ów) Gepäck *s*, Gepäckstück *s*; **nadać** *vo* **~** Gepäck einchecken
bagażnik *m* (*Gen* ~a) Kofferraum *m*; **~** *m* **dachowy** Dachgepäckträger *m*
bajka *w* (*Dat,Lok* -jce; *Gen Mz* -jek) Fabel *w*, Märchen *s*
bak *m* (*Gen* ~u; *Akk* ~) Tank *m* (für Benzin usw.), Kraftstofftank *m*
bakłażan *m* (*Gen* ~a/~u) Aubergine *w*
balkon *m* (*Gen* ~u) Balkon *m*
balon *m* (*Gen* ~u) Ballon *m*
bałagan *m* (*Gen* ~u) Saustall *m* (Unordnung); **zrobić** *vo* **~** durcheinanderbringen
banan *m* (*Gen* ~a; *Akk* ~) Banane *w*
bandaż *m* (*Gen* ~a; *Gen Mz* ~y/~ów) Bandage *w*, Verband *m*
bank *m* (*Gen,Lok* ~u) Bank *w* (Institution)
banknot *m* (*Gen* ~u) Banknote *w*, Schein *m* (Geld)
bankomat *m* (*Gen* ~u) Bankautomat *m*, Geldautomat *m*
baran *m* (*Gen* ~a; *Nom Mz* ~y) Widder *m* (Tier); **B~** *m* Widder *m* (Sternzeichen)
baranina *w* (*Gen Mz* -in) Hammelfleisch *s*
bardzo *adv* sehr; **~ dużo** sehr (viel)
baseball *m* (*Ez*; *Gen* ~u) Baseball *m*
basen *m* (*Gen* ~u) Schwimmbecken *s*; **~** *m* **odkryty** Freibad *s*
bateria *w* (*Gen Mz* -ii) Batterie *w* (elektrische); **Rozładowała mi się ~.** Meine Batterie ist leer.
bawełna *w* (*Ez*) **1** Baumwollpflanze *w* **2** Baumwolle *w*
bawić się *uv* (*Präs. 1P* -ię się; *Imp.* -w się) **1** sich amüsieren **2** spielen *mit etw.* (Kinder usw.)
baza *w* (*Gen Mz* -z) **1** Basis *w* **2** Base *s* (im Baseball)
befsztyk *m* (*Gen* ~u/~a; *Akk* ~) Beefsteak *s*
bekon *m* (*Gen* ~u) Speck *m*
benzyna *w* (*bes. Ez*) Benzin *s*
bezalkoholowy *adj* alkoholfrei
bezcelowy *adj* sinnlos, zwecklos
bezdomny[1] *adj* ohne Heim
bezdomny[2] *m* Obdachlose *m*; **być ~m** obdachlos sein
bezpieczeństwo *s* (*Ez*) **1** Sicherheit *w* (Zustand) **2** Sicherheit *w etw. Gen* (von Betrieb usw.)
bezpiecznie *adv* sicher (ohne Gefahr)
bezpieczny *adj* sicher; **być ~m** in Sicherheit *w* sein
bezpłatnie *adv* kostenlos, gratis
bezpłatny *adj* kostenlos, kostenfrei, frei (umsonst)
bezpośredni *adj* **1** direkt (Verbindung usw.) **2** unmittelbar (Reaktion usw.)
bezrobocie *s* (*Ez*) Arbeitslosigkeit *w*
bezużyteczny *adj* unnötig
biblioteczka *w* (*Dat,Lok* -czce; *Gen Mz* -czek) Bücherschrank *m*
biblioteka *w* (*Dat* -ece; *Gen Mz* -k; *Dat Mz* -kom) Bibliothek *w*
bić *uv* **1** schlagen *j-n*, prügeln *j-n* **2** hämmern (Herz usw.), pochen, schlagen (Herz) **3** schlagen (Uhr usw.) ► **~** *uv komuś* **brawo** applaudieren *j-m*
bić się *uv* (*Präs. 1P* biję się; *Imp.* bij się; *Vergang. 1P m* biłem się) sich prügeln *mit j-m*, (sich) raufen *mit j-m*, sich schlagen (mit den Fäusten usw.), kämpfen
biec *uv* laufen (Person usw.), rennen
bieda *w* (*Dat,Lok* -edzie; *Gen Mz* -d) Not *w*, Armut *w*
biedny *adj* **1** arm, notleidend **2** arm (bedauernswert usw.)

biegać *uv* (*Präs. 1P* -am; *Imp.* -aj) herumlaufen (ziellos), laufen (Fitness usw.), joggen, rennen
biegunka *w* (*Dat,Lok* -nce; *Gen Mz* -nek) Durchfall *m* (Erkrankung), Diarrhö *w*
bielizna *w* (*Ez; Dat* -iźnie; *Gen Mz* -n) Unterwäsche *w*, Unterkleidung *w*, Wäsche *w* (Textilien); ~ *w* **pościelowa** Bettwäsche *w*
bikini *s* (*indekl.*) Bikini *m*
bilet *m* (*Gen* ~u) Fahrkarte *w*, Fahrschein *m*, Karte *w* (für Kino usw.), Eintrittskarte *w*; ~ *m* **lotniczy** Flugticket *s*, Flugkarte *w*, Flugschein *m* (Ticket); ~ *m* **okresowy** Dauerkarte *w* (Fahrkarte usw.)
biodro *s* (*Gen Mz* -der) Hüfte *w*, Hüftgelenk *s*
bitwa *w* (*Gen Mz* -tew) Schlacht *w*
biurko *s* (*Gen Mz* -rek) Schreibtisch *m*
biuro *s* (*Dat* -ru; *Gen Mz* -r) **1** Büro *s* **2** Agentur *w* ► ~ *s* **informacji** Information *w*; ~ *s* **rzeczy znalezionych** Fundbüro *s*
biust *m* Busen *m*
biustonosz *m* Büstenhalter *m*, BH *m*
biznesmen *m* (*Dat* ~owi; *Nom Mz* ~i) Geschäftsmann *m*
blady *adj* blass
blisko *adv* nahe ► **z bliska** aus der Nähe *w*
blizna *w* (*Dat* -iźnie; *Gen Mz* -n) Narbe *w* (nach Verletzung)
bliźniak *m* (*Nom Mz* ~i) Doppelhaus *s*, Zwilling *m*
bliższy *adj* **1** näher (liegend) **2** näher (Erklärung usw.), ausführlich
blokada *w* (*Dat,Lok* -adzie; *Gen Mz* -d) Blockade *w*; ~ *w* **na koło** Parkkralle *w*
blokować *uv* blockieren *etw. Akk*, hindern *j-n* (im Wege stehen)
blond *adj* blond (Mensch)
bluza *w* (*Gen Mz* -z) Sweatshirt *s*
bluzka *w* (*Dat,Lok* -zce; *Gen Mz* -zek) Bluse *w*
błąd *m* (*Gen* błedu; *Nom Mz* błędy) Fehler *m* (Verstoß)
błądzić *uv* (*Imp.* -ądź) **1** umherirren **2** wandern (ziellos usw.) **3** schweifen lassen (Blick usw.)
błędny *adj* abwegig, verfehlt (Idee usw.), falsch (Antwort usw.), unrichtig
błoto *s* (*Dat* -tu; *Gen Mz* -t) Schlamm *m*
błyskać się *uv* (*Präs. unpers.* -a się) blitzen; **Błyska się.** Es blitzt.
błyskawica *w* (*Nom Mz* -ce) Blitz *m*
boczek *m* (*Gen* -czku) Bauchfleisch *s*, Speck *m*
boczny *adj* Neben- (sekundär), Seiten-, seitlich
bogactwo *s* (*Gen Mz* -w) Reichtum *m* (Geld usw.)
bogaty *adj* reich (Mensch usw.)
bohater *m* (*Dat* ~owi; *Nom Mz* -erzy/~owie) Held *m*
boisko *s* (*Nom Mz* -ka; *Gen Mz* -k) Spielplatz *m*, Sportplatz *m*, Spielfeld *m*
bok *m* (*Gen* ~u) Seite *w*; **na ~** beiseite (legen usw.)
boleć *uv* (*Präs. 3P* -li) wehtun
bomba *w* (*Gen Mz* -b) Bombe *w*
bon *m* Gutschein *m*
boso *adv* barfuß, barfüßig
bóg *m* (*Nom Mz* bogowie) **1** ***B~*** Gott *m* **2** Gottheit *w*
ból *m* (*Gen* ~u; *Gen Mz* ~ów) **1** Schmerz *m* (körperlich), Schmerzen *m Mz* **2** Kummer *m*, Schmerz *m* (seelisch) ► **sprawić** *vo komuś* **~** verletzen *j-n* (physisch), wehtun *j-m* (absichtlich usw.)
brać *uv* (*Präs. 1P* biorę, *3P* bierze, *3P Mz* biorą; *Imp.* bierz) **1** nehmen (in die Hand) **2** einnehmen *etw. Akk* (Medikament usw.), nehmen *etw. Akk* (Pillen usw.) ► ~ *uv* **na siebie** nehmen (Risiko usw.); ~ *uv* **prysznic** (sich) duschen; ~ *uv* **ślub** heiraten (Ehe schließen); ~ *uv coś* **pod uwagę** berücksichtigen *etw. Akk*, rechnen *mit etw.* (Risiko usw.)
brakować *uv* **1** fehlen *j-m an etw. Dat*, mangeln *j-m an etw. Dat*, mangeln *an etw. Dat*, fehlen *an etw. Dat* **2** vermissen *j-n/etw.*, vermisst sein *j./etw.*
brama *w* (*Gen Mz* -m) Tor *s* (Eingang)
bramka *w* (*Dat,Lok* -mce; *Gen Mz* -mek) Tor *s* (im Fußball usw.)
bramkarz *m* (*Gen Mz* ~y) Torwart *m*
bransoletka *w* (*Dat,Lok* -tce; *Gen Mz* -tek) Armband *s*
brat *m* (*Nom Mz* -acia) Bruder *m*
bratanek *m* (*Nom Mz* -nkowie) Neffe *m*
brąz *m* Bronze *w*
brązowy *adj* braun, bronzen, Bronze-
broda *w* (*Dat* -odzie; *Gen Mz* bród) **1** Kinn *s* **2** Bart *m*, Vollbart *m*
brokuł *m* (*Gen* ~u; *Gen Mz* ~ów) Brokkoli *w*, Broccoli *w*
bronić *uv* (*Präs. 1P* -ię; *Imp.* -oń) **1** verteidigen *j-n vor j-m/etw.* (vor Angriff) **2** verteidigen *j-n/etw.* (Ansichten usw.)
broń *w* (*Nom Mz* -onie) Waffe *w*, Waffen *w Mz* (Schusswaffen usw.); ~ *w* **palna** Feuerwaffe *w*, Schusswaffe *w*
brud *m* (*Gen* ~u) Dreck *m*, Mist *m* (Schmutz usw.), Schmutz *m*, Unreinheit *w*
brudny *adj* (*Komp.* -niejszy) beschmutzt, verschmutzt, schmutzig
brudzić *uv* (*Imp.* -udź) beschmutzen *etw. Akk*, schmutzig machen *etw. Akk*
brutalnie *adv* brutal
brutalny *adj* brutal, roh (Tat usw.), rau (Sitten usw.)

brutto *adj* brutto, Brutto-
brzeg *m* (*Gen* ~u) **1** Ufer *s* **2** Rand *m*
brzoskwinia *w* (*Nom Mz* -nie; *Gen Mz* -iń) Pfirsich *m*, Pfirsichbaum *m*
brzuch *m* Bauch *m*, Wanst *m* (Bauch)
brzydki *adj* (*Komp.* -dszy) hässlich
budowa *w* (*Gen Mz* -dów) **1** Aufbau *m* (eines Hauses usw.), Bau *m* **2** Struktur *w etw. Gen* (von Molekülen usw.), Bau *m etw. Gen* ► **plac** *m* **budowy** Baustelle *w*
budować *uv* aufbauen (gestalten), bauen *etw. Akk*
budowla *w* Bau *m* (Gebäude), Bauwerk *s*, Gebäude *s* (prächtiges Bauwerk usw.)
budynek *m* (*Gen* -nku) Gebäude *s*, Haus *s*
budzić *uv* (*Imp.* budź) **1** wecken *j-n* (wach machen) **2** erwecken *etw. Akk* (Interesse usw.)
budzik *m* (*Gen* ~a) Wecker *m*
bufet *m* (*Gen* ~u) Bar *w* (Theke), Büfett *s* (im Restaurant usw.), Imbiss *m* (Bahnhof), Café *s* (Hotel); **zimny ~** *m* kaltes Büfett
bułka *w* (*Dat,Lok* -łce; *Gen Mz* -łek) Brötchen *s*, Schrippe *w*
burak *m* (*Gen* ~a) rote Bete, rote Rübe, Rübe *w*; **~ cukrowy** Zuckerrübe *w*
burdel *m* (*Nom Mz* ~e) Bordell *s*
burmistrz *m* (*Nom Mz* ~owie) Bürgermeister *m*, Oberbürgermeister *m*
burza *w* (*Nom Mz* -rze) Gewitter *s*
burzyć *uv* (*Präs. 1P* -rzę; *Imp.* -rz) abbrechen (niederreißen), zerstören
but *m* Schuh *m*, Stiefel *m* (Arbeitsstiefel usw.); **(wysoki) ~** *m* Stiefel *m*
butelka *w* (*Dat,Lok* -lce; *Gen Mz* -lek) Flasche *w*, Buddel *w*
buzia *w* (*Gen,Dat,Lok* -i; *Gen Mz* buź/-i) Mund *m*
by *uv* würde
być *uv* (*Präs. 1P* jestem, *3P Mz* są; *Imp.* bądź; *Vergang. 1P* byłem) sein; **~** *uv za coś* **odpowiedzialnym** schuld sein *an etw. Dat*; **~ złym** *na kogoś* sich ärgern *über j-n*, böse sein *j-m/auf j-n*; **Będę tam na piątą.** Spätestens um fünf bin ich da.; **Gdzie to jest?** Wo ist das?
bydło *s* (*Gen Mz* -deł) Rindvieh *s*, Vieh *s*
byk *m* (*Gen* ~a) Stier *m* (Bulle); **B~** *m* Stier *m* (Sternzeichen)
były *adj* ehemalig
bzdura *w* (*Dat* -urze; *Lok Mz* ~ch) Unsinn *m*
bzdury *w* Gelaber *s*, Gelabere *s*, Geschwafel *s*, Gefasel *s*

C

cal *m* Inch *m*
całkiem *adv* ganz, völlig, ganz (und gar), durch und durch ♦ *part* ganz (gut usw.), ziemlich
całkowicie *adv* ganz (allein usw.), durchaus (möglich usw.)
całodzienny *adj* ganztägig, Ganztags-
całować *uv* küssen *j-n*
cały *adj* ganz, heil (unversehrt)
cebula *w* (*Gen,Dat,Lok* -li; *Gen Mz* -l) Zwiebel *w* (Gemüse)
cecha *w* (*Dat,Lok* cesze; *Gen Mz* -ch) Eigenschaft *w j-s/etw.*, Merkmal *s*, Zug *m* (Wesenszug)
cegła *w* (*Dat,Lok* -gle; *Gen Mz* -gieł) Ziegel *m*
cel *m* (*Gen* ~u; *Gen Mz* ~ów) Ziel *s* (Absicht), Zweck *m* ► **~ (podróży)** Bestimmungsort *m*
cela *w* (*Gen,Dat,Lok* -li; *Gen Mz* -l) Zelle *w* (im Gefängnis usw.)
celnik *m* (*Nom Mz* -icy) Zollbeamte *m*
celowo *adv* absichtlich, mit Absicht, zielbewusst
cena *w* (*Gen Mz* -n) Preis *m* (Betrag); **w przystępnej cenie** erschwinglich
cennik *m* (*Gen* ~a) Preisliste *w*, Tarif *m*
cenny *adj* kostbar, wertvoll, Wert-
centrala *w* (*Gen Mz* -l/-li) **1** Hauptstelle *w* **2** Zentrale *w* (Telefonzentrale)
centralny *adj* Haupt-, Schlüssel-, zentral
centrum *s* (*Nom Mz* -ra; *Gen Mz* -ter) **1** Mittelpunkt *m* (einer Tätigkeit usw.), Knotenpunkt *m* (von Aktivitäten usw.), Schwerpunkt *m* (eines Problems usw.), Brennpunkt *m* (des Interesses) **2** Zentrum *s* (Stadtzentrum usw.)
centymetr *m* (*Gen* ~a) **1** Zentimeter *m,s* **2** Metermaß *s*
cera *w* (*Dat* cerze; *Lok Mz* ~ch) Haut *w* (Körpergewebe), Teint *m*
ceremonia *w* (*Gen,Dat,Lok, Gen Mz* -ii) Zeremonie *w*
cesarz *m* (*Nom Mz* ~e; *Gen Mz* ~y/~ów) Kaiser *m*
charakter *m* (*Gen* ~u) Charakter *m*, Natur *w* (einer Person)
charakterystyczny *adj* charakteristisch, eigenartig
chata *w* (*Dat,Lok* -acie; *Gen Mz* -t) Bauernhaus *s*, Hütte *w* (Berghütte usw.); **~ z bali** Blockhaus *s*
chcieć *uv* (*Präs. 1P* -cę; *Imp.* -ej) **1** wollen (verlangen), mögen *etw. Akk von j-m* **2** wollen *etw. Akk zu tun* (vorhaben) ► **Chciałbym rozmawiać z...** Ich möchte (mit)... sprechen.; **Co chce pan(i) przez to powiedzieć?**

Was meinen Sie damit?; **Czego pan(i) chce?** Was wollen Sie?
chciwy *adj* geizig, gierig (Blick usw.), habsüchtig, habgierig
chęć *w* (*Nom Mz* -ęci) Bereitschaft *w* (zu helfen), Bereitwilligkeit *w*
chętnie *adv* bereitwillig
chirurg *m* (*Gen* ~a; *Nom Mz* -urdzy; *Gen,Akk Mz* ~ów) Chirurg *m*
chirurgia *w* (*Gen,Dat,Lok, Gen Mz* -gii) Chirurgie *w*
chleb *m* (*Gen* ~a; *Nom Mz* ~y) Brot *s*
chłodnica *w* (*Nom Mz* -ce) Kühler *m*
chłodno *adv* kalt (Wetter)
chłodny *adj* kühl, gekühlt (Wein usw.)
chłop *m* (*Dat* ~u; *Nom Mz* ~i) Bauer *m* (Landwirt)
chłopak *m* **1** Junge *m* **2** Freund *m* (Partner)
chłopiec *m* (*Vok* -pcze; *Nom Mz* -pcy; *Lok Mz* -pcach) Junge *m*
chłód *m* Kälte *w*
chmura *w* (*Dat* -urze; *Lok Mz* ~ch) Wolke *w*
chmurzyć się *uv* (*Präs. 3P* -y się) sich bewölken
chociaż *conj* obwohl, obgleich
chodnik *m* (*Gen* ~a) Gehweg *m*, Bürgersteig *m*, Läufer *m* (Teppich)
chodzić *uv* (*Imp.* -odź) **1** gehen (zu Fuß) **2** gehen *in etw. Akk* (in die Schule usw.), besuchen *etw. Akk* (Kurs usw.) **3** laufen **4** gehen *um etw.*, sich *um etw.* handeln
choroba *w* (*Gen Mz* -rób) Erkrankung *w*, Krankheit *w*
chory *adj* krank
chrapać *uv* (*Präs. 1P* -pię; *Imp.* -p) schnarchen
chronić *uv* (*Präs. 1P* -ię; *Imp.* -oń) schützen *j-n/etw.*; ~ *uv kogoś/coś* **przed** *czymś* schützen *j-n/etw.* gegen *etw.*
chrzan *m* (*Ez*) Meerrettich *m*
chrzest *m* (*Gen* -rztu; *Nom Mz* -rzty) Taufe *w* (Ritual)
chrześcijanin *m* (*Gen,Akk* ~a; *Dat* ~owi; *Ins* ~em; *Lok,Vok* ~ie; *Nom Mz* -nie; *Gen,Akk Mz* -n) Christ *m*
chudy *adj* mager
chustka *w* (*Dat,Lok* -tce; *Gen Mz* -tek) Tuch *s*
chwalić *uv* (*Präs. 1P* -lę; *Imp.* -l) loben *j-n für etw.*, preisen, rühmen
chwila *w* (*Gen,Dat,Lok* -li; *Gen Mz* -l) Moment *m*, Augenblick *m* (kurzer usw.), Weile *w*; **w niestosownej chwili** ungelegen; **w tej chwili** momentan, zurzeit, gegenwärtig, vorläufig, für jetzt, vorerst
chwilowo *adv* vorübergehend, zeitweilig
chwycić *vo* (*Imp.* -yć) ergreifen, schnappen, ergreifen *etw. Akk* (mit der Hand), packen *etw. Akk* (schnell, fest usw.)
chyba *part* wahrscheinlich
chytry *adj* schlau, durchtrieben, pfiffig
ciało *s* (*Dat* -łu; *Gen Mz* -ł) Körper *m*
ciastko *s* (*Gen Mz* -tek) Kuchen *m*
ciasto *s* (*Dat* -tu; *Gen Mz* -t) **1** Teig *m* **2** Kuchen *m*
ciąć *uv* (*Präs. 1P* tnę; *Imp.* tnij; *Vergang. 1P m* -ąłem, *w* cięłam, *3P mpers.* cięli, *n-mpers.* cięły) **1** schneiden *etw. Akk* (mit Messer) **2** hacken *j-n*
ciągle *adv* immer (dauernd), stets, ständig
ciągnąć *uv* (*Präs. 1P* -nę, *3P* -nie; *Imp.* -nij; *Vergang. 1P m* -nąłem, *w* -nęłam, *3P mpers.* -nęli, *n-mpers.* -nęły) **1** schleppen *etw. Akk*, schleppen (schleifen), ziehen *etw. irgendwohin* (Handwagen usw.) **2** ziehen *an etw. Dat*, zucken *mit etw.* (zerren)
ciąża *w* (*Nom Mz* -że) Gravidität *w*, Schwangerschaft *w*; **w ciąży** schwanger
cicho *adv* leise, still; **być** ~ schweigen; **po cichu** leise (ohne Geräusch), still
cichy *adj* leise, still, still(schweigend) (Übereinstimmung usw.)
ciecz *w* (*Nom Mz* ~e) Flüssigkeit *w*
ciekawy *adj* interessant
cielę *s* (*Gen* ~cia; *Dat,Lok* ~ciu; *Nom Mz* ~ta; *Gen Mz* -ląt) Kalb *s*
cielęcina *w* (*Ez*) Kalbfleisch *s*
ciemność *w* (*Nom Mz* -ści) Dunkelheit *w*, Finsternis *w*
ciemny *adj* (*Komp.* -niejszy) **1** dunkel (fast schwarz), dunkelfarbig, dunkelfarben **2** dunkel, düster (Raum usw.) **3** beschränkt (dumm)
cienki *adj* dünn (Ast usw.)
cień *m* (*Gen* -enia; *Gen Mz* -eni) Schatten *m* *etw. Gen* (eines Körpers)
ciepły *adj* (*Komp.* -plejszy) warm
cierpieć *uv* (*Imp.* -p) leiden, leiden *an/unter etw. Dat*
cierpienie *s* (*Gen Mz* -ień) Elend *s*, Kummer *m*, Leiden *s*, Qual *w*
cierpliwość *w* (*Ez*) Geduld *w*
cierpliwy *adj* geduldig
cieszyć się *uv* (*Präs. 1P* -szę się; *Imp.* -sz się) froh sein *über etw. Akk*, sich freuen *über j-n/etw.* (genießen)
cięcie *s* (*Gen Mz* -ęć) **1** Einschnitt *m*, Schnitt *m* (mit dem Messer usw.) **2** Schramme *w* (Schnittwunde)
ciężar *m* (*Gen* ~u) Belastung *w* (Schwierigkeit usw.), Last *w* (Sorge usw.), Schwere *w* (Gewicht)
ciężarówka *w* (*Dat,Lok* -wce; *Gen Mz* -wek) Lastwagen *m*, Lkw *m*
ciężki *adj* **1** schwer (Gewicht) **2** hart (Tag usw.)
ciężko *adv* schwer (atmen usw.)

ciocia *w* (*Gen,Dat,Lok* -i; *Gen Mz* -oć) Tante *w* (Verwandte)
cios *m* Schlag *m*
cisza *w* (*bes. Ez*) Stille *w*, Ruhe *w* (Stille)
ciśnienie *s* (*Gen Mz* -eń) Druck *m* (Kraft)
cło *s* (*Dat* cłu; *Gen Mz* ceł) Zoll *m*
cmentarz *m* Friedhof *m*
co *pron* was
codziennie *adv* täglich (jeden Tag)
codzienny *adj* täglich (Besucher usw.)
cofać *uv* (*Präs. 1P* -am; *Imp.* -aj) zurückfahren (Wagen usw.), rückwärtsfahren (Auto usw.)
cofnąć *vo* (*Präs. 1P* -nę; *Imp.* -nij; *Vergang. 1P m* -ąłem, *w* -nęłam, *3P mpers.* -nęli, *n-mpers.* -nęły) zurückfahren (Wagen usw.), zurückweichen (nach hinten treten)
coś *pron* etwas, irgendetwas, irgendwas
córka *w* (*Dat,Lok* -rce; *Gen Mz* -rek) Tochter *w*
cud *m* (*Nom Mz* ~a) Wunder *s*
cudownie *adv* wunderbar
cudowny *adj* **1** Wunder- **2** wundervoll, toll
cudzoziemiec *m* (*Vok* -mcze; *Nom Mz* -mcy; *Lok Mz* -mcach) Ausländer *m*
cudzy *adj* fremd (nicht mein)
cukier *m* Zucker *m*
cukierek *m* (*Gen* -rka; *Nom Mz* -rki) Bonbon *m*
cukiernia *w* (*Gen,Dat,Lok, Gen Mz* -nii) Konditorei *w*, Süßwarengeschäft *s*
cukinia *w* (*Gen,Dat,Lok, Gen Mz* -nii) Zucchini *w*
cukrzyca *w* (*Gen,Dat,Lok* -cy) Diabetes *m*
curry *s* (*indekl.*) Curry *m,s*
cyfra *w* (*Dat* -frze; *Lok Mz* ~ch) Zahl *w* (Angabe), Ziffer *w*
cytryna *w* (*Gen Mz* -n) Zitrone *w*, Zitronenbaum *m*
czajnik *m* (*Gen* ~a) Kanne *w* (für Tee usw.), Kessel *m* (zum Wasserkochen); **~** *m* **elektryczny** Wasserkocher *m*
czapka *w* (*Dat,Lok* -pce; *Gen Mz* -pek) Mütze *w*; **~ z daszkiem** Schildmütze *w*, Baseballmütze *w*
czar *m* (*Gen* ~u) Zauber *m*
czarny *adj* schwarz
czas *m* Tempus *s*, Zeit *w* (Größe), Zeitraum *m*, Zeitabschnitt *m*; **~ami** ab und zu; **na ~** rechtzeitig; **od ~u do ~u** ab und zu; **w ~ie** während, im Laufe *etw. Gen*, im Verlauf *etw. Gen*
czasopismo *s* (*Dat* -mu; *Gen Mz* -m) Zeitschrift *w*
czaszka *w* (*Dat,Lok* -szce; *Gen Mz* -szek) Schädel *m*
czcić *uv* (*Präs. 1P* czczę; *Imp.* -ij) ehren *j-n/etw.*, verehren *j-n/etw.* (Gottheit)
czcionka *w* (*Dat,Lok* -nce; *Gen Mz* -nek) Schrift *w* (Druckschrift)
Czech *m* (*Nom Mz* -esi; *Gen Mz* ~ów) Tscheche *m*
czek *m* (*Gen* ~u) Scheck *m*
czekać *uv* (*Präs. 1P* -am; *Imp.* -aj) warten *auf j-n/etw.*
czekolada *w* (*Dat,Lok* -adzie; *Gen Mz* -d) Schokolade *w*; **gorąca ~** heiße Schokolade
czerwiec *m* (*Gen* -wca; *Dat* -wcowi; *Nom Mz* -wce) Juni *m*
czerwony *adj* rot
czesać *uv* kämmen
często *adv* oft, häufig
częsty *adj* frequent, häufig
częściowo *adv* teilweise
część *w* (*Gen,Dat,Lok, Gen Mz* -ści) **1** Teil *m*, Teil *m von etw., etw. Gen* (des Ganzen usw.) **2** Einzelteil *s* **3** Fortsetzung *w von etw.*, Folge *w von etw.* (Film usw.) ► **części** *w Mz* **zamienne** Ersatzteile *s Mz*
człowiek *m* (*Dat* ~owi; *Nom Mz* ludzie; *Gen Mz* ludzi) Mensch *m*
czoło *s* **1** Stirn *w* **2** Spitze *w etw. Gen* (Vorderteil) ► **stawiać czoła** *komuś/czemuś* gegenüberstehen *j-m/etw.*
czosnek *m* (*Gen* -nku) Knoblauch *m*
czterdzieści *num* vierzig
czternaście *num* vierzehn
cztery *num* vier
czubek *m* (*Gen* -bka; *Nom Mz* -bki) Spitze *w etw. Gen* (scharfe usw.)
czuć *uv* (*Präs. 1P* -uję) **1** fühlen *etw. Akk*, spüren *etw. Akk* (Kälte usw.), empfinden *etw. Akk* (Schmerz usw.) **2** riechen *etw. Akk* (durch den Geruchssinn)
czuć się *uv* (*Präs. 1P* -uję się) sich fühlen, sich vorkommen; **Czuję się dobrze.** Ich bin in Ordnung.
czwartek *m* (*Gen* -tku) Donnerstag *m*
czwarty *num* viert(er,e,es); **jedna czwarta** Viertel *s* (vierter Teil)
czy *conj* **1** ob **2** oder
czyj *pron* wessen
czyjś *pron* irgendjemandes, jemandes
czyli *conj* also, das heißt, d. h.
czynność *w* (*Nom Mz* -ści) Tätigkeit *w*, Aktivität *w* (Handlung usw.)
czynny *adj* tätig, aktiv; **~ nonstop** Ganztagsbetrieb *m*
czynsz *m* (*Gen* ~u; *Gen Mz* ~ów) Miete *w* (Geld)
czysty *adj* **1** leer (Blatt usw.), sauber **2** rein, pur (Silber usw.), unvermischt **3** frei (ohne Hindernisse)
czyścić *uv* (*Präs. 1P* -yszczę; *Imp.* -ść) reinigen *etw. Akk* (Kleidung usw.), sauber machen *etw. Akk*
czytać *uv* (*Präs. 1P* -am; *Imp.* -aj) lesen *etw. Akk* (ein Buch usw.)
czytelnik *m* (*Nom Mz* -icy) Leser *m*

Ć

ćwiartka *w* (*Dat,Lok* -tce; *Gen Mz* -tek) Viertel *s* (vierter Teil)
ćwiczenie *s* (*Gen Mz* -eń) Übung *w*
ćwiczyć *uv* (*Präs. 1P* -czę; *Imp.* -cz) **1** turnen **2** üben *etw. Akk*
ćwierć *w* (*Nom Mz* -rci) Viertel *s* (vierter Teil)

D

dach *m* Dach *s*
dać *vo* (*Präs. 1P* dam; *Imp.* daj) **1** geben *j-m etw.* **2** stellen *etw. Akk irgendwohin* (hinstellen), legen *etw. Akk irgendwohin* (hinlegen) **3** gönnen *j-m etw.* (gewähren) ► **~** *vo komuś* **znać** Bescheid sagen *j-m*
daktyl *m* (*Gen* ~a; *Akk* ~; *Gen Mz* ~i/~ów) Dattel *w*
dalej *adv* weiter (entfernt); **i tak ~** und so weiter; **robić** *uv coś* **~** weitermachen *etw. Akk*
daleki *adj* fern, fernliegend, entfernt (Stelle usw.)
daleko *adv* **1** weit (entfernt usw.) **2** viel *irgendwie* (schlimmer usw.), weitaus *irgendwie*
dalszy *adj* weiter (nächster)
dama *w* (*Gen Mz* -m) Dame *w* (Person)
damski *adj* Damen-; **toaleta** *w* **damska** Damentoilette *w*, Damen *w Mz*
dane *nur Mz n-mpers.* Daten *Mz*; **~** *nur Mz n-mpers.* **osobiste** Personaldaten *w Mz*
danie *s* (*Gen Mz* dań) Gang *m* (Gericht), Gericht *s*, Speise *w*; **~** *s* **główne** Hauptgericht *s*
darmowy *adj* kostenlos, kostenfrei, frei (umsonst)
data *w* (*Dat,Lok* dacie; *Gen Mz* -t) Datum *s*
dawać *uv* (*Präs. 1P* daję, *3P Mz* dają; *Imp.* -aj) geben, schenken
dawno *adv* längst
dąb *m* (*Gen* dębu) Eiche *w*, Eich(en)baum *m*
dbać *uv* (*Präs. 1P* -am; *Imp.* -aj) achten *auf etw. Akk* (aufpassen)
decyzja *w* (*Gen,Dat,Lok, Gen Mz* -ji) Entscheidung *w*
defekt *m* (*Gen* ~u) Defekt *m*, Mangel *m*, Fehler *m*
dekada *w* (*Dat,Lok* -adzie; *Gen Mz* -d) Dekade *w*, Jahrzehnt *s*
deklaracja *w* (*Gen,Dat,Lok, Gen Mz* -ji) Deklaration *w*, Erklärung *w* (Mitteilung)
dekolt *m* (*Gen* ~u) Ausschnitt *m* (eines Kleides usw.)
delikatnie *adv* leicht (berühren usw.), sanft (drücken usw.)
delikatny *adj* **1** leicht (Husten usw.) **2** fein, zart (Struktur usw.), weich (geschmeidig) **3** empfindlich (wenig beständig) **4** delikat (Frage usw.), heikel **5** köstlich, lecker, deliziös
demokracja *w* (*Gen,Dat,Lok, Gen Mz* -ji) Demokratie *w*
demonstracja *w* (*Gen,Dat,Lok, Gen Mz* -ji) **1** Demonstration *w* (Protest) **2** Vorführung *w* (Veranschaulichung)
denerwować *uv* nerven *j-n*, fuchsen *j-n*
dentysta *m* (*Dat* -yście; *Nom Mz* -yści) Stomatologe *m*, Zahnarzt *m*
depozyt *m* (*Gen* ~u) Anzahlung *w*
deser *m* (*Gen* ~u) Dessert *s*, Nachtisch *m*, Nachspeise *w*; **~** *m* **lodowy** Eisbecher *m*
deska *w* (*Dat,Lok* -sce; *Gen Mz* -sek) Brett *s* (aus Holz), Hackbrett *s*, Küchenbrett *s*; **~ do prasowania** Bügelbrett *s*
destylować *uv* destillieren, brennen (Alkohol)
deszcz *m* Regen *m*
detergent *m* (*Gen* ~u) Reiniger *m* (Mittel), Reinigungsmittel *s*, Spülmittel *s*
dezodorant *m* (*Gen* ~u) Deodorant *s*, Deo *s*
dezorientować *uv* desorientieren, verwirren
dezynfekcja *w* (*Gen,Dat,Lok, Gen Mz* -ji) Desinfektion *w*
dętka *w* (*Dat,Lok* -tce; *Gen Mz* -tek) Schlauch *m* (bei Reifen); **załatać** *vo* **dętkę** den Schlauch flicken
diabeł *m* Teufel *m*
diament *m* (*Gen* ~u) Diamant *m*
diesel *m* (*Gen* -sla; *Gen Mz* -sli) Diesel *m*, Dieselmotor *m*
dieta *w* (*Dat,Lok* -ecie; *Gen Mz* -t) Diät *w*, Ernährung *w* (Regime); **Jestem na diecie.** Ich halte Diät.
dla *prep* für *etw.* (Zweck usw.), für *j-n* (Geschenk, Nachricht usw.)
dlaczego *adv* warum
dlatego *adv* daher, deshalb, deswegen
dłoń *w* (*Nom Mz* -onie; *Gen Mz* -oni; *Ins* -oniami/~mi) Handfläche *w*
dług *m* (*Gen* ~u) Schuld *w* (Betrag)
długi *adj* lang
długo *adv* lang (erzählen usw.), lange
długopis *m* Kugelschreiber *m*
dłużny *adj* schuldig (Summe)
dno *s* Boden *m* (von einem Gefäß usw.)
do *prep* auf (Richtung usw.), in, zu, nach (räumlich usw.); **(aż) ~** bis zu/an/über, bis (dauern usw.); **~ góry** aufwärts; **D~ widzenia.** Auf Wiedersehen.; **otwarte od… ~…** geöffnet von… bis…; **pokoje ~ wynajęcia** Zimmer zu vermieten

doba *w* Tag *m*
dobranoc **D~!** Gute Nacht!
dobrowolnie *adv* freiwillig
dobry *adj* (*Komp.* lepszy) **1** gut (qualitätvoll usw.) **2** gut *zu j-m* (nett) ► **D~ wieczór.** Guten Abend.; **Dzień ~.** Guten Morgen., Guten Tag.
dobrze *adv* **1** gut (arbeiten usw.) **2** richtig (korrekt) **3** wohl, gut ► **~ się bawić** *uv* genießen *etw. Akk* (erleben); **D~ więc.** Also gut.; **D~?** Einverstanden?
docenić *vo* (*Präs. 1P* -ię; *Imp.* ceń) schätzen *etw. Akk* (Verdienst usw.), schätzen *etw. Akk*; **nie ~** *vo kogoś/czegoś* unterschätzen
dochodzenie *s* (*Gen Mz* -eń) Untersuchung *w* (polizeiliche)
dochód *m* (*Nom Mz* -chody) Einkommen *s*, Erlös *m*
doczekać się *vo* (*Präs. 1P* -am się) erleben *etw. Akk*; **nie móc** *uv* **się doczekać** *czegoś* sich freuen *auf etw. Akk*
dodać *vo* (*Präs. 1P* -am; *Imp.* -aj) **1** zugeben *etw. Akk irgendwohin* (hinzufügen) **2** hinzufügen *etw. Akk* (sagen)
dodatek *m* (*Gen* -tku) **1** Ergänzung *w* (Zusatz usw.) **2** Beilage *w* (Zeitung usw.) **3** Beilage *w* (Essen) ► **dodatki** *m Mz* Accessoires *s Mz*, Beiwerk *s* (modisches usw.)
dodatkowo *adv* zusätzlich *zu etw.* (als Zusatz), extra (noch dazu)
dodatkowy *adj* ergänzend, Ergänzungs-, nachträglich, zusätzlich; **dodatkowe łóżko** Aufbettung *w*
dodatni *adj* positiv (Zahl usw.)
dogodny *adj* günstig, gelegen
dojrzały *adj* **1** reif (Mensch usw.) **2** ausgereift, reif (Käse usw.)
dojść *vo* (*Präs. 1P* -idę, *3P* -idzie, *3P Mz* -idą; *Imp.* -idź; *Vergang. 1P m* doszedłem, *w* doszłam) **1** gelangen *irgendwohin* (zu Fuß) **2** kommen *zu etw.* (Ansicht usw.)
dokąd *adv* wohin
dokądś *adv* irgendwohin
dokładnie *adv* **1** genau **2** gründlich (untersuchen usw.)
dokładny *adj* exakt, genau, gründlich
dokonać *vo* (*Präs. 1P* -am; *Imp.* -aj) erreichen *etw. Akk* (realisieren)
dokończyć *vo* (*Präs. 1P* -czę; *Imp.* -cz) beenden *etw. Akk* (Arbeit usw.), zu Ende bringen *etw. Akk*, vollenden *etw. Akk*, fertig machen *etw. Akk*
doktor *m* (*Dat* ~owi; *Nom Mz* -orzy) Arzt *m*, Doktor *m*
dokument *m* (*Gen* ~u) Dokument *s*, Urkunde *w*, Schriftstück *s*; **~y** *m Mz* **(osobiste)** Dokumente *s Mz*, Papiere *s Mz*
dolina *w* (*Gen Mz* -n) Tal *s*
dolny *adj* unter(er,e,es)
dom *m* Gebäude *s*, Haus *s*, Heim *s*; **do ~u** nach Haus(e), heim; **w ~u** zu Hause, (SwD, SüD) daheim
domagać się *uv* (*Präs. 1P* -gam się; *Imp.* -gaj się) beanspruchen *etw. Akk*, fordern *etw. Akk*, verlangen *etw. Akk*
domek *m* (*Gen* -mku) Häuschen *s*; **~** *m* **(wiejski)** Bauernhaus *s*; **~ górski** Chalet *s*; **~ myśliwski** Jagdhütte *w*; **~ weekendowy** Wochenendhaus *s*
domowy *adj* Haus-, häuslich
doniczka *w* (*Dat,Lok* -czce; *Gen Mz* -czek) Blumentopf *m*
donieść *vo* anzeigen *j-n* (Täter usw.)
donikąd *adv* nirgendwohin
doniosły *adj* wichtig (Folgen usw.), bedeutsam (Entscheidung usw.)
dookoła *adv* rings, ringsherum ♦ *prep* um *etw. Akk* (räumlich)
dopiero *adv* erst ♦ *part* erst (vor kürzer Zeit)
dopilnować *vo* aufpassen *auf j-n/etw.*, beaufsichtigen *etw. Akk* (Arbeit usw.)
dopłacić *vo* (*Imp.* -ać) zuzahlen *für etw.*
dopłata *w* (*Dat,Lok* -acie; *Gen Mz* -t) schuldiger Betrag *m*, Zuschlag *m*
dopóki *adv* solange
doprowadzić *vo* (*Imp.* -adź) **1** bringen (in Verlegenheit usw.), treiben *j-n zu etw./in etw. Akk* (veranlassen) **2** installieren *etw. Akk irgendwo* (Leitung usw.), verlegen *etw. Akk irgendwohin* (Wasserleitung usw.)
dopuszczalny *adj* erlaubt, zulässig
doradzić *vo* beraten *j-n bei etw.*, raten *j-m etw. Akk*
doradztwo *s* (*bes. Ez*) Beratung *w* (Beratertätigkeit)
doręczyć *vo* (*Präs. 1P* -czę; *Imp.* -cz) zustellen *j-m etw. Akk*
dorosły[1] *adj* erwachsen
dorosły[2] *m* Erwachsene *m*
dorosnąć *vo* wachsen (größer werden)
dorzucić *vo* dazugeben, nachlegen, werfen
dosiąść się *vo* (*Präs. 1P* -ądę się; *Imp.* -ądź się) zusteigen *in etw. Akk*
dosięgnąć *vo* (*Vergang. 1P m* -ąłem, *w* -nęłam, *3P m* -ął, *w* -nęła, *1P mpers.* -nęliśmy, *n-mpers.* -nęłyśmy) erreichen *etw. Akk* (berühren)
doskonały *adj* allerbest(er,e,es) (bestmöglich), ausgezeichnet, vollkommen (Lösung usw.), perfekt
dostać *vo* (*Präs. 1P* -anę) bekommen
dostać się *vo* (*Präs. 1P* -anę się; *Imp.* -ań się) kommen *irgendwohin* (gelangen)
dostarczyć *vo* (*Präs. 1P* -czę) austragen *etw. Akk an j-n* (Post usw.), liefern *j-m etw. Akk*

dostatecznie *adv* genügend, ausreichend, genug
dostawa *w* (*Gen Mz* -w) Lieferung *w*, Zustellung *w* (eines Pakets usw.)
dostęp *m* Zutritt *m zu etw.*; **uzyskać** *vo* ~ *do czegoś* Zutritt *zu etw.* bekommen
dostępny *adj* erreichbar, zugänglich (betretbar)
dostosować *vo* anpassen *etw. Akk etw. Dat*
dostrzec *vo* (*Präs. 1P* -egę; *Imp.* -eż; *Vergang. 3P mpers.* -egli, *n-mpers.* -egły) bemerken *j-n/etw.* (sehen usw.), merken *j-n/etw.*, erkennen (in der Ferne usw.)
dosyć *adv* genug (ausreichend), ziemlich
doświadczenie *s* (*Gen Mz* -eń) Erfahrung *w*
doświadczony *adj* erfahren, lebensklug, lebenserfahren
doświadczyć *vo* (*Präs. 1P* -czę) erleben *etw. Akk* (durchmachen), kosten *etw. Akk* (wahrnehmen)
dotąd *adv* bis hierher, insofern, bisher, bis jetzt
dotknąć *vo* (*Präs. 1P* -nę; *Imp.* -nij; *Vergang. 1P m* -ąłem, *w* -nęłam, *3P mpers.* -nęli, *n-mpers.* -nęły) **1** anfassen *etw. Akk*, berühren *j-n/etw.*, anrühren *j-n/etw.* **2** betreffen *etw. Akk* (Erdbeben)
dotrzeć *vo* (*Präs. 1P* -trę, *3P* -e; *Vergang. 1P m* -tarłem, *w* -tarłam, *3P mpers.* -tarli, *n-mpers.* -tarły) **1** ankommen *in/an etw. Dat* (mit dem Auto usw.) **2** kapieren *j. etw. Akk*
dotychczas *adv* bisher
dotyczyć *uv* (*Präs. 3P* -czy) betreffen *j-n/etw.*, angehen *j-n/etw.*, gelten *für j-n/etw.*, sich beziehen *auf j-n/etw.*
dotyk *m* (*Gen* ~u) Berührung *w*, Tastsinn *m*
dowcip *m* Witz *m*
dowcipny *adj* witzig
dowiedzieć się *vo* (*Präs. 1P* -em się; *Imp.* -dz się) erfahren *etw. Akk, über etw. Akk*, hören *etw. Akk* (erfahren)
dowolny *adj* beliebig
dowód *m* (*Gen* -wodu) Beweis *m etw. Gen*, Nachweis *m für etw.*; ~ *m* **(tożsamości)** Ausweis *m*, Personalausweis *m*, (ugs.) Perso *m*
dozwolony *adj* angängig, erlaubt
dół **na dole** unten; **na ~ (po schodach)** die Treppe hinunter; **w ~** bergab, herunter (zum Sprecher), hinunter (von Sprecher), nach unten, abwärts
drabina *w* (*Gen Mz* -n) Leiter *w*
dramatyczny *adj* dramatisch
drapać *uv* (*Präs. 1P* -pię; *Imp.* -p) kratzen *etw. Akk* (ritzen), kratzen (reiben)
drapieżnik *m* Raubtier *s*
drażnić *uv* (*Präs. 1P* -ię, *3P* -i; *Imp.* -ij; *Vergang. 1P m* -iłem, *w* -iłam, *3P mpers.* -ili, *n-mpers.* -iły) **1** reizen (Haut usw.) **2** ärgern *j-n*, necken *j-n/etw.* **3** necken *j-n*
dres *m* Dress *m*, Trikot *s*, Trainingsanzug *m*
drewno *s* (*Ez*) Holz *s*
drobiazg *m* (*Gen* ~u) Kleinigkeit *w*
drobiazgowy *adj* **1** ausführlich, eingehend, detailliert **2** (sehr) akkurat
drobne *nur Mz n-mpers.* Kleingeld *s*
drobny *adj* (*Komp.* -niejszy) fein (Schotter usw.), geringfügig, belanglos, winzig
droga *w* (*Dat,Lok* -odze; *Gen Mz* dróg) Weg *m* (Richtung); **okrężna ~** *w* Umweg *m*
drogi *adj* **1** wertvoll (teuer) **2** lieb (geliebt), lieber
drogo *adv* teuer (bezahlen usw.)
drób *m* (*Ez*; *Gen* drobiu) Geflügel *s*
drugi *num* zweit(er,e,es); **po raz ~** zum zweiten Mal
drugorzędny *adj* nebensächlich, untergeordnet (unwichtig usw.), zweitklassig, zweitrangig (Angelegenheit usw.)
druk *m* (*Gen* ~u) Druck *m etw. Gen* (Prozess), Drucken von Büchern, Formular *s*
drukarka *w* (*Dat,Lok* -rce; *Gen Mz* -rek) Drucker *m* (Vorrichtung)
drukarnia *w* (*Gen Mz* -rń/-i) Druckerei *w*
drukować *uv* drucken
drut *m* (*Gen* ~u) Draht *m*, Stricknadel *w*
drużyna *w* (*Gen Mz* -n) Mannschaft *w*, Team *s* (von Sportlern), Trupp *m* (Arbeitstrupp usw.)
drzeć *uv* (*Präs. 1P* drę, *3P* -e; *Imp.* drzyj; *Vergang. 1P m* darłem, *w* darłam, *3P mpers.* darli, *n-mpers.* darły) reißen *etw. Akk*, zerreißen *etw. Akk* (in Stücke)
drzewo *s* Baum *m*
drzwi *nur Mz n-mpers.* Tür *w*
drżeć *uv* (*Präs. 1P* -żę, *3P* -ży; *Imp.* -żyj; *Vergang. 1P m* -żałem, *w* -żałam, *3P mpers.* -eli, *n-mpers.* -żały) zittern
duch *m* **1** Geist *m* **2** Gespenst *s*
duma *w* (*Gen Mz* -m) Stolz *m*
dumnie *adv* stolz, hochmütig
dumny *adj* stolz *auf j-n/etw.* (mit Recht)
dusić się *uv* (*Präs. 1P* duszę się) ersticken (nicht atmen können)
dusza *w* (*Nom Mz* -sze) Seele *w*
dużo *adv* viele; **bardzo ~** sehr (viel)
duży *adj* groß
dwa *num* zwei; **~ razy więcej** doppelt so viel
dwadzieścia *num* zwanzig
dwanaście *num* zwölf
dworzec *m* (*Gen* -orca; *Dat* -orcowi; *Nom Mz* -orce; *Gen Mz* -orców) Bahnhof *m*; **~** *m* **autobusowy** Busbahnhof *m*; **~** *m* **główny** Hauptbahnhof *m*
dwór *m* Hof *m* (königlicher), Königshof *m*; **na dworze** draußen
dwukrotnie *num* zweimal

dym *m* Rauch *m*
dyrektor *m* (*Dat* ~owi; *Nom Mz* -orzy) Direktor *m*; ~ **szkoły** Rektor *m* (einer Grundschule usw.), Schulleiter *m*
dysk *m* (*Gen* ~u) **1** Bandscheibe *w* **2** Scheibe *w* (Gegenstand) **3** Platte *w* (Festplatte)
dyskoteka *w* (*Dat* -ece; *Gen Mz* -ek; *Dat Mz* -ekom) Disco *w*, Diskothek *w* (Club)
dyskusja *w* (*Gen,Dat,Lok, Gen Mz* -ji) Diskussion *w*
dyskutować *uv* debattieren *etw. Akk*, diskutieren *über etw. Akk*
dywan *m* Teppich *m*, Teppichboden *m*
dzban *m* (*Gen* ~a; *Nom Mz* ~y) Krug *m*
dziadek *m* (*Gen* -dka; *Nom Mz* -dkowie) Großvater *m*
dział *m* (*Gen* ~u) **1** Abteilung *w* (einer Organisation usw.), Zweig *m* (Abteilung usw.) **2** Abteil *s* (abgegrenzter Teil) **3** Division *w* (Abteilung)
działać *uv* (*Präs. 1P* -łam; *Imp.* -łaj) **1** handeln **2** wirken (Wirkung haben) **3** funktionieren, laufen (in Gang sein) ► **nie** ~ *uv* defekt sein, nicht richtig funktionieren
działalność *w* (*Nom Mz* -ści) Tätigkeit *w*, Aktivität *w* (Handlung usw.)
działanie *s* (*Gen Mz* -łań) **1** Aktion *w* (Tätigkeit usw.), Schritt *m* (Handlung) **2** Betrieb *m* *etw. Gen* (Tätigkeit usw.)
dziecięcy *adj* Kinder-
dzieciństwo *s* Kindheit *w*
dziecko *s* (*Nom Mz* -ci) Kind *s*; **dzieci** Kinder *s Mz*; **opiekun(ka) do dziecka** Babysitter *m*
dziedziczyć *uv* (*Präs. 1P* -czę) erben *etw. Akk von j-m*
dzielić *uv* (*Präs. 1P* -lę; *Imp.* -l) **1** gliedern *etw. Akk in etw. Akk*, teilen *etw. Akk in etw. Akk* (in Teile) **2** teilen *etw. Akk mit j-m* (gemeinsam nutzen) **3** dividieren *etw. Akk durch etw.* (Zahlen)
dzielnica *w* (*Nom Mz* -ce) Bezirk *m* (Verwaltungseinheit), Stadtviertel *s*, Viertel *s* (in der Stadt)
dzieło *s* (*Dat* -łu; *Gen Mz* -ł) Werk *s* (Schöpfung usw.)
dziennik *m* (*Gen* ~a) Tagebuch *s*, Tageszeitung *w*
dziennikarz *m* (*Gen Mz* ~y) Journalist *m*
dzienny *adj* täglich (Aufgaben usw.), Tages-
dzień *m* (*Gen* dnia; *Dat* dniowi; *Gen Mz* dni) Tag *m*; **D~ dobry.** Guten Morgen., Guten Tag.; **za dnia** tags, während des Tages
dzierżawa *w* (*Gen Mz* -w) Miete *w* (Verhältnis), Pacht *w* (Mietverhältnis)
dzierżawca *m* (*Dat Ez, Nom Mz* -cy; *Gen,Akk Mz* -ców) Mieter *m*, Pächter *m*
dziesiąty *num* zehnt(er,e,es)
dziesięć *num* zehn
dziewczyna *w* (*Gen Mz* -n) **1** Mädchen *s* **2** Freundin *w* (Partnerin)
dziewiąty *num* neunt(er,e,es)
dziewica *w* (*Nom Mz* -ce) Jungfrau *w*
dziewięć *num* neun
dziewięćdziesiąt *num* neunzig
dziewięćset *num* neunhundert
dziewiętnaście *num* neunzehn
dzięki *prep* dank *j-m/etw.*, mithilfe *j-m/etw.*; **D~!** Danke!
dziękować *uv* danken *j-m für etw.*, sich bedanken *bei j-m für etw.*; **Dziękuję!** Danke!
dziki *adj* **1** wild **2** wild (wachsend)
dzisiejszy *adj* heutig, jetzig, derzeitig
dziwić się *uv* (*Präs. 1P* -wię się; *Imp.* -w się) sich wundern *über etw. Akk*, staunen *über etw. Akk*
dziwnie *adv* seltsam, merkwürdig, sonderbar
dziwny *adj* merkwürdig, seltsam, sonderbar
dzwon *m* Glocke *w*
dzwonek *m* (*Gen* -nka; *Nom Mz* -nki) **1** Klingel *w* (an der Tür) **2** Klingeln *s* (in der Schule usw.) **3** Klingel *w* (kleine Glocke), Glöckchen *s*
dzwonić *uv* (*Präs. 1P* -ię; *Imp.* -oń) klingeln (an der Tür), klingen (Glocke), läuten; **~ na R-kę/koszt osoby przyjmującej rozmowę** R-Gespräch führen
dźwięk *m* (*Gen* ~u) Geräusch *s*, Klang *m* (klarer usw.)
dźwignia *w* (*Gen,Dat,Lok, Gen Mz* -ni) Hebel *m*, Steuerknüppel *m*, Knüppel *m* (im Flugzeug)
dżem *m* Konfitüre *w*
dżinsy *nur Mz n-mpers.* Jeans *Mz*

E

echo *s* (*Nom Mz* echa; *Gen Mz* ech) Echo *s*
egzamin *m* Prüfung *w* (Kenntnisse)
egzaminować *uv* prüfen *j-n in etw. Dat*
egzystencja *w* (*Gen,Dat,Lok, Gen Mz* -ji) Existenz *w*
ekologiczny *adj* ökologisch, umweltfreundlich
ekonomiczny *adj* **1** ökonomisch (Lage usw.), wirtschaftlich **2** ökonomisch, sparsam (Wagen usw.)
ekran *m* Bildschirm *m*
ekspert *m* (*Nom Mz* -rci) Experte *m*, Fachmann *m für etw.*
ekspertyza *w* (*Gen Mz* -z) Expertise *w*, Gutachten *s*
eksperyment *m* (*Gen* ~u) Experiment *s*
eksport *m* (*Gen* ~u) Ausfuhr *w*, Export *m*
ekspresowy *adj* Eil-, Express-

ekwipunek *m* (*Gen* -nku) Ausrüstung *w*
elastyczny *adj* **1** biegsam, dehnbar, elastisch, schmiegsam (Stoff usw.) **2** flexibel
elegancki *adj* elegant, schick, nobel, vornehm
elektrownia *w* Kraftwerk *s*
elektryczność *w* (*Nom Mz* -ści) Elektrizität *w*
elektryczny *adj* elektrisch
elektryk *m* (*Nom Mz* -ycy) Elektriker *m*
element *m* (*Lok* -ncie) Bestandteil *m etw. Gen*, Element *s* (Bestandteil), Segment *s* (Teilstück)
e-mail *m* E-Mail *w*; **wysłać** *vo komuś* ~ E-Mail schicken *j-m*
emeryt *m* (*Nom Mz* -yci) Rentner *m*
emerytura *w* (*Dat* -urze; *Lok Mz* ~ch) Rente *w* (Geld), Ruhestand *m*; **być na emeryturze** im Ruhestand sein; **odejść** *vo* **na emeryturę** in den Ruhestand treten
energia *w* (*Gen,Dat,Lok, Gen Mz* -ii) Energie *w*
entuzjazm *m* (*Ez*) Begeisterung *w für etw.*, Eifer *m für etw.*
etat *m* (*Gen* ~u) Beschäftigung *w* (Arbeit)
euro *s* (*indekl.*) Euro *m*
Europa *w* (*Ez*) Europa *s*
Europejczyk *m* (*Nom Mz* -ycy) Europäer *m*
europejski *adj* europäisch
ewakuacyjny *adj* Flucht-
ewentualny *adj* eventuell, Eventual-, möglich (potenziell)

F

fabryka *w* (*Dat* -yce; *Gen Mz* -k; *Dat Mz* -kom) Fabrik *w*
fabuła *w* (*Dat,Lok* -ule; *Gen Mz* -ł) Handlung *w* (eines Films usw.)
facet *m* (*Nom Mz* -eci) Typ *m* (Mensch), Kerl *m*
fachowiec *m* (*Nom Mz* -wcy; *Lok Mz* -wcach) Fachmann *m für etw.*
fachowy *adj* Fach-, fachlich
fajka *w* (*Dat,Lok* -jce; *Gen Mz* -jek) Pfeife *w* (zum Rauchen), Schnorchel *m*
fajny *adj* nett (angenehm), prima, toll
faks *m* **1** Faxgerät *s*, Fax *s,m* (Gerät) **2** Fax *s,m* (Dokument usw.) ► **posłać** *vo coś komuś* **~em** faxen *etw. Akk j-m*
fakt *m* (*Gen* ~u) Fakt *m,s*, Tatsache *w*
faktura *w* (*Dat* -urze; *Lok Mz* ~ch) Rechnung *w*
fala *w* (*Gen,Dat,Lok* -li; *Gen Mz* -l) Welle *w* (Wasser)
fałszywy *adj* falsch, gefälscht (Kunstwerk usw.), unecht, vorgetäuscht
fantastycznie *adv* fantastisch
fantazja *w* (*Gen,Dat,Lok, Gen Mz* -ji) Fantasie *w* (Vorstellung)
farba *w* (*Gen Mz* -b) Farbe *w*, Anstrich *m* (bunter usw.)
farmaceuta *m* (*Dat* -ucie; *Nom Mz* -uci; *Gen Mz* -tów) Apotheker *m*
farmer *m* (*Nom Mz* -erzy) Bauer *m* (Landwirt)
fartuch *m* Schürze *w*
fasada *w* (*Dat,Lok* -adzie; *Gen Mz* -d) Fassade *w*
fasola *w* (*Gen Mz* -li) Bohne *w* (Frucht)
faza *w* (*Gen Mz* -z) Periode *w*, Phase *w*
ferie *nur Mz n-mpers.* Ferien *Mz*
figa *w* (*Dat,Lok* fidze; *Gen Mz* -g) Feige *w* (Frucht)
figowiec *m* (*Gen* -wca; *Dat* -wcowi; *Nom Mz* -wcy) Feigenbaum *m*, Feige *w* (Baum)
figura *w* (*Dat* -urze; *Lok Mz* ~ch) **1** Figur *w* (Körper) **2** Figur *w* (geometrische), Gebilde *s* (geometrisches)
figurka *w* (*Dat,Lok* -rce; *Gen Mz* -rek) Figur *w* (aus Porzellan usw.)
filar *m* (*Gen* ~u/~a) Pfeiler *m*
filet *m* (*Gen* ~u) Filet *s*
filia *w* (*Gen,Dat,Lok, Gen Mz* -ii) Filiale *w*, Zweigstelle *w*
filiżanka *w* (*Dat,Lok* -nce; *Gen Mz* -nek) Tasse *w*
film *m* Film *m* (Spielfilm), Videofilm *m*
filmować *uv* filmen
filtr *m* (*Gen* ~u) Filter *m*
finansowy *adj* finanziell
fioletowy *adj* violett
firanka *w* (*Dat,Lok* -nce; *Gen Mz* -nek) Gardine *w*
firma *w* (*Gen Mz* -m) Firma *w*
flaga *w* (*Dat,Lok* -adze; *Gen Mz* -g) Fahne *w*, Flagge *w*
flet *m* (*Gen* ~u) Flöte *w*
flirtować *uv* flirten *mit j-m*
folklor *m* (*Gen* ~u) Folklore *w*, Überlieferung *w*
fontanna *w* (*Gen Mz* -nn) Brunnen *m* (Fontäne), Springbrunnen *m*
forma *w* (*Gen Mz* -m) **1** Form *w*, Gestalt *w* **2** Form *w* (Backform usw.) **3** Form *w* (Kondition)
formularz *m* Formular *s*, Vordruck *m*
forsa *w* (*Gen Mz* -s) Kohle *w* (Geld), Moneten *Mz*
forteca *w* (*Nom Mz* -ce) Festung *w*
fortepian *m* Klavier *s*, Piano *s*
fortuna *w* (*Gen Mz* -n) **1** Fortuna *w* (Glück) **2** Vermögen *s* (Reichtum)
fotel *m* (*Gen* ~a; *Dat* ~owi; *Gen Mz* ~i/~ów) Sessel *m*
fotografia *w* (*Gen,Dat,Lok, Gen Mz* -ii) **1** Fotografie *w*, Foto *s* **2** Fotografie *w* (Hobby, Bereich usw.)
fotografować *uv* fotografieren *etw. Akk*
fotografowanie *s* (*Gen Mz* -wań) Fotografie *w* (Hobby, Bereich usw.)

Francja *w* (*Gen,Dat,Lok* -ji) Frankreich *s*
francuski *adj* französisch; **język ~** Französisch(e) *s*
Francuz *m* (*Dat* ~owi; *Nom Mz* ~i) Franzose *m*
fryzjer *m* (*Nom Mz* -erzy) Friseur *m*, Herrenfriseur *m*
fryzjerstwo *s* Friseursalon *m*
funkcja *w* (*Gen,Dat,Lok, Gen Mz* -ji) **1** Funktion *w* (Posten) **2** Funktion *w etw. Gen* (Zweck)
funt *m* Pfund *s*
furgonetka *w* (*Dat,Lok* -tce; *Gen Mz* -tek) Lieferwagen *m*
furtka *w* (*Dat,Lok* -tce; *Gen Mz* -tek) Tor *s* (Eingang)
futro *s* (*Gen Mz* -ter) Pelz *m*

G

gabinet *m* (*Gen* ~u) Kabinett *s* (Regierung), Kabinett (Schulraum), Büro *s* (in einer Schule), Saal *m*; **~ *m* lekarski** Sprechzimmer *s*, Arztpraxis *w*
galeria *w* (*Gen Mz* -ii) Galerie *w*
gałąź *w* (*Nom Mz* gałęzie) Zweig *m*, Ast *m*
garaż *m* Garage *w*
gardło *s* (*Gen Mz* -deł) Kehle *w*, Pharynx *m*
garnek *m* (*Gen* -nka; *Nom Mz* -nki) Topf *m* (zum Kochen)
garnitur *m* (*Gen* ~u) Anzug *m*
gasić *uv* (*Präs. 1P* gaszę; *Imp.* gaś) **1** löschen (Feuer) **2** stillen (Durst)
gaśnica *w* (*Nom Mz* -ce) Löschgerät *s*, Feuerlöscher *m*
gatunek *m* (*Gen* -nku) **1** Genre *s* **2** Art *w* (Tierart usw.), Spezies *w*, Sorte *w* (von Frucht usw.)
gaz *m* Gas *s*
gazeta *w* (*Dat,Lok* -ecie; *Gen Mz* -t) Zeitung *w*
gąbka *w* (*Dat,Lok* -bce; *Gen Mz* -bek) Schwamm *m*
gdyż *conj* denn, weil
gdzie *adv* wo (Frage); **~ indziej** woanders, anderswo; **G~ to jest?** Wo ist das?
gdziekolwiek *adv* wo (auch) immer
gdzieś *adv* **1** irgendwo **2** irgendwohin
gęsty *adj* dicht, dick (Suppe usw.)
gęś *w* (*Nom Mz* gęsi; *Ins Mz* gęsiami/~mi) Gans *w*
giełda *w* (*Dat,Lok* -łdzie; *Gen Mz* -d) Börse *w*, Tauschbörse *w*
gips *m* (*Ez*) Gips *m*, Gipsstein *m*
gitara *w* (*Dat* -arze; *Lok Mz* ~ch) Gitarre *w*
gleba *w* (*Gen Mz* -b) Boden *m* (Materie), Erde *w*
gładki *adj* glatt
głaskać *uv* (*Präs. 1P* -aszczę/-kam, *3P Mz* -aszczą/-kają; *Imp.* -aszcz/-kaj) streicheln
głęboki *adj* (*Komp.* -bszy) tief
głęboko *adv* tief
głębokość *w* (*bes. Ez*; *Dat* -ści) Tiefe *w*
głodny *adj* hungrig; **Jestem ~.** Ich habe Hunger., Ich bin hungrig.
głodować *uv* hungern
głos *m* Stimme *w*
głosować *uv* stimmen *für etw., gegen etw.* (bei Abstimmung), wählen *j-n* (abstimmen)
głosowanie *s* (*Gen Mz* -ań) Abstimmung *w über etw. Akk*; **tajne ~** *s* geheime Abstimmung
głośnik *m* (*Gen* ~a) Lautsprecher *m*
głośny *adj* (*Komp.* -niejszy) laut
głowa *w* (*Gen Mz* głów) Kopf *m*
głowica *w* (*Nom Mz* -ce) Kopf *m* (oberer Teil)
głód *m* Hunger *m*, Turkey *m*
głównie *adv* meist, meistens, vor allem
główny *adj* essenziell, tragend (Thema usw.), Haupt-
głuchy *adj* **1** taub **2** abgelegen, entlegen
głupi *adj* blöd(e), dumm, doof, stupid
głupiec *m* (*Vok* -pcze; *Nom Mz* -pcy; *Lok Mz* -pcach) Dummkopf *m*, Idiot *m*, Blödmann *m*
głupota *w* (*Dat,Lok* -ocie; *Gen Mz* -t) Dummheit *w*, Stupidität *w*, Torheit *w*
gmina *w* (*Gen Mz* -n) Gemeinde *w*
gniazdko *s* (*Gen Mz* -dek) Steckdose *w*; **wyciągnąć** *vo coś* **z gniazdka** den Stecker herausziehen
gniazdo *s* (*Dat* -du; *Gen Mz* -d) Nest *s*
gnieść *uv* (*Präs. 1P* -iotę, *3P* -ecie; *Imp.* -eć; *Vergang. 3P m* -iótł, *w* -iotła) drücken *etw. Akk* (pressen), kneten
gniew *m* (*Ez*) Wut *w*, Zorn *m*
go *pron* ihn
godło *s* (*Gen Mz* -deł) Emblem *s*
godzina *w* (*Gen Mz* -n) **1** Stunde *w* (60 Minuten) **2** Uhr *w* (Uhrzeit) ► **~ *w* szczytu** Stoßzeit *w*; **~ *w* odjazdu/przyjazdu** Abfahrtszeit *w*/Ankunftszeit *w*; **Która ~?** Wie spät ist es?; **o siódmej godzinie** um sieben Uhr; **o trzeciej (godzinie)** um drei Uhr; **pół godziny temu** vor einer halben Stunde
goić się *uv* (*Präs. 3P* -i się) heilen (gesund werden)
gol *m* (*Gen,Akk* ~a; *Gen Mz* ~i) Tor *s* (Treffer)
golić *uv* rasieren *j-n/etw.*
gołąb *m* (*Gen* -łębia; *Dat* -łębiowi; *Gen Mz* -łębi) Taube *w*
gołoledź *w* (*Ez*; *Gen* -edzi) Glatteis *s*
goły *adj* kahl, nackt (Stelle usw.)
gonić *uv* (*Präs. 1P* -ię; *Imp.* goń) jagen *j-n*, verfolgen *j-n* (Polizei usw.)
gorący *adj* (*Komp.* -rętszy) **1** heiß (Gegenstand usw.) **2** warm (Empfang usw.)

gorączka *w* (*Dat,Lok* -czce; *Gen Mz* -czek) erhöhte Temperatur, Fieber *s*
gorzałka *w* (*Dat,Lok* -łce; *Gen Mz* -łek) Schnaps *m*
gorzki *adj* bitter (Getränk usw.)
gospoda *w* (*Dat,Lok* -odzie; *Gen Mz* -d) Gaststätte *w*, Gasthaus *s*
gospodarczy *adj* ökonomisch (Lage usw.), wirtschaftlich
gospodarka *w* (*Dat,Lok* -rce; *Gen Mz* -rek) Wirtschaft *w*
gospodarstwo *s* Bauernhof *m*, Hof *m* (landwirtschaftlicher); **~ s domowe** Haushalt *m*
gospodarz *m* (*Nom Mz* ~e; *Gen Mz* ~y) **1** Bauer *m*, Landwirt *m* **2** Gastgeber *m*
gościć *uv* (*Präs. 1P* goszczę) ausrichten *etw. Akk* (veranstalten)
gościnny *adj* gastfreundlich
gość *m* (*Nom Mz* -ście) Gast *m*
gotować *uv* kochen *etw. Akk* (im Wasser usw.)
gotowany *adj* gekocht
gotowy *adj* fertig
gotówka *w* (*Ez*; *Dat,Lok* -wce) Bargeld *s*
góra *w* (*Dat* górze; *Lok Mz* ~ch) Berg *m*; **do góry** aufwärts; **góry** Berge *w Mz*, Gebirge *s*; **na górze** oben; **pod górę** bergauf; **w ~ch** im Gebirge; **w górę** aufwärts; **z góry** bergab
górny *adj* ober(er,e,es), Ober-, Überkopf-
górski *adj* Berg-, Hoch-; **pasmo** *s* **~e** Gebirge *s*, Bergkette *w*
gra *w* (*Dat,Lok* grze; *Gen Mz* gier) Spiel *s* (Spielen)
grać *uv* (*Präs. 1P* -am; *Imp.* -aj) **1** spielen *etw. Akk* **2** spielen (Schauspieler)
grad *m* (*Gen* ~u) Hagel *m* (Niederschläge)
gram *m* (*Gen* ~a; *Nom Mz* ~y) Gramm *s*
gramatyka *w* (*Dat* -yce; *Gen Mz* -k; *Dat Mz* -kom) Grammatik *w*
granica *w* (*Nom Mz* -ce) **1** Grenze *w* (Landesgrenze) **2** Grenze *w etw. Gen*, Grenze *w* (Limit usw.), Schranke *w etw. Gen*, Limit *s etw. Gen* ► **~ wieku** Altersgrenze *w*; **jechać** *uv* **za granicę** ins Ausland fahren; **w ~ch** *czegoś* im Rahmen *etw. Gen*; **za granicą** im Ausland
graniczyć *uv* (*Präs. 3P* -y) grenzen *an etw. Akk*
gratulować *uv* beglückwünschen *j-n zu etw.*, gratulieren *j-m zu etw.*; **Gratuluję!** Herzlichen Glückwunsch!
grejpfrut *m* (*Gen,Akk* ~a) Grapefruit *w*
grill *m* (*Gen* ~a; *Gen Mz* ~ów) Barbecue *s* (Party), Grill *m* (im Backofen usw.)
grillować *uv* grillen *etw. Akk*
grobowiec *m* (*Gen* -wca; *Dat* -wcowi; *Nom Mz* -wce) Grabstätte *w*, Grabkammer *w*, Gruft *w*
gromadzenie *s* Sammlung *w* (von Altpapier usw.)
groszek *m* (*Gen* -szku) Erbsen *w Mz*, Saat-Platterbse *w*, Wiesen-Platterbse *w*
grozić *uv* (*Präs. 1P* -ożę; *Imp.* gróź/-oź) drohen *j-m mit etw.*, androhen *j-m etw. Akk*
groźba *w* (*Gen Mz* -b) **1** Androhung *w*, Drohung *w* **2** Bedrohung *w etw. Gen* (Gefahr)
grób *m* (*Gen* grobu) Grab *s*
gruby *adj* dick, fett (Mensch)
grudzień *m* (*Gen* -udnia; *Dat* -udniowi; *Gen Mz* -udniów/-udni) Dezember *m*
grunt *m* (*Gen* ~u) **1** Boden *m* (Materie), Erde *w* **2** Wesen *s* (Kern)
grupa *w* (*Gen Mz* -p) Gruppe *w*, Horde *w* (von Jugendlichen usw.), Team *s*
grusza *w* (*Nom Mz* -sze) Birne *w* (Baum)
gruszka *w* (*Dat,Lok* -szce; *Gen Mz* -szek) Birne *w* (Frucht)
grypa *w* (*Gen Mz* -p) Grippe *w*
gryźć *uv* (*Präs. 1P* -yzę; *Imp.* -ź; *Vergang. 3P m* -yzł, *3P mpers.* -źli, *n-mpers.* -yzły) beißen, nagen (Ratte usw.)
grzać *uv* (*Präs. 1P* grzeję; *Imp.* grzej; *Vergang. 1P m* -ałem, *w* -ałam, *3P mpers.* -ali, *n-mpers.* -ały) heizen *irgendwo*, wärmen
grzanka *w* (*Dat,Lok* -nce; *Gen Mz* -nek) Toast *m*
grzbiet *m* (*Gen* ~u) **1** Rücken *m* **2** Kamm *m*
grzebień *m* (*Gen* -ienia; *Dat* -ieniowi; *Gen Mz* -ieni) Kamm *m* (für Haar)
grzech *m* Sünde *w*
grzeczny *adj* brav, höflich, wohlerzogen
grzyb *m* (*Gen* ~a; *Nom Mz* ~y) Pilz *m*
grzywna *w* (*Gen Mz* -wien) Geldstrafe *w*, Bußgeld *s*, Strafe *w* (Geldbuße)
gulasz *m* (*Gen* ~u; *Gen Mz* ~y/~ów) Gulasch *s,m*
guma *w* (*Gen Mz* -m) **1** Gummi *m,s* **2** Reifenpanne *w* ► **~ w (do żucia)** Kaugummi *m*; **Złapałem gumę.** Ich habe einen Platten.
gust *m* (*Nom Mz* ~y) Geschmack *m* (Vorliebe)
guz *m* (*Gen* ~a; *Nom Mz* ~y) **1** Beule *w* (am Kopf) **2** Buckel *m* (Unebenheit)
guzik *m* (*Gen* ~a) **1** Knopf *m* (an Kleidungsstücken) **2** Druckknopf *m* (Maschinenteil usw.), Knopf *m* (Schalter usw.)
gwałt *m* (*Gen* ~u) Gewalt *w*, Vergewaltigung *w*
gwarancja *w* (*Gen,Dat,Lok*, *Gen Mz* -ji) Garantie *w*
gwarantować *uv* garantieren, haften *für etw.* (für Qualität usw.)
gwiazda *w* (*Dat,Lok* -ieździe; *Gen Mz* -d) **1** Stern *m* **2** Superstar *m*, Zelebrität *w*
gwizdać *uv* (*Präs. 1P* -iżdżę; *Imp.* -iżdż) **1** pfeifen **2** pfeifen *etw. Akk* (missachten)
gwizdek *m* (*Gen* -dka; *Nom Mz* -dki) Pfeife *w* (eines Schiedsrichters usw.)
gwóźdź *m* (*Gen* gwoździa; *Dat* gwoździowi; *Gen Mz* gwoździ) Nagel *m* (Metallstift)

H

haczyk *m* (*Gen* ~a) Haken *m*
hak *m* (*Gen* ~a) Haken *m* (zum Aufhängen), Hakennagel *m*
hałas *m* Krach *m*, Lärm *m*
hałaśliwy *adj* laut
hamburger *m* Hamburger *m*
hamować *uv* **1** bremsen **2** bändigen *j-n/etw.*, mildern (Zorn usw.)
hamulec *m* (*Gen* -lca; *Gen Mz* -lców) Bremse *w* (Vorrichtung)
handel *m* (*Gen* -dlu) Handel *m*
handlarz *m* (*Gen Mz* ~y) Geschäftsmann *m*, Händler *m*
handlować *uv* handeln *mit etw.* (Geschäft betreiben), verschieben *etw. Akk* (Handel treiben)
handlowy *adj* geschäftlich; **pasaż** *m* ~ Passage *w* (Ladenpassage), Einkaufspassage *w*
hasło *s* (*Lok* haśle; *Gen Mz* -seł) **1** Stichwort *s* **2** Passwort *s*, Kennwort *s* **3** Slogan *m*, Parole *w*, Schlagwort *s* (Spruch usw.)
hektar *m* (*Gen* ~u) Hektar *s,m*
helikopter *m* (*Gen* ~a) Hubschrauber *m*
hełm *m* (*Gen* ~u) Helm *m*
herbata *w* (*Dat,Lok* -acie; *Gen Mz* -t) Tee *m*
higieniczny *adj* hygienisch
Hindus *m* (*Dat* ~owi; *Nom Mz* ~i) Inder *m*
historia *w* (*Gen Mz* -ii) Geschichte *w*
historyczny *adj* historisch (geschichtlich)
Hiszpan *m* (*Dat* ~owi; *Nom Mz* ~ie; *Akk Mz* ~ów) Spanier *m*
Hiszpania *w* (*Gen,Dat,Lok* -ii) Spanien *s*
hiszpański *adj* spanisch; **język** ~ Spanisch(e) *s*
hobby *s* (*indekl.*) Hobby *s*, Zeitvertreib *m* (Hobby usw.)
hodować *uv* halten *etw. Akk* (Haustier usw.), züchten *etw. Akk* (Pflanzen usw.)
hodowca *m* (*Dat Ez, Nom Mz* -cy; *Gen,Akk Mz* -ców) Züchter *m*
hokej *m* (*Ez*) Eishockey *s*
homar *m* Hummer *m*
honor *m* (*Gen* ~u) Ehre *w*
horyzont *m* (*Gen* ~u) Horizont *m*
hotel *m* (*Nom Mz* ~e) Hotel *s*; **zameldować się** *vo* **w ~u** sich im Hotel anmelden
huk *m* (*Gen* ~u) Knall *m*, Sausen *s*, Donnern *s*
humanitarny *adj* human, menschlich, humanitär
humor *m* (*Gen* ~u) Humor *m*, Laune *w* (gute usw.), Stimmung *w*
huta *w* (*Dat,Lok* hucie; *Gen Mz* -t) Hütte *w* (Hüttenwerk)
hymn *m* Hymne *w*

I

i *conj* und
idea *w* (*Gen,Dat,Lok, Gen Mz* -ei; *Nom Mz* -ee) Idee *w* (Leitbild)
idealny *adj* ideal
identyfikator *m* Anhänger *m* (mit einer Adresse usw.)
idiota *m* (*Dat* -ocie; *Nom Mz* -oci; *Gen Mz* -tów) Dummkopf *m*, Idiot *m*, Blödmann *m*
igła *w* (*Dat,Lok* igle; *Gen Mz* igieł) Nadel *w*
ile *pron* wie viele; ~ **razy** wievielmal; **I~ to kosztuje?** Was/Wie viel kostet es?
iloczyn *m* Produkt *s* (einer Multiplikation)
ilość *w* (*Gen,Dat,Lok, Nom,Gen,Akk Mz* -ści) Menge *w*, Quantität *w*
imieniny *nur Mz n-mpers.* (*Gen Mz* -in) Namenstag *m*
imię *s* (*Gen* -ienia; *Dat,Lok* -ieniu; *Nom Mz* -iona; *Gen Mz* -ion) Name *m*, Vorname *m*
import *m* (*Gen* ~u) Import *m*, Einfuhr *w*
impreza *w* (*Gen Mz* -z) Fete *w*, Party *w*
inaczej *adv* anders
indyjski *adj* indisch
indyk *m* (*Gen* ~a) Truthahn *m*
indywidualny *adj* individuell
infekcja *w* (*Gen,Dat,Lok, Gen Mz* -ji) Ansteckung *w*, Infektion *w*
informacja *w* (*Gen,Dat,Lok, Gen Mz* -ji) Angabe *w*, Information *w*, Info *s*; **biuro** *s* **informacji** Information *w*
inkasować *uv* einkassieren, kassieren
inny *adj* **1** anders *als j./etw.* **2** ander(er,e,es) (Exemplar usw.), ein anderer ► **inni** die anderen; **ktoś** ~ jemand anders
insekt *m* Insekt *s*
inspekcja *w* (*Gen,Dat,Lok, Gen Mz* -ji) Durchsuchung *w* (Haussuchung usw.), Kontrolle *w* (Zollkontrolle usw.), Inspektion *w* (Inspizieren)
inspektor *m* (*Nom Mz* -orzy) Kontrolleur *m*
instrukcja *w* (*Gen,Dat,Lok, Gen Mz* -ji) Anleitung *w*, Anweisung *w* (zur Verwendung usw.), Aufgabenstellung *w*
instrument *m* (*Gen* ~u) Instrument *s*; ~ *m* **muzyczny** Musikinstrument *s*, Instrument *s* (Geige usw.)
instytut *m* (*Gen* ~u) Institut *s*
integralny *adj* ganz (komplett), integral
inteligentny *adj* intelligent
interes *m* (*Gen* ~u) Geschäft *s* (Transaktion), Unternehmen *s* (Tätigkeit)
interesować się *uv* (*Präs. 1P* -suję się; *Imp.* -suj się) sich interessieren *für j-n/etw.*
interesujący *adj* fesselnd, interessant
inwalida *m* (*Dat* -idzie; *Nom Mz* -idzi) Invalide *m*
inżynier *m* (*Nom Mz* ~owie/-erzy) Ingenieur *m*

istnieć *uv* existieren
istota *w* (*Dat,Lok* -ocie; *Gen Mz* -ot) **1** Wesen *s* (Kern) **2** Geschöpf *s*
istotny *adj* bedeutend, bedeutungsvoll, wesentlich
iść *uv* (*Präs.* *1P* idę, *3P* idzie, *3P Mz* idą; *Imp.* idziesz; *Vergang.* *1P m* szedłem, *w* szłam) gehen *irgendwohin* (sich bewegen); ~ *uv* **na/pod górę** hinaufgehen; ~ *uv* **piechotą/na piechotę** laufen (zu Fuß gehen)
izba *w* (*Gen Mz* -b) Kammer *w* (eines Parlaments)

J

ja *pron* ich; **ze mną** mit mir
jabłko *s* (*Gen Mz* -łek) Apfel *m*
jad *m* (*Gen* ~u) Gift *s*
jadalnia *w* Esszimmer *s*
jadalny *adj* essbar, genießbar
jadowity ~ **wąż** *m* Giftschlange *w*
jagnię *s* (*Gen* ~cia; *Dat,Lok* ~ciu; *Nom Mz* ~ta; *Gen Mz* -iąt) Lamm *s*
jagnięcina *w* (*Ez*) Lammfleisch *s*
jagoda *w* (*Dat* -odzie; *Gen Mz* -gód) Beere *w*; ~ *w* **czarna** Heidelbeere *w*, Blaubeere *w*
jajko *s* (*Gen Mz* -jek) Ei *s*
jajnik *m* (*Gen* ~a) Eierstock *m*
jajo *s* (*Gen Mz* -j) Ei *s*
jakby *conj* als ob
jaki *pron* was für ein; **J~e to jest?** Wie ist es?
jakikolwiek *pron* beliebig
jakiś *pron* einig(er,e,es), irgendein
jako *conj* als (arbeiten als usw.)
jakoś *adv* irgendwie, gewissermaßen
jakość *w* (*Nom Mz* -ści) Qualität *w*, Qualität *w etw. Gen*
jaskinia *w* (*Nom Mz* -nie; *Gen Mz* -iń) Höhle *w*
jaskółka *w* (*Dat,Lok* -łce; *Gen Mz* -łek) Schwalbe *w*
jasno *adv* deutlich (verständlich usw.), hell
jasny *adj* **1** hell **2** klar (Himmel usw.) **3** klar (Bedeutung usw.)
jazda *w* (*Dat,Lok* jeździe; *Gen Mz* -d) Fahrt *w*; **prawo** *s* **jazdy** Führerschein *m*; **rozkład** *m* **jazdy** Fahrplan *m*
jądro *s* (*Gen Mz* -der) **1** Hoden *m* **2** Kern *m* (Nusskern usw.) **3** Kern *m* (Zentrum) **4** Atomkern *m*
jechać *uv* (*Präs.* *1P* jadę, *3P* jedzie; *Imp.* jedź) **1** fahren *mit etw.* (transportiert werden) **2** fahren *irgendwohin* (sich bewegen) ► ~ *uv* **na gapę** schwarzfahren
jeden *num* **1** ein **2** einzig
jedenaście *num* elf
jednak *conj* jedoch, aber
jednocześnie *adv* zugleich
jednokierunkowy *adj* einbahnig
jednorazowy *adj* Pauschal-, pauschal (Zahlung usw.), Wegwerf-, Einweg-
jednostka *w* (*Dat,Lok* -tce; *Gen Mz* -tek) **1** Einzelne *m* **2** Einheit *w* (organisatorisch) **3** Einheit *w* (Meter usw.), Maßeinheit *w*
jednostronny *adj* einseitig
jedność *w* (*Nom Mz* -ści) Einheit *w* (Verbundenheit)
jedwab *m* (*Gen* ~iu; *Gen Mz* ~i) Seide *w*
jedynie *adv* einzig, lediglich
jedyny *num* einzig
jedzenie *s* Essen *s*, Gericht *s*, Speise *w*, Mahlzeit *w* (warme usw.)
jego *pron* sein
jeleń *m* (*Gen* -enia; *Dat* -eniowi; *Gen Mz* -eni) Hirsch *m*
jelito *s* (*Dat* -tu; *Gen Mz* -t) Darm *m*
jesień *w* (*Gen Ez, Gen Mz* -eni; *Nom Mz* -enie) Herbst *m*
jeszcze *adv* **1** noch (dauern usw.) **2** noch (ein Bier usw.), mehr (brauchen usw.) ► ~ **nie** noch nicht, bisher nicht; ~ **raz** noch einmal, nochmals; ~ **gorszy/więcej** noch schlimmer/mehr
jeść *uv* essen; ~ *uv* **kolację** zu Abend essen; ~ *uv* **obiad** zu Mittag essen; ~ *uv* **śniadanie** frühstücken
jeśli *conj* wenn (konditional); ~ **chodzi o** *kogoś/coś* was *j-n/etw.* betrifft, was *j-n/etw.* angeht
jezdnia *w* Fahrbahn *w*
jezioro *s* (*Dat* -ru; *Gen Mz* -r) See *m* (Binnengewässer)
jeździć *uv* (*Präs.* *1P* jeżdżę; *Imp.* -ij) fahren *etw. Akk* (Fahrrad usw.); ~ *uv* **konno** reiten; ~ *uv* **na łyżwach** Schlittschuh laufen; ~ *uv* **na nartach** Ski fahren
jeż *m* (*Nom Mz* ~e) Bürstenschnitt *m* (Frisur), Igel *m*
jeżeli *conj* wenn, falls
język *m* (*Gen* ~a) **1** Zunge *w* (Organ) **2** Sprache *w* (Deutsch usw.) ► ~ **angielski** Englisch(e) *s*
jogurt *m* (*Gen* ~u) Joghurt *m,s*, Jogurt *m,s*
jubiler *m* (*Nom Mz* -erzy) Juwelier *m*
już *adv* schon

K

kabel *m* (*Dat* -blowi; *Gen Mz* -bli) Kabel *s*
kabina *w* (*Gen Mz* -n) Führerhaus *s*, Koje *w*; **~ pilota** Cockpit *s*
kaczka *w* (*Dat,Lok* -czce; *Gen Mz* -czek) Ente *w* (Vogel)
kajdanki *nur Mz n-mpers.* (*Gen Mz* -nek/-ków) Fesseln *w Mz*, Handschellen *w Mz*; **założyć** *vo komuś* **~** Handschellen anlegen *j-m*
kakao *s* (*indekl.*) Kakao *m*
kalafior *m* Blumenkohl *m*
kalendarz *m* Kalender *m*
kalkulator *w* Taschenrechner *m*
kalkulować *uv* **1** kalkulieren *etw. Akk* **2** rechnen *mit etw.* (annehmen)
kałuża *w* (*Nom Mz* -że; *Gen Mz* -ż) Pfütze *w*
kamera *w* (*Dat* -erze; *Lok Mz* ~ch) Kamera *w* (Video)
kamień *m* (*Gen* -enia; *Dat* -eniowi; *Gen Mz* -eni) Stein *m*; **~** *m* **szlachetny** Edelstein *m*
kamizelka *w* (*Dat,Lok* -lce; *Gen Mz* -lek) Weste *w*; **~** *w* **ratunkowa** Schwimmweste *w*
kanał *m* (*Gen* ~u) **1** Kanal *m* (Wasserleitung usw.), Rinne *w* (in der Erde) **2** Kanal *m* (für Abwässer) **3** Kanal *m* (zwischen Meeren usw.) **4** Kanal *m* (TV)
kanapa *w* (*Gen Mz* -p) Sofa *s*, Couch *w*
kanapka *w* (*Dat,Lok* -pce; *Gen Mz* -pek) Sandwich *m,s*
kanister *m* (*Gen* -tra; *Dat* -trowi) Blechbüchse *w*, Kanister *m*
kantor *m* (*Gen* ~u) Wechselstube *w*
kapać *uv* (*Präs. 3P* -pie) tropfen (Wasser usw.)
kapelusz *m* Hut *m*
kapitał *m* (*Gen* ~u) Kapital *s*
kapitan *m* Kapitän *m*
kaplica *w* (*Nom Mz* -ce) Kapelle *w* (Bau)
kaptur *m* Kapuze *w*
kapusta *w* (*Dat* -uście; *Gen Mz* -t) Kohl *m*, Wirsing *m*, Wirsingkohl *m*, (ÖrD) Kohl *m* (Rosenkohl usw.)
karabin *m* (*Gen* ~u) Gewehr *s*
karać *uv* (*Präs. 1P* karzę; *Imp.* karz) bestrafen *j-n für etw.*
karalny *adj* strafbar
karetka *w* (*Dat,Lok* -tce; *Gen Mz* -tek) Krankenwagen *m*, Ambulanz *w* (Wagen), Rettungswagen *m*
kariera *w* (*Dat* -erze; *Lok Mz* ~ch) Karriere *w*
kark *m* (*Gen* ~u) Genick *s*, Nacken *m*
karta *w* (*Dat,Lok* -rcie; *Gen Mz* -t) **1** Karte *w* (Plastikkarte usw.) **2** Karte *w* (für Skat usw.), Spielkarte *w* **3** Charta *w* **4** Zettel *m* (Stück Papier) ► **~** *w* **kredytowa** Kreditkarte *w*
kartka *w* (*Dat,Lok* -tce; *Gen Mz* -tek) Blatt *s*
karton *m* Karton *m*, Pappe *w*
kasa *w* (*Gen Mz* -s) Kasse *w* (Zahlstelle); **~** *w* **biletowa** Kasse *w* (im Kino usw.)
kaseta *w* (*Dat,Lok* -ecie; *Gen Mz* -t) Kassette *w* (Magnetband)
kasjer *m* (*Nom Mz* -erzy) Bankkassierer *m*, Kassierer *m*
kasjerka *w* (*Dat,Lok* -rce; *Gen Mz* -rek) Kassiererin *w*
kask *m* (*Gen* ~u) Helm *m*
kasza *w* Brei *m* (Gericht)
kaszel *m* (*Gen* -szlu; *Gen Mz* -szli/-szlów) Husten *m*
kaszleć *uv* husten
katar *m* (*Ez*; *Gen* ~u) Katarrh *m*, Schnupfen *m*
katastrofa *w* (*Gen Mz* -f) Katastrophe *w*, Unglück *s* (Tragödie usw.); **~ morska** Strandung *w*
katolicki *adj* katholisch
katolik *m* (*Nom Mz* -icy) Katholik *m*
kaucja *w* (*Gen,Dat,Lok, Gen Mz* -ji) Kaution *w*, Pfand *s*
kawa *w* (*Gen Mz* -w) Kaffee *m*
kawiarnia *w* (*Gen Mz* -rń/-ni) Café *s*, (ÖrD) Kaffeehaus *s*
każdy *pron* jed(er,e,es) (ohne Ausnahme); **w ~m razie** sowieso, jedenfalls; **za ~m razem** jedes Mal, jeweils
kąpać *uv* baden *j-n*
kąpiel *w* (*Gen,Dat,Lok, Gen Mz* ~i) Bad *s* (Baden), Schwimmen *s*, Baden *s* (im Meer usw.)
kąpielisko *s* (*Nom Mz* -ka; *Gen Mz* -k) Freibad *s*
kąpielówki *nur Mz n-mpers.* Badehose *w*
kąt *m* **1** Winkel *m* (Ecke), Ecke *w* (eines Raumes) **2** Winkel *m* (geometrisch)
kciuk *m* (*Gen* ~a) Daumen *m*
kelner *m* (*Nom Mz* -erzy) Kellner *m*; **starszy ~** *m* Ober *m*
kemping *m* (*Gen* ~u) Camp *s*, Campingplatz *m*
kibic *m* (*Gen Mz* ~ów) Fan *m von j-m/etw.*
kichnąć *vo* (*Präs. 1P* -nę; *Vergang. 1P m* -ąłem, *w* -nęłam, *3P mpers.* -nęli, *n-mpers.* -nęły) niesen
kiedy[1] *adv* **1** wann (Frage) **2** als (Gleichzeitigkeit) ► **~ indziej** ein anderes Mal
kiedy[2] *conj* wenn
kiedykolwiek *adv* wann auch immer, jederzeit
kiedyś *adv* einmal, eines Tages, einst, irgendwann
kieliszek *m* (*Gen* -szka; *Nom Mz* -szki) Schnaps *m*
kiełbasa *w* (*Nom Mz* -sy) Wurst *w*, Bratwurst *w*

kierować *uv* **1** führen *etw. Akk* (Unternehmen usw.), verwalten *etw. Akk* (ein Vermögen usw.) **2** richten *etw. Akk irgendwohin* **3** fahren *etw. Akk* (Auto)
kierowca *m* (*Dat Ez, Nom Mz* -cy; *Gen,Akk Mz* -ców) Fahrer *m*, Lenker *m*, Kraftfahrer *m*
kierownica *w* (*Nom Mz* -ce) Lenkrad *s*, Lenkstange *w*
kierownik *m* (*Nom Mz* -icy) Führungs-, leitender Angestellter, Leiter *m* (einer Abteilung usw.)
kierunek *m* (*Gen* -nku) Richtung *w*
kieszeń *w* (*Nom Mz* -szenie) Tasche *w* (in Kleidungsstücken)
kieszonkowiec *m* (*Gen* -wca; *Dat* -wcowi; *Nom Mz* -wcy) Taschendieb *m*
kij *m* (*Gen* ~a; *Gen Mz* ~ów) Krückstock *m*, Schläger *m* (für Baseball usw.), Stock *m* (als Waffe); **~e golfowe** Golfschläger *m Mz*
kilka *num* einige, ein paar
kilkakrotnie *num* einige Male, mehrmals
kilogram *m* (*Gen* ~a; *Nom Mz* ~y) Kilogramm *s*
kilometr *m* Kilometer *m*
kino *s* Kino *s*
kiosk *m* (*Gen* ~u) Kiosk *m*, Zeitungsladen *m*, Zeitungskiosk *m*; **~** *m* **ruchu** Tabakgeschäft *s*, Tabakladen *m*, Kiosk *m*
klamka *w* (*Dat,Lok* -mce; *Gen Mz* -mek) Klinke *w* (Türklinke usw.)
klasa *w* (*Gen Mz* -s) Klasse *w*
klasyczny *adj* klassisch (typisch)
klatka *w* (*Dat,Lok* -tce) Käfig *m*; **~** *w* **piersiowa** Brust *w* (Körperteil)
klawiatura *w* (*Dat* -urze; *Lok Mz* ~ch) Tastatur *w*
klawisz *m* **1** Taste *w* (eines Computers usw.) **2** Gefängnisaufseher *m*
klej *m* (*Gen* ~u; *Gen Mz* ~ów) Klebstoff *m*, Leim *m*
klejnot *m* (*Gen* ~u) **1** Schmuck *m* (Ring usw.) **2** Juwel *s*, Kleinod *m* (Ring usw.) ► **~y** Juwelen *s Mz*
klęczeć *uv* (*Präs. 1P* -czę; *Imp.* -cz; *Vergang. 1P m* -czałem, *w* -czałam, *3P mpers.* -eli, *n-mpers.* -czały) knien
klient *m* (*Nom Mz* -nci) Kunde *m*, Klient *m*
klif *m* Kliff *s*
klimat *m* (*Gen* ~u) Klima *s*
klimatyzacja *w* (*Gen,Dat,Lok, Gen Mz* -ji) Klimaanlage *w*, Luftanlage *w*, Lüftung *w*
klinika *w* (*Dat* -nice; *Gen Mz* -k; *Dat Mz* -kom) Klinik *w*
klub *m* (*Gen* ~u) Klub *m*
klucz *m* (*Gen Mz* ~y) **1** Schlüssel *m* (zum Schließen) **2** Schlüssel *m zu etw.* (Lösung) **3** Schraubenschlüssel *m*
kłamać *uv* (*Präs. 1P* -mię; *Imp.* -m) lügen *j-m*
kłamstwo *s* (*Nom Mz* -wa) Lüge *w*
kłaść *uv* (*Präs. 1P* -adę; *Imp.* -adź) legen, setzen, stellen
kłopot *m* (*Gen* ~u) Schwierigkeit *w*; **~y** Schlamassel *m,s*
kłopotliwy *adj* lästig
kłócić się *uv* (*Imp.* -óć się) (sich) streiten *über etw. Akk*
kłótnia *w* Scherereien *w Mz um etw.*, Streit *m*
kłuć *uv* (*Präs. 1P* -uję; *Imp.* -uj; *Vergang. 1P m* -ułem, *w* -ułam, *3P mpers.* -uli, *n-mpers.* -uły) **1** stechen *mit etw. in j-n/etw.* (mit Nadel usw.) **2** stechen (Dornen usw.)
kobiecy *adj* weiblich, Frauen-
kobieta *w* (*Dat,Lok* -ecie; *Gen Mz* -t) Frau *w*
kochać *uv* (*Präs. 1P* -am; *Imp.* -aj) lieben *j-n/etw.*
kochać się *uv* (*Präs. 1P* -am się; *Imp.* -aj się) **1** sich lieben **2** Liebe machen *mit j-m*
kochanek *m* (*Nom Mz* -nkowie) Liebhaber *m* (Geliebter)
kochanka *w* (*Dat,Lok* -nce; *Gen Mz* -nek) Geliebte *w*
kod *m* (*Gen* ~u) Kode *m*; **~** *m* **pocztowy** Postleitzahl *w*
kogut *m* (*Gen,Akk* ~a; *Nom,Akk Mz* ~y) Hahn *m* (Vogel)
koktajl *m* (*Nom Mz* ~e) Cocktail *m*; **~ (mleczny)** Milchshake *m*, Milchmixgetränk *s*, Milchmix *m*
kolacja *w* (*Gen,Dat,Lok, Gen Mz* -ji) Abendessen *s*, Abendbrot *s*; **jeść** *uv* **kolację** zu Abend essen
kolano *s* Knie *s*
kolczyk *m* (*Gen* ~a) Ohrring *m*
kolega *m* (*Dat,Lok* -edze; *Nom Mz* -edzy) Freund *m* (Bekannter), Kollege *m*; **~ z klasy** Mitschüler *m*
kolejność *w* (*Nom Mz* -ści) Folge *w*, Reihenfolge *w*, Sequenz *w*
kolejowy *adj* (Eisen)Bahn-; **linia** *w* **kolejowa** Eisenbahn *w*, Bahn *w* (Schienenverkehrsmittel)
koleżanka *w* (*Dat,Lok* -nce) Freundin *w*, Kollegin *w*
kolizja *w* (*Gen,Dat,Lok, Gen Mz* -ji) Kollision *w*, Zusammenstoß *m*
kolor *m* (*Gen* ~u) Farbe *w* (blau usw.)
kolorowy *adj* bunt (nicht schwarz-weiß), farbig (Stoff usw.)
kolumna *w* (*Gen Mz* -n) **1** Säule *w* (Stütze usw.) **2** Spalte *w*, Kolumne *w*
kołdra *w* (*Dat* -drze; *Gen Mz* -der) Decke *w* (im Bett), Federbett *s*, Steppdecke *w*
kołnierz *m* (*Gen Mz* ~y) Kragen *m*
koło *s* (*Gen Mz* kół) **1** Kreis *m* (kreisförmige Gruppierung) **2** Rad *s* ► **~** *s* **zapasowe** Reserverad *s*, Reservereifen *m*

komar *m* Mücke *w*
komedia *w* (*Gen Mz* -ii) Komödie *w*
komenda *w* (*Dat,Lok* -ndzie; *Gen Mz* -d) **1** Anweisung *w* (Befehl), Befehl *m* (militärischer usw.) **2** Hauptquartier *s*
komin *m* (*Gen* ~a; *Nom Mz* ~y) Schornstein *m*
kominek *m* (*Gen* -nka; *Nom Mz* -nki) Kamin *m*
komórka *w* (*Dat,Lok* -rce; *Gen Mz* -rek) **1** Zelle *w* (in Lebewesen) **2** Handy *s*
kompas *m* Kompass *m*
komplement *m* (*Gen* ~u) Kompliment *s*
komplet *m* (*Gen* ~u) Kit *s,m*, Komplet *s*, Satz *m von etw.* (Teller usw.), Set *s* (Teller usw.)
komplikować *uv* komplizieren *etw. Akk*
kompozytor *m* (*Nom Mz* -torzy) Komponist *m*
kompres *m* Umschlag *m* (zu Heilzwecken)
komputer *m* Computer *m*
komunikacja *w* (*Gen,Dat,Lok, Gen Mz* -ji) Kommunikation *w*, Verkehrsweg *m*, Straße *w*
komunikat *m* (*Gen* ~u) Kommuniqué *s*, Meldung *w* (amtliche), Mitteilung *w*
komunikować się *uv* kommunizieren *mit j-m*
koncert *m* (*Gen* ~u) Konzert *s* (Veranstaltung)
kondom *m* (*Nom Mz* ~y) Präservativ *s*, Kondom *s,m*
konduktor *m* (*Nom Mz* -orzy) Schaffner *m*
koniec *m* (*Gen* końca; *Dat* końcowi; *Nom Mz* końce; *Gen Mz* końców) **1** Ende *s*, Schluss *m* **2** Untergang *m*, Niedergang *m* (einer Zivilisation usw.) ► **To ~.** Es ist aus.; **w końcu** endlich
koniecznie *adv* notwendig, notwendigerweise
konkurs *m* Wettbewerb *m* (Spiel)
konsekwencja *w* (*Gen,Dat,Lok, Gen Mz* -ji) **1** Konsequenz *w* **2** Folge *w etw. Dat, von etw.*, Konsequenz *w etw. Gen* (einer Tat usw.)
konserwa *w* (*Gen Mz* -w) Konserve *w*, Dose *w*
konstrukcja *w* (*Gen,Dat,Lok, Gen Mz* -ji) Konstruktion *w*
konstytucja *w* (*Gen,Dat,Lok, Gen Mz* -ji) **1** Verfassung *w* **2** Konstitution *w*
konsul *m* (*Nom Mz* ~owie) Konsul *m*
konsulat *m* (*Gen* ~u) Konsulat *s*
konsultacja *w* (*Gen,Dat,Lok, Gen Mz* -ji) Beratung *w* (Besprechung)
konsumpcja *w* (*bes. Ez; Gen,Dat,Lok* -ji) Konsum *m*, Konsumierung *w*, Verbrauch *m*
kontakt *m* (*Gen* ~u) Kontakt *m*; **być w kontakcie** *m z kimś* in Kontakt stehen *mit j-m*
konto *s* (*Dat* -tu; *Gen Mz* -t) Konto *s*; **~ (bankowe)** Bankkonto *s*; **przekroczenie stanu konta** Kontoüberziehung *w*; **stan** *m* **konta** Kontostand *m*
kontrola *w* Durchsuchung *w* (Haussuchung usw.), Kontrolle *w* (Zollkontrolle usw.), Überprüfung *w* (strenge usw.)
kontroler *m* Kontrolleur *m*; **~** *m* **(biletów)** Kontrolleur *m* (in der Straßenbahn usw.)
kontrolować *uv* kontrollieren (Gebiet usw.), beherrschen (Firma usw.)
koń *m* Pferd *s*
końcowy *adj* End-, Schluss-, End-, resultierend
kończyć *uv* (*Präs. 1P* -czę; *Imp.* -cz) beenden *etw. Akk*
kopać *uv* (*Präs. 1P* -pię; *Imp.* -p) **1** treten *j-n/etw., in etw. Akk* (in Bauch usw.) **2** graben *etw. Akk*
kopalnia *w* (*Gen Mz* -lń/-i) Mine *w* (für Bergbau), Grube *w* (Anlage), Bergwerk *s*
koperta *w* (*Dat,Lok* -rcie; *Gen Mz* -t) Umschlag *m* (für Briefe), Kuvert *s*, Briefumschlag *m*
kopnąć *vo* (*Präs. 1P* -nę; *Imp.* -nij; *Vergang. 1P m* -ąłem, *w* -nęłam, *3P mpers.* -nęli, *n-mpers.* -nęły) treten *j-n/etw., in etw. Akk* (in Bauch usw.), treten *j-n/etw.* (Tritt versetzen)
korek *m* (*Gen* -rka; *Nom Mz* -rki) **1** Kork *m* **2** Korken *m*, Stöpsel *m* (in einer Wanne usw.) **3** Rückstau *m* (von Fahrzeugen), Stau *m* (Verkehr) **4** Sicherung *w* (Stromkreis)
korekta *w* (*Dat,Lok* -kcie; *Gen Mz* -t) Korrektur *w* (Fahnenkorrektur usw.), Korrekturlesen *s*
korkociąg *m* (*Gen* ~u) Korkenzieher *m*
korona *w* (*Gen Mz* -n) **1** Krone *w* (königliche usw.) **2** Baumkrone *w* **3** Krone *w* (Währungseinheit) **4** Korona *w*
korytarz *m* Flur *m*, Korridor *m*, Gang *m* (im Haus usw.)
koryto *s* (*Dat* -tu; *Gen Mz* -t) **1** Futtertrog *m* **2** Bett *s* (eines Flusses usw.)
korzeń *m* (*Gen* -enia; *Dat* -eniowi; *Gen Mz* -eni) Wurzel *w* (einer Pflanze usw.)
korzystać *uv* (*Präs. 1P* -am; *Imp.* -aj) Nutzen ziehen *aus etw.*
korzystny *adj* günstig, nützlich *für j-n/etw.*
korzyść *w* (*Nom Mz* -ści) Nutzen *m von etw.*, Vorteil *m*; **odnosić** *uv* **korzyści** *z czegoś* Nutzen haben *von etw.*
kosmetyk ~i *m Mz* Kosmetik *w* (Kosmetika)
kosmos *m* Kosmos *m*, Weltraum *m*, Universum *s*, Weltall *s*
kostium *m* (*Gen* ~u) Kostüm *s* ► **(damski)** **~** *m* **kąpielowy** Badeanzug *m*
kostka *w* (*Dat,Lok* -tce; *Gen Mz* -tek) **1** Fußknöchel *m*, Knöchel *m* **2** Würfel *m* (Kubus) **3** Würfel *m* (zum Spielen) ► **~** *w* **cukru** Zuckerwürfel *m*
kosz *m* Korb *m*; **~** *m* **na śmieci** Mülleimer *m*, Abfalleimer *m*
koszmar *m* (*Gen* ~u) Albtraum *m*

kosztować *uv* kosten *wie viel* (Preis haben); **Ile to kosztuje?** Was/Wie viel kostet es?
koszula *w* (*Gen,Dat,Lok* -li; *Gen Mz* -l) Hemd *s*
kościół *m* ***K~*** Kirche *w*
kość *w* (*Gen Mz* -ści) Knochen *m*
kot *m* (*Lok* kocie) Katze *w*
kotlet *m* Filet *s* (Lende), Kotelett *s*
kotwica *w* (*Nom Mz* -ce) Anker *m* (Schiffsanker)
koza *w* (*Gen Mz* kóz) Ziege *w*
kółko *s* (*Gen Mz* -łek) Ring *m*, Rolle *w* (Möbelrolle usw.)
krab *m* (*Gen* ~a; *Nom Mz* ~y) Krabbe *w*
kradzież *w* (*Nom Mz* ~e) Diebstahl *m*, Entwendung *w etw. Gen*
kraj *m* (*Gen* ~u; *Gen Mz* ~ów) Land *s* (Staat)
krajobraz *m* Gegend *w*, Landschaft *w*, Landschaftsbild *s*
krajowy *adj* inländisch (Produkt usw.), innerstaatlich, Inlands-
kraksa *w* (*Gen Mz* -s) Unfall *m* (Autounfall usw.), Havarie *w*
kran *m* **1** Hahn *m* (Wasserhahn usw.) **2** Zapfhahn *m*
kraść *uv* (*Präs. 1P* -adnę, *3P* -adnie, *3P Mz* -adną; *Imp.* -adnij) stehlen
krawat *m* (*Gen* ~u/~a) Krawatte *w*, Schlips *m*
krawędź *w* (*Nom Mz* -ędzie) Rand *m* (Kante)
krawiec *m* (*Nom Mz* -wcy; *Lok Mz* -wcach) Schneider *m*
kreda *w* (*Dat,Lok* -edzie; *Gen Mz* -d) Kreide *w*
kredyt *m* (*Gen* ~u) Handyguthaben *s*, Kredit *m*
krem *m* Creme *w*
kreska *w* (*Dat,Lok* -sce; *Gen Mz* -sek) Strich *m* (Linie)
kretyn *m* (*Dat* ~owi; *Nom Mz* ~i) Kretin *m*, Idiot *m*
krew *w* (*Gen,Dat,Lok* krwi) Blut *s*
krewny *m* Verwandte *m*
kręgosłup *m* (*Gen* ~a) Wirbelsäule *w*
kroić *uv* (*Präs. 1P* -oję; *Imp.* krój) schneiden (mit Messer)
krok *m* (*Gen* ~u) **1** Schritt *m* (Bewegung) **2** Gang *m* (Art des Gehens) **3** Schritt *m* (beim Tanzen)
kropka *w* (*Dat,Lok* -pce; *Gen Mz* -pek) Punkt *m*
kropla *w* (*Gen Mz* -pel/-li) Tropfen *m*, Tröpfchen *s*, Perle *w* (von Farbe usw.); **krople** *w Mz* **do oczu** Augentropfen *Mz*
krowa *w* (*Gen Mz* krów) Kuh *w*
król *m* (*Nom Mz* ~owie) König *m*
królestwo *s* **1** Königtum *s* **2** Reich *s* (Tierreich usw.)
królik *m* (*Nom,Akk Mz* ~i) Kaninchen *s*
królowa *w* (*Akk* -wą; *Vok* -wo; *Nom Mz* -we) Königin *w*
krótki *adj* kurz (Gegenstand usw.)
kruchy *adj* mürbe
krwawić *uv* (*Präs. 1P* -ię) bluten
krwawy *adj* blutig (voll von Blut)
krytyczny *adj* kritisch
krytyka *w* (*Dat* -tyce; *Gen Mz* -k; *Dat Mz* -kom) Kritik *w*
krytykować *uv* kritisieren
kryzys *m* Krise *w*, Wirtschaftskrise *w*
krzak *m* (*Gen* ~u/~a; *Akk* ~) Strauch *m*
krzesło *s* (*Lok* -eśle; *Gen Mz* -seł) Stuhl *m* (Möbel)
krzyk *m* (*Gen* ~u) Gebrüll *s* (menschlich), Geschrei *s*, Schreien *s*
krzyknąć *vo* (*Präs. 1P* -nę; *Imp.* -nij; *Vergang. 1P m* -ąłem, *w* -nęłam, *3P mpers.* -nęli, *n-mpers.* -nęły) anbrüllen *j-n*, anschreien *j-n*, ausrufen (spontan)
krzywy *adj* krumm
krzyż *m* Kreuz *s*
krzyżówka *w* (*Dat,Lok* -wce; *Gen Mz* -wek) **1** Kreuzworträtsel *s* **2** Kreuzung *w*, Hybride *w*, Bastard *m* (Pflanze usw.)
ksero *s* (*indekl.*) **1** Kopierer *m*, Kopiergerät *s* **2** Xerokopie *w*
kserować *uv* fotokopieren
ksiądz *m* (*Gen* -iędza; *Dat* -iędzu; *Vok* -ięże; *Nom Mz* -ięża; *Gen,Akk Mz* -ięży) Pater *m*, Priester *m*
książę *m* (*Gen* -ięcia; *Dat,Lok* -ięciu; *Ins* -ięciem; *Vok* ~; *Nom Mz* ~ta; *Gen Mz* -żąt) Fürst *m*, Herzog *m*, Prinz *m*
książka *w* (*Dat,Lok* -żce; *Gen Mz* -żek) Buch *s*
księgarnia *w* (*Gen Mz* -rń/-ni) Buchhandlung *w*
księżniczka *w* (*Dat,Lok* -czce; *Gen Mz* -czek) Prinzessin *w*
księżyc *m* (*Gen* ~a; *Gen Mz* ~ów) Mond *m*
kształt *m* (*Gen* ~u) Form *w*, Gestalt *w*
kto *pron* wer
ktokolwiek *pron* jed(er,e,es) (beliebige Person)
ktoś *pron* irgendjemand, jemand
którędy *adv* welchen Weg, wie
który *pron* **1** welch(er,e,es) **2** wievielt(er,e,es)
którykolwiek *pron* beliebig
któryś *pron* irgendein, irgendwelch
kubek *m* (*Gen* -bka; *Nom Mz* -bki) Becher *m*, Tasse *w*
kucharz *m* (*Gen Mz* ~y) Koch *m*
kuchnia *w* (*Gen Mz* -i) Küche *w* ► **~** *w* **domowa** häusliche Küche
kukurydza *w* Mais *m*
kultura *w* (*Dat* -urze; *Lok Mz* ~ch) Kultur *w*
kupić *vo* (*Präs. 1P* -ię; *Imp.* -p) kaufen *etw. Akk*
kupujący *m* Käufer *m*
kura *w* (*Dat* kurze; *Lok Mz* ~ch) Henne *w*

kurczę *s* (*Gen* ~cia; *Dat,Lok* ~ciu; *Nom Mz* ~ta; *Gen Mz* -cząt) Küken *s*, (junges) Huhn *s*
kurs *m* Kurs *m* ► ~ *m* **walutowy** Kurs *m* (einer Währung), Wechselkurs *m*
kurtka *w* (*Dat,Lok* -tce; *Gen Mz* -tek) Jacke *w*
kurz *m* Staub *m*; **zetrzeć** *vo z czegoś* ~ Staub wischen *irgendwo, von etw.*
kuszetka *w* (*Dat,Lok* -tce; *Gen Mz* -tek) Liege *w*, Liegeplatz *m*
kuzyn *m* (*Dat* ~owi; *Nom Mz* ~i) Cousin *m*
kwadrat *m* (*Gen* ~u) Quadrat *s* (Form)
kwalifikacja *w* (*Gen,Dat,Lok, Gen Mz* -ji) Qualifikation *w* (Ausbildung)
kwas *m* Säure *w* (Substanz)
kwiaciarnia *w* (*Gen Mz* kwaciarń/-ni) Blumengeschäft *s*
kwiat *m* (*Lok* -iecie) Blume *w*, Blüte *w* (einer Pflanze)
kwiecień *m* (*Gen* -etnia) April *m*
kwitnąć *uv* (*Präs. 3P* -nie; *Vergang. 3P m* -tł, *3P mpers.* -nęli, *n-mpers.* -nęły) blühen
kwota *w* (*Dat,Lok* -ocie; *Gen Mz* -t) Betrag *m*, Summe *w* (bezahlte usw.)

L

lać *uv* (*Präs. 1P* leję; *Imp.* lej; *Vergang. 3P mpers.* lali, *n-mpers.* lały) **1** gießen *etw. Akk in etw. Akk* (Wasser in die Tasse usw.) **2** gießen (regnen)
lakier *m* (*Gen* ~u) Lack *m*
lalka *w* (*Dat,Lok* -lce; *Gen Mz* -lek) Puppe *w* (Spielpuppe)
lampa *w* (*Gen Mz* -p) Beleuchtungskörper *m*, Lampe *w*
las *m* (*Lok* lesie) Wald *m*
laska *w* (*Dat,Lok* -sce; *Gen Mz* -sek) **1** Krückstock *m* **2** eine tolle Braut
latać *uv* (*Präs. 1P* -am) fliegen
latarka *w* (*Dat,Lok* -rce; *Gen Mz* -rek) Taschenlampe *w*
latarnia *w* (*Gen Mz* -rń/-i) **1** Lampe *w*, Laterne *w* **2** Leuchtturm *m*
lato *s* Sommer *m*
lawina *w* (*Gen Mz* -n) Lawine *w*
ląd *m* (*Gen* ~u) Festland *s* (nicht Meer)
lądowanie *s* (*Gen Mz* -ań) Landung *w*; ~ *s* **awaryjne** Notlandung *w*
lecieć *uv* (*Präs. 1P* -cę; *Imp.* leć) fliegen
lecz *conj* sondern
leczenie *s* (*Ez*) Behandlung *w* (eines Patienten usw.)
leczyć *uv* (*Präs. 1P* -czę) behandeln *j-n/etw.* (Patienten usw.)
ledwie *adv* kaum
ledwo *adv* kaum, mit Mühe ♦ *conj* kaum (in dem Moment)
legalnie *adv* legal
legalny *adj* legal, gesetzlich, legitim
legenda *w* (*Dat,Lok* -ndzie; *Gen Mz* -d) Sage *w*
legitymacja *w* (*Gen,Dat,Lok, Gen Mz* -ji) Ausweis *m*
lek *m* (*Gen* ~u; *Akk* ~) Arzneimittel *s*, Medikament *s*, Heilmittel *s*, Medikation *w*
lekarstwo *s* Heilmittel *s*, Mittel *s gegen etw.* (Arzneimittel usw.)
lekarz *m* (*Gen Mz* ~y) Arzt *m*, Doktor *m*
lekcja *w* (*Gen,Dat,Lok, Gen Mz* -ji) **1** Lektion *w* (Lehrstunde), Stunde *w* (Unterricht) **2** Lektion *w* (Erfahrung), Moral *w* (einer Fabel usw.)
lekki *adj* (*Komp.* lżejszy) leicht
lekko *adv* leicht (nur wenig), sanft (drücken usw.)
lemoniada *w* (*Dat,Lok* -adzie; *Gen Mz* -d) Limonade *w*, Limo *w,s*, Zitronenlimonade *w*
leniwy *adj* faul (Mensch usw.)
lepiej *adv* besser
lepszy *adj* besser, günstiger
letni *adj* **1** Sommer-, sommerlich **2** lauwarm, lau
lew *m* (*Gen* lwa; *Nom Mz* lwy; *Gen Mz* lwów) Löwe *m* (Tier); ~ **morski** Seehund *m*; **L~** *m* Löwe *m* (Sternzeichen)
lewo **w** ~ nach links (wohin)
lewy *adj* link(er,e,es); **po lewej stronie** links (wo); **z lewej strony** von links
leżak *m* (*Gen* ~a; *Akk* ~) Strandliege *w*
leżeć *uv* (*Präs. 1P* -żę; *Imp.* -ż) **1** liegen (Mensch) **2** liegen *irgendwo* (Sache)
lęk *m* (*Gen* ~u) Angst *w* (Sorge usw.)
licencja *w* (*Gen,Dat,Lok, Gen Mz* -ji) Genehmigung *w* (Urkunde usw.), Lizenz *w*
liceum *s* (*Ez indekl.*; *Nom Mz* -ea; *Gen Mz* -eów) Gymnasium *s*, Lyzeum *s*
lichy *adj* **1** schwach (schlecht) **2** unsolide
liczba *w* (*Gen Mz* -b) **1** Zahl *w* (Zahlwort usw.), Nummer *w* (zwei usw.) **2** Anzahl *w etw. Gen*, Zahl *w etw. Gen* ► ~ **mnoga** Plural *m*; ~ **pojedyncza** Singular *m*
liczyć *uv* (*Präs. 1P* -czę; *Imp.* -cz) **1** rechnen *etw. Akk*, ausrechnen *etw. Akk* (Rechenaufgabe), berechnen *etw. Akk* (Umfang usw.) **2** zählen (Anzahl haben) **3** rechnen *mit etw.*, zählen *auf etw. Akk*, sich verlassen *auf j-n/etw.* **4** berechnen *j-m etw. Akk für etw.*
lider *m* (*Nom Mz* -erzy) Führer *m* (Leiter), Chef *m*
lina *w* (*Gen Mz* -n) Seil *s*; **(stalowa)** ~ Drahtseil *s*
linia *w* (*Gen,Dat,Lok, Gen Mz* -ii) Linie *w* ► ~ *w* **kolejowa** Eisenbahn *w*, Bahn *w* (Schienenverkehrsmittel); ~ **(produkcyjna)** Fertigungsstraße *w*; ~ **telefoniczna** Telefonleitung *w*
lipiec *m* (*Gen* -pca; *Dat* -pcowi; *Nom Mz* -pcy) Juli *m*

lis *m* (*Gen* ~a; *Nom Mz* ~y) Fuchs *m*
list *m* Brief *m*
lista *w* (*Dat* liście; *Gen Mz* -t) Liste *w etw. Gen*, Verzeichnis *s etw. Gen*, Verzeichnis *s*, Aufstellungsliste *w*
listonosz *m* (*Nom Mz* ~e; *Gen Mz* ~y/~ów) Briefträger *m*, Briefzusteller *m*
listopad *m* (*Gen* ~a) November *m*
liść *m* Blatt *s* (Pflanzenteil)
litera *w* (*Dat* -erze; *Lok Mz* ~ch) Buchstabe *m*; **wielkie litery** Großbuchstaben *m Mz*
literatura *w* (*Dat* -urze; *Lok Mz* ~ch) Literatur *w*
litość *w* (*Ez*) Erbarmen *s*, Mitleid *s*
litr *m* Liter *m,s*
lizać *uv* (*Präs. 1P* liżę; *Imp.* liż) lecken
lodowaty *adj* eiskalt, eisig (Wasser usw.)
lodowiec *m* (*Gen* -wca; *Dat* -wcowi; *Nom Mz* -wce) Gletscher *m*
lodowy *adj* Eis-; **góra lodowa** Eisberg *m*
lodówka *w* (*Dat,Lok* -wce; *Gen Mz* -wek) Kühlbox *w*, Kühlschrank *m*
logiczny *adj* logisch
lokal *m* (*Nom Mz* ~e) Lokal *s*
lokalny *adj* örtlich, Orts-, lokal
lokomotywa *w* (*Gen Mz* -w) Lokomotive *w*
los *m* **1** Schicksal *s* **2** Los *s* (Lotterieschein), Lotterielos *s* ► **ciągnąć** *uv* **~y** losen; **ciągnięcie** *s* **~ów** Los *s* (Losen)
losowy *adj* Stichproben-, zufällig (Auswahl usw.), Zufalls-
lot *m* (*Gen* ~u) Flug *m*
lotnisko *s* (*Nom Mz* -ka; *Gen Mz* -k) Flughafen *m*
lód *m* Eis *s* (Wasser) ♦ *nur Mz n-mpers.* ***lody*** Eis *s* (Speiseeis)
lub *conj* oder
lubić *uv* (*Präs. 1P* -ię) **1** mögen *j-n/etw.*, gernhaben *j-n/etw.* **2** gern *etw. Akk* tun
lud *m* Volk *s* (Bevölkerung)
ludność *w* (*Ez*) Bevölkerung *w*
ludzie *m* Leute *Mz* (Lebewesen)
ludzki *adj* Menschen-, menschlich
ludzkość *w* (*Ez*) **1** Menschheit *w* **2** Humanität *w*, Menschlichkeit *w* (Humanität)
lusterko *s* (*Gen Mz* -rek) Spiegel *m* (Glas); ~ *s* **wsteczne** Rückspiegel *m*
lustro *s* (*Gen Mz* -ter) Spiegel *m* (Glas)
luty *m* (*Gen* -tego; *Lok* ~m) Februar *m*
luźny *adj* locker, lose

Ł

ładny *adj* schön ► **Jest ładnie.** Das Wetter ist schön.; **ładna pogoda** schönes Wetter
ładowarka *w* (*Dat,Lok* -rce; *Gen Mz* -rek) Ladegerät *s*
ładunek *m* (*Gen* -nku) Fracht *w* (Ware usw.), Frachtgut *s*
łańcuch *m* Kette *w*
łapa *w* (*Gen Mz* -p) Pfote *w*
łatwo *adv* leicht (erreichbar usw.), bequem (zugänglich usw.), spielend
łatwy *adj* (*Komp.* -wiejszy) leicht (Aufgabe usw.)
ławka *w* (*Dat,Lok* -wce; *Gen Mz* -wek) Bank *w* (zum Sitzen)
łazienka *w* (*Dat,Lok* -nce; *Gen Mz* -nek) Bad *s* (Raum), Badezimmer *s*
łaźnia *w* (*Nom Mz* -ie) Bad *s* (Baden)
łącznie *prep* einschließlich *etw. Gen*
łąka *w* (*Dat* łące; *Gen Mz* -k; *Dat Mz* -kom) Wiese *w*
łokieć *m* (*Gen* -kcia; *Dat* -kciowi; *Nom Mz* -kcie; *Gen Mz* -kci) Ellbogen *m*
łopata *w* (*Dat,Lok* -acie; *Gen Mz* -t) **1** Schaufel *w* (Schippe), Spaten *m* **2** Blatt *s* (Propeller usw.)
łosoś *m* (*Gen* -osia; *Dat* -osiowi; *Gen Mz* -osi) Lachs *m*
łódź *w* (*Nom Mz* łodzie) Boot *s*
łóżko *s* (*Gen Mz* -żek) Bett *s*; **dodatkowe ~** Aufbettung *w*; ~ *s* **polowe/składane** Liegestuhl *m*
łydka *w* (*Dat,Lok* -dce; *Gen Mz* -dek) Wade *w*
łyk *m* (*Gen* ~u) Schluck *m*, Schluck *m etw. Gen*
łyżeczka *w* (*Dat,Lok* -czce; *Gen Mz* -czek) Teelöffel *m*
łyżka *w* (*Dat,Lok* -żce; *Gen Mz* -żek) **1** Löffel *m* **2** Löffel *m etw. Akk* (Maßangabe)
łza *w* (*Gen Mz* łez) Träne *w*

M

machać *uv* (*Präs. 1P* -am; *Imp.* -aj) schwingen *mit etw.* (mit Beinen), winken *j-m*, winken *mit etw.* (Fahne usw.)
macica *w* Gebärmutter *w*
magazyn *m* **1** Lager *s* (für Vorräte usw.) **2** Magazin *s* (Zeitschrift), Illustrierte *w*
magazynek *m* (*Gen* -nka; *Nom Mz* -nki) Magazin *s* (einer Waffe)
magistrala *w* (*Gen Mz* -l/-li) Fernstraße *w*, Magistrale *w*
magnes *m* Magnet *m*
maj *m* (*Gen* ~a; *Gen Mz* ~ów) Mai *m*

majątek *m* (*Gen* -tku) **1** Eigentum *s*, Besitz *m* **2** Vermögen *s* (Reichtum)
majonez *m* Mayonnaise *w*, Majonäse *w*
majtki *nur Mz n-mpers.* Höschen *s*, Unterhose *w*
makaron *m* Makkaroni *Mz*, Nudeln *w Mz*, Teigwaren *w Mz*
malarstwo *s* Malerei *w*
malarz *m* (*Gen Mz* ~y) Maler *m* (Künstler); ~ *m* **(pokojowy)** Maler *m* (Handwerker)
malina *w* (*Gen Mz* -n) Himbeere *w*, Himbeerstrauch *m*
malować *uv* **1** streichen (Wände usw.) **2** malen **3** schminken *j-n/etw.*
mało *adv* wenig, wenige; **o ~ co** beinahe
małpa *w* (*Gen Mz* -p) **1** Affe *m* **2** At-Zeichen *s*
mały *adj* (*Komp.* mnijeszy) klein
małżeństwo *s* Ehe *w*, Eheleute *w*, Ehepaar *s*
małżonek *m* (*Gen* -nka; *Nom Mz* -nkowie) Ehegatte *m*, Ehemann *m*
mama *w* (*Gen Mz* -m) Mama *w*, Mutti *w*
mandarynka *w* (*Dat,Lok* -ynce; *Gen Mz* -ynek) Mandarine *w*
mandat *m* (*Gen* ~u) **1** Mandat *s* (eines Abgeordneten) **2** Geldstrafe *w*, Bußgeld *s*
mango *s* (*indekl.*) Mango *w*
mapa *w* (*Gen Mz* -p) Landkarte *w*, Karte *w* (geografisch)
marchew *w* (*Nom Mz* -chwie) Möhre *w*
margaryna *w* (*Gen Mz* -n) Margarine *w*
marmur *m* (*Gen* ~u) Marmor *m*
martwić się *uv* (*Präs. 1P* -ię się; *Imp.* -w się) besorgt sein *um j-n/etw.*, fürchten *für/um j-n/etw.*, sich Sorgen machen *um j-n/etw.*
martwy *adj* tot
marynarka *w* (*Dat,Lok* -arce; *Gen Mz* -arek) **1** Sakko *m,s* **2** Marine *w*
marynarz *m* (*Gen Mz* ~y) Seemann *m*, Matrose *m*
marzec *m* (*Gen* marca; *Gen Mz* marców) März *m*
marznąć *uv* (*Präs. 1P* -nę; *Vergang. 3P m* -zł, *w* -zła, *3P mpers.* -zli, *n-mpers.* -zły) frieren
masa *w* (*Gen Mz* -s) Masse *w* (große Menge)
masaż *m* (*Gen* ~u; *Gen Mz* ~y/~ów) Massage *w*
masło *s* (*Dat* -łu; *Gen Mz* -seł) Butter *w*
maszt *m* (*Gen* ~u) **1** Stange *w* (Stütze usw.) **2** Mast *m* (auf dem Schiff)
maszyna *w* (*Gen Mz* -n) Maschine *w*
maszynka *w* (*Dat,Lok* -nce; *Gen Mz* -nek) Apparat *m* (Gerät), Werk *s* (Mechanismus)
maść *w* (*Nom Mz* -ści) Salbe *w*
materac *m* (*Gen* ~a; *Gen Mz* ~ów) Matratze *w*
materiał *m* (*Gen* ~u) **1** Material *s* **2** Stoff *m* (Gewebe) ► **~ *m* napędowy** Treibstoff *m*, Kraftstoff *m*
matka *w* (*Dat,Lok* -tce; *Gen Mz* -tek) Mutter *w* (Frau)
matura *w* (*Dat* -urze; *Lok Mz* ~ch) Abitur *s*
mądry *adj* klug, weise
mąka *w* (*Dat* mące; *Gen Mz* -k; *Dat Mz* -kom) Mehl *s*
mąż *m* (*Gen* męża; *Nom Mz* mężowie; *Gen Mz* mężów) Ehemann *m*; **były ~** Exmann *m*
mebel *m* (*Dat* -blowi; *Gen Mz* -bli) Möbel *s Mz*
mechanik *m* (*Nom Mz* -icy) Mechaniker *m*, Reparateur *m*
mecz *m* (*Gen* ~u; *Gen Mz* ~ów) Kampf *m* (Wettkampf), Spiel *s* (Match)
meczet *m* (*Gen* ~u) Moschee *w*
meduza *w* (*Gen Mz* -z) Qualle *w*
medycyna *w* (*Gen Mz* -n) Medizin *w* (Wissenschaft)
medykament *m* (*Gen* ~u) Medikament *s*
melodia *w* (*Gen Mz* -ii) Melodie *w*
menstruacja *w* (*Gen,Dat,Lok, Gen Mz* -ji) Menstruation *w*, Monatsblutung *w*
menu *s* (*indekl.*) Menü *s*, Speisekarte *w*
metal *m* (*Gen* ~u; *Nom Mz* ~e; *Gen Mz* ~i) Metall *s*
metoda *w* (*Dat,Lok* -odzie; *Gen Mz* -d) Methode *w*
metr *m* (*Gen* ~u) Meter *m,s*
męczący *adj* ermüdend, anstrengend, schwierig (Zeit usw.)
męski *adj* **1** Herren-, männlich **2** männlich (Eigenschaft usw.), Mannes-
mężczyzna *m* (*Nom Mz* -yźni; *Gen Mz* -n) Mann *m*
mgła *w* (*Dat,Lok* mgle; *Gen Mz* mgieł) Dunst *m*, Nebel *m*
miara *w* (*Dat,Lok* mierze; *Gen Mz* -r) **1** Maß *s etw. Gen* (Grad usw.) **2** Maß *s* (Größe) **3** Metermaß *s*
miasto *s* (*Dat* -tu; *Gen Mz* -t) Stadt *w*
miecz *m* Schwert *s*
mieć *uv* (*Präs. 1P* mam, *3P Mz* mają; *Imp.* -ej) **1** haben *etw. Akk* **2** sollen, haben *+ zu + Inf.* ► **Co ma pan(i) na myśli?** Was meinen Sie damit?; **I co mam robić?** Und was soll ich machen?; **~ *uv* na sobie** tragen (Kleider), anhaben; **~ *uv* nadzieję *na coś*** hoffen *auf etw. Akk*; **~ *uv* sens** Sinn ergeben
miedź *w* (*bes. Ez*; *Gen* -edzi) Kupfer *s*
miejsce *s* **1** Platz *m* (Kapazität usw.), Raum *m* (leerer usw.) **2** Platz *m* (Teil eines Raumes), Ort *m*, Stelle *w* (Punkt, Gebiet usw.) **3** Sitzplatz *m* ► **bezpieczne ~** Sicherheit *w* (Platz); **~ *s* pracy** Arbeitsplatz *m*; ~ *s*

zamieszkania Wohnsitz *m*; ~ **przeznaczenia** Bestimmungsort *m*
mielony *adj* gemahlen
mierzyć *uv* (*Präs. 1P* -rzę; *Imp.* -rz) **1** messen *j-n/etw.* (Größe bestimmen) **2** messen *wie viel* (Größe haben)
miesiąc *m* (*Gen* ~a; *Dat* ~owi; *Gen Mz* -ięcy) Monat *m*
miesięcznie *adv* monatlich
miesięczny *adj* **1** monatlich (Zahlung usw.) **2** Monats-
mieszać *uv* (*Präs. 1P* -am; *Imp.* -aj) rühren *etw. Akk*, umrühren *etw. Akk* (Suppe usw.)
mieszkać *uv* (*Präs. 1P* -am) wohnen *irgendwo*
mieszkanie *s* (*Gen Mz* -ań) Behausung *w*, Wohnort *m*, Wohnung *w*
mieszkaniec *m* (*Nom Mz* -ańcy) Bewohner *m* (von Haus usw.), Einwohner *m* (von Land usw.)
między *prep* zwischen
międzynarodowy *adj* international, multinational (Konzern usw.)
miękki *adj* (*Komp.* bardziej ~/-kszy) weich (nicht hart)
miękko *adv* weich (landen usw.)
mięsień *m* (*Gen* -ęśnia; *Dat* -ęśniowi; *Gen Mz* -ęśni) Muskel *m*
mięso *s* (*Nom Mz* -sa; *Gen Mz* -s) Fleisch *s*
migdał *m* (*Gen* ~a; *Akk* ~) Mandel *w* (Samen)
migrena *w* (*Gen Mz* -n) Migräne *w*
mila *w* (*Gen,Dat,Lok* -li; *Gen Mz* -l) Meile *w*
milczeć *uv* (*Präs. 1P* -czę; *Imp.* -cz; *Vergang. 1P m* -czałem, *3P mpers.* -eli, *n-mpers.* -czały) schweigen
miliard *m* (*Gen* ~a) Milliarde *w*
milion *m* (*Gen* ~a; *Nom Mz* ~y) Million *w*
miłość *w* (*Nom Mz* -ści) Liebe *w*
miłośnik *m* (*Nom Mz* -icy) Liebhaber *m von etw.* (Anhänger)
miły *adj* nett, liebenswürdig, freundlich (Wesen)
mimo *prep* trotz *etw. Gen*; ~ **to** trotzdem; ~ **że** obwohl
mimowolny *adj* **1** unbedingt (Reflex usw.), unwillkürlich, absichtslos **2** unfreiwillig
minąć *vo* (*Präs. 1P* -nę; *Imp.* miń; *Vergang. 1P m* -ąłem, *w* -nęłam, *3P mpers.* -nęli, *n-mpers.* -nęły) vorbeigehen *an j-m/etw.* (zu Fuß), vorbeifahren *an j-m/etw.* (mit Auto usw.)
mineralny *adj* mineralisch, Mineral-
minimalnie *adv* mindestens
minister *m* (*Nom Mz* -trowie) Minister *m*
ministerstwo *s* Ministerium *s*
minuta *w* (*Dat,Lok* -ucie; *Gen Mz* -t) Minute *w*
miotła *w* (*Dat,Lok* -tle; *Gen Mz* -teł) Besen *m*, Kehrbesen *m*
miód *m* Honig *m*
miska *w* (*Dat,Lok* -sce; *Gen Mz* -sek) Schüssel *w*
mistrz *m* (*Nom Mz* ~owie) Champion *m*, Meister *m in etw. Dat* (Könner), Meister *m* (Weltmeister usw.)
mistrzostwo *s* Championat *s*, Meisterschaft *w* (Weltmeisterschaft usw.)
mleczny *adj* Milch-
mleko *s* (*Nom Mz* -ka; *Gen Mz* -k) Milch *w*
młodość *w* (*Nom Mz* -ści) Jugend *w* (Zeit)
młody *adj* jung; ~ **człowiek** junger Mann *m*
młodzież *w* (*Ez*) Jugend *w* (Menschen), Nachwuchs *m*
młotek *m* (*Gen* -tka; *Nom Mz* -tki) Hammer *m*, kleiner Hammer *m*
młyn *m* (*Gen* ~a; *Nom Mz* ~y) Mühle *w* (Anlage)
mniej *adv* weniger (Maß usw.)
mniejszość *w* (*Nom Mz* -ści) Minderheit *w*, Minorität *w*
mnożyć *uv* (*Präs. 1P* -żę; *Imp.* mnóż; *Vergang. 1P m* -yłem, *3P mpers.* -yli) multiplizieren *etw. Akk mit etw.*
moc *w* (*Nom Mz* ~e) **1** Macht *w* **2** Eingangsleistung *w*
mocarstwo *s* Großmacht *w*, Macht *w* (Staat)
mocno *adv* **1** heftig (regnen usw.) **2** hart (schlagen usw.), ordentlich, richtig (viel)
mocny *adj* (*Komp.* -niejszy) **1** fest (widerstandsfähig) **2** stark (Gefühl), intensiv (Liebe usw.), heftig (Leidenschaft usw.)
mocz *m* (*Ez*) Harn *m*, Urin *m*
moda *w* (*Dat* modzie; *Gen Mz* mód) Mode *w*
model *m* (*Gen* ~u; *Gen Mz* ~i) Modell *s*
modelka *w* (*Dat,Lok* -lce; *Gen Mz* -lek) Modell *s* (Frau)
modlić się *uv* beten *zu j-m für etw.*
modlitwa *w* (*Gen Mz* -w) Gebet *s*
modny *adj* modern (Frisur usw.), modisch, Mode-
mokry *adj* nass (feucht)
moment *m* (*Gen* ~u) Moment *m*, Augenblick *m* (kurzer usw.), Weile *w*; **w tym momencie** momentan, zurzeit, gegenwärtig
moneta *w* (*Dat,Lok* -ecie; *Gen Mz* -t) Münze *w*
monitor *m* Bildschirm *m*, Monitor *m*
monitorować *uv* überwachen (Prozess usw.), beobachten (Entwicklung usw.)
montaż *m* (*Gen* ~u; *Gen Mz* ~y/~ów) **1** Montage *w* (Zusammensetzen) **2** Schnitt *m* (im Film)
monument *m* (*Gen* ~u) Denkmal *s*, Monument *s*
morderca *m* (*Dat Ez, Nom Mz* -cy; *Gen,Akk Mz* -ców) Mörder *m*
morderstwo *s* Mord *m*
morski *adj* **1** maritim (Klima usw.), Marine-, Meeres- (Fauna usw.), Meer(es)- **2** See- ► **katastrofa morska** Strandung *w*; **lew ~** Seehund *m*

morze *s* (*Gen Mz* mórz) Meer *s*, See *w* (Meer); **nad ~m** an der See, am Meer
moskitiera *w* (*Dat* -erze; *Lok Mz* ~ch) Moskitonetz *s*
most *m* Brücke *w*
motocykl *m* (*Gen Mz* ~i) Motorrad *s*
motocyklista *m* (*Dat* -iście; *Nom Mz* -iści) Motorradfahrer *m*
motyl *m* Schmetterling *m*
motyw *m* **1** Motiv *s* (Beweggrund) **2** Thema *s*, Stoff *m* (für ein Buch usw.)
mowa *w* (*Gen Mz* mów) Sprache *w* (Deutsch usw.)
może *adv* möglicherweise, eventuell; **(być) ~** möglicherweise, vielleicht
możliwość *w* (*Nom Mz* -ści) Möglichkeit *w* (Auswahl)
możliwy *adj* möglich; **~ do przyjęcia** annehmbar
móc *uv* (*Präs. 1P* mogę, *3P* może; *Vergang. 1P m* mogłem, *3P m* mógł) dürfen; **Już dalej nie mogę.** Ich kann nicht mehr.
mój, moja, moje *pron* mein, meine; **To nie moja wina!** Es ist nicht meine Schuld!
mówić *uv* (*Präs. 1P* -ię; *Imp.* -w) erzählen *j-m etw. Akk*, sprechen *von etw., über etw. Akk*, reden *von etw., über etw. Akk*, sprechen *mit j-m von etw., über etw. Akk*; **Nie mówię po angielsku/niemiecku/francusku.** Ich spreche kein Englisch/Deutsch/Französisch.
mózg *m* (*Gen* ~u) Gehirn *s*; **wstrząs** *m* **~u** Gehirnerschütterung *w*
mrożony *adj* Gefrier-, tiefgekühlt, tiefgefroren
mrówka *w* (*Dat,Lok* -wce; *Gen Mz* -wek) Ameise *w*
mróz *m* Frost *m*
msza *w* (*Nom Mz* msze) Messe *w* (Gottesdienst)
mucha *w* (*Dat,Lok* musze; *Gen Mz* -ch) Fliege *w*
mundur *m* (*Gen* ~u) Uniform *w*
mur *m* (*Gen* ~u) Mauer *w*, Mauerwerk *s*; **~y (miasta)** Ringmauer *w*
murarz *m* (*Gen Mz* ~y) Maurer *m*
musieć *uv* müssen *etw. Akk tun*; **Muszę iść do łazienki.** Ich muss auf die Toilette.; **Nie musicie na mnie czekać.** Ihr braucht nicht auf mich zu warten.
musztarda *w* (*Dat,Lok* -rdzie; *Gen Mz* -d) Senf *m*
muzeum *s* (*Ez indekl.*) Museum *s*
muzułmanin *m* (*Gen,Akk* ~a; *Dat* ~owi; *Ins* ~em; *Lok,Vok* ~ie; *Nom Mz* -ie; *Gen,Akk Mz* -nów) Muslim *m*, Moslem *m*
muzyczny *adj* musikalisch
muzyk *m* (*Nom Mz* -ycy) Musiker *m*
muzyka *w* (*Dat* -yce; *Gen Mz* -k; *Dat Mz* -kom) Musik *w*
my *pron* wir
mydło *s* (*Gen Mz* -deł) Seife *w*
mylić *uv* (*Präs. 1P* -lę; *Imp.* -l) **1** trügen **2** irreführen *j-n* **3** verwechseln *j-n/etw. mit j-m/etw.*
mysz *w* Maus *w*
myśl *w* Idee *w* (Gedanke)
myśleć *uv* denken *an etw. Akk* (im Kopf haben) ► **Myślę, że tak/nie.** Ich glaube schon./Das glaube ich nicht.
myśliwy *m* Jäger *m*
myto *s* (*Dat* -tu; *Gen Mz* -t) Straßenzoll *m*, Maut *w*

N

na *prep* **1** für *etw.* (Zweck usw.) **2** pro ► **być ~ nogach** auf sein; **~ górze** oben (höher); **~ początku** am Anfang; **~ zewnątrz** heraus (vom Sprecher), hinaus (zum Sprecher), nach draußen; **Potrzebuję pokój ~ trzy dni.** Ich brauche ein Zimmer für drei Tage.
nabiał *m* (*Ez*; *Gen* ~u) Milchprodukte *s Mz*
nabój *m* (*Gen* -boju; *Gen Mz* -bojów) Ladung *w* (elektrische), Patrone *w* (Munition)
nabrzeże *s* (*Dat* -żu; *Nom Mz* -ża; *Gen Mz* -ży; *Lok Mz* -żach) Kai *m*
nabywca *m* (*Dat Ez, Nom Mz* -cy; *Gen,Akk Mz* -ców) Erwerber *m*, Käufer *m*
nacisk *m* (*Gen* ~u) **1** Druck *m* (Zwang), Zwang *m* (rücksichtsloser usw.) **2** Akzent *m* (Betonung)
nacisnąć *vo* drücken *auf etw. Akk*, drücken *etw. Akk* (Knopf usw.)
naczynie *s* (*Gen Mz* -yń) Gefäß *s* ► **naczynia** *s Mz* **(kuchenne)** Geschirr *s* (zum Kochen)
nad *prep* über *etw. Dat* (höher); **~ morzem** an der See, am Meer
nadal *adv* noch (dauern usw.), weiterhin
nadawca *m* (*Dat Ez, Nom Mz* -cy; *Gen,Akk Mz* -ców) Absender *m*
nadgarstek *m* (*Gen* -tka; *Nom Mz* -tki) Handgelenk *s*
nadmuchać *vo* (*Präs. 1P* -am; *Imp.* -aj) aufblasen
nadruk *m* (*Gen* ~a) Druck *m* (Muster usw.)
nadużycie *s* (*Gen Mz* -yć) Missbrauch *m*
nadzieja *w* Hoffnung *w auf etw. Akk*; **mieć** *uv* **nadzieję** *na coś* hoffen *auf etw. Akk*
nadzorować *uv* beaufsichtigen *etw. Akk*, kontrollieren (Gebiet usw.), beherrschen (Firma usw.), überwachen *j-n/etw.*
nadzwyczajnie *adv* außerordentlich
nadzwyczajny *adj* außerordentlich
nagi *adj* kahl, nackt (Stelle usw.)
nagle *adv* plötzlich, auf einmal

nagłówek *m* (*Gen* -wka; *Nom Mz* -wki) Briefkopf *m*, Kopf *m* (einer Zeitung usw.), Schlagzeile *w*
nagły *adj* abrupt (unerwartet), dringend (Aufgabe usw.), akut (Fall usw.), plötzlich
nagnać *vo* (*Präs. 1P* -am; *Imp.* -aj) treiben *j-n/etw. irgendwohin*
nagrać *vo* (*Präs. 1P* -am; *Imp.* -aj) aufnehmen *etw. Akk* (Musik usw.), aufzeichnen
nagroda *w* (*Dat* -odzie; *Gen Mz* -ród) **1** Auszeichnung *w*, Preis *m* (Belohnung) **2** Belohnung *w* (belohnt werden)
naiwny *adj* naiv
najbliższy *adj* **1** nächst(er,e,es) (in der Nähe), nächstliegend **2** nächst(er,e,es) (in der Zukunft)
najechać *vo* (*Präs. 1P* -jadę, *3P* -edzie; *Imp.* -edź) einfallen *irgendwohin* (in ein Land usw.)
najmniej *adv* mindestens; **co ~** wenigstens
najwyżej *adv* **1** am höchsten **2** höchstens
najwyższy *adj* **1** höchst(er,e,es) (hierarchisch), oberst(er,e,es), top-, Top- **2** Spitzen-
nakaz *m* Befehl *m* (militärischer usw.), Verfügung *w* (gerichtliche usw.)
nalać *vo* (*Präs. 1P* -leję; *Imp.* -lej; *Vergang. 1P m* -ałem, *w* -ałam, *3P mpers.* -leli/-ali, *n-mpers.* -ały) gießen *etw. Akk in etw. Akk* (Wasser in die Tasse usw.), zapfen
należeć *uv* (*Präs. 1P* -żę; *Imp.* -ż; *Vergang. 1P m* -żałem, *w* -żałam, *3P mpers.* -żeli, *n-mpers.* -żały) angehören *zu etw.*, gehören *zu etw.*, gehören *j-m*
naładować *vo* aufladen (Batterie usw.)
namiot *m* (*Gen* ~u) Zelt *s*; **rozbić** *vo* **~** ein Zelt aufstellen
namówić *vo* (*Präs. 1P* -ię; *Imp.* -w) anstiften *j-n zu etw.*, überreden *j-n (zu etw.)*
napad *m* (*Gen* ~u) **1** Angriff *m* (Aggression), Überfall *m* **2** Anfall *m* ► **~ na bank** Banküberfall *m*
napić się *vo* **1** trinken *etw. Akk* **2** trinken (Durst stillen)
napięcie *s* (*Gen Mz* -ęć) Spannung *w*
napięty *adj* gespannt
napis *m* Aufschrift *w*; **~y** Untertiteln *m Mz*
napisać *vo* schreiben *etw. Akk* (formulieren)
napój *m* (*Gen* -poju; *Gen Mz* -poi/-pojów) Getränk *s*
naprawa *w* (*Gen Mz* -w) Reparatur *w*
naprawdę *adv* wirklich (in Wirklichkeit) ♦ *part* wahrhaft, wirklich ► **N~?** Im Ernst?, Ehrlich?, Wirklich?
naprawić *vo* (*Präs. 1P* -ię; *Imp.* -w) **1** reparieren *etw. Akk* **2** gutmachen *etw. Akk* (Fehler usw.), gutmachen (in Ordnung bringen)
naprzeciwko *prep* gegenüber *j-m/etw.* (sitzen usw.)
naprzód *adv* nach vorne, vorwärts, nach vorn; **posunąć (się)** *vo* **~** vorgehen (nach vorn gehen), weitergehen
naraz *adv* auf einmal, gleichzeitig
narciarz *m* (*Gen Mz* ~y) Skifahrer *m*
narkotyk *m* (*Gen* ~u) Droge *w*, Narkotikum *s* (Narkosemittel)
narodowość *w* (*Nom Mz* -ści) Nationalität *w*
narodowy *adj* national, National-
naród *m* Volk *s*, Nation *w*
narząd *m* (*Gen* ~u) Organ *s* (im Körper)
narzędzie *s* Gerät *s* (Zange usw.), Werkzeug *s*, Instrument *s*; **narzędzia** *s Mz* Werkzeuge *s Mz*
nasienie *s* Samen *m*
nastawić *vo* (*Präs. 1P* -ię; *Imp.* -w) **1** einstellen (Maschine usw.), stellen (Wecker usw.) **2** einstellen *etw. Akk* (Sender usw.), einstellen (Radio)
nastrój *m* (*Gen* -roju; *Gen Mz* -rojów) Laune *w* (gute usw.), Stimmung *w*
nasz, nasza, nasze *pron* unser
natrafić *vo* (*Präs. 1P* -ię; *Imp.* -f) stoßen *auf j-n/etw.* (begegnen)
natura *w* (*Dat* -urze; *Lok Mz* ~ch) **1** Natur *w* (Tiere, Pflanzen usw.) **2** Natur *w* (einer Person), Wesen *s*
naturalnie *adv* natürlich ♦ *part* natürlich (Zustimmung), selbstverständlich
naturalny *adj* **1** natürlich (Tod usw.) **2** selbstverständlich **3** nativ
natychmiast *adv* direkt, gleich, sofort
nauczyciel *m* Lehrer *m*
nauczyć *vo* (*Präs. 1P* -czę; *Imp.* -cz) beibringen *j-m etw. Akk*
nauczyć się *vo* (*Präs. 1P* -czę się; *Imp.* -cz się) lernen *etw. Akk zu tun*
nauka *w* (*Dat* -uce; *Gen Mz* -k; *Dat Mz* -kom) Lehre *w* (christliche usw.), Wissenschaft *w*
naukowiec *m* (*Vok* -wcze; *Nom Mz* -wcy; *Lok Mz* -wcach) Forscher *m*, Wissenschaftler *m*
naukowy *adj* wissenschaftlich
nawet *adv* sogar
nawias *m* Klammer *w* (Schriftzeichen)
nawigacja *w* (*Gen,Dat,Lok, Gen Mz* -ji) Navigation *w*
nawyk *m* (*Gen* ~u) Gewohnheit *w*
nawzajem[1] *adv* einander, untereinander, gegenseitig, miteinander
nawzajem[2] *adv* gleichfalls
nazwa *w* (*Gen Mz* -w) Name *m*
nazwać *vo* (*Präs. 1P* -wę; *Imp.* -wij) nennen *j-n/etw. irgendwie* (einen Namen geben), benennen *j-n irgendwie* (Kind usw.)
nazwisko *s* (*Nom Mz* -ka; *Gen Mz* -k) Familienname *m*, Zuname *m*, Nachname *m*

nazywać *uv* (*Präs. 1P* -am; *Imp.* -aj) nennen *j-n irgendwie* (bezeichnen)
nazywać się *uv* (*Präs. 1P* -am się; *Imp.* -aj się) heißen *irgendwie*; **Jak się nazywasz?** Wie heißt du?; **Nazywam się...** Ich heiße...
negocjować *uv* verhandeln (Verhandlungen führen)
nerka *w* (*Dat,Lok* -rce; *Gen Mz* -rek) Niere *w*
nerw *m* (*Gen* ~u) Nerv *m*; **~y** Nerven *m Mz* (System)
netto *adj* netto, Netto-
neutralny *adj* neutral
nic *pron* nichts
nić *w* (*Nom,Akk Mz* nici) Faden *m*
nie *part* nein, (ugs.) nee; **Czyż ~?** Nicht wahr?, Oder?; **jeszcze ~** noch nicht, bisher nicht; **N~ ma za co.** Nichts zu danken.; **wcale ~** gar nicht, überhaupt nicht
niebawem *adv* bald, unmittelbar danach
niebezpieczeństwo *s* Gefahr *w*, Not *w*, Notlage *w*, Notfall *m*
niebezpieczny *adj* gefährlich
niebieski *adj* **1** blau **2** himmlisch, Himmels- (Körper usw.)
niebo *s* (*Ez ausg. Nom*) Himmel *m*
niech **N~ do mnie zadzwoni!** Er soll mich anrufen!
niecierpliwy *adj* ungeduldig
nieczynny *adj* außer Betrieb, inert
niedaleko *adv* nahe (nicht weit entfernt)
niedługo *adv* in Kürze, nicht lange, kurz (danach usw.)
niedobrze *adv* schlecht (körperlich unwohl), übel (körperlich); **N~ mi.** Ich fühle mich nicht wohl., Mir ist unwohl., Mir ist schlecht.
niedziela *w* (*Gen,Dat,Lok* -li; *Gen Mz* -l) Sonntag *m*
niedźwiedź *m* (*Gen* -iedzia; *Dat* -iedziowi; *Gen Mz* -iedzi) Bär *m*
niektóry *pron* irgendwelch, irgendein
nielegalny *adj* gesetzwidrig, illegal
niemal *adv* fast, beinahe, nahezu
Niemcy *nur Mz n-mpers.* (*Gen Mz* -miec; *Akk Mz* ~) Deutschland *s*
Niemiec *m* (*Vok* -mcze; *Nom Mz* -mcy; *Lok Mz* -mcach) Deutsche *m*
niemiecki *adj* deutsch; **język** *m* **~** Deutsch(e) *s*
niemile *adv* unangenehm (überrascht usw.)
niemowlę *s* (*Gen* ~cia; *Dat,Lok* ~ciu; *Nom Mz* ~ta; *Gen Mz* -ląt) Baby *s*, Säugling *m*
niemożliwy *adj* unmöglich
nienawidzić *uv* (*Imp.* -idź) hassen *j-n/etw.*
nienawiść *w* (*Ez*) Hass *m*
nieoczekiwany *adj* unerwartet
nieodpowiedzialny *adj* unverantwortlich, verantwortungslos
niepełnosprawny *adj* behindert, invalide
niepokój *m* (*Gen* -koju; *Gen Mz* -kojów) Angst *w* (Sorge usw.), Unruhe *w* (innere), Rastlosigkeit *w*
nieporozumienie *s* (*Gen Mz* -ień) **1** Missverständnis *s* **2** Meinungsverschiedenheit *w*, Differenz *w* (persönliche usw.)
nieporządek *m* (*Gen* -dku) Unordnung *w*
niepowodzenie *s* (*Gen Mz* -dzeń) Misserfolg *m*
nieprawdopodobny *adj* unwahrscheinlich
nieprzytomny **być ~m** bewusstlos sein
nieskończony *adj* unendlich, endlos
niespodzianka *w* (*Dat,Lok* -nce; *Gen Mz* -nek) Überraschung *w* (unerwartetes Ereignis)
niesprawiedliwy *adj* unfair, ungerecht
niestety *part* leider, unglücklicherweise
niestrawność *w* (*Nom Mz* -ści) Verdauungsstörung *w*
nieszczęście *s* (*Gen Mz* -ść) Katastrophe *w*, Unglück *s* (Tragödie usw.)
nieszczęśliwy *adj* unglücklich
nieść *uv* **1** tragen **2** mit sich bringen *etw. Akk* (Konsequenzen usw.)
nieśmiały *adj* schüchtern, zurückhaltend
nietoperz *m* (*Nom Mz* ~e) Fledermaus *w*
nieważny *adj* abgelaufen, ungültig, nichtig
niewątpliwie *adv* zweifellos, ohne Zweifel
niewinny *adj* **1** unbescholten, tadelfrei, unschuldig **2** keusch
niewygodny *adj* **1** unbequem **2** ungelegen
niezadowolony *adj* unzufrieden *mit etw.*, nicht zufrieden *mit etw.*
niezbędny *adj* notwendig, nötig, unentbehrlich, unabkömmlich
niezdrowy *adj* ungesund (Kost usw.)
nieznacznie *adv* ein wenig, etwas
nieznany *adj* unbekannt
nieznośny *adj* unerträglich, untragbar
niezwykły *adj* außergewöhnlich, ungewöhnlich (Fähigkeit usw.), erstaunlich, ungewohnt
nigdy *adv* nie, niemals
nigdzie *adv* **1** nirgends, nirgendwo **2** nirgendwohin
nikt *pron* niemand
niski *adj* niedrig
nisko *adv* niedrig
niszczyć *uv* (*Präs. 1P* -czę; *Imp.* -cz) abbrechen (niederreißen), zerstören, beschädigen
nizina *w* (*Gen Mz* -n) Tiefland *s*
noc *w* (*Nom Mz* ~e) Nacht *w*; **w ~y** über Nacht
nocleg *m* (*Gen* ~u) Übernachtung *w*; **~ *m* ze śniadaniem** Übernachtung mit Frühstück

noclegownia *w* Herberge *w*
nocny *adj* Nacht-, nächtlich
nocować *uv* übernachten
noga *w* (*Dat* nodze; *Gen Mz* nóg) Bein *s*; **być na ~ch** auf sein
nonsens *m* (*Nom Mz* ~y) Unsinn *m*
normalny *adj* normal
nos *m* (*Gen* ~a; *Nom Mz* ~y) Nase *w*
nosić *uv* (*Präs. 1P* noszę; *Imp.* noś) tragen
notariusz *m* (*Nom Mz* ~e; *Gen Mz* ~y/~ów) Notar *m*
notatka *w* (*Dat,Lok* -atce; *Gen Mz* -atek) Anmerkung *w* (Äußerung usw.)
nowoczesny *adj* aktuell, up to date, modern (zeitgenössisch)
nowotwór *m* Geschwulst *w*, Krebs *m* (Krankheit)
nowy *adj* neu
nożyczki *nur Mz n-mpers.* Schere *w* (Werkzeug)
nóż *m* (*Gen* noża; *Akk* ~; *Gen Mz* noży) Messer *s*
nuda *w* (*Dat* nudzie; *Gen Mz* -dów) langweilige Sache, Langeweile *w*
nudności *w* Nausea *w*, Brechreiz *m*
nudny *adj* (*Komp.* -niejszy) langweilig
nudzić *uv* (*Imp.* nudź) langweilen *j-n*
numer *m* (*Gen* ~u) Nummer *w* ► **~ *m* rejestracyjny** Kraftfahrzeugkennzeichen *s*, Autonummer *w*, Autokennzeichen *s*
nurkować *uv* tauchen (als Taucher)
nuta *w* (*Dat,Lok* nucie; *Gen Mz* -t) Note *w* (Notenzeichen)

O

o *prep* **1** an *j-n/etw.* (denken usw.), über *etw. Akk* (sprechen usw.), von *etw.* (reden, hören usw.), um *etw.* (sich handeln usw.) **2** um (drei Uhr usw.) **3** um (bei Differenzangaben) ► **o wpół do piątej** um halb fünf
oba *num* beide
obandażować *vo* verbinden
obcęgi *nur Mz n-mpers.* (*Gen Mz* -gów) Zange *w*
obciąć *vo* (*Präs. 1P* obetnę; *Imp.* obetnij; *Vergang. 1P m* -ąłem, *w* -ięłam, *3P mpers.* -ięli, *n-mpers.* -ięły) **1** abhacken, abhauen *etw. Akk*, beschneiden (Bild usw.), schälen **2** schneiden (mit Schere) ► **(dać sobie) ~ *vo* włosy** sich die Haare schneiden lassen
obcokrajowiec *m* (*Nom Mz* -wcy; *Lok Mz* -wcach) Ausländer *m*
obecnie *adv* jetzt
obecność *w* (*Ez*) Anwesenheit *w von j-m*
obecny *adj* **1** anwesend *irgendwo* **2** bestehend, gegenwärtig, momentan, augenblicklich (jetzt vorhanden)
obejrzeć *vo* (*Präs. 1P* -rzę; *Imp.* -rzyj; *Vergang. 3P mpers.* -rzeli, *n-mpers.* -rzały) sich ansehen *etw. Akk*, (sich) ansehen *etw. Akk*
obiad *m* (*Lok* -iedzie) Mittagessen *s*; **jeść *uv* ~** zu Mittag essen
obiecać *vo* (*Präs. 1P* -am; *Imp.* -aj) versprechen *j-m etw. Akk*
obiektywnie *adv* objektiv
obiektywny *adj* objektiv, unparteiisch, unvoreingenommen, unbefangen
obietnica *w* (*Nom Mz* -ce) Gelübde *s*, Versprechen *s*, Zusage *w*
objazd *m* (*Lok* -jeździe) Umleitung *w*
objąć *vo* (*Präs. 1P* obejmę; *Imp.* obejmij; *Vergang. 1P m* -ąłem, *w* -jęłam, *3P mpers.* -jęli, *n-mpers.* -jęły) umarmen *j-n*
objechać *vo* (*Präs. 1P* -jadę, *3P* -edzie; *Imp.* -edź) umfahren *etw. Akk* (ausweichen)
objętość *w* (*Nom Mz* -ści) Volumen *s*
obliczyć *vo* (*Präs. 1P* -czę; *Imp.* -cz) rechnen *etw. Akk*, ausrechnen *etw. Akk* (Rechenaufgabe), berechnen *etw. Akk* (Umfang usw.)
obniżka *w* (*Dat,Lok* -żce; *Gen Mz* -żek) Ermäßigung *w*
obniżyć *vo* (*Präs. 1P* -żę) ermäßigen *etw. Akk*, verringern (Menge usw.), senken (Summe usw.)
obojętny *adj* gleichgültig
obok[1] *prep* vorbei *an etw. Dat* (weiter usw.)
obok[2] *adv* **1** vorbei (gehen usw.) **2** daneben
obowiązek *m* (*Gen* -zku) Pflicht *w*, Verpflichtung *w*
obóz *m* Lager *s* (Unterkunft)
obraz *m* Abbildung *w*, Darstellung *w* (Bild, Ergebniss), Bild *s* (Gemälde)
obrazić *vo* beleidigen *j-n*, empören *j-n*
obronić *vo* (*Präs. 1P* -ię; *Imp.* -oń) **1** mit Erfolg verteidigen (Stadt usw.) **2** verteidigen (können) *etw. Akk* **3** verteidigen (Titel usw.)
obrzęd *m* (*Gen* ~u) Zeremonie *w*
obrzęk *m* (*Gen* ~u) Schwellung *w*
obrzydliwy *adj* eklig, ekelhaft
obrzydzenie *s* (*Ez*) Ekel *m*, Widerwille *m gegen etw.*
obserwacja *w* (*Gen,Dat,Lok, Gen Mz* -ji) Beobachtung *w* (Beobachten), Überwachung *w*
obserwator *m* (*Dat* ~owi; *Nom Mz* -orzy) Beobachter *m*, Zuschauer *m* (Schaulustige)
obserwować *uv* beobachten *j-n/etw.*
obsługa *w* (*Dat,Lok* -udze; *Gen Mz* -g) Bediener *m*, Bedienung *w* (eines Gerätes usw.)
obszar *m* (*Gen* ~u) Gebiet *s* (Region)
obudzić *vo* (*Imp.* -udź) aufwecken *j-n*, wecken *j-n*
obuwie *s* (*Ez*; *Dat* -iu) Schuhe *w Mz*
obwodnica *w* (*Nom Mz* -ce) Umgehungsstraße *w*; **~ *w* miejska** Ringstraße *w*

obwód *m* **1** Umfang *m* (Kugelumfang usw.) **2** Stromkreis *m* **3** Bezirk *m*

oby *part* hoffentlich

obyczaj *m* (*Gen* ~u; *Gen Mz* ~ów) Sitte *w* (Gewohnheit)

obywatel *m* (*Nom Mz* ~e; *Gen Mz* ~i) Bürger *m*

ocean *m* Ozean *m*

ocena *w* (*Gen Mz* -n) **1** Bewertung *w* **2** Note *w* (in der Schule)

ocenić *vo* (*Präs. 1P* -ię; *Imp.* -eń) **1** auswerten, beurteilen *j-n/etw.*, einschätzen **2** schätzen *etw. Akk* (Wert) **3** benoten

ocet *m* Essig *m*

ochłodzić *vo* (*Präs. 1P* -dzę) abkühlen *etw. Akk*

ochota *w* (*Ez*; *Dat,Lok* -ocie) Lust *w an etw. Akk*; **mieć** *uv* **ochotę** *zrobić coś* Lust haben *etw. Akk zu tun*

ochrona *w* (*Gen Mz* -n) **1** Schutz *m gegen etw., vor etw. Dat* **2** Bewachung *w* (Personen), Leibwache *w*

ochronny *adj* Schutz-

oczarować *vo* bezaubern *j-n durch etw.*, gewinnen *j-n* (erobern), verzaubern *j-n*

oczyścić *vo* (*Präs. 1P* -yszczę; *Imp.* -ść) abputzen *etw. Akk*, reinigen (von Zusatzstoffen usw.), säubern (Wasser usw.)

oczywisty *adj* augenscheinlich, offenkundig, offensichtlich, sichtlich

oczywiście *part* natürlich (Zustimmung), selbstverständlich

od, ode *prep* **1** von (Urheber usw.) **2** von (Anfang), ab (Zukunft), seit (Vergangenheit) ► **otwarte ~... do...** geöffnet von... bis...

odbiorca *m* (*Dat Ez, Nom Mz* -cy; *Gen,Akk Mz* -ców) Abnehmer *m*, Empfänger *m etw. Gen*

odbudować *vo* rekonstruieren *etw. Akk*

odbyć się *vo* (*Präs. 3P* -będzie się) sich abspielen, stattfinden

odchody *nur Mz n-mpers.* (*Gen* -dów) Exkremente *s Mz*, Kot *m*, Stuhl *m* (Kot)

odciąć *vo* (*Präs. 1P* odetnę; *Imp.* odetnij; *Vergang. 1P m* -ąłem, *w* -ięłam, *3P mpers.* -ięli, *n-mpers.* -ięły) **1** abschneiden, wegschneiden, abschneiden *etw. Akk* (mit einem Messer usw.) **2** abschalten *etw. Akk* (Reaktor usw.)

odcinek *m* (*Gen* -nka; *Nom Mz* -nki) **1** Abschnitt *m* **2** Strecke *w* (in Geometrie)

oddać *vo* (*Präs. 1P* -am; *Imp.* -aj) abzahlen *etw. Akk*, übergeben *j-m etw. Akk* (abgeben), zurückgeben *j-m etw. Akk*

oddech *m* Atem *m*

oddychać *uv* (*Präs. 1P* -am; *Imp.* -aj) atmen

oddział *m* (*Gen* ~u) **1** Gruppe *w* (Rettungsgruppe usw.), Teil *m* (organisatorischer usw.) **2** Station *w* (in Krankenhaus)

oddzielić *vo* (*Präs. 1P* -lę; *Imp.* -l) trennen (zerlegen usw.)

odebrać *vo* (*Präs. 1P* odbiorę, *3P* odbierze, *3P Mz* odbiorą; *Imp.* odbierz) **1** entziehen *etw. Akk j-m* (Lizenz usw.) **2** abholen *j-n/etw.*, holen *j-n/etw.* ► ~ *vo* **bagaż** Gepäck abholen

odjazd *m* (*Lok* -jeździe) Abfahrt *w* (eines Zuges usw.)

odkąd *conj* seit

odkryć *vo* **1** enthüllen *etw. Akk* (zeigen usw.) **2** entdecken *etw. Akk* (Kontinent usw.) **3** aufdecken *etw. Akk* (Zusammenhänge usw.), entdecken *etw. Akk* (Verbrechen usw.), entdecken *j-n/etw.*, feststellen *etw. Akk*

odkurzacz *m* Staubsauger *m*

odkurzyć *vo* (*Präs. 1P* -rzę; *Imp.* -rz) staubsaugen *etw. Akk*, staubsaugen *etw. Akk*

odległość *w* (*Nom Mz* -ści) Abstand *m* (räumlicher, zeitlicher), Entfernung *w*, Distanz *w* (räumliche usw.), Ferne *w*

odlot *m* (*Gen* ~u) Abflug *m*

odłożyć *vo* (*Präs. 1P* -żę; *Imp.* -łóż; *Vergang. 1P m* -yłem, *3P mpers.* -yli, *n-mpers.* -yły) **1** ablegen (Gegenstand), beiseitelegen *etw. Akk*, beiseitelegen (Geld usw.), abzweigen **2** aufschieben *etw. Akk*, verlegen *etw. Akk* (auf später), verschieben *etw. Akk* (zeitlich)

odmowa *w* (*Gen Mz* -mów) Ablehnung *w*

odmówić *vo* (*Präs. 1P* -ię; *Imp.* -w) **1** verweigern *j-m etw. Akk*, vorenthalten *j-m etw. Akk* **2** ablehnen *etw. Akk*

odosobniony *adj* **1** abgelegen (Stelle usw.), entfernt (Ort usw.) **2** vereinzelt

odpływ *m* **1** Ebbe *w* **2** Rückgang *m an etw. Dat* **3** Abfluss *m*, Ablauf *m*

odpocząć *vo* (*Präs. 1P* -cznę; *Imp.* -cznij; *Vergang. 1P m* -ąłem, *w* -częłam, *3P mpers.* -częli, *n-mpers.* -częły) sich ausruhen

odpoczynek *m* (*Gen* -nku) Entspannung *w*, Ruhe *w* (Erholung)

odpoczywać *uv* (*Präs. 1P* -am; *Imp.* -aj) sich ausruhen, sich erholen (ausruhen)

odpowiadać *uv* (*Präs. 1P* -dam; *Imp.* -daj) **1** antworten *auf etw. Akk* **2** verantworten *etw. Akk*, verantwortlich sein *für etw.* **3** passen *j-m* (gefallen), übereinstimmen **4** entsprechen *etw. Dat*

odpowiedni *adj* angemessen *etw. Dat*, entsprechend (Amt usw.), zuständig, geeignet *zu etw., für etw.*

odpowiedzialność *w* (*Ez*) **1** Verantwortung *w für etw.* **2** Haftung *w* ► **ponosić** *uv ~ za coś* die Verantwortung *für etw.* tragen

odpowiedzialny *adj* verantwortlich *j-m für etw.*; **być** *uv za coś* **~m** schuld sein *an etw. Dat*

odpowiedzieć *vo* (*Präs. 1P* -em; *Imp.* -dz) antworten *auf etw. Akk*, beantworten *etw. Akk*

odpowiedź *w* (*Gen Ez, Nom,Gen Mz* -edzi) Antwort *w auf etw. Akk*

odprowadzić *vo* (*Imp.* -adź) **1** begleiten *j-n irgendwohin* **2** abschöpfen (Geld usw.)

odsetek *m* (*Gen* -tka; *Nom Mz* -tki) (prozentualer) Anteil *m*, Zins *m*

odszkodowanie *s* (*Gen Mz* -ań) Entschädigung *w*, Ersatz *m für etw.*, Schadenersatz *m*

odświeżyć się *vo* (*Präs. 1P* -żę się; *Imp.* -ż się) sich erfrischen *mit etw.*

odwaga *w* (*Dat,Lok* -adze; *Gen Mz* -g) Mut *m*, Tapferkeit *w*

odważny *adj* furchtlos, unerschrocken, kühn, mutig

odwiązać *vo* (*Präs. 1P* -ążę; *Imp.* -ąż) losbinden *j-n/etw.*

odwiedzić *vo* (*Imp.* -edź) besuchen *j-n*, vorbeikommen *bei j-m*

odwiedziny *nur Mz n-mpers.* (*Gen Mz* -n) Besuch *m j-s/etw.*

odwieźć *vo* (*Präs. 1P* -iozę; *Imp.* -ź; *Vergang. 1P m* -iozłem, *w* -iozłam, *3P mpers.* -źli, *n-mpers.* -iozły) fahren *j-n/etw. irgendwohin*, bringen *j-n irgendwohin* (mit dem Auto)

odwołać *vo* (*Präs. 1P* -am; *Imp.* -aj) **1** absagen (Treffen usw.) **2** abberufen *j-n*, absetzen *j-n* (aus Amt usw.)

odwołanie *s* (*Gen Mz* -ań) **1** Stornierung *w* **2** Abberufung *w* **3** Berufung *w* (gegen Urteil) ► **~ się** *s do czegoś* Hinweis *m auf etw. Akk* (auf eine Quelle usw.)

odwrotnie *adv* umgekehrt

odwrócić *vo* (*Imp.* -óć) **1** umwenden, wenden, umdrehen *etw. Akk* (Seite usw.) **2** invertieren (Reihenfolge), umkehren (Richtung usw.) **3** ablenken (Aufmerksamkeit usw.) **4** umkehren (ins Gegenteil) **5** abwenden (Katastrophe usw.)

odwrócony *adj* umgekehrt

odzież *w* (*Nom Mz* ~e) Kleider *Mz* (Anzug), Kleidung *w* (Artikel)

oferować *uv* anbieten

oferta *w* (*Dat,Lok* -rcie; *Gen Mz* -t) Angebot *s*; **~ specjalna** Sonderangebot *s*

ofiara *w* (*Dat,Lok* -ierze; *Gen Mz* -r) **1** Opfer *s*, Opfer *s etw. Gen* (Geschädigte) **2** Opfer *s*, Opfergabe *w*

oficjalnie *adv* offiziell

oficjalny *adj* offiziell

ogień *m* (*Gen* ognia; *Dat* ogniowi; *Gen Mz* ogni) **1** Feuer *s* (Flammen) **2** Schießen *s*, Beschuss *m*

oglądać *uv* (*Präs. 1P* -am; *Imp.* -aj) **1** (sich) ansehen *j-n/etw.* (Film usw.), beobachten *j-n/etw.* **2** mustern

ogłosić *vo* (*Präs. 1P* -oszę; *Imp.* -oś) bekannt machen *etw. Akk*, melden *etw. Akk* (öffentlich usw.), bekanntgeben *etw. Akk*, erklären *etw. Akk*

ogłoszenie *s* (*Gen Mz* -eń) Anzeige *w* (in einer Zeitung), Annonce *w*, Bekanntmachung *w*; **ogłoszenia** Anzeigen *w Mz*

ognisko *s* (*Nom Mz* -ka; *Gen Mz* -k) Feuer *s*, Lagerfeuer *s*, Feuerstelle *w* (für Lagerfeuer)

ogolić *vo* (*Präs. 1P* -lę; *Imp.* ogól/-l) rasieren *j-n/etw.*

ogon *m* (*Gen* ~a; *Nom Mz* ~y) Schwanz *m* (eines Tiers)

ogólny *adj* **1** allgemein, Pauschal-, pauschal (Lösung usw.) **2** Gesamt-

ogórek *m* (*Gen* -rka; *Nom Mz* -rki) Gurke *w*

ograniczyć *vo* (*Präs. 1P* -czę; *Imp.* -cz) **1** abgrenzen *etw. Akk*, begrenzen, beschränken *etw. Akk* **2** einschränken, reduzieren

ogrodzić *vo* (*Präs. 1P* -dzę; *Imp.* -ródź/-odź) einzäunen, umfassen (umgeben), umgeben *etw. Akk mit etw.*

ogród *m* Garten *m*

ogrzewanie *s* (*Gen Mz* -ań) **1** Heizung *w* **2** Erwärmung *w*

ojciec *m* (*Nom Mz* -cowie) Vater *m* (Elternteil)

ojczysty *adj* heimatlich

ojczyzna *w* (*Dat* -yźnie; *Gen Mz* -n) Heimat *w*

okazja *w* **1** Gelegenheit *w etw. Akk zu tun* **2** Gelegenheit *w* (Anlass)

okłamać *vo* (*Präs. 1P* -mię; *Imp.* -m) lügen *j-m*, täuschen *j-n* (irreführen)

okno *s* Fenster *s*

oko *s* (*Nom Mz* oczy) Auge *s*

okolica *w* (*Nom Mz* -ce) Umgebung *w etw. Gen*, Umkreis *m*

okoliczność *w* (*Nom Mz* -ści) Umstand *m*; **zbieg okoliczności** Zusammentreffen von Ereignissen

około *prep* gegen (Menge), ungefähr

okrągły *adj* kreisförmig, rund

okres *m* Periode *w*, Zeit *w* (Periode usw.), Zeitabschnitt *m*

określić *vo* (*Präs. 1P* -lę; *Imp.* -l) **1** beschreiben *j-n/etw.* (Person usw.) **2** einschätzen

okular *nur Mz n-mpers.* **~y** Brille *w*

okupować *uv/vo* okkupieren, besetzen (militärisch)

olej *m* (*Gen* ~u; *Gen Mz* ~ów) Öl *s* (Flüssigkeit); **~** *m* **napędowy** Dieselkraftstoff *m*, Diesel *m* (Kraftstoff)

oliwka *w* (*Dat,Lok* -wce; *Gen Mz* -wek) Olive *w*

ołów *m* (*bes. Ez*; *Gen* ołowiu) Blei *s* (Metall)

ołówek *m* (*Gen* -wka; *Nom Mz* -wki) Stift *m* (Schreibgerät), Bleistift *m*

omlet *m* (*Gen* ~u) Omelett *s*, (ÖrD, SwD) Omelette *s*

omówić *vo* (*Präs. 1P* -ię; *Imp.* -w) besprechen *etw. Akk mit j-m*
on *pron* er
ona *pron* sie (Einzahl)
oni, one *pron* sie (Mehrzahl)
ono *pron* es
opakowanie *s* (*Gen Mz* -wań) Verpackung *w*, Packung *w* (Hülle usw.)
opalać się *uv* (*Präs. 1P* -lam się) bräunen (in der Sonne), sich sonnen
opanować *vo* **1** beherrschen *etw. Akk* (ein Land usw.), unterwerfen (Nation usw.) **2** beherrschen (gelernt haben)
oparzenie *s* (*Gen Mz* -eń) Verbrennung *w* (Wunde), Brandwunde *w*
opaść *vo* **1** sinken (Wert usw.), fallen (Preise usw.) **2** abfallen (Laub usw.) **3** abschwellen (Anschwellung usw.)
opatrunek *m* (*Gen* -nku) Verband *m* (Bandage)
opera *w* (*Dat* -erze; *Lok Mz* ~ch) Oper *w*
operacja *w* (*Gen,Dat,Lok, Gen Mz* -ji) Operation *w* (chirurgische usw.)
opieka *w* (*Ez*; *Dat* -ece) Pflege *w j-s*, Sorge *w für j-n*, Sorgerecht *s* (für Kind)
opiekować się *uv* sorgen *für j-n/etw.*, pflegen *j-n/etw.*, sich kümmern *um j-n/etw.*
opinia *w* (*Gen,Dat,Lok, Gen Mz* -nii) **1** Meinung *w über etw. Akk*, Ansicht *w von etw., über etw. Akk*, Urteil *s* (Stellungnahme) **2** Gutachten *s*
opis *m* Beschreibung *w*, Schilderung *w*
opisać *vo* ausmalen (Ereignis usw.), beschreiben *j-n/etw.* (Person usw.)
opłata *w* (*Dat,Lok* -acie; *Gen Mz* -t) Gebühr *w für etw.*; ~ *w* **dodatkowa** Zuschlag *m*, Aufschlag *m* (Preis), Aufpreis *m*; ~ *w* **początkowa** Einstiegsgebühr *w*; ~ *w* **za przejazd** Fahrpreis *m*, Straßenzoll *m*, Maut *w*; ~ *w* **za wstęp** Eintrittsgeld *s*, Eintritt *m* (Geld)
opona *w* (*Gen Mz* -n) Reifen *m*; **przebita** ~ *w* platter Reifen *m*
opowiadać *uv* (*Präs. 1P* -dam; *Imp.* -daj) erzählen *j-m etw. Akk*
opowieść *w* (*Nom Mz* -ści) Geschichte *w* (Ereignis usw.)
opozycja *w* (*Gen,Dat,Lok, Gen Mz* -ji) Opposition *w*
opór *m* Widerstand *m gegen j-n/etw.* (Trotz)
opóźnić *vo* (*Präs. 1P* -ię; *Imp.* -ij; *Vergang. 1P m* -iłem, *w* -iłam, *3P mpers.* -ili, *n-mpers.* -iły) verzögern *j-n/etw.*
opóźnienie *s* (*Gen Mz* -eń) Verspätung *w*, Verzögerung *w*
opracować *vo* durcharbeiten (ausarbeiten), entwickeln *etw. Akk* (entstehen lassen), erarbeiten *etw. Akk* (Plan usw.)
oprócz *prep* außer *j-m/etw.*, ausgenommen *j-n/etw.*
opróżnić *vo* (*Präs. 1P* -ię; *Imp.* -ij; *Vergang. 1P m* -iłem, *w* -iłam, *3P mpers.* -ili, *n-mpers.* -iły) ausleeren *etw. Akk*, leeren *etw. Akk*, räumen, ausräumen
opryszczka *w* (*Dat,Lok* -czce; *Gen Mz* -czek) Fieberbläschen *s*, Herpes *m*
oprzeć się *vo* (*Präs. 1P* oprę się, *3P* -e się; *Imp.* -rzyj się; *Vergang. 1P m* oparłem się, *w* oparłam się, *3P mpers.* oparli się, *n-mpers.* oparły się) **1** sich stützen *auf j-n/etw.* **2** widerstehen *etw. Dat* (Angriff, Anprall usw.)
optyk *m* (*Nom Mz* -ycy) Optiker *m*
optymistyczny *adj* optimistisch
oraz *conj* auch
organizm *m* Apparat *m* (von Organen), Organismus *m*
organizować *uv* organisieren *etw. Akk* (Veranstaltung usw.)
orgazm *m* Orgasmus *m*
orkiestra *w* (*Dat* -trze; *Lok Mz* ~ch) Orchester *s*
ortografia *w* (*Gen,Dat,Lok, Gen Mz* -ii) Orthografie *w*, Orthographie *w*, Rechtschreibung *w*
oryginalny *adj* original (authentisch usw.), originell
orzech *m* Nuss *w*; ~ *m* **laskowy** Haselnuss *w*; ~ *m* **ziemny** Erdnuss *w* (Frucht)
orzeł *m* (*Gen* orła; *Dat* orłowi; *Lok* orle; *Nom Mz* orły; *Gen Mz* orłów) Adler *m*
osa *w* (*Gen Mz* os) Wespe *w*
osiągnąć *vo* (*Präs. 1P* -nę; *Imp.* -nij; *Vergang. 1P m* -nąłem, *w* -nęłam, *3P mpers.* -nęli, *n-mpers.* -nęły) **1** erlangen *etw. Akk*, erreichen *etw. Akk* **2** erreichen *etw. Akk* (Niveau usw.) ► ~ *vo* **powodzenie** *w czymś* Erfolg haben *bei etw.*
osiedle *s* Neubauviertel *s*
osiem *num* acht
osiemdziesiąt *num* achtzig
osiemnaście *num* achtzehn
osioł *m* (*Nom Mz* osły) Esel *m*
oskarżyć *vo* (*Präs. 1P* -żę; *Imp.* -ż) beschuldigen *j-n etw. Gen*, bezichtigen *j-n etw. Gen*, bezichtigen *j-n etw. Gen*
osłabić *vo* (*Präs. 1P* -ię; *Imp.* -b) **1** abschwächen *etw. Akk*, schwächen *j-n/etw.* **2** dämpfen (Stoß usw.), nachlassen (an Intensität usw.)
osoba *w* (*Gen Mz* osób) Person *w* (Mensch); ~ **ubiegająca się o pracę** Stellenbewerber *m*; ~ **z wyższym wykształceniem** Akademiker *m*
osobisty *adj* persönlich, Personal-
osobiście *adv* persönlich
osobliwy *adj* eigenartig, eigentümlich, merkwürdig, seltsam
osobny *adj* separat, getrennt, Separat-
osobowy *adj* Personal-

ostatni *adj* letzt(er,e,es) ► **~m razem** letztens, das letzte Mal
ostrożnie *adv* vorsichtig
ostrożny *adj* umsichtig, bedächtig (Person usw.), vorsichtig
ostry *adj* (*Komp.* -trzejszy) **1** scharf (Messer usw.), spitz **2** schroff (Antwort usw.) **3** scharf (Paprika usw.) **4** akut (Erkrankung)
ostrze *s* (*Dat* -rzu; *Nom Mz* -rza; *Gen Mz* -rzy; *Lok Mz* -rzach) Kante *w*, Klinge *w* (eines Messers usw.), Schneide *w*
ostrzegać *uv* (*Präs. 1P* -am; *Imp.* -aj) warnen *j-n vor etw. Dat*
ostrzeżenie *s* (*Gen Mz* -żeń) Hinweis *m* (Warnung usw.), Warnung *w vor etw. Dat*
oszczędzać *uv* (*Präs. 1P* -am; *Imp.* -aj) **1** sparen *auf etw. Akk* **2** schonen *j-n/etw.* **3** sparen *etw. Akk* (Wasser usw.)
oszukać *vo* (*Präs. 1P* -am; *Imp.* -aj) belügen *j-n*, betrügen *j-n um etw.*, betrügen *j-n*, hereinlegen *j-n*
oszukiwać *uv* betrügen
oszust *m* (*Nom Mz* osuści) Betrüger *m*
oszustwo *s* Betrug *m*, Finanzbetrug *m*
oś *w* (*Nom Mz* osie) Achse *w*
ośrodek *m* (*Gen* -dka; *Nom Mz* -dki) Mittelpunkt *m etw. Gen, von etw.*, Zentrum *s* (Einrichtung)
oświadczenie *s* (*Gen Mz* -eń) Erklärung *w* (Mitteilung)
oświadczyć *vo* (*Präs. 1P* -czę; *Imp.* -cz) anführen *etw. Akk* (sagen usw.), erklären (sagen)
oświetlić *vo* (*Präs. 1P* -lę, *3P* -li; *Vergang. 3P mpers.* -lili, *n-mpers.* -liły) beleuchten (anleuchten), bestrahlen (Sonne usw.), erhellen
otoczenie *s* (*Ez*) Umgebung *w etw. Gen*
otwarcie[1] *s* (*Ez*) Eröffnung *w* (einer Sitzung usw.), Beginn *m* (eines Konzerts usw.); **godziny** *w Mz* **otwarcia** Öffnungszeiten *w Mz*
otwarcie[2] *adv* offen (aufrichtig)
otwarty *adj* offen, geöffnet (Fenster usw.); **~ dla publiczności** für die Öffentlichkeit zugänglich
otwieracz *m* (*Nom Mz* ~e; *Gen Mz* ~y) Öffner *m*; **~** *m* **do butelek** Flaschenöffner *m*; **~** *m* **do puszek** Büchsenöffner *m*, Dosenöffner *m*
otworzyć *vo* (*Präs. 1P* -rzę; *Imp.* -wórz) **1** aufschließen *etw. Akk*, öffnen, öffnen *etw. Akk* (Tür usw.) **2** eröffnen *etw. Akk* (Ausstellung usw.)
otwór *m* Luftloch *s*, Öffnung *w*
owad *m* (*Akk* ~a) Insekt *s*
owca *w* (*Nom Mz* -ce; *Gen Mz* owiec) Mutterschaf *s*, Schaf *s*
owies *m* Hafer *m*
owoc *m* (*Gen* ~u; *Gen Mz* ~ów) Obst *s*
oznajmić *vo* (*Präs. 1P* -ię, *3P* -i; *Imp.* -ij) benachrichtigen *j-n von etw.*, mitteilen *j-m etw. Akk*, mitteilen *j-m etw. Akk*
oznakowanie *s* (*Gen Mz* -wań) Kennzeichnung *w*
ożenić się *vo* (*Präs. 1P* -ię się; *Imp.* -eń się) heiraten *j-n* (Ehemann werden)

Ó

ósmy *num* acht(er,e,es)
ówczesny *adj* damalig

P

pachnieć *uv* duften, riechen *nach etw.* (Rosen usw.)
pacjent *m* (*Nom Mz* -nci) Patient *m*
paczka *w* (*Dat,Lok* -czce; *Gen Mz* -czek) **1** Schachtel *w etw. Gen* (Packung usw.) **2** Paket *s* (Sendung) **3** Clique *w* (Freundeskreis), Bande *w* (Jugendlicher usw.)
pająk *m* (*Gen* ~a) Spinne *w*
pakiet *m* (*Gen* ~u) Paket *s* (Verpacktes)
pakować *uv* **1** einpacken, packen (in Papier usw.), verpacken **2** packen *etw. Akk* (Koffer)
palacz *m* (*Nom Mz* ~e; *Gen Mz* ~y/~ów) **1** Heizer *m* (auf dem Schiff usw.) **2** Raucher *m*
palec *m* (*Gen* -lca; *Gen Mz* -lców) Finger *m*; **na palcach** auf den Zehen (gehen usw.); **~** *m* **u nogi** Zehe *w* (am Fuß)
palić *uv* (*Präs. 1P* -lę; *Imp.* -l) **1** verbrennen *etw. Akk* (Reisig usw.) **2** rauchen (Zigarre usw.)
palić się *uv* (*Präs. 1P* -lę się; *Imp.* -l się) brennen (Feuer usw.); **Pali się!** Es brennt!
paliwo *s* Brennstoff *m*
palma *w* (*Gen Mz* -m) Palme *w*
pałac *m* (*Gen* ~u; *Gen Mz* ~ów) Palast *m*
pamiątka *w* (*Dat,Lok* -tce; *Gen Mz* -tek) Andenken *s*, Memento *s*, Souvenir *s*
pamięć *w* (*Nom Mz* -ęci) **1** Gedächtnis *s* **2** Andenken *s* (Gedenken), Erinnerung *w* **3** Speicher *m* (Computer) ► **na ~** auswendig
pamiętać *uv* (*Präs. 1P* -am; *Imp.* -aj) **1** sich merken *etw. Akk* **2** sich erinnern *an etw. Akk, etw. Gen*
pan *m* (*Nom Mz* ~owie) Herr *m*; **~** *m* **młody** Bräutigam *m*; **P~ X** Herr X
panel *m* (*Gen* ~u; *Gen Mz* ~i) **1** Platte *w* (Bauteil) **2** Team *s*, Gruppe *w* (von Fachleuten usw.)
pani *w* (*Akk* ~ę; *Vok* ~; *Gen Mz* pań) Dame *w*, Frau *w*; **~ X** Frau X

panna *w* (*Gen Mz* -nien) Fräulein *s*, Jungfrau *w*, Jungfer *w*, Magd *w*; ~ *w* **młoda** Braut *w*; **P~** *w* Jungfrau *w* (Sternzeichen)
panować *uv* herrschen (in einem Land usw.)
państwo *s* Staat *m*
państwowy *adj* Staats-, staatlich
papier *m* (*Gen* ~u) Papier *s*; ~ *m* **toaletowy** Toilettenpapier *s*
papieros *m* (*Gen* ~a) Zigarette *w*
papierowy *adj* Papier-
papież *m* (*Nom Mz* ~e; *Gen Mz* ~y/~ów) Papst *m*
papryka *w* (*Dat* -yce; *Gen Mz* -k; *Dat Mz* -kom) **1** Gemüsepaprika *m*, Paprikaschote *w*, Paprika *m* (Schote) **2** Paprika *m* (Gewürz)
para[1] *w* (*Ez*) Dampf *m*, Dunst *m*
para[2] *w* (*Dat* parze; *Lok Mz* ~ch) Paar *s*
parasol *m* Regenschirm *m*
park *m* (*Gen* ~u) Park *m*
parking *m* (*Gen* ~u) Parkplatz *m*, Rastplatz *m* (an einer Autobahn)
parkometr *m* (*Gen* ~u) Parkuhr *w*
parkować *uv* parken *irgendwo* (abstellen)
parlament *m* (*Gen* ~u) Parlament *s*
parówka *w* (*Dat,Lok* -wce; *Gen Mz* -wek) Würstchen *s*
parter *m* (*Gen* ~u) Erdgeschoss *s*, Parterre *s* (eines Hauses)
partia *w* (*Gen Mz* -ii) **1** Partei *w* **2** Partie *w* (des Körpers) **3** Partie *w* (Schach)
partner *m* (*Nom Mz* -erzy) **1** Gesellschafter *m*, Mitspieler *m*, Partner *m* (bei einer Tätigkeit) **2** Freund *m* (Partner), Partner *m* (Ehepartner)
parzysty *adj* gerade (Zahl)
pas *m* (*Gen* ~u/~a) **1** Gürtel *m* (Hosengürtel usw.) **2** Gurt *m*, Tragriemen *m* **3** Streifen *m etw. Gen* (Stoff usw.), Streifen *m* (eines Landes usw.) **4** Taille *w* ► ~ *m* **jezdni** Fahrspur *w*; **zapiąć** *vo* **~y (bezpieczeństwa)** den Sicherheitsgurt anlegen
pasaż *m* (*Gen* ~u; *Gen Mz* ~y/~ów) Durchgang *m*, Galerie *w* (Gang); ~ *m* **handlowy** Passage *w* (Ladenpassage), Einkaufspassage *w*
pasażer *m* (*Nom Mz* ~owie) Fahrgast *m*, Passagier *m*
pasek *m* (*Gen* -ska; *Nom Mz* -ski) **1** Gürtel *m* (Hosengürtel usw.) **2** Riemen *m* (an Kleidung usw.) **3** Streifen *m etw. Gen* (Stoff usw.), Streifen *m* (einer Farbe usw.) ► ~ *m* **klinowy** Keilriemen *m* (Ventilatorriemen)
pasować *uv* **1** passen *j-m* (Kleidung) **2** passen *j-m* (gefallen), passen *zu etw.* (Farben usw.)
pasta *w* (*Dat* paście; *Gen Mz* -t) Aufstrich *m*, Paste *w*; ~ *w* **do zębów** Zahnpasta *w*
paszport *m* (*Gen* ~u) Reisepass *m*, Pass *m* (zum Reisen)
pasztet *m* (*Gen* ~u) Pastete *w*
patelnia *w* Pfanne *w*
patrzeć *uv* (*Präs. 1P* -rzę; *Imp.* -rz) **1** angucken *etw. Akk*, gucken *auf etw. Akk*, schauen *auf j-n/etw.*, ansehen *j-n/etw.* **2** Rücksicht nehmen *auf etw. Akk*
pauza *w* (*Gen Mz* -z) Pause *w* (in Rede usw.)
paznokieć *m* (*Gen* -kcia; *Dat* -kciowi; *Gen Mz* -kci) Nagel *m* (Fingernagel)
październik *m* (*Gen* ~a) Oktober *m*
pchać *uv* (*Präs. 1P* -am; *Imp.* -aj) schieben *etw. Akk irgendwohin*
pchła *w* (*Dat,Lok* pchle; *Gen Mz* pcheł) Floh *m*
pech *m* Pech *s*
pechowy *adj* unglücklich (Tag usw.)
pedał *m* (*Gen* ~u) Pedal *s*; ~ *m* **gazu** Gas *s* (Pedal usw.), Gashebel *s*
pełen *adj* voll *etw. Gen* (gefüllt)
pełnoletni *adj* volljährig
pełny *adj* **1** voll *etw. Gen* (gefüllt) **2** komplett (umfassend usw.)
penis *m* (*Akk* ~a) Glied *s* (Penis), Penis *m*
pensja *w* (*Gen,Dat,Lok, Gen Mz* -ji) Gehalt *s* (Entlohnung), Lohn *m*
pensjonat *m* (*Gen* ~u) Pension *w* (Unterkunft)
perfumy *nur Mz n-mpers.* (*Gen Mz* -m) Parfüm *s*
peron *m* Bahnsteig *m*
personel *m* (*bes. Ez*; *Gen* ~u) Personal *s*
perspektywa *w* (*Gen Mz* -w) **1** Perspektive *w* (Sicht) **2** Perspektive *w etw. Gen* (Zukunft)
pestka *w* (*Dat,Lok* -tce; *Gen Mz* -tek) Kern *m*
pewien *adj* gewiss; **pewnego dnia** einmal, eines Tages
pewność *w* (*Ez*) **1** Sicherheit *w*, Gewissheit *w* **2** Sicherheit *w* (Selbstsicherheit) ► **~ siebie** Selbstbewusstsein *s*, Selbstvertrauen *s*
pewny *adj* **1** sicher (ohne Zweifel usw.) **2** überzeugt *von etw.* ► **być ~m** *czegoś* sich *etw. Gen* sicher sein; **~ siebie** selbstbewusst
pęcherz *m* Blase *w*
pędzel *m* (*Dat* -dzlowi; *Gen Mz* -dzli) Bürste *w* (zum Anstreichen usw.), Pinsel *m*
pędzić *uv* (*Imp.* pędź) rasen *irgendwohin* (sich fortbewegen), stürmen *irgendwohin* (rennen)
pęknąć *vo* **1** zerbrechen (Ast usw.) **2** aufplatzen, platzen (durch Innendruck), springen
pęknięcie *s* (*Gen Mz* -ęć) Riss *m*, Ruptur *w*, Bruch *m* (eines Organs usw.)
pępek *m* (*Gen* -pka; *Nom Mz* -pki) Nabel *m*
pian(k)a *w* Schaum *m*
piasek *m* (*Gen* -sku) Sand *m*
piątek *m* (*Gen* -tku) Freitag *m*
piąty *num* fünft(er,e,es); **jedna piąta** Fünftel *s*
picie *s* (*Gen Mz* pić) **1** Trinken *s* **2** Getränk *s*
pić *uv* trinken *etw. Akk*

piec[1] *uv* (*Präs.* *1P* -ekę, *3P* -ecze; *Imp.* -ecz; *Vergang.* *1P m* -ekłem, *w* -ekłam, *3P mpers.* -ekli, *n-mpers.* -ekły) **1** backen (Kuchen usw.) **2** brennen
piec[2] *m* (*Gen* ~a; *Gen Mz* ~ów) Ofen *m*
pieczątka *w* (*Dat,Lok* -tce; *Gen Mz* -tek) Stempel *m*
pieczeń *w* (*Nom Mz* -czenie) Braten *m*
pieczony *adj* gebacken (Brot usw.), gebraten (Fleisch usw.)
pieczywo *s* Backwaren *w Mz* (salzige)
piekarnia *w* (*Gen Mz* -rń/-i) Bäckerei *w*
piekarz *m* (*Gen Mz* ~y) Bäcker *m*
piekło *s* (*Dat* -łu; *Gen Mz* -kieł; *Dat Mz* ~m) Hölle *w*, Inferno *s* (auch Brand usw.)
pielęgniarka *w* (*Dat,Lok* -rce; *Gen Mz* -rek) Krankenpflegerin *w*, Krankenschwester *w*
pieniądz **~e** *m Mz* Geld *s*
pieprz *m* Pfeffer *m*
pierś *w* (*Gen Ez, Nom,Gen Mz* -rsi) Brust *w* ► **piersi** *w Mz* Busen *m*
pierścień *m* (*Gen* -ienia; *Dat* -ieniowi; *Gen Mz* -ieni) Ring *m* (Schmuck)
pierwotnie *adv* ursprünglich
pierwszy *num* erst(er,e,es); **po raz ~** erstmals, zum ersten Mal
pies *m* (*Gen* psa; *Nom Mz* psy; *Gen Mz* psów) Hund *m*
pieszo *adv* zu Fuß; **Chodźmy ~.** Gehen wir zu Fuß.
pieszy[1] *adj* Fuß-, Fußgänger-; **piesza turystyka** Wandern *s*; **strefa** *w* **ruchu pieszego** Fußgängerzone *w*
pieszy[2] *m* (*Nom Mz* -esi) Fußgänger *m*
pięć *num* fünf
pięćdziesiąt *num* fünfzig
pięćset *num* fünfhundert
pięknie *adv* schön (angenehm, gehörig)
piękno *s* (*Ez*) Schönheit *w*
piękny *adj* schön, hübsch, gutaussehend, wunderschön
pięść *w* (*Nom Mz* -ści) Faust *w*
pięta *w* (*Dat,Lok* -ęcie; *Gen Mz* -t) Ferse *w*
piętnaście *num* fünfzehn
piętro *s* (*Gen Mz* -ter) Stock *m*, Stockwerk *s*, Geschoss *s* (im Haus usw.), Etage *w*; **na piętrze** oben (im Stockwerk)
pigułka *w* (*Dat,Lok* -łce; *Gen Mz* -łek) Pille *w*
pijany *adj* betrunken
piknik *m* (*Gen* ~u) Picknick *s*
pilnik *m* (*Gen* ~a) Feile *w*
pilnować *uv* bewachen, hüten *j-n* (Kinder usw.), aufpassen *auf j-n*; ~ *uv czyichś* **dzieci** Kinder *j-s* hüten
pilot *m* (*Nom Mz* -oci) Fernbedienung *w* (Gerät), Pilot *m*
piła *w* (*Dat,Lok* pile; *Gen Mz* -ł) Säge *w*
piłka *w* (*Dat,Lok* -łce; *Gen Mz* -łek) Ball *m* (für Sport); **~ *w* nożna** Fußball *m*
piłkarz *m* (*Nom Mz* ~e; *Gen,Akk Mz* ~y/~y) Fußballspieler *m*
piłować *uv* feilen *etw. Akk*, sägen (arbeiten)
pióro *s* (*Gen Mz* -r) **1** Feder *w*, Kiel *m* (Teil der Feder) **2** Feder *w* (Schreibgerät) ► **~ *s* kulkowe** Kugelschreiber *m*
pisać *uv* schreiben (aufzeichnen)
pisarz *m* (*Nom Mz* ~e; *Gen Mz* ~y) Schriftsteller *m*
pisemnie *adv* schriftlich
pisemny *adj* geschrieben, schriftlich
pismo *s* (*Dat* -mu; *Gen Mz* -m) Handschrift *w* (schön usw.), Schrift *w* (lesbar usw.)
pistolet *m* (*Gen* ~u) Pistole *w*
pitny *adj* trinkbar
piwnica *w* (*Nom Mz* -ce) Keller *m*, Souterrain *s*, Kellergeschoss *s*
piwo *s* Bier *s*; **~ *s* w puszce** Dosenbier *s*; **~ z beczki** Bier vom Fass
piżama *w* (*Gen Mz* -m) Pyjama *m*, Schlafanzug *m*
plac *m* (*Gen* ~u; *Gen Mz* ~ów) Platz *m* (umbaute Fläche); **~ *m* zabaw** Spielplatz *m*
placek *m* (*Gen* -cka; *Nom Mz* -cki) flacher Kuchen *m*, Kuchen *m*
plakat *m* (*Gen* ~u) Plakat *s*
plama *w* (*Gen Mz* -m) Fleck *m*
plan *m* Plan *m*
planeta *w* (*Dat,Lok* -ecie; *Gen Mz* -t) Planet *m*
planik *m* Plan *m* (Landkarte usw.)
planować *uv* entwerfen, planen *etw. Akk*
plaster *m* (*Gen* -tra; *Dat* -trowi) Leukoplast *s*, Pflaster *s* (Verband), Wabe *w*
plaża *w* (*Nom Mz* -że) Strand *m*
plecak *m* (*Gen* ~a) Rucksack *m*
plecy *nur Mz n-mpers.* Rücken *m*
plemię *s* (*Gen* -ienia; *Dat,Lok* -ieniu; *Nom Mz* -iona; *Gen Mz* -ion) Stamm *m* (Menschengruppe)
pleśń *w* (*Nom Mz* -śnie) Schimmel *m*
plomba *w* (*Gen Mz* -b) **1** Plombe *w* **2** Zahnfüllung *w*
plus *adv* plus ♦ *m* (*Gen* ~u/~a) **1** Pluszeichen *s* **2** Vorzug *m* (Vorteil)
pluton *m* **1** Zug *m* (militärische Abteilung) **2** Plutonium *s*
płaca *w* (*Nom Mz* -ce) Gehalt *s* (Entlohnung)
płacić *uv* (*Imp.* -ać) zahlen *j-m für etw.*, bezahlen *j-m etw. Akk*
płakać *uv* weinen
płaski *adj* flach, platt
płaszcz *m* Mantel *m* (Kleidung)
płciowy *adj* geschlechtlich, Geschlechts-
płeć *w* (*Nom Mz* płcie) Geschlecht *s* (sexuell)

płomień *m* (*Gen* -enia; *Dat* -eniowi; *Gen Mz* -eni) Flamme *w*
płot *m* (*Gen* ~u) Zaun *m*
płód *m* Frucht *w* (ungeboren), Fetus *m*
płótno *s* Malerleinwand *w*, Stoff *m*, Gewebe *s* (aus Baumwolle usw.)
płuco **płuca** Lunge *w*
płukać *uv* (*Präs. 1P* -uczę; *Imp.* -ucz) spülen (Wäsche), durchspülen
płyn *m* Flüssigkeit *w*
płynąć *uv* (*Präs. 1P* -nę; *Imp.* -yń; *Vergang. 1P m* -ąłem, *w* -nęłam, *3P mpers.* -nęli, *n-mpers.* -nęły) **1** fließen (Fluss usw.), strömen (Flüssigkeit usw.) **2** steuern (Schiff – Kurs nehmen) **3** vergehen
płynny *adj* **1** flüssig **2** fließend, flüssig **3** liquid, liquide
płyta *w* (*Dat,Lok* -ycie; *Gen Mz* -t) Kochplatte *w*, Platte *w* (Bauteil), Scheibe *w* (aus Metall), Steinplatte *w*; ~ *w* **(gramofonowa)** Schallplatte *w*, Platte *w* (Schallplatte)
płytki *adj* seicht (nicht tief), flach (Teich, Teller usw.)
pływać *uv* (*Präs. 1P* -am; *Imp.* -aj) schwimmen (Mensch)
pływak *m* (*Nom Mz* -acy) Schwimmer *m*
pływalnia *w* Schwimmbad *s*
po *prep* **1** über (auf der Oberfläche) **2** für *etw.* (Zweck usw.) **3** nach (später) ► **Już ~ wszystkim.** Es ist aus.; **~ raz trzeci** zum dritten Mal
pobliski *adj* nahe, nicht weit
pobłażliwy *adj* milde (gütig), nachsichtig
pobrać się *vo* (*Präs. 1P* -biorę się, *3P* -bierze się, *3P Mz* -biorą się; *Imp.* -bierz się) heiraten (Ehe schließen)
pobudka *w* (*Dat,Lok* -dce; *Gen Mz* -dek) Beweggrund *m*, Motiv *s* (Anlass)
pobudzić *vo* (*Imp.* -udź) **1** anregen *etw. Akk*, bewegen *j-n* (zur Handlung usw.), wachrütteln *j-n* (ermutigen) **2** erwecken *etw. Akk* (Interesse usw.)
pobyt *m* (*Gen* ~u) Aufenthalt *m*
pocałować *vo* küssen *j-n/etw.*
pocałunek *m* (*Gen* -nku) Kuss *m*
pochodzenie *s* (*Gen Mz* -eń) Ursprung *m*, Herkunft *w*
pochodzić *uv* herkommen *aus etw.* (aus China usw.), stammen *aus etw.*
pochód *m* (*Nom Mz* -chody) Umzug *m* (Gang)
pochwa *w* (*Gen Mz* -w) **1** Scheide *w* (Schwert) **2** Scheide *w* (Vagina), Vagina *w*
pochwalić się *vo* (*Präs. 1P* -lę się; *Imp.* -l się) großtun *mit etw.*, angeben *mit etw.*
pociąć *vo* (*Präs. 1P* potnę; *Imp.* potnij; *Vergang. 1P m* -ąłem, *w* -ięłam, *3P mpers.* -ięli, *n-mpers.* -ięły) sägen *etw. Akk* (Baumstamm usw.), zersägen *etw. Akk*
pociąg *m* (*Gen* ~u) Zug *m* (Verkehrsmittel); ~ *m* **pośpieszny** D-Zug *m*
pociągnąć *vo* (*Präs. 1P* -nę; *Imp.* -nij; *Vergang. 1P m* -nąłem, *w* -nęłam, *3P mpers.* -nęli, *n-mpers.* -nęły) zerren *an etw. Dat*, ziehen *an etw. Dat* (Bremse usw.), ziehen *an etw.*
pocić się *uv* schwitzen
pocieszyć *vo* (*Präs. 1P* -szę; *Imp.* -sz) aufheitern *j-n* (fröhlich machen), erfreuen *j-n*, Freude bereiten *j-m*
pocisk *m* (*Gen* ~u) Artilleriegeschoss *s*, Geschoss *s* (Kugel usw.), Kugel *w* (Geschoss)
początek *m* (*Gen* -tku) Anfang *m*, Beginn *m*, Entstehung *w etw. Gen*, Entstehung *w etw. Gen*; **na początku** am Anfang, anfangs
początkowy *adj* **1** Anfangs-, anfänglich, früh (Anfang usw.) **2** Ausgangs- **3** Einstiegs- (Gehalt usw.)
początkujący *m* Anfänger *m*, Eleve *m*
poczekać *vo* (*Präs. 1P* -am; *Imp.* -aj) warten *auf j-n/etw.*
poczekalnia *w* Wartezimmer *s*, Warteraum *m*
poczęstunek *m* (*Gen* -nku) Bewirtung *w* (Essen und Trinken), Erfrischung *w* (Getränk usw.)
poczta *w* (*Dat,Lok* -czcie; *Gen Mz* -t) **1** Post *w* (Amt), Postamt *s* **2** Post *w* (Briefe usw.)
pocztowy *adj* Post-, Brief-; **przekaz ~** Postanweisung *w*
pocztówka *w* (*Dat,Lok* -wce; *Gen Mz* -wek) Ansichtskarte *w*, Postkarte *w* (aus dem Urlaub usw.)
poczuć *vo* **1** fühlen *etw. Akk*, spüren *etw. Akk* (Kälte usw.), empfinden *etw. Akk* (Schmerz usw.), verspüren **2** riechen *etw. Akk*
pod *prep* (unmittelbar) unter *etw. Dat*, unter *etw. Dat* (dem Tisch usw.); **~ ziemią** unter der Erde
podać *vo* (*Präs. 1P* -am; *Imp.* -aj) **1** reichen *j-m etw. Akk* (geben) **2** angeben *etw. Akk* (Adresse usw.) **3** zuspielen *j-m etw. Akk* (Ball usw.) ► **~** *vo* **przykład** Beispiel anführen; **~ powody** *czegoś* begründen *etw. Akk*
podanie *s* (*Gen Mz* -ań) **1** Anmeldung *w*, Anmeldeformular *s*, Antrag *m auf etw. Akk*, Einreichung *w* **2** Aufschlag *m* (im Tennis usw.), Zuspiel *s* ► **złożyć** *vo* **~** *o coś* den Antrag stellen *auf etw. Akk*
podarować *vo* beschenken *j-n mit etw.*, schenken *j-m etw. Akk*
podatek *m* (*Gen* -tku) Steuer *w auf etw. Akk* (Abgabe)
podaż *w* (*Nom Mz* ~e) Angebot *s* (auf dem Markt)
podążać *uv* (*Präs. 1P* -am; *Imp.* -aj) folgen *j-m/etw.* (nachgehen)

podczas *prep* während, im Laufe *etw. Gen*, im Verlauf *etw. Gen*; **~ gdy** während
poddać się *vo* (*Präs. 1P* -am się; *Imp.* -aj się) **1** sich ergeben *j-m* **2** nachgeben *j-m/etw.* (einem Zwang usw.), sich ergeben *etw. Dat* (sich hingeben), sich unterwerfen *j-m/etw.*
poddasze *s* (*Dat* -szu; *Nom Mz* -sza; *Gen Mz* -szy; *Lok Mz* -szach) Dachboden *m*, Dachgeschoss *s*
podejrzany[1] *adj* verdächtig *etw. Gen* (einer Tat usw.)
podejrzany[2] *m* (*Nom Mz* -ni) Verdächtige *m*
podejrzenie *s* (*Gen Mz* -rzeń) Verdacht *m*
podejrzewać *uv* (*Präs. 1P* -am; *Imp.* -aj) verdächtigen *j-n etw. Gen*
podejście *s* (*Gen Mz* -ść) Einstellung *w zu etw.* (Meinung)
podeszwa *w* (*Gen Mz* -szew) **1** Fußsohle *w* **2** Sohle *w*, Schuhsohle *w*
podkoszulek *m* (*Gen* -lka; *Nom Mz* -lki) Unterhemd *s*
podkreślić *vo* (*Präs. 1P* -lę; *Imp.* -l) **1** markieren (anstreichen), unterstreichen (Strich ziehen) **2** betonen *etw. Akk* (Bedeutung usw.)
podlizywać się *uv* (*Präs. 1P* -zuję się; *Imp.* -zuj się) kriechen *vor j-m* (unterwürfig sein)
podłączenie *s* (*Gen Mz* -eń) Verbindung *w*
podłączyć *vo* (*Präs. 1P* -czę; *Imp.* -cz) anschließen *etw. Akk an etw. Akk*, verbinden *etw. Akk mit etw.* (Ganzes bilden), anschließen (ans Netz usw.)
podłoga *w* (*Dat* -odze; *Gen Mz* -łóg) Boden *m* (im Zimmer usw.), Fußboden *m*
podmiot *m* (*Gen* ~u) **1** Subjekt *s* (Satzglied) **2** Person *w* (juristische usw.), Subjekt *s* (Mensch)
podniecający *adj* aufregend, erregend (sexuell)
podniecić *vo* (*Imp.* -eć) erregen *j-n*
podnieść *vo* anheben *etw. Akk* (hochheben), heben *etw. Akk* (Gewicht usw.), hinaufkurbeln (Fenster), hochklappen (öffnen)
podobać się *uv* (*Präs. 1P* -am się; *Imp.* -aj się) gefallen *j-m*; **To mi się podoba.** Es gefällt mir.
podobieństwo *s* Ähnlichkeit *w* (Abbild), Parallele *w* (Ähnlichkeit)
podobno *part* angeblich
podobny *adj* analog, ähnlich, ähnlich *etw. Gen*; **być ~m** *do kogoś/czegoś* ähnlich sein *j-m/etw.*
podpalić *vo* (*Präs. 1P* -lę; *Imp.* -l) anzünden *etw. Akk* (Gebäude usw.)
podpaska *w* (*Dat,Lok* -sce; *Gen Mz* -sek) Damenbinde *w*
podpis *m* **1** Unterschrift *w* **2** Legende *w* (Zeichenerklärung)
podpisać *vo* unterschreiben *etw. Akk*
podręcznik *m* (*Gen* ~a) **1** Anleitung *w*, Bedienungsanleitung *w* (in Druckform usw.), Handbuch *s* **2** Lehrbuch *s*
podróż *w* (*Nom Mz* ~e) Reise *w*; **Szczęśliwej ~y.** Gute Reise., Gute Fahrt.
podróżnik *m* (*Gen* ~a; *Nom Mz* -icy) Reisende *m*
podróżny[1] *adj* Reise-
podróżny[2] *m* (*Nom Mz* -ni) Fahrgast *m*, Passagier *m*, Wanderer *m*
podróżować *uv* reisen
podrzeć *vo* (*Präs. 1P* -drę, *3P* -e; *Imp.* -rzyj; *Vergang. 1P m* -darłem, *w* -darłam, *3P mpers.* -darli, *n-mpers.* -darły) reißen *etw. Akk*, zerreißen *etw. Akk* (in Stücke), zerreißen
podstawa *w* (*Gen Mz* -w) **1** Fundament *s etw. Gen* (Grundlage), Grundlage *w etw. Gen* **2** Basis *w* (eines Objekts usw.), Grundfläche *w*
podstawowy *adj* basal, Basal-, Grund-; **szkoła** *w* **podstawowa** Grundschule *w*
podstęp *m* Betrug *m*, List *w*
poduszka *w* (*Dat,Lok* -szce; *Gen Mz* -szek) Kissen *s*
podwieczorek *m* (*Gen* -rka; *Nom Mz* -rki) Pausenbrot *s* (am Nachmittag, gewöhnlich mit Tee)
podwieźć *vo* (*Präs. 1P* -iozę; *Imp.* -ź; *Vergang. 1P m* -iozłem, *w* -iozłam, *3P mpers.* -źli, *n-mpers.* -iozły) fahren *j-n/etw. irgendwohin*, mitnehmen *j-n irgendwohin* (mit dem Auto)
podwoić *vo* (*Präs. 1P* -oję) verdoppeln *etw. Akk*
podwójnie *adv* doppelt
podwójny *adj* doppelt, zweifach, dual
podwórze *s* (*Dat* -rzu; *Nom Mz* -rza; *Gen Mz* -rzy; *Lok Mz* -rzach) Hof *m* (Platz)
podwyższyć *vo* (*Präs. 1P* -szę; *Imp.* -sz) erhöhen
podzielić *vo* (*Präs. 1P* -lę; *Imp.* -l) aufgliedern *etw. Akk in etw. Akk*, unterteilen *etw. Akk in etw. Akk*, einteilen *etw. Akk in etw. Akk* (in Stücke)
podzielić się *vo* (*Präs. 1P* -lę się; *Imp.* -l się) teilen *etw. Akk mit j-m* (aufteilen)
podziemny *adj* unterirdisch
podziękować *vo* danken *j-m für etw.*, sich bedanken *bei j-m für etw.*
podziwiać *uv* (*Präs. 1P* -am; *Imp.* -aj) aufsehen *zu j-m* (verehren), aufblicken *zu j-m*, bewundern *j-n/etw. wegen etw.*
poemat *m* (*Gen* ~u) Gedicht *s*
poeta *m* (*Dat* -ecie; *Nom Mz* -eci; *Gen Mz* -tów) Dichter *m*
pogląd *m* (*Gen* ~u) Meinung *w über etw. Akk*, Ansicht *w von etw., über etw. Akk*
pogłębić *vo* (*Präs. 1P* -ię; *Imp.* -b) vertiefen *etw. Akk* (einen Graben usw.)

pogoda *w* (*bes. Ez*; *Dat,Lok* -odzie) Wetter *s*; **bezchmurna ~** *w* Klarheit *w*; **z powodu złej pogody...** wegen des schlechten Wetters...
pogoń *w* (*Nom Mz* -onie) Jagd *w nach etw.* (nach dem Geld usw.)
pogorszyć *vo* (*Präs. 1P* -szę) verschlimmern, verschlimmern *etw. Akk*, verschlechtern *etw. Akk*, verschärfen
pogotowie *s* Notdienst *m*
pogratulować *vo* gratulieren *j-m zu etw.*
pogrzeb *m* Begräbnis *s*
pojawić się *vo* (*Präs. 1P* -ię się; *Imp.* -w się) erscheinen
pojazd *m* (*Lok* -jeździe) Fahrzeug *s*
pojedynczy *adj* einzeln; **liczba pojedyncza** Singular *m*
pojemnik *m* (*Gen* ~a) Butterbrotdose *w*, Lunchbox *w*, Dose *w*, Gefäß *s* (Behälter)
pojemność *w* (*Nom Mz* -ści) Kapazität *w* (Volumen usw.)
pojęcie *s* (*Gen Mz* -ęć) **1** Begriff *m* **2** Auffassung *w von etw.* **3** Ahnung *w*, Idee *w* (Vorstellung usw.), Vorstellung *w von etw.* (Ahnung)
pojutrze *adv* übermorgen
pokazać *vo* (*Präs. 1P* -ażę; *Imp.* -aż) zeigen *etw. Akk* (vorzeigen)
pokład *m* (*Gen* ~u) Bord *m*, Deck *s*; **na ~zie** *czegoś* an Bord *etw. Gen*; **wejście** *s* **na ~** Einstieg *m*
pokojówka *w* (*Dat,Lok* -wce; *Gen Mz* -wek) Dienstmädchen *s*, Zimmermädchen *s*
pokonać *vo* (*Präs. 1P* -am; *Imp.* -aj) **1** besiegen *j-n*, schlagen *j-n* (im Wettkampf, Krieg) **2** hinwegkommen *über etw. Akk*, überwinden *etw. Akk* (Verlust usw.), bezwingen *etw. Akk* (Probleme usw.)
pokój[1] *m* (*Gen* -koju; *Gen Mz* -koi/-kojów) Raum *m* (Zimmer), Zimmer *s*; **pokoje do wynajęcia** Zimmer zu vermieten; **~** *m* **dwuosobowy** Zweibettzimmer *s*; **~** *m* **jednoosobowy** Einbettzimmer *s*, Einzelzimmer *s*; **Potrzebuję ~ na trzy dni.** Ich brauche ein Zimmer für drei Tage.
pokój[2] *m* (*Ez*) Frieden *m* (nicht Krieg)
pokrewieństwo *s* Verwandtschaft *w*
pokwitowanie *s* (*Gen Mz* -ań) Abschnitt *m* (eines Formulars usw.), Quittung *w*
polać *vo* (*Präs. 1P* -leję; *Imp.* -lej; *Vergang. 1P m* -ałem, *w* -ałam, *3P mpers.* -leli/-ali, *n-mpers.* -ały) begießen *j-n/etw. mit etw.*
pole *s* (*Gen Mz* pól) **1** Feld *s* (Grundstück) **2** Inhalt *m* (eines Dreiecks usw.) **3** Fenster *s* (im Formular usw.)
polecić *vo* (*Imp.* -eć) empfehlen *j-n/etw. j-m*
polegać *uv* (*Präs. 1P* -am; *Imp.* -aj) bestehen *in etw. Dat* (von einem Problem usw.), sich verlassen *auf j-n/etw.*
policja *w* (*Gen,Dat,Lok, Gen Mz* -ji) Polizei *w*
policjant *m* (*Nom Mz* -nci) Polizist *m*
policzek *m* (*Gen* -czka; *Nom Mz* -czki) **1** Wange *w*, Backe *w* (Gesicht) **2** Klaps *m*, Ohrfeige *w*
policzyć *vo* (*Präs. 1P* -czę; *Imp.* -cz) zählen *wie viel* (Anzahl feststellen)
polisa *w* (*Gen Mz* -s) Versicherung *w* (Vertrag)
polityczny *adj* politisch
polityk *m* (*Nom Mz* -ycy) Politiker *m*
polityka *w* (*Dat* -yce; *Gen Mz* -k; *Dat Mz* -kom) Politik *w*
polowanie *s* (*Gen Mz* -ań) Jagd *w*
połączenie *s* (*Gen Mz* -eń) **1** Verbindung *w* (zwischen zwei Teilen) **2** Anschluss *m* (Verkehrsverbindung), Verbindung *w* (Verkehrsverbindung usw.)
połączony *adj* vereinigt
połączyć *vo* (*Präs. 1P* -czę; *Imp.* -cz) **1** kombinieren *etw. Akk*, verbinden *etw. Akk mit etw.* (mehrere Teile usw.), verbinden (miteinander, zusammenschalten), vereinigen **2** verbinden *j-n mit j-m* (Telefonverbindung)
połknąć *vo* (*Präs. 1P* -nę; *Imp.* -nij; *Vergang. 1P m* -ąłem, *w* -nęłam, *3P mpers.* -nęli, *n-mpers.* -nęły) schlucken *etw. Akk*, verschlucken *etw. Akk* (Wasser usw.)
połowa *w* (*Gen Mz* -łów) Hälfte *w*, Hälfte *w etw. Gen*
położenie *s* (*bes. Ez*) Lage *w etw. Gen*
położyć *vo* (*Präs. 1P* -żę; *Imp.* -łóż; *Vergang. 1P m* -yłem, *w* -yłam, *3P mpers.* -yli, *n-mpers.* -yły) legen *etw. Akk irgendwohin* (einräumen)
położyć się *vo* (*Präs. 1P* -żę się; *Imp.* -łóż się; *Vergang. 1P m* -łożyłem się, *w* -łożyłam się, *3P mpers.* -łożyli się, *n-mpers.* -łożyły się) schlafen gehen, sich hinlegen
południe *s* **1** Mittag *m* **2** Süden *m* ► **o trzeciej po południu** nachmittags um drei; **po południu** nachmittags; **przed ~m** vormittags, am Vormittag
południowy *adj* **1** Mittags- **2** südlich, Süd-
pomagać *uv* (*Präs. 1P* -gam; *Imp.* -gaj) Beihilfe leisten *j-m* (einem Verbrecher usw.), helfen *j-m mit etw.* (bei einer Arbeit usw.)
pomarańcza *w* Orange *w*, Apfelsine *w*, Orangenbaum *m*, Apfelsinenbaum *m*
pomarańczowy *adj* orange
pomidor *m* Tomate *w*
pomieszać *vo* (*Präs. 1P* -am; *Imp.* -aj) durcheinanderbringen *etw. Akk*, durcheinanderbringen (verwechseln usw.)
pomieszczenie *s* (*Gen Mz* -czeń) Raum *m* (Zimmer), Räumlichkeiten *w Mz*
pomimo *adv* trotzdem... ♦ *prep* trotz *etw. Gen* ► **~ to** trotzdem, dennoch
pomnik *m* (*Gen* ~a) Denkmal *s*

pomnożyć *vo* (*Präs. 1P* -żę; *Imp.* -nóż; *Vergang. 1P m* -yłem, *w* -yłam, *3P mpers.* -yli, *n-mpers.* -yły) multiplizieren *etw. Akk mit etw.*, vervielfachen (Angebot usw.)

pomoc *w* (*bes. Ez*) **1** Hilfe *w* (Unterstützung usw.) **2** Hilfe *w* (Text), Hilfsmittel *s* ► ~ *w* **drogowa** Abschleppdienst *m*; ~ **(pieniężna)** Unterstützung *w* (Geldbetrag); **za ~ą** *czegoś* mithilfe *etw. Gen*

pomocny *adj* gefällig (Person usw.), hilfsbereit, hilfreich (Mensch usw.)

pomóc *vo* **1** aushelfen *j-m*, helfen *j-m mit etw.* **2** gut tun *j-m*

pompka *w* (*Dat,Lok* -pce; *Gen Mz* -pek) **1** Luftpumpe *w*, Pumpe *w* **2** Liegestütz *m*

pompować *uv* aufpumpen *etw.*, pumpen *etw. Akk*

pomylić *vo* (*Präs. 1P* -lę) verwechseln *etw. Akk*, verwechseln *j-n/etw. mit j-m/etw.*

pomylić się *vo* (*Präs. 1P* -lę się; *Imp.* -l się) sich irren

pomyłka *w* (*Dat,Lok* -łce; *Gen Mz* -łek) Irrtum *m*, Verwechslung *w*; **przez pomyłkę** aus Versehen

pomysł *m* Idee *w* (Gedanke)

pomyśleć *vo* (*Präs. 1P* -lę; *Imp.* -l) denken *an j-n/etw.* (sich erinnern)

ponad *prep* über *wie viel* (mehr als)

ponadto *adv* außerdem, überhin

poniedziałek *m* (*Gen* -łku) Montag *m*

ponieważ *conj* denn, weil

poniżej *adv* unten (im Text usw.) ♦ *prep* (unmittelbar) unter *etw. Dat*, unter *etw. Dat* (dem Tisch usw.) ► **temperatury** *w Mz* ~ **zera** Temperaturen unter Null

ponownie *adv* wieder

pończocha *w* (*Dat,Lok* -osze; *Gen Mz* -ch) Strumpf *m*

popatrzeć *vo* (*Präs. 1P* -rzę; *Imp.* -rz; *Vergang. 1P m* -rzałem, *w* -rzałam, *3P mpers.* -eli, *n-mpers.* -rzały) ansehen *j-n/etw.*, anschauen *j-n/etw.*

popełnić *vo* (*Präs. 1P* -ię; *Imp.* -ij) begehen *etw. Akk*, verüben *etw. Akk* (Verbrechen usw.)

popielniczka *w* (*Dat,Lok* -czce; *Gen Mz* -czek) Aschenbecher *m*

popiół *m* Asche *w*

popisać się *vo* (*Präs. 1P* -iszę się; *Imp.* -isz się) großtun *mit etw.*, angeben *mit etw.*

popołudnie *s* Nachmittag *m*

poprawa *m* (*Gen Mz* -w) Verbesserung *w*

poprawić *vo* (*Präs. 1P* -ię; *Imp.* -w) **1** herrichten, verbessern *etw. Akk* (Leistung usw.), aufbessern *etw. Akk* **2** korrigieren

poprawka *w* (*Dat,Lok* -wce; *Gen Mz* -wek) Berichtigung *w* (im Text), Korrektur *w* (eines Fehlers usw.)

poprawny *adj* korrekt (Benehmen usw.)

poprosić *vo* (*Präs. 1P* -oszę; *Imp.* -oś) bitten *j-n um etw.*, bitten *um etw.*

poprzeć *vo* (*Präs. 1P* -prę, *3P* -e; *Imp.* -rzyj; *Vergang. 1P m* -parłem, *w* -parłam, *3P mpers.* -parli, *n-mpers.* -parły) unterstützen *j-n* (helfen)

poprzedni *adj* früher, vorherig, vorig

poprzedzający *adj* vorangegangen, vorherig, vorig

populacja *w* (*Gen,Dat,Lok, Gen Mz* -ji) Bevölkerung *w*

popularny *adj* beliebt *bei j-m*, populär *bei j-m*

popyt *m* (*Gen* ~u) Nachfrage *w nach etw.*

pora *w* (*Dat* porze; *Gen Mz* pór) Zeit *w* (Periode usw.); **do tej pory** bisher, bis jetzt; ~ *w* **roku** Jahreszeit *w*; **w (samą) porę** rechtzeitig

poradnik *m* (*Gen* ~a) Anleitung *w* (in Druckform usw.), Handbuch *s*

poradzić *vo* (*Imp.* -adź) beraten *j-n bei etw.*, raten *j-m etw. Akk*; ~ *vo* **sobie** *z czymś* zurechtkommen *mit etw.*

porażka *w* (*Dat,Lok* -żce; *Gen Mz* -żek) Niederlage *w*

porcelana *w* (*Gen Mz* -n) Porzellan *s*

porcja *w* (*Gen,Dat,Lok, Gen Mz* -ji) Charge *w* (Serie usw.), Ladung *w* (Warenmenge usw.), Portion *w*

poręcz *w* Geländer *s* ♦ *s* (*Nom Mz* ~e) Barren *m*

porozmawiać *vo* (*Präs. 1P* -iam; *Imp.* -iaj) sich unterhalten *mit j-m über etw. Akk*, sprechen *mit j-m von etw., über etw. Akk*, reden *mit j-m von etw., über etw. Akk* (sich unterhalten)

poród *m* Geburt *w* (Gebären)

porównać *vo* (*Präs. 1P* -am; *Imp.* -aj) vergleichen *j-n/etw. mit j-m/etw.* (Unterschiede)

porównanie *s* (*Gen Mz* -ań) Vergleich *m mit etw.*; **w porównaniu z** *czymś* im Vergleich zu *etw.*, gegenüber *etw.* (verglichen), gegen *etw.*

port *m* (*Gen* ~u) Hafen *m*

portfel *m* (*Gen* ~a; *Gen Mz* ~i) Brieftasche *w*, Geldtasche *w*, Portemonnaie *s*, Geldbörse *w*

portret *m* (*Gen* ~u) Porträt *s*

poruszać *uv* (*Präs. 1P* -am; *Imp.* -aj) bewegen *etw. Akk*

poruszać się *uv* (*Präs. 1P* -am się; *Imp.* -aj się) sich bewegen

poruszyć *vo* (*Präs. 1P* -szę; *Imp.* -sz) **1** bewegen *etw. Akk* **2** zur Sprache bringen (Thema usw.) **3** rühren (innerlich)

poruszyć się *vo* (*Präs. 1P* -szę się; *Imp.* -sz się) sich bewegen

porwać *vo* (*Präs. 1P* -wę; *Imp.* -wij) entführen *j-n*, kidnappen *j-n*

porwanie *s* (*Gen Mz* -ań) Entführung *w*, Kidnapping *s* (von Person); ~ **samolotu** Flugzeugentführung *w*

porządek *m* (*Gen* -dku) Ordnung *w* (Harmonie); **doprowadzić** *vo* **do porządku** in Ordnung bringen *etw. Akk*
porządnie *adv* ordentlich (angemessen), gründlich (wie es sein soll)
porządny *adj* ordentlich, richtig (entsprechend usw.)
porzeczka *w* (*Dat,Lok* -czce; *Gen Mz* -czek) Johannisbeere *w*, (ÖrD) Ribisel *w*
posada *w* (*Dat,Lok* -adzie; *Gen Mz* -d) Arbeit *w* (Beruf)
posiadać *uv* (*Präs. 1P* -dam; *Imp.* -daj) besitzen *etw. Akk*
posiłek *m* (*Gen* -łku) Gericht *s*, Speise *w*, Mahlzeit *w* (warme usw.)
posługiwać się *uv* (*Präs. 1P* -guję się; *Imp.* -guj się) umgehen *mit etw.* (benutzen)
posłusznie *adv* gehorsam, brav
posmarować *vo* bestreichen *etw. Akk mit etw.*, schmieren *etw. Akk mit etw.*
posolić *vo* salzen *etw. Akk*
pospolity *adj* üblich
posprzątać *vo* (*Präs. 1P* -am; *Imp.* -aj) **1** aufräumen **2** ordnen *etw. Akk*, anordnen *etw. Akk*
post *m* Fastenzeit *w*
postać *w* **1** Figur *w* (Körper) **2** Figur *w* (eines Films usw.), Gestalt *w* (in einem Roman usw.)
postanowić *vo* (*Präs. 1P* -ię; *Imp.* -nów) sich entscheiden *für etw.*, sich vornehmen *etw. Akk* (Entschluss fassen)
postawić *vo* (*Präs. 1P* -ię; *Imp.* -w) **1** stellen *etw. Akk irgendwohin* (auf den Tisch usw.) **2** aufstellen *etw. Akk* (Mast usw.), stellen (Bein usw.) **3** wetten *auf etw. Akk*
posterunek ~ *m* **policji** Polizeidienststelle *w*, Polizeiwache *w*
postęp *m* Fortschritt *m*
postępować *uv* handeln (tun), vorgehen
postępowanie *s* (*Gen Mz* -ań) Verfahren *s*, Verhalten *s*, Vorgehen *s*; ~ *s* **(sądowe)** Prozess *m* (Rechtsstreit)
postój *m* (*Gen* -toju; *Gen Mz* -toi/-tojów) Halt *m*
postrach *m* **1** Schrecken *m* (Person) **2** Butzemann *m*
poszerzyć *vo* (*Präs. 1P* -rzę; *Imp.* -rz) erweitern *etw. Akk* (Kenntnisse usw.), verbreitern *etw. Akk*, erweitern *etw. Akk* (Weg usw.)
poszukiwać *uv* suchen *nach j-m/etw.* (Täter usw.)
pościel *w* Bettwäsche *w*
poślizg *m* (*Gen* ~u) Rutsch *m* (Bewegung), Rückstand *m* (zeitlicher), Schleudern *s* (eines Autos usw.); **wpaść** *vo* **w** ~ ins Schleudern kommen
poślizgnąć się *vo* (*Präs. 1P* -nę się; *Vergang. 1P m* -ąłem się, *w* -nęłam się, *3P mpers.* -nęli się, *n-mpers.* -nęły się) ausrutschen (hinfallen), rutschen, rutschen *auf etw. Dat* (auf Rutsche usw.)
pośpiech *m* Betrieb *m* (Treiben), Getriebe *s* (Betriebsamkeit), Eile *w*
poświadczyć *vo* (*Präs. 1P* -czę; *Imp.* -cz) **1** bezeugen *etw. Akk* **2** beglaubigen *etw. Akk*
poświecić *vo* (*Imp.* -eć) leuchten *auf etw. Akk* (mit Taschenlampe usw.)
pot *m* (*Gen* ~u) Schweiß *m*
potem *adv* anschließend, danach, dann, darauf
potknąć się *vo* (*Präs. 1P* -nę się; *Vergang. 1P m* -ąłem się, *w* -nęłam się, *3P mpers.* -nęli się, *n-mpers.* -nęły się) stolpern *über etw. Akk*
potłuc *vo* (*Präs. 1P* -ukę, *3P* -ucze; *Imp.* -ucz; *Vergang. 1P m* -ukłem, *w* -ukłam, *3P mpers.* -ukli, *n-mpers.* -ukły) zerschlagen *etw. Akk*
potok *m* (*Gen* ~u) Bach *m*
potomek *m* (*Gen* -mka; *Nom Mz* -mkowie) Nachkomme *m*
potop *w* Überschwemmung *w*
potrafić *vo/uv* (*Präs. 1P* -ię) können *tun etw. Akk*, schaffen *etw. Akk*
potrzeba *w* (*Gen Mz* -b) Bedürfnis *s*, Drang *m* (Antrieb), Zwang *m* (innerer), Notwendigkeit *w*; **w razie potrzeby** wenn notwendig
potrzebny *adj* notwendig, nötig
potrzebować *uv* brauchen *etw. Akk*
potrzymać *vo* (*Präs. 1P* -am; *Imp.* -aj) (kurz) halten *etw. Akk*
potwierdzenie *s* (*Gen Mz* -dzeń) Urkunde *w*
potwierdzić *vo* (*Imp.* -rdź) bekräftigen, bestätigen *etw. Akk* (amtlich usw.), bestätigen (Wahrhaftigkeit usw.)
poufny *adj* geheim (Dokument usw.), vertraulich
powaga *w* (*Dat,Lok* -adze; *Gen Mz* -g) Ernst *m* (der Lage usw.)
poważnie *adv* **1** ernst (gemeint usw.) **2** ernstlich (verwundet usw.), ernsthaft (krank usw.)
poważny *adj* **1** ernst **2** seriös (Mensch usw.), solide
powąchać *vo* (*Präs. 1P* -am; *Imp.* -aj) riechen *an etw. Dat*
powiadamiać *uv* (*Präs. 1P* -miam; *Imp.* -miaj) ankündigen *j-m etw. Akk*
powiadomić *vo* (*Präs. 1P* -mię; *Imp.* -m) benachrichtigen *j-n von etw.*, verständigen *j-n von etw.*
powiedzieć *vo* (*Präs. 1P* -em; *Imp.* -dz) sagen *etw. Akk* (aussprechen), sagen *j-m etw. Akk*; **Co chce pan(i) przez to ~?** Was meinen Sie damit?; **Powiedz im, żeby poczekali.** Sag ihnen, sie sollen warten!
powieka *w* (*Dat* -ece; *Gen Mz* -k; *Dat Mz* -kom) Lid *s*

powierzchnia *w* **1** Oberfläche *w etw. Gen* (einer Straße usw.) **2** Fläche *w* (Ausmaß) **3** Spiegel *m* (Oberfläche)

powiesić *vo* (*Präs. 1P* -eszę; *Imp.* -eś) **1** hängen *etw. Akk* **2** aufhängen *j-n* (Mörder usw.)

powieść *w* (*Nom Mz* -ści) Roman *m*

powieść się *vo* (*Präs. 3P* -edzie się; *Vergang. 3P m* -iódł się) gelingen, klappen

powietrze *s* (*Ez*; *Dat* -rzu) Atmosphäre *w* (Lufthülle), Luft *w*; **na wolnym/świeżym powietrzu** Außen-; **wysadzić** *vo coś* **w ~** sprengen *etw. Akk*

powiększyć *vo* (*Präs. 1P* -szę; *Imp.* -sz) vergrößern

powiększyć się *vo* (*Präs. 3P* -y się; *Imp.* -sz się) anschwellen (wachsen)

powitanie *s* (*Gen Mz* -ań) Begrüßung *w*, Empfang *m* (von Gästen usw.)

powłoka *w* (*Dat* -oce; *Gen Mz* -k; *Dat Mz* -kom) Belag *m*, Film *m* (Schicht)

powodować *uv* bewirken *etw. Akk*

powodzenie *s* (*Gen Mz* -eń) Erfolg *m*; **mający ~** erfolgreich

powodzić się *uv* (*Präs. unpers.* -i się) gehen *j-m irgendwie* (Erfolg haben usw.)

powoli *adv* allmählich, langsam

powolny *adj* langsam, schleppend (Tempo usw.)

powód *m* **1** Grund *m für etw.* (für Tat usw.) **2** Kläger *m* ► **podać powody** *czegoś* begründen *etw. Akk*; **z powodu złej pogody...** wegen des schlechten Wetters...; **z powodu** *czegoś* auf Grund *m etw. Gen*

powódź *w* (*Nom Mz* -wodzie) Überschwemmung *w*, Hochwasser *s*

powrotny *adj* Rück-; **bilet** *m* **~** Rückfahrkarte *w*

powrót *m* Comeback *s*, Rückkehr *w*; **bilet** *m* **tam i z powrotem** Rückfahrkarte *w*; **z powrotem** zurück (gehen usw.)

powstać *vo* (*Präs. 1P* -anę; *Imp.* -ań) aufstehen, entstehen, sich erheben (rebellieren)

powstrzymać *vo* (*Präs. 1P* -am; *Imp.* -aj) **1** hindern *j-n an etw. Dat* **2** verlangsamen

powszechnie *adv* üblich, gewöhnlich

powszechny *adj* allgemein, generell (Maßnahme usw.)

powszedni *adj* alltäglich, gewöhnlich (normal), Alltags-

powtórka *w* (*Dat,Lok* -rce; *Gen Mz* -rek) **1** Wiederholung *w* (des Lernstoffes) **2** Wiederaufführung *w*

powtórzenie *s* (*Gen Mz* -eń) Wiederholung *w etw. Gen*

powtórzyć *vo* (*Präs. 1P* -rzę; *Imp.* -rz) **1** wiederholen *etw. Akk* (nochmals machen) **2** wiederholen (um es zu betonen)

powyżej *adv* oben (im Text)

pozbyć się *vo* (*Präs. 1P* -będę się; *Imp.* -bądź się) abschaffen *etw. Akk*, loswerden *j-n/etw.*

pozdrowić *vo* (*Präs. 1P* -ię; *Imp.* -rów) begrüßen *j-n*, grüßen *j-n*

pozdrowienie *s* (*Gen Mz* -eń) Gruß *m*, Salut *m*

poziom *m* Niveau *s*

poznać *vo* (*Präs. 1P* -am; *Imp.* -aj) **1** kennenlernen *j-n/etw.* **2** vorstellen *j-n j-m* ► **Miło mi pana/panią ~.** Freut mich.

pozornie *adv* nur zum Schein, um den Schein zu wahren, scheinbar

pozór *m* Schein *m* (Eindruck usw.), Anschein *m*

pozwolenie *s* (*Gen Mz* -eń) Berechtigung *w*, Erlaubnis *w*; **bez pozwolenia** schwarz; **~** *s* **na wejście** Zutritt *m* (Erlaubnis usw.)

pozwolić *vo* **1** erlauben *j-m etw. Akk*, gönnen *j-m etw.* (gewähren) **2** lassen *j-n etw. Akk zu tun* (erlauben), zulassen

pozycja *w* (*Gen,Dat,Lok, Gen Mz* -ji) **1** Position *w etw. Gen* (räumliche) **2** Position *w* (Haltung) **3** Stellung *w* **4** Posten *m* (Betrag), Position *w* (einer Liste)

pozyskać *vo* (*Präs. 1P* -am; *Imp.* -aj) gewinnen *j-n*

pozytywny *adj* **1** positiv (Antwort usw.), bejahend **2** positiv (Wirkung usw.)

pożar *m* (*Gen* ~u) Brand *m*

pożegnać się *vo* (*Präs. 1P* -am się; *Imp.* -aj się) sich verabschieden *von j-m*

pożegnanie *s* (*Gen Mz* -ań) Abschied *m*, Verabschiedung *w*

pożyczka *w* (*Dat,Lok* -czce; *Gen Mz* -czek) Anleihe *w*, Darlehen *s*, Leihgabe *w*, Ausleihe *w* (Ausleihen)

pożyczyć *vo* (*Präs. 1P* -czę; *Imp.* -cz) **1** leihen *j-m etw. Akk* **2** sich ausleihen *etw. Akk von j-m*, sich leihen *etw. Akk von j-m*, sich ausleihen *etw. Akk von j-m*

pożyteczny *adj* nützlich, hilfreich (Tipp usw.)

pożywienie *s* (*Gen Mz* -eń) Kost *w*, Nahrung *w*; **~** *s* **dla niemowląt** Babynahrung *w*

pójść *vo* (*Präs. 1P* -jdę, *3P* -jdzie, *3P Mz* -jdą; *Imp.* -jdziesz; *Vergang. 1P m* poszedłem, *w* poszłam) **1** gehen *irgendwohin* **2** holen *j-n/etw.* (Brot usw.) ► **Już poszedł.** Er ist schon weg.

póki *adv* solange

półka *w* (*Dat,Lok* -łce; *Gen Mz* -łek) Bord *s* (Brett), Regal *s*

półmisek *m* (*Gen* -ska; *Nom Mz* -ski) Schüssel *w*

północ *w* **1** Mitternacht *w* **2** Norden *m*

północny *adj* **1** Mitternachts-, mitternächtlich **2** Nord-, nördlich

półrocze *s* (*Dat* -czu; *Nom Mz* -cza; *Gen Mz* -czy; *Lok Mz* -czach) **1** Halbjahr *s* **2** Halbjahr *s* (in der Schule), Semester *s*
półwysep *m* (*Gen* -spu; *Dat* -spowi; *Lok* -spie; *Nom Mz* -spy) Halbinsel *w*
późno *adv* spät
późny *adj* (*Komp.* -niejszy) verspätet, Spät-
praca *w* (*Nom Mz* -ce) Arbeit *w* ► **miejsce** *s* **pracy** Arbeitsplatz *m*; ~ *w* **domowa** Hausaufgaben *w Mz*
pracodawca *m* (*Dat Ez, Nom Mz* -wcy; *Gen,Akk Mz* -wców) Arbeitgeber *m*
pracować *uv* arbeiten
pracowity *adj* fleißig, arbeitswillig
pracownik *m* (*Nom Mz* -icy) Angestellte *m*, Arbeitnehmer *m*, Arbeitende *m*, Arbeiter *m*
prać *uv* (*Präs. 1P* piorę, *3P* pierze, *3P Mz* piorą; *Imp.* pierz; *Vergang. 1P m* -ałem) waschen *etw. Akk* (Wäsche)
pragnienie *s* (*Gen Mz* -eń) **1** Durst *m* **2** Verlangen *s nach etw.* (heftiges usw.)
praktycznie *adv* praktisch
praktyczny *adj* praktisch
praktyka *w* (*Dat* -yce; *Gen Mz* -yk; *Dat Mz* -ykom) **1** Praxis *w* (praktische Anwendung) **2** Praxis *w* (Berufserfahrung), Berufserfahrung *w* **3** Praktik *w* (Verfahrensweise)
pralka *w* (*Dat,Lok* -lce; *Gen Mz* -lek) Waschmaschine *w*
pralnia *w* **1** Waschküche *w* **2** Wäscherei *w* ► ~ *w* **chemiczna** Reinigung *w* (Geschäft); ~ **samoobsługowa** Waschsalon *m*
pranie *s* (*Gen Mz* -ań) **1** Waschen *s* (von Wäsche) **2** Wäsche *w* (schmutzige), Schmutzwäsche *w* ► **do prania** Wasch-; **proszek** *m* **do prania** Waschpulver *s*
prasa *w* (*Gen Mz* -s) Presse *w*
prasować *uv* bügeln
prawda *w* (*Dat,Lok* -wdzie; *Gen Mz* -d) Wahrheit *w*
prawdopodobnie *part* wahrscheinlich, vielleicht
prawdopodobny *adj* wahrscheinlich
prawdziwy *adj* echt, wahr, wirklich (wie es sein soll)
prawie *adv* fast, beinahe, nahezu
prawniczy *adj* Rechts-, rechtlich
prawnik *m* (*Nom Mz* -icy) Jurist *m*
prawny *adj* **1** gesetzlich, rechtmäßig, legal **2** Rechts-, juristisch
prawo *s* **1** Recht *s* (Rechtsordnung) **2** Gesetz *s* **3** Recht *s zu etw.* (Berechtigung) ► **mieć** *uv* ~ *do czegoś* Anspruch erlangen *auf etw. Akk*; ~ *s* **jazdy** Führerschein *m*
prawy *adj* recht(er,e,es); **po prawej stronie** *czegoś* rechts *von etw.*; **w prawo** nach rechts, rechts; **z prawej strony** von rechts
prącie *s* Glied *s* (Penis), Penis *m*
prąd *m* (*Gen* ~u) Strom *m* (Meeresstrom usw.), Strömung *w* (des Wassers usw.); **Nie ma ~u.** Der Strom ist ausgefallen.; ~ *m* **(elektryczny)** (elektrischer) Strom
premier *m* (*Nom Mz* -ierzy) Ministerpräsident *m*
prenumerata *w* (*Dat,Lok* -acie; *Gen Mz* -t) Abonnement *s etw. Gen*
prenumerować *uv* abonnieren
pretekst *m* Vorwand *m für etw.*
prezent *m* (*Gen* ~u) Geschenk *s*
prezentacja *w* (*Gen,Dat,Lok, Gen Mz* -ji) Vorführung *w* (eines Gerätes usw.), Vorstellung *w* (Bekanntmachen)
prezerwatywa *w* (*Gen Mz* -yw) Präservativ *s*, Kondom *s,m*
prezes *m* (*Dat* ~owi; *Nom Mz* ~i) Vorsitzende *m*; ~ *m* **rady ministrów** Ministerpräsident *m*
prezydent *m* (*Nom Mz* -nci) Präsident *m*
prędko *adv* schnell, eilig
prędkość *w* (*Nom Mz* -ści) Geschwindigkeit *w*, Schnelligkeit *w* (einer Bewegung usw.)
pręt *m* (*Gen* ~u) Stab *m* (aus Holz usw.), Stange *w* (aus Metall usw.)
problem *m* Problem *s*, Schwierigkeit *w* (Problem)
procedura *w* (*Dat* -urze; *Lok Mz* ~ch) Prozedur *w*, Verfahren *s* (Handlungsmethode usw.)
procent *m* (*Gen* ~u) (prozentualer) Anteil *m*, Prozent *s*, Zins *m*
proces *m* **1** Prozess *m* (Vorgang) **2** Rechtsfall *m* ► ~ *m* **(sądowy)** Prozess *m* (Rechtsstreit)
producent *m* (*Nom Mz* -nci) Hersteller *m von etw.*, Erzeuger *m von etw.* (von Ware usw.), Produzent *m von etw.*
produkcja *w* (*Gen,Dat,Lok, Gen Mz* -ji) Produktion *w*; ~ *w* **rolna** landwirtschaftliche Produktion
produkować *uv* herstellen (Produkt usw.), erzeugen, produzieren (industriell usw.), machen *etw. Akk*
produkt *m* (*Gen* ~u) Erzeugnis *s*
profesja *w* (*Gen,Dat,Lok, Gen Mz* -ji) Beruf *m*
profesjonalnie *adv* fachlich (durchgeführt usw.)
profesjonalny *adj* professionell
profesor *m* (*Dat* ~owi; *Nom Mz* -sorzy/~owie) Professor *m*
prognoza *w* (*Gen Mz* -z) Prognose *w*; ~ *w* **pogody** Wettervorhersage *w*
program *m* **1** Programm *s etw. Gen* (Ablauf) **2** Programm *s* (TV), Sendung *w* (Programm) **3** Programm *s* (Computer), Computerprogramm *s*

projekt *m* (*Gen* ~u) **1** Projekt *s* **2** Entwurf *m* (einer Konstruktion usw.)

prokurator *m* (*Nom Mz* -torzy) Ankläger *m*, Staatsanwalt *m*

prom *m* Fähre *w*

promień *m* (*Gen* -enia; *Dat* -eniowi; *Gen Mz* -eni) **1** Strahl *m* (von Licht usw.) **2** Halbmesser *m*

promocja *w* (*Gen,Dat,Lok, Gen Mz* -ji) **1** Sonderangebot *s*, Werbung *w* (eines Produktes), Promotion *w* (Reklame) **2** Diplomübergabe *w*

promować *uv* werben *für etw.* (Produkt usw.)

propagować *uv* propagieren (Gedanken usw.), verbreiten (Ideen usw.)

proponować *uv* anbieten

propozycja *w* (*Gen,Dat,Lok, Gen Mz* -ji) Vorschlag *m*

prosić *uv* (*Präs. 1P* -oszę; *Imp.* -oś) bitten *j-n um etw.*; **Proszę.** Hier bitte. (Schenken usw.); **Proszę?** Wie bitte?

prosto *adv* **1** geradeaus **2** gerade, aufrecht (sitzen usw.) ► **po prostu** einfach, eben, halt

prostolinijny *adj* direkt, geradlinig (Mensch usw.)

prosty *adj* (*Komp.* -tszy) **1** gerade (Linie usw.) **2** einfach (unkompliziert), simpel (Erklärung usw.), leicht (Aufgabe usw.) ♦ *m* Gerade *w* (Schlag) ► **po prostu** kurz gesagt

prostytutka *w* (*Dat,Lok* -utce; *Gen Mz* -utek) Hure *w*, Dirne *w*, Prostituierte *w*

proszek *m* (*Gen* -szku) Pulver *s*; ~ *m* **do prania** Waschpulver *s*

prośba *w* (*Gen Mz* -b) Bitte *w um etw. Akk*, Verlangen *s* (geäußerter Wunsch)

protestować *uv* protestieren *gegen etw.* (öffentlich usw.)

prowadzić *uv* (*Imp.* -adź) **1** führen *irgendwohin/durch etw.* (Weg) **2** steuern *etw. Akk* (Fahrzeug) **3** betreiben *etw. Akk*, leiten *etw. Akk* (Firma usw.) **4** moderieren **5** führen (im Wettkampf usw.)

prowincja *w* (*Gen,Dat,Lok, Gen Mz* -ji) Provinz *w*

próba *w* (*Gen Mz* -b) **1** Prüfung *w*, Test *m*, Probe *w* **2** Versuch *m um etw.* (Bemühung) **3** Punze *w* (Zeichen) ► **poddać** *vo* **coś próbie** prüfen *etw. Akk* (Qualität)

próbka *w* (*Dat,Lok* -bce; *Gen Mz* -bek) Muster *s* (Probestück usw.)

pryszcz *m* (*Gen* ~a; *Gen Mz* ~y) Pickel *m*, Mitesser *m*

prysznic *m* Dusche *w*; **brać** *uv* ~ (sich) duschen

prywatny *adj* privat, Privat-

przebaczyć *vo* (*Präs. 1P* -czę; *Imp.* -cz) verzeihen *j-m etw. Akk*

przebiec *vo* **1** durchlaufen *etw. Akk* (schnell durchkommen), laufen *über etw. Akk* (hinüberlaufen), zurücklegen (laufend) **2** verlaufen (ablaufen)

przebrać się *vo* (*Präs. 1P* -biorę się, *3P* -bierze się, *3P Mz* -biorą się; *Imp.* -bierz się) **1** sich umziehen **2** sich verkleiden *als j.*, sich verkleiden *als j./etw.*

przebudzony *adj* wach

przecenić *vo* (*Präs. 1P* -ię) **1** ermäßigen *etw. Akk*, verbilligen *etw. Akk* **2** überbewerten, überschätzen

przechadzać się *uv* (*Präs. 1P* -dzam się; *Imp.* -dzaj się) spazieren gehen

przechowalnia ~ *w* **(bagażu)** Aufbewahrung *w* (Schalter), Gepäckaufbewahrung *w* (Stelle)

przechwalać się *uv* (*Präs. 1P* -lam się; *Imp.* -laj się) prahlen *mit etw.*, protzen *mit etw.*, sich großtun

przechylić *vo* (*Präs. 1P* -lę; *Imp.* -l) kippen *etw. Akk* (einen Schrank usw.), neigen *etw. Akk* (senken)

przeciąć *vo* (*Präs. 1P* -etnę; *Imp.* -etnij; *Vergang. 1P m* -ąłem, *w* -ięłam, *3P mpers.* -ięli, *n-mpers.* -ięły) **1** durchhauen *etw. Akk*, durchschneiden *etw. Akk* **2** durchhacken *etw. Akk*

przeciekać *uv* (*Präs. 1P* -am) laufen (Gefäß usw.), lecken (Fass usw.)

przecież *part* doch, ja, immerhin

przeciętny *adj* durchschnittlich

przecinek *m* (*Gen* -nka; *Nom Mz* -nki) Komma *s* (Satzzeichen); ~ *m* **dziesiętny** Dezimalkomma *s*, Komma *s* (in Zahlen)

przeciw *prep* gegen *j-n/etw.* (wirken usw.)

przeciwdeszczowy **płaszcz** *m* ~ Regenmantel *m*

przeciwieństwo *s* Gegensatz *m zu etw.*, Gegenteil *s von etw.*

przeciwnie *part* im Gegenteil

przeciwnik *m* (*Nom Mz* -nicy) **1** Opponent *m j-s/etw.* **2** Gegenspieler *m*, Gegner *m*

przeciwny *adj* umgekehrt, entgegengesetzt, verkehrt

przeciwstawiać się *uv* (*Präs. 1P* -awiam się) widerstehen *etw. Dat* (Änderung usw.)

przeczucie *s* (*Gen Mz* -uć) Ahnung *w* (Vorgefühl), Vorahnung *w*

przeczyszczający **środek** *m* ~ Abführmittel *s*

przeczytać *vo* (*Präs. 1P* -am; *Imp.* -aj) lesen *etw. Akk* (ein Buch usw.)

przed, przede *prep* **1** vor (zwei Jahren usw.) **2** vor *j-m/etw.* (auf dem Weg usw.) ► **~e wszystkim** vor allem

przedimek *m* (*Gen* -mka; *Nom Mz* -mki) Artikel *m* (grammatischer)

przedmieście *s* (*Gen Mz* -ść) Vorstadt *w*

przedmiot *m* (*Gen* ~u) **1** Gegenstand *m* (Sache) **2** Gegenstand *m etw. Gen* (Thema usw.) **3** Fach *s* (in der Schule usw.)
przedni *adj* vorder(er,e,es), vorn (Teil, Glied usw.)
przedostatni *adj* vorletzt(er,e,es), vorvorig
przedpokój *m* (*Gen* -koju; *Gen Mz* -koi/-kojów) Vorraum *m*
przedpołudnie *s* Vormittag *m*
przedsiębiorstwo *s* Betrieb *m* (Fabrik usw.), Unternehmen *s* (Firma usw.)
przedsięwziąć *vo* (*Präs. 1P* -wezmę; *Imp.* -weźmij; *Vergang. 1P m* -ąłem, *w* -ięłam, *3P mpers.* -zięli, *n-mpers.* -zięły) sich einlassen *auf etw. Akk* (beginnen), unternehmen *etw. Akk*
przedsięwzięcie *s* (*Gen Mz* -zięć) Unternehmen *s* (Tätigkeit)
przedstawiać *uv* (*Präs. 1P* -iam) darstellen (gestalten)
przedstawiciel *m* **1** Vertreter *m* (Repräsentant) **2** Beauftragte *m*
przedstawić *vo* (*Präs. 1P* -ię; *Imp.* -w) **1** vorstellen *j-n j-m* **2** aufführen (Theaterstück usw.) **3** vorlegen (Gesetzesentwurf usw.), vortragen *etw. Akk* (Anliegen usw.) **4** abbilden, darstellen (abbilden usw.)
przedstawić się *vo* sich vorstellen (Namen nennen)
przedstawienie *s* (*Gen Mz* -ień) **1** Vorstellung *w* (Bekanntmachen) **2** Vorstellung *w* (Aufführung), Aufführung *w* (Theaterstück)
przedszkole *s* Kindergarten *m*
przedtem *adv* vorher
przedwczoraj *adv* vorgestern
przedział *m* (*Gen* ~u) Abteil *s* (im Zug usw.)
przegapić *vo* (*Präs. 1P* -ię) verpassen (Chance usw.)
przegląd *m* (*Gen* ~u) Überblick *m* (Zusammenfassung), Übersicht *w* (Resümee)
przegłosować *vo* **1** beschließen (ein Gesetz usw.), abstimmen (Antrag usw.) **2** überstimmen
przegrać *vo* (*Präs. 1P* -am) verlieren *etw. Akk gegen j-n* (Kampf usw.), verspielen *etw. Akk* (Geld usw.)
przegrana *w* (*Akk* -ną; *Nom Mz* -ne) Niederlage *w* (im Spiel usw.)
przegródka *w* (*Dat,Lok* -dce; *Gen Mz* -dek) Fach *s* (im Schrank usw.)
przejaśnić się *vo* (*Präs. unpers.* -ia się, *3P* -i się; *Vergang. unpers.* -iło się) aufklaren
przejazd *m* (*Lok* -jeździe) **1** Durchfahrt *w durch etw.* (Durchfahren), Durchreise *w durch etw.* (durch Stadt usw.) **2** Durchfahrt *w* (Stelle), Übergang *m* (Bahnübergang usw.) ► **opłata** *w* **za ~** Fahrpreis *m*; **~** *m* **podziemny** Unterführung *w* (für Verkehrsmittel)
przejąć *vo* (*Präs. 1P* -jmę; *Imp.* -jmij; *Vergang. 1P m* -ąłem, *w* -jęłam, *3P mpers.* -jęli, *n-mpers.* -jęły) übernehmen ► **~** *vo* **władzę** *nad czymś* ergreifen *etw. Akk* (beherrschen)
przejechać *vo* (*Präs. 1P* -jadę, *3P* -jedzie; *Imp.* -jedź) **1** zurücklegen (mit Auto usw.) **2** durchfahren *durch etw.* (durch Tunnel usw.), überqueren *etw. Akk* (fahrend) **3** vorbeifahren *an etw. Dat* **4** überfahren *j-n/etw.* (Fußgänger usw.)
przejechać się *vo* (*Präs. 1P* -jadę się, *3P* -jedzie się; *Imp.* -jedź się) ausfahren (mit Freunden usw.), eine Ausfahrt machen
przejezdny *adj* befahrbar
przejrzeć *vo* (*Präs. 1P* -rzę; *Imp.* -rzyj; *Vergang. 1P m* -rzałem, *w* -rzałam, *3P mpers.* -rzeli, *n-mpers.* -rzały) **1** durchgehen *etw. Akk* (lesen usw.) **2** durchschauen *j-n/etw.* (Absichten usw.)
przejście *s* (*Gen Mz* -ść) **1** Übergang *m* (für Fußgänger usw.) **2** Gang *m* (zwischen den Sitzen usw.) **3** Übergang *m* (Umwandlung) ► **~** *s* **dla pieszych** Fußgängerübergang *m*, Fußgängerüberweg *m*, Zebrastreifen *m*; **~** *s* **graniczne** Grenzübergang *m*; **~** *s* **podziemne** Unterführung *w* (für Fußgänger); **~ na emeryturę** Pensionierung *w*
przejściowy *adj* einstweilig, vorübergehend, Übergangs-
przejść *vo* (*Präs. 1P* -jdę, *3P* -jdzie, *3P Mz* -jdą; *Imp.* -jdziesz; *Vergang. 1P m* -eszedłem, *w* -eszłam) **1** durchgehen *durch etw.*, überqueren *etw. Akk*, zurücklegen *etw. Akk* (zu Fuß) **2** vorbeigehen *an j-m/etw.* **3** vergehen (Empfindung) **4** übergehen *zu etw.* (Thema usw.), übertreten *(von etw.) zu etw.* (konvertieren usw.) **5** übergehen *in etw. Akk* (Schnee in Regen usw.) **6** durchmachen *etw. Akk* (durchleben), sich unterziehen *etw. Dat* **7** absolvieren (Training usw.)
przekaz *m* Anweisung *w* (Summe), Überweisung *w* (Geldsumme), Einzahlung *w* (Betrag)
przekazać *vo* (*Präs. 1P* -ażę; *Imp.* -aż) **1** übergeben *j-m etw. Akk* (weiterleiten) **2** ausrichten lassen *j-m etw. Akk*, ausrichten *j-m etw. Akk*, mitteilen *j-m etw.*, übermitteln *j-m etw.* **3** vererben *j-m etw. Akk* (vermachen)
przekąska *w* (*Dat,Lok* -sce; *Gen Mz* -sek) Erfrischung *w* (Getränk usw.), Imbiss *m* (Gericht), Pausenbrot *s* (in der Schule usw.)
przeklinać *uv* (*Präs. 1P* -am; *Imp.* -aj) fluchen
przekład *m* (*Gen* ~u) Übersetzung *w*
przekonać *vo* (*Präs. 1P* -am; *Imp.* -aj) bereden *j-n*, herumkriegen *j-n*, überreden *j-n (zu etw.)*, überzeugen *j-n von etw.*

przekonujący *adj* persuasiv, stichhaltig (Argument usw.), überzeugend
przekręcić *vo* (*Imp.* -ęć) **1** drehen *etw. Akk* (Knopf usw.), umdrehen (umwenden), wenden *etw. Akk* (in andere Richtung), umwenden *etw. Akk* **2** verballhornen, verdrehen (Wahrheit usw.)
przekroić *vo* (*Präs. 1P* -oję; *Imp.* -rój) schneiden *etw. Akk* (in Teile)
przekupić *vo* (*Präs. 1P* -ię; *Imp.* -p) bestechen *j-n*
przeliczyć *vo* (*Präs. 1P* -czę; *Imp.* -cz) umrechnen *etw. Akk in etw. Akk*
przełączyć *vo* (*Präs. 1P* -czę; *Imp.* -cz) umschalten *etw. Akk auf etw. Akk* (Kamera usw.), verbinden *j-n* (Telefonverbindung)
przełęcz *m* (*Nom Mz* ~e) Pass *m* (im Gebirge)
przemienić *vo* (*Präs. 1P* -nię; *Imp.* -ień) umwandeln *etw. Akk*, verwandeln *etw. Akk in etw. Akk*
przeminąć *vo* (*Präs. 1P* -nę; *Imp.* -iń; *Vergang. 1P m* -ąłem, *w* -nęłam, *3P mpers.* -nęli, *n-mpers.* -nęły) vergehen (Empfindung usw.)
przemowa *w* (*Gen Mz* -mów) Rede *w*
przemówienie *s* (*Gen Mz* -ień) Rede *w*
przemysł *m* Industrie *w*
przemysłowy *adj* industriell
przemyśleć *vo* bedenken *etw. Akk* (durchdenken), durchdenken *etw. Akk*, ausdenken *etw. Akk* (zu Ende denken)
przenieść *vo* **1** übertragen *etw. Akk irgendwohin* (Gegenstände usw.) **2** übertragen *etw. Akk auf j-n* (Krankheit usw.) **3** versetzen *j-n irgendwohin* (in andere Behörde usw.)
przenocować *vo* übernachten *irgendwo*
przenosić *uv* (*Präs. 1P* -oszę) übertragen
przenośny *adj* tragbar
przepełniony *adj* überfüllt, vollgestopft (Bus usw.), voll (Zug usw.)
przepis *m* **1** Rezept *s für etw.* (Gericht) **2** Regel *w*, Vorschrift *w*
przepisać *vo* **1** abschreiben (Abschrift machen) **2** verschreiben (Medikament usw.), verordnen (Kur usw.)
przepisowy *adj* ordentlich (vorschriftsmäßig), vorgeschrieben
przepłynąć *vo* (*Präs. 1P* -nę; *Imp.* -yń; *Vergang. 1P m* -ąłem, *w* -nęłam, *3P mpers.* -nęli, *n-mpers.* -nęły) schwimmen *über etw. Akk*, überfahren *etw. Akk* (einen See usw.)
przepowiednia *w* Vorhersage *w*, Weissagung *w*
przepowiedzieć *vo* (*Präs. 1P* -iem; *Imp.* -dz) voraussagen *etw. Akk*
przeprosić *vo* (*Präs. 1P* -oszę; *Imp.* -oś) sich entschuldigen *bei j-m für etw.*; **Przepraszam!** Entschuldigen Sie!, Entschuldigung!, Verzeihung!
przeprosiny *nur Mz n-mpers.* (*Gen Mz* -n) Entschuldigung *w für etw.* (Äußerung)
przeprowadzić *vo* (*Imp.* -adź) **1** führen *j-n über etw. Akk* (auf die andere Seite usw.) **2** durchführen *etw. Akk* (Aufgabe usw.), ausführen *etw. Akk* (Arbeit usw.) **3** umziehen *j-n/etw. irgendwohin* (j-s Umzug durchführen)
przeprowadzić się *vo* (*Imp.* -adź się) umziehen (in neue Wohnung usw.)
przerażający *adj* entsetzlich, schrecklich, gefürchtet, befürchtet
przerobić *vo* (*Präs. 1P* -ię; *Imp.* -rób) bearbeiten, aufbereiten, umarbeiten
przerwa *w* (*Gen Mz* -w) Auszeit *w*, Intermezzo *s* (Ereignis usw.), Pause *w* (während Tätigkeit); ~ *w* **w dostawie prądu** Stromausfall *m*; **Zróbmy sobie przerwę.** Machen wir eine Pause.
przerwać *vo* (*Präs. 1P* -wę; *Imp.* -wij) **1** zerreißen (Seil usw.) **2** abbrechen *etw. Akk* (beenden), aufgeben *etw. Akk* (aufhören), einstellen *etw. Akk* (Tätigkeit usw.), eine Pause machen (in der Rede usw.) *etw. Akk* **3** unterbrechen *j-n* (Sprecher usw.)
przerwanie *s* (*Gen Mz* -ań) Unterbrechung *w*
przesadzić *vo* (*Imp.* -adź) umpflanzen, verpflanzen, übertreiben *etw. Akk* (zu weit treiben)
przesąd *m* (*Gen* ~u) Aberglaube *m* (konkreter Glaube)
przesiadka *w* (*Dat,Lok* -dce; *Gen Mz* -dek) Umsteigen *s*
przesiąść się *vo* (*Präs. 1P* -ądę się; *Imp.* -ądź się) **1** sich umsetzen (Sitzplatz tauschen) **2** umsteigen *in etw. Akk*, umsteigen *in etw. Akk*
przeskoczyć *vo* (*Präs. 1P* -czę; *Imp.* -cz) überspringen *etw. Akk* (auslassen), überspringen *etw. Akk* (Sprung machen), springen *über etw. Akk*
przesłać *vo* (*Präs. 1P* -eślę; *Imp.* -eślij; *Vergang. 3P mpers.* -ali, *n-mpers.* -ały) **1** verschicken *j-m etw. Akk* **2** überweisen *etw. Akk* (Geld)
przesłuchanie *s* (*Gen Mz* -ań) **1** Verhör *s* **2** Verhandlung *w* (vor Gericht) **3** Vorsprechen *s* (beim Konkurs usw.)
przespać się *vo* (*Präs. 1P* -eśpię się; *Imp.* -eśpij się) **1** (sich) ausschlafen **2** schlafen *mit j-m* (koitieren)
przestać *vo* (*Präs. 1P* -anę; *Imp.* -ań) aufhören *mit etw.* (mit Arbeit usw.); ~ *vo* **istnieć** untergehen (zugrunde gehen)
przestarzały *adj* veraltet, überholt
przestępca *m* (*Dat Ez, Nom Mz* -cy; *Gen,Akk Mz* -ców) Delinquent *m*, Verbrecher *m*
przestępstwo *s* Verstoß *m*
przestroga *w* (*Dat,Lok* -odze; *Gen Mz* -g) Warnung *w*

przestrzegać *uv* (*Präs. 1P* -am; *Imp.* -aj) einhalten *etw. Akk*

przestrzeń *w* (*Nom Mz* -rzenie) **1** Platz *m*, Raum *m* (Gebiet) **2** Fläche *w* (sehr große usw.) **3** Platz *m* (Kapazität usw.), Raum *m* (leerer usw.)

przesunąć *vo* (*Präs. 1P* -nę; *Imp.* -uń; *Vergang. 1P m* -ąłem, *w* -nęłam, *3P mpers.* -nęli, *n-mpers.* -nęły) **1** verschieben *etw. Akk irgendwohin*, verschieben *etw. Akk irgendwohin* (Stelle wechseln) **2** verlegen *j-n irgendwohin* (Angestellten usw.)

przesyłka *w* (*Dat,Lok* -łce; *Gen Mz* -łek) Sendung *w* (Ware); ~ *w* **pocztowa** Postsendung *w*

przeszkadzać *uv* (*Präs. 1P* -dzam; *Imp.* -dzaj) **1** stören *j-n* **2** behindern *etw. Akk*, hemmen *etw. Akk* (Umstände usw.)

przeszkoda *w* (*Dat* -odzie; *Gen Mz* -kód) **1** Behinderung *w in etw. Dat* (in der Entwicklung usw.), Hindernis *s in etw. Dat*, Hindernis *s für etw.*, Versperrung *w* (Gegenstand usw.) **2** Hürde *w*, Hindernis *s* (in Athletik usw.)

przeszkodzić *vo* stören *j-n*

przeszłość *w* (*Nom Mz* -ści) Vergangenheit *w* (Zeit)

przeszły *adj* vergangen; **czas ~** Vergangenheit *w* (Zeitform)

przeszukać *vo* (*Präs. 1P* -am; *Imp.* -aj) durchsuchen *j-n/etw.*, Leibesvisitation *w bei j-m* vornehmen

prześcieradło *s* (*Gen Mz* -deł) Bettlaken *s*, Laken *s*

prześladować *uv* verfolgen (Gegner usw.)

przetłumaczyć *vo* (*Präs. 1P* -czę; *Imp.* -cz) dolmetschen *etw. Akk in etw. Akk*, übersetzen (in andere Sprache)

przeważający *adj* überwiegend

przeważnie *adv* meist, meistens, überwiegend, vorwiegend

przewiązać *vo* (*Präs. 1P* -ążę; *Imp.* -ąż) binden *etw. Akk um etw.* (Schleife um Geschenk usw.)

przewieźć *vo* (*Präs. 1P* -iozę; *Imp.* -ź; *Vergang. 1P m* -iozłem, *w* -iozłam, *3P mpers.* -źli, *n-mpers.* -iozły) **1** befördern *etw. Akk irgendwohin* (Güter usw.), transportieren *etw. Akk irgendwohin* **2** transportieren *j-n/etw. über etw. Akk*

przewodniczący *m* Vorsitzende *m*

przewodnik *m* (*Gen* ~a; *Nom Mz* -icy) **1** Reiseführer *m* **2** Führer *m* (Buch) **3** Leiter *m* (Stoff)

przewodzić *uv* anführen *etw. Akk* (eine Truppe usw.), leiten (leitfähig sein)

przewód *m* Leitung *w* (Telefonleitung usw.)

przewóz *m* Beförderung *w* (von Gütern usw.), Transport *m*, Überführung *w* (Transportieren)

przewrócić *vo* (*Imp.* -óć) **1** umkippen *etw. Akk* (eine Kiste usw.) **2** umstoßen *j-n*, umwerfen *j-n*, umstoßen *j-n/etw.*, umwerfen *j-n/etw.*

przewrót *m* **1** Revolution *w* (in der Mode usw.), Umschwung *m* **2** Rolle *w* (Purzelbaum)

przez *prep* **1** über (quer über) **2** durch *etw. Akk* ► **~ noc** über Nacht

przeziębienie *s* (*Gen Mz* -bień) Erkältung *w*

przeznaczenie *s* (*Gen Mz* -czeń) **1** Bestimmung *w* (Zweck usw.) **2** Schicksal *s*

przezrocze *s* (*Dat* -czu; *Nom Mz* -cza; *Gen Mz* -czy; *Lok Mz* -czach) Diapositiv *s*, Dia *s*

przezroczysty *adj* durchsichtig, klar

przeżycie *s* (*Gen Mz* -yć) Erlebnis *s*

przeżyć *vo* **1** überleben **2** erleben *etw. Akk* (durchmachen), verbringen

przód *m* Vorderteil *s,m etw. Gen*; **do przodu** nach vorne, vorwärts, nach vorn; **od przodu** von vorne; **posuwać się** *uv* **do przodu** weitergehen, vorankommen; **pójść** *vo* **do przodu** vorgehen (nach vorn gehen), weitergehen; **z przodu** vorn, vorne

przy *prep* **1** an **2** bei (Angelegenheit)

przybić *vo* nageln *etw. Akk an etw. Akk*

przybliżyć *vo* (*Präs. 1P* -żę; *Imp.* -ż) **1** nähern *j-m etw. Akk* **2** nahebringen *j-m etw. Akk* **3** heranzoomen, ranzoomen

przybliżyć się *vo* (*Präs. 1P* -żę się; *Imp.* -ż się) sich annähern *j-m/etw.*, herankommen *an j-n/etw.*

przybory *m* Werkzeug *s* (Gesamtheit von Werkzeugen), Werkzeuge *s Mz*; **~ do pisania** Schreibbedarf *m*

przybyć *vo* (*Präs. 1P* -będę; *Imp.* -bądź) ankommen *in/an etw. Dat* (mit dem Auto usw.), anreisen

przychodnia ~ *w* **(lekarska)** Ambulanz *w* (Abteilung)

przychylność *w* (*Nom Mz* -ści) Gunst *w*, Zuneigung *w*

przyciągać *uv* (*Präs. 1P* -am; *Imp.* -aj) anziehen *etw. Akk* (Magnet usw.)

przyciągnąć *vo* (*Präs. 1P* -nę, *3P* -nie; *Imp.* -nij; *Vergang. 1P m* -nąłem, *w* -nęłam, *3P mpers.* -nęli, *n-mpers.* -nęły) **1** ziehen *etw. Akk irgendwohin* **2** anlocken *j-n irgendwohin*, anziehen *j-n* (Kunden usw.)

przycisk *m* (*Gen* ~u) Taste *w* (eines Gerätes usw.), Druckknopf *m* (Maschinenteil usw.)

przyciskać *uv* (*Präs. 1P* -am; *Imp.* -aj) drücken *etw. Akk* (mit der Hand usw.)

przyczepa *w* (*Gen Mz* -p) Anhänger *m* (Wagen)

przyczyna *w* (*Gen Mz* -n) Ursache *w etw. Gen*

przygnębiający *adj* deprimierend, niederdrückend, düster (Gegend usw.), trostlos

przygoda *w* (*Dat* -odzie; *Gen Mz* -gód) Abenteuer *s*
przygotować *vo* bereiten *j-m etw. Akk*, vorbereiten *etw. Akk für j-n*, vorbereiten *etw. Akk*
przygotowanie *s* (*Gen Mz* -ań) Vorbereitung *w auf/für etw.*; **przygotowania** *Mz* Vorbereitungen *w Mz*
przygotowany *adj* vorbereitet *für etw. Akk, zu etw.*, bereit *zu etw.*, zubereitet (Essen)
przygotowywać *uv* (*Präs. 1P* -wuję; *Imp.* -wuj) vorbereiten *etw. Akk*, bereiten *etw. Akk*
przyjaciel *m* (*Nom Mz* ~e; *Gen,Akk Mz* -iół; *Dat Mz* -iołom; *Ins Mz* -iółmi; *Lok Mz* -iołach) Freund *m* (Bekannter)
przyjaciółka *w* (*Dat,Lok* -łce; *Gen Mz* -łek) Freundin *w* (Bekannte)
przyjazd *m* (*Lok* -jeździe) Ankunft *w*
przyjazny *adj* warmherzig, freundlich
przyjaźnić się *uv* (*Präs. 1P* -ię) befreundet sein *mit j-m*
przyjąć *vo* (*Präs. 1P* -jmę; *Imp.* -jmij; *Vergang. 1P m* -ąłem, *w* -jęłam, *3P mpers.* -jęli, *n-mpers.* -jęły) **1** annehmen *etw. Akk* (Angebot usw.) **2** annehmen (Plan usw.) **3** aufnehmen (Studenten usw.), annehmen (Mitglied usw.)
przyjechać *vo* (*Präs. 1P* -jadę, *3P* -edzie; *Imp.* -edź) ankommen *in/an etw. Dat* (mit dem Auto usw.)
przyjemność *w* (*Nom Mz* -ści) Genuss *m*, Vergnügen *s* (Freude)
przyjemny *adj* angenehm, erfreuend
przyjęcie *s* (*Gen Mz* -ęć) **1** Empfang *m* (Veranstaltung), Party *w* **2** Empfang *m* (von Gästen usw.) **3** Aufnahme *w* (in Verein usw.) **4** Annahme *w*
przyjmować *uv* annehmen *etw. Akk* (Angebot usw.)
przyjście *s* (*Gen Mz* -ść) Ankunft *w*
przyjść *vo* (*Präs. 1P* -idę, *3P* -idzie, *3P Mz* -idą; *Imp.* -jdziesz; *Vergang. 1P m* -yszedłem, *w* -yszłam) kommen *irgendwohin*, ankommen *irgendwohin*, eintreffen *irgendwohin*; ~ *vo komuś* **do głowy** einfallen *j-m* (Idee usw.)
przykład *m* (*Gen* ~u) Beispiel *s etw. Gen* (Beweis); **na** ~ zum Beispiel
przykryć *vo* bedecken *j-n mit etw.*, zudecken *j-n/etw. mit etw.*, überdecken *etw. Akk mit etw.* (verdecken), zudecken *etw. Akk mit etw.* (mit Deckel usw.)
przylądek *m* (*Gen* -dka; *Nom Mz* -dki) Kap *s*, Landzunge *w*
przylecieć *vo* (*Präs. 1P* -cę; *Imp.* -eć) anfliegen, zufliegen, einfliegen
przylot *m* (*Gen* ~u) Ankunft *w*
przyłącze *s* (*Dat* -czu; *Nom Mz* -cza; *Gen Mz* -czy; *Lok Mz* -czach) Anschluss *m* (zu einem Leitungsnetz)
przyłożyć *vo* (*Präs. 1P* -żę; *Imp.* -łóż; *Vergang. 1P m* -żyłem, *w* -żyłam, *3P mpers.* -żyli, *n-mpers.* -żyły) anlegen *etw. Akk an etw. Akk* (legen)
przymierzalnia *w* Kabine *w*, Ankleidekabine *w*
przymierzyć *vo* (*Präs. 1P* -rzę; *Imp.* -rz) anprobieren (Kleider usw.)
przymocować *vo* befestigen *etw. Akk an etw. Dat* (festmachen), sichern *etw. Akk irgendwohin* (Wagen, Waffe usw.)
przynajmniej *adv* mindestens ◆ *part* wenigstens
przynieść *vo* **1** bringen *j-m etw. Akk* (ein Buch usw.), mitbringen *etw. Akk irgendwohin/j-m* **2** einbringen *etw. Akk* (eintragen)
przypadek[1] *m* (*Gen* -dku) **1** Fall *m* (Angelegenheit) **2** Zufall *m* ► **nagły** ~ Notfall *m*; **przypadkiem** zufällig, zufälligerweise; **w przypadku, że...** falls..., im Fall, dass...
przypadek[2] *m* (*Gen* -dka) Fall *m* (Grammatik)
przypadkowy *adj* **1** zufällig (Treffen usw.), beiläufig, Zufalls- **2** zufällig (Auswahl usw.), Zufalls-
przypalony *adj* angebrannt
przypływ *m* Flut *w*, Hochwasser *s* (der Flut); ~ **i odpływ** *m* Gezeiten *w Mz*
przypomnieć *vo* erinnern *j-n an etw. Akk*
przypomnienie *s* Erinnerung *w etw. Dat*
przyprawa *w* (*Gen Mz* -w) Gewürz *s*, Würze *w*
przyprowadzić *vo* (*Imp.* -adź) mitbringen *j-n*
przypuszczać *uv* (*Präs. 1P* -am; *Imp.* -aj) denken (meinen), vermuten
przyrodniczy *adj* Natur-, natürlich
przyrost *m* Anstieg *m etw. Akk*, Zunahme *w*
przyrząd *m* (*Gen* ~u) **1** Gerät *s* (Messgerät usw.) **2** Haushaltsgerät *s*
przysłuchiwać się *uv* zuhören *j-m/etw.*
przysługa *w* (*Dat,Lok* -udze; *Gen Mz* -g) Gefallen *m*
przysmak *m* (*Gen* ~u) Leckerbissen *m*
przyspieszyć *vo* (*Präs. 1P* -eszę; *Imp.* -esz) **1** beschleunigen (sich schneller bewegen) **2** beschleunigen *etw. Akk*, beschleunigen (Entwicklung), vorantreiben
przystanek *m* (*Gen* -nku) Haltestelle *w*; ~ *m* **końcowy** Endstation *w*, Endhaltestelle *w*
przystojny *adj* schön (Person), hübsch, gutaussehend
przystosować *vo* anpassen *etw. Akk j-m/etw.*, bearbeiten
przyswoić *vo* (*Präs. 1P* -oję; *Imp.* -wój) **1** aufnehmen *etw. Akk* (lernen usw.) **2** sich aneignen (Kenntnisse usw.), übernehmen
przyszłość *w* (*Nom Mz* -ści) Zukunft *w*
przyszły *adj* zukünftig, künftig
przyszyć *vo* nähen *etw. Akk* (befestigen)
przytrzymać *vo* (*Präs. 1P* -am; *Imp.* -aj) aufhalten *etw. Akk* (kurz halten)

przytulny *adj* gemütlich, heimisch, anheimelnd
przytyć *vo* zunehmen (dicker werden)
przywiązać *vo* (*Präs. 1P* -ążę; *Imp.* -ąż) fesseln *j-n/etw. (an etw. Akk)*, festbinden *etw. Akk an etw. Dat*, festbinden *j-n/etw. an etw. Dat*
przywieźć *vo* (*Präs. 1P* -iozę; *Imp.* -ź; *Vergang. 1P m* -iozłem, *w* -iozłam, *3P mpers.* -źli, *n-mpers.* -iozły) bringen *j-n/etw. irgendwohin* (mit dem Auto usw.)
przywitać *vo* (*Präs. 1P* -am; *Imp.* -aj) willkommen heißen *j-n*
przywitanie *s* Begrüßung *w*, Empfang *m* (von Gästen usw.)
przywódca *m* (*Dat Ez, Nom Mz* -cy; *Gen,Akk Mz* -ców) Führer *m* (Chef), Leiter *m* (Vorsteher)
przyznać *vo* (*Präs. 1P* -am; *Imp.* -aj) **1** eingestehen *etw. Akk*, zugeben, zugestehen, einsehen **2** bewilligen *j-m etw. Akk*, gewähren *j-m etw. Akk*, erteilen *j-m etw. Akk* (Genehmigung usw.), zuerkennen *j-m etw. Akk* (gerichtlich)
przyznać się *vo* (*Präs. 1P* -am się; *Imp.* -aj się) gestehen *etw. Akk*, sich bekennen *zu etw.*
przyzwoicie *adv* anständig
przyzwoity *adj* **1** anständig, artig, manierlich **2** anständig, präsentabel, ansehnlich (gut aussehend)
przyzwyczaić się *vo* (*Präs. 1P* -aję się; *Imp.* -aj się) sich gewöhnen *an etw. Akk*, sich gewöhnen *an j-n/etw.*
przyzwyczajony *adj* gewöhnt *an etw. Akk*
pstrąg *m* (*Nom,Akk Mz* ~i) Forelle *w*
psuć *uv* (*Präs. 1P* -uję) verderben (Freude usw.)
psuć się *uv* (*Präs. 1P* -uję się) **1** verderben (Essen) **2** sich verschlechtern (Wetter usw.)
pszczoła *w* (*Dat,Lok* -ole; *Gen Mz* -czół) Biene *w*
pszenica *w* (*Nom Mz* -ce) Weizen *m*
ptak *m* (*Nom,Akk Mz* ~i) Vogel *m*; ~ **drapieżny** Greifvogel *m*, Raubvogel *m*
pub *m* Kneipe *w*
publicznie *adv* in der Öffentlichkeit, öffentlich
publiczność *w* (*Nom Mz* -ści) **1** Publikum *s* **2** Öffentlichkeit *w*
publiczny *adj* öffentlich
puchar *m* (*Gen* ~u) Pokal *m*
puchaty *adj* locker (Gebäck usw.)
pudełko *s* (*Gen Mz* -łek) Schachtel *w etw. Gen* (Packung usw.)
puder *m* (*Lok* -drze; *Gen Mz* -drów) Puder *m* (Kosmetik usw.)
pudło *s* (*Gen Mz* -deł) Kiste *w*, Kasten *m*, Schachtel *w* (große)
pukać *uv* (*Präs. 1P* -am; *Imp.* -aj) klopfen *an etw. Akk* (ans Fenster usw.)
pula *w* (*Gen,Dat,Lok, Gen Mz* -li) Bank *w* (im Glücksspiel usw.)
pulower *m* (*Gen* ~u/~a) Pullover *m*, Pulli *m*
pułapka *w* (*Dat,Lok* -pce; *Gen Mz* -pek) Falle *w* (Hinterlist usw.), Fallstrick *m*
punkt *m* (*Gen* ~u) Punkt *m* ► ~ *m* **obserwacyjny** Aussichtspunkt *m*; ~ *m* **widzenia** Sicht *w* (Blickwinkel); ~ **widzenia** Gesichtspunkt *m*
punktualny *adj* pünktlich
pusty *adj* **1** leer, unbeladen **2** hohl
pustynia *w* (*Nom Mz* -ie; *Gen Mz* -yń) Wüste *w*
puszcza *w* (*Nom Mz* -cze) Urwald *m*
puszka *w* (*Dat,Lok* -szce; *Gen Mz* -szek) Blechbüchse *w*, Blechdose *w*, Dose *w*; **piwo** *s* **w puszce** Dosenbier *s*
puszysty *adj* locker (Gebäck usw.)
puścić *vo* (*Präs. 1P* puszczę; *Imp.* -ść) **1** loslassen *etw. Akk* (nicht festhalten) **2** einlassen *j-n irgendwohin* (hineinlassen usw.)
pysk *m* (*Gen* ~a) Schnauze *w*
pytać *uv* (*Präs. 1P* -am; *Imp.* -aj) fragen *j-n nach etw.*, fragen *j-n nach j-m/etw.*
pytanie *s* (*Gen Mz* -ań) Frage *w*; **zadać** *vo komuś* ~ *j-m* eine Frage stellen

R

rabunek *m* (*Gen* -nku) Raub *m*
rachunek *m* (*Gen* -nku) Quittung *w*, Rechnung *w* (im Restaurant usw.); **Poproszę ~!** Bitte zahlen!; **Proszę mi to dopisać do rachunku.** Schreiben Sie es mir auf die Rechnung.; ~ *m* **bieżący** laufendes Konto; ~ *m* **rozliczeniowy** laufendes Konto
racja *w* (*Gen,Dat,Lok, Gen Mz* -ji) **1** Wahrheit *w* (Tatbestand) **2** Ration *w* ► **Ma pan(i) rację.** Sie haben Recht.; **nie mieć** *uv* **racji** unrecht haben
racjonalny *adj* rational, vernünftig
raczej *part* eher
rada *w* (*Dat,Lok* radzie; *Gen Mz* -d) **1** Rat *m* (Ratschlag), Ratschlag *m* **2** Rat *m* (Gremium)
radio *s* Radio *s*, Rundfunk *m*
radosny *adj* freudig, froh
radość *w* (*Nom Mz* -ści) Begeisterung *w*, Freude *w*, Jubel *m*
rafa *w* (*Gen Mz* -f) Riff *s*
raj *m* (*Gen* ~u; *Gen Mz* ~i) Paradies *s*
rajstopy *nur Mz n-mpers.* (*Gen Mz* -p) Nylonstrümpfe *w*, Nylons *w*, Strumpfhose *w*
rak *m* (*Gen* ~a) **1** Krebs *m* **2** Karzinom *s* ► **R~** *m* Krebs *m* (Sternzeichen)
rama *w* (*Gen Mz* -m) Rahmen *m*
ramię *s* (*Gen* -ienia; *Dat,Lok* -ieniu; *Nom Mz* -iona; *Gen Mz* -ion) Oberarm *m*, Schulter *w*
rana *w* (*Gen Mz* -n) Wunde *w*

randka *w* (*Dat,Lok* -dce; *Gen Mz* -dek) Verabredung *w*, Date *s*
ranek *m* (*Gen* -nka; *Nom Mz* -nki) Morgen *m*, Früh(e) *w*
ranga *w* (*Dat,Lok* -ndze; *Gen Mz* -g) Rang *m* (militärischer)
ranny *adj* verletzt
rano[1] *s* Morgen *m*, Früh(e) *w*
rano[2] *adv* morgens, am Morgen; **o dziesiątej ~** um zehn Uhr vormittags
raport *m* (*Gen* ~u) Bericht *m über etw. Akk*, Meldung *w über etw. Akk* (dienstliche), Report *m über etw. Akk*, Sendebericht *m*
raptem *adv* im Handumdrehen, im Nu, unversehens, plötzlich
rasa *w* (*Gen Mz* -s) Rasse *w*
ratownik *m* (*Nom Mz* -icy) **1** Rettungsmann *m*, Rettungsschwimmer *m*, Bademeister *m* **2** Retter *m*
ratunek *m* (*Gen* -nku) Hilfe *w* (Unterstützung usw.), Rettung *w*
ratusz *m* Rathaus *s*
raut *m* (*Gen* ~u) Empfang *m* (Veranstaltung)
raz *num* einmal; **na ~ie** vorläufig, für jetzt, vorerst; **ostatni ~** zum letzten Mal; **Od ~u?** Jetzt sofort?; **po ~ pierwszy** erstmals, zum ersten Mal; **tym ~em** diesmal; **w każdym ~ie** sowieso, jedenfalls
razem *adv* **1** zugleich **2** beisammen, zusammen (arbeiten usw.), gemeinsam, insgesamt
razy *adv* mal (multipliziert)
rąbać *uv* (*Präs. 1P* -bię; *Imp.* -b) hacken, hacken *etw. Akk* (Holz usw.)
rdza *w* (*Ez; Gen,Dat,Lok* rdzy) Rost *m* (Eisenoxid)
reagować *uv* reagieren *auf etw. Akk*
reakcja *w* (*Gen,Dat,Lok, Gen Mz* -ji) Reaktion *w auf etw.*
realność *w* (*Nom Mz* -ści) Realität *w*, Wirklichkeit *w*
realny *adj* real, realistisch
recepcja *w* (*Gen,Dat,Lok, Gen Mz* -ji) Rezeption *w* (Empfangsbüro)
recepta *w* (*Dat,Lok* -pcie; *Gen Mz* -t) Rezept *s* (Heilmittel)
recydywa *w* (*Gen Mz* -w) Rezidiv *s*, Rückfall *m* (einer Krankheit)
recykling *m* (*Gen* ~u) Recycling *s*, Rezyklierung *w*
recytacja *m* (*Gen,Dat,Lok, Gen Mz* -ji) Vortrag *m* (eines Gedichts usw.)
redukować *uv* reduzieren (Ausgaben usw.)
referować *uv* informieren *j-n über etw. Akk*
reflektor *m* Scheinwerfer *m*, Spotlight *s*
refundować *uv/vo* vergüten *etw. Akk* (Auslagen usw.), erstatten *etw. Akk*, zurückerstatten *j-m etw. Akk*
region *m* Region *w*
regionalny *adj* Kreis-, regional, Regional-
regulacja *w* (*Gen,Dat,Lok, Gen Mz* -ji) Regelung *w*; **automatyczna ~ w prędkości** Tempomat *m*
regulamin *m* Ordnung *w* (Verkehrsordnung usw.)
regularnie *adv* regelmäßig, ununterbrochen, kontinuierlich
regularny *adj* regelmäßig
regulować *uv* regeln *etw. Akk* (durch Gesetz usw.)
reguła *w* (*Dat,Lok* -ule; *Gen Mz* -ł) Regel *w*
rejestracja *w* (*Gen,Dat,Lok, Gen Mz* -cji) **1** Register *s* (Handelsregister usw.) **2** Registrierung *w*
rejestracyjny **numer** *m* **~** Kraftfahrzeugkennzeichen *s*, Autonummer *w*, Autokennzeichen *s*
rejestrować *uv* registrieren *etw. Akk*, registrieren (eintragen)
rejs *m* Schiffsreise *w*; **~** *m* **wycieczkowy** Kreuzfahrt *w* (Ausflug)
rekin *m* (*Akk* ~a) Hai *m*
reklama *w* (*Gen Mz* -m) Werbespot *m*, Werbung *w* (eines Produktes), Promotion *w* (Reklame), Reklame *w*
reklamacja *w* (*Gen,Dat,Lok, Gen Mz* -ji) Reklamation *w*
rekomendacja *w* (*Gen,Dat,Lok, Gen Mz* -ji) Empfehlung *w*
rekonstrukcja *w* (*Gen,Dat,Lok, Gen Mz* -ji) Umbau *m*
rekord *m* (*Gen* ~u) Rekord *m*
rekreacja *w* (*Gen,Dat,Lok, Gen Mz* -ji) Erholung *w* (Ausruhen usw.)
relatywny *adj* relativ
religia *w* (*Gen,Dat,Lok* -gii; *Gen Mz* -gii/-gij) Religion *w*
religijny *adj* Religions-, religiös (Religion betreffend)
remisowy *adj* unentschieden (Spiel usw.)
remontować *uv* überholen (Maschine usw.)
rencista *m* (*Dat* -iście; *Nom Mz* -iści) Rentner *m*
reporter *m* (*Nom Mz* -erzy) Reporter *m*
reprezentować *uv* repräsentieren (ein Land usw.), vertreten *j-n/etw.* (als Beauftragter)
republika *w* (*Dat* -ice; *Gen Mz* -k; *Dat Mz* -kom) Republik *w*
reputacja *w* (*Gen,Dat,Lok, Gen Mz* -ji) Reputation *w*, Ruf *m* (Reputation)
respekt *m* (*Gen* ~u) Respekt *m* (Achtung)
respektować *uv* respektieren *etw. Akk* (Gesetze usw.)
restauracja *w* (*Gen,Dat,Lok, Gen Mz* -ji) Restaurant *s*
restauracyjny **wagon** *m* **~** Speisewagen *m*

reszta *w* (*Dat,Lok* -szcie; *Gen Mz* -t) Rest *m etw. Gen* (beim Verbrauch), Rest *m* (gering); **Reszty nie trzeba.** Stimmt so.
rewers *m* **1** Rückseite *w* (eines Blattes usw.) **2** Schuldschein *m*
rezerwa *w* (*Gen Mz* -w) Bereitschaft *w* (Reserve), Reserve *w*
rezerwacja *w* (*Gen,Dat,Lok, Gen Mz* -ji) Reservierung *w*, Buchung *w*
rezerwat ~ *m* **(przyrody)** Reservat *s*
rezultat *m* (*Gen* ~u) Folge *w etw. Dat, von etw.* (Ergebnis)
rezygnować *uv* zurücktreten
reżim *m* **1** Regime *s* **2** Ordnung *w* (Tagesordnung usw.)
reżyser *m* (*Dat* ~owi; *Nom Mz* -erzy/~owie) Regisseur *m*
ręcznik *m* (*Gen* ~a) Handtuch *s*
ręczny *adj* **1** handbedient, manuell, Hand- **2** Hand-, tragbar
ręczyć *uv* (*Präs. 1P* -czę) haften *für etw.* (für Qualität usw.)
ręka *w* **1** Hand *w* **2** Arm *m*
rękaw *m* (*Gen* ~a; *Nom Mz* ~y) Ärmel *m*
rękawiczka *w* (*Dat,Lok* -czce; *Gen Mz* -czek) Handschuh *m*
rękopis *m* Manuskript *s*, Handschrift *w* (Urkunde usw.)
ring *m* (*Gen* ~u) Ring *m* (Boxring usw.)
robak *m* (*Gen* ~a) Wurm *m*
robić *uv* (*Präs. 1P* -ię; *Imp.* rób) **1** machen *etw. Akk* (durchführen), tun *etw. Akk*, tun, machen (durchführen) **2** machen (entstehen lassen) **3** machen (erzeugen) ► **Proszę tego nie ~.** Macht es nicht!; ~ *uv* **sobie makijaż** sich schminken
robota *w* (*Dat,Lok* -ocie; *Gen Mz* -t) Arbeit *w* (Tätigkeit)
robotnik *m* (*Nom Mz* -icy) Arbeiter *m*
rocznica *w* (*Nom Mz* -ice) Jahrestag *m etw. Gen*
rocznie *adv* jährlich
rocznik *m* (*Gen* ~a) Schuljahr *s*
roczny *adj* **1** jährlich **2** Jahres-, jährlich, einjährig
rodzaj *m* (*Gen* ~u; *Gen Mz* ~ów) **1** Art *w* (Typus usw.), Sorte *w* (Typ usw.), Typ *m etw. Gen* (Typus) **2** Genre *s* ► ~ **(gramatyczny)** Genus *s*
rodzić *uv* (*Präs. 1P* -dzę) **1** gebären *etw. Akk* **2** tragen *etw. Akk* (Baum usw.)
rodzina *w* (*Gen Mz* -n) Familie *w*
rodzinny *adj* familiär (Schwierigkeit), verwandtschaftlich, Verwandtschafts-
rogal *m* (*Gen* ~a; *Akk* ~/a; *Gen Mz* ~i/~ów) Hörnchen *s*
rok *m* (*Gen* ~u) Jahr *s*; ~ *m* **narodzenia** Geburtsjahr *s*; **w tym ~u** dieses Jahr, in diesem Jahr
rolada *w* (*Dat,Lok* -adzie; *Gen Mz* -d) Biskuitrolle *w*, Rolle *w* (Fleischrolle usw.), Roulade *w*
rolka *w* (*Dat,Lok* -lce; *Gen Mz* -lek) Rolle *w* (Papier usw.)
rolnictwo *s* Landwirtschaft *w*
rolnik *m* (*Nom Mz* -icy) Bauer *m*, Landwirt *m*
romans *m* (*Gen* ~u; *Nom Mz* ~y) Verhältnis *s mit j-m* (Liebschaft)
rondo *s* (*Dat* -du; *Gen Mz* -d) Kreisverkehr *m*, Krempe *w*
ropa *w* (*Gen Mz* -p) Eiter *m*; ~ *w* **naftowa** Erdöl *s*, Öl *s* (Rohstoff)
ropucha *w* (*Dat,Lok* -usze; *Gen Mz* -ch) Kröte *w*
Rosja *w* (*Gen,Dat,Lok* -ji) Russland *s*
Rosjanin *m* (*Gen* ~a; *Dat* ~owi; *Akk* ~a; *Ins* ~em; *Lok,Vok* ~ie; *Nom Mz* -ie; *Gen,Akk Mz* -n) Russe *m*
rosnąć *uv* **1** wachsen (größer werden) **2** aufgehen (Teig)
rosół *m* Brühe *w* (Suppe)
rosyjski *adj* russisch; **język ~** Russisch(e) *s*
roszczenie *s* (*Gen Mz* -eń) Anspruch *m auf etw. Akk* (erhobener usw.)
roślina *w* (*Gen Mz* -n) Pflanze *w*
rower *m* (*Gen* ~u) Fahrrad *s*
rowerzysta *m* (*Dat* -yście; *Nom Mz* -yści) Radfahrer *m*, Fahrradfahrer *m*
rozbawić *vo* (*Präs. 1P* -ię; *Imp.* -w) amüsieren *j-n*, belustigen *j-n*
rozbić *vo* (*Präs. 1P* -iję) **1** zerschlagen *etw. Akk* (absichtlich usw.) **2** klopfen *etw. Akk*, klopfen (Schnitzel usw.)
rozbić się *vo* (*Präs. 3P* -ije się) **1** anstoßen *an/gegen etw.*, prallen *gegen etw.* (Wagen usw.), stoßen *an etw. Dat* **2** stranden
rozbity *adj* zerschlagen (Gegenstand usw.)
rozbudzić *vo* (*Imp.* -udź) erwecken *etw. Akk* (Interesse usw.)
rozciąć *vo* (*Präs. 1P* -zetnę; *Imp.* -zetnij; *Vergang. 1P m* -ąłem, *w* -ięłam, *3P mpers.* -ięli, *n-mpers.* -ięły) **1** aufschneiden (Verpackung usw.), durchhauen (in zwei Teile), zerschneiden *etw. Akk* (zerteilen) **2** hacken *in etw. Akk* (verletzen)
rozciągać się *uv* (*Präs. 1P* -am się) sich ausdehnen *irgendwohin*, sich erstrecken *irgendwohin*
rozciągnąć *vo* (*Präs. 1P* -nę; *Imp.* -nij; *Vergang. 1P m* -nąłem, *w* -nęłam, *3P mpers.* -nęli, *n-mpers.* -nęły) ausbreiten *etw. Akk* (Arme usw.)
rozczarować *vo* enttäuschen *j-n*
rozczarowanie *s* (*Gen Mz* -wań) Enttäuschung *w*, Ernüchterung *w* (Enttäuschung)
rozdać *vo* (*Präs. 1P* -am; *Imp.* -aj) verschenken *etw. Akk an j-n*, verteilen, ausgeben (Flugblätter usw.), verteilen *etw. Akk an/unter j-n*

rozdrażniony *adj* aufgeregt (missgelaunt usw.), ärgerlich (Person), verstimmt
rozdział *m* (*Gen* ~u) Kapitel *s*
rozdzielić *vo* (*Präs. 1P* -lę; *Imp.* -l) trennen *j-n/etw.*, abtrennen *j-n/etw.*
rozebrać *vo* (*Präs. 1P* -zbiorę, *3P* -zbierze, *3P Mz* -zbiorą; *Imp.* -zbierz) **1** ausziehen *j-n* **2** auseinandernehmen
rozerwać *vo* (*Präs. 1P* -wę; *Imp.* -wij) reißen *etw. Akk* (Papier usw.), zerreißen
rozgrzać *vo* (*Präs. 1P* -rzeję; *Imp.* -rzej; *Vergang. 1P m* -ałem, *w* -ałam, *3P mpers.* -ali, *n-mpers.* -ały) anheizen (Ofen usw.), wärmen (erwärmen)
rozkaz *m* Anweisung *w* (Befehl), Befehl *m* (militärischer usw.)
rozkazać *vo* (*Präs. 1P* -ażę; *Imp.* -aż) befehlen *j-m etw. Akk*, kommandieren (Auftrag erteilen)
rozkład *m* (*Gen* ~u) **1** Stundenplan *m* **2** Zerlegung *w* ► ~ *m* **jazdy** Fahrplan *m*
rozkosz *w* (*Nom Mz* ~e) Genuss *m*, Heil *s*, Wonne *w*
rozlać *vo* (*Präs. 1P* -leję; *Imp.* -lej; *Vergang. 1P m* -ałem, *w* -ałam, *3P mpers.* -ali, *n-mpers.* -ały) **1** verschütten **2** gießen *etw. Akk in etw. Akk* (durch Gießen verteilen)
rozległy *adj* (*Komp.* -glejszy) ausgedehnt, geräumig
rozluźnić *vo* (*Präs. 1P* -ię; *Imp.* -ij; *Vergang. 1P m* -iłem, *w* -iłam, *3P mpers.* -ili, *n-mpers.* -iły) **1** lösen *etw. Akk* (Krawatte usw.) **2** lockern (Spannung usw.)
rozładować *vo* entladen (Akkumulator usw.)
rozłożyć *vo* (*Präs. 1P* -żę; *Imp.* -łóż; *Vergang. 1P m* -yłem, *w* -yłam, *3P mpers.* -yli, *n-mpers.* -yły) **1** ausbreiten **2** zerlegen *etw. Akk*, auseinandernehmen *etw. Akk* (Maschine usw.) **3** anlegen (planvoll erstellen), verteilen *etw. Akk irgendwohin* (über eine Fläche) **4** aufspalten (chemische Verbindung usw.), zersetzen *etw. Akk* (chemisch usw.)
rozmawiać *uv* (*Präs. 1P* -iam; *Imp.* -iaj) sich unterhalten *über etw. Akk*, sprechen *mit j-m von etw., über etw. Akk*
rozmiar *m* (*Gen* ~u) Größe *w* (von Kleider usw.)
rozmienić *vo* (*Präs. 1P* -nię; *Imp.* -eń) wechseln *etw. Akk* (Kleingeld)
rozmieścić *vo* (*Präs. 1P* -eszczę; *Imp.* -ść) einsetzen (Waffen usw.), verteilen *etw. Akk irgendwohin* (über eine Fläche)
rozmnożyć *vo* (*Präs. 1P* -żę; *Imp.* -nóż; *Vergang. 1P m* -yłem, *w* -yłam, *3P mpers.* -yli, *n-mpers.* -yły) vermehren *etw. Akk* (Eigentum usw.)
rozmowa *w* (*Gen Mz* -mów) **1** Gespräch *s*, Konversation *w* **2** Anrufe *m Mz* **3** Besprechung *w* ► ~ *w* **(telefoniczna)** Telefongespräch *s*, Anruf *m* (telefonischer), Telefonat *s*
rozmyślać *uv* (*Präs. 1P* -am) nachdenken *über etw. Akk*, nachgrübeln *über etw. Akk*, nachgrübeln *über etw. Akk*
rozpakować *vo* **1** aufmachen *etw. Akk* (Packung usw.) **2** auspacken (Koffer usw.) **3** extrahieren (Datei usw.)
rozpalić *vo* (*Präs. 1P* -lę; *Imp.* -l) anzünden (Feuer usw.), einheizen (Ofen usw.); ~ *vo* **ogień** das Feuer anmachen
rozpiąć *vo* (*Präs. 1P* -zepnę; *Imp.* -zepnij; *Vergang. 1P m* -ąłem, *w* -ęłam, *3P mpers.* -ęli, *n-mpers.* -ęły) aufmachen *etw. Akk* (Gürtel usw.), öffnen *etw. Akk* (Bluse usw.), aufknöpfen *etw. Akk*
rozplanować *vo* einteilen (planen)
rozpocząć *vo* (*Präs. 1P* -cznę; *Imp.* -cznij; *Vergang. 1P m* -ąłem, *w* -częłam, *3P mpers.* -częli, *n-mpers.* -częły) beginnen *etw. Akk, mit etw.*, beginnen *mit etw.* (mit einem Plan usw.), anfangen *mit etw.* (mit Tätigkeit usw.)
rozporek *m* (*Gen* -rka; *Nom Mz* -rki) Hosenschlitz *m*
rozpoznać *vo* (*Präs. 1P* -am; *Imp.* -aj) erkennen *etw. Akk* (Umrisse in Dunkelheit usw.), erkennen *j-n/etw.* (Freund usw.)
rozprawa *w* (*Gen Mz* -w) **1** Abhandlung *w über etw. Akk* (Aufsatz) **2** Gerichtsverhandlung *w*, Verhandlung *w* (vor Gericht)
rozpuścić *vo* (*Präs. 1P* -uszczę; *Imp.* -ść) auflösen *etw. Akk in etw. Dat* (im Wasser usw.), lösen *etw. Akk* (Haar)
rozpylacz *m* (*Gen Mz* ~y) Spritze *w* (zum Versprühen), Zerstäuber *m*
rozpylać *uv* (*Präs. 1P* -am; *Imp.* -aj) besprühen, spritzen (mit Pestiziden usw.)
rozrusznik *m* (*Gen* ~a) Starter *m* (Einrichtung), Anlasser *m*
rozrywka *w* (*Dat,Lok* -wce; *Gen Mz* -wek) Ablenkung *w* (Unterhaltung usw.), Spaß *m*, Vergnügen *s* (Amüsement usw.), Unterhaltung *w* (Zeitvertreib)
rozsądek *m* (*Gen* -dku) Verstand *m*; **zdrowy** ~ *m* gesunder Menschenverstand *m*
rozstanie *s* (*Gen Mz* -ań) Abschied *m*, Trennung *w* (eines Paares usw.)
rozsypać *vo* (*Präs. 1P* -pię; *Imp.* -p) verstreuen *etw. Akk* (Sachen usw.), verstreuen (Pulver usw.), verschütten
rozszerzyć *vo* (*Präs. 1P* -rzę; *Imp.* -rz) **1** ausbreiten *etw. Akk* (Arme usw.), verbreitern *etw. Akk*, erweitern *etw. Akk* (Weg usw.) **2** erweitern *etw. Akk* (Kenntnisse usw.)
roztopić *vo* (*Präs. 1P* -ię; *Imp.* -p) schmelzen (zergehen lassen)
roztwór *m* Lösung *w* (Flüssigkeit)
rozum *m* Verstand *m*
rozumieć *uv* (*Präs. 1P* -em; *Imp.* -ej) **1** begreifen *etw. Akk*, verstehen *j-n/etw.* **2** meinen

etw. Akk irgendwie ► **Nie rozumiem.** Ich verstehe nicht.
rozumny *adj* vernünftig
rozważać *uv* (*Präs. 1P* -żam; *Imp.* -żaj) abwägen, denken *an etw. Akk* (vorhaben)
rozważanie *s* (*Gen Mz* -żań) Erwägung *w*
rozważyć *vo* (*Präs. 1P* -żę; *Imp.* -ż) abwägen *etw. Akk* (bedenken), erwägen *etw. Akk*, bedenken *etw. Akk* (durchdenken)
rozweselić *vo* (*Präs. 1P* -lę; *Imp.* -l) aufheitern *j-n* (fröhlich machen)
rozwiązać *vo* (*Präs. 1P* -ążę; *Imp.* -ąż) **1** aufbinden *etw. Akk* (Schleife usw.) **2** lösen *etw. Akk* (Problem usw.), lösen (Geheimnis usw.)
rozwiązanie *s* (*Gen Mz* -ań) **1** Auflösung *w etw. Gen*, Lösung *w etw. Gen* (einer Aufgabe), Lösung *w* **2** Lösungswort *s*
rozwiązywać *uv* (*Präs. 1P* -ązuję; *Imp.* -ązuj) lösen
rozwiedziony *adj* geschieden
rozwieść się *vo* (*Präs. 1P* -iodę się, *3P* -edzie się; *Imp.* -edź się; *Vergang. 1P m* -iodłem się, *w* -iodłam się, *3P mpers.* -edli się) sich scheiden lassen *von j-m*
rozwijać *uv* (*Präs. 1P* -am; *Imp.* -aj) entwickeln *etw. Akk*
rozwijać się *uv* (*Präs. 1P* -am się; *Imp.* -aj się) sich entwickeln
rozwinąć *vo* (*Präs. 1P* -nę; *Imp.* -iń; *Vergang. 1P m* -ąłem, *w* -nęłam, *3P mpers.* -nęli, *n-mpers.* -nęły) **1** abwickeln (abspulen), ausrollen (Zusammengerolltes) **2** ausführen *etw. Akk* (in Einzelheiten), entwickeln (verbessern)
rozwinąć się *vo* (*Präs. 1P* -nę się; *Imp.* -iń się; *Vergang. 1P m* -iąłem się, *w* -nęłam się, *3P mpers.* -nęli się, *n-mpers.* -nęły się) sich entwickeln
rozwód *m* Scheidung *w*
rozwój *m* (*Gen* -woju) Entwicklung *w*
rożek *m* (*Gen* -żka; *Nom Mz* -żki) Tüte *w*
ród *m* Geschlecht *s* (Familie)
róg *m* (*Gen* rogu) **1** Horn *s* **2** Ecke *w* (der Straßen usw.)
rów *m* (*Gen* rowu; *Dat* rowowi; *Nom Mz* rowy) Graben *m* (Straßengraben usw.)
równać się *uv* (*Präs. unpers.* -a się) gleich (sein) *etw. Nom*; **móc się równać** gleichkommen können *j-m/etw.*, zu vergleichen sein *mit etw.*
równie *adv* ebenso, genauso
również *adv* auch, ebenfalls
równina *w* (*Gen Mz* -in) Ebene *w* (Land)
równocześnie *adv* auf einmal, gleichzeitig, dabei, zugleich
równowaga *w* (*Dat,Lok* -adze; *Gen Mz* -g) Gleichgewicht *s*
równy *adj* **1** flach **2** eben (Fläche usw.) **3** gleich (Chancen usw.)
róża *w* (*Nom Mz* -że) Rose *w*
różnica *w* (*Nom Mz* -ce) Unterschied *m*; ~ *w* **zdań** Widerspruch *m gegen etw.* (Widerrede)
różnić się *uv* (*Präs. 1P* -ię się; *Vergang. 1P m* -iłem się, *w* -iłam się, *3P mpers.* -ili się, *n-mpers.* -iły się) **1** sich unterscheiden *in etw. Dat*, *von etw.*, sich unterscheiden *von etw.* **2** auseinandergehen *mit j-m in etw. Dat* (in Ansichten), sich unterscheiden *in etw. Dat* (in Meinungen)
różnie *adv* unterschiedlich, anders
różnokolorowy *adj* bunt (mit vielen Farben), vielfarbig
różnoraki *adj* verschieden, vielerlei
różnorodny *adj* bunt (abwechslungsreich), vielfältig, vielgestaltig
różny *adj* verschieden, verschiedenartig, divers
różowy *adj* rosa, rosig, rosenrot
ruch *m* **1** Bewegung *w* **2** Verkehr *m* **3** Zug *m* (im Schach usw.)
ruchliwy *adj* belebt (Straße usw.)
ruchomy *adj* **1** beweglich (Glied usw.) **2** beweglich (transportierbar), mobil
rudy *adj* rot, rothaarig
ruina *w* (*Gen Mz* -n) Ruine *w*, Verwüstung *w*; **ruiny** *w Mz* Ruine *w*
rumianek *m* (*Gen* -nku) Kamille *w*
runąć *vo* (*Präs. 1P* -nę; *Imp.* ruń; *Vergang. 1P m* -ąłem, *w* -nęłam, *3P mpers.* -nęli, *n-mpers.* -nęły) **1** abstürzen (Flugzeug usw.) **2** einstürzen (Gebäude usw.)
runda *w* (*Dat,Lok* -ndzie; *Gen Mz* -d) Runde *w* (im Wettkampf usw.)
rura *w* (*Dat* rurze; *Lok Mz* ~ch) Rohr *s* (Hohlkörper), Röhre *w*
rurka *w* (*Dat,Lok* -rce; *Gen Mz* -rek) Rohrleitung *w* (für Wasser usw.), Röhre *w*
ruszt *m* (*Gen* ~u) Grill *m* (im Backofen usw.), Rost *m* (Feuerung usw.)
rusztowanie *s* (*Gen Mz* -ań) Gerüst *s*
ryba *w* (*Gen Mz* -b) Fisch *m*; **Ryby** Fische *Mz*
rybak *m* (*Nom Mz* -acy) Fischer *m*
ryczeć *uv* (*Präs. 1P* -czę; *Imp.* -cz; *Vergang. 1P m* -czałem, *w* -czałam, *3P mpers.* -eli, *n-mpers.* -czały) **1** donnern (Wasserfall usw.) **2** brüllen, iahen
rynek *m* (*Gen* -nku) **1** Platz *m* (umbaute Fläche) **2** Markt *m* (Warenverkehr)
rys *m* Zug *m* (Wesenszug)
rysować *uv* zeichnen
rysunek *m* (*Gen* -nku) Zeichnung *w*
ryś *m* (*Dat* rysiowi; *Lok* rysiu; *Nom Mz* rysie) Luchs *m*
rywalizacja *w* (*Gen,Dat,Lok, Gen Mz* -ji) Rivalität *w*, Wettbewerb *m*, Wettkampf *m*
ryzyko *s* (*Nom Mz* -ka; *Gen Mz* -k) Risiko *s*
ryzykować *uv* riskieren *etw. Akk*

ryzykownie *adv* riskant

ryzykowny *adj* riskant, Risiko-

ryż *m* Reis *m*

rzadki *adj* **1** rar, knapp (kaum vorhanden), selten **2** spärlich, schütter (Haar usw.) **3** dünn (Suppe usw.)

rzadko *adv* selten

rządzić *uv* (*Imp.* -ądź) herrschen (in einem Land usw.), regieren

rzecz *w* (*Nom Mz* ~y) **1** Sache *w* (Gegenstand), Ding *s* (nützliches usw.) **2** Sache *w* (Sachverhalt), Angelegenheit *w* ► **~y** *w Mz* Sachen *w Mz*

rzecznik *m* (*Nom Mz* -icy) **1** Vertreter *m* *etw. Gen* (einer Theorie usw.) **2** Sprecher *m* (Vertreter)

rzeczowy *adj* sachlich

rzeczpospolita *w* Republik *w*

rzeczywistość *w* (*Nom Mz* -ści) Realität *w*, Wirklichkeit *w*

rzeczywisty *adj* real (tatsächlich), wirklich

rzeczywiście *part* wirklich (in der Tat)

rzeka *w* (*Dat* -ece; *Gen Mz* -k; *Dat Mz* -kom) Fluss *m* (Gewässer)

rzemieślnik *m* (*Nom Mz* -nicy) Handwerker *m*

rzemiosło *s* (*Lok* -ośle; *Gen Mz* -seł) Gewerbe *s*, Handwerk *s*

rzetelny *adj* ehrlich, ehrenhaft, Ehren-, verlässlich

rzeźbiarz *m* (*Gen Mz* ~y) Bildhauer *m*, Schnitzer *m*

rzeźnictwo *s* Fleischerei *w*, (SüD) Metzgerei *w*

rzeźnik *m* (*Nom Mz* -icy) Fleischer *m*, (SüD) Metzger *m*

rzęsa *w* (*Gen Mz* -s) Wimper *w*

rzodkiewka *w* (*Dat,Lok* -wce; *Gen Mz* -wek) Radieschen *s*

rzucać *uv* (*Präs. 1P* -am; *Imp.* -aj) werfen

rzucić *vo* (*Imp.* -uć) **1** schmeißen, werfen *etw. Akk*, schmeißen *etw. Akk* **2** aufhören *mit etw.* **3** werfen (in Baseball usw.) **4** abwerfen (Bomben usw.) **5** werfen *etw. Akk irgendwohin* (Schatten usw.)

rzut *m* (*Gen* ~u) Projektion *w*, Wurf *m*

S

sadzić *uv* (*Imp.* sadź) pflanzen

sala *w* (*Gen,Dat,Lok* -li; *Gen Mz* -l) Halle *w*, Vestibül *s*, Saal *m*

salami *s* (*indekl.*) Salami *w*

salon *m* **1** Wohnzimmer *s* **2** Salon *m* **3** Lounge *w*, Halle *w* (im Hotell usw.), Aufenthaltsraum *m*

sałata *w* (*Dat,Lok* -acie; *Gen Mz* -t) Salat *m* (Gemüse)

sałatka *w* (*Dat,Lok* -tce; *Gen Mz* -tek) Salat *m* (Speise)

sam *adj* allein (ohne Andere), bloß; **taki ~** derselbe, gleich (mit denselben Eigenschaften); **ten ~** derselbe; **to ~o** dasselbe

samobójstwo *s* Selbstmord *m*

samochód *m* Auto *s*, Wagen *m* (Kraftwagen), Pkw *m*; **~** *m* **kempingowy** Wohnmobil *s*

samolot *m* (*Gen* ~u) Flugzeug *s*

samotny *adj* **1** einsam, allein (Person) **2** einsam (Haus usw.)

sanie *nur Mz n-mpers.* Pferdeschlitten *m*, Schlitten *m*

sardynka *w* (*Dat,Lok* -nce; *Gen Mz* -nek) Sardine *w*, Pilchard *m*

sarna *w* (*Gen Mz* -ren) Reh *s*, Rehgeiß *w*

sąd *m* (*Gen* ~u) Gericht *s*

sądzić *uv* (*Imp.* sądź) **1** richten *j-n* (vor dem Gericht usw.) **2** beurteilen *j-n/etw.*, denken, denken *etw. Akk von etw.* (schlussfolgern), meinen

sąsiad *m* (*Lok* -iedzie; *Nom Mz* -iedzi) Nachbar *m*

sąsiedni *adj* nachbarlich, Nachbar-, Neben- (angrenzend)

scena *w* (*Gen Mz* -n) Bühne *w*

schłodzić *vo* (*Präs. 1P* -dzę; *Imp.* -łódź/-odź) abkühlen *etw. Akk*, kühlen (Lebensmittel usw.)

schodek *m* (*Gen* -dka; *Nom Mz* -dki) Stufe *w* (Treppe)

schody *nur Mz n-mpers.* Treppe *w*

schować *vo* (*Präs. 1P* -am; *Imp.* -aj) **1** aufbewahren **2** verstecken, verbergen, verstecken *etw. Akk vor j-m*, verbergen *etw. Akk vor j-m* (unter Mantel usw.)

schować się *vo* (*Präs. 1P* -am się; *Imp.* -aj się) sich verkriechen, sich verstecken, sich verbergen

schronisko *s* (*Nom Mz* -ka; *Gen Mz* -k) Heim *s* (für Obdachlose usw.), Herberge *w*

schudnąć *vo* abnehmen (gezielt schlanker werden), (an Gewicht) abnehmen

schwytać *vo* (*Präs. 1P* -am; *Imp.* -aj) fangen *etw. Akk* (Tier usw.)

schylić *vo* (*Präs. 1P* -lę; *Imp.* -l) neigen *etw. Akk* (Kopf usw.)

scyzoryk *m* (*Gen* ~a) Taschenmesser *s*
sedes *m* Klosettbecken *s*, Klosettschüssel *w*
sedno *s* Wesen *s* (Kern)
sejf *m* Safe *m,s*
sekcja *w* (*Gen,Dat,Lok, Gen Mz* -ji) Abteil *s* (abgegrenzter Teil)
sekret *m* (*Gen* ~u) Geheimnis *s*
sekretarka *w* (*Dat,Lok* -arce; *Gen Mz* -arek) Sekretärin *w*
sekretarz *m* (*Gen Mz* ~y) Sekretär *m* (einer Partei usw.)
sekretarzyk *m* (*Gen* ~a) Sekretär *m* (Möbelstück)
seks *m* Sex *m*
sekunda *w* (*Dat,Lok* -ndzie; *Gen Mz* -d) Sekunde *w*
sekwencja *w* (*Gen,Dat,Lok, Gen Mz* -ji) Reihenfolge *w*, Sequenz *w*
seler *m* Sellerie *m*
semafor *m* (*Gen* ~u) Signal *s* (Anlage), Ampel *w*
semestr *m* (*Gen* ~u) Halbjahr *s* (in der Schule), Semester *s*
seminarium *m* Workshop *m* ♦ *s* Priesterseminar *s*, Seminar *s*
sen *m* **1** Schlaf *m* **2** Traum *m*
sens *m* Sinn *m etw. Gen* (Zweck); **To nie ma ~u.** Es hat keinen Zweck.
sensacja *w* (*Gen,Dat,Lok, Gen Mz* -ji) Sensation *w*
ser *m* Käse *m*
serce *s* Herz *s* (Organ)
serdecznie *adv* herzlich
serdeczny *adj* herzlich
seria *w* (*Gen Mz* -ii) Serie *w*
serial *m* (*Nom Mz* ~y) Serie *w* (TV usw.)
serio *part* wirklich (in der Tat), echt; **S~?** Im Ernst?, Ehrlich?, Wirklich?
serwetka *w* (*Dat,Lok* -tce; *Gen Mz* -tek) Serviette *w*
serwis *m* **1** Service *s* (Geschirr) **2** Service *m,s* (Dienst)
serwować *uv* servieren (Essen)
set *m* Satz *m* (im Tennis usw.)
sezon *m* Saison *w*
sędzia *m* Richter *m*, Schiedsrichter *m* (im Sport)
sfilmować *vo* filmen *etw. Akk*
sfora *w* (*Dat* -orze; *Gen Mz* -r; *Lok Mz* ~ch) Rudel *s* (Wölfe usw.), Meute *w* (Hunde)
sfotografować *vo* fotografieren *j-n/etw.*, eine Aufnahme *von j-m/etw.* machen
siać *uv* (*Präs. 1P* sieję; *Imp.* siej; *Vergang. 1P m* -ałem, *w* -ałam, *3P mpers.* sieli/-ali, *n-mpers.* -ały) säen
siano *s* Heu *s*
siatka *w* (*Dat,Lok* -tce; *Gen Mz* -tek) **1** Drahtgeflecht *s* **2** Gitter *s* (in einem Graf usw.)
siebie *pron* sich
sieć *w* (*Nom Mz* -eci) **1** Netz *s* **2** Leitung *w* (Telefonleitung usw.)
siedem *num* sieben
siedemdziesiąt *num* siebzig
siedemnaście *num* siebzehn
siedemset *num* siebenhundert
siedzenie *s* (*Gen Mz* -dzeń) Sitz *m*, Hocker *m*
siedziba *w* (*Gen Mz* -b) **1** Wohnort *m* **2** Sitz *m* (Institution)
siedzieć *uv* (*Präs. 1P* -dzę; *Imp.* -edź) sitzen
siekiera *w* (*Dat* -ierze; *Lok Mz* ~ch) Axt *w*
sierota *w* (*Dat* -ocie; *Nom Mz* -ty; *Gen Mz* -rót/-t) Waise *w* (Kind)
sierpień *m* (*Gen* -pnia; *Dat* -pniowi; *Gen Mz* -pni) August *m*
sierść *w* (*Nom Mz* -ści) Fell *s*, Pelz *m*
się *pron* sich; **To ~ łatwo naprawi.** Das lässt sich leicht reparieren.
silnik *m* (*Gen* ~a) Motor *m*
silny *adj* stark, kräftig (Wirkung usw.), intensiv (Liebe usw.), heftig (Leidenschaft usw.)
siła *w* (*Dat,Lok* sile; *Gen Mz* -ł) Kraft *w*, Stärke *w* (eines Menschen)
siłownia *w* Fitnesscenter *s*
siniak *m* (*Nom,Akk Mz* ~i) ein blauer Fleck, Quetschung *w* (Wunde)
siodełko *s* (*Gen Mz* -łek) Sattel *m* (Fahrrad usw.)
siodło *s* (*Gen Mz* -deł) Sattel *m* (Pferd usw.)
siostra *w* (*Dat* -trze; *Gen Mz* sióstr) Schwester *w*
siostrzenica *w* (*Nom Mz* -ce) Nichte *w*
siostrzeniec *m* Neffe *m*
siódmy *num* siebent(er,e,es), siebt(er,e,es)
siusiać *uv* (*Präs. 1P* -am; *Imp.* -aj) pinkeln
siwy *adj* grau, grauhaarig
skakać *uv* (*Präs. 1P* -aczę; *Imp.* -acz) **1** hüpfen **2** springen (Sprünge machen)
skala *w* (*Gen Mz* -l/-li) **1** Skala *w* **2** Maßstab *m* (Verhältnis)
skaleczyć *vo* (*Präs. 1P* -czę; *Imp.* -cz) schneiden *j-n mit etw.* (verletzen)
skaleczyć się *vo* (*Präs. 1P* -czę się) sich schneiden *an etw. Dat, in etw. Akk* (Schnittwunde)
skała *w* (*Dat,Lok* -ale; *Gen Mz* -ł) **1** Felsen *m* **2** Gestein *s*
skarga *w* (*Dat,Lok* -rdze; *Gen Mz* -g) Beschwerde *w*
skarpetka *w* (*Dat,Lok* -tce; *Gen Mz* -tek) Socke *w*
skarżyć się *uv* (*Präs. 1P* -żę się; *Imp.* -ż się) sich beschweren *bei j-m über etw. Akk*, sich beschweren *über etw. Akk*, sich beklagen *über etw. Akk*

skasować *vo* löschen (Daten)

skaza *w* (*Gen Mz* -z) Fehler *m* (an einer Ware usw.), Mangel *m* (an einem Produkt usw.), Makel *m*

skazać *vo* (*Präs. 1P* -ażę; *Imp.* -aż) verurteilen *j-n zu etw.* (zu Strafe)

skąd *adv* woher; **S~ pan(i) jest?** Woher kommen Sie?

skąpy *adj* **1** geizig **2** lückenhaft

skierować *vo* **1** richten *etw. Akk auf j-n/etw.* (Fernrohr usw.) **2** richten *etw. Akk auf etw. Akk* (eine Tätigkeit usw.)

skipass *m* Skipass *m*

sklep *m* Geschäft *s* (Raum), Laden *m*; *~ m* **spożywczy** Lebensmittelgeschäft *s*; **~ jubilerski** Juweliergeschäft *s*

sklepikarz *m* (*Nom Mz* ~e; *Gen Mz* ~y/~ów) Händler *m*

skład *m* (*Gen* ~u) **1** Lager *s* (für Vorräte usw.) **2** Aufstellung *w* (einer Mannschaft usw.), Zusammensetzung *w*

składać się *uv* (*Präs. 3P* -da się) bestehen *aus etw.*, sich zusammensetzen *aus etw.*

składnik *m* (*Gen* ~a) Zutat *w*, Ingredienz *w*

skłaniać się *uv* (*Präs. 1P* -iam się; *Imp.* -iaj się) neigen *zu etw.* (Ansicht)

skłonność *w* (*Nom Mz* -ści) **1** Neigung *w für etw.* (Vorliebe usw.), Tendenz *w* (zu einer Handlung), Neigung *w* **2** Hang *m* (Tendenz) *zu etw.*, Neigung *w zu etw.*

skłonny *adj* bereit *etw. Akk zu tun*, geneigt, gebeugt (Fläche usw.)

skoczyć *vo* (*Präs. 1P* -czę; *Imp.* -cz) **1** aufspringen (hochspringen), springen (einen Sprung machen) **2** holen *j-n/etw.* (Brot usw.) ► *~ vo* **na główkę** einen Kopfsprung machen

skok *m* (*Gen* ~u) Absprung *m* (eines Springers usw.), Sprung *m*

skomplikować *vo* komplizieren, kompliziert machen

skomplikowany *adj* kompliziert

skonfiskować *vo* beschlagnahmen *j-m etw. Akk*, konfiszieren *j-m etw. Akk*

skonsultować się *vo* (*Präs. 1P* -tuję się; *Imp.* -tuj się) sich beraten *mit j-m über etw. Akk*

skontaktować się *uv* (*Präs. 1P* -ktuję się; *Imp.* -ktuj się) kontaktieren *j-n*, sich verbinden *mit j-m*, Kontakt aufnehmen *mit j-m*

skontrolować *vo* kontrollieren *etw. Akk* (überwachen), revidieren (Geschäftsbücher usw.)

skończony *adj* fertig

skończyć *vo* (*Präs. 1P* -czę; *Imp.* -cz) beenden *etw. Akk* (Arbeit usw.), zu Ende bringen *etw. Akk*, vollenden *etw. Akk*; *~ vo* **studia** das Studium *etw. Gen* abschließen; *~ vo* **szkołę** absolvieren *etw. Akk* (Schule); **(właśnie) coś** *~ vo* (gerade) fertig sein *mit etw.*

skończyć się *vo* (*Präs. 3P* -y się) **1** enden, zu Ende sein **2** ausgehen (verbraucht sein) ► **Skończyła mi się benzyna.** Ich habe kein Benzin mehr.

skoro *conj* denn, weil

skorupka *w* (*Dat,Lok* -pce; *Gen Mz* -pek) Schale *w* (Ei), Eierschale *w*

skośnie *adv* schräg

skośny *adj* schräg

skóra *w* (*Dat* -órze; *Lok Mz* ~ch) **1** Haut *w* (Körpergewebe) **2** Leder *s*

skórka *w* (*Dat,Lok* -rce; *Gen Mz* -rek) Kruste *w*, Schale *w* (Frucht), Haut *w* (von Pfirsich usw.)

skórzany *adj* Leder-

skrawek *m* (*Gen* -wka; *Nom Mz* -wki) Abschnitt *m* (Papier usw.), Fetzen *m*

skreślić *vo* (*Präs. 1P* -lę; *Imp.* -l) durchstreichen (ein Wort usw.), streichen *etw. Akk* (Wort usw.)

skręcić *vo* (*Imp.* -ęć) **1** drehen *etw. Akk* (formen) **2** abbiegen, einbiegen *irgendwohin*, sich wenden (Richtung ändern)

skromny *adj* bescheiden

skrócić *vo* (*Imp.* -óć) **1** verkürzen *etw. Akk* (Gegenstand usw.), kürzen *etw. Akk* (kürzer machen) **2** abkürzen (zeitlich) **3** abkürzen *etw. Akk* (Wort usw.)

skrót *m* (*Gen* ~u) **1** Abkürzung *w* **2** Shortcut *m*

skryty *adj* versteckt (geheim)

skrytykować *vo* kritisieren

skrzek *m* (*Gen* ~u) Schrei *m* (kreischender)

skrzekliwy *adj* rau (Geräusch usw.), grell (Klang usw.)

skrzydło *s* (*Gen Mz* -deł) Flügel *m*

skrzynia *w* (*Nom Mz* -ie; *Gen Mz* -yń) Kiste *w*, Truhe *w*

skrzynka *w* (*Dat,Lok* -nce; *Gen Mz* -nek) **1** Kasten *m* (zum Aufbewahren) **2** Stall *m* **3** Blumenkasten *m* **4** Transportkasten *m*, Behälter *m*, (SüD, ÖrD) Steige *w* ► *~ w* **pocztowa** Briefkasten *m*, Postfach *s*

skrzypce *nur Mz n-mpers.* Geige *w*

skrzywdzić *vo* unrecht tun *j-m*, verletzen *j-n* (physisch), wehtun *j-m* (absichtlich usw.)

skrzyżowanie *s* (*Gen Mz* -ań) Knotenpunkt *m* (im Verkehr usw.), Kreuzung *w* (Straßen usw.)

skserować *vo* (*Imp.* -ruj) fotokopieren *etw. Akk*, kopieren *etw. Akk* (Formular usw.)

skupić *vo* **1** konzentrieren **2** konzentrieren *etw. Akk auf j-n/etw.* (Aufmerksamkeit usw.), richten (Augen usw.), scharf stellen (Kamera usw.)

skurcz *m* (*Gen* ~u; *Gen Mz* ~ów/~y) Kontraktion *w* (eines Muskels usw.), Krampf *m*

skuteczny *adj* effektiv (Methode usw.), wirksam
skutek *m* (*Gen* -tku) Folge *w etw. Dat, von etw.*, Konsequenz *w etw. Gen* (einer Tat usw.), Wirkung *w*, Auswirkung *w*; **nie dojść do skutku** scheitern, misslingen (Plan usw.)
skutkować *uv* wirken *auf j-n/etw.* (Wirkung haben)
słabnąć *uv* (*Präs. 1P* -nę; *Imp.* -nij; *Vergang. 1P m* -błem/-ąłem, *w* -błam/-nęłam, *3P mpers.* -bli/-nęli, *n-mpers.* -bły/-nęły) **1** dahinsiechen, schwächer werden **2** nachlassen (Interesse usw.)
słabo *adv* schwach
słabość *w* (*Nom Mz* -ści) Schwäche *w* (charakterliche usw.)
słaby *adj* schwach
sławny *adj* berühmt, ruhmreich, ruhmvoll
słodki *adj* süß
słodycze *nur Mz n-mpers.* Süßigkeiten *w Mz*, Süßwaren *Mz*
słodzik *m* (*Gen* ~a) Süßstoff *m*
słoma *w* (*Gen Mz* -m) Stroh *s*
słomka *w* (*Dat,Lok* -mce; *Gen Mz* -mek) Strohhalm *m* (zum Trinken)
słonecznik *m* (*Gen* ~a) Sonnenblume *w*
słoneczny *adj* sonnig, Sonnen-
słonina *w* (*Gen Mz* -in) Speck *m* (Schweinespeck)
słony *adj* salzig
słońce *s* **1** Sonne *w* **2** Sonnenschein *m*
słownictwo *s* Wortschatz *m*
słownik *m* (*Gen* ~a) Wörterbuch *s*
słowo *s* (*Gen Mz* słów) Wort *s*
słuch *m* Gehör *s*
słuchać *uv* (*Präs. 1P* -am; *Imp.* -aj) **1** zuhören *j-m/etw.* **2** gehorchen *j-m/etw.*, folgen *j-m/etw.* (Chef usw.) ► **Słucham?** Ja bitte?, Hallo!
słup *m* (*Gen* ~a; *Nom Mz* ~y) **1** Mast *m* (Telefonmast usw.) **2** Säule *w* (Rauchsäule usw.)
słusznie *adv* **1** richtig (korrekt) **2** gerecht, mit Recht, zu Recht
służba *w* (*Gen Mz* -b) **1** Dienst *m* (beruflich) **2** Dienerschaft *w*
służyć *uv* (*Präs. 1P* -żę; *Imp.* -ż) **1** dienen *als etw. Nom, zu etw.* (Zweck haben) **2** dienen *j-m/etw.*
słynący *adj* berühmt *für etw.*
słynny *adj* berühmt, namhaft
słyszeć *uv* (*Präs. 1P* -szę; *Vergang. 1P m* -szałem, *w* -szałam, *3P mpers.* -eli, *n-mpers.* -szały) hören *etw. Akk* (wahrnehmen)
smaczny *adj* schmackhaft; **Smacznego!** Guten Appetit!, Mahlzeit!
smak *m* (*Gen* ~u) **1** Geschmack *m* (Sinn), Geschmackssinn *m* **2** Geschmack *m* (Vorliebe)
smakołyk *m* (*Gen* ~u) Delikatesse *w*, Leckerbissen *m*
smakować *uv* **1** schmecken *nach etw.* (Beigeschmack haben) **2** schmecken *j-m etw. Akk* (lecker sein) ► **Nie smakuje mi to.** Es schmeckt mir nicht.
smażony *adj* gebraten
smażyć *uv* (*Präs. 1P* -żę; *Imp.* -ż) braten (in der Pfanne)
smoczek *m* (*Gen* -czka; *Nom Mz* -czki) Schnuller *m*, Sauger *m*
smuga *w* (*Dat,Lok* -udze; *Gen Mz* -g) Schmutzstreifen *m*, Streifen *m*
smukły *adj* (*Komp.* -klejszy) schmal, schlank
smutek *m* (*Gen* -tku) Trauer *w* (Traurigkeit)
smutny *adj* traurig, trübsinnig
smycz *w* (*Nom Mz* ~e) Leine *w* (für Hund usw.); **prowadzić** *uv* **psa na ~y** den Hund an der Leine haben
smyczek *m* (*Gen* -czka; *Nom Mz* -czki) Bogen *m* (zum Spielen)
sobota *w* Samstag *m*, (NoD) Sonnabend *m*
soczewica *w* (*Nom Mz* -ice) Linse *w* (Samen)
soczewka *w* (*Dat,Lok* -wce; *Gen Mz* -wek) Linse *w* (optisch)
sofa *w* (*Gen Mz* -f) Sofa *s*, Couch *w*
sok *m* (*Gen* ~u) Saft *m* ► **~** *m* **jabłkowy** Apfelsaft *m*
sokół *m* (*Gen* -koła; *Dat* -kołowi; *Lok* -kole; *Nom Mz* -koły; *Gen Mz* -kołów) Falke *m*
solić *uv* salzen *etw. Akk*
solidnie *adv* ordentlich, richtig (viel), zuverlässig, verlässlich
solidny *adj* **1** solide, redlich, verlässlich, zuverlässig **2** fest (widerstandsfähig), massiv (fest usw.), Massiv- **3** stattlich (Mann usw.)
solniczka *w* (*Dat,Lok* -czce; *Gen Mz* -czek) Salzstreuer *m*
sos *m* Dressing *s*, Saft *m* (Fleischsaft), Soße *w*
sowa *w* (*Gen Mz* sów) Eule *w*
sól *w* Salz *s*
spacer *m* (*Gen* ~u) Spaziergang *m*; **pójść** *vo* **na ~** spazieren gehen
spać *uv* schlafen (gut, lange usw.); **nie ~** wach sein
spakować *vo* packen *etw. Akk* (Koffer)
spalanie *s* (*Gen Mz* -lań) Verbrennung *w* (Prozess)
spalić *vo* (*Präs. 1P* -lę; *Imp.* -l) **1** verbrennen *etw. Akk* (durch Feuer zerstören), versengen, verbrennen **2** verbrennen (verbrauchen) **3** verbrennen *j-n* (als Ketzer usw.)
specjalnie *adv* speziell
specjalność *w* (*Nom Mz* -ści) **1** Fachrichtung *w* **2** Spezialität *w* (Gericht usw.)
specjalny *adj* Sonder-, besonder(er,e,es)

spędzać *uv* (*Präs. 1P* -am; *Imp.* -aj) verbringen
spędzić *vo* (*Imp.* -ędź) verbringen
spiczasty *adj* spitz
spierać się *uv* (*Präs. 1P* -am się; *Imp.* -aj się) streiten *mit j-m über etw. Akk* (diskutieren), streiten *mit j-m um/über etw. Akk*
spinacz *m* (*Gen Mz* ~y) Büroklammer *w*
spirala *w* (*Gen,Dat,Lok* -li; *Gen Mz* -l) Spirale *w*
spirytus *m* Alkohol *m* (Spiritus)
spis *m* Liste *w etw. Gen*, Verzeichnis *s etw. Gen*, Verzeichnis *s*, Aufstellungsliste *w*; **~ *m* treści** Inhaltsverzeichnis *s*
spławik *m* (*Gen* ~a) Schwimmer *m* (Teil der Angel)
spłonąć *vo* (*Präs. 1P* -nę; *Imp.* -oń; *Vergang. 1P m* -ąłem, *w* -nęłam, *3P mpers.* -nęli, *n-mpers.* -nęły) verbrennen
spłukać *vo* (*Präs. 1P* -uczę; *Imp.* -ucz) spülen (Toilette), wegspülen (abschwemmen)
spocić się *vo* (*Präs. 1P* -cę się) ins Schwitzen kommen, schwitzen
spod *adv* von unten ♦ *prep* unter *etw. Dat* (hervor)
spodni *adj* unter(er,e,es); **~a strona** *w* Unterteil *s,m*
spodnie *nur Mz n-mpers.* Hose *w*
spodobać się *vo* (*Präs. 1P* -am się; *Imp.* -aj się) belieben, gefallen *j-m*
spodziewać się *uv* (*Präs. 1P* -am się; *Imp.* -aj się) erwarten *etw. Akk* (voraussetzen usw.)
spojrzenie *s* (*Gen Mz* -eń) **1** Anblick *m etw. Gen* (Erblicken), Blick *m auf etw. Akk* **2** Ansicht *w von etw., über etw. Akk* (Meinung)
spokojnie *adv* ruhig
spokojny *adj* **1** ruhig, gelassen (ohne Aufregung), sanftmütig (Mensch) **2** ruhig, friedlich (Atmosphäre usw.) **3** gemächlich, geruhsam (Lebenstempo usw.) **4** gemächlich, geruhsam (Tempo usw.)
spokój *m* (*Gen* -koju) **1** Ruhe *w*, Frieden *m* (Ungestörtheit) **2** Ruhe *w*, Stille *w*
spokrewniony *adj* blutsverwandt, verwandt *mit j-m* (Familienmitglied)
społeczeństwo *s* Gesellschaft *w* (menschliche)
społeczny *adj* sozial
sport *m* (*Gen* ~u) Sport *m*; **~y *m Mz* wodne** Wassersportarten *w Mz*
sportowiec *m* (*Vok* -wcze; *Nom Mz* -wcy; *Lok Mz* -wcach) Sportler *m*
sportowy *adj* sportlich, Sport-; **samochód ~** Sportwagen *m*
spory *adj* beträchtlich, erheblich (ziemlich groß)
sposób *m* (*Gen* -sobu) Art *w* (einer Tätigkeit usw.), Weise *w* (Methode usw.), Modus *m*, Betrieb *m* (eines Gerätes usw.)
spostrzegawczy *adj* aufmerksam, wachsam, einfühlsam
spostrzeżenie *s* (*Gen Mz* -żeń) Bemerkung *w* (Einwand), Anmerkung *w*
spotkać *vo* (*Präs. 1P* -am) treffen *j-n*, begegnen *j-m*
spotkać się *vo* (*Präs. 1P* -am się; *Imp.* -aj się) sich treffen *mit j-m*, zusammentreffen *mit j-m*, begegnen *j-m*, treffen *j-n*
spotkanie *s* (*Gen Mz* -ań) **1** Begegnung *w*, Treffen *s*, Verabredung *w mit j-m*, Termin *m mit j-m* (bei Arzt usw.) **2** Kampf *m* (Wettkampf) ► **ustalić termin spotkania** ein Treffen verabreden
spowodować *vo* herbeiführen, bewirken (Folgen usw.), verschulden *etw. Akk*, verursachen *etw. Akk*
spożycie *s* (*Gen Mz* -yć) Aufnahme *w* (Nahrung usw.), Verbrauch *m*
spożyć *vo* konsumieren *etw. Akk* (Lebensmittel), nehmen (essen usw.)
spożywczy **artykuły *m Mz* spożywcze** Lebensmittel *Mz*; **sklep *m* ~** Lebensmittelgeschäft *s*
spód *m* Unterteil *s,m*
spódnica *w* (*Nom Mz* -ce) Rock *m*
spółka *w* (*Dat,Lok* -łce; *Gen Mz* -łek) Gesellschaft *w* (Firma usw.)
spór *m* Streit *m*, Auseinandersetzung *w*; **~ prawny** Rechtsstreit *m*
spóźnić się *vo* (*Präs. 1P* -ię się; *Imp.* -ij się; *Vergang. 1P m* -iłem się, *w* -iłam się, *3P mpers.* -ili się, *n-mpers.* -iły się) sich verspäten (zu spät kommen), verpassen *etw. Akk* (Bus usw.)
spóźnienie *s* (*Gen Mz* -eń) Verzug *m*, Verzögerung *w*
spóźniony *adj* verspätet (Tätigkeit usw.)
spragniony *adj* durstig; **być ~m** Durst haben, durstig sein
sprawa *w* (*Gen Mz* -w) Angelegenheit *w*, Sache *w* (Sachverhalt)
sprawdzić *vo* (*Imp.* -wdź) durchsehen *etw. Akk*, untersuchen *etw. Akk* (auf Fehler usw.), nochmals überprüfen *etw. Akk*, nochmals untersuchen *etw. Akk* (überprüfen)
sprawiedliwy *adj* gerecht, fair (Verhalten usw.)
sprawny *adj* fit, funktionsfähig
sprawozdanie *s* (*Gen Mz* -dań) Bericht *m über etw. Akk*, Meldung *w über etw. Akk* (dienstliche), Report *m über etw. Akk*
spray *m* Spray *m,s*
sprężyna *w* (*Gen Mz* -n) Feder *w* (aus Stahl usw.)
spróbować *vo* **1** kosten *etw. Akk* (Essen), kosten *etw. Akk* **2** probieren *etw. Akk* (ausprobieren), versuchen *etw. Akk*, versuchen *etw. Akk*

spryskiwacz *m* (*Gen Mz* ~y) Scheibenwaschanlage *w*, Sprinkler *m*, Spritze *w* (zum Versprühen)

sprytny *adj* durchtrieben, gerissen (Mensch usw.), schlau, clever

sprzątaczka *w* (*Dat,Lok* -czce; *Gen Mz* -czek) Putzfrau *w*

sprzątanie *s* (*Gen Mz* -ań) Aufräumen *s*

sprzeczka *w* (*Dat,Lok* -czce; *Gen Mz* -czek) Streit *m*

sprzeczność *w* (*Nom Mz* -ści) Widerspruch *m* (Gegensatz)

sprzedać *vo* (*Präs. 1P* -am; *Imp.* -aj) verkaufen *etw. Akk j-m für etw.*

sprzedawca *m* (*Dat Ez, Nom Mz* -cy; *Gen,Akk Mz* -ców) Verkäufer *m*

sprzedaż *w* (*Nom Mz* ~e) Verkauf *m*

sprzęgło *s* (*Dat* -łu; *Gen Mz* -gieł; *Dat Mz* ~m) Kupplung *w* (im Fahrzeug)

sprzęt *m* (*Gen* ~u) Ausrüstung *w*

spuchnąć *vo* (*Präs. 1P* -nę; *Vergang. 1P m* -chłem/-ąłem, *w* -chłam/-nęłam, *3P mpers.* -chli/-nęli, *n-mpers.* -chły/-nęły) anschwellen

spuchnięty *adj* angeschwollen, verschwollen, geschwollen, aufgeschwemmt

spust *m* Abzug *m* (einer Waffe)

spuścić *vo* (*Präs. 1P* -uszczę; *Imp.* -ść) senken (Kopf usw.); ~ *vo* **wodę** spülen (Toilette)

srebro *s* (*Gen Mz* -ber) Silber *s* (Metall)

srogi *adj* rau (Klima usw.)

ssać *uv* (*Präs. 1P* ssę; *Imp.* ssij) lutschen *an etw. Dat* (Daumen usw.)

stacja *w* (*Gen,Dat,Lok, Gen Mz* -ji) Station *w* (Haltestelle); ~ *w* **benzynowa** Tankstelle *w*

stać się *vo* (*Präs. 1P* -anę się; *Imp.* -ań się) **1** werden *etw. Akk* **2** geschehen, passieren (Ereignis usw.)

stado *s* (*Dat* -du; *Gen Mz* -d) Herde *w*, Schwarm *m* (von Vögeln)

stajnia *w* (*Gen Mz* -jen/-i) Pferdestall *m*, Stall *m*

stal *w* Stahl *m*

stale *adv* dauernd, ständig, immer, stets

stały *adj* **1** fest (Stoff usw.) **2** dauerhaft, fix, Fix-, konstant **3** dauernd, ständig ► ~ **ląd** *m* Festland *s* (Kontinent)

stan *m* Zustand *m j-s/etw.*; ~ *m* **konta** Kontostand *m*; **w dobrym ~ie** gesund (Zähne usw.)

stanąć *vo* (*Präs. 1P* -nę; *Imp.* -ań; *Vergang. 1P m* -ąłem, *w* -nęłam, *3P mpers.* -nęli, *n-mpers.* -nęły) sich stellen *irgendwohin* (ans Fenster usw.); ~ *vo* **w** *czyjejś* **obronie** eintreten *für j-n/etw.*

stanik *m* (*Gen* ~a) Büstenhalter *m*, BH *m*

stanowczo *adv* nachdrücklich, ausdrücklich (ablehnen usw.)

stanowisko *s* (*Nom Mz* -ka; *Gen Mz* -k) **1** Posten *m* (Stellung), Stelle *w* (Job) **2** Einstellung *w* (Meinung), Standort *m*, Stellung *w* (Einstellung)

starannie *adv* sorgfältig

staranny *adj* sorgfältig

starcie *s* (*Gen Mz* -rć) Scharmützel *s*, Zusammenstoß *m* (Auseinandersetzung), Konflikt *m*

staromodny *adj* altmodisch, bieder

starość *w* (*Nom Mz* -ści) Alter *s* (Lebensabend)

starożytny *adj* altertümlich, antik (zu Antike gehörend)

starszy *adj* älter, senior

start *m* (*Gen* ~u) Abheben *s*, Start *m* (Rakete)

startować *uv* **1** starten *bei etw.* **2** starten (Motor usw.)

stary *adj* alt

statek *m* (*Gen* -tku) Fahrzeug *s* (Schiff, Boot usw.), Schiff *s* (Wasserfahrzeug); **wsiąść** *vo* **na** ~ an Bord gehen (Schiff), sich einschiffen

statua *w* (*Gen,Dat,Lok* -ui/-uy; *Akk* -uę; *Ins* -uą; *Nom Mz* -ue; *Gen Mz* -ui; *Dat Mz* -uom; *Akk Mz* -ue; *Ins Mz* ~mi) Statue *w*

statyw *m* Stativ *s*

staw *m* **1** Teich *m* **2** Gelenk *s*

stawka *w* (*Dat,Lok* -wce; *Gen Mz* -wek) **1** Satz *m* (Tarif) **2** Wette *w*

stąd *adv* von hier (aus), von hier, hiervon

ster *m* (*Gen* ~u) Ruder *s* (Steuerruder), Steuer *s*

sterować *uv* steuern *etw. Akk* (Gerät usw.), steuern (Schiff usw.)

sterowanie *s* (*Gen Mz* -ań) Steuerung *w*, Lenkung *w* (Lenkeinrichtung); **zdalne** ~ *s* Fernbedienung *w* (Gerät), Fernsteuerung *w* (Tätigkeit)

steward *m* (*Dat* ~owi; *Nom Mz* -rdzi/~owie) Steward *m* (im Flugzeug), Flugbegleiter *m*

stewardesa *w* (*Gen Mz* -s) Stewardess *w*, Flugbegleiterin *w*

stłumić *vo* (*Präs. 1P* -ię; *Imp.* -m) **1** abdämpfen (Schall usw.), dämpfen **2** lindern *etw. Akk* **3** unterdrücken

sto *num* hundert

stodoła *w* (*Dat,Lok* -dole; *Gen Mz* -dół) Scheune *w*

stoisko *s* (*Nom Mz* -ka; *Gen Mz* -k) Stand *m* (zum Verkauf), Verkaufsstand *m*

stok *m* (*Gen* ~u) Hang *m* (steil usw.), Abhang *m*; ~ *m* **zjazdowy** Piste *w*, Skipiste *w*

stolarz *m* (*Gen Mz* ~y) Tischler *m*

stolica *w* (*Nom Mz* -ce) Hauptstadt *w*

stołek *m* (*Gen* -łka; *Nom Mz* -łki) Hocker *m*

stołowy *adj* Tisch-

stołówka *w* (*Dat,Lok* -wce; *Gen Mz* -wek) Kantine *w*, Mensa *w*

stopa *w* (*Gen Mz* stóp) Fuß *m*

stopień *m* (*Gen* -pnia; *Dat* -pniowi; *Gen Mz* -pni) **1** Stufe *w* (Treppe) **2** Grad *m* (Rang), Titel *m* (von Universität) **3** Grad *m* (Temperatur usw.) **4** Maß *s etw. Gen* (Grad usw.), Rate *w* (in Prozent), Maß *s etw. Gen* (Ausmaß)

stopnieć *vo* tauen, schmelzen (zergehen)

stopniować *uv* steigern (Adjektiv usw.)

stopniowo *adv* allmählich, stufenweise, schrittweise, nach und nach

stopniowy *adj* allmählich

stos *m* Haufen *m*, Halde *w*, Stapel *m etw. Gen*

stosownie *adv* angemessen, entsprechend

stosowny *adj* **1** geeignet *zu etw., für etw.* (passend), taugend *zu etw.* **2** dezent (Kleid usw.)

stosunek *m* (*Gen* -nku) **1** Relation *w etw. Gen zu etw.* **2** Verhältnis *s* (Verwandtschaft usw.) **3** Beziehung *w* (Handelsbeziehung usw.) ► ~ *m* **(płciowy)** Geschlechtsverkehr *m*

stosunkowo *adv* relativ

stowarzyszenie *s* (*Gen Mz* -eń) Assoziation *w*, Verein *m*

stół *m* Tisch *m*; **szwedzki ~** *m* kaltes Büfett

strach *m* (*Gen* ~a) Angst *w vor etw. Dat*, Schreck *m*

stracić *vo* (*Imp.* -ać) **1** kommen *um etw.*, verlieren *etw. Akk* (Vertrauen usw.), verlieren *bei etw.* (Geld) **2** hinrichten *j-n* ► ~ **ważność** verfallen (Gültigkeit), ablaufen

strajk *m* (*Gen* ~u) Streik *m für etw.*

strajkować *uv* streiken *für/gegen etw.*

strasznie *adv* furchtbar

straszny *adj* **1** gespenstisch, unheimlich (Atmosphäre usw.), grässlich, schrecklich **2** fürchterlich, schrecklich (Qualität usw.)

strata *w* (*Dat,Lok* -acie; *Gen Mz* -t) Verlust *m etw. Gen*

straż *w* (*Nom Mz* ~e) Garde *w*, Leibgarde *w*, Wache *w* (Dienst); ~ *w* **pożarna** Feuerwehr *w*

strażak *m* (*Nom Mz* -żacy) Feuerwehrmann *m*

strażnik *m* (*Nom Mz* -icy) Wache *w* (Person), Wächter *m*

strefa *w* (*Gen Mz* -f) Streifen *m* (eines Landes usw.), Zone *w*

streszczenie *s* (*Gen Mz* -czeń) Zusammenfassung *w*

stroić *uv* (*Präs. 1P* -oję; *Imp.* -rój) stimmen *etw. Akk* (Geige usw.)

stromy *adj* steil, abschüssig

strona *w* (*Gen Mz* -n) **1** Seite *w* **2** Seite *w etw. Gen* (Standpunkt), Aspekt *etw. Gen m* ► **odwrotna ~** *w* Rückseite *w* (eines Blattes usw.)

strudel *m* (*Gen* -dla; *Dat* -dlowi; *Akk* ~; *Nom Mz* -dly; *Gen Mz* -dli/-dlów) Strudel *m* (Speise)

struktura *w* (*Dat* -turze; *Lok Mz* ~ch) Struktur *w*, Gliederung *w*, Struktur *w etw. Gen* (von Molekülen usw.), Bau *m etw. Gen*

strumień *m* (*Gen* -enia; *Dat* -eniowi; *Gen Mz* -eni) Fluss *m* (des Verkehrs usw.)

struś *m* (*Gen* -usia; *Dat* -usiowi; *Gen Mz* -usi) Strauß *m* (Vogel)

strych *m* Dachboden *m*

strzał *m* (*Gen* ~u) Schuss *m*

strzała *w* (*Dat,Lok* -ale; *Gen Mz* -ł) Pfeil *m* (Geschoss)

strzałka *w* (*Dat,Lok* -łce; *Gen Mz* -łek) Pfeil *m* (Zeichen)

strzec *uv* (*Präs. 1P* -egę; *Imp.* -eż; *Vergang. 3P mpers.* -egli, *n-mpers.* -egły) bewachen *etw. Akk* (Haus usw.)

strzelba *w* (*Gen Mz* -b) Gewehr *s*

strzelić *vo* (*Präs. 1P* -lę; *Imp.* -l) schießen (losschießen)

strzęp *m* Abschnitt *m* (Papier usw.), Fetzen *m*

strzyc *uv* (*Präs. 1P* -ygę; *Imp.* -yż; *Vergang. 3P mpers.* -ygli, *n-mpers.* -ygły) schneiden

strzykawka *w* (*Dat,Lok* -wce; *Gen Mz* -wek) Spritze *w* (für Injektionen), Injektionsspritze *w*

student *m* (*Nom Mz* -nci) Student *m*; ~ **uniwersytetu** Hochschüler *m*

studiować *uv* studieren *an etw. Dat* (an Hochschule)

studnia *w* (*Gen Mz* -i) Brunnen *m* (für Grundwasser)

stwierdzić *vo* feststellen *etw. Akk*

styczeń *m* (*Gen* -cznia; *Dat Mz* -czniom) Januar *m*

styl *m* (*Gen* ~u; *Gen Mz* ~ów) Stil *m*; ~ **klasyczny** Brustschwimmen *s*

substancja *w* (*Gen,Dat,Lok, Gen Mz* -ji) Stoff *m*, Substanz *w*, Materie *w*

substytut *m* (*Gen* ~u) Ersatz *m für etw.*

subtelny *adj* subtil (Person usw.), fein (Figur usw.)

suchy *adj* dürr, krustig, altbacken, trocken

sufit *m* (*Gen* ~u) Decke *w* (im Zimmer)

sukces *m* Erfolg *m*; **odnoszący ~y** erfolgreich

sukienka *w* (*Dat,Lok* -nce; *Gen Mz* -nek) Kleid *s*

suma *w* (*Gen Mz* -m) **1** Betrag *m*, Summe *w* (bezahlte usw.) **2** Endsumme *w*, Summe *w* (einer Addition) **3** Vereinigung *w* (von Mengen usw.)

sumienie *s* (*Gen Mz* -eń) Gewissen *s*

supermarket *m* (*Gen* ~u) Supermarkt *m*

surowiec *m* (*Gen* -wca; *Dat* -wcowi; *Nom Mz* -wcy) Rohstoff *m*

surowy *adj* **1** roh (Gemüse usw.) **2** roh, Roh- **3** hart (unnachgiebig), starr, streng (Regeln usw.) **4** nasskalt, feuchtkalt, rau (Gelände usw.) **5** streng (Stil usw.)

surówka *w* (*Dat,Lok* -wce; *Gen Mz* -wek) Salat *m* (Speise)
susza *w* (*Nom Mz* -sze) Trockenheit *w* (Trockenzeit), Dürre *w*
suszarka *w* (*Dat,Lok* -rce; *Gen Mz* -rek) Trockner *m*, Wäschetrockner *m*
suszyć *uv* (*Präs. 1P* -szę; *Imp.* -sz) föhnen (Haare), trocknen (trocken machen)
sweter *m* (*Gen* -tra; *Dat* -trowi) Pullover *m*, Pulli *m*
swędzieć *uv* (*Präs. 3P* -i) jucken (Haut usw.)
swoboda *w* (*Dat,Lok* -bodzie; *Gen Mz* -bód) Freiheit *w*, Spielraum *m* (für Entscheidungen usw.)
swobodnie *adv* frei (ohne Beschränkung)
swój, swoja, swoje *pron* mein, dein, sein, ihr, unser, euer
sygnalizować *uv* signalisieren *j-m etw. Akk*
sygnał *m* (*Gen* ~u) Signal *s* (Zeichen usw.)
sylaba *w* (*Gen Mz* -b) Silbe *w*
sympatyczny *adj* sympathisch, umgänglich (nett)
syn *m* (*Nom Mz* ~owie) Sohn *m*
synagoga *w* (*Dat,Lok* -odze; *Gen Mz* -og) Synagoge *w*
synowa *w* (*Akk* -wą; *Vok* -wo; *Nom Mz* -we) Schwiegertochter *w*
sypać *uv* (*Präs. 1P* -pię; *Imp.* -p) schütten *etw. irgendwohin*, streuen *etw. irgendwohin*
sypialnia *w* Schlafzimmer *s*
syrena *w* (*Gen Mz* -n) Blaulicht *s*, Hupe *w*, Seekuh *w*, Sirene *w* (Gerät)
syrop *m* Sirup *m*
system *m* System *s*
systematycznie *adv* systematisch, planmäßig
sytuacja *w* (*Gen,Dat,Lok, Gen Mz* -ji) Situation *w*
szach *m* Schach *s* (Stellung); ~y Schach *s* (Spiel)
szacunek *m* (*Gen* -nku) **1** Achtung *w vor j-m* (Hochschätzung usw.), Respekt *m vor j-m* **2** Schätzung *w* (von Entfernung usw.)
szadź *w* (*Nom Mz* -adzie) Raureif *m*
szafa *w* (*Gen Mz* -f) Kasten *m* (Sicherungskasten usw.), Kleiderschrank *m*, Schrank *m*, Wandschrank *m*
szafka *w* (*Dat,Lok* -fce; *Gen Mz* -fek) Schränkchen *s*
szal *m* (*Akk* ~; *Gen* ~a; *Gen Mz* ~i/~ów) Schal *m*, Umschlagetuch *s*
szalenie *adv* verrückt
szalik *m* (*Gen* ~a) Schal *m*
szalony *adj* **1** wahnsinnig **2** närrisch, verrückt **3** fieberhaft (Tätigkeit usw.)
szampon *m* Shampoo *s*
szanować *uv* **1** schätzen *j-n/etw.* (hochachten) **2** achten (Gesetz usw.)
szansa *w* (*Nom Mz* -se; *Gen Mz* -s) Chance *w* (Möglichkeit), Chancen *w Mz* (Gewinnquote usw.)
szantażować *uv* erpressen *j-n*
szarpnąć *vo* (*Präs. 1P* -nę; *Imp.* -nij; *Vergang. 1P m* -ąłem, *w* -nęłam, *3P mpers.* -nęli, *n-mpers.* -nęły) **1** zerren *an etw. Dat*, reißen *an etw. Dat* **2** zucken (in Schlaf usw.)
szary *adj* grau
szatnia *w* Ankleideraum *m*, Garderobe *w* (Raum)
szczególnie *adv* besonders, namentlich ♦ *part* besonders
szczególny *adj* Sonder-, besonder(er,e,es)
szczegół *m* (*Gen* ~u) Detail *s*, Einzelheit *w*
szczegółowo *adv* ausführlich, detailliert
szczegółowy *adj* ausführlich, eingehend, detailliert, Detail-
szczekać *uv* (*Präs. 1P* -am; *Imp.* -aj) bellen (Hund)
szczepić *uv* (*Präs. 1P* -ię; *Imp.* -p) impfen
szczery *adj* ehrlich (offen), aufrichtig, ernsthaft (Versuch usw.), ernst (Interesse usw.)
szczerze *adv* aufrichtig (antworten usw.), ehrlich, offen
szczęście *s* (*Gen Mz* -ść) Glück *s*; **mieć** *uv* ~ Glück haben; **na** ~ zum Glück, glücklicherweise
szczęśliwy *adj* glücklich ► **Szczęśliwej podróży.** Gute Reise., Gute Fahrt.
szczotka *w* (*Dat,Lok* -tce; *Gen Mz* -tek) Bürste *w*
szczupak *m* (*Gen* ~a) Hecht *m*
szczupły *adj* schlank
szczur *m* Ratte *w*, Wanderratte *w*
szczypce *nur Mz n-mpers.* Beißzange *w*, Zange *w*
szczypiorek *m* (*Gen* -rku) Schnittlauch *m*
szczyt *m* (*Gen* ~u) **1** Gipfel *m etw. Gen*, Spitze *w etw. Gen*, Hügel *m* **2** Gipfel *m* (Wert usw.), Höhepunkt *m* (Phase), Zenit *m* (von Karriere usw.) **3** Gipfelkonferenz *w* ► ~ **góry** Berggipfel *m*
szczytowanie *s* (*Gen Mz* -ań) Orgasmus *m*
szef *m* Chef *m*, Führungs-
szeptać *uv* (*Präs. 1P* -pczę/-pcę; *Imp.* -pcz; *Vergang. 3P mpers.* -ali, *n-mpers.* -ały) flüstern, wispern
szereg *m* (*Gen* ~u) **1** Reihe *w* **2** eine (ganze) Reihe *von etw.*
szeroki *adj* breit
szeroko *adv* weit, breit (geöffnet usw.)
szerokość *w* (*Nom Mz* -ści) Breite *w etw. Gen*
szesnaście *num* sechzehn
sześcian *m* Würfel *m*, Kubus *m*
sześć *num* sechs
sześćdziesiąt *num* sechzig
szew *m* (*Gen* szwu; *Dat* szwowi; *Lok* szwie; *Nom Mz* szwy) Naht *w*

szkic *m* (*Gen* ~u; *Gen Mz* ~ów) Riss *m* (Zeichnung), Skizze *w* (grobe)
szkielet *m* (*Gen* ~u) **1** Skelett *s* **2** Gerüst *s* (Grundkonstruktion usw.)
szklanka *w* (*Dat,Lok* -nce; *Gen Mz* -nek) Glas *s* (Gefäß)
szklany *adj* gläsern
szkło *s* (*Dat* -łu; *Gen Mz* -kieł; *Dat Mz* ~m) Glas *s* (Material); **~ powiększające** Lupe *w*
szkoda *w* (*Dat* -odzie; *Gen Mz* -kód) Schaden *m* (Einbuße); **S~.** Das ist schade.
szkodliwy *adj* schädlich, unzuträglich
szkodzić *uv* (*Imp.* -odź) schaden *j-m/etw.*
szkoła *w* (*Dat,Lok* -ole; *Gen Mz* -kół) Schule *w*; **~** *w* **podstawowa** Grundschule *w*; **ukończyć** *vo* **szkołę wyższą** das Studium abschließen
szlaban *m* (*Gen* ~u) Schranke *w*; **~** *m* **kolejowy** Bahnschranken *w Mz*
szlachetny *adj* edel, nobel, edelmütig; **kamień** *m* **~** Edelstein *m*
szlak *m* (*Gen* ~u) Pfad *m*, Wanderweg *m*, Route *w*
szmal *m* (*Gen* ~u; *Gen Mz* ~i) Kohle *w* (Geld), Moneten *Mz*
szmata *w* (*Dat,Lok* -acie; *Gen Mz* -t) Lappen *m* (zum Abwischen usw.)
szminka *w* (*Dat,Lok* -nce; *Gen Mz* -nek) Lippenstift *m*
sznur *m* Schnur *w*, Seil *s*
sznurówka *w* (*Dat,Lok* -wce; *Gen Mz* -wek) Schnürsenkel *m*
sznycel *m* (*Gen* -cla; *Dat* -clowi; *Akk* ~; *Nom Mz* -cly; *Gen Mz* -cli/-clów) Schnitzel *s*
szofer *m* (*Nom Mz* -erzy) Fahrer *m* (von Beruf usw.), Chauffeur *m*
szok *m* (*Gen* ~u) Schock *m*
szorstki *adj* grob, rau (Oberfläche usw.)
szosa *w* (*Gen Mz* -s) Straße *w* (Verkehrsweg)
szósty *num* sechst(er,e,es)
szpara *w* (*Dat* -arze; *Lok Mz* ~ch) Spalte *w* (Riss)
szparag *m* (*Gen* ~a) Spargel *m* (Gemüse)
szpilka *w* (*Dat,Lok* -lce; *Gen Mz* -lek) Nadel *w* (Stecknadel), Stecknadel *w*
szpinak *m* (*Gen* ~u) Spinat *m*
szpital *m* (*Lok* ~u; *Gen Mz* ~i) Krankenhaus *s*
sztuczka *w* (*Dat,Lok* -czce; *Gen Mz* -czek) **1** Finte *w*, Trick *m* (listiger usw.) **2** Trick *m* (Zauber usw.)
sztuczny *adj* gekünstelt, geziert, künstlich
sztuka *w* (*Dat* -uce; *Gen Mz* -k; *Dat Mz* -kom) **1** Kunst *w* (Gestalten) **2** Schauspiel *s* **3** Stück *s* (einzige Sache) ► **sztuki** *w Mz* **piękne** bildende Kunst
sztywny *adj* **1** steif, unbiegsam (Material usw.), unelastisch **2** steif (Mensch usw.)
szuflada *w* (*Dat,Lok* -adzie; *Gen Mz* -d) Schublade *w*
szukać *uv* (*Präs. 1P* -am; *Imp.* -aj) nachforschen *nach etw.*, suchen *j-n/etw.* (Job usw.)
szwagier *m* (*Gen* -gra; *Lok* -grze; *Nom Mz* -growie; *Gen Mz* -grów) Schwager *m*
Szwajcar *m* (*Nom Mz* -carzy) Schweizer *m*
Szwajcaria *w* (*Gen,Dat,Lok* -ii) Schweiz *w*
szwajcarski *adj* schweizerisch
szybki *adj* baldig, schnell (Bewegung usw.), rasch (Gang usw.)
szybko *adv* in Eile, schnell; **jak najszybciej** so bald wie möglich, baldmöglichst
szybkość *w* (*Nom Mz* -ści) Tempo *s*
szyć *uv* nähen (Kleid usw.)
szyja *w* Hals *m* (Körperteil)
szykować się *uv* (*Präs. 1P* -kuję się; *Imp.* -kuj się) im Begriff sein *etw. Akk zu tun*, vorhaben *etw. Akk zu tun*
szyna *w* (*Gen Mz* -n) **1** Gleis *s*, Schiene *w* (für einen Zug usw.) **2** Schiene *w* (für Frakturen)
szynka *w* (*Dat,Lok* -nce; *Gen Mz* -nek) Schinken *m*

Ś

ściana *w* (*Gen Mz* -n) Wand *w*
ścieżka *w* (*Dat,Lok* -żce; *Gen Mz* -żek) Pfad *m*
ścigać *uv* (*Präs. 1P* -am; *Imp.* -aj) **1** hetzen (Tier usw.) **2** verfolgen (strafrechtlich)
ścisnąć *vo* **1** drücken *etw. Akk* (in der Hand usw.), umschließen **2** zusammendrücken *etw. Akk* (Volumen reduzieren)
ślad *m* (*Gen* ~u) **1** Spur *w* **2** Spur *w etw. Gen* (Zeichen), Spur *w* (einer Tätigkeit usw.)
śledzić *uv* (*Imp.* -edź) folgen *j-m/etw.* (einen Verdächtigen usw.), verfolgen (Wild usw.)
śledziona *w* (*Gen Mz* -n) Milz *w*
śledztwo *s* Untersuchung *w* (polizeiliche)
śledź *m* (*Dat* -edziowi; *Lok* -edziu; *Nom Mz* -edzie) Hering *m* (Fisch)
ślepy *adj* blind
ślimak *m* (*Nom,Akk Mz* ~i) **1** Schnecke *w* **2** Nacktschnecke *w*
ślina *w* (*Gen Mz* -n) Speichel *m*
śliski *adj* rutschig, schlüpfrig, glatt (Gehweg usw.)
śliwka *w* (*Dat,Lok* -wce; *Gen Mz* -wek) Pflaume *w*
ślizgać się *uv* (*Präs. 1P* -am się; *Imp.* -aj się) **1** rutschen (auf dem Gehweg), gleiten (über Bürgersteg usw.) **2** glatt sein
śmiać się *uv* (*Präs. 1P* -ieję się; *Imp.* -iej się; *Vergang. 1P m* -ałem się, *w* -ałam się, *3P mpers.* -ieli się/-ali się, *n-mpers.* -ały się) lachen *über j-n/etw.*
śmiały *adj* furchtlos, unerschrocken, kühn, mutig

śmiech *m* Lachen *s*
śmierć *w* (*Nom Mz* -rci) Tod *m*
śmierdzieć *uv* (*Präs. 1P* -dzę) riechen *nach etw.* (Rosen usw.), stinken *nach etw.*
śmiertelny *adj* **1** im Endstadium, letal, tödlich (Dosis usw.) **2** sterblich
śmieszny *adj* **1** lustig (amüsant) **2** lächerlich
śmietana *w* (*Ez*) Sahne *w*
śmigłowiec *m* (*Gen* -wca; *Dat* -wcowi; *Nom Mz* -wcy) Hubschrauber *m*
śniadanie *s* (*Gen Mz* -dań) Frühstück *s*; **jeść** *uv* ~ frühstücken
śnić *uv* (*Präs. 1P* -ię; *Imp.* -ij; *Vergang. 1P m* -iłem, *w* -iłam, *3P mpers.* -ili, *n-mpers.* -iły) träumen *von j-m/etw.*
śnić się *uv* (*Präs. unpers.* -i się; *Vergang. unpers.* -iło się) träumen *von j-m/etw.*
śnieg *m* (*Gen* ~u) Schnee *m*; **płatek ~u** Schneeflocke *w*, Flocke *w*
śpieszyć się *uv* (*Präs. 1P* -szę się; *Imp.* -sz się) **1** eilen, hasten **2** sich beeilen *mit etw.* **3** vorgehen (Uhr) ► **Śpieszę się.** Ich habe es eilig.
śpiew *m* Gesang *m*
śpiewać *uv* (*Präs. 1P* -am; *Imp.* -aj) singen
śpiewak *m* (*Nom Mz* -acy) **1** Sänger *m* **2** Singvogel *m*
śpiwór *m* Schlafsack *m*
średni *adj* durchschnittlich, mittler(er,e,es)
średnia *w* Durchschnitt *m* (Wert)
średnica *w* (*Nom Mz* -ce) Durchmesser *m etw. Dat*
środa *w* (*Dat,Lok* -odzie; *Gen Mz* śród) Mittwoch *m*
środek *m* (*Gen* -dka; *Nom Mz* -dki) **1** Mitte *w etw. Gen*, Mittelpunkt *m* (eines Kreises usw.) **2** Maßnahme *w*, Mittel *s* (Hilfsmittel) **3** Mittel *s* (Substanz) ► **do środka** herein, hinein; **od środka** von innen; ~ *m* **antykoncepcyjny** Verhütungsmittel *s*; ~ *m* **transportu** Verkehrsmittel *s*; ~ *m* **odkażający/dezynfekujący** Desinfektionsmittel *s*; **~ (przekazu)** Medium *s* (Rundfunk usw.); **środki** *m Mz* Mittel *Mz* (finanziell); **środki masowego przekazu** Medien *s Mz*; **w środku** *czegoś* in der Mitte *etw. Gen*, mitten *in etw. Dat*
śruba *w* (*Gen Mz* -b) Drehung *w* (Körperbewegung), Schraube *w*
śrubokręt *m* (*Gen* ~u) Schraubenzieher *m*
świadectwo *s* Dokument *s*, Schein *m* (Urkunde)
świadek *m* (*Gen* -dka; *Nom Mz* -dkowie) Zeuge *m*; **być świadkiem** *czegoś* Zeuge *etw. Gen* sein (Unfalls usw.)
świadomie *adv* absichtlich, bewusst (mit Absicht)
świadomość *w* (*Nom Mz* -ści) Bewusstsein *s*, Bewusstsein *s etw. Gen* (Wissen)
świadomy *adj* absichtlich, bewusst (Lüge usw.), bewusst *etw. Gen* (einer Tatsache usw.)
świat *m* Welt *w*
światło *s* (*Lok* -ietle; *Gen Mz* -teł) Licht *s* ► **światła** *s Mz* **przeciwmgielne** Nebelscheinwerfer *m Mz*; **światła** *s Mz* **(sygnalizacyjne)** Ampel *w*
świąteczny *adj* festlich
świątynia *w* Dom *m* (christlich), Tempel *m* (nicht christlich), Heiligtum *s* (Stätte)
świeca *w* (*Nom Mz* -ce) Kerze *w*; ~ *w* **zapłonowa** Zündkerze *w*
świecić *uv* (*Imp.* -eć) **1** leuchten (Lampe usw.), scheinen (Licht ausstrahlen) **2** beleuchten *etw. Akk*
świeczka *w* (*Dat,Lok* -czce; *Gen Mz* -czek) Kerze *w*
świetnie *adv* exzellent, ausgezeichnet
świetny *adj* hervorragend
świeżo *adv* frisch (angestrichen usw.)
świeży *adj* frisch, munter
święto *s* (*Gen Mz* -iąt) Feier *w*, Feiertag *m*
świętować *uv* feiern
świnia *w* (*Gen Mz* -iń/-ni) **1** Schwein *s* **2** Sau *w* (Schimpfwort)
świt *m* (*Gen* ~u) Tagesanbruch *m*, Morgendämmerung *w*, Dämmerung *w* (am Morgen)

T

tabela *w* (*Gen,Dat,Lok* -li; *Gen Mz* -l) Tabelle *w*
tabletka *w* (*Dat,Lok* -tce; *Gen Mz* -tek) Pille *w*, Tablette *w*
tablica *w* (*Nom Mz* -ce) Tafel *w* (zum Schreiben), Wandtafel *w*; ~ *w* **rejestracyjna** Nummernschild *s* (Kfz)
tabliczka *w* (*Dat,Lok* -czce; *Gen Mz* -czek) **1** Schild *s* (Türschild usw.) **2** Tafel *w* (Schokolade usw.)
taboret *m* (*Gen* ~u) Hocker *m*
tajemnica *w* (*Nom Mz* -ce) Geheimnis *s*
tajny *adj* geheim, heimlich
tak[1] *part* ja (Zustimmung); **T~?** Nicht wahr?, Oder?
tak[2] *adv* **1** so (auf diese Weise), (und) daher, (und) dadurch **2** so (so sehr) ► **i ~ dalej** und so weiter; **~ czy owak** sowieso, jedenfalls
taki *pron* solch(er,e,es), derartig; **~ sam** gleich (Niveau)
taksówka *w* (*Dat,Lok* -wce; *Gen Mz* -wek) Taxi *s*
taksówkarz *m* (*Nom Mz* ~e; *Gen Mz* ~y/~ów) Taxifahrer *m*

także *adv* auch, ebenfalls ♦ *conj* auch
talent *m* (*Gen* ~u) Begabung *w für etw.*, Talent *s für etw.*
talerz *m* Teller *m*
tam *adv* dort, dorthin
tama *w* (*Gen Mz* -m) Damm *m* (Hindernis usw.), Deich *m*, Schleuse *w*
tampon *m* Tampon *m*
tamten *pron* der da
tamto *pron* das da
tani *adj* billig, preisgünstig, preiswert
taniec *m* (*Gen* tańca; *Dat* tańcowi; *Nom Mz* tańcy; *Gen Mz* tańców) Tanz *m*
tanio *adv* billig
tańczyć *uv* (*Präs. 1P* -czę; *Imp.* -cz) tanzen
tapeta *w* (*Dat,Lok* -ecie; *Gen Mz* -t) Tapete *w*
taras *m* Terrasse *w*
targ *m* (*Gen* ~u) Markt *m* (Straßenmarkt usw.)
targować się *uv* (*Präs. 1P* -guję się; *Imp.* -guj się) handeln, handeln *mit j-m über etw. Akk* (über Preis usw.)
targowisko *s* (*Nom Mz* -ka; *Gen Mz* -k) Markt *m* (Platz), Marktplatz *m*, Markthalle *w*
taryfa *w* (*Gen Mz* -f) Tarif *m*
taśma *w* (*Gen Mz* -m) **1** Band *s* (Förderband usw.), Riemen *m* (Treibriemen usw.) **2** Band *s* (magnetisches usw.), Tonband *s* ► **~ *w* klejąca** Klebeband *s*
tato *m* Vati *m*, Papa *m*
tchórzliwy *adj* feige
teatr *m* (*Gen* ~u) Theater *s*
techniczny *adj* technisch
technik *m* (*Nom Mz* -icy) Techniker *m* (Fachmann)
technika *w* (*Dat* -ice; *Gen Mz* -k; *Dat Mz* -kom) Technik *w*
technologia *w* (*Gen,Dat,Lok, Gen Mz* -ii) Technik *w* (Erkenntnisse), Technologie *w*
teczka *w* (*Dat,Lok* -czce; *Gen Mz* -czek) **1** Aktentasche *w* **2** Mappe *w*, Hefter *m*
tekst *m* Text *m*
tektura *w* (*Dat* -urze; *Lok Mz* ~ch) Pappe *w*, Karton *m* (Papier)
telefon *m* **1** Telefon *s* **2** Telefongespräch *s*, Anruf *m* (telefonischer), Telefonat *s*
telefoniczny *adj* Telefon-; **książka *w* telefoniczna** Telefonbuch *s*
telefonować *uv* telefonieren *mit j-m*, anrufen *j-n*
telewizja *w* (*Gen,Dat,Lok, Gen Mz* -ji) **1** Fernsehen *s* **2** Fernseher *m* ► **oglądać *uv* telewizję** fernsehen
telewizor *m* Fernseher *m*
temat *m* (*Gen* ~u) Thema *s*, Thematik *w*
temperatura *w* (*Dat* -urze; *Lok Mz* ~ch) erhöhte Temperatur, Temperatur *w*; **temperatury *w Mz* poniżej zera** Temperaturen unter Null
tempo *s* Schritt *m* (Tempo), Tempo *s*
ten, ta, to *pron* der, die, das, dieser, diese, dieses, derjenige, diejenige, dasjenige
tenis *m* Tennis *s*
teraz *adv* jetzt, momentan, zurzeit, gegenwärtig
teraźniejszość *w* (*Nom Mz* -ści) Gegenwart *w*
teraźniejszy *adj* gegenwärtig
termin *m* **1** Frist *w*, Termin *m* (Datum) **2** Fachausdruck *m* ► **ostateczny ~ *m*** (letzter) Termin *m*
terminal *m* (*Gen* ~u/~a; *Dat* ~owi; *Gen Mz* ~i/~ów) Terminal *m,s* (auf dem Flughafen); **~ *m* lotniczy** Flughafenterminal *m,s*
termometr *m* (*Gen* ~u) Thermometer *s*
terytorium *s* Gebiet *s* (Region), Territorium *s*
test *m* Prüfung *w* (Qualität usw.), Test *m*, Probe *w*
teściowa *w* (*Akk* -wą; *Vok* -wo; *Nom Mz* -we) Schwiegermutter *w*
teść *m* (*Gen* -ścia; *Nom Mz* -ściowie) Schwiegervater *m*
też *adv* auch, ebenfalls ♦ *conj* auch ► **Ja ~ nie.** Ich auch nicht.
tęcza *w* (*Nom Mz* -cze) Regenbogen *m*
tędy *adv* hier (durch)
tępy *adj* **1** stumpf (nicht scharf) **2** begriffsstutzig, blöd(e), dumm, doof
tęsknić *uv* (*Präs. 1P* -ię; *Imp.* -ij; *Vergang. 1P m* -iłem, *w* -iłam, *3P mpers.* -ili, *n-mpers.* -iły) vermissen *j-n/etw.*, fehlen *j./etw. j-m*
tir *m* (*Gen* ~a) Lastkraftwagen *m*, Lkw *m*
tkać *uv* weben
tkwić *uv* (*Präs. 1P* -ię; *Imp.* -ij; *Vergang. 1P m* -iłem, *w* -iłam, *3P mpers.* -ili, *n-mpers.* -iły) liegen *in etw. Dat* (Problem usw.)
tlen *m* Sauerstoff *m*
tło *s* (*Gen Mz* teł) Hintergrund *m*
tłuc *uv* (*Präs. 1P* -ukę, *3P* -ucze; *Imp.* -ucz; *Vergang. 1P m* -ukłem, *w* -ukłam, *3P mpers.* -ukli, *n-mpers.* -ukły) **1** schlagen *j-n*, prügeln *j-n* **2** schlagen *an etw. Akk* (an die Tür usw.)
tłum *m* Gedränge *s*, Schar *w*
tłumacz *m* (*Nom Mz* ~e; *Gen Mz* ~y/~ów) Dolmetscher *m*, Translator *m*, Übersetzer *m*
tłumaczenie *s* (*Gen Mz* -eń) Übersetzung *w*
tłumaczyć *uv* (*Präs. 1P* -czę; *Imp.* -cz) dolmetschen, übersetzen (in andere Sprache)
tłumić *uv* (*Präs. 1P* -ię; *Imp.* -m) dämpfen (Schall usw.)

tłusty *adj* **1** fett (Fleisch usw.), fettig (Gericht usw.) **2** fettig (Papier usw.)
tłuszcz *m* (*Gen* ~u; *Gen Mz* ~ów) Fett *s*
to *pron* das, es; **im... tym** je... desto
toaleta *w* (*Dat,Lok* -ecie; *Gen Mz* -t) Klosett *s*, Toilette *w*; **~ w damska** Damentoilette *w*, Damen *w Mz*
toaletowy *adj* Toiletten-
tobie *pron* dir
toczyć *uv* (*Präs. 1P* -czę; *Imp.* -cz) **1** rollen *etw. Akk*, rollen (Fass usw.) **2** zapfen
toksyczny *adj* giftig, toxisch
tom *m* Band *m* (Buch), Fortsetzung *w von etw.*, Folge *w von etw.* (Film usw.)
tona *w* (*Gen Mz* -n) Tonne *w* (Maßeinheit)
topnieć *uv* tauen, schmelzen (zergehen)
tor *m* (*Gen* ~u) Strecke *w* (Eisenbahn usw.); **~ wyścigowy** Rennbahn *w*
torba *w* (*Gen Mz* -reb) Tasche *w* (Behälter)
torebka *w* (*Dat,Lok* -bce; *Gen Mz* -bek) Beutel *m*, Handtasche *w*, Tüte *w*; **~ papierowa** Papiertüte *w*
tort *m* (*Gen* ~u) Torte *w*
towar *m* (*Gen* ~u) Handelsartikel *m*, Ware *w*, Waren *w Mz*
towarzystwo *s* Gefolge *s*, Verein *m*; **dotrzymać** *vo komuś* **towarzystwa** Gesellschaft *w* leisten *j-m*
towarzysz *m* (*Nom Mz* ~e; *Gen Mz* ~y/~ów) Gespiele *m*, Spielkamerad *m*, Partner *m* (Begleiter)
towarzyszyć *uv* (*Präs. 1P* -szę; *Imp.* -sz) begleiten *j-n*
tradycja *w* (*Gen,Dat,Lok, Gen Mz* -ji) Tradition *w*
trafić *vo* (*Präs. 1P* -ię; *Imp.* -f) **1** treffen *etw. Akk* (Ziel) **2** (den Weg) finden *irgendwohin* ► **nie ~** *vo w coś* verfehlen *etw. Akk*
trafny *adj* passend (Name usw.), treffend, zutreffend, prägnant
tragedia *w* (*Gen Mz* -ii) Tragödie *w*
traktor *m* Traktor *m*
traktować *uv* **1** behandeln *j-n irgendwie* (respektvoll usw.) **2** handeln *von etw., über etw. Akk* (Buch), behandeln *etw. Akk* (Film usw.)
tramwaj *m* (*Gen* ~u; *Nom Mz* ~e; *Gen Mz* -wai/~ów) Straßenbahn *w*, Bahn *w* (Stadtverkehrsmittel)
transfer *m* (*Gen* ~u) **1** Übertragung *w* (von Gegenständen) **2** Umstieg *m*
transmisja *w* (*Gen,Dat,Lok, Gen Mz* -ji) Sendung *w*, Übertragung *w*
transmitować *uv* senden (ausstrahlen)
transport *m* (*Gen* ~u) Beförderung *w*, Transport *m*, Überführung *w* (Transportieren), Versand *m*; **środek** *m* **~u** Verkehrsmittel *s*; **~ towarowy** Frachtverkehr *m*, Güterverkehr *m*
transportować *uv* transportieren *etw. Akk irgendwohin*
transportowy *adj* Verkehrs-
trasa *w* (*Gen Mz* -s) Route *w*
trawa *w* (*Gen Mz* -w) Gras *s*
trawienie *s* (*Gen Mz* -eń) Verdauung *w*
trawnik *m* (*Gen* ~a) Rasen *m*
trąbić *uv* (*Präs. 1P* -ię; *Imp.* -b) **1** blasen *etw. Akk* (Musikinstrument usw.) **2** hupen
trener *m* (*Nom Mz* -nerzy) Coach *m*, Trainer *m*
trening *m* (*Gen* ~u) Ausbildung *w*, Training *s*, Übung *w* (Training)
trenować *uv* trainieren (vorbereiten)
trochę *adv* **1** ein bisschen **2** einigermaßen, ein wenig
troszczyć się *uv* (*Präs. 1P* -czę się; *Imp.* -cz się) **1** betreuen *j-n/etw.*, sorgen *für etw.* (sich kümmern) **2** liegen *j-m an etw. Dat* (schätzen)
trójkąt *m* **1** Dreieck *s* **2** Triangel *m,s*
trucizna *w* (*Dat* -iźnie; *Gen Mz* -n) Gift *s*
trudność *w* (*Nom Mz* -ści) Schwierigkeit *w etw. Gen* (Eigenschaft), Schwierigkeit *w* (Problem)
trudny *adj* anspruchsvoll (Aufgabe usw.), anstrengend (Tag usw.), schwierig, mühevoll
trujący *adj* giftig, Gift-
trumna *w* (*Gen Mz* -n) Sarg *m*
trup *m* (*Gen* ~a; *Nom Mz* ~y) Leiche *w*
truskawka *w* (*Dat,Lok* -wce; *Gen Mz* -wek) Erdbeere *w*
trwać *uv* (*Präs. 1P* -am; *Imp.* -aj) beistehen *j-m*, dauern, fortdauern; **Jak długo to będzie ~?** Wie lange wird es dauern?
trwały *adj* dauerhaft, permanent
trwanie *s* (*Gen Mz* -ań) Dauer *w*
tryb *m* Art *w* (einer Tätigkeit usw.), Weise *w* (Methode usw.)
trysnąć *vo* aufspritzen, schießen (Tränen in die Augen)
trzask *m* (*Gen* ~u) Knall *m*
trzasnąć *vo* schlagen *an etw. Akk*, hämmern *gegen etw.*, schlagen *mit etw. auf etw. Akk*
trząść się *uv* (*Präs. 1P* trzęsę się, *3P* trzęsie się; *Imp.* -ś/trzęś się; *Vergang. 1P m* -ąsłem się, *w* trzęsłam się, *3P mpers.* trzęśli się, *n-mpers.* trzęsły się) sich schütteln (vor Lachen usw.), zittern (vor Kälte usw.)
trzeba *uv* notwendig sein; **Nie ~.** Das ist nicht nötig.
trzeci *num* dritt(er,e,es); **jedna ~a** *w* Drittel *s*
trzeć *uv* (*Präs. 1P* trę, *3P* -e; *Imp.* trzyj; *Vergang. 1P m* tarłem, *w* tarłam, *3P mpers.* tarli, *n-mpers.* tarły) scheuern (bei Bewegung), reiben
trzeźwy *adj* nüchtern
trzy *num* drei
trzydzieści *num* dreißig

trzymać *uv* (*Präs. 1P* -am; *Imp.* -aj) **1** halten *etw. Akk* (in der Hand) **2** halten *j-n irgendwohin* **3** halten (in einer Lage usw.) ► ~ *czyjąś* **stronę** beistehen *j-m*

trzymać się *uv* (*Präs. 1P* -am się; *Imp.* -aj się) **1** sich halten *an etw. Dat* (mit der Hand) **2** halten (fest sein usw.) **3** sich halten *irgendwohin* (sich nicht entfernen) **4** hängen *an etw. Dat* (nicht verzichten), sich halten *an etw. Akk* (Anweisungen usw.)

trzynaście *num* dreizehn

t-shirt *m* T-Shirt *s*

tu *adv* **1** hier **2** her, hierher

tubka *w* (*Dat* -bce; *Gen Mz* -k; *Dat Mz* -kom) Tube *w*

tulipan *m* (*Gen* ~a; *Nom Mz* ~y) Tulpe *w*

tunel *m* (*Nom Mz* ~y) Tunnel *m*

tuńczyk *m* (*Nom,Akk Mz* ~i) Thunfisch *m*

turlać *uv* (*Präs. 1P* -am; *Imp.* -aj) rollen *etw. Akk* (fortbewegen)

turlać się *uv* (*Präs. 1P* -am się; *Imp.* -aj się) rollen (sich rollend bewegen)

turniej *m* (*Gen* ~u; *Gen Mz* ~ów) Turnier *s*, Wettbewerb *m*, Wettkampf *m*

turysta *m* (*Dat* -yście; *Nom Mz* -yści) Tourist *m*

turystyczny *adj* Wander-

turystyka *w* (*Dat* -tyce; *Gen Mz* -k; *Dat Mz* -kom) Touristik *w*; **piesza ~** Wandern *s*

tutaj *adv* **1** hier **2** her, hierher

tutejszy *adj* hiesig

tuzin *m* (*Gen* ~a; *Nom Mz* ~y) Dutzend *s*

twardy *adj* **1** hart (Holz usw.), zäh (Fleisch usw.) **2** hart (Schlag usw.)

twaróg *m* (*Gen* -rogu) Quark *m*

twarz *w* (*Nom Mz* ~e) Gesicht *s*

twierdza *w* (*Nom Mz* -dze) Festung *w*

twierdzenie *s* (*Gen Mz* -dzeń) Behauptung *w*

twierdzić *uv* (*Imp.* -rdź) behaupten *etw. Akk*

tworzyć *uv* (*Präs. 1P* -rzę; *Imp.* twórz; *Vergang. 1P m* -yłem, *w* -yłam, *3P mpers.* -yli, *n-mpers.* -yły) **1** schaffen (hervorbringen) **2** bilden *etw. Akk* (ein Teil sein)

twój, twoja, twoje *pron* dein, deine

ty *pron* du; **ci** dir; **ciebie, cię** dich; **tobie** dir; **z tobą** mit dir

tyć *uv* dick werden, zunehmen (an Gewicht)

tydzień *m* (*Gen* tygodnia; *Dat* tygodniowi; *Gen Mz* tygodni) Woche *w*

tygrys *m* (*Akk* ~a) Tiger *m*

tylny *adj* hinter(er,e,es)

tył *m* (*Gen* ~u) Rückseite *w*, Hinterseite *w*; **do ~u** nach hinten, zurück (zum Ausgangspunkt); **w tyle** zurück (zurückgeblieben); **z ~u** hinten

tyłek *m* (*Gen* -łka; *Nom Mz* -łki) Arsch *m*, Gesäß *s*, Hintern *m*

tymczasem *adv* inzwischen

tymczasowy *adj* einstweilig, vorübergehend, provisorisch (noch nicht fest), vorläufig (Abkommen usw.)

typowy *adj* bezeichnend *für j-n/etw.*, kennzeichnend *für j-n/etw.*, typisch

tysiąc *num* tausend

tytoń *m* (*Gen* -oniu; *Nom Mz* -onie) Tabak *m*

tytuł *m* (*Gen* ~u) **1** Titel *m* (Werk), Überschrift *w* **2** Titel *m* (Würde usw.)

U

ubezpieczenie *s* (*Gen Mz* -czeń) Versicherung *w* (Vertrag); **~ s zdrowotne** Krankenversicherung *w*

ubezpieczyć *vo* (*Präs. 1P* -czę; *Imp.* -cz) versichern *j-n/etw.* (Versicherung abschließen)

ubić *vo* **1** totschlagen *j-n/etw. (mit etw.)* **2** schlagen (Eiweiß usw.), verquirlen **3** feststampfen

ubiegać się *uv* (*Präs. 1P* -am się; *Imp.* -aj się) beantragen *etw. Akk*, sich bewerben *um etw.*

ubiegły *adj* vorig

ubikacja *w* (*Gen,Dat,Lok, Gen Mz* -ji) Toilette *w*, Klosett *s* (Raum)

uboczny *adj* nebensächlich

ubrać *vo* (*Präs. 1P* ubiorę, *3P* ubierze, *3P Mz* ubiorą; *Imp.* ubierz) anziehen *j-n* (bekleiden)

ubrudzić *vo* beflecken, beschmutzen *etw. Akk*, verschmutzen *etw. Akk*

ucho *s* (*Nom Mz* uszy) **1** Ohr *s* **2** Henkel *m*, Öhr *s*

uchwyt *m* (*Gen* ~u) Griff *m* (Handgriff), Halter *m*, Handgriff *m*

uciec *vo* **1** weglaufen **2** entfliehen, entkommen, flüchten *woher*

uciecha *w* (*Dat,Lok* -esze; *Gen Mz* -ch) Vergnügen *s* (Freude)

uciekać *uv* (*Präs. 1P* -am; *Imp.* -aj) **1** auf der Flucht sein **2** vergehen (Zeit)

ucierać *uv* (*Präs. 1P* -am; *Imp.* -aj) reiben *etw. Akk* (Gemüse usw.), raspeln *etw. Akk*

uciskać *uv* (*Präs. 1P* -am; *Imp.* -aj) unterdrücken (Volk usw.)

uczciwie *adv* ehrlich

uczciwy *adj* ehrlich, ehrenhaft, Ehren-, fair

uczeń *m* (*Gen* ucznia; *Nom Mz* uczniowie) Lehrling *m*, Auszubildende *m*, Lernende *m*, Schulkind *s*

uczesać *vo* (*Präs. 1P* -eszę; *Imp.* -esz) kämmen *j-n/etw.*

uczesać się *vo* (*Präs. 1P* -eszę się; *Imp.* -esz się) sich kämmen

uczesanie *s* (*Gen Mz* -ań) Haarschnitt *m*, Schnitt *m* (Haar)

uczestniczyć *uv* (*Präs. 1P* -czę; *Imp.* -cz) teilnehmen *an etw. Dat* (Teilnehmer sein), sich beteiligen *an etw. Dat*
uczestnik *m* (*Nom Mz* -icy) Akteur *m*, Teilnehmer *m etw. Gen*
uczucie *s* (*Gen Mz* -uć) **1** Empfindung *w* (Gefühle), Gefühl *s* (körperlich usw.) **2** Gefühl *s* (Emotion)
uczulony *adj* allergisch *gegen etw.*
uczyć *uv* (*Präs. 1P* uczę; *Imp.* ucz) lehren *j-n etw. Akk*, unterrichten
uczyć się *uv* (*Präs. 1P* uczę się; *Imp.* ucz się) lernen *etw. Akk* (Fertigkeiten erwerben), lernen (für eine Prüfung usw.)
uczynek *m* (*Gen* -nku) Tat *w*
uczynić *vo* (*Präs. 1P* -ię; *Imp.* -yń) tun *etw. Akk*; ~ *vo coś* **korzystniejszym** begünstigen *etw. Akk*, günstig(er) machen *etw. Akk*
udać się *vo* (*Präs. unpers.* -a się; *Imp.* -aj się) **1** gelingen *j-m etw. Nom*, klappen, gelingen (Sache usw.) **2** gehen *irgendwohin* ► **nie** ~ *vo* scheitern, misslingen (Plan usw.)
udawać *uv* (*Präs. 1P* -aję, *3P Mz* -ają; *Imp.* -waj) **1** sich verstellen (sich anders stellen), vortäuschen *etw. Akk*, heucheln *etw. Akk* (Mitleid usw.) **2** nachahmen *j-n*, imitieren *j-n* (komisch usw.) ► ~ *uv*, **że...** so tun, als ob..., vorgeben *etw. Akk*
uderzyć *vo* (*Präs. 1P* -rzę; *Imp.* -rz) **1** schlagen *j-n* (Schlag geben) **2** stoßen *gegen etw.* (Wand usw.), anstoßen *an/gegen etw.*, prallen *gegen etw.* (Wagen usw.), stoßen *gegen/an etw.* (mit Kopf usw.) ► ~ *vo kogoś* **pięścią** eine schmieren *j-m*
udo *s* (*Dat* udu; *Gen Mz* ud) Oberschenkel *m*, Schenkel *m*
udoskonalić *vo* (*Präs. 1P* -lę; *Imp.* -l) verbessern *etw. Akk* (Leistung usw.), aufbessern *etw. Akk*
udowodnić *vo* (*Präs. 1P* -ię; *Imp.* -ij; *Vergang. 1P m* -iłem, *w* -iłam, *3P mpers.* -ili, *n-mpers.* -iły) **1** beweisen *etw. Akk*, nachweisen *etw. Akk* **2** *j-s* Schuld *an etw. Dat* beweisen
udusić *vo* (*Präs. 1P* -uszę; *Imp.* -uś) erdrosseln (an den Hals drücken), ersticken *j-n*, erwürgen *j-n*
udusić się *vo* (*Präs. 1P* -uszę się; *Imp.* -uś się) ersticken
udział *m* (*Gen* ~u) **1** Anteil *m an etw. Dat* **2** Beitrag *m für etw.* ► **brać** *uv* ~ *w czymś* teilnehmen *an etw. Dat* (aktiv usw.), sich beteiligen *an etw. Dat*
udziec *m* (*Gen* udźca; *Dat* udźcowi; *Nom Mz* udźcy; *Gen Mz* udźców) Keule *w* (bei Schlachtvieh)
ufać *uv* (*Präs. 1P* -am; *Imp.* -aj) vertrauen *j-m/etw.*, trauen *j-m/etw.* (Vertrauen haben)
ugotować *vo* kochen (zubereiten)
ugryźć *vo* (*Präs. 1P* -yzę; *Imp.* -ź; *Vergang. 3P m* -yzł, *w* -yzła) beißen *j-n* (Hund usw.)
ująć *vo* (*Präs. 1P* ujmę; *Imp.* ujmij; *Vergang. 1P m* -ąłem, *w* ujęłam, *3P mpers.* ujęli, *n-mpers.* ujęły) **1** abnehmen (Menge usw.) **2** ausdrücken
ująć się *vo* (*Präs. 1P* ujmę się; *Imp.* ujmij się; *Vergang. 1P m* -ąłem się, *w* ujęłam się, *3P mpers.* ujęli się, *n-mpers.* ujęły się) eintreten *für j-n/etw.*
ujęcie *s* (*Gen Mz* -ęć) Aufnahme *w* (Film usw.), Kurzaufnahme *w*
ujście *s* (*Gen Mz* -ść) Mündung *w*
ujść *vo* (*Präs. 1P* ujdę, *3P* ujdzie, *3P Mz* ujdą; *Vergang. 1P m* uszedłem, *w* uszłam) **1** zurücklegen *etw. Akk* (zu Fuß) **2** gehen (akzeptabel sein)
ukarać *vo* (*Präs. 1P* -arzę; *Imp.* -arz) bestrafen *j-n für etw.*; ~ *vo kogoś za coś* **grzywną/ mandatem** mit einer Geldstrafe belegen *j-n*
ukąsić *vo* (*Präs. 1P* -ąszę; *Imp.* -ąś) beißen (Schlange), stechen *j-n* (Insekten)
układ *m* (*Gen* ~u) **1** Gestaltung *w* (eines Gegenstandes) **2** System *s* **3** Vertrag *m* (Staatsvertrag), Abkommen *s* (internationales usw.)
układać *uv* (*Präs. 1P* -dam; *Imp.* -daj) arrangieren (Blumen usw.), ordnen *etw. Akk*
ukłuć *vo* (*Präs. 1P* ukolę/-uję; *Imp.* ukol/-uj; *Vergang. 1P m* -ułem, *w* -ułam, *3P mpers.* -uli, *n-mpers.* -uły) stechen *j-n mit etw.* (mit Messer usw.)
ukończyć *vo* (*Präs. 1P* -czę; *Imp.* -cz) beenden *etw. Akk* (stoppen); ~ *vo* **szkołę wyższą** das Studium abschließen
ukośny *adj* schief, schräg
ukraść *vo* (*Präs. 1P* -adnę, *3P* -adnie, *3P Mz* -adną; *Imp.* -adnij) rauben, stehlen, stehlen *j-m etw. Akk*
ukroić *vo* (*Präs. 1P* -oję; *Imp.* -rój) abschneiden
ukryć *vo* (*Präs. 1P* -yję; *Imp.* -yj) **1** verstecken *etw. Akk vor j-m*, verbergen *etw. Akk vor j-m* (unter Mantel usw.) **2** verheimlichen *j-m etw. Akk*, vertuschen *etw. Akk*, verheimlichen *etw. Akk* (Affäre usw.), geheim halten *etw. Akk*
ukryć się *vo* (*Präs. 1P* -yję się; *Imp.* -yj się) sich verstecken, sich verbergen
ukryty *adj* Hinter-, implizit, indirekt ausgedrückt, versteckt
ulatniać się *uv* (*Präs. 1P* -iam się; *Imp.* -iaj się) entweichen (Gas usw.), auslaufen (Wasser usw.)
ulepszenie *s* (*Gen Mz* -szeń) Verbesserung *w*
ulepszyć *vo* (*Präs. 1P* -szę; *Imp.* -sz) verbessern *etw. Akk*, aufbessern *etw. Akk*
ulgowy *adj* vergünstigt
ulica *w* (*Nom Mz* -ce) Straße *w* (in Stadt)
ulokować *vo* unterbringen *j-n*

ultradźwięk *m* (*Gen* ~u) Ultraschall *m*
ulubiony *adj* beliebt (Lieblings-)
ułamać *vo* (*Präs. 1P* -mię; *Imp.* -m) abbrechen *etw. Akk*
ułamek *m* (*Gen* -mka; *Nom Mz* -mki) **1** Bruch *m* (Zahlen), Bruchzahl *w* **2** Bruchteil *m etw. Gen* (kleiner Teil)
ułatwić *vo* (*Präs. 1P* -ię; *Imp.* -w) erleichtern, erleichtern *etw. Akk* (einfacher machen), erleichtern *j-m etw. Akk*
umeblować *vo* einrichten *etw. Akk* (Wohnung usw.)
umiarkowany *adj* **1** maßvoll, gemäßigt **2** mäßig (Wind usw.), gemäßigt (Klima usw.)
umieć *uv* (*Präs. 1P* -em; *Imp.* -ej) können *tun etw. Akk*
umiejętność *w* (*Nom Mz* -ści) Kompetenz *w* (Fachkompetenz usw.), Kunst *w* (Geschick)
umieszczać *uv* (*Präs. 1P* -am; *Imp.* -aj) lagern *etw. Akk irgendwohin*, speichern *etw. Akk irgendwohin* (Vorräte usw.)
umieścić *vo* (*Präs. 1P* -eszczę; *Imp.* -ść) platzieren *etw. Akk irgendwohin*
umniejszyć *vo* (*Präs. 1P* -szę) mindern *etw. Akk*, verringern *etw. Akk* (Risiko usw.), vermindern *etw. Akk*
umorzyć *vo* (*Präs. 1P* -rzę; *Imp.* umórz; *Vergang. 1P m* -yłem, *w* -yłam, *3P mpers.* -yli, *n-mpers.* -yły) abschreiben (wegen Abnutzung usw.)
umowa *w* (*Gen Mz* umów) Abmachung *w*, Vereinbarung *w*, Vertrag *m*; **U~ stoi!** Abgemacht!
umożliwić *vo* (*Präs. 1P* -wię; *Imp.* -w) erlauben *j-m etw. Akk*, ermöglichen *(j-m) etw. Akk*
umówić *vo* (*Präs. 1P* -ię; *Imp.* -w) verabreden *etw. Akk* (Treffen usw.)
umówić się *vo* (*Präs. 1P* -ię się; *Imp.* -w się) ein Treffen verabreden, sich verabreden *mit j-m*
umrzeć *vo* (*Präs. 1P* umrę, *3P* -e; *Imp.* -rzyj; *Vergang. 1P m* umarłem, *w* umarłam, *3P mpers.* umarli, *n-mpers.* umarły) sterben *an etw. Dat*
umyć *vo* waschen *etw. Akk* (reinigen), abwaschen *etw. Akk*; ~ *vo* **zęby** sich die Zähne putzen
umysłowy *adj* seelisch
umyślnie *adv* absichtlich, bewusst (mit Absicht)
umyślny *adj* absichtlich, bewusst (Lüge usw.)
umywalka *w* (*Dat,Lok* -lce; *Gen Mz* -lek) Waschbecken *s*
unieważnić *vo* (*Präs. 1P* -nię; *Imp.* -nij; *Vergang. 1P m* -niłem, *w* -niłam, *3P mpers.* -nili, *n-mpers.* -niły) annullieren, stornieren (Bestellung usw.)
unikalny *adj* einzigartig, einmalig
uniknąć *vo* (*Präs. 1P* -nę; *Imp.* -nij; *Vergang. 1P m* -ąłem, *w* -nęłam, *3P mpers.* -nęli, *n-mpers.* -nęły) ausweichen *etw. Dat*, vermeiden *etw. Akk*
uniwersalny *adj* allseitig
uniwersytet *m* (*Gen* ~u) Universität *w*, Uni *w*
upadek *m* (*Gen* -dku) **1** Fall *m* (das Fallen), Sturz *m* (in die Tiefe usw.) **2** Lapsus *m*, Fehltritt *m* (im Benehmen usw.), Verfall *m*
upał *m* (*Gen* ~u) Hitze *w*
upić się *vo* (*Präs. 1P* -iję się; *Imp.* -ij się) sich betrinken *von etw.*
upiec *vo* (*Präs. 1P* -ekę, *3P* -ecze; *Imp.* -ecz; *Vergang. 1P m* -ekłem, *w* -ekłam, *3P mpers.* -ekli, *n-mpers.* -ekły) backen, braten (im Fett)
upierać się *uv* (*Präs. 1P* -am się; *Imp.* -aj się) bestehen *auf etw. Dat* (beharren)
upłynąć *vo* (*Präs. 3P* -nie; *Imp.* -yń; *Vergang. 1P m* -ąłem, *w* -nęłam, *3P mpers.* -nęli, *n-mpers.* -nęły) **1** vergehen **2** verfallen (Gültigkeit), ablaufen
upominek *m* (*Gen* -nku) Andenken *s* (Souvenir); **(mały) ~** *m* eine kleine Aufmerksamkeit
uporządkować *vo* in Ordnung bringen *etw. Akk*, ordnen *etw. Akk*, anordnen *etw. Akk*
uprać *vo* (*Präs. 1P* upiorę, *3P* upierze, *3P Mz* upiorą; *Imp.* upierz) waschen (Gemüse usw.)
uprawiać *uv* (*Präs. 1P* -iam; *Imp.* -iaj) **1** bebauen (Boden) **2** treiben *etw. Akk*, treiben *etw. Akk* (sich befassen)
uprawnienie *s* (*Gen Mz* -eń) Anspruch *m auf etw. Akk* (Recht), Prärogativ *s*, Vorrecht *s*
uprawniony *adj* berechtigt (zuständig), ermächtigt, befugt, bevollmächtigt
uprościć *vo* (*Präs. 1P* -oszczę; *Imp.* -ść) vereinfachen *etw. Akk*
uprowadzenie *s* (*Gen Mz* -eń) Entführung *w*, Kidnapping *s* (von Person)
uprowadzić *vo* (*Imp.* -adź) entführen *etw. Akk*
uprząż *m* (*Nom Mz* -rzęże; *Gen Mz* -rzęży) Geschirr *s* (von Zugtieren)
uprzejmy *adj* gut *zu j-m*, höflich, nett, liebenswürdig (Wesen)
upuścić *vo* (*Präs. 1P* -uszczę; *Imp.* -ść) fallen lassen *etw. Akk*
uratować *vo* retten *j-n/etw. vor j-m/etw.*
uraz *m* Unfall *m* (Verletzung)
urlop *m* Urlaub *m*
uroczy *adj* entzückend, niedlich, süß
uroczystość *w* (*Nom Mz* -ści) Feier *w*
uroczysty *adj* Fest-, Feier-
urodzajny *adj* fruchtbar (Feld usw.)
urodzić się *vo* (*Präs. 3P* -i się) geboren sein
urodziny *nur Mz n-mpers.* (*Gen Mz* -n) Geburtstag *m*
uruchomić *vo* (*Präs. 1P* -ię; *Imp.* -m) anlassen *etw. Akk* (Maschine usw.), in Gang

setzen *etw. Akk*, betätigen *etw. Akk* (Anlage usw.), starten *etw. Akk* (Vorhaben usw.)
urwać *vo* (*Präs. 1P* -wę; *Imp.* -wij) abreißen, wegreißen, abreißen *etw. Akk* (weg reißen)
uryna *w* (*Gen Mz* -n) Harn *m*, Urin *m*
urząd *m* Amt *s*, Behörde *w* (staatliche usw.), Dienststelle *w*; **~** *m* **celny** Zollamt *s*
urządzenie *s* (*Gen Mz* -eń) Anlage *w*, Vorrichtung *w* (technische usw.)
urządzić *vo* (*Imp.* -ądź) einrichten *etw. Akk* (Wohnung usw.)
urzędowo *adv* offiziell
urzędowy *adj* amtlich, behördlich, offiziell, Dienst-
uschnąć *vo* (*Präs. 3P* -nie; *Imp.* -nij; *Vergang. 1P m* -chłem, *w* -chłam, *3P mpers.* -chli, *n-mpers.* -chły) vertrocknen
usiąść *vo* (*Präs. 1P* -ądę; *Imp.* -ądź) sich setzen
usłuchać *vo* (*Präs. 1P* -am; *Imp.* -aj) gehorchen *j-m/etw.*, folgen *j-m/etw.* (Chef usw.)
usługa *w* (*Dat,Lok* -udze; *Gen Mz* -g) Dienst *m* (Leistung); **usługi** *w Mz* Dienstleistungen *w Mz*
usłyszeć *vo* (*Präs. 1P* -szę; *Imp.* -sz; *Vergang. 1P m* -szałem, *w* -szałam, *3P mpers.* -eli, *n-mpers.* -szały) aufschnappen *etw. Akk*, hören *etw. Akk*, hören *etw. Akk* (erfahren)
uspokoić *vo* (*Präs. 1P* -koję; *Imp.* -kój) beruhigen *j-n/etw.*, beruhigen *j-n*, befrieden, beschwichtigen
usprawiedliwić *vo* (*Präs. 1P* -liwię; *Imp.* -liw) entschuldigen *j-n/etw.* (Grund mitteilen), rechtfertigen *etw. Akk*
usprawiedliwienie *s* (*Gen Mz* -liwień) Entschuldigung *w für etw.* (Grund)
usprawiedliwiony *adj* begründet (Anspruch usw.), berechtigt (Vorgehen usw.), gerechtfertigt, legitim (Anspruch usw.)
usta *nur Mz n-mpers.* (*Gen Mz* -t) Mund *m*
ustać *vo* (*Präs. 3P* -anie) aufhören (Regen usw.)
ustalić *vo* (*Präs. 1P* -lę; *Imp.* -l) **1** aushandeln *etw. Akk*, bestimmen *etw. Akk* (Anzahl usw.), festlegen *etw. Akk* (Termin usw.), stabilisieren *etw. Akk* (Preis usw.) **2** vorfinden ► **~ termin spotkania** ein Treffen verabreden
ustalony *adj* fest (klar bestimmt), gegeben, stabilisiert
ustawicznie *adv* dauernd (ohne Unterbrechung), ständig
ustąpić *vo* (*Präs. 1P* -ię; *Imp.* -p) **1** frei machen (Weg usw.) **2** nachgeben *j-m/etw.* (Konzessionen machen) **3** nachlassen (Schmerz usw.) **4** zurücktreten
usterka *w* (*Dat,Lok* -rce; *Gen Mz* -rek) Defekt *m*
ustęp *m* Passage *w* (eines Textes usw.)
ustnik *m* (*Gen* ~a) Mundstück *s*, Schnabel *m* (eines Instruments usw.)
ustny *adj* **1** Mund-, oral, Oral- **2** mündlich (Prüfung usw.)
ustronny *adj* abgelegen, abgeschieden (Ort usw.)
ustrój *m* (*Gen* -roju; *Gen Mz* -rojów) System *s* (Staatsordnung)
usunąć *vo* (*Präs. 1P* -nę; *Imp.* -uń; *Vergang. 1P m* -ąłem, *w* -nęłam, *3P mpers.* -nęli, *n-mpers.* -nęły) **1** abschaffen *etw. Akk*, beseitigen *etw. Akk*, wegräumen **2** verdrängen *j-n von etw.*
usunięcie *s* (*Gen Mz* -ęć) Beseitigung *w*, Löschung *w* (von Daten usw.)
usuwać *uv* (*Präs. 1P* -am; *Imp.* -aj) beseitigen *etw. Akk* (Abfall usw.), liquidieren (beseitigen)
uszczerbek *m* (*Gen* -bka; *Nom Mz* -bki) Schaden *m* (Einbuße)
uszkodzenie *s* (*Gen Mz* -eń) **1** Beschädigung *w*, Mangel *m* (Defekt usw.), Fehler *m* (Funktionsfehler usw.) **2** Läsion *w*
uszkodzić *vo* (*Imp.* -odź) beschädigen
uszkodzony *adj* defekt, kaputt
uszyć *vo* nähen (Kleid usw.)
uśmiech *m* Lächeln *s*
uśmiechnąć się *vo* (*Präs. 1P* -nę się; *Imp.* -nij się; *Vergang. 1P m* -ąłem się, *w* -nęłam, *3P mpers.* -nęli się, *n-mpers.* -nęły się) anlächeln *j-n*, lächeln
uśmiercić *vo* (*Imp.* -rć) töten, umbringen
utalentowany *adj* begabt, talentiert, talentvoll
utknąć *vo* (*Präs. 1P* -nę; *Imp.* -nij; *Vergang. 1P m* -ąłem, *w* -nęłam, *3P mpers.* -nęli, *n-mpers.* -nęły) **1** stecken bleiben *irgendwo* **2** festklemmen, stecken *irgendwo* (festsitzen)
utopić się *vo* (*Präs. 1P* -ię się; *Imp.* -p się) ertrinken
utracić *vo* (*Imp.* -ać) verlustig gehen *etw. Gen*, verlieren *etw. Akk* (durch Fehler usw.)
utrzymać *vo* (*Präs. 1P* -am; *Imp.* -aj) **1** halten (können) *etw. Akk* **2** behalten (Zustand usw.), halten, erhalten (Entwicklung usw.) **3** ernähren *j-n* (unterhalten), versorgen *j-n* (finanziell usw.)
uwaga *w* (*Dat,Lok* -adze; *Gen Mz* -g) **1** Acht *w* **2** Bemerkung *w* (Einwand), Anmerkung *w*, Zwischenruf *m* ► **brać** *uv coś* **pod uwagę** berücksichtigen *etw. Akk*, rechnen *mit etw.* (Risiko usw.); **odwrócić** *czyjąś* **uwagę** *od czegoś j-s* Aufmerksamkeit ablenken; **U~!** Vorsicht!, Achtung!; **wziąć** *vo coś* **pod uwagę** in Erwägung ziehen *etw. Akk*, erwägen *etw. Akk*; **wziąć** *coś* **pod uwagę** berücksichtigen *etw. Akk*; **zwracać** *uv* **uwagę** *na coś* Aufmerksamkeit widmen *j-m/etw.*; **biorąc/wziąwszy pod uwagę** *coś* angesichts *etw. Gen*
uważać *uv* (*Präs. 1P* -żam; *Imp.* -żaj) **1** aufpassen *auf etw. Akk* **2** aufpassen *auf etw. Akk* (Acht geben), Aufmerksamkeit widmen *j-m/etw.* **3** halten *j-n/etw. für j-n/etw.*, betrachten *j-n/etw. als j-n/etw.*

uważnie *adv* aufmerksam
uważny *adj* achtsam, aufmerksam
uwierzyć *vo* (*Präs. 1P* -rzę; *Imp.* -rz) glauben *j-m etw. Akk*
uwierzytelnić *vo* (*Präs. 1P* -nię; *Imp.* -nij; *Vergang. 1P m* -niłem, *w* -niłam) beglaubigen *etw. Akk*
uwieść *vo* (*Präs. 1P* -iodę, *3P* -edzie; *Imp.* -edź; *Vergang. 1P m* -iodłem, *w* -iodłam, *3P mpers.* -edli, *n-mpers.* -iodły) verführen *j-n* (Mädchen usw.)
uwodzić *uv* verführen *j-n* (Mädchen usw.)
uwolnić *vo* (*Präs. 1P* -ię; *Imp.* -ij; *Vergang. 1P m* -iłem, *w* -iłam, *3P mpers.* -ili, *n-mpers.* -iły) **1** befreien (frei machen) **2** befreien *j-n/etw. aus etw.* (herausziehen usw.), befreien *von j-m/etw.*
uwydatnić *vo* (*Präs. 1P* -ię; *Imp.* -ij; *Vergang. 1P m* -iłem, *w* -iłam, *3P mpers.* -ili, *n-mpers.* -iły) betonen *etw. Akk*, hervorheben *etw. Akk*
uwzględniać *uv* (*Präs. 1P* -am; *Imp.* -aj) berücksichtigen *etw. Akk*, rechnen *mit etw.* (Risiko usw.)
uzależniony *adj* **1** angewiesen *auf j-n/etw.* (abhängig) **2** abhängig *von etw.* (Drogen usw.)
uzasadniony *adj* begründbar, begründet, berechtigt (Sorge usw.), gerechtfertigt
uzbrojony *adj* bewaffnet
uzdrowisko *s* (*Nom Mz* -ka; *Gen Mz* -k) Bad *s* (mit Heilquellen), Kurort *m*
uzębienie *s* (*Gen Mz* -eń) Gebiss *s*
uznać *vo* (*Präs. 1P* -am; *Imp.* -aj) **1** anerkennen **2** zugeben, zugestehen, einsehen
uzupełnić *vo* (*Präs. 1P* -ię; *Imp.* -ij) **1** ergänzen **2** auffüllen (Bestände, Vorräte usw.) ► ~ *vo* **paliwo** auftanken
uzupełnienie *s* (*Gen Mz* -ień) Ergänzung *w*, Komplettierung *w*, Vervollständigung *w*
uzyskać *vo* (*Präs. 1P* -am; *Imp.* -aj) gewinnen
użądlić *vo* (*Präs. 3P* -i; *Imp.* -ij; *Vergang. 3P mpers.* -ili, *n-mpers.* -iły) stechen *j-n*
użycie *s* (*Gen Mz* -yć) Benutzung *w etw. Gen*, Nutzung *w etw. Gen*, Gebrauch *m etw. Gen*, Verwendung *w etw. Gen*
użyć *vo* benutzen *etw. Akk*, verwenden *etw. Akk*
użytkownik *m* (*Nom Mz* -icy) Benutzer *m*, Anwender *m* (eines Programms usw.); **rodzimy** ~ *m* **języka** Muttersprachler *m*
używać *uv* (*Präs. 1P* -am; *Imp.* -aj) benutzen, benutzen *etw. Akk*, verwenden *etw. Akk*
używanie *s* (*Gen Mz* -ań) Benutzung *w etw. Gen*, Nutzung *w etw. Gen*, Gebrauch *m etw. Gen*, Verwendung *w etw. Gen*
używany *adj* aus zweiter Hand, gebraucht

V

VAT *abbr* Mehrwertsteuer *w*, MwSt.
voucher *m* (*Gen* ~a; *Gen Mz* ~ów; *Ins Mz* ~ami) Voucher *m,s*, Gutschein *m*

W

w, we *prep* in (einem Raum usw.); **w ciągu** *czegoś* innerhalb *etw. Gen*, binnen *etw. Dat*; **w górę** aufwärts; **w pobliżu** daneben, nebenan; **w poprzek** *czegoś* quer *durch etw., über etw. Akk*; **w przybliżeniu** ungefähr, etwa; **w szkole** in der Schule; **w tyle** zurück (zurückgeblieben); **w najgorszym/najlepszym razie** im schlimmsten/besten Fall *m*; **w poniedziałek/wtorek** am Montag/Dienstag
wachlarz *m* (*Gen Mz* ~y) Fächer *m*
wada *w* (*Dat,Lok* wadzie; *Gen Mz* -d) **1** Nachteil *m*, Negativum *s* **2** Fehler *m* (an einer Ware usw.), Mangel *m* (an einem Produkt usw.)
wadliwy *adj* fehlerhaft
waga *w* (*Dat,Lok* wadze; *Gen Mz* -g) **1** Waage *w* (Gerät) **2** Gewicht *s etw. Gen* (Schwere) **3** Gewicht *s etw. Gen* (Bedeutung), Wichtigkeit *w* ► **W~** *w* Waage *w* (Sternzeichen)
wagon *m* Eisenbahnwagen *m*, Wagen *m* (Eisenbahn); **~** *m* **sypialny** Schlafwagen *m*
wahać się *uv* (*Präs. 1P* -am się; *Imp.* -aj się) **1** schwanken (Temperaturen usw.) **2** zaudern, zögern
wakacje *nur Mz n-mpers.* Ferien *Mz*
walczyć *uv* (*Präs. 1P* -czę; *Imp.* -cz) kämpfen
walec *m* (*Gen* -lca; *Dat* -lcowi; *Nom Mz* -lcy; *Gen Mz* -lców) Zylinder *m*
walizka *w* (*Dat,Lok* -zce; *Gen Mz* -zek) Koffer *m*
walka *w* (*Dat,Lok* -lce; *Gen Mz* -lek; *Dat Mz* -kom) **1** Kampf *m* **2** Anstrengung *w*
walnąć *vo* (*Präs. 1P* -nę; *Imp.* -nij; *Vergang. 1P m* -ąłem, *w* -nęłam, *3P mpers.* -nęli, *n-mpers.* -nęły) schlagen *an etw. Akk* (an den Tisch usw.), schlagen (mit Kralle usw.)
waluta *w* (*Dat,Lok* -ucie; *Gen Mz* -t) Währung *w*
wał *m* (*Gen* ~u) **1** Damm *m*, Wall *m* **2** Welle *w* (Maschinenteil)
wałek *m* (*Gen* -łka; *Nom Mz* -łki) Nudelholz *s*, Walze *w*, Rolle *w* (Rad)
wanilia *w* (*Gen,Dat,Lok* -lii; *Gen Mz* -lii/-lij) Vanille *w*
wanna *w* (*Gen Mz* -nien) Badewanne *w*, Wanne *w*
wapno *s* Kalk *m*
warga *w* (*Dat,Lok* -rdze; *Gen Mz* -g) Lippe *w*
warkocz *m* (*Gen Mz* ~y) Zopf *m*
warkotać *uv* (*Präs. 3P* -ocze; *Imp.* -ocz; *Vergang. 1P m* -ałem, *w* -ałam, *3P mpers.* -ali, *n-mpers.*

-ały) summen (Maschine usw.), surren (Motor usw.)
warstwa *w* (*Gen Mz* -w) Etage *w* (einer Torte usw.), Schicht *w* (Gesellschaftsschicht usw.)
warsztat *m* (*Gen* ~u) **1** Werkstatt *w* **2** Webstuhl *m* ► ~ *m* **naprawczy** Reparaturwerkstatt *w*
wart *adj* wert *etw. Gen* (würdig), würdig *etw. Gen* (wert)
wartościowy *adj* wertvoll, Wert-
wartość *w* (*Nom Mz* -ści) **1** Wert *m etw. Gen* (finanzieller) **2** Beitrag *m für etw.* (Mitwirkung), Wert *m* (Bedeutung)
warunek *m* (*Gen* -nku) Bedingung *w*, Voraussetzung *w* (Bedingung) *für etw.*, Vorbedingung *w für etw.*; **pod warunkiem, że** unter der Bedingung, dass
warzywo **warzywa** *s Mz* Gemüse *s*
wasz, wasza, wasze *pron* euer, eure
wata *w* (*Dat,Lok* wacie; *Gen Mz* -t) Watte *w*
wazon *m* Vase *w*
ważny *adj* **1** ernsthaft (wichtig usw.), seriös (Gründe usw.), wichtig **2** gültig ► **najważniejsze to...** das wichtigste ist
ważyć *uv* (*Präs. 1P* -żę; *Imp.* -ż) **1** wiegen (Gewicht haben) **2** wiegen *j-n/etw.* (Gewicht feststellen)
wąchać *uv* (*Präs. 1P* -am; *Imp.* -aj) riechen (durch den Geruchssinn)
wąs *m* (*Gen* ~a; *Nom Mz* ~y) Schnurrbart *m*
wąski *adj* eng, schmal
wątły *adj* zart (körperlich), schwach
wątpić *uv* (*Präs. 1P* -ię; *Imp.* -p) zweifeln *an j-m/etw.*
wątpliwość *w* (*Nom Mz* -ści) Zweifel *m*
wątpliwy *adj* strittig (unsicher), Streit-, zweifelhaft, fragwürdig
wątroba *w* (*Gen Mz* -rób) Leber *w*
wąwóz *m* Schlucht *w*
wąż *m* **1** Schlange *w* (Tier) **2** Schlauch *m* (Röhre)
wcale *part* gar, überhaupt; **~ nie** gar nicht, überhaupt nicht, keineswegs
wchłonąć *vo* (*Präs. 1P* -nę; *Imp.* -oń; *Vergang. 1P m* -ąłem, *w* -nęłam, *3P mpers.* -nęli, *n-mpers.* -nęły) absorbieren *etw. Akk*, schlucken (Firma usw.)
wciągnąć *vo* (*Präs. 1P* -nę; *Imp.* -nij; *Vergang. 1P m* -nąłem, *w* -nęłam, *3P mpers.* -nęli, *n-mpers.* -nęły) **1** einziehen (Bauch usw.) **2** hochziehen, aufziehen (nach oben) **3** hineinziehen *j-n in etw. Akk* (in einen Streit usw.)
wcisnąć *vo* **1** hineinpressen, hineinzwängen, hineinpressen *etw. Akk irgendwohin*, hineinpressen *etw. Akk in etw. Akk* **2** andrehen *j-m etw. Akk*
wczasy *nur Mz n-mpers.* Gesellschaftsreise *w*, Reise *w*, Urlaub *m*
wczesny *adj* **1** früh **2** früh (Gemüse usw.), Früh-
wcześnie *adv* früh
wcześniej *adv* früher, eher
wczorajszy *adj* gestrig
wdowa *w* (*Gen Mz* wdów) Witwe *w*
wdowiec *m* (*Vok* -wcu; *Nom Mz* -wcy; *Lok Mz* -wcach) Witwer *m*
wdzięczny *adj* dankbar *für etw.*; **być ~m** *komuś za coś* dankbar sein *j-m für etw.*
według *prep* nach *etw.* (Vorbild), gemäß *etw. Dat*
weekend *m* (*Gen* ~u) Wochenende *s*
wegetariański *adj* vegetarisch
wejście *s* (*Gen Mz* -ść) **1** Aufstieg *m* (Besteigung) **2** Eingang *m*
wejściowy *adj* Eingangs-
wejść *vo* (*Präs. 1P* -jdę, *3P* -jdzie, *3P Mz* -jdą; *Imp.* -jdziesz; *Vergang. 1P m* wszedłem, *w* weszłam) **1** eintreten *in etw. Akk*, betreten *etw. Akk*, hereinkommen *in etw. Akk*, hineingehen *in etw. Akk* **2** hinaufsteigen *etw. Akk* ► **Proszę ~!** Herein!; **Proszę ~.** Kommen Sie herein.
weksel *m* (*Dat* -slowi; *Gen Mz* -sli) Wechsel *m* (Wertpapier)
wełna *w* (*Gen Mz* -łen) Fleece *s*, Wolle *w*
wentyl *m* (*Gen* ~a; *Dat* ~owi; *Gen Mz* ~i) Ventil *s*
wentylacja *w* (*Gen,Dat,Lok, Gen Mz* -ji) Ventilation *w*
wentylator *m* (*Gen* ~a) Ventilator *m*, Lüfter *m*
wepchnąć *vo* (*Präs. 1P* -nę; *Imp.* -nij; *Vergang. 1P m* -ąłem, *w* -nęłam, *3P mpers.* -nęli, *n-mpers.* -nęły) drücken *etw. Akk in etw. Akk*, hineinstopfen *etw. Akk in etw. Akk*, stecken *etw. Akk in etw. Akk*
werbalnie *adv* mündlich, verbal
wesoły *adj* **1** fröhlich **2** lustig (amüsant)
wesprzeć *vo* (*Präs. 1P* -prę, *3P* -e; *Imp.* -rzyj; *Vergang. 1P m* wsparłem, *w* wsparłam, *3P mpers.* wsparli, *n-mpers.* wsparły) beistehen *j-m*, stärken (Selbstbewusstsein usw.)
wesz *w* (*Nom Mz* wszy; *Gen Mz* wszy) Laus *w*
weterynarz *m* (*Gen Mz* ~y) Tierarzt *m*
wetknąć *vo* (*Präs. 1P* -nę; *Imp.* -nij; *Vergang. 1P m* -ąłem, *w* -nęłam, *3P mpers.* -nęli, *n-mpers.* -nęły) aufstecken *etw. Akk auf etw. Akk* (als Verlängerung usw.), einstoßen *etw. Akk in etw. Akk*, stoßen *etw. Akk in etw. Akk*
wewnątrz *adv* drinnen, innen; **od ~** innen
wewnętrzny *adj* inner(er,e,es), Innen-, innerlich (Gefühle usw.), intern
wezwać *vo* (*Präs. 1P* -wę; *Imp.* -wij) **1** vorladen *j-n* **2** hinzuziehen *j-n*, rufen *j-n* (Arzt usw.)

wędka *w* (*Dat,Lok* -dce; *Gen Mz* -dek) Angelrute *w*
wędlina **wędliny** *Mz* Wurstwaren *w Mz*
wędrować *uv* durchs Land ziehen, wandern, wandern (in den Bergen usw.)
wędrówka *w* (*Dat,Lok* -wce; *Gen Mz* -wek) Wanderung *w*; **iść** *uv* **na (pieszą) wędrówkę** wandern (in den Bergen usw.)
wędzony *adj* geräuchert
węgiel *m* (*Dat* -glowi; *Gen Mz* -gli) Kohle *w* (Brennstoff), Kohlenstoff *m*
węzeł *m* **1** Knoten *m* (in Schnur usw.) **2** Knoten *m* (Lymphknoten usw.), Nodus *m* **3** Knotenpunkt *m* (Verknüpfung)
wiadomość *w* (*Nom Mz* -ści) Nachricht *w* (E-Mail usw.), Neuigkeit *w*; **wiadomości** *Mz* Nachrichten *w Mz*
wiadro *s* (*Gen Mz* -der) Eimer *m*, Kübel *m*
wiadukt *m* (*Gen* ~u) Überführung *w* (Brücke), Viadukt *m,s*
wiara *w* (*Dat,Lok* wierze; *Gen Mz* -r) Glaube *m*
wiatr *m* (*Lok* wietrze) Wind *m*
wiatrak *m* (*Gen* ~a) **1** Windmühle *w* **2** Ventilator *m*, Lüfter *m*
wiązać *uv* (*Präs. 1P* -ążę; *Imp.* -ąż) **1** binden (zu Bündeln), fesseln (mit Seil usw.) **2** knüpfen, binden
wicher *m* (*Lok* -chrze; *Gen Mz* -chrów) Sturm *m*
wichura *w* (*Dat* -urze; *Lok Mz* ~ch) Sturm *m*
widelec *m* (*Gen* -lca; *Gen Mz* -lców) Gabel *w*
widły *nur Mz n-mpers.* Gabel *w* (für Heu usw.)
widnokrąg *m* Horizont *m*
widocznie *adv* offensichtlich
widoczny *adj* offensichtlich, sichtlich, merklich; **być ~m** in Sichtweite sein
widok *m* (*Gen* ~u) Aussicht *w*, Ausblick *m* (schöner usw.)
widokówka *w* (*Dat,Lok* -wce; *Gen Mz* -wek) Ansichtskarte *w*, Postkarte *w* (aus dem Urlaub usw.)
widownia *w* **1** Zuschauerraum *m* **2** Publikum *s*
widz *m* (*Nom Mz* ~owie) Zuschauer *m*
widzialność *w* (*Nom Mz* -ści) Sichtweite *w*
widzialny *adj* sichtbar
widzieć *uv* (*Präs. 1P* -dzę) sehen *j-n/etw.*
wiecznie *adv* ewig
wieczny *adj* ewig, andauernd (Probleme usw.)
wieczorem *adv* abends
wieczór *m* (*Gen* -czoru/-czora) Abend *m*; **Dobry ~.** Guten Abend.; **wczoraj wieczorem** gestern Abend
wiedza *w* (*Gen* -dzy) **1** Kenntnisse *w Mz* **2** Sachkenntnis *w*, Fachkenntnis *w* ► **(ogólna) ~** *w o czymś* Überblick *m* (Kenntnisse), Übersicht *w* (Wissen)
wiedzieć *uv* (*Präs. 1P* -em; *Imp.* -dz) wissen *etw. Akk, von etw.*
wiek *m* (*Gen* ~u) **1** Alter *s* (einer Person), Lebensalter *m* **2** Zeit *w* (Ära) **3** Jahrhundert *s* ► **granica ~u** Altersgrenze *w*
wieko *s* (*Nom Mz* -ka; *Gen Mz* -k) Deckel *m* (Kofferdeckel usw.)
wiele *adv* viel (große Menge)
Wielkanoc *w* (*Nom Mz* ~e) Ostern *s*
wielki *adj* groß (Maß, Menge)
wielkoduszny *adj* großzügig
wielkość *w* (*Nom Mz* -ści) **1** Ausmaß *s*, Größe *w* **2** Größe *w* (in Physik)
wielobarwny *adj* bunt, vielfarbig
wielokrotnie *adv* unzählige Mal(e), unendlichmal, vielfach, wiederholt
wieprz *m* (*Nom,Akk Mz* ~e) Schwein *s*
wieprzowina *w* (*Gen Mz* -n) Schweinefleisch *s*
wieprzowy *adj* Schweine-
wierny *adj* **1** treu *j-m* (zuverlässig) **2** treu (genau), getreu
wiersz *m* **1** Gedicht *s* **2** Vers *m*
wiertarka *w* (*Dat,Lok* -arce; *Gen Mz* -arek) Bohrmaschine *w*
wierzyć *uv* (*Präs. 1P* -rzę; *Imp.* -rz) **1** glauben *an etw. Akk* **2** glauben *j-m/etw.*
wieszać *uv* (*Präs. 1P* -am; *Imp.* -aj) **1** aufhängen *etw. Akk* (Gardinen usw.), hängen *etw. Akk* (Wäsche usw.) **2** hängen *j-n* (hinrichten)
wieszak *m* (*Gen* ~a) **1** Kleiderbügel *m* **2** Kleiderhaken *m*, Haken *m* (Hängeisen)
wieś *w* (*Nom Mz* wsie) Dorf *s*, Land *s* (ländliche Gegend)
wietrzny *adj* windig
wietrzyć *uv* (*Präs. 1P* -rzę; *Imp.* -rz) **1** lüften **2** wittern (Probleme usw.)
wietrzyk *m* (*Gen* ~a) Brise *w*
wieźć *uv* (*Präs. 1P* wiozę; *Imp.* -ź; *Vergang. 1P m* wiozłem, *w* wiozłam, *3P mpers.* -źli, *n-mpers.* wiozły) fahren *j-n/etw. irgendwohin*, transportieren *j-n/etw. irgendwohin*
wieża *w* (*Nom Mz* -że) Turm *m* (Bau); **~** *w* **widokowa/obserwacyjna** Aussichtsturm *m*
więcej *adv* mehr; **(a) co ~** und überdies, außerdem; **dwa razy ~** doppelt so viel; **Nie zniosę tego ~.** Ich halte es nicht mehr aus.
większość *w* (*Nom Mz* -ści) Mehrheit *w j-s/etw.*, Majorität *w j-s/etw.*
większy *adj* größer
więzienie *s* (*Gen Mz* -eń) Gefängnis *s*, Haft *w* (Strafe), Strafanstalt *w*
więź *w* (*Gen Ez, Nom,Gen Mz* -ęzi) Band *s* (Verbindung)
wilgoć *w* (*bes. Ez*) Feuchtigkeit *w* (Wassertropfen usw.), Nässe *w*
wilgotność *w* (*Nom Mz* -ści) Feuchtigkeit *w* (der Luft)

wilgotny *adj* feucht
wilk *m* (*Gen* ~a) Wolf *m*
willa *w* (*Gen Mz* -ll/-lli) Villa *w*
wina *w* (*Gen Mz* -n) Schuld *w an etw. Dat* (Verantwortung usw.), Schuld *w* (Fehler); **To nie moja ~!** Es ist nicht meine Schuld!
winda *w* (*Dat,Lok* -ndzie; *Gen Mz* -d) Aufzug *m*, Fahrstuhl *m*, Lift *m*
winiarnia *w* (*Gen Mz* -rni) Weinstube *w*
winnica *w* (*Nom Mz* -ce) Weinberg *m*, Weingarten *m*
wino *s* Wein *m*; **grzane ~** *s* Glühwein *m*
winogrono *s* Trauben *w Mz*
wioska *w* (*Dat,Lok* -sce; *Gen Mz* -sek) Dorf *s*
wiosło *s* (*Lok* -ośle; *Gen Mz* -seł) Paddel *s*, Ruder *s*
wiosłować *uv* paddeln, rudern, skullen
wiosna *w* (*Gen Mz* -sen) Frühling *m*
wisieć *uv* hängen
wiśnia *w* (*Gen Mz* wisien/-i) Sakura *w*, Japanische Blütenkirsche, Sauerkirsche *w* (Baum)
witać *uv* (*Präs. 1P* -am; *Imp.* -aj) willkommen heißen *j-n*; **~** *uv coś* **(z radością)** begrüßen *etw. Akk*; **Witamy!** Willkommen!
witryna *w* (*Gen Mz* -n) Schaufenster *s*
wiza *w* (*Gen Mz* -z) Visum *s*
wizytówka *w* (*Dat,Lok* -wce; *Gen Mz* -wek) Visitenkarte *w*, Besuchskarte *w*
wjazd *m* (*Lok* wjeździe) **1** Auffahrt *w* (zur Autobahn), Einfahrt *w* (Stelle) **2** Einfahrt *w* (Einfahren) ► **~** *m* **na autostradę** Autobahnauffahrt *w*
wkręcić *vo* (*Imp.* -ęć) schrauben *etw. Akk* (Schraube)
wkroczyć *vo* (*Präs. 1P* -czę; *Imp.* -cz) treten *in etw. Akk*, betreten *etw. Akk*
wkrótce *adv* bald, in Kürze, demnächst, kurz nach *etw.*
wkurzony *adj* sauer *auf j-n*, verärgert
wlec *uv* **1** schleifen *etw. Akk* (Sack usw.) **2** schleppen *j-n irgendwohin*
władać *uv* (*Präs. 1P* -dam; *Imp.* -daj) beherrschen (Fremdsprache usw.)
władza *w* (*Nom Mz* -dze) Macht *w*; **władze** Behörden *w Mz*
włamać się *vo* (*Präs. 1P* -mię się; *Imp.* -m się) einbrechen *in etw. Akk* (Dieb usw.)
włamanie *s* (*Gen Mz* -mań) Einbruch *m*
własność *w* (*Nom Mz* -ści) **1** Eigentum *s*, Besitz *m* **2** Besitz *m* (Besitzen)
własny *adj* eigen
właściciel *m* Besitzer *m*, Besitzer *m etw. Gen*, Eigentümer *m etw. Gen*, Inhaber *m etw. Gen*
właściwość *w* (*Nom Mz* -ości) Eigenschaft *w j-s/etw.*
właściwy *adj* **1** geeignet *zu etw., für etw.* (passend), taugend *zu etw.*, ordentlich (angemessen), richtig (entsprechend usw.) **2** kompetent (Gericht usw.), zuständig
właśnie *adv* gerade
włącznie *adv* inklusive *etw. Gen* (Steuer usw.), einschließlich *etw. Gen* (USt. usw.)
włączyć *vo* (*Präs. 1P* -czę; *Imp.* -cz) **1** anstellen (Gerät usw.), einschalten, anschalten **2** einarbeiten *etw. Akk in etw. Akk* (einfügen), einbeziehen *etw. Akk in etw. Akk*, eingliedern *etw. Akk in etw. Akk* (in System usw.), eingliedern *j-n in etw. Dat* (in Prozess usw.) ► **~** *vo* **bieg** den Gang ausschalten; **~** *vo coś* **do kontaktu** in die Steckdose stecken *etw. Akk*
włos *m* (*Gen* ~a; *Nom Mz* ~y) Haar *s*; **~y** *m Mz* Haare *s Mz*
włożyć *vo* (*Präs. 1P* -żę; *Imp.* włóż; *Vergang. 1P m* -yłem, *w* -yłam, *3P mpers.* -yli, *n-mpers.* -yły) **1** einlegen *etw. Akk in etw. Akk*, einstecken *etw. Akk irgendwohin* **2** anziehen *etw. Akk* (Kleidung), anziehen (Schuhe)
włóczyć się *uv* (*Präs. 1P* -czę się; *Imp.* -cz się) wandern (ziellos usw.)
wnieść *vo* **1** mitbringen *etw. Akk irgendwohin/j-m* **2** erheben (Widerspruch usw.) **3** einreichen (Gesuch usw.) ► **~** *vo* **wkład** *do czegoś* beisteuern *zu etw.*
wnikliwy *adj* clever, schlau
wniosek *m* (*Gen* -sku) **1** Antrag *m auf etw. Akk* **2** Schluss *m* (gezogener usw.), Entschluss *m*
wnuk *m* (*Nom Mz* ~i/~owie) Enkel *m*
wobec *prep* gegenüber *j-m/etw.* (Verhalten usw.)
woda *w* (*Dat,Lok* wodzie; *Gen Mz* wód) Wasser *s* (H_2O); **~ sodowa** Soda *s* (Getränk), Sodawasser *s*
wodny *adj* Wasser- ► **sporty** *m Mz* **wodne** Wassersportarten *w Mz*
wodociąg *m* (*Gen* ~u) Wasserleitung *w*
wodospad *m* (*Gen* ~u) Wasserfall *m*
wojewódzki *adj* Kreis-, regional
wojna *w* (*Gen Mz* -jen) Krieg *m*, Kriegführung *w*
wojsko *s* (*Nom Mz* -ka; *Gen Mz* -k) Armee *w*, Heer *s*, Militär *s* (Streitkräfte)
wojskowy *adj* militärisch, Militär-
wokoło *prep* um *etw. Akk* (räumlich)
wola *w* (*Gen,Dat,Lok* -li; *Gen Mz* -l) Wille *m*
woleć *uv* (*Präs. 1P* -lę; *Imp.* wól) bevorzugen *j-n/etw. vor j-m/etw.*, vorziehen *etw. Akk etw. Dat*, bevorzugen *etw. Akk*; **Wolałbym...** Ich möchte lieber...
wolność *w* (*Nom Mz* -ści) Freiheit *w*
wolny *adj* **1** frei **2** Single ► **wstęp ~** Eintritt frei
wołać *uv* (*Präs. 1P* -am; *Imp.* -aj) rufen *j-n* (schreien usw.)

wołanie *s* (*Gen Mz* -ań) Ruf *m* (Ausruf usw.)
wołowina *w* (*Ez*) Rindfleisch *s*
worek *m* (*Gen* -rka; *Nom Mz* -rki) Sack *m*
wosk *m* (*Gen* ~u) Wachs *s*
wozić *uv* (*Präs. 1P* wożę; *Imp.* wóź/woź) fahren *j-n/etw. irgendwohin*, transportieren *j-n/etw. irgendwohin*
wół *m* Ochse *m*, Rind *s* (Büffel usw.)
wówczas *adv* damals
wózek *m* (*Gen* -zka; *Nom Mz* -zki) Karre *w*, Karren *m*; ~ *m* **dziecięcy** Kinderwagen *m*; ~ *m* **inwalidzki** Rollstuhl *m*; ~ *m* **sklepowy** Einkaufswagen *m*
wparować *vo* hineinstürzen *in etw. Akk*, stürmen *in etw. Akk*
wpaść *vo* **1** angejagt kommen *irgendwohin*, stürzen *irgendwohin* (in ein Zimmer usw.) **2** vorbeikommen *bei j-m* (besuchen) **3** herausfinden *etw. Akk* (Fakten usw.) ► ~ *vo* **w poślizg** ins Schleudern kommen
wpłynąć *vo* (*Präs. 1P* -nę; *Imp.* -yń; *Vergang. 1P m* -ąłem, *w* -nęłam, *3P mpers.* -nęli, *n-mpers.* -nęły) beeinflussen *j-n/etw.*, einwirken *auf j-n/etw. irgendwie*
wpływ *m* Einfluss *m*, Wirkung *w auf j-n/etw.* (Auswirkung); **wywierać** ~ beeinflussen *j-n/etw.*; **wywrzeć** *vo* ~ beeinflussen *j-n/etw.*
wpół *adv* halb (fertig usw.), zur Hälfte; **o ~ do piątej** um halb fünf
wprawdzie *conj* zwar
wprowadzić *vo* (*Imp.* -adź) **1** führen *j-n irgendwohin*, bringen **2** einführen (Maßnahme usw.), herstellen (Ordnung usw.), hineintragen *etw. Akk irgendwohin*, hineinbringen *etw. Akk irgendwohin* (Freude usw.) **3** eingeben *etw. Akk* (Passwort usw.), eintragen *etw. Akk irgendwohin*
wprowadzić się *vo* (*Imp.* -adź się) einziehen *in etw. Akk* (in Wohnung usw.), zuziehen *irgendwohin* (als Einwohner)
wrak *m* (*Gen* ~u/~a; *Akk* ~) **1** Schiffswrack *s*, Wrack *s* (Schiff) **2** Wrack *s* (Auto usw.)
wrażenie *s* (*Gen Mz* -eń) Eindruck *m*; **robić** *uv* ~ wirken *auf j-n irgendwie* (Eindruck machen); **wywrzeć** *vo na kimś* ~ beeindrucken *j-n*
wrażliwy *adj* **1** empfindlich (emotional) **2** empfindlich *gegen etw.* (gegen Kälte usw.), verwundbar, verletzlich
wreszcie *adv* **1** endlich **2** zuletzt, zum Schluss (erwähnen usw.)
wrogi *adj* feindlich
wrota *nur Mz n-mpers.* (*Dat Mz* -tom) Tor *s* (Eingang)
wróbel *m* (*Nom Mz* -ble; *Gen,Akk Mz* -blów) Sperling *m*, Spatz *m*
wrócić *vo* (*Imp.* -óć) zurückkommen, wiederkommen
wróg *m* Feind *m*
wrzask *m* (*Gen* ~u) Gebrüll *s* (menschlich), Geschrei *s*, Schrei *m* (kreischender)
wrzesień *m* (*Gen* -eśnia; *Dat Mz* -eśniom) September *m*
wrzeszczeć *uv* (*Präs. 1P* -czę; *Imp.* -cz; *Vergang. 1P m* -czałem, *w* -czałam, *3P mpers.* -czeli, *n-mpers.* -czały) brüllen, kreischen, schreien
wrzucić *vo* (*Imp.* -uć) hineinwerfen *etw. Akk in etw. Akk*, einwerfen *etw. Akk in etw. Akk*; ~ *vo* **pierwszy/drugi bieg** den ersten/zweiten Gang schalten
wsadzić *vo* (*Imp.* -adź) einstecken *etw. Akk irgendwohin*, stecken *etw. Akk irgendwohin*
wschodni *adj* östlich
wschód *m* Osten *m*; **na wschodzie** im Osten; ~ *m* **słońca** Sonnenaufgang *m*
wsiąść *vo* (*Präs. 1P* -ądę; *Imp.* -ądź) aufsteigen *auf etw. Akk* (Fahrrad, Pferd usw.), einsteigen *in etw. Akk*; ~ *vo* **do samochodu** in ein Auto einsteigen
wskazać *vo* (*Präs. 1P* -ażę; *Imp.* -aż) hinweisen *auf etw.*, zeigen *auf j-n/etw.* (in einer Richtung)
wskazówka *w* (*Dat,Lok* -wce; *Gen Mz* -wek) **1** Zeiger *m* **2** Anhaltspunkt *m*, Hinweis *m* (Rat usw.), Tipp *m* (Rat)
wspaniałomyślny *adj* großzügig
wspaniały *adj* erstaunlich, exzellent, großartig (Bauwerk usw.), überwältigend
wspiąć się *vo* (*Präs. 1P* wespnę się; *Imp.* wespnij się; *Vergang. 1P m* -ąłem się, *w* -ięłam się, *3P mpers.* -ięli się, *n-mpers.* -ięły się) klettern *auf etw. Akk* (hinauf)
wspierać *uv* (*Präs. 1P* -am; *Imp.* -aj) fördern *etw. Akk* (Entwicklung usw.)
wspinać się *uv* (*Präs. 1P* -am się; *Imp.* -aj się) klettern *auf etw. Akk* (auf eine Leiter usw.), klettern (im Gebirge usw.)
wspomnieć *vo* **1** erwähnen *j-n/etw.* **2** erwähnen *etw. Akk* (Quelle usw.)
wspomnienie *s* (*Gen Mz* -eń) Erinnerung *w an j-n/etw.*
wspólnie *adv* gemeinsam, zusammen (arbeiten usw.)
wspólnota *w* (*Dat,Lok* -ocie; *Gen Mz* -t) Gemeinschaft *w* (von Menschen)
wspólny *adj* gemeinsam
współczesny *adj* gegenwärtig, neuzeitlich, zeitgenössisch, derzeitig
współczucie *s* (*Gen Mz* -uć) Anteilnahme *w*, Teilnahme *w* (herzliche usw.), Mitleid *s*, Mitgefühl *s*
współczuć *uv* bedauern *j-n*, mitfühlen *mit j-m*
współpracować *uv* zusammenarbeiten *mit j-m*

współpracownik *m* (*Nom Mz* -icy) Mitarbeiter *m*, Kollege *m*
wstać *vo* (*Präs. 1P* -anę; *Imp.* -ań) aufstehen
wstąpić *vo* (*Präs. 1P* -ię; *Imp.* -p) **1** beitreten *etw. Dat* **2** gehen *irgendwohin*
wstążka *w* (*Dat,Lok* -żce; *Gen Mz* -żek) Band *s* (im Haar usw.), Schleife *w*
wstęp *m* **1** Eintritt *m* **2** Einleitung *w*, Vorwort *s* ► **opłata** *w* **za ~** Eintrittsgeld *s*, Eintritt *m* (Geld); **~ wolny** Eintritt frei
wstępny *adj* **1** Einleitungs-, Vor- **2** vorläufig
wstręt *m* (*Gen* ~u) Widerwille *m gegen j-n/etw.*, Abneigung *w gegen j-n/etw.*, Aversion *w gegen j-n/etw.*, Widerwille *m gegen etw.*
wstrętny *adj* abscheulich, eklig, ekelhaft, schrecklich
wstrząs *m* Erschütterung *w*, Schock *m*; **~** *m* **mózgu** Gehirnerschütterung *w*
wstrząsnąć *vo* (*Imp.* -ąśnij; *Vergang. 1P m* -słem/-nąłem, *3P w* -sła) **1** durchschütteln *etw. Akk*, schütteln *etw. Akk* **2** erschüttern *j-n* (schockieren usw.), bestürzen *j-n*, erschüttern *etw. Akk* (Vertrauen usw.)
wstrzemięźliwy *adj* mäßig (im Essen usw.), enthaltsam
wstrzyknąć *vo* (*Präs. 1P* -nę; *Imp.* -nij; *Vergang. 1P m* -ąłem, *w* -nęłam, *3P mpers.* -nęli, *n-mpers.* -nęły) einspritzen *etw. Akk in etw. Akk*, spritzen *j-m etw. Akk*, injizieren *j-m etw. Akk* (Medikament usw.)
wstrzymać *vo* (*Präs. 1P* -am; *Imp.* -aj) stilllegen *etw. Akk*, verzögern *etw. Akk* (Prozess usw.)
wstyd *m* (*Gen* ~u) Scham *w*, Schande *w* (Schamgefühl)
wstydliwy *adj* scheu, schüchtern
wsunąć *vo* (*Präs. 1P* -nę; *Imp.* -uń; *Vergang. 1P m* -ąłem, *w* -nęłam, *3P mpers.* -nęli, *n-mpers.* -nęły) **1** einstecken *etw. Akk irgendwohin*, hineinstecken *etw. Akk irgendwohin*, hineinstopfen *etw. Akk irgendwohin* **2** schieben *etw. Akk irgendwohin* (heimlich usw.)
wszechświat *m* (*Lok* -iecie) Weltraum *m*, Universum *s*, Weltall *s*, All *s*
wszędzie *adv* überall
wszystko *pron* alles; **W~ mi jedno.** Es ist mir egal.
wściekłość *w* (*Ez*) Wut *w*, Zorn *m*
wściekły *adj* **1** tollwütig **2** sauer *auf j-n*, verärgert, wütend
wśród *prep* inmitten *etw. Gen*, in der Mitte *etw. Gen*, *von etw.*
wtargnąć *vo* (*Präs. 1P* -nę, *3P* -nie; *Imp.* -nij; *Vergang. 1P m* -ąłem, *w* -nęłam, *3P mpers.* -nęli, *n-mpers.* -nęły) einbrechen *in etw. Akk* (Feind usw.), hineinstürzen *in etw. Akk*
wtedy *adv* damals
wtorek *m* (*Gen* -rku) Dienstag *m*
wujek *m* (*Gen* -jka; *Nom Mz* -jkowie) Onkel *m*
wulgarny *adj* beleidigend (Wort), Schimpf-, schmutzig (Wort usw.), vulgär
wulkan *m* Vulkan *m*
wy *pron* ihr (Mehrzal)
wybić *vo* **1** ausschlagen *etw. Akk* **2** schlagen (Uhr)
wybierać *uv* (*Präs. 1P* -am; *Imp.* -aj) wählen, auswählen
wybór *m* **1** Auswahl *w* (ausgewählte Dinge), Selektion *w* **2** Wahl *w* **3** ***wybory*** Wahlen *w Mz*
wybrać *vo* (*Präs. 1P* -biorę, *3P* -bierze, *3P Mz* -biorą; *Imp.* -bierz) **1** auswählen, wählen (Möglichkeit usw.) **2** abheben (Geld usw.) **3** wählen *j-n* (abstimmen)
wybredny *adj* wählerisch
wybrzeże *s* (*Dat* -żu; *Nom Mz* -ża; *Gen Mz* -ży; *Lok Mz* -żach) Küste *w*, Meeresufer *s*, Meeresküste *w*, Seeküste *w*
wybrzmieć *vo* klingen *irgendwie* (Eindruck vermitteln)
wybrzuszenie *s* (*Gen Mz* -eń) Beule *w* (im Blech usw.)
wybudować *vo* aufbauen (Gebäudekomplex usw.), erbauen
wycena *w* (*Gen Mz* -n) Notierung *w*, Quotierung *w*, Schätzung *w* (des Preises)
wycenić *vo* (*Präs. 1P* -ię; *Imp.* -eń) schätzen *etw. Akk*
wychować *vo* (*Präs. 1P* -am; *Imp.* -aj) erziehen *j-n*
wychowanie *s* (*Ez*) **1** Erziehung *w* **2** Manieren *w Mz*
wychwalać *uv* (*Präs. 1P* -lam; *Imp.* -laj) loben *j-n/etw.*, rühmen *j-n/etw.*, preisen
wyciąg *m* (*Gen* ~u) **1** Auszug *m* **2** Skilift *m* **3** Extrakt *m* (Saft usw.) ► **~** *m* **z konta** Kontoauszug *m*
wyciągnąć *vo* (*Präs. 1P* -nę; *Imp.* -nij; *Vergang. 1P m* -nąłem, *w* -nęłam, *3P mpers.* -nęli, *n-mpers.* -nęły) **1** herausnehmen, herausziehen *etw. Akk aus etw.*, ziehen *etw. Akk aus etw.* **2** ausstrecken **3** ziehen (Waffe) **4** ausweiten (Schuhe usw.) **5** gewinnen *etw. Akk aus etw.* **6** herauslocken *etw. Akk aus j-m* ► **~** *vo* **rękę** *po coś* greifen *nach etw.* (mit Hand usw.); **~** *vo coś* **z gniazdka** den Stecker herausziehen
wyciec *vo* **1** ausfließen *aus etw.*, auslaufen *aus etw.*, entweichen (Gas usw.) **2** herauslaufen *aus etw.*, ausfließen *aus etw.*
wycieczka *w* (*Dat,Lok* -czce; *Gen Mz* -czek) Ausflug *m*, Rundfahrt *w*
wyciekać *uv* (*Präs. 3P* -a; *Imp.* -aj) entweichen (Gas usw.), auslaufen (Wasser usw.), herausquellen, treifen (langsam)

wycieraczka *w* (*Dat,Lok* -czce; *Gen Mz* -czek) **1** Fußmatte *w* **2** Scheibenwischer *m*

wyczerpać *vo* (*Präs. 1P* -pię; *Imp.* -p) **1** aufzehren *etw. Akk* **2** erschöpfen *j-n*

wyczerpany *adj* entkräftet, erschöpft, müde, down

wyczerpujący *adj* **1** erschöpfend (vollständig) **2** anstrengend, aufreibend (Tätigkeit usw.), geisttötend

wyczyścić *vo* (*Präs. 1P* -yszczę; *Imp.* -ść) **1** reinigen, reinigen *etw. Akk*, putzen *etw. Akk*, säubern **2** säubern *etw. Akk* (Partei usw.)

wydać *vo* (*Präs. 1P* -am; *Imp.* -aj) **1** ausgeben *etw. Akk für etw.* (Geld) **2** ausstellen *etw. Akk* (Urkunde usw.) **3** ausliefern (einen Verbrecher der Polizei usw.), herausgeben (aushändigen usw.) **4** herausgeben (Anordnung usw.) **5** herausgeben *etw. Akk* (Buch)

wydajność *w* (*Ez*) Effizienz *w*, Leistung *w* (einer Maschine usw.), Leistungsfähigkeit *w*

wydanie *s* (*Ez*) Ausgabe *w* (broschierte usw.), Edition *w* (gebundene usw.), Herausgabe *w*

wydarzenie *s* (*Gen Mz* -eń) **1** Ereignis *s*, Veranstaltung *w* **2** Vorfall *m*, Ereignis *s*

wydarzyć się *vo* (*Präs. 3P* -y się) geschehen, passieren (Ereignis usw.)

wydatek *m* (*Gen* -tku) Ausgabe *w* (Kosten), Kosten *Mz*

wydawać *uv* (*Präs. 1P* -aję, *3P Mz* -ają; *Imp.* -waj) Geld aufwenden, verteilen (Lebensmittel usw.)

wydawanie *s* (*Ez*) Ausgabe *w* (Austeilung)

wydawnictwo *s* Verlag *m*

wydobyć *vo* (*Präs. 1P* -będę; *Imp.* -bądź) **1** herausbekommen *etw. Akk aus etw.*, herausfischen *etw. Akk aus etw.* **2** abbauen *etw. Akk*, fördern *etw. Akk*, fördern (Kohle usw.)

wydruk *m* (*Gen* ~u) Ausdruck *m* (von Daten usw.)

wydrukować *vo* drucken *etw. Akk*

wydział *m* (*Gen* ~u) **1** Fakultät *w* **2** Abteilung *w*

wydzielać *uv* (*Präs. 1P* -am; *Imp.* -aj) **1** verteilen (Lebensmittel usw.) **2** sezernieren, abscheiden

wyeliminować *vo* **1** ausmustern **2** ausschalten *j-n* (Konkurrenten usw.)

wyglądać *uv* (*Präs. 1P* -am; *Imp.* -aj) **1** ausschauen *nach j-m/etw.*, Ausschau halten *nach j-m/etw.*, vorkommen (erscheinen) *irgendwo* **2** aussehen *irgendwie*, schauen *irgendwie* (dreinblicken)

wygodny *adj* bequem

wygrać *vo* (*Präs. 1P* -am; *Imp.* -aj) gewinnen *etw. Akk, in etw. Dat* (Wettkampf usw.), siegen *in etw. Dat*, *j-m* eine Niederlage beibringen

wygrana *w* (*Akk* -ną; *Nom Mz* -ne) Gewinn *m* (im Lotto usw.), Sieg *m*

wyhodować *vo* züchten *etw. Akk* (Pflanzen usw.)

wyjaśnić *vo* (*Präs. 1P* -ię; *Imp.* -ij; *Vergang. 1P m* -iłem, *w* -iłam, *3P mpers.* -ili, *n-mpers.* -iły) erklären *etw. Akk j-m* (Problematik usw.), klarmachen *j-m etw. Akk*, klarstellen *etw. Akk*, klären *etw. Akk*; ~ *vo* **sobie** *coś* sich klar werden *über etw. Akk*

wyjaśnienie *s* (*Gen Mz* -eń) Erklärung *w*, Klärung *w* (eines Problems usw.)

wyjazd *m* (*Lok* -jeździe) **1** Abreise *w* **2** Ausfahrt *w* (Ausgang)

wyjąć *vo* (*Präs. 1P* -jmę; *Imp.* -jmij; *Vergang. 1P m* -ąłem, *w* -jęłam, *3P mpers.* -jęli, *n-mpers.* -jęły) herausnehmen *etw. Akk aus etw.*, heraustun *etw. Akk aus etw.*, herausholen *etw. Akk aus etw.*

wyjątek *m* (*Gen* -tku) **1** Ausnahme *w* **2** Exzerpt *s* ► **z wyjątkiem** *kogoś/czegoś* außer *j-m/etw.*, ausgenommen *j-n/etw.*

wyjątkowy *adj* außergewöhnlich, Ausnahme-, einzigartig, einmalig; **wyjątkowa sytuacja** *w* Notfall *m*

wyjechać *vo* (*Präs. 1P* -jadę, *3P* -edzie; *Imp.* -edź) **1** abreisen *aus etw. nach etw.*, verreisen, ausfahren *aus/von etw.*, hinausfahren *aus/von etw.* (mit dem Auto usw.) **2** ausfahren (mit Freunden usw.), eine Ausfahrt machen

wyjście *s* (*Gen Mz* -ść) **1** Ausstieg *m* (aus Bus usw.) **2** Ausgang *m* **3** Ausweg *m*

wyjść *vo* (*Präs. 1P* -jdę, *3P* -jdzie, *3P Mz* -jdą; *Imp.* -jdziesz; *Vergang. 1P m* wyszedłem, *w* wyszłam) **1** ausgehen *aus etw. Akk*, herauskommen *aus etw. Akk*, klettern *aus etw.* (herauskommen usw.), treten *aus etw.* **2** klappen *irgendwie* (Sache usw.) ► ~ *vo* **za mąż** *za kogoś* heiraten *j-n* (Ehefrau werden)

wykałaczka *w* (*Dat,Lok* -czce; *Gen Mz* -czek) Zahnstocher *m*

wykazać *vo* (*Präs. 1P* -ażę; *Imp.* -aż) **1** zeigen *etw. Akk* (ausdrücken) **2** aufweisen (Gewinn usw.)

wykąpać *vo* (*Präs. 1P* -pię; *Imp.* -p) baden *j-n*

wykąpać się *vo* baden

wykład *m* (*Gen* ~u) Vortrag *m* (wissenschaftlicher), Vorlesung *w* (an der Uni usw.)

wykładać *uv* (*Präs. 1P* -dam; *Imp.* -daj) lesen (Vorlesungen halten), unterrichten

wykonać *vo* (*Präs. 1P* -am; *Imp.* -aj) **1** durchführen *etw. Akk* (Vorhaben usw.), ausführen *etw. Akk* (Plan usw.), verwirklichen *etw. Akk* (vollziehen) **2** vortragen *etw. Akk* (ein Lied usw.)

wykop *m* Graben *m* (Loch usw.)

wykopać *vo* (*Präs. 1P* -pię; *Imp.* -p) **1** ausheben (Graben), graben (Loch) **2** ausgraben (aus der Erde usw.), aushacken (Gemüse usw.)

3 rausschmeißen *j-n aus etw.*, rauswerfen *j-n aus etw.*

wykorzystać *vo* (*Präs. 1P* -am; *Imp.* -aj) 1 gebrauchen *etw. Akk*, benutzen *etw. Akk*, nutzen *etw. Akk* (Nutzen ziehen) 2 missbrauchen *j-n/etw.* (Macht usw.)

wykształcenie *s* (*Gen Mz* -eń) Ausbildung *w*, Bildung *w*

wykształcony *adj* gebildet (Bildung besitzend)

wykupić *vo* (*Präs. 1P* -ię; *Imp.* -p) 1 aufkaufen 2 einlösen (Pfand usw.), freikaufen (Sklaven usw.)

wylać *vo* (*Präs. 1P* -leję; *Imp.* -lej; *Vergang. 1P m* -ałem, *w* -ałam, *3P mpers.* -leli/-ali, *n-mpers.* -ały) ausgießen *etw. Akk*, ausschütten *etw. Akk*

wylądować *vo* landen

wyleczyć *vo* (*Präs. 1P* -czę; *Imp.* -cz) ausheilen *etw. Akk*

wylosować *vo* auslosen, ziehen (Los usw.)

wyładować *vo* entladen

wyłamać *vo* (*Präs. 1P* -mię; *Imp.* -m) aufbrechen *etw. Akk* (öffnen)

wyłamywać *uv* (*Präs. 1P* -muję; *Imp.* -muj) aufbrechen (eine Tür usw.)

wyłącznie *adv* ausschließlich, einzig, einzig (und allein)

wyłącznik *m* (*Gen* ~a) Schalter *m* (elektrischer)

wyłączony *adj* aus (nicht angeschaltet), ausgeschaltet

wyłączyć *vo* (*Präs. 1P* -czę; *Imp.* -cz) 1 ausmachen *etw. Akk* (Licht), ausschalten *etw. Akk* (Maschine usw.), herausziehen (Stecker usw.) 2 ausschließen *j-n/etw. aus etw.*

wymagać *uv* (*Präs. 1P* -gam; *Imp.* -gaj) 1 verlangen *etw. Akk von j-m*, fordern *etw. Akk von j-m* 2 erfordern (notwendig machen), fordern *etw. Akk* (viel Zeit usw.), verlangen *etw. Akk* (Konzentration usw.)

wymagający *adj* anspruchsvoll (mit hohen Ansprüchen)

wymaganie *s* (*Gen Mz* -gań) Forderung *w*, Anspruch *m* (an Qualität usw.); **wymagania** *s Mz* Ansprüche *m Mz an j-n/etw.*, Forderungen *w Mz an j-n/etw.*

wymagany *adj* erforderlich, notwendig

wymeldować się *vo* (*Präs. 1P* -duję się; *Imp.* -duj się) auschecken (Hotel), sich abmelden (Verein usw.)

wymiana *w* (*Gen Mz* -n) 1 Tausch *m* 2 Wechsel *m* (Änderung), Austausch *m*

wymiar *m* (*Gen* ~u) 1 Ausmaß *s*, Dimension *w*, Fläche *w* (Umfang) 2 Bemessung *w* (der Gebühren)

wymienić *vo* (*Präs. 1P* -nię; *Imp.* -eń) 1 wechseln (Geld usw.), umtauschen (in EUR usw.) 2 tauschen *etw. Akk gegen etw.*, austauschen *etw. Akk gegen etw.* (gegenseitig), wechseln *etw. Akk für etw.* (ersetzen), auswechseln *etw. Akk gegen etw.*

wymiotować *uv* brechen (bei Übelkeit)

wymówić *vo* (*Präs. 1P* -ię; *Imp.* -w) aussprechen

wymówka *w* (*Dat,Lok* -wce; *Gen Mz* -wek) Ausrede *w für etw.*, Vorwand *m für etw.*

wymusić *vo* (*Präs. 1P* -uszę; *Imp.* -uś) (sich) erzwingen *etw. Akk*

wymyślić *vo* (*Präs. 1P* -lę; *Imp.* -l) ausdenken *etw. Akk*, erfinden (ausdenken)

wynagrodzenie *s* (*Gen Mz* -eń) 1 Gehalt *s* (Entlohnung), Lohn *m* 2 Belohnung *w* (finanzielle usw.)

wynająć *vo* (*Präs. 1P* wyjmę; *Imp.* wyjmij; *Vergang. 1P m* -ąłem, *w* -jęłam, *3P mpers.* -jęli, *n-mpers.* -jęły) 1 pachten *etw. Akk*, vermieten *etw. Akk an j-n* 2 mieten *etw. Akk*

wynajem *m* (*Gen* -jmu; *Dat* -jmowi; *Lok* -jmie; *Nom Mz* -jmy) Miete *w* (Verhältnis)

wynalazek *m* (*Gen* -zku) Erfindung *w*

wynaleźć *vo* erfinden *etw. Akk* (Glühbirne usw.), erfinden (ausdenken)

wynik *m* (*Gen* ~u) 1 Wirkung *w*, Auswirkung *w* 2 Ergebnis *s etw. Gen*, Score *m* (Spielstand) ► **w ~u** *czegoś* infolge *etw. Gen*, als Folge *etw. Gen*

wynikać *uv* (*Präs. 3P* -a) entspringen *aus etw.*, folgen *aus etw.* (sich ergeben)

wyniknąć *vo* (*Präs. 1P* -knę; *Imp.* -knij; *Vergang. 1P m* -kłem/-ąłem, *w* -kłam/-knęłam, *3P mpers.* -kli/-knęli, *n-mpers.* -kły/-knęły) entstehen *aus etw.*

wynosić *uv* (*Präs. 1P* -oszę; *Imp.* -oś) machen (betragen)

wyobraźnia *w* Fantasie *w* (Vorstellungskraft), Vorstellungsvermögen *s*

wyobrażenie *s* (*Gen Mz* -eń) Abbildung *w*, Darstellung *w* (Bild, Ergebniss), Vorstellung *w von etw.* (Gedanke)

wyolbrzymić *vo* (*Präs. 1P* -ię; *Imp.* -m) übertreiben *etw. Akk* (aufbauschen)

wypad *m* (*Gen* ~u) Ausfall *m* (Bewegung)

wypadek *m* (*Gen* -dku) Autounfall *m*, Unfall *m* (Autounfall usw.), Havarie *w*

wypaść *vo* 1 ausfallen (Zahn usw.) 2 ausgehen *irgendwie*

wypchnąć *vo* (*Präs. 1P* -nę; *Imp.* -nij; *Vergang. 1P m* -ąłem, *w* -nęłam, *3P mpers.* -nęli, *n-mpers.* -nęły) hinausschieben *etw. Akk aus etw.*

wypełniać *uv* (*Präs. 1P* -am; *Imp.* -aj) 1 füllen *etw. Akk mit etw.* 2 erfüllen

wypełnić *vo* (*Präs. 1P* -ię; *Imp.* -łń/-ij) 1 ausfüllen *etw. Akk mit etw.* 2 erfüllen *etw. Akk* (Traum usw.)

wypić *vo* austrinken *etw. Akk*

wypisać *vo* **1** ausschreiben, ausstellen (einen Scheck usw.) **2** (sich) herausschreiben *etw. Akk* **3** entlassen (aus dem Krankenhaus usw.)

wypłacić *vo* (*Imp.* -ać) ausbezahlen, auszahlen *j-m etw. Akk* (Gehälter usw.)

wypłata *w* (*Dat,Lok* -acie; *Gen Mz* -t) **1** Abhebung *w* **2** Gehalt *s* (Entlohnung) ► **dzień wypłaty** Zahltag *m*

wypłynąć *vo* (*Präs. 1P* -nę; *Imp.* -yń; *Vergang. 1P m* -ąłem, *w* -nęłam, *3P mpers.* -nęli, *n-mpers.* -nęły) **1** auslaufen (Schiff) **2** aufsteigen (an die Oberfläche)

wypolerować *vo* polieren *etw. Akk*

wyposażenie *s* (*Gen Mz* -eń) Ausstattung *w*, Anlagen *w Mz*; **~ s wnętrza** Einrichtung *w* (Möbel usw.)

wyposażyć *vo* (*Präs. 1P* -żę; *Imp.* -ż) ausstatten *j-n/etw. mit etw.*

wypowiedź *w* (*Gen Ez, Nom,Gen Mz* -edzi) Aussage *w* (Mitteilung), Äußerung *w*

wypożyczalnia *w* Verleih *m*

wyprać *vo* (*Präs. 1P* -piorę, *3P* -pierze, *3P Mz* -piorą; *Imp.* -pierz) waschen *etw. Akk* (Wäsche)

wyprawa *w* (*Gen Mz* -w) Expedition *w*

wyprodukować *vo* herstellen (Produkt usw.), erzeugen, produzieren (industriell usw.)

wyprostowany *adj* aufgerichtet, aufrecht (Stellung usw.)

wyprowadzić się *vo* (*Imp.* -adź się) ausziehen (aus dem Haus usw.), wegziehen (in andere Wohnung)

wypróbować *vo* ausprobieren (Qualität usw.), probieren *etw. Akk*, prüfen *etw. Akk* (Qualität)

wyprzedany *adj* ausverkauft

wyprzedaż *w* (*Nom Mz* ~e) Ausverkauf *m*

wyprzedzić *vo* (*Imp.* -edź) **1** überholen *j-n* **2** zuvorkommen *j-m*

wypuścić *vo* (*Präs. 1P* -uszczę; *Imp.* -ść) **1** auslassen *etw. Akk* (Flüssigkeit usw.) **2** freilassen *j-n*, loslassen *j-n/etw.* (nicht festhalten) ► **~ *vo* powietrze** *z czegoś* Luft ablassen *aus etw.*

wyraz *m* Ausdruck *m etw. Gen* (Bekanntgabe), Ausdruck *m* (im Gesicht usw.)

wyrazić *vo* **1** ausdrücken **2** äußern *etw. Akk*, zeigen *etw. Akk*, ausdrücken *etw. Akk* ► **~ *vo* swoją opinię** sich äußern *zu etw.*

wyraźnie *adv* ausdrücklich (betonen usw.), deutlich (hören usw.)

wyraźny *adj* ausdrücklich, markant

wyrażenie *s* (*Gen Mz* -eń) Ausdruck *m* (Kennzeichen)

wyrok *m* (*Gen* ~u) Strafe *w* (Gefängnisstrafe), Urteil *s* (richterliches)

wyrosnąć *vo* **1** wachsen **2** aufgehen (Teig) **3** herauswachsen *aus etw.* (aus Kleidung usw.)

wyruszyć *vo* (*Präs. 1P* -szę; *Imp.* -sz) abfahren (in einem Auto usw.), losfahren, aufbrechen *irgendwohin*, losgehen

wyrwać *vo* (*Präs. 1P* -wę; *Imp.* -wij) ausreißen, herausreißen *etw. Akk* (Zahn usw.), ausreißen *etw. Akk* (Haar usw.)

wyrzec się *vo* (*Präs. 1P* -eknę się; *Imp.* -eknij się) verleugnen (verstoßen usw.), *auf etw.* verzichten

wyrzucić *vo* (*Imp.* -uć) **1** wegwerfen **2** hinauswerfen *j-n aus etw.* **3** anspülen *j-n/etw. irgendwohin*, anspülen *j-n/etw.*, ans Ufer werfen *etw. Akk* **4** herausschleudern (Vulkan Asche usw.) ► **~ *vo kogoś* z pracy** feuern *j-n*

wyrzut *m* (*Gen* ~u) Vorwurf *m*

wyschnąć *vo* (*Präs. 1P* -nę; *Imp.* -nij; *Vergang. 1P m* -chłem, *w* -chłam, *3P mpers.* -chli, *n-mpers.* -chły) abtrocknen, ausdörren, eintrocknen, austrocknen

wysiąść *vo* (*Präs. 1P* -ądę; *Imp.* -ądź) aussteigen *aus etw.*, aussteigen (aus Flugzeug usw.), von Bord gehen

wysiłek *m* (*Gen* -łku) Anspannung *w*, Bestrebung *w um etw.*, Bemühung *w um etw.*, Mühe *w*

wyskoczyć *vo* (*Präs. 1P* -czę; *Imp.* -cz) **1** aufschnellen, springen *aus etw.* **2** kurz weggehen *irgendwohin*

wysłać *vo* (*Präs. 1P* wyślę, *3P* wyśle; *Imp.* wyślij; *Vergang. 3P mpers.* -ali, *n-mpers.* -ały) **1** entsenden *j-n irgendwohin*, aussenden *j-n irgendwohin* (einen Boten usw.), schicken *j-n irgendwohin* **2** abschicken *etw. Akk*, absenden *etw. Akk*, versenden *etw. Akk*, senden *j-m etw. Akk* (Brief usw.)

wysłannik *m* (*Nom Mz* -icy) Gesandte *m*

wysoki *adj* **1** groß (hoch usw.), hoch (Berg usw.) **2** hoch (Summe usw.)

wysoko *adv* hoch

wysokość *w* (*Nom Mz* -ści) Höhe *w*

wyspa *w* (*Gen Mz* -p) Insel *w*

wyspać się *vo* (sich) ausschlafen

wystarczający *adj* ausreichend, genügend, hinreichend

wystarczyć *vo* (*Präs. 3P* -y) ausreichen, genügen, reichen *für etw.* (Menge usw.); **Czy to wystarczy?** Ist das genug?

wystartować *vo* starten (Rennfahrer usw.)

wystawa *w* (*Gen Mz* -w) **1** Ausstellung *w*, Exposition *w* (Ausstellung usw.) **2** Schaufenster *s*

wystawić *vo* (*Präs. 1P* -ię; *Imp.* -w) **1** ausstellen (Exponat usw.) **2** ausstellen *etw. Akk* (Urkunde usw.) **3** herausstrecken *etw. Akk*

wystąpić *vo* (*Präs. 1P* -ię; *Imp.* -p) **1** austreten *aus etw. Dat* (aus Partei usw.) **2** auftreten *in etw. Dat* **3** beantragen *etw. Akk* **4** vorkommen
występować *uv* auftreten *in etw. Dat*, spielen (im Theater usw.)
wysunąć *vo* (*Präs. 1P* -nę; *Imp.* -uń; *Vergang. 1P m* -ąłem, *w* -nęłam, *3P mpers.* -nęli, *n-mpers.* -nęły) ausziehen (herausziehen)
wysuszyć *vo* (*Präs. 1P* -szę; *Imp.* -sz) abtrocknen *etw. Akk* (trocken machen), austrocknen, trocknen *etw. Akk* (trocken machen)
wyswobodzić *vo* (*Präs. 1P* -dzę; *Imp.* -bódź/-bodź) befreien *j-n/etw.*, sich befreien
wysypać *vo* (*Präs. 1P* -pię; *Imp.* -p) **1** ausschütten *etw. Akk*, kippen *etw. Akk* (ausschütten) **2** heraussprudeln (Antwort usw.), hervorsprudeln (Nachricht usw.)
wyszukać *vo* (*Präs. 1P* -am; *Imp.* -aj) aufsuchen *j-n/etw.*
wyścig *m* (*Gen* ~u) Rennen *s*; **~i** *m Mz* **konne** Pferderennen *s*
wyślizgnąć się *vo* (*Präs. 1P* -nę się; *Vergang. 1P m* -ąłem się, *w* -nęłam się, *3P mpers.* -nęli się, *n-mpers.* -nęły się) ausrutschen *aus etw.* (aus Hand usw.), ausgleiten (Löffel usw.), entschlüpfen (entkommen)
wyśmiewać się *uv* (*Präs. 1P* -a się) spotten *über j-n/etw.*, belächeln *j-n/etw.*
wytrwały *adj* ausdauernd, beharrlich, zäh (mit Ausdauer usw.)
wytrzeć *vo* (*Präs. 1P* -trę, *3P* -e; *Imp.* -rzyj; *Vergang. 1P m* -tarłem, *w* -tarłam, *3P mpers.* -tarli, *n-mpers.* -tarły) abreiben, aufwischen (Fußboden usw.), wischen *etw. Akk* (reinigen), abwischen *etw. Akk* (säubern)
wytrzeźwieć *vo* ausnüchtern
wytrzymać *vo* (*Präs. 1P* -am; *Imp.* -aj) **1** aushalten *etw. Akk*, ertragen *etw. Akk*, durchhalten, ertragen (Beschwerden usw.) **2** halten (frisch bleiben usw.)
wytrzymały *adj* durabel, haltbar (Material usw.), widerstandsfähig, Hochleistungs-
wytworzyć *vo* (*Präs. 1P* -rzę; *Imp.* -wórz; *Vergang. 1P m* -yłem, *w* -yłam, *3P mpers.* -yli, *n-mpers.* -yły) anfertigen, erzeugen (Energie usw.)
wytyczyć *vo* (*Präs. 1P* -czę; *Imp.* -cz) festlegen
wyważyć *vo* (*Präs. 1P* -żę; *Imp.* -ż) aufbrechen *etw. Akk* (öffnen)
wywiad *m* (*Gen* ~u) Interview *s*
wywietrzyć *vo* (*Präs. 1P* -rzę; *Imp.* -rz) lüften
wywnioskować *vo* hinzudenken, schließen (Tatsache usw.), zu dem Schluss kommen
wywołać *vo* (*Präs. 1P* -am; *Imp.* -aj) **1** aufrufen *j-n*, ausrufen *j-n* (durch Lautsprecher) **2** auslösen *etw. Akk* (verursachen), erregen *etw. Akk*, hervorrufen *etw. Akk* (Zustand usw.), hervorrufen (Erinnerung usw.) **3** entwickeln (Film)
wywrzeć *vo* entwickeln (Druck usw.); ~ *vo na kimś* **wrażenie** beeindrucken *j-n*
wyzdrowieć *vo* sich erholen *von etw.*
wyznawca *m* (*Dat Ez, Nom Mz* -cy; *Akk Mz* -ców) Anhänger *m* (des Teufels usw.)
wyzwolić *vo* befreien (Stadt usw.)
wyżej *adv* höher
wyższy *adj* größer (Gestalt usw.), höher (Wert usw.)
wyżywienie *s* (*Ez*) Verpflegung *w*
wzajemnie *adv* **1** einander, untereinander, gegenseitig **2** gleichfalls
wzajemny *adj* gegenseitig, reziprok
wzbroniony *adj* verboten; **Palenie wzbronione** Rauchen verboten
wzbudzić *vo* (*Imp.* -udź) wecken (Interesse usw.)
wzejść *vo* (*Präs.* -jdę, *3P* -jdzie, *3P Mz* -jdą; *Imp.* -jdziesz; *Vergang. 1P m* -eszedłem, *w* -eszłam) aufgehen
względnie *adv* relativ
względny *adj* relativ
wzgórze *s* Anhöhe *w*, Hügel *m*
wziąć *vo* (*Präs. 1P* wezmę; *Imp.* weź/weźmij; *Vergang. 1P m* -ąłem, *w* -ięłam, *3P mpers.* -ięli, *n-mpers.* -ięły) **1** nehmen *etw. Akk* (in die Hand) **2** mitnehmen *j-n/etw. irgendwohin* (mit dem Auto usw.) ► ~ *vo* **prysznic** eine Dusche nehmen, (sich) duschen; ~ *vo* **ślub** *z kimś* heiraten *j-n* (die Ehe eingehen); ~ *vo* **udział** *w czymś* teilnehmen *an etw. Dat* (Teilnehmer sein), sich beteiligen *an etw. Dat*; ~ *vo coś* **pod uwagę** in Erwägung ziehen *etw. Akk*, erwägen *etw. Akk*; ~ *vo coś* **ze sobą** mitnehmen *etw. Akk*; ~ *coś* **pod uwagę** berücksichtigen *etw. Akk*; **Weźmiemy taksówkę.** Wir nehmen ein Taxi.
wzmocnić *vo* (*Präs. 1P* -ię; *Imp.* -ij; *Vergang. 1P m* -iłem, *w* -iłam, *3P mpers.* -ili, *n-mpers.* -iły) **1** intensivieren *etw. Akk*, steigern *etw. Akk* (vergrößern), verstärken (Intensität usw.), stärken *j-n/etw.* **2** festigen *etw. Akk* (Position usw.) **3** verstärken *etw. Akk* (zahlenmäßig) **4** intensivieren *etw. Akk*, steigern *etw. Akk* (vergrößern), verstärken (Spannung usw.), verstärken *etw. Akk* (Eindruck usw.)
wznieść się *vo* (*Präs. 1P* -iosę się; *Imp.* -ś się) **1** abheben, hochfliegen, sich erheben **2** steigen (Nebel usw.)
wzór *m* **1** Muster *s* (eines Stoffes usw.) **2** Formel *w* (chemische usw.), Modell *s* (Grundlage usw.), Vorlage *w* (zum Zeichnen usw.), Muster *s* (Entwurf) **3** Muster *s an etw. Dat* (Vorbild), Vorbild *s*
wzrok *m* (*Gen* ~u) Sehkraft *w*

wzrosnąć *vo* steigen (Preise usw.)
wzrost *m* **1** Körpergröße *w* **2** Anstieg *m etw. Gen*, Aufstieg *m etw. Gen* (Anzahl usw.), Anstieg *m etw. Akk*, Anstieg *m* (der Temperatur usw.) *etw. Gen* **3** Aufschwung *m* (Entwicklung)
wzruszyć *vo* (*Präs. 1P* -szę; *Imp.* -sz) rühren (innerlich); ~ *vo* **ramionami** mit den Schultern zucken

Z

z, ze *prep* **1** aus *etw.* **2** von, aus (weg) **3** mit *j-m/etw.* ► **z daleka** von weitem; **z góry** im Voraus; **z powodu** wegen *j-s/etw.*; **ze sobą** mit, mit sich (bringen usw.)
za *prep* **1** in (Dauer) **2** für *etw.* (Preis usw.) **3** hinter *etw. Dat* (einem Fluss usw.), hinter (einem Haus usw.) **4** für *j-n* (anstatt usw.) **5** pro ► **Nie ma ~ co.** Nichts zu danken.; ~ **pomocą** *czegoś* mithilfe *etw. Gen*
zaangażować *vo* eingliedern *j-n in etw. Dat* (in Prozess usw.), engagieren *j-n* (einen Künstler), einstellen *j-n* (Arbeiter usw.), interessieren *j-n für etw., an etw. Dat* (j-n gewinnen suchen); **być zaangażowanym** *w coś* sich beteiligen *an etw. Dat*
zaanonsować *vo* bekannt machen *etw. Akk*, melden *etw. Akk* (öffentlich usw.)
zaatakować *vo* angreifen *j-n/etw.* (militärisch)
zabandażować *vo* verbinden (mit Verband)
zabawa *w* (*Gen Mz* -w) Spaß *m*; **plac** *m* **zabaw** Spielplatz *m*
zabawka *w* (*Dat,Lok* -wce; *Gen Mz* -wek) Spielzeug *s*
zabawny *adj* lustig (amüsant), scherzhaft, spaßhaft, unterhaltsam
zabezpieczenie *s* (*Ez*) **1** Sicherung *w* **2** Gewährung *w von etw.*, Versorgung *w mit etw.*
zabezpieczyć *vo* (*Präs. 1P* -czę; *Imp.* -cz) sichern *etw. Akk*
zabić *vo* töten *j-n/etw.*, umbringen *j-n/etw.*
zabrać *vo* (*Präs. 1P* -biorę, *3P* -bierze, *3P Mz* -biorą; *Imp.* -bierz) wegnehmen *j-m etw. Akk* (entziehen)
zabroniony *adj* verboten
zabrudzić *vo* (*Imp.* -udź) beschmutzen *etw. Akk*, schmutzig machen *etw. Akk*
zabytek ~ *m* **(kultury)** Sehenswürdigkeit *w*; **zwiedzanie zabytków** Besichtigung von Sehenswürdigkeiten, Sightseeing *s*
zabytkowy *adj* antik (Möbel usw.)
zachęcić *vo* (*Imp.* -ęć) **1** auffordern *j-n zu etw.*, ermutigen *j-n* **2** anspornen *j-n*, antreiben *j-n*
zachmurzony *adj* bedeckt (Himmel usw.), bezogen (mit Wolken usw.), bewölkt, trüb (Himmel)
zachmurzyć się *vo* (*Präs. 3P* -y się; *Imp.* -rz się) sich verfinstern
zachodni *adj* westlich
zachorować *vo* bekommen (Grippe usw.), kriegen (Krankheit), erkranken *an etw. Dat*
zachować *vo* (*Präs. 1P* -am; *Imp.* -aj) **1** aufbewahren *etw. Akk*, bewahren *etw. Akk* (nicht ändern) **2** behalten *etw. Akk* (Qualität usw.)
zachowanie *s* (*Gen Mz* -ań) Auftreten *s* (Benehmen), Handlung *w*, Verhalten *s*, Benehmen *s*
zachowywać się *uv* (*Präs. 1P* -wuję się; *Imp.* -wuj się) sich benehmen, sich verhalten, vorgehen
zachód *m* Westen *m*; **na zachodzie** im Westen; ~ *m* **słońca** Sonnenuntergang *m*
zachrypnięty *adj* belegt, heiser (Stimme)
zachwycony *adj* begeistert *von etw.* (hingerissen)
zaciągnąć *vo* (*Präs. 1P* -nę, *3P* -nie; *Imp.* -nij; *Vergang. 1P m* -nąłem, *w* -nęłam, *3P mpers.* -nęli, *n-mpers.* -nęły) **1** hineinziehen *etw. Akk irgendwohin*, ziehen *etw. Akk irgendwohin* (schleppen) **2** holen *j-n irgendwohin* **3** zuziehen *etw. Akk* (Vorhang usw.) **4** anlaufen lassen (Schulden usw.)
zacierać *uv* (*Präs. 1P* -am; *Imp.* -aj) reiben (Hände usw.)
zacząć *vo* (*Präs. 1P* -cznę; *Imp.* -cznij; *Vergang. 1P m* -ąłem, *w* -częłam, *3P mpers.* -częli, *n-mpers.* -częły) beginnen *etw. Akk, mit etw.* (eine Tätigkeit usw.), anfangen *etw. Akk*
zadanie *s* (*Gen Mz* -ań) **1** Aufgabe *w* (Pflicht usw.), Vergabe *w* **2** Aufgabe *w* (für die Schule), Rechenaufgabe *w*
zadatek *m* (*Gen* -tku) Anzahlung *w* (auf den Preis)
zadbany *adj* gepflegt (sauber usw.)
zadowolić *vo* befriedigen *j-n/etw.*, zufriedenstellen *j-n* (Kunden usw.), zufrieden stellen *j-n*
zadowolony *adj* froh, zufrieden *mit j-m/etw.*
zadziałać *vo* (*Präs. 1P* -łam; *Imp.* -łaj) wirken (Medikament usw.)
zadzwonić *vo* (*Präs. 1P* -ię; *Imp.* -oń) **1** klimpern (Münzen usw.), klirren, klingen (Glocke) **2** anrufen *j-n*, telefonieren
zafarbować *vo* färben (farbig machen)
zagadka *w* (*Dat,Lok* -dce; *Gen Mz* -dek) **1** Rätsel *s* (Denkaufgabe) **2** Mysterium *s* (Rätsel), Rätsel *s* (Geheimnis)
zagięcie *s* (*Gen Mz* -ęć) Falte *w* (Stoff usw.)
zaginiony *adj* verloren, vermisst

zagoić się *vo* (*Präs. 3P* -i się) heilen (Wunde usw.)
zagrać *vo* (*Präs. 1P* -am; *Imp.* -aj) **1** spielen *etw. Akk auf etw. Dat* **2** spielen *j-n/etw.* **3** spielen *etw. Akk* (Spiele usw.) **4** spielen (Wettkampf austragen)
zagranica *w* (*Ez*) Ausland *s*
zagraniczny *adj* ausländisch, Auslands-
zagrożenie *s* (*Gen Mz* -eń) Bedrohung *w*, Gefahr *w*, Risiko *s* (einer Ansteckung usw.)
zagrożony *adj* bedroht
zagwarantować *vo* garantieren, verbürgen
zagwarantowany *adj* garantiert
zagwizdać *vo* (*Präs. 1P* -iżdżę, *3P* -iżdże; *Imp.* -iżdż) pfeifen
zahamować *vo* bremsen
zainteresować *vo j-s* Interesse wecken
zainteresowanie *s* (*Gen Mz* -ań) Eingenommenheit *w für etw.*, Interesse *s an etw. Dat*
zainwestować *vo* verwenden *etw. Akk auf etw. Akk* (Mühe, Geld usw.)
zajazd *m* (*Lok* -jeździe) Rasthaus *s*, Raststätte *w*
zając *m* (*Nom Mz* ~e; *Gen Mz* -jęcy) Hase *m*
zająć *vo* (*Präs. 1P* -jmę; *Imp.* -jmij; *Vergang. 1P m* -ąłem, *w* -jęłam, *3P mpers.* -jęli, *n-mpers.* -jęły) **1** besetzen (Platz usw.), einnehmen (Raum) **2** einnehmen (mit Gewalt) **3** in Anspruch nehmen (Zeit) **4** einnehmen (Stellung usw.) **5** beschäftigen *j-n mit etw.* (etwas zu tun geben), beschäftigen *j-n* (etwas zu tun geben)
zająć się *vo* (*Präs. 1P* -jmę się; *Imp.* -jmij się; *Vergang. 1P m* -ąłem się, *w* -jęłam się, *3P mpers.* -jęli się, *n-mpers.* -jęły się) ergreifen *etw. Akk* (anfangen)
zajechać *vo* (*Präs. 1P* -jadę, *3P* -edzie; *Imp.* -edź) fahren *in etw. Akk* (mit dem Auto)
zajęty *adj* **1** (sehr) beschäftigt **2** besetzt
zajmować się *uv* sich befassen *mit etw.*, sich beschäftigen *mit etw.*
zajść *vo* (*Präs. 1P* -jdę, *3P* -jdzie, *3P Mz* -jdą; *Imp.* -jdziesz; *Vergang. 1P m* zaszedłem, *w* zaszłam) untergehen (Sonne)
zakaz *m* Verbot *s etw. Gen*
zakazać *vo* (*Präs. 1P* -ażę; *Imp.* -aż) verbieten *j-m etw. Akk*
zakazany *adj* verboten
zakazywać *uv* (*Präs. 1P* -zuję; *Imp.* -zuj) verbieten *etw. Akk*
zakaźny *adj* ansteckend
zakażenie *s* (*Gen Mz* -eń) Ansteckung *w*, Infektion *w*
zakląć *vo* (*Präs. 1P* -lnę; *Imp.* -lnij; *Vergang. 1P m* -ąłem, *w* -lęłam, *3P mpers.* -lęli, *n-mpers.* -lęły) fluchen, verzaubern *j-n/etw.* (Hexe), verhexen *j-n/etw.*
zakleić *vo* (*Präs. 1P* -eję; *Imp.* -ej) überkleben *etw. Akk mit etw.*; ~ *vo* **taśmą** *coś* mit Klebeband zukleben *etw. Akk*
zakładać *uv* (*Präs. 1P* -dam; *Imp.* -daj) vermuten, voraussetzen, annehmen (glauben)
zakładnik *m* (*Nom Mz* -icy) Geisel *w*
zakłócić *vo* (*Imp.* -óć) stören *etw. Akk* (beeinträchtigen)
zakochany *adj* **1** verliebt *in j-n* (Mensch) **2** verliebt (Blicke usw.) ► **być ~m** *w kimś* lieben *j-n/etw.*
zakon *m* Orden *m* (Gemeinschaft)
zakonnica *w* (*Nom Mz* -ce) Nonne *w*
zakończenie *s* (*Gen Mz* -eń) **1** Beendigung *w*, Beendigung *w etw. Gen* **2** Schluss *m*, Ende *s* (einer Ära usw.)
zakończony *adj* fertig
zakończyć *vo* (*Präs. 1P* -czę; *Imp.* -cz) abwickeln (Unternehmen usw.), beenden
zakres *m* Bereich *m*, Sphäre *w*, Rahmen *m* (Umfang), Skala *w* (von Möglichkeiten usw.)
zakręcić *vo* (*Imp.* -ęć) drehen *etw. Akk*
zakręcić się *vo* (*Imp.* -ęć się) schwindeln *j-m* (Kopf)
zakręt *m* (*Gen* ~u) Kurve *w* (scharfe usw.)
zakryć *vo* bedecken *j-n mit etw.*, zudecken *j-n/etw. mit etw.*
zakup *m* Kauf *m*, Ankauf *m*; **robić** *uv* **~y** einkaufen; **~y** *m Mz* Einkaufen *s*, Einkauf *m* (Tätigkeit)
zakwaterować *vo* unterbringen *j-n*
zakwaterowanie *s* (*Ez*) Unterkunft *w* (Raum usw.), Untermiete *w* (Wohnen)
zalecenie *s* (*Gen Mz* -ceń) Anleitung *w*, Anweisung *w* (zur Verwendung usw.), Empfehlung *w*
zaledwie *adv* kaum
zalepić *vo* (*Präs. 1P* -ię; *Imp.* -p) überkleben *etw. Akk mit etw.*, verkleben *etw. Akk mit etw.*, zukleben *etw. Akk mit etw.*
zaleta *w* (*Dat,Lok* -ecie; *Gen Mz* -t) Vorteil *m*, Vorzug *m* (Vorteil)
zależeć *uv* (*Präs. 1P* -żę; *Imp.* -ż; *Vergang. 1P m* -żałem, *w* -żałam, *3P mpers.* -żeli, *n-mpers.* -żały) abhängen *von j-m/etw.*, ankommen *auf j-n/etw.*, liegen *an j-m/etw.* (an Umständen usw.)
zależny *adj* abhängig *von j-m/etw.* (von Umständen usw.)
zaliczać *uv* (*Präs. 1P* -am; *Imp.* -aj) zählen *j-n/etw. zu j-m/etw.* (zuordnen)
zaliczka *w* (*Dat,Lok* -czce; *Gen Mz* -czek) Akontozahlung *w*, Anzahlung *w*, Vorschuss *m*
zaliczyć *vo* (*Präs. 1P* -czę; *Imp.* -cz) **1** einordnen *etw. Akk in etw. Akk* (in Kategorie usw.) **2** bestehen, ablegen (Prüfung usw.)
zalogować się *vo* (*Präs. 1P* -guję się; *Imp.* -guj się) sich einloggen

załamać się *vo* (*Präs. 1P* -mię się) **1** einbrechen (Eis usw.) **2** einen Nervenzusammenbruch haben, zusammenbrechen

załatwić *vo* (*Präs. 1P* -ię; *Imp.* -w) arrangieren *etw. Akk*, besorgen *j-m etw. Akk für j-n* (beschaffen), erledigen *etw. Akk*, besorgen *etw. Akk* (Aufgabe usw.); **Załatwione!** Abgemacht!

załącznik *m* (*Gen* ~a) Anhang *m*, Anlage *w* (eines Dokumentes)

załączyć *vo* (*Präs. 1P* -czę; *Imp.* -cz) beifügen (einem Dokument usw.), beilegen *etw. Akk zu etw.*

załoga *w* (*Dat* -odze; *Gen Mz* -łóg) Besatzung *w*

założyć się *vo* (*Präs. 1P* -żę się; *Imp.* -łóż się; *Vergang. 1P m* -łożyłem się, *w* -łożyłam się) wetten *um etw.*

zamarynować *vo* einlegen (Gurken usw.)

zamarznąć *vo* **1** einfrieren (zu Eis werden), frieren (Wasser usw.), gefrieren **2** erfrieren ▶ ~ *vo* **na śmierć** erfrieren

zamek[1] *m* (*Gen* -mka; *Nom Mz* -mki) **1** Schloss *s* (Türschloss) **2** Reißverschluss *m*

zamek[2] *m* (*Gen* -mku; *Nom Mz* -mki) Burg *w*, Schloss *s* (Palast)

zameldować *vo* anmelden *j-n/etw.* (registrieren usw.), empfangen *j-n* (im Hotel)

zamężna *adj* verheiratet

zamiana *w* (*Gen Mz* -n) Austausch *m*, Auswechslung *w*, Auswechselung *w*

zamiar *m* (*Gen* ~u) Absicht *w*, Ziel *s* (Absicht)

zamiast *adv* statt *etw. Gen*, anstelle *von etw.*, anstatt *etw. Gen* ♦ *prep* statt *etw. Gen*, anstelle *etw. Gen*, anstatt *etw. Gen*

zamiatać *uv* (*Präs. 1P* -tam; *Imp.* -taj) kehren (vom Bürgersteig usw.), fegen

zamienić *vo* (*Präs. 1P* -nię; *Imp.* -eń) tauschen *etw. Akk* (Kabel usw.)

zamierzony *adj* absichtlich, bewusst (Lüge usw.)

zamieszać *vo* (*Präs. 1P* -am; *Imp.* -aj) mischen *etw. Akk*, vermischen *etw. Akk*, rühren *etw. Akk*, umrühren *etw. Akk* (Suppe usw.)

zamieszkiwać *uv* bewohnen *etw. Akk*, wohnen *irgendwo*

zamieść *vo* (*Präs. 1P* -iotę, *3P* -ecie; *Imp.* -eć; *Vergang. 3P m* -iótł) kehren *etw. Akk*, fegen *etw. Akk*

zamknąć *vo* (*Präs. 1P* -nę; *Imp.* -nij; *Vergang. 1P m* -ąłem, *w* -nęłam, *3P mpers.* -nęli, *n-mpers.* -nęły) **1** abschließen (Wohnung usw.), schließen (mit dem Schlüssel), schließen *etw. Akk* (Fenster usw.), zumachen *etw. Akk* (Tür usw.) **2** einsperren *j-n* **3** schließen (Betrieb)

zamknięty *adj* abgeschlossen, verschlossen (Flasche usw.), geschlossen

zamoczyć *vo* (*Präs. 1P* -czę; *Imp.* -cz) nass machen, tauchen *etw. Akk in etw. Akk* (in den Saft usw.), eintauchen *etw. Akk in etw. Akk* (in Soße usw.)

zamordować *vo* ein Attentat *auf j-n* verüben, ermorden *j-n*

zamorski *adj* überseeisch

zamówić *vo* (*Präs. 1P* -ię; *Imp.* -w) bestellen *etw. Akk*, nehmen (Essen usw.), reservieren *etw. Akk* (Tisch usw.), buchen *etw. Akk* (Reise usw.)

zamówienie *s* (*Gen Mz* -eń) Auftrag *m* (Bestellung), Bestellung *w*

zamrażarka *w* (*Dat,Lok* -żarce; *Gen Mz* -żarek) Gefrierschrank *m*, Gefriertruhe *w*

zamrozić *vo* (*Präs. 1P* -ożę; *Imp.* -róź/-oź) einfrieren

zaniechać *vo* (*Präs. 1P* -am; *Imp.* -aj) aufhören *mit etw.*

zaniedbać *vo* (*Präs. 1P* -am; *Imp.* -aj) vernachlässigen *etw. Akk* (Pflicht usw.)

zaniepokoić *vo* (*Präs. 1P* -koję; *Imp.* -kój) alarmieren *j-n* (Nachricht usw.), beunruhigen *j-n*

zaniepokojenie *s* (*Ez*) Beunruhigung *w*, Unruhe *w* (innere), Rastlosigkeit *w*

zanieść *vo* tragen *etw. Akk irgendwohin* (mitbringen)

zanik *m* (*Gen* ~u) Untergang *m* (einer Tradition usw.)

zanim *adv* bevor

zanotować *vo* aufzeichnen, vermerken, notieren *etw. Akk*, aufschreiben *etw. Akk*

zanurzyć *vo* (*Präs. 1P* -rzę; *Imp.* -rz) eintauchen *etw. Akk in etw. Akk*, tauchen *etw. Akk in etw. Akk*, vergraben *etw. Akk in etw. Akk* (Gesicht in Händen usw.)

zanurzyć się *vo* (*Präs. 1P* -rzę się; *Imp.* -rz się) **1** tauchen (Ente usw.) **2** einsinken *in etw. Dat*

zaobserwować *vo* beobachten (bemerken)

zaopatrywać *uv* (*Präs. 1P* -ruję; *Imp.* -ruj) versorgen *j-n/etw. mit etw.* (beliefern)

zaopatrzenie *s* (*Ez*) Zufuhr *w*, Versorgung *w* (mit Lebensmitteln usw.)

zaopatrzyć *vo* (*Präs. 1P* -rzę; *Imp.* -rz) leisten *j-m etw. Akk* (Dienst usw.), bieten *j-m etw. Akk* (Möglichkeit usw.), verschaffen *j-m etw. Akk*

zaordynować *vo* verschreiben (Medikament usw.), verordnen (Kur usw.)

zaoszczędzić *vo* (*Imp.* -ędź) ersparen *etw. Akk*, sparen *etw. Akk* (Geld usw.), ersparen (Geld), sparen (große Summe usw.) *für etw.*

zapach *m* Duft *m* (eines Parfüms usw.), Geruch *m* (Duft)

zapakować *vo* **1** zusammenpacken **2** einpacken *etw. Akk*

zapalenie *s* (*Gen Mz* -eń) Entzündung *w*; ~ *s* **płuc** Lungenentzündung *w*; ~ *s* **wyrostka robaczkowego** Blinddarmentzündung *w*
zapalić *vo* (*Präs. 1P* -lę; *Imp.* -l) **1** (Licht) einschalten, (Licht) anmachen **2** anzünden *etw. Akk*
zapalniczka *w* (*Dat,Lok* -czce; *Gen Mz* -czek) Feuerzeug *s*
zapał *m* (*Gen* ~u) Begeisterung *w für etw.*, Eifer *m für etw.*
zapałka *w* (*Dat,Lok* -łce; *Gen Mz* -łek) Streichholz *s*, (ÖrD, SwD) Zündholz *s*
zapanować *vo* eintreten
zaparcie *s* (*Gen Mz* -rć) Verstopfung *w*, Verstopfen *s* (eines Durchgangs usw.)
zaparkować *vo* parken *irgendwo* (abstellen)
zapas[1] *m* Reserve *w*, Vorrat *m*; **~y** *s Mz* Vorräte *m Mz*
zapas[2] **~y** *Mz* Ringkampf *m*
zapasowy *adj* Ersatz-; **koło** *s* **zapasowe** Reserverad *s*, Reservereifen *m*
zapewne *part* gewiss, sicherlich
zapewnić *vo* (*Präs. 1P* -ię; *Imp.* -ij; *Vergang. 1P m* -iłem, *w* -iłam, *3P mpers.* -ili, *n-mpers.* -iły) **1** versichern *j-n etw. Gen* (bestätigen), zusichern *j-m etw. Akk* **2** sichern *etw. Akk* (garantieren)
zapewniony *adj* garantiert
zapędzić *vo* (*Imp.* -ędź) treiben *j-n/etw. irgendwohin*
zapiąć *vo* (*Präs. 1P* -pnę; *Imp.* -pnij; *Vergang. 1P m* -ąłem, *w* -ięłam, *3P mpers.* -ięli, *n-mpers.* -ięły) schließen *etw. Akk* (Schnalle usw.), zumachen *etw. Akk*, zumachen (Kleid usw.); ~ *vo* **na guzik(i)** zuknöpfen; ~ *vo* **pasy (bezpieczeństwa)** den Sicherheitsgurt anlegen
zapieczętować *vo* versiegeln, zukleben *etw. Akk* (Umschlag usw.)
zapięcie *s* (*Gen Mz* -ęć) Verschluss *m* (eines Kleides usw.)
zapisać *vo* aufschreiben *etw. Akk*, notieren *etw. Akk*
zaplanować *vo* planen *etw. Akk*
zaplątać *vo* verwirren (Fäden usw.)
zapłacić *vo* (*Imp.* -ać) bezahlen *j-m etw. Akk*, zahlen *j-m für etw.*
zapłata *w* (*Dat,Lok* -acie; *Gen Mz* -t) Bezahlung *w etw. Gen*, Zahlung *w*, Einzahlung *w*, Bezahlung *w*
zapobiec *vo* verhindern *etw. Akk*, verhindern *j-n/etw.*, vorbeugen *etw. Dat*
zapomnieć *vo* **1** vergessen *etw. Akk* (sich nicht erinnern) **2** vergessen *etw. Akk irgendwo* (liegen lassen)
zapoznać się *vo* (*Präs. 1P* -am się; *Imp.* -aj się) sich bekannt machen *mit etw.*, sich vertraut machen *mit etw.*
zapraszać *uv* (*Präs. 1P* -szam; *Imp.* -szaj) einladen *j-n*
zaprojektować *vo* entwerfen *etw. Akk*
zaproponować *vo* anbieten *j-m etw. Akk*, bieten *j-m etw. Akk*, vorschlagen
zaprosić *vo* (*Präs. 1P* -oszę; *Imp.* -oś) **1** einladen *j-n irgendwohin* **2** auffordern *j-n zu etw.*
zaproszenie *s* (*Gen Mz* -eń) Einladung *w*, Einladungskarte *w*
zaprotestować *vo* protestieren *gegen j-n/etw.* (zurückweisen)
zaprowadzić *vo* (*Imp.* -adź) führen *j-n irgendwohin* (begleiten), leiten *j-n irgendwohin*
zaprzeczyć *vo* (*Präs. 1P* -czę; *Imp.* -cz) leugnen
zaprzestać *vo* (*Präs. 1P* -anę; *Imp.* -ań) aufhören *mit etw.* (mit Arbeit usw.)
zapukać *vo* (*Präs. 1P* -am; *Imp.* -aj) klopfen *an etw. Akk*
zapytać *vo* (*Präs. 1P* -am; *Imp.* -aj) befragen *j-n über etw. Akk*, fragen *j-n nach j-m/etw.*
zaraz *adv* direkt (sofort)
zarazić *vo* anstecken *j-n (mit etw.)*, infizieren *j-n (mit etw.)*
zareagować *vo* reagieren *auf etw. Akk*
zarejestrować *vo* **1** registrieren *j-n/etw.* (eintragen) **2** messen **3** aufnehmen *etw. Akk*
zarezerwować *vo* reservieren *etw. Akk* (Tisch usw.), buchen *etw. Akk* (Reise usw.)
zaręczony *adj* verlobt
zarobić *vo* (*Präs. 1P* -ię; *Imp.* -rób) einnehmen (durch Verkauf), verdienen *an j-m/etw.* (Gewinn erzielen)
zarys *m* Silhouette *w*, Skizze *w*, Entwurf *m*
zarząd *m* (*Gen* ~u) Direktion *w*, Verwaltung *w*, Verwaltungsrat *m*, Vorstand *m* (einer Firma usw.)
zarządzać *uv* (*Präs. 1P* -am; *Imp.* -aj) leiten *etw. Akk* (Firma usw.), verwalten *etw. Akk* (ein Vermögen usw.)
zarządzanie *s* (*Gen Mz* -ań) Betrieb *m etw. Gen* (einer Organisation usw.), Management *s* (Tätigkeiten)
zasada *w* (*Dat,Lok* -adzie; *Gen Mz* -d) Base *w* (Verbindung), Prinzip *s*
zasadniczo *adv* grundsätzlich, gründlich (ändern usw.)
zasadniczy *adj* **1** grundsätzlich **2** prinzipienfest
zasadzić *vo* (*Imp.* -adź) pflanzen *etw. Akk*, einpflanzen *etw. Akk*
zasadzka *w* (*Dat,Lok* -dzce; *Gen Mz* -dzek) Falle *w* (Hinterlist usw.), Fallstrick *m*
zasięg *m* (*Gen* ~u) Reichweite *w etw. Gen*, Umfang *m* (einer Stimme usw.)

zasiłek *w* (*Gen* -łku) Leistung *w* (Betrag), Zuschuss *m*; **~ (dla bezrobotnych)** Arbeitslosengeld *s*
zaskakujący *adj* überraschend
zaskoczony *adj* überrascht *von etw.*
zaskoczyć *vo* (*Präs. 1P* -czę; *Imp.* -cz) **1** überraschen *j-n* (ertappen) **2** anspringen (Motor usw.)
zasłona *w* (*Gen Mz* -n) Visier *s* (eines Helms usw.), Vorhang *m* (zu Hause usw.)
zasługiwać *vo* verdienen *etw. Akk* (würdig sein)
zasługujący *adj* wert *etw. Gen* (würdig), würdig *etw. Gen* (wert)
zasłużyć *vo* (*Präs. 1P* -żę; *Imp.* -ż) verdienen *etw. Akk*
zasnąć *vo* einschlafen (in Schlaf sinken)
zaspokoić *vo* (*Präs. 1P* -koję; *Imp.* -kój) befriedigen (Bedürfnis usw.), sättigen, stillen (Neugier usw.)
zastać *vo* (*Präs. 1P* -anę; *Imp.* -ań) erreichen *j-n* (zu Hause usw.)
zastanowić się *vo* (*Präs. 1P* -ię się; *Imp.* -nów się) nachdenken *über etw. Akk*
zastaw *m* Pfand *s*, Sicherheit *w* (Geld usw.)
zastąpić *vo* (*Präs. 1P* -ię; *Imp.* -p) **1** auswechseln *j-n*, einspringen *für j-n* **2** ersetzen *j-n/etw. durch j-n/etw.*, *j-s* Nachfolger sein
zastępca *m* (*Dat Ez, Nom Mz* -cy; *Gen,Akk Mz* -ców) Ersatzmann *m*, Stellvertreter *m*, Assistent *m*, Vertreter *m* (Ersatz)
zastępować *uv* ablösen *j-n* (Tätigkeit übernehmen), vertreten *j-n* (einspringen)
zastosować *vo* anwenden *etw. Akk* (Regel usw.), anwenden (in Praxis usw.), zur Geltung bringen *etw. Akk*, verwenden *etw. Akk*
zastosowanie *s* (*Gen Mz* -ań) Anwendung *w etw. Gen*, Applikation *w*
zastrzelić *vo* (*Präs. 1P* -lę; *Imp.* -l) erschießen *j-n*
zastrzyk *m* (*Gen* ~u) Injektion *w*, Spritze *w* (Dosis von Impfstoff usw.)
zasypać *vo* (*Präs. 1P* -pię; *Imp.* -p) **1** zuschütten, zuschütten *etw. Akk mit etw.* **2** verschütten *j-n* (Lawine usw.) **3** überschütten *j-n mit etw.* (überhäufen)
zaszczyt *m* (*Gen* ~u) Ehre *w*
zaszeptać *vo* (*Präs. 1P* -pczę/-pcę; *Imp.* -pcz; *Vergang. 1P m* -ałem, *w* -ałam, *3P mpers.* -ali, *n-mpers.* -ały) flüstern, zuflüstern *j-m etw. Akk*
zaszkodzić *vo* (*Imp.* -odź) schaden *j-m/etw.*
zaszyć *vo* zunähen, vernähen (Hose usw.)
zaśmiać się *vo* (*Präs. 1P* -ieję; *Imp.* -iej; *Vergang. 1P m* -ałem, *w* -ałam, *3P mpers.* -ieli/-ali, *n-mpers.* -ały) auflachen, lachen *über j-n/etw.*
zaśpiewać *vo* (*Präs. 1P* -am; *Imp.* -aj) singen
zaświadczenie *s* (*Gen Mz* -eń) Bescheinigung *w*, Zeugnis *s*
zatelefonować *vo* anrufen *j-n*, telefonieren
zatem *conj* deshalb, deswegen, darum
zatkać *vo* (*Präs. 1P* -am; *Imp.* -aj) zustopfen *etw. Akk* (schließen)
zatłoczony *adj* überfüllt, vollgestopft (Bus usw.), voll (Zug usw.), verstopft (Straßen usw.)
zatoczka *w* (*Dat,Lok* -czce; *Gen Mz* -czek) Bucht *w* (klein)
zatoka *w* (*Dat* -oce; *Gen Mz* -k; *Dat Mz* -kom) Bucht *w*, Golf *m* (Bucht)
zatonąć *vo* (*Präs. 1P* -nę; *Imp.* -oń; *Vergang. 1P m* -ąłem, *w* -nęłam, *3P mpers.* -nęli, *n-mpers.* -nęły) sinken (Boot), untergehen (Schiff), versinken (im Meer usw.)
zatopić *vo* (*Präs.* -ię; *Imp.* -p) überschwemmen *etw. Akk* (Stadt usw.), versenken *etw. Akk* (Boot durch Löcher usw.)
zator *m* (*Gen* ~u) Stau *m* (Verkehr)
zatrąbić *vo* (*Präs. 1P* -ię; *Imp.* -b) hupen (Fahrer usw.)
zatroszczyć się *vo* (*Präs. 1P* -czę; *Imp.* -cz) sich kümmern *um j-n/etw.*
zatrucie *s* (*Gen Mz* -uć) Vergiftung *w*
zatrudnić *vo* (*Präs. 1P* -ię; *Imp.* -ij; *Vergang. 1P m* -iłem, *w* -iłam, *3P mpers.* -ili, *n-mpers.* -iły) anstellen *j-n*, einstellen *j-n* (Arbeiter usw.), aufnehmen *j-n* (Mitglied usw.)
zatrząść się *vo* (*Präs. 1P* -rzęsę się; *Imp.* -ś/-rzęś się; *Vergang. 1P m* -ąsłem się, *w* -rzęsłam się, *3P mpers.* -rzęśli się, *n-mpers.* -rzęsły się) sich schütteln (vor Lachen usw.), zittern (vor Kälte usw.)
zatrzymać *vo* (*Präs. 1P* -am; *Imp.* -aj) **1** anhalten *etw. Akk*, stoppen *etw. Akk* (Auto usw.), aufhalten *j-n irgendwo*, aufhalten *j-n/etw.* (Person usw.) **2** einstellen *etw. Akk* (Tätigkeit), zurückhalten, aufhalten (Atem usw.) **3** festnehmen *j-n*
zatrzymać się *vo* (*Präs. 1P* -am się; *Imp.* -aj się) **1** anhalten (stehen bleiben) **2** bleiben *irgendwo* ► **Zatrzymałem się w hotelu Alcron.** Ich wohne im Hotel Alcron.
zatwardzenie *s* (*Gen Mz* -eń) Verstopfung *w*, Verstopfen *s* (eines Durchgangs usw.)
zatwierdzić *vo* (*Imp.* -rdź) billigen *etw. Akk* (Vorschlag usw.), genehmigen *etw. Akk*
zatyczka *w* (*Dat,Lok* -czce; *Gen Mz* -czek) Stöpsel *m*
zaufanie *s* (*Gen Mz* -ań) Vertrauen *s*; **godny zaufania** vertrauenswürdig
zauważyć *vo* (*Präs. 1P* -żę; *Imp.* -ż) bemerken *etw. Akk*, bemerken *j-n/etw.* (sehen usw.), merken *j-n/etw.*, registrieren *j-n/etw.*
zawahać się *vo* (*Präs. 1P* -ham; *Imp.* -haj) zögern

zawalić *vo* (*Präs. 1P* -lę; *Imp.* -l) **1** verschütten *j-n* (Lawine usw.) **2** überhäufen *j-n mit etw.*

zawał *m* (*Gen* ~u) Infarkt *m*

zawartość *w* (*Nom Mz* -ści) Inhalt *m* (einer Flasche usw.)

zawczasu *adv* rechtzeitig

zawiadomienie *s* (*Gen Mz* -eń) Bescheid *m*, Mitteilung *w*

zawias *m* Angel *w* (einer Tür usw.)

zawiązać *vo* (*Präs. 1P* -ążę; *Imp.* -ąż) binden (Krawatte), zubinden

zawierać *uv* (*Präs. 3P* -a; *Imp.* -aj) einschließen *etw. Akk* (in sich usw.), einbegreifen *etw. Akk*, enthalten *etw. Akk*

zawiesić *vo* (*Präs. 1P* -eszę; *Imp.* -eś) aufhängen *etw. Akk* (Bild usw.), suspendieren *j-n*

zawieźć *vo* (*Präs. 1P* -iozę; *Imp.* -ź; *Vergang. 1P m* -iozłem, *w* -iozłam, *3P mpers.* -źli, *n-mpers.* -iozły) fahren *j-n irgendwohin*, bringen *j-n irgendwohin* (mit dem Auto)

zawodnik *m* (*Nom Mz* -icy) Teilnehmer *m*, Wettkämpfer *m*

zawołać *vo* (*Präs. 1P* -am; *Imp.* -aj) zurufen *j-m*

zawór *m* Absperrhahn *m*, Ventil *s*

zawrócić *vo* (*Imp.* -óć) **1** umleiten *etw. Akk* (Verkehr usw.) **2** wenden (Auto, Schwimmer usw.), drehen (Schiff, Wind usw.)

zawsze *adv* immer (stets); **na ~** für/auf immer

zawzięty *adj* halsstarrig, unbeugsam, stur, verbissen

zazdrosny *adj* eifersüchtig, missgünstig; **być ~m** *o kogoś* eifersüchtig sein *auf j-n*

zazdrościć *uv* (*Präs. 1P* -oszczę; *Imp.* -ść) beneiden *j-n um etw.*

zazwyczaj *adv* in der Regel, meistens

zażalenie *s* (*Gen Mz* -eń) Beschwerde *w*

zażywać *uv* (*Präs. 1P* -am; *Imp.* -aj) einnehmen *etw. Akk* (Medikament usw.), nehmen *etw. Akk* (Pillen usw.)

ząb *m* Zahn *m*, Dorn des Axis; **~** *m* **trzonowy** Backenzahn *m*

zbadać *vo* (*Präs. 1P* -dam; *Imp.* -daj) **1** untersuchen *j-n* (Patienten usw.) **2** durchforschen **3** nachgehen *etw. Dat*, unter die Lupe nehmen *j-n/etw.*, untersuchen *etw. Akk* (überprüfen)

zbić *vo* dreschen, verprügeln

zbierać *uv* (*Präs. 1P* -am; *Imp.* -aj) **1** pflücken (Früchte usw.) **2** ernten (Ergebnisse seiner Bemühungen usw.)

zbieranie *s* (*Gen Mz* -ań) Sammlung *w* (von Altpapier usw.)

zbiornik *m* (*Gen* ~a) Becken *s* (Reservoir), Fischteich *m*, Tank *m* (für Benzin usw.), Kraftstofftank *m*; **~** *m* **zaporowy** Stausee *m*

zbiór *m* **1** Gesamtheit *w etw. Gen*, Sammelwerk *s*, Sammelband *s* **2** Satz *m von etw.* (Teller usw.) **3** Menge *w* (von Elementen) **4** ***zbiory*** Ernte *w* (Ernten)

zbiórka *w* (*Dat,Lok* -rce; *Gen Mz* -rek) Sammlung *w* (von Altpapier usw.)

zbliżać się *uv* (*Präs. 1P* -am się; *Imp.* -aj się) **1** sich nähern *j-m/etw.* **2** bevorstehen

zbocze *s* (*Dat* -czu; *Nom Mz* -cza; *Gen Mz* -czy; *Lok Mz* -czach) Abhang *m*, Hang *m* (steil usw.)

zboże *s* (*Gen Mz* zbóż) Getreide *s*, Korn *s*, Zerealien *w Mz*, Cerealien *w Mz*

zbrodnia *w* Verbrechen *s*

zbrodniarz *m* (*Gen Mz* ~y) Verbrecher *m*

zbudować *vo* aufbauen *etw. Akk* (Haus usw.), erbauen *etw. Akk*, errichten *etw. Akk*, erbauen

zbudzić *vo* (*Imp.* -udź) aufwecken *j-n*, wecken *j-n*

zburzyć *vo* (*Präs. 1P* -rzę; *Imp.* -rz) abreißen *etw. Akk*, niederreißen *etw. Akk* (Gebäude usw.), durchbrechen (Öffnung schlagen)

zbyteczny *adj* überflüssig

zdać *vo* (*Präs. 1P* -am; *Imp.* -aj) bestehen, ablegen (Prüfung usw.); **nie ~** *vo* nicht bestehen (Prüfung usw.)

zdanie *s* (*Gen Mz* -ań) Satz *m* (Aussage)

zdarzenie *s* (*Gen Mz* -eń) Vorfall *m*, Ereignis *s*

zdarzyć się *vo* (*Präs. 3P* -y się) geschehen, passieren (Ereignis usw.)

zdążyć *vo* (*Präs. 1P* -żę; *Imp.* -ż) schaffen *etw. Akk*, schaffen (rechtzeitig machen)

zdecydować *vo* entscheiden *etw. Akk*

zdecydowanie *adv* **1** garantiert, gewiss **2** entscheidend, entschlossen, entschieden ♦ *part* eindeutig, bestimmt

zdecydowany *adj* entschlossen (Person usw.)

zdenerwować *vo* aufbringen *j-n*, aufregen *j-n*, nervös machen *j-n*

zdenerwowany *adj* aufgeregt, nervös *wegen etw.*

zderzak *m* (*Gen* ~a) Puffer *m*, Stoßstange *w*

zderzenie *s* (*Gen Mz* -rzeń) Anprall *m*, Aufprall *m*, Zusammenstoß *m* (Zusammenprall)

zderzyć się *vo* (*Präs. 1P* -rzę; *Imp.* -rz) stoßen *an etw.* (beschädigen usw.), zusammenstoßen

zdjąć *vo* (*Präs. 1P* zdejmę; *Imp.* zdejmij; *Vergang. 1P m* -ąłem, *w* -jęłam, *3P mpers.* -jęli, *n-mpers.* -jęły) **1** abnehmen *etw. Akk von etw.*, abnehmen (Deckel usw.) **2** ausziehen *etw. Akk* (Hose usw.), (sich) ausziehen *etw. Akk* (Schuhe) ► **~** *vo* **z zawiasów** aushängen (Tür)

zdjęcie *s* (*Gen Mz* -ęć) Aufnahme *w* (Foto), Fotografie *w*, Foto *s*; **zrobić** *vo* **~** *czegoś* eine Aufnahme *von etw.* machen

zdolność *w* (*Nom Mz* -ści) Fähigkeit *w*, Tauglichkeit *w zu etw.*
zdolny *adj* fähig *zu etw.*, tüchtig
zdradzić *vo* (*Imp.* -adź) **1** betrügen *j-n* (Ehemann usw.), hereinlegen *j-n*, verraten *j-n/etw.* (Verrat begehen) **2** verraten, preisgeben (Geheimnis usw.), verraten *j-m etw. Akk*, preisgeben *j-m etw. Akk* (Geheimnis usw.)
zdrapać *vo* (*Präs. 1P* -pię; *Imp.* -p) abkratzen (Farbe usw.), kratzen (Eis usw.)
zdrętwiały *adj* steif (Glieder usw.)
zdrowie *s* (*Dat* -iu) Gesundheit *w*; **Na ~!** Prosit!, Zum Wohl!; **powrót** *m* **do zdrowia** Erholung *w* (von Krankheit)
zdrowotny *adj* gesundheitlich, Gesundheits-, Sanitäts-; **ubezpieczenie** *s* **zdrowotne** Krankenversicherung *w*
zdrowy *adj* gesund
zebrać *vo* (*Präs. 1P* zbiorę, *3P* zbierze, *3P Mz* zbiorą; *Imp.* zbierz) **1** einsammeln, sammeln **2** aufnehmen *etw. Akk* (vom Boden usw.) **3** abpflücken *etw. Akk*
zebranie *s* (*Gen Mz* -ań) Massenversammlung *w*, Massentreffen *s*, Versammlung *w* (Menschen)
zegar *m* Uhr *w* (Küchenuhr usw.)
zegarek *m* (*Gen* -rka; *Nom Mz* -rki) Uhr *w* (Armbanduhr usw.)
zejść *vo* (*Präs. 1P* -jdę, *3P* -jdzie, *3P Mz* -jdą; *Imp.* -jdziesz; *Vergang. 1P m* zszedłem, *w* zeszłam) hinuntergehen *etw. Akk* (vom Sprecher), heruntergehen *etw. Akk* (zum Sprecher), hinuntergehen (nach unten), hinabsteigen
zemleć *vo* hacken (Fleisch usw.), vermahlen (Kaffee usw.)
zemsta *w* (*Dat* -mście; *Gen Mz* -t) Rache *w*, Vorsätzlichkeit *w*
zepsuć *vo* (*Präs. 1P* -uję; *Imp.* -uj) **1** kaputt machen *etw. Akk*, kaputtmachen *etw. Akk* (Maschine usw.) **2** verderben *etw. Akk* (Freude usw.)
zepsuć się *vo* (*Präs. 1P* -uję się; *Imp.* -uj się) **1** kaputtgehen **2** verderben (Essen), schlecht werden
zepsuty *adj* **1** kaputt **2** verdorben (Lebensmittel) **3** verdorben (moralisch)
zerknąć *vo* (*Präs. 1P* -nę; *Imp.* -nij; *Vergang. 1P m* -ąłem, *w* -nęłam, *3P mpers.* -nęli, *n-mpers.* -nęły) einen Blick werfen *auf etw.*, sich ansehen *etw. Akk*
zero *s* (*Dat* -ru; *Gen Mz* -r) Null *w*
zerwać *vo* (*Präs. 1P* -wę; *Imp.* -wij) **1** abpflücken, abreißen (Blätter usw.), herunterreißen *etw. Akk*, abreißen *etw. Akk* (Pflaster usw.) **2** auseinandergehen *von j-m*, sich trennen *von j-m*
zerwać się *vo* (*Präs. 3P* -wie się) sich losreißen
zespół *m* **1** Gruppe *w*, Kollektiv *s*, Stab *m* (Experten) **2** Band *w*, Kapelle *w* (Band) **3** Ensemble *s*
zestaw *m* Kit *s,m*, Packung *w* (Menge), Paket *s* (Ware); **~** *m* **pierwszej pomocy** Verbandkasten *m*, Erste-Hilfe-Kasten *m*
zestawić *vo* (*Präs. 1P* -ię; *Imp.* -w) **1** zusammensetzen *etw. Akk* **2** aufstellen (Liste usw.)
zeszły *adj* vorig; **w ~m roku** voriges Jahr
zeszyt *m* (*Gen* ~u) Heft *s* (Schulheft usw.)
zetrzeć *vo* (*Präs. 1P* -trę, *3P* -e; *Imp.* -rzyj; *Vergang. 1P m* starłem, *w* starłam, *3P mpers.* starli, *n-mpers.* starły) **1** wegwischen, wischen *etw. Akk (von etw.)*, wischen *etw. Akk*, wegwischen *etw. Akk* (entfernen) **2** reiben (raspeln)
zewnętrzny *adj* äußer(er,e,es), Außen-, extern (Mitarbeiter usw.), Rand-; **zewnętrzna strona** *w czegoś* Außenseite *w etw. Gen*
zeznanie *s* (*Gen Mz* -ań) **1** Aussage *w* (vor der Polizei usw.), Zeugenaussage *w* **2** Protokoll *s* (polizeiliches)
zeznawać *uv* (*Präs. 1P* -aję, *3P Mz* -ają; *Imp.* -waj) aussagen, zeugen (vor Gericht)
zezwolenie *s* (*Gen Mz* -eń) Angelschein *m*, Berechtigung *w*, Erlaubnis *w*, Genehmigung *w* (Urkunde usw.)
zgadnąć *vo* (*Präs. 1P* -nę; *Imp.* -nij; *Vergang. 1P m* -ąłem, *w* -nęłam, *3P mpers.* -nęli, *n-mpers.* -nęły) erraten
zgadzać się *uv* (*Präs. 1P* -dzam; *Imp.* -dzaj) **1** übereinstimmen *mit etw.* (in Einklang stehen), zustimmen *j-m/etw.*, gleich sein **2** eins sein *mit j-m*, einer Meinung sein *mit j-m in etw. Dat* ► **nie ~** *uv z kimś/czymś* nicht zustimmen *j-m/etw.*
zgarniać *uv* (*Präs. 1P* -iam; *Imp.* -iaj) kehren (zu Haufen usw.), schieben
zgasić *vo* (*Präs. 1P* -aszę; *Imp.* -aś) ausmachen *etw. Akk* (Licht)
zgasnąć *vo* (*Imp.* -aśnij; *Vergang. 1P m* -słem/-ąłem, *3P w* -sła) erlöschen, ausgehen
zgiąć *vo* (*Präs. 1P* zegnę; *Imp.* zegnij; *Vergang. 1P m* -ąłem, *w* -ięłam, *3P mpers.* -ięli, *n-mpers.* -ięły) biegen *etw. Akk*
zginąć *vo* (*Präs. 1P* -nę; *Imp.* -iń; *Vergang. 1P m* -ąłem, *w* -nęłam, *3P mpers.* -nęli, *n-mpers.* -nęły) fallen (im Krieg), umkommen (sterben)
zgłoszenie *s* (*Gen Mz* -eń) **1** Bekanntgabe *w* **2** Anmeldung *w*, Anmeldeformular *s*
zgniły *adj* faul (Obst usw.), verfault
zgoda *w* (*Dat,Lok* -odzie; *Gen Mz* -d) Übereinstimmung *w*, Versöhnung *w*, Zustimmung *w zu etw.*; **żyć** *uv z kimś* **w zgodzie** auskommen *mit j-m*
zgodnie *adv* **1** in Übereinstimmung *mit etw.* **2** einheitlich (vorgehen usw.) ♦ *prep* in

Übereinstimmung *mit etw.* ► ~ **z** *czymś* nach *etw.* (Vorbild), gemäß *etw. Dat*
zgodny *adj* entsprechend *etw. Dat*
zgrabny *adj* **1** anmutig, graziös **2** geschickt
zgromadzić *vo* (*Imp.* -adź) ansammeln (zusammentragen), versammeln, zusammenbringen (ein Heer usw.)
zgubić *vo* (*Präs. 1P* -ię; *Imp.* -b) verlieren *etw. Akk* (aus Unachtsamkeit)
zgwałcić *vo* (*Imp.* -łć) vergewaltigen *j-n*
ziarnko *s* (*Gen Mz* -nek) Bohne *w* (Sojabohne usw.)
ziarno *s* Korn *s* (Frucht)
zidentyfikować *vo* identifizieren *j-n*
zielony *adj* grün
ziemia *w* (*Nom Mz* -ie; *Gen Mz* -m) **1** **Z~** Erde *w* (Planet) **2** Erde *w*, Grund *m*, Boden *m* (Oberfläche), Land *s* (Festland) **3** Land *s* (Grundstück) **4** Boden *m*, Erde *w*
ziemianin *m* (*Gen* ~a; *Dat* ~owi; *Akk* ~a; *Ins* ~em; *Lok,Vok* ~ie; *Nom Mz* -nie; *Gen,Akk Mz* -n) Landwirt *m*
ziemniak *m* (*Gen* ~a) Kartoffel *w*, (ÖrD) Erdapfel *m*
ziewać *uv* (*Präs. 1P* -am; *Imp.* -aj) gähnen
zięć *m* (*Gen* -ęcia; *Nom Mz* -ęciowie) Schwiegersohn *m*
zima *w* (*Gen Mz* -m) Winter *m*
zimno[1] *s* Kälte *w*
zimno[2] *adv* kalt (Gefühl); **Z~ mi.** Mir ist kalt.
zimny *adj* (*Komp.* -niejszy) kalt
zioło *s* (*Gen Mz* ziół) Kraut *s* (Heilpflanze usw.)
zjazd *m* (*Lok* zjeździe) **1** Ausfahrt *w* (auf der Autobahn) **2** Abfahrt *w* (Sportdisziplin) **3** Tagung *w*, Wiederbegegnungstreffen *s* (nach Jahren)
zjechać *vo* (*Präs. 1P* zjadę, *3P* -edzie; *Imp.* -edź) **1** herabfahren *etw. Akk* **2** rutschen (herunterrutschen)
zjednoczyć *vo* (*Präs. 1P* -czę; *Imp.* -cz) einigen (Volk usw.), vereinheitlichen (Gesetze usw.), vereinigen
zjeść *vo* essen *etw. Akk*, aufessen *etw. Akk*; ~ *vo* **śniadanie** frühstücken
zlecić *vo* (*Imp.* -eć) beauftragen *j-n mit etw.*, vergeben *j-m etw. Akk*, aufgeben *j-m etw. Akk*
zlew *m* Ausguss *m*, Spülbecken *s*
zlikwidować *vo* **1** eliminieren, liquidieren *etw. Akk* (eine Firma usw.), liquidieren (Gegner usw.) **2** abschaffen *etw. Akk*
zlitować się *vo* bedauern *j-n*
złamać *vo* (*Präs. 1P* -mię; *Imp.* -m) brechen, brechen *etw. Akk* (Zweig usw.); ~ *vo* **prawo** das Gesetz brechen; ~ **(sobie)** *vo coś* (sich) brechen *etw. Akk* (Knochen usw.)
złamanie *s* (*Gen Mz* -mań) Bruch *m* (Knochen), Fraktur *w*; ~ *s* **prawa** Verletzung des Gesetzes
złamany *adj* gebrochen
złapać *vo* (*Präs. 1P* -pię; *Imp.* -p) **1** fangen (Ball usw.), fassen (festhalten) **2** schaffen *etw. Akk* (rechtzeitig kommen) **3** bekommen (Grippe usw.), kriegen (Krankheit) **4** einholen *j-n*, fangen
złapać się *vo* (*Präs. 1P* -pię się; *Imp.* -p się) fassen *etw. Akk* (um nicht zu stürzen usw.), ergreifen *etw. Akk* (Rettungsring usw.), zugreifen *auf etw. Akk*
złącze *s* (*Dat* -czu; *Nom Mz* -cza; *Gen Mz* -czy; *Lok Mz* -czach) Verbindung *w* (zwischen zwei Teilen)
złodziej *m* (*Gen* ~a; *Gen Mz* -ei/~ów) Dieb *m*, Einbrecher *m*
złom *m* Schrott *m* (Alteisen)
złość *w* (*Nom Mz* -ści) Wut *w*, Zorn *m*
złoto *s* (*Dat* -tu; *Gen Mz* -t) Gold *s*
złoty *adj* golden
złoże *s* (*Gen Mz* złóż) Lager *s* (Gesteinsschicht), Lagerstätte *w etw. Gen*
złożony *adj* **1** gebildet *aus etw.*, zusammengesetzt (Auge usw.) **2** kompliziert, verwickelt
złożyć *vo* (*Präs. 1P* -żę; *Imp.* złóż; *Vergang. 1P m* -yłem, *w* -yłam) **1** falten (Papier usw.), zusammenfalten **2** montieren (zusammenbauen), zusammensetzen *etw. Akk* **3** einreichen (Gesuch usw.)
zły *adj* **1** böse **2** sauer *auf j-n*, verärgert **3** schlecht (minderwertig) **4** falsch (Antwort usw.) ► **być ~m** *na kogoś* sich ärgern *über j-n*, böse sein *j-m/auf j-n*
zmarszczka *w* (*Dat,Lok* -czce; *Gen Mz* -czek) Falte *w* (Runzel); **zmarszczki** Falten *w Mz* (im Gesicht)
zmarznięty *adj* gefroren, verfroren (Füße usw.)
zmazać *vo* (*Präs. 1P* -ażę; *Imp.* -aż) ausradieren, wischen *etw. Akk* (Tafel)
zmęczenie *s* (*Gen Mz* -eń) Müdigkeit *w*
zmęczony *adj* müde
zmęczyć *vo* (*Präs. 1P* -czę; *Imp.* -cz) müde machen *j-n*, ermüden *j-n*
zmiana *w* (*Gen Mz* -n) **1** Änderung *w*, Veränderung *w* **2** Wechsel *m* **3** Schicht *w* (Arbeitsabschnitt)
zmienić *vo* (*Präs. 1P* -nię; *Imp.* -eń) **1** ändern *etw. Akk* **2** abwandeln *etw. Akk*, variieren *etw. Akk*, wechseln (Berufe usw.)
zmierzch *m* Abenddämmerung *w*, Dämmerung *w* (am Abend), Zwielicht *s*, Dämmerlicht *s*
zmierzyć *vo* (*Präs. 1P* -rzę; *Imp.* -rz) messen *j-n/etw.* (Größe bestimmen)

zmieszać *vo* (*Präs. 1P* -am; *Imp.* -aj) vermischen *etw. Akk mit etw.*, mischen *etw. Akk mit etw.*, vermischen *etw. Akk mit etw.*

zmieścić się *vo* (*Präs. 1P* -eszczę się; *Imp.* -ść się) hineingehen *in etw. Akk*

zmniejszyć *vo* (*Präs. 1P* -szę; *Imp.* -sz) **1** verkleinern, verringern (Menge usw.), senken (Summe usw.) **2** vermindern **3** mindern *etw. Akk*, verringern *etw. Akk* (Risiko usw.)

zmusić *vo* (*Präs. 1P* -uszę; *Imp.* -uś) zwingen *j-n zu etw.* ► **być zmuszonym** *do czegoś* gezwungen sein *zu etw.*

zmuszać *uv* (*Präs. 1P* -am; *Imp.* -aj) zwingen *j-n zu etw.*

zmylić *vo* (*Präs. 1P* -lę; *Imp.* -l) verwirren *j-n*

zmysł *m* Sinn *m* (Sehkraft usw.)

zmysłowy *adj* sinnlich, lüstern

zmywarka *w* (*Dat,Lok* -rce; *Gen Mz* -rek) Spülmaschine *w*

znaczący *adj* bedeutend (wichtig), relevant, sachbezogen

znaczek *m* (*Gen* -czka; *Nom Mz* -czki) Marke *w* (Wertzeichen)

znaczenie *s* (*Gen Mz* -eń) Bedeutung *w*, Sinn *m* (Bedeutung); **bez znaczenia** wie/was auch (immer); **mieć** *uv* ~ liegen *an etw. Dat* (wichtig sein)

znacznie *adv* beträchtlich, markant, sehr, deutlich (in hohem Maße)

znaczny *adj* beträchtlich, deutlich (Änderung usw.), spürbar, empfindlich (Verlust usw.)

znaczyć *uv* (*Präs. 3P* -y; *Imp.* -cz) bedeuten, bedeuten *etw. Akk*; **to znaczy** das heißt, d. h.

znać *uv* (*Präs. 1P* -am) kennen *j-n/etw.*; **dać** *vo komuś* ~ *o czymś* benachrichtigen *j-n von etw.*, mitteilen *j-m etw. Akk*

znać się *uv* (*Präs. 1P* -am się) sich auskennen *in etw. Dat*

znak *m* (*Gen* ~u) **1** Kennzeichen *s*, Zeichen *s* (zum Unterscheiden), Marke *w* (Zeichen usw.), Markierung *w* **2** Andeutung *w* **3** Zeichen *s* (Geste usw.) **4** Sternzeichen *s* ► ~ *m* **drogowy** Verkehrszeichen *s*; ~ *m* **zapytania** Fragezeichen *s*

znakomicie *adv* ausgezeichnet, vorzüglich, bewundernswert, auf bewundernswerte Weise

znakomity *adj* ausgezeichnet, exzellent, brillant, großartig (ausgezeichnet usw.)

znaleźć *vo* finden; **znaleziony** gefunden

znany *adj* bekannt; **(dobrze)** ~ *komuś* (wohl) bekannt *j-m*

znieczulenie *s* (*Gen Mz* -leń) Betäubung *w* (örtliche usw.)

znieważyć *vo* (*Präs. 1P* -żę; *Imp.* -ż) beleidigen *j-n*, brüskieren *j-n* (verächtlich behandeln)

znikać *uv* (*Präs. 1P* -am; *Imp.* -aj) verschwinden (untergehen usw.)

zniknąć *vo* (*Präs. 1P* -nę; *Imp.* -nij; *Vergang. 1P m* -kłem/-ąłem, *w* -kłam/-nęłam, *3P mpers.* -kli/-nęli, *n-mpers.* -kły/-nęły) verfliegen (Interesse usw.), verschwinden; ~ *vo* **z powierzchni ziemi** sich in Luft auflösen

zniszczyć *vo* (*Präs. 1P* -czę; *Imp.* -cz) beschädigen, vernichten, zerstören

zniżka *w* (*Dat,Lok* -żce; *Gen Mz* -żek) ermäßigter Eintritt, Ermäßigung *w*; **dać** *vo komuś* **zniżkę** nachlassen *j-m wie viel* (Rabatt)

zniżkowy *adj* verbilligt, ermäßigt (Preis)

znosić *uv* (*Präs. 1P* -oszę; *Imp.* noś) ertragen *j-n/etw.*; **nie** ~ *uv kogoś/czegoś* hassen *j-n/etw.*

zobowiązanie *s* (*Gen Mz* -ań) Verpflichtung *w*, Versprechen *s* (Zusicherung)

zobowiązany *adj* verpflichtet *j-m* (dankbar); **być ~m** *coś zrobić* verpflichtet sein *etw. Akk zu tun*, müssen *etw. Akk tun* (Pflicht haben)

zoo *s* (*indekl.*) Zoo *m*, Tiergarten *m* (kleiner), Tierpark *m* (größer)

zorganizować *vo* veranstalten *etw. Akk*

zostać *vo* (*Präs. 1P* -anę; *Imp.* -ań) **1** bleiben *irgendwo* **2** (übrig) bleiben

zostawić *vo* (*Präs. 1P* -ię; *Imp.* -w) **1** lassen *j-m etw. Akk* (nicht wegnehmen) **2** lassen *etw. Akk* (nicht ändern) **3** hinterlassen *etw. Akk* (nach dem Tode) ► ~ *vo* **sobie** behalten *etw. Akk* (nicht zurückgeben)

zranić *vo* (*Präs. 1P* -ię; *Imp.* -ań) **1** verletzen *j-n* (beschädigen), verwunden *j-n* **2** verletzen (kränken), treffen (erschüttern) **3** kränken *j-n*

zranić się *vo* (*Präs. 1P* -ię się; *Imp.* -ań się) sich verletzen

zraniony *adj* verletzt, verwundet

zrealizować *vo* durchführen *etw. Akk* (realisieren), verwirklichen *etw. Akk*, realisieren *etw. Akk* (Plan usw.)

zredukować *vo* reduzieren *etw. Akk (um etw.)*, verringern *etw. Akk* (Intensität usw.)

zrekompensować *vo* entschädigen *j-n für etw.*, ersetzen *j-m etw. Akk* (Geldverlust usw.), kompensieren

zresztą *part* übrigens, im Übrigen

zrezygnować *vo* **1** ablassen *von etw.*, aufgeben *etw. Akk* **2** zurücktreten

zrobić *vo* (*Präs. 1P* -ię; *Imp.* zrób) **1** machen (schaffen usw.) **2** anstellen *etw. Akk* (Dummheit usw.), machen *etw. Akk* (durchführen), tun *etw. Akk* **3** machen (hervorrufen) ► ~ *vo* **zakupy** einkaufen; ~ *vo* **zdjęcie** *czegoś* eine Aufnahme *von etw.* machen

zrozpaczony *adj* verzweifelt

zrozumiale *adv* deutlich (geschrieben usw.), verständlich

zrozumiały *adj* **1** verständlich, plausibel (Erklärung usw.) **2** begreiflich, verständlich, fassbar
zrozumieć *vo* begreifen *etw. Akk*, verstehen *etw. Akk*; **źle ~** *vo coś* missverstehen *etw. Akk*
zrywać *uv* (*Präs. 1P* -am; *Imp.* -aj) pflücken (Blumen usw.)
zrzec się *vo* verzichten *auf etw. Akk*
zrzucić *vo* (*Imp.* -uć) abwerfen *etw. Akk* (Bombe usw.), hinunterstürzen (stoßen); **~** *vo* **bombę** eine Bombe abwerfen; **~** *vo* **(z siebie)** abwerfen (Jacke usw.); **~ wagę** (an Gewicht) abnehmen
zsunąć *vo* (*Präs. 1P* -nę; *Imp.* -uń; *Vergang. 1P m* -ąłem, *w* -nęłam, *3P mpers.* -nęli, *n-mpers.* -nęły) zusammenschieben (zusammenrücken)
zupa *w* (*Gen Mz* -p) Suppe *w*
zupełnie *adv* absolut, völlig, ganz, durchaus (möglich usw.)
zupełny *adj* rein (Unsinn usw.), pur (völlig)
zużyć *vo* aufbrauchen *etw. Akk*, verbrauchen *etw. Akk* (Benzin, Zeit usw.), verbrauchen (Vorräte usw.)
zwariowany *adj* verrückt
zważyć *vo* (*Präs. 1P* -żę; *Imp.* -ż) wiegen *j-n/etw.* (Gewicht feststellen)
związać *vo* (*Präs. 1P* -ążę; *Imp.* -ąż) binden (miteinander), verbinden *etw. Akk* (Schnüre usw.)
związany *adj* verbunden *mit etw.* (innere Kohärenz); **być ~m** *z czymś* zusammenhängen *mit etw.*
związek *m* (*Gen* -zku) **1** Beziehung *w* (Zusammenhang usw.), Zusammenhang *m zwischen etw. Dat* **2** Verhältnis *s mit j-m* (Liebschaft), Beziehung *w* (intime usw.) **3** Verbindung *w* (chemische)
zwichnąć *vo* (*Präs. 1P* -nę; *Imp.* -nij; *Vergang. 1P m* -ąłem, *w* -nęłam, *3P mpers.* -nęli, *n-mpers.* -nęły) sich verrenken *etw. Akk*, sich ausrenken *etw. Akk*, sich verrenken *etw. Akk*
zwiedzanie *s* (*Ez*) Besichtigung *w etw. Gen*, Rundreise *w*; **~ zabytków** Besichtigungsfahrt *w*
zwierzę *s* (*Gen* ~cia; *Dat,Lok* ~ciu; *Nom Mz* ~ta; *Gen Mz* -rząt) Tier *s*
zwiększyć *vo* (*Präs. 1P* -szę; *Imp.* -sz) **1** erhöhen *etw. Akk*, intensivieren *etw. Akk*, steigern *etw. Akk*, verstärken (Intensität usw.) **2** erhöhen, aufschlagen (Preis usw.)
zwięzły *adj* bündig, kurz (nicht ausführlich), knapp (gekürzt)
zwięźle *adv* kurz, bündig
zwinąć *vo* (*Präs. 1P* -nę; *Imp.* -iń; *Vergang. 1P m* -ąłem, *w* -nęłam, *3P mpers.* -nęli, *n-mpers.* -nęły) zusammenrollen
zwlekać *uv* (*Präs. 1P* -am; *Imp.* -aj) zaudern, zögern
zwłaszcza *adv* besonders, namentlich
zwłoki *nur Mz n-mpers.* (*Gen Mz* -k) Leiche *w*
zwolennik *m* (*Nom Mz* -icy) Anhänger *m*, Befürwörter *m*, Verfechter *m* (einer Idee usw.)
zwolnić *vo* (*Präs. 1P* -ię; *Imp.* -ij; *Vergang. 1P m* -iłem, *w* -iłam) **1** verlangsamen **2** entlassen *j-n* (wegen Arbeitsmangel), entlassen *j-n* (Arbeiter usw.) **3** befreien *j-n von etw.* (von Pflicht) **4** entlassen (aus dem Krankenhaus usw.)
zwrócić *vo* (*Imp.* -óć) rückerstatten *etw. j-m*, rückvergüten *etw. j-m* (für Ware usw.), zurückgeben *j-m etw. Akk*, zurückzahlen (Geld); **być zwróconym** *ku komuś/czemuś j-m/etw.* zugewandt sein; **~** *vo* **uwagę** *na coś* hinweisen *auf etw. Akk*; **~** *vo czyjąś* **uwagę** aufmerksam machen *j-n auf etw. Akk*
zwrócić się *vo* (*Imp.* -óć się) ansprechen *j-n*, sich wenden *an j-n/etw.*; **Do kogo mam się zwrócić?** An wen soll ich mich wenden?
zwycięstwo *s* Sieg *m*
zwycięzca *m* (*Dat Ez, Nom Mz* -zcy; *Gen,Akk Mz* -zców) Bezwinger *m j-s/etw.*, Gewinner *m etw. Gen* (eines Preises usw.), Sieger *m*
zwyciężyć *vo* (*Präs. 1P* -żę; *Imp.* -ż) gewinnen *etw. Akk, in etw. Dat* (Wettkampf usw.), siegen *in etw. Dat, j-m* eine Niederlage beibringen
zwyczaj *m* (*Gen* ~u; *Gen Mz* ~ów) **1** Brauch *m* **2** Gewohnheit *w*, Sitte *w* (Gewohnheit) ► **~e** Bräuche *w Mz*
zwyczajny *adj* Alltags-, gewöhnlich (normal usw.)
zwykle *adv* gewöhnlich
zwykły *adj* gewohnt, gewöhnlich (Zeit usw.), üblich
zysk *m* (*Gen* ~u) Ertrag *m* (finanziell), Gewinn *m* (Ertrag)
zyskać *vo* (*Präs. 1P* -am; *Imp.* -aj) **1** gewinnen *etw. Akk* **2** profitieren *von etw.*
zza *adv* von hinten

Ź

źle *adv* falsch (antworten usw.), schlecht (körperlich unwohl), übel (körperlich); **~ zrozumieć** *vo coś* missverstehen *etw. Akk*; **Ź~ się czuję.** Mir ist schlecht.
źrenica *w* (*Nom Mz* -ce) Pupille *w*
źródło *s* (*Gen Mz* -deł) **1** Quelle *w* (eines Flusses usw.) **2** Quelle *w etw. Gen*

Ż

żaba *w* (*Gen Mz* -b) Frosch *m*
żaden *pron* kein (nicht ein)
żagiel *m* (*Dat* -glowi; *Gen Mz* -gli) Segel *s*
żaluzja *w* (*Gen,Dat,Lok, Gen Mz* -ji) Jalousie *w*
żałować *uv* **1** bedauern *j-n* **2** bedauern *etw. Akk*
żarówka *w* (*Dat,Lok* -wce; *Gen Mz* -wek) Glühbirne *w*, Birne *w* (mattierte usw.)
żart *m* (*Gen* ~u) Scherz *m*, Spaß *m*; **robić** *uv* **sobie ~y** *z kogoś/czegoś* sich *über j-n/etw.* lustig machen
żartować *uv* scherzen, sich *über j-n/etw.* lustig machen
żądać *uv* (*Präs. 1P* -am; *Imp.* -aj) fordern *etw. Akk von j-m*, verlangen *etw. Akk* (fordern), beanspruchen *etw. Akk*
żądło *s* (*Gen Mz* -deł) Stachel *m* (einer Wespe usw.)
że *conj* dass
żebrać *uv* betteln *um etw.* (um Almosen)
żebrak *m* (*Nom Mz* -acy) Bettler *m*
żebro *s* (*Gen Mz* -ber) Rippe *w*
żeby *conj* dass (Wunsch, Befehl usw.); **Powiedz im, ~ poczekali.** Sag ihnen, sie sollen warten!
żeglować *uv* mit einem Schiff fahren, segeln (mit Segelboot usw.)
żegluga *w* (*Dat,Lok* -udze; *Gen Mz* -ug) Seefahrt *w* (Wirtschaftszweig), Seeschifffahrt *w*, Schifffahrt *w* (Segeln usw.)
żel *m* (*Gen* ~u; *Gen Mz* ~i) Gel *s*
żelazko *s* (*Gen Mz* -zek) Bügeleisen *s*
żelazo *s* (*Ez*) Eisen *s*
żenić się *uv* (*Präs. 1P* -ię się; *Imp.* żeń się) heiraten *j-n*
żeński *adj* weiblich, Frauen-
żołądek *m* (*Gen* -dka; *Nom Mz* -dki) Magen *m*
żołnierz *m* (*Gen Mz* ~y) Soldat *m*
żona *w* (*Gen Mz* -n) Ehefrau *w*, Frau *w* (Gattin)
żonaty *adj* verheiratet
żółć *w* (*Nom Mz* -łci) Galle *w* (Sekret)
żółtaczka *w* (*Dat,Lok* -czce; *Gen Mz* -czek) Gelbsucht *w*, Hepatitis *w*
żółty *adj* gelb; **żółte (światło)** *s* Gelb *s* (Ampel)
żuć *uv* kauen *etw. Akk* (Nahrung usw.), kauen *etw. Akk*
życie *s* (*Gen Mz* żyć) Leben *s*
życiowy *adj* Lebens-
życzenie *s* (*Gen Mz* -eń) Verlangen *s* (geäußerter Wunsch), Wunsch *m* (Sehnsucht); **życzenia** *s Mz* Glückwunsch *m*
życzyć *uv* (*Präs. 1P* -czę; *Imp.* -cz) sich wünschen *etw. Akk*, wünschen *j-m etw. Akk* (erhoffen); **Jak pan(i) sobie życzy.** Wie Sie wollen.
żyć *uv* leben (am Leben sein); **~** *uv z kimś* **w zgodzie** auskommen *mit j-m*
żyd *m* (*Nom Mz* żydzi) Jude *m*
żyła *w* (*Dat,Lok* żyle; *Gen Mz* -ł) Vene *w*, Ader *w*
żyto *s* (*Dat* -tu; *Gen Mz* -t) Roggen *m*
żywić się *uv* (*Präs. 1P* -ię się) sich ernähren *von etw.*
żywioł *m* (*Gen* ~u) Element *s* (Naturkraft)
żywo *adv* lebhaft
żywopłot *m* (*Gen* ~u) Hecke *w*
żywotny *adj* belebt (Substantiv usw.)
żywy *adj* lebend, lebendig, lebhaft (Erinnerung usw.)

A

ab[1] *prep* (Platz, Ort usw.) od, ode
ab[2] (weg usw.) **~ sein** urwać się *vo*; **~ und zu** od czasu do czasu
abbiegen *v* skręcić *vo*
abbrechen *v* **1** (beenden) *etw. Akk* przerwać *vo* **2** (niederreißen) burzyć *uv*, niszczyć *uv* **3** (entzweigehen) odłamać się *vo* **4** *etw. Akk* ułamać *vo coś*
Abend *m* wieczór *m*; **gestern ~** wczoraj wieczorem; **Guten ~.** Dobry wieczór.; **zu ~ essen** jeść *uv* kolację
Abendessen *s* kolacja *w*
abends *adv* pod wieczór, wieczorem
Abenteuer *s* przygoda *w*
aber *conj* ale, jednak
Aberglaube *m* **1** (konkreter Glaube) przesąd *m* **2** (Eigenschaft) przesądność *w*
abfahren *v* **1** (Zug usw.) odjechać *vo*, odjeżdżać *uv* **2** (in einem Auto usw.) wyruszyć *vo*
Abfahrt *w* **1** (eines Zuges usw.) odjazd *m* **2** (Sportdisziplin) zjazd *m*
Abfall *m* odpady *m Mz*
Abfalleimer *m* kosz *m* na śmieci
abfallen *v* **1** (Knopf usw.) odpaść *vo*, odpadać *uv* **2** (sich abbrechen) odpaść *vo* **3** (Laub usw.) opaść *vo*, opadać *uv*
abfliegen *v* **1** odlecieć *vo* **2** (Flugzeug usw.) polecieć *vo*
Abflug *m* odlot *m*
Abfluss *m* odpływ *m*
Abfuhr *w* wywóz *m*
Abführmittel *s* środek *m* przeczyszczający
Abgang *m* odejście *s*
abgeben *v* **1** (Arbeit usw.) oddać *vo* **2** (Geräusch, Licht usw.) emitować *uv/vo*
abgelaufen *adj* **1** nieważny **2** (Periode usw.) miniony
abgelegen *adj* **1** głuchy, (Stelle usw.) odległy, odosobniony **2** (Ort usw.) ustronny
Abgrund *m* przepaść *w*, otchłań *w*
Abhang *m* zbocze *s*, stok *m*
abhängen *v von j-m/etw.* zależeć *uv od kogoś/czegoś*
abhängig *adj* **1** (von Umständen usw.) *von j-m/etw.* zależny *od kogoś/czegoś* **2** (Drogen usw.) *von etw.* uzależniony *od czegoś*
abheben *v* **1** (Geld usw.) wybrać *vo* **2** (Flugzeug, Rakete) wznieść się *vo*
abholen *v j-n/etw.* odebrać *vo kogoś/coś*; **Gepäck ~** odebrać *vo* bagaż
Abitur *s* matura *w*
abkühlen *v* **1** *etw. Akk* ochłodzić *vo coś*, *etw. Akk* schłodzić *vo coś* **2** (kühler werden) ostygnąć *vo* ► **sich ~** ochłodzić się *vo*
abkürzen *v* **1** (zeitlich) skrócić *vo coś* **2** (Wort usw.) *etw. Akk* skrócić *vo coś*
Abkürzung *w* skrót *m*
ablegen *v* **1** (Gegenstand) odłożyć *vo* **2** (Prüfung usw.) zdać *vo*, zaliczyć *vo*
ablehnen *v* **1** *etw. Akk* odmówić *vo czegoś* **2** (Einfall usw.) *etw. Akk* odrzucić *vo*
Ablehnung *w* **1** odmowa *w* **2** (eines Antrags usw.) odrzucenie *s*
abmachen **Abgemacht!** Załatwione!, Umowa stoi!
Abmachung *w* umowa *w*
abmelden *v j-n/etw.* odwołać *vo (czyjąś rejestrację)*; **sich ~** (Verein usw.) wymeldować się *vo*
abnehmen *v* **1** (Deckel usw.) *etw. Akk von etw.* zdjąć *vo coś z czegoś* **2** (Menge usw.) ująć *vo* **3** (gezielt schlanker werden) schudnąć *vo* ► **(an Gewicht) ~** schudnąć *vo*, zrzucić wagę
Abonnement *s etw. Gen* abonament *m*, prenumerata *w czegoś*
abonnieren *v* prenumerować *uv*, *etw. Akk* zaprenumerować *vo coś*
abräumen *v etw. Akk* posprzątać *vo coś*
abrechnen *v etw. Akk von etw.* odjąć *vo coś od czegoś*
Abreise *w* wyjazd *m*
abreisen *v aus etw. nach etw.* wyjechać *vo skądś dokądś*
abreißen *v* **1** (Blätter usw.) zerwać *vo*, (weg reißen) *etw. Akk* urwać *vo coś* **2** (Pflaster usw.) zedrzeć *vo*, *etw. Akk* zerwać *vo coś* **3** (Schlaufe usw.) urwać się *vo* **4** (Gebäude usw.) *etw. Akk* zburzyć *vo*
absagen *v* odwołać *vo*
Absatz *m* **1** (eines Textes) akapit *m* **2** (eines Schuhs) obcas *m* **3** (Verkauf) zbyt *m*
abschaffen *v etw. Akk* pozbyć się *vo czegoś*, *etw. Akk* usunąć *vo coś*, *etw. Akk* zlikwidować *vo coś*
abschalten *v* odłączyć *vo*, (Reaktor usw.) *etw. Akk* odciąć *vo coś*
abschätzen *v etw. Akk* oszacować *vo coś*
abschicken *v etw. Akk* wysłać *vo coś*
Abschied *m* pożegnanie *s*, rozstanie *s*
Abschleppdienst *m* pomoc *w* drogowa
abschleppen *v etw. Akk* odholować *vo coś*
Abschleppwagen *m* samochód *m* pomocy drogowej
abschließen *v* **1** (Wohnung usw.) zamknąć *vo* **2** (Abkommen usw.) zawrzeć *vo* ► **das Studium** *etw. Gen* **~** skończyć *vo* studia

abschneiden *v* **1** ukroić *vo*, (mit einem Messer usw.) *etw. Akk* odciąć *vo coś* **2** odciąć *vo* **3** (Erfolg haben) powodzić się *uv komuś*
Abschnitt *m* **1** odcinek *m* **2** (Papier usw.) skrawek *m*, strzęp *m* **3** (eines Formulars usw.) pokwitowanie *s*, paragon *m*
abschrauben *v etw. Akk* odkręcić *vo coś*
abschreiben *v* **1** (noch einmal usw.) napisać *vo* od nowa **2** (von Mitschüler usw.) *etw. Akk von j-m, etw. Akk aus etw.* odpisać *vo coś od kogoś* **3** (Abschrift machen) przepisać *vo* **4** (wegen Abnutzung usw.) umorzyć *vo*
absenden *v etw. Akk* wysłać *vo coś*
Absender *m* nadawca *m*
Absicht *w* zamiar *m*
absichtlich *adj* zamierzony, umyślny, świadomy ♦ *adv* celowo, świadomie, umyślnie
Absperrhahn *m* zawór *m*, kurek *m*
Abstand *m* odległość *w*
abstimmen *v* przegłosować *vo*
Abstimmung *w über etw. Akk* głosowanie *s nad czymś*; **geheime ~** tajne głosowanie *s*, balotaż *m*
abstürzen *v* runąć *vo*
Abteil *s* **1** (im Zug usw.) przedział *m* **2** (abgegrenzter Teil) dział *m*, sekcja *w*, (abgeteilter Raum) boks *m*
Abteilung *w* wydział *m*, (einer Organisation usw.) dział *m*
Abtreibung *w* aborcja *w*
abtrennen *v j-n/etw.* rozdzielić *vo kogoś/coś*
abtrocknen *v* **1** wyschnąć *vo* **2** (trocken machen) *etw. Akk* wysuszyć *vo coś*
abwärts *adv* w dół
abwaschen *v* zmyć *vo*, *etw. Akk* umyć *vo coś*
abwesend *adj* nieobecny *gdzieś* ♦ *adv* nieobecnie
abwischen *v* **1** (entfernen) *etw. Akk* zetrzeć *vo* **2** (säubern) *etw. Akk* wytrzeć *vo coś*
abzahlen *v etw. Akk* oddać *vo coś*, (Darlehen usw.) spłacić *vo*
Abzug *m* **1** (einer Waffe) spust *m* **2** (vom Lohn usw.) potrącenie *s*
Accessoires *s Mz* dodatki *m Mz*
Achse *w* oś *w*
acht *num* osiem
acht(er,e,es) *num* ósmy
achten *v* **1** *auf j-n/etw.* zauważać *uv kogoś/coś* **2** (Gesetz usw.) szanować *uv coś* **3** (aufpassen) *auf etw. Akk* dbać *uv o coś*
Achtung *w vor j-m* szacunek *m dla kogoś*; **~!** Uwaga!
achtzehn *num* osiemnaście
achtzig *num* osiemdziesiąt
Adapter *m* adapter *m*
addieren *v* podliczyć *vo*
Ader *w* żyła *w*
Adler *m* orzeł *m*
Adresse *w* adres *m*
Affe *m* małpa *w*
Agentur *w* agencja *w*, biuro *s*
ähnlich *adj etw. Gen* podobny *do czegoś* ♦ *adv* podobnie ► **~ sein** *j-m/etw.* być podobnym *do kogoś/czegoś*
Ähnlichkeit *w* podobieństwo *s*
Ahnung *w* **1** (Vorgefühl) przeczucie *s* **2** (Vorstellung) pojęcie *s*
aktiv *adj* aktywny, czynny
aktuell *adj* aktualny, nowoczesny
Alarm *m* alarm *m*
alarmieren *v j-n* zaniepokoić *vo kogoś*
Alkohol *m* **1** (Getränk) alkohol *m* **2** (Spiritus) spirytus *m*, alkohol *m*
alkoholfrei *adj* bezalkoholowy
alkoholisch *adj* alkoholowy
all *pron* wszystek, wszystka, wszystko; **~e** (jeder) wszyscy, (von einer Gruppe) wszyscy, wszystkie; **vor ~em** głównie, przede wszystkim
All *s* kosmos *m*, wszechświat *m*
Allee *w* aleja *w*
allein *adj* **1** (ohne Andere) sam **2** (Person) samotny
Allergie *w gegen etw.* alergia *w na coś*
allergisch *adj gegen etw.* uczulony *na coś*
alles *pron* wszystko
allgemein *adj* ogólny, powszechny
allmählich *adj* stopniowy ♦ *adv* powoli, stopniowo
alltäglich *adj* powszedni
Alphabet *s* alfabet *m*
als[1] *adv* (sobald usw.) kiedy
als[2] *conj* (im Vergleich) niż
als[3] *conj* (als Lehrer usw.) jako
also *conj* (a) więc, czyli
als ob *conj* jakby
alt *adj* stary
Alter *s* **1** (einer Person) wiek *m* **2** (Lebensabend) starość *w*
älter *adj* starszy
altmodisch *adj* staromodny
Alufolie *w* folia *w* aluminiowa
Aluminium *s* aluminium *s*
am **~ Anfang** na początku; **~ Leben** żywy; **~ Meer** nad morzem; **~ Montag/Dienstag** w poniedziałek/wtorek
Ambulanz *w* **1** (Wagen) karetka *w* **2** (Abteilung) przychodnia *w* (lekarska) **3** (in der Schule usw.) gabinet *m* lekarski
Ameise *w* mrówka *w*

Amerika *s* Ameryka *w*
amerikanisch *adj* amerykański
Ampel *w* semafor *m*, światła *s Mz* (sygnalizacyjne)
Amt *s* urząd *m*
amtlich *adj* urzędowy
amüsieren *v j-n* rozbawić *vo kogoś*, zabawić *vo kogoś*; **sich ~** bawić się *uv*
an *prep* **1** przy, (Ort) na **2** (denken usw.) *j-n/etw.* o *kimś/czymś* ► **~ der See** nad morzem; **A~ wen soll ich mich wenden?** Do kogo mam się zwrócić?
Ananas *w* ananas *m*
anbauen *v etw. Akk an etw. Akk* dobudować *vo coś do czegoś*
anbieten *v* proponować *uv*, oferować *uv*, *j-m etw. Akk* zaproponować *vo coś komuś*
Andenken *s* **1** (Gedenken) pamięć *w* **2** (Erinnerung) pamiątka *w* **3** pamiątka *w* **4** (Souvenir) pamiątka *w*, upominek *m*
ander(er,e,es) *adj* **1** (Seite usw.) drugi **2** (Exemplar usw.) inny ► **die anderen** inni, pozostali; **ein ~** inny; **ein anderes Mal** kiedy indziej
ändern *v etw. Akk* zmieniać *uv coś*, *etw. Akk* zmienić *vo coś*; **sich ~** zmieniać się *uv*
anders *adj als j./etw.* inny *niż ktoś/coś* ♦ *adv* inaczej, różnie ► **jemand ~** ktoś inny
anderswo *adv* gdzie indziej
Änderung *w* zmiana *w*
anerkennen *v* uznać *vo*
Anfall *m* atak *m*, napad *m*
Anfang *m* początek *m*; **am ~** na początku
anfangen *v* **1** *etw. Akk* zacząć *vo coś* **2** (Anfang haben) zacząć się *vo*
Anfänger *m* początkujący *m*
anfangs *adv* na początku, najpierw ♦ *prep etw. Gen* na początku
anfassen *v etw. Akk* dotknąć *vo czegoś*
anfliegen *v* przylecieć *vo*
Angabe *w* informacja *w*
angeben *v* **1** (Adresse usw.) *etw. Akk* podać *vo coś* **2** *mit etw.* pochwalić się *vo czymś*, *mit etw.* popisać się *vo przed kimś czymś*
Angebot *s* **1** oferta *w* **2** (auf dem Markt) podaż *w*
Angehörige *m etw. Gen* członek *m czegoś*
Angel *w* **1** (zum Fischfang) wędka *w* **2** (einer Tür usw.) zawias *m*
Angelegenheit *w* sprawa *w*, kwestia *w*, rzecz *w*
angeln *v* łowić *uv* ryby
Angelrute *w* wędka *w*
angemessen *adj* adekwatny, *etw. Dat* adekwatny *do czegoś*, odpowiedni *do czegoś* ♦ *adv* adekwatnie, stosownie
angenehm *adj* przyjemny
Angestellte *m* pracownik *m*; **leitender ~r** kierownik *m*
angreifen *v* **1** *j-n* napaść *vo kogoś*, (gewalttätig) atakować *uv*, napadać *uv* **2** (militärisch) *j-n/etw.* zaatakować *vo kogoś/coś*, atakować *uv kogoś/coś*
Angreifer *m* agresor *m*, napastnik *m*
Angriff *m* atak *m*, napad *m*, napaść *w*
Angst *w* **1** *vor etw. Dat* strach *m przed czymś* **2** (Sorge usw.) lęk *m*, niepokój *m*, obawa *w*
anhaben *v* mieć *uv* na sobie
anhalten *v* **1** (Auto usw.) *etw. Akk* zatrzymać *vo coś* **2** (stehen bleiben) zatrzymać się *vo*
Anhalter **per ~ fahren** jechać/podróżować *uv* autostopem
Anhänger *m* **1** zwolennik *m*, (einer Lehre usw.) naśladowca *m* **2** (Fan usw.) zwolennik *m* **3** (des Teufels usw.) wyznawca *m* **4** (Wagen) przyczepa *w* **5** (Schmuckstück) wisiorek *m* **6** (mit einer Adresse usw.) identyfikator *m*
Ankauf *m* kupno *s*, zakup *m*
Anker *m* kotwica *w*
ankern *v* zakotwiczyć *vo*, (vor Anker liegen) kotwiczyć *uv*
anklagen *v j-n etw. Gen* oskarżyć *vo kogoś o coś*
Ankleidekabine *w* przymierzalnia *w*
Ankleideraum *m* szatnia *w*
ankommen *v* **1** *irgendwohin* przyjść *vo* **2** (mit dem Auto usw.) *in/an etw. Dat* przybyć *vo dokądś*, przyjechać *vo dokądś*, dotrzeć *vo gdzieś* **3** (Paket usw.) przyjść *vo* **4** *auf j-n/etw.* zależeć *uv od kogoś/czegoś*
ankündigen *v j-m etw. Akk* awizować *uv coś komuś*, powiadamiać *uv kogoś o czymś*
Ankunft *w* przyjazd *m*, przyjście *s*, przylot *m*
Anlage *w* **1** urządzenie *s* **2** (eines Dokumentes) załącznik *m* ► **~n** wyposażenie *s*
Anlasser *m* rozrusznik *m*
anlegen *v* **1** (legen) *etw. Akk an etw. Akk* przyłożyć *vo coś do czegoś* **2** (in einer Bank usw.) *etw. Akk irgendwo* deponować *vo coś gdzieś* **3** (Geld) *etw. Akk in etw. Akk* inwestować *uv w coś* **4** (planvoll erstellen) rozłożyć *vo* ► **den Sicherheitsgurt ~** zapiąć *vo* pasy (bezpieczeństwa)
Anlegestelle *w* kotwicowisko *s*
Anleitung *w* **1** instrukcja *w*, zalecenie *s* **2** (in Druckform usw.) podręcznik *m*, poradnik *m* **3** (Seminar usw.) instruktaż *m*

anmachen **(Licht) ~** zapalić *vo*

Anmeldeformular *s* podanie *s*, zgłoszenie *s*

anmelden *v j-n/etw.* zameldować *vo kogoś/coś*; **sich ~** zarejestrować się *vo*; **sich ~** *zu etw.* (Teilnehmer) zapisać się *vo na coś, gdzieś*, zgłosić się *vo*; **sich im Hotel ~** zameldować się *vo* w hotelu

Anmeldung *w* podanie *s*, zgłoszenie *s*

annähern **sich ~** *j-m/etw.* przybliżyć się *vo do kogoś/czegoś*

annehmen *v* **1** (Angebot usw.) *etw. Akk* przyjmować *uv*, przyjąć *vo* **2** (Plan usw.) przyjąć *vo* **3** (Mitglied usw.) przyjąć *vo* **4** (glauben) zakładać *uv*

anpassen *v etw. Akk etw. Dat* dostosować *vo coś do czegoś, etw. Akk j-m/etw.* przystosować *vo coś do kogoś/czegoś*

anprobieren *v* przymierzyć *vo*

Anruf *m* rozmowa *w* (telefoniczna), telefon *m*

Anrufbeantworter *m* automatyczna sekretarka *w*

anrufen *v j-n* zatelefonować *vo do kogoś*, (telefonieren) *j-n* zadzwonić *vo do kogoś* ► **Er soll mich ~!** Niech do mnie zadzwoni!

anschauen *v j-n/etw.* popatrzeć *vo na kogoś/coś*

anscheinend *part* najwidoczniej

Anschluss *m* **1** (Verkehrsverbindung) połączenie *s* **2** (zu einem Leitungsnetz) przyłącze *s*

Anschrift *w* adres *m*

anschwellen *v* **1** napuchnąć *vo*, opuchnąć *vo*, spuchnąć *vo* **2** (wachsen) powiększyć się *vo*

ansehen *v j-n/etw.* patrzeć *uv na kogoś/coś, j-n/etw.* popatrzeć *vo na kogoś/coś, j-n/etw.* zerknąć *vo na kogoś/coś*; **finster ~** *j-n* skrzywić się *vo na kogoś*; **sich ~** *etw. Akk* obejrzeć *vo coś*, zwiedzić *vo*, zerknąć *vo na coś*; **(sich) ~** *j-n/etw.* (Film usw.) oglądać *uv kogoś/coś*

ansetzen **sich ~** osadzić się *vo*, osadzać się *uv*

Ansicht *w von etw., über etw. Akk* opinia *w o czymś*, pogląd *m na coś*, (Meinung) *von etw., über etw. Akk* spojrzenie *s na coś*

Ansichtskarte *w* widokówka *w*, pocztówka *w*

Anspruch *m* **1** (erhobener usw.) *auf etw. Akk* roszczenie *s wobec czegoś* **2** (an Qualität usw.) wymaganie *s* **3** (Recht) *auf etw. Akk* prawo *s do czegoś, auf etw. Akk* uprawnienie *s do czegoś* ► **~ erlangen** *auf etw. Akk* mieć *uv* prawo *do czegoś*; **Ansprüche** *an j-n/etw.* wymagania *s Mz*

anspruchsvoll *adj* trudny, (mit hohen Ansprüchen) wymagający

Anstalt *w* zakład *m*

anständig *adj* przyzwoity ♦ *adv* przyzwoicie

anstecken *v* **1** *j-n (mit etw.)* zarazić *vo kogoś (czymś)* **2** (Ring usw.) *etw. Akk an etw. Akk* założyć *vo coś na czymś*, nawlec *vo*

ansteckend *adj* zakaźny

Ansteckung *w* zakażenie *s*, infekcja *w*

anstelle *adv von etw.* zamiast *czegoś* ♦ *prep etw. Gen* zamiast

anstellen *v* **1** (Gerät usw.) włączyć *vo* **2** *j-n* zatrudnić *vo kogoś* **3** (Dummheit usw.) *etw. Akk* zrobić *vo coś*, (Unfug usw.) rozrabiać *uv* **4** (anlehnen) *etw. Akk an etw. Akk* przystawić *vo coś do czegoś*

Anstieg *m etw. Akk* wzrost *m*, przyrost *m*, *etw. Gen* wzrost *m czegoś*

anstrengen *v* wytężać *uv*; **sich ~** wysilać się *uv*

anstrengend *adj* **1** (Tag usw.) trudny **2** wyczerpujący **3** trudny, męczący

Anstrengung *w* walka *w*

Anteil *m an etw. Dat* udział *m w czymś*; **~ an** *etw. Dat* **nehmen** przyłączyć się *vo do czegoś*; **(prozentualer) ~** procent *m*, odsetek *m*

Antenne *w* antena *w*

Antibiotikum *s* antybiotyk *m*

antik *adj* **1** (zu Antike gehörend) antyczny, starożytny **2** (Möbel usw.) zabytkowy

Antiquität *w* antyk *m*

Antrag *m auf etw. Akk* podanie *s*, wniosek *m* ► **den ~ stellen** *auf etw. Akk* złożyć *vo* podanie *o coś*

Antwort *w auf etw. Akk* odpowiedź *w na coś*

antworten *v auf etw. Akk* odpowiadać *uv na coś, auf etw. Akk* odpowiedzieć *vo na coś*

Anwalt *m* adwokat *m*

Anwender *m* użytkownik *m*

Anwendung *w etw. Gen* zastosowanie *s czegoś*

anwesend *adj irgendwo* obecny *gdzieś*

Anwesenheit *w von j-m* obecność *w kogoś*

Anzahl *w etw. Gen* liczba *w czegoś*

Anzahlung *w* depozyt *m*, zaliczka *w*, (auf den Preis) zadatek *m*

Anzeige *w* **1** (in einer Zeitung) ogłoszenie *s* **2** (bei der Polizei usw.) donos *m*

anzeigen *v* **1** (Täter usw.) *j-n* donieść *vo na kogoś*, zadenuncjować *vo kogoś* **2** (auf Monitor usw.) wyświetlić *vo*

anziehen *v* **1** (Kleidung) *etw. Akk* włożyć *vo coś*, (Schuhe) włożyć *vo coś*, założyć *vo* buty **2** (bekleiden) *j-n* ubrać *vo kogoś* **3** (Schraube) zacisnąć *vo coś* **4** (Magnet usw.) *etw. Akk* przyciągać *uv* **5** (attraktiv sein) *j-n* pociągać

uv *kogoś* **6** (Kunden usw.) *j-n* przyciągnąć *vo* ► **sich ~** ubrać się *vo*
Anzug *m* garnitur *m*
anzünden *v* **1** (Feuer usw.) rozpalić *vo*, *etw. Akk* zapalić *vo coś* **2** (Holz mit Papier usw.) *etw. Akk* podpalić *vo coś*, (Zigarette usw.) *etw. Akk* zapalić *vo coś* **3** (Gebäude usw.) *etw. Akk* podpalić *vo coś*
Apfel *m* jabłko *s*
Apfelsaft *m* sok *m* jabłkowy
Apfelsine *w* pomarańcza *w*
Apotheke *w* apteka *w*
Apotheker *m* farmaceuta *m*, aptekarz *m*
Apparat *m* **1** (Gerät) maszynka *w*, (Gerät usw.) aparat *m* **2** (von Organen) organizm *m*
Appetit *m* apetyt *m* ► **Guten ~!** Smacznego!
applaudieren *v j-m* bić *uv komuś* brawo
Aprikose *w* morela *w*
April *m* kwiecień *m*
Arbeit *w* **1** praca *w*, robota *w* **2** (Beruf) praca *w*, posada *w*
arbeiten *v* pracować *uv*
Arbeiter *m* pracownik *m*, robotnik *m*
Arbeitgeber *m* pracodawca *m*
Arbeitnehmer *m* pracownik *m*
arbeitslos *adj* **1** (Person) bezrobotny **2** (Einkommen usw.) uzyskany bez pracy
Arbeitslosigkeit *w* bezrobocie *s*
Arbeitsplatz *m* miejsce *s* pracy
Arbeitstag ~e dni *m Mz* robocze
Architekt *m* architekt *m*
Architektur *w* architektura *w*
ärgerlich *adj* rozdrażniony
ärgern *v j-n* drażnić *uv kogoś*; **sich ~** *über j-n* złościć się *uv na kogoś*, być złym *na kogoś*
Argument *s* argument *m*
arm *adj* **1** (ohne Geld usw.) biedny **2** (bedauernswert usw.) biedny, nieszczęsny ► **ein ~er Kerl/Teufel** biedak *m*, nieszczęśnik *m*
Arm *m* ręka *w*
Armband *s* bransoleta *w*, bransoletka *w*
Armee *w* armia *w*, wojsko *s*
Ärmel *m* rękaw *m*
Armut *w* bieda *w*, nędza *w*
Art *w* **1** (einer Tätigkeit usw.) sposób *m*, tryb *m* **2** (Typus usw.) rodzaj *m* **3** (Tierart usw.) gatunek *m*
Artikel *m* **1** artykuł *m* **2** (grammatischer) przedimek *m*
Artischocke *w* karczoch *m*
Arzneimittel *s* lek *m*
Arzt *m* doktor *m*, lekarz *m*
Arztpraxis *w* gabinet *m* lekarski
Asche *w* popiół *m*
Aschenbecher *m* popielniczka *w*
Asiat *m* Azjata *m*
asiatisch *adj* azjatycki
Asien *s* Azja *w*
Asphalt *m* asfalt *m*
Ast *m* gałąź *w*
Asthma *s* astma *w*
Atem *m* oddech *m*
atmen *v* oddychać *uv*
Atom *s* atom *m*
Attraktion *w* atrakcja *w*
Aubergine *w* bakłażan *m*
auch *adv* też, także, również ♦ *conj* także, też ► **Ich ~ nicht.** Ja też nie.
auf *prep* **1** (einer Oberfläche usw.) na **2** (Richtung usw.) do, na **3** (einer Stelle usw.) na ► **A~ Wiedersehen.** Do widzenia.
aufbewahren *v etw. Akk* zachować *vo coś*
Aufbewahrung *w* **1** (Schalter) przechowalnia *w* (bagażu) **2** (Aufbewahren) przechowanie *s*
aufblasbar *adj* nadmuchiwany, dmuchany
aufblasen *v* nadmuchać *vo*
aufbrechen *v* **1** (öffnen) *etw. Akk* wyważyć *vo coś*, *etw. Akk* wyłamać *vo* **2** *irgendwohin* wyruszyć *vo dokądś*
Aufenthalt *m* pobyt *m*
Auffahrt *w* wjazd *m*
auffallen *v j-m* rzucić się *vo* w oczy *komuś*
auffordern *v j-n zu etw.* zaprosić *vo kogoś do zrobienia czegoś*, *j-n zu etw.* zachęcić *vo kogoś do czegoś*, *j-n zu etw.* zaprosić *vo kogoś do czegoś*
Aufführung *w* przedstawienie *s*
Aufgabe *w* zadanie *s*
aufgeben *v* **1** *j-m etw. Akk* zlecić *vo coś komuś* **2** (aufhören) *etw. Akk* przerwać *vo coś* **3** *etw. Akk* zrezygnować *vo z czegoś* **4** (nicht mehr raten) poddać się *vo*
aufgehen *v* **1** (Sonne usw.) wzejść *vo* **2** (Teig) rosnąć *uv*, wyrosnąć *vo* **3** (Samen usw.) wzejść *vo*
aufhalten *v* **1** (Person usw.) *j-n/etw.* zatrzymać *vo kogoś/coś* **2** (Atem usw.) zatrzymać *vo* **3** (kurz halten) *etw. Akk* przytrzymać *vo coś* ► **sich ~** zostać *vo* dłużej
aufhängen *v* **1** (Gardinen usw.) *etw. Akk* wieszać *uv coś* **2** (Bild usw.) *etw. Akk* zawiesić *vo coś* **3** (Hörer) odłożyć *vo* (słuchawkę) **4** (Mörder usw.) *j-n* powiesić *vo kogoś*
aufheben *v* **1** (vom Boden usw.) *etw. Akk* podnieść *vo* **2** (Gültigkeit usw.) unieważniać *uv*
aufhören *v* **1** (Regen usw.) ustać *vo* **2** *mit etw.* rzucić *vo coś*, *mit etw.* zaniechać *vo*

czegoś, (mit Arbeit usw.) *mit etw.* przestać *vo coś robić*, *mit etw.* zaprzestać *vo czegoś*
aufklaren *v* przejaśnić się *vo*
aufladen *v* **1** (Last usw.) *etw. Akk auf etw. Akk* załadować *vo coś na coś* **2** (Batterie usw.) naładować *vo*
aufmachen *v* **1** (Packung usw.) *etw. Akk* rozpakować *vo coś* **2** (Gürtel usw.) *etw. Akk* rozpiąć *vo coś* ► **sich ~** wyruszyć *vo dokądś*
aufmerksam *adj* spostrzegawczy, uważny ♦ *adv* bacznie, uważnie ► **~ machen** *j-n auf etw. Akk* zwrócić *vo czyjąś* uwagę
Aufmerksamkeit **~ widmen** *j-m/etw.* uważać *uv na kogoś/coś*, zwracać *uv* uwagę *na coś*; **eine kleine ~** (mały) upominek *m*
Aufnahme *w* **1** (in Verein usw.) przyjęcie *s* **2** (Nahrung usw.) spożycie *s* **3** (Foto) zdjęcie *s* **4** (Film usw.) ujęcie *s*
aufnehmen *v* **1** (vom Boden usw.) *etw. Akk* zebrać *vo* **2** (Studenten usw.) przyjąć *vo* **3** (Mitglied usw.) *j-n* zatrudnić *vo kogoś* **4** (Musik usw.) *etw. Akk* nagrać *vo coś* **5** (lernen usw.) *etw. Akk* przyswoić *vo coś* **6** (Behälter usw.) pomieścić *vo*
aufpassen *v* **1** *auf etw. Akk* uważać *uv* **2** *auf j-n* pilnować *uv kogoś*, (Acht haben) *auf j-n/etw.* popilnować *vo kogoś/coś*, (Baby usw.) *auf j-n/etw.* doglądać *vo czegoś*
Aufpreis *m* opłata *w* dodatkowa
aufräumen *v* posprzątać *vo*; **aufgeräumt** (Zimmer usw.) posprzątany
aufrecht *adj* wyprostowany ♦ *adv* prosto
aufregen *v j-n* zdenerwować *vo kogoś*; **sich ~** *über etw. Akk* gniewać się *uv na kogoś/coś*, irytować się *uv czymś*
aufregend *adj* podniecający
Aufschlag *m* **1** (im Tennis usw.) podanie *s* **2** (Preis) opłata *w* dodatkowa
aufschließen *v etw. Akk* otworzyć *vo coś*
aufschreiben *v etw. Akk* zanotować *vo coś*, zapisać *vo coś*
Aufschrift *w* napis *m*
aufstehen *v* **1** powstać *vo*, wstać *vo* **2** (aus dem Bett) wstać *vo*
aufsteigen *v* **1** (Fahrrad, Pferd usw.) *auf etw. Akk* wsiąść *vo na coś* **2** (an die Oberfläche) wypłynąć *vo*
Aufstrich *m* pasta *w*
aufsuchen *v j-n/etw.* wyszukać *vo kogoś/coś*
auftanken *v* uzupełnić *vo* paliwo, zatankować *vo* (paliwo)
aufwachen *v* budzić się *uv*, obudzić się *vo*
aufwärmen *v etw. Akk* ogrzać *vo coś*
aufwärts *adv* do góry, w górę
Aufzug *m* winda *w*
Auge *s* oko *s*
Augenblick *m* chwila *w*, moment *m*
Augenbrauen *w Mz* brwi *w Mz*
Augentropfen *Mz* krople *w Mz* do oczu
August *m* sierpień *m*
aus[1] *prep* **1** (herausnehmen usw.) *etw.* z, ze *czegoś* **2** (weg) z, ze **3** (stammend usw.) z, ze **4** (gemacht) *etw.* z, ze *czegoś*
aus[2] *adj* wyłączony; **Es ist ~.** To koniec., Już po wszystkim.
Ausbildung *w* trening *m*, wykształcenie *s*
Ausblick *m* widok *m*
Ausdruck[1] *m* **1** (Bekanntgabe) *etw. Gen* wyraz *m czegoś* **2** (im Gesicht usw.) wyraz *m*, mina *w* **3** (Kennzeichen) wyrażenie *s*
Ausdruck[2] *m* (etw. Gedrucktes) wydruk *m*
ausdrücken *v* wyrazić *vo*, ująć *vo*; **sich ~** wyrazić się *vo*
ausdrücklich *adj* wyraźny ♦ *adv* **1** (betonen usw.) wyraźnie **2** (ablehnen usw.) stanowczo
ausfahren *v* **1** (mit dem Auto usw.) *aus/von etw.* wyjechać *vo skądś* **2** (mit Freunden usw.) wyjechać *vo*, przejechać się *vo*
Ausfahrt *w* **1** wyjazd *m* **2** (auf der Autobahn) zjazd *m* ► **eine ~ machen** wyjechać *vo*, przejechać się *vo*
Ausfall *m* **1** awaria *w* **2** (Bewegung) wypad *m*
ausfallen *v* **1** wypaść *vo* **2** (nicht stattfinden) być odwołanym ► **Der Strom ist ausgefallen.** Nie ma prądu.
Ausflug *m* wycieczka *w*
Ausfuhr *w* eksport *m*
ausführlich *adj* bliższy, szczegółowy, drobiazgowy, (Beschreibung usw.) obszerny ♦ *adv* szczegółowo
ausfüllen *v etw. Akk mit etw.* wypełnić *vo coś czymś*
Ausgabe *w* **1** (Kosten) wydatek *m* **2** (broschierte usw.) wydanie *s* **3** (Austeilung) wydawanie *s*
Ausgang *m* wyjście *s*
ausgeben *v* **1** (Flugblätter usw.) rozdać *vo* **2** (Geld) *etw. Akk für etw.* wydać *vo coś na coś*
ausgehen *v* **1** *aus etw. Akk* wyjść *vo skądś* **2** *irgendwie* wypaść *vo* **3** (verbraucht sein) skończyć się *vo*
ausgeschaltet *adj* wyłączony
ausgezeichnet *adj* doskonały, znakomity ♦ *adv* świetnie, znakomicie
aushalten *v etw. Akk* wytrzymać *vo coś*; **Ich halte es nicht mehr aus.** Nie zniosę tego więcej.
auskennen **sich ~** *in etw. Dat* znać się *uv na czymś*; **sich ~** *in/mit etw.* dobrze się *w czymś* orientować *uv*

Ausland *s* zagranica *w*; **im ~** za granicą; **ins ~ fahren** jechać *uv* za granicę
Ausländer *m* cudzoziemiec *m*, obcokrajowiec *m*
ausländisch *adj* zagraniczny
auslaufen *v* **1** *aus etw.* wyciec *vo z czegoś*, (Wasser usw.) ulatniać się *uv*, wyciekać *uv* **2** (Schiff) wypłynąć *vo*
ausleeren *v etw. Akk* opróżnić *vo coś*
ausleihen **sich ~** *etw. Akk von j-m* pożyczyć *vo coś od kogoś*
ausloggen **sich ~** wylogować się *vo*
ausmachen *v etw. Akk* zgasić *vo coś*, wyłączyć *vo*
Ausmaß *s* wielkość *w*, wymiar *m*
Ausnahme *w* wyjątek *m*
ausnutzen *v* zużytkować *vo*
auspacken *v* **1** (Geschenk usw.) *etw. Akk* wypakować *vo coś* **2** (Koffer usw.) rozpakować *vo*
Auspuff *m* rura *w* wydechowa
ausradieren *v* wymazać *vo*, zmazać *vo*
ausräumen *v* opróżnić *vo*
Ausrede *w für etw.* wymówka *w od czegoś*
ausreichen *v* wystarczyć *vo*
ausrichten *v* **1** *j-m etw. Akk* przekazać *vo coś komuś* **2** (veranstalten) *etw. Akk* gościć *uv coś* ► **~ lassen** *j-m etw. Akk* przekazać *vo coś komuś*
ausruhen **sich ~** odpocząć *vo*, odpoczywać *uv*
Ausrüstung *w* ekwipunek *m*, sprzęt *m*
ausrutschen *v* **1** (hinfallen) poślizgnąć się *vo* **2** (aus Hand usw.) *aus etw.* wyślizgnąć się *vo skądś*
Aussage *w* **1** (vor der Polizei usw.) zeznanie *s* **2** (Mitteilung) wypowiedź *w*
aussagen *v* zeznawać *uv*
ausschalten *v* **1** odłączyć *vo*, (Maschine usw.) *etw. Akk* wyłączyć *vo* **2** (Konkurrenten usw.) *j-n* wyeliminować *vo* ► **den Gang ~** włączyć *vo* bieg
aussehen *v irgendwie* wyglądać *uv jak coś*
außen **von ~** z zewnątrz
Außenseite *w etw. Gen* zewnętrzna strona *w czegoś*
außer *prep* **1** *j-m/etw.* oprócz *kogoś/czegoś*, z wyjątkiem *kogoś/czegoś*, poza *kimś/czymś*, (ausgenommen) *j-m/etw.* nie licząc *kogoś/czegoś* **2** (auch noch) *etw. Dat* oprócz ► **~ Betrieb** nieczynny, niedziałający
äußer(er,e,es) *adj* zewnętrzny
außerdem *adv* (a) co więcej, ponadto; **und ~** a poza tym
außergewöhnlich *adj* niezwykły, wyjątkowy
außerhalb *prep etw. Dat* poza *czymś*, *etw. Gen* na zewnątrz *czegoś*, (der Stadt usw.) poza *czymś*
außerordentlich *adj* nadzwyczajny ♦ *adv* nadzwyczajnie
Aussicht *w* **1** widok *m* **2** *~en* (Chancen) perspektywa *w*
Aussichtspunkt *m* punkt *m* obserwacyjny
Aussichtsturm *m* wieża *w* widokowa
aussprechen *v* wymówić *vo*, (Wort usw.) wypowiedzieć *vo*
Ausstattung *w* wyposażenie *s*
aussteigen *v aus etw.* wysiąść *vo z czegoś*
ausstellen *v* **1** (Exponat usw.) wystawić *vo* **2** (Urkunde usw.) *etw. Akk* wydać *vo*, wystawić *vo*
Ausstellung *w* wystawa *w*
Austausch *m* wymiana *w*, zamiana *w*
austauschen *v etw. Akk gegen etw.* wymienić *vo coś na coś*
Auster *w* ostryga *w*
Australien *s* Australia *w*
Australier *m* Australijczyk *m*
australisch *adj* australijski
austrinken *v* **1** (Tee usw.) *etw. Akk* wypić *vo* **2** (Glas usw.) *etw. Akk* wypić *vo coś* **3** (zu Ende trinken) dopić *vo*
ausüben *v* prowadzić *uv*
Ausverkauf *m* wyprzedaż *w*
ausverkauft *adj* wyprzedany
Auswahl *w* wybór *m*
auswählen *v* wybrać *vo*
auswechseln *v* **1** *etw. Akk gegen etw.* wymienić *vo coś na coś* **2** *j-n* zastąpić *vo kogoś*
Ausweis *m* dowód *m* (tożsamości), legitymacja *w*
auswendig *adv* na pamięć
auszahlen *v j-m etw. Akk* wypłacić *vo coś komuś*
ausziehen *v* **1** (Hose usw.) *etw. Akk* zdjąć *vo coś* **2** *j-n* rozebrać *vo kogoś* **3** (aus dem Haus usw.) wyprowadzić się *vo* **4** (herausziehen) wysunąć *vo coś* ► **sich ~** rozebrać się *vo*
Auszubildende *m* uczeń *m*
Auto *s* auto *s*, samochód *m*; **in ein ~ einsteigen** wsiąść *vo* do samochodu
Autobahn *w* autostrada *w*
Autobahnauffahrt *w* wjazd *m* na autostradę
Autokennzeichen *s* numer *m* rejestracyjny
Automat *m* automat *m*, (Zigaretten usw.) automat *m* (na monety)
automatisch *adj* automatyczny
Autonummer *w* numer *m* rejestracyjny
Autor *m* autor *m*

Autowaschanlage *w* myjnia *w* samochodowa
Avocado *w* awokado *s*
Axt *w* siekiera *w*

B

Baby *s* niemowlę *s*, dzidziuś *m*
Babyflasche *w* butelka *w* dla niemowląt
Babynahrung *w* pożywienie *s* dla niemowląt
Bach *m* potok *m*
backen *v* upiec *vo*, (Kuchen usw.) piec *uv*
Backenzahn *m* ząb *m* trzonowy
Bäcker *m* piekarz *m*
Bäckerei *w* piekarnia *w*
Backwaren *w Mz* wypieki *m Mz*, (salzige) pieczywo *s*
Bad *s* **1** (Raum) łazienka *w* **2** (mit Heilquellen) uzdrowisko *s* **3** (Baden) kąpiel *w*, łaźnia *w*
Badeanzug *m* (damski) kostium *m* kąpielowy
Badehose *w* kąpielówki *nur Mz n-mpers.*
Bademantel *m* płaszcz *m* (kąpielowy)
Bademeister *m* ratownik *m*
baden *v* **1** *j-n* kąpać *uv kogoś*, *j-n* wykąpać *vo* **2** (sich waschen) wykąpać się *vo*, kąpać się *uv* **3** (schwimmen) wykąpać się *vo*, kąpać się *uv*
Badetuch *s* ręcznik *m* kąpielowy
Badewanne *w* wanna *w*
Badezimmer *s* łazienka *w*
Bahn *w* **1** (von Projektil usw.) tor *m* lotu **2** (für Läufer usw.) bieżnia *w* **3** (Schienenverkehrsmittel) linia *w* kolejowa **4** (Stadtverkehrsmittel) tramwaj *m*
Bahnhof *m* dworzec *m*
Bahnschranken *w Mz* szlaban *m* kolejowy
Bahnsteig *m* peron *m*
bald *adv* wkrótce, niebawem; **so ~ wie möglich** jak najszybciej
baldmöglichst *adv* jak najszybciej
Balkon *m* balkon *m*
Ball *m* **1** (für Sport) piłka *w* **2** (Tennisball usw.) piłeczka *w* **3** (Kugel) kula *w* **4** (Schlag) kop *m*
Ballon *m* balon *m*
Banane *w* banan *m*
Band[1] *s* **1** taśma *w* **2** (Verbindung) więź *w* **3** (im Haar usw.) wstążka *w*, tasiemka *w*
Band[2] *m* tom *m*
Bank[1] *w* **1** (zum Sitzen) ławka *w* **2** (Werkbank usw.) stół *m* warsztatowy
Bank[2] *w* **1** (Institution) bank *m* **2** (im Glücksspiel usw.) pula *w*
Bankautomat *m* bankomat *m*
Banknote *w* banknot *m*
Bar *w* bar *m*, bufet *m*
Bär *m* niedźwiedź *m*
barfuß *adj* bosy ♦ *adv* boso
Bargeld *s* gotówka *w*
Bart *m* broda *w*
Basilikum *s* bazylia *w*
Basis *w* **1** baza *w* **2** (eines Objekts usw.) podstawa *w* **3** podstawa *w* potęgi
basteln *v* majsterkować *uv*
Batterie *w* bateria *w*
Bau *m* **1** budowa *w* **2** (Gebäude) budowla *w* **3** *etw. Gen* struktura *w czegoś*, budowa *w czegoś* **4** (eines Tieres) nora *w*, jama *w*
Bauch *m* brzuch *m*
bauen *v* **1** *etw. Akk* budować *uv* **2** (Maschinen usw.) konstruować *uv*
Bauer *m* **1** rolnik *m*, gospodarz *m*, (Landwirt) chłop *m*, farmer *m* **2** (im Schach) pionek *m*
Bauernhaus *s* domek *m* (wiejski), chata *w*
Bauernhof *m* gospodarstwo *s*
Baum *m* drzewo *s*
Baumwolle *w* bawełna *w*
Baustelle *w* plac *m* budowy
Bauwerk *s* budowla *w*
Beamte *m* wysoki urzędnik *m*, (im öffentlichen Dienst) urzędnik *m* państwowy
beanspruchen *v etw. Akk* domagać się *uv czegoś*, żądać *uv czegoś*
beanstanden *v etw. Akk* reklamować *uv coś*
beantragen *v etw. Akk* ubiegać się *uv o coś*, składać podanie, *etw. Akk* wystąpić *vo o coś*
bearbeiten *v* przerobić *vo*, przystosować *vo*
beaufsichtigen *v etw. Akk* nadzorować *uv czegoś*, (Arbeit usw.) *etw. Akk* dopilnować *vo czegoś*
Becken *s* **1** (Reservoir) zbiornik *m*, rezerwuar *m* **2** (Körperteil) miednica *w* **3** czynele *Mz*
bedanken **sich ~** *bei j-m für etw.* podziękować *vo komuś za coś*, dziękować *uv komuś za coś*
bedauern *v* **1** *j-n* zlitować się *vo*, *j-n* żałować *uv kogoś*, współczuć *uv komuś* **2** *etw. Akk* żałować *uv czegoś*
bedecken *v j-n mit etw.* zakryć *vo kogoś/coś czymś*, przykryć *vo kogoś/coś czymś*
bedeuten *v etw. Akk* znaczyć *uv coś*
Bedeutung *w* znaczenie *s*
bedienen *v* **1** (einen Kunden usw.) *j-n* obsłużyć *vo kogoś*, (Gast usw.) *j-n* obsługiwać

uv kogoś **2** (Maschine usw.) *etw. Akk* obsługiwać *uv coś* ► **B~ Sie sich.** Proszę się częstować.; **sich ~** poczęstować się *vo*

Bedienung *w* **1** (von Kunden) obsługa *w* **2** (eines Gerätes usw.) obsługa *w czegoś* **3** (Personal) osoba *w* z obsługi

Bedingung *w* warunek *m*; **unter der ~, dass** pod warunkiem, że

bedrohen *v j-n/etw.* zagrozić *vo komuś/czemuś*

Bedrohung *w* zagrożenie *s*, (Gefahr) *etw. Gen* groźba *w czegoś*

Bedürfnis *s* potrzeba *w*

beeilen **sich ~** *mit etw.* śpieszyć się *uv*

beeinflussen *v j-n/etw.* mieć *uv* wpływ *na kogoś/coś, j-n/etw.* wpłynąć *vo na kogoś/coś,* wywrzeć *vo* wpływ, *j-n/etw.* wpływać *uv na kogoś/coś*

beenden *v* **1** zakończyć *vo coś, etw. Akk* kończyć *uv coś,* (Arbeit usw.) *etw. Akk* dokończyć *vo coś,* skończyć *vo coś* **2** (stoppen) *etw. Akk* ukończyć *vo coś,* skończyć *vo coś*

Beere *w* jagoda *w*

Beet *s* grządka *w*

befahrbar *adj* przejezdny

befassen **sich ~** *mit etw.* zajmować się *uv czymś*

Befehl *m* komenda *w*, nakaz *m*, (militärischer usw.) rozkaz *m*

befehlen *v j-m etw. Akk* rozkazać *vo komuś coś*

befestigen *v* **1** (festmachen) *etw. Akk an etw. Dat* przymocować *vo coś do czegoś* **2** (eine Stadt usw.) ufortyfikować *vo*

befinden **sich ~** *irgendwo* znajdować się *uv gdzieś*

Beförderung *w* **1** transport *m*, przewóz *m* **2** (in einen Rang) awans *m*

befreien *v* **1** *j-n/etw.* wyswobodzić *vo kogoś/coś,* (frei machen) oswobodzić *vo,* uwolnić *vo,* (Stadt usw.) wyzwolić *vo* **2** (herausziehen usw.) *j-n/etw. aus etw.* uwolnić *vo kogoś/coś od czegoś* **3** (von Pflicht) *j-n von etw.* zwolnić *vo kogoś z czegoś* **4** (von Einschränkungen usw.) liberalizować *uv*

befriedigen *v* **1** *j-n/etw.* zadowolić *vo kogoś/coś* **2** (Bedürfnis usw.) zaspokoić *vo*

begabt *adj* utalentowany

begegnen *v j-m* spotkać *vo kogoś,* spotkać się *vo z kimś*

begehen *v etw. Akk* popełnić *vo coś*

begeistert *adj* **1** (hingerissen) *von etw.* zachwycony *czymś* **2** (Fan) entuzjastyczny

Begeisterung *w* **1** radość *w, für etw.* entuzjazm *m do czegoś,* zapał *m do czegoś* **2** (Verve usw.) werwa *w*

begießen *v j-n/etw. mit etw.* polać *vo kogoś/coś czymś*

Beginn *m* początek *m*, (eines Konzerts usw.) otwarcie *s*

beginnen *v* **1** *etw. Akk, mit etw.* rozpocząć *vo coś,* (eine Tätigkeit usw.) *etw. Akk, mit etw.* zacząć *vo coś* **2** (Beginn haben) zacząć się *vo*

beglaubigen *v etw. Akk* poświadczyć *vo coś, etw. Akk* uwierzytelnić *vo coś*

begleiten *v* odprowadzić *vo kogoś, j-n irgendwohin* odprowadzić *vo kogoś dokądś, j-n* towarzyszyć *uv komuś*

beglückwünschen *v j-n zu etw.* gratulować *uv komuś czegoś*

begreifen *v etw. Akk* rozumieć *uv coś, etw. Akk* zrozumieć *vo coś*

Begriff *m* pojęcie *s*; **im ~ sein** *etw. Akk zu tun* szykować się *uv do zrobienia czegoś*

begrüßen *v* **1** *j-n* pozdrowić *vo kogoś* **2** *etw. Akk* przyjąć *vo coś, etw. Akk* witać *uv coś* (z radością)

behalten *v* **1** (nicht zurückgeben) *etw. Akk* zatrzymać *vo* (sobie) *coś, etw. Akk* zostawić *vo* sobie **2** (Zustand usw.) utrzymać *vo* **3** (Qualität usw.) *etw. Akk* zachować *vo*

Behälter *m* kontener *m*

behandeln *v* **1** *j-n irgendwie* obchodzić się *uv z kimś jakoś,* traktować *uv kogoś jakoś* **2** (ärztlich) *j-n/etw.* opatrzyć *vo kogoś/coś* **3** (Patienten usw.) *j-n/etw.* leczyć *uv kogoś/coś* **4** (Film usw.) *etw. Akk* traktować *uv o czymś*

Behandlung *w* **1** (Umgang) *j-s* traktowanie *s kogoś* **2** (eines Patienten usw.) leczenie *s*, opatrzenie *s*

behaupten *v* potwierdzać *uv*, twierdzić *uv*

Behauptung *w* twierdzenie *s*

beheizen *v* ogrzać *vo*

beherrschen *v* **1** (ein Land usw.) *etw. Akk* opanować *vo coś,* (Firma usw.) kontrolować *uv*, nadzorować *uv* **2** (Fremdsprache usw.) władać *uv*, (gelernt haben) opanować *vo*

behindern *v etw. Akk* przeszkadzać *uv w czymś*

behindert *adj* niepełnosprawny, upośledzony

Behörde *w* urząd *m*

behördlich *adj* urzędowy

bei *prep* przy

beibringen *v j-m etw. Akk* nauczyć *vo czegoś kogoś*

beide *num* oba

Beifall *m* aplauz *m*, oklaski

beifügen *v* załączyć *vo*

Beilage *w* **1** (Zeitung usw.) dodatek *m* **2** (Essen) dodatek *m*, przystawka *w*, (Gemüse usw.) garnirunek *m*

Beileid *s* wyrazy *m Mz* współczucia

Bein *s* noga *w*; **ein ~ stellen** *j-m* podstawić *vo komuś* nogę

beinahe *adv* o mało co, prawie, niemal ♦ *part* wprost

beiseite *adv* **1** (zur Seite) bokiem **2** (legen usw.) na bok

Beispiel *s* **1** (Beweis) *etw. Gen* przykład *m czegoś* **2** (Muster) przykład *m* ► **zum ~** na przykład

beißen *v* **1** *in etw. Akk* przegryźć *vo coś* **2** (wiederholt) gryźć *uv* **3** *j-n* pogryźć *vo kogoś*, (Hund usw.) *j-n* ugryźć *vo kogoś* **4** (Schlange) ukąsić *vo kogoś* **5** (Hund usw.) gryźć *uv*

bekämpfen *v etw. Akk* borykać się *uv z czymś*

bekannt *adj* znany ► **~ machen/geben** *etw. Akk* ogłosić *vo coś*, zaanonsować *vo coś*; **(wohl) ~** *j-m* (dobrze) znany *komuś*

Bekannte *m* znajomy *m*

Bekanntschaft *w* znajomość *w*

bekommen *v* dostać *vo*, otrzymać *vo*, (Grippe usw.) zachorować *vo*, złapać *vo*

belasten *v* **1** *etw. Akk* obciążyć *vo coś* **2** *j-n mit etw.* obciążyć *vo kogoś czymś*

belästigen *v* **1** *j-n mit etw.* zawracać *uv* głowę *komuś czymś*, *j-n* naprzykrzać się *uv komuś* **2** (sexuell usw.) molestować *uv*

Belastung *w* **1** obciążenie *s* **2** (Arbeit usw.) obciążenie *s*, *etw. Gen* napór *m na coś* **3** (Schwierigkeit usw.) brzemię *s*, ciężar *m*

belebt *adj* **1** (Straße usw.) ruchliwy **2** (Substantiv usw.) żywotny

beleidigen *v j-n* obrazić *vo kogoś*, znieważyć *vo kogoś*; **sich beleidigt fühlen** *wegen etw.* obrazić się *vo z powodu czegoś*

Beleidigung *w* zniewaga *w*, obelga *w*, obrażenie *s*

beleuchten *v etw. Akk* świecić *uv na coś*, (anleuchten) oświetlić *vo*

Beleuchtung *w* oświetlenie *s*

beliebig *adj* dowolny ♦ *pron* którykolwiek, jakikolwiek

beliebt *adj* **1** *bei j-m* popularny *wśród kogoś* **2** (Lieblings-) ulubiony

bellen *v* szczekać *uv*, (Hund usw.) zaszczekać *vo*

Belohnung *w* nagroda *w*, (finanzielle usw.) wynagrodzenie *s*

bemerken *v* **1** *j-n/etw.* zauważyć *vo kogoś/coś*, dostrzec *vo kogoś/coś* **2** zauważyć *vo*, (nebenbei sagen usw.) rzucić *vo*

Bemerkung *w* uwaga *w*, spostrzeżenie *s*, (schriftlich) notatka *w*

bemühen **sich ~** *um etw.* zabiegać *uv o coś*; **sich ~** *um etw.* próbować *uv coś zrobić*

Bemühung *w um etw.* usiłowanie *s czegoś*, *um etw.* wysiłek *m*

benachrichtigen *v j-n von etw.* dać *vo komuś* znać *o czymś*, oznajmić *vo komuś coś*, *j-n von etw.* powiadomić *vo kogoś o czymś*

benehmen **sich ~** zachować się *vo*, zachowywać się *uv*

Benehmen *s* zachowanie *s*

benötigen *v etw. Akk* koniecznie potrzebować *uv czegoś*

benutzen *v* używać *uv*, *etw. Akk* użyć *vo czegoś*

Benutzer *m* użytkownik *m*

Benutzung *w etw. Gen* użycie *s czegoś*, *etw. Gen* używanie *s czegoś*

Benzin *s* benzyna *w*; **Ich habe kein ~ mehr.** Skończyła mi się benzyna.

beobachten *v* **1** *j-n/etw.* obserwować *uv kogoś/coś* **2** (bemerken) zaobserwować *vo* **3** (Entwicklung usw.) monitorować *uv*

Beobachtung *w* obserwacja *w*

bequem *adj* wygodny ♦ *adv* łatwo

beraten *v j-n bei etw.* doradzić *vo komuś coś*, poradzić *vo*; **sich ~** *mit j-m über etw. Akk* skonsultować się *vo z kimś w jakiejś sprawie*

Beratung *w* **1** (Besprechung) narada *w*, konsultacja *w* **2** (Beratertätigkeit) doradztwo *s*, poradnictwo *s*

berauben *v j-n etw. Gen* pozbawić *vo kogoś czegoś*

berechtigt *adj* **1** (Sorge usw.) uzasadniony **2** (Vorgehen usw.) uzasadniony, usprawiedliwiony **3** (zuständig) uprawniony

Bereich *m* dziedzina *w*, zakres *m*

bereit *adj etw. Akk zu tun* skłonny *coś zrobić*, *zu etw.* przygotowany

bereiten *v j-m etw. Akk* przygotować *vo coś dla kogoś*

Bereitschaft *w* **1** (zum Handeln usw.) gotowość *w* **2** (zu helfen) chęć *w* **3** (Reserve) rezerwa *w*

Berg *m* góra *w*

bergab *adv* z góry, w dół

bergauf *adv* pod górę

Berggipfel *m* szczyt góry

Bergkette *w* pasmo *s* górskie

Bergsteiger *m* alpinista *m*

Bergwerk *s* kopalnia *w*

Bericht *m über etw. Akk* sprawozdanie *s z czegoś*, raport *m z czegoś*

berichten *v j-m von etw.* zgłosić *vo coś komuś*

Beruf *m* zawód *m*, profesja *w*

Berufserfahrung *w* praktyka *w*

beruhigen *v* **1** *j-n* uspokoić *vo kogoś* **2** (einen Wütenden usw.) uspokoić *vo* **3** (durch Versicherung usw.) uspokoić *vo* ► **sich ~** uspokoić się *vo*

berühmt *adj* sławny, słynny, *für etw.* słynący *z czegoś*, (bedeutend) wybitny

berühren *v j-n/etw.* dotknąć *vo kogoś/czegoś*
Berührung *w* dotyk *m*
Besatzung *w* załoga *w*
beschädigen *v* niszczyć *uv*, uszkodzić *vo coś*, zniszczyć *vo*
Beschädigung *w* uszkodzenie *s*
beschäftigen *v j-n mit etw.* zająć *vo kogoś czymś*; **sich ~** *mit etw.* zajmować się *uv czymś*
Beschäftigung *w* zatrudnienie *s*, (Arbeit) etat *m*
Bescheid *m* zawiadomienie *s*; **~ sagen** *j-m* dać *vo komuś* znać
bescheiden *adj* skromny
Bescheinigung *w* atest *m*, zaświadczenie *s*
beschlagnahmen *v j-m etw. Akk* skonfiskować *vo komuś coś*
beschleunigen *v* **1** (sich schneller bewegen) przyspieszyć *vo* **2** *etw. Akk* przyspieszyć *vo*, (Entwicklung) przyspieszyć *vo coś* **3** (Anfang usw.) *etw. Akk* przyspieszyć *vo coś*
beschließen *v* **1** (Entschluss fassen) *etw. Akk* zdecydować się *vo na coś* **2** (ein Gesetz usw.) przegłosować *vo*
beschmutzen *v etw. Akk* brudzić *uv coś*, *etw. Akk* ubrudzić *vo*, *etw. Akk* ubrudzić *vo coś*, *etw. Akk* zabrudzić *vo coś*
beschränken *v etw. Akk* ograniczyć *vo coś*
beschränkt *adj* **1** ciasny **2** (dumm) ciemny
Beschränkung *w* ograniczenie *s*
beschreiben *v* **1** (Blatt usw.) *etw. Akk* popisać *vo coś* **2** (Person usw.) *j-n/etw.* opisać *vo kogoś/coś*, określić *vo*, (schildern) *j-n/etw.* opisywać *uv kogoś/coś*
Beschreibung *w* opis *m*
beschützen *v j-n/etw. vor j-m/etw.* ochronić *vo kogoś/coś przed kimś/czymś*
Beschwerde *w* skarga *w*, zażalenie *s*
beschweren *v j-n* ciążyć *uv kogoś*; **sich ~** *bei j-m über etw. Akk* skarżyć się *uv komuś na coś*
beseitigen *v* **1** *etw. Akk* usunąć *vo* **2** (tilgen usw.) *etw. Akk* usunąć *vo coś* **3** (Abfall usw.) *etw. Akk* usuwać *uv*
Beseitigung *w* **1** usunięcie *s* **2** (Tilgung usw.) *von etw.* eliminacja *w czegoś*
Besen *m* miotła *w*
besetzen *v* **1** (Platz usw.) zająć *vo* **2** (militärisch) okupować *uv/vo*
besetzt *adj* zajęty
Besichtigung *w etw. Gen* zwiedzanie *s czegoś*; **~ von Sehenswürdigkeiten** zwiedzanie zabytków
Besitz *m* **1** majątek *m*, własność *w* **2** (Besitzen) posiadanie *s*, własność *w*
besitzen *v etw. Akk* posiadać *uv coś*
Besitzer *m* posiadacz *m*, właściciel *m*
besonder(er,e,es) *adj* specjalny, szczególny
besonders *adv* szczególnie, zwłaszcza ♦ *part* szczególnie
besorgen *v* **1** *etw. Akk* wystarać się *vo o coś*, (Aufgabe usw.) *etw. Akk* załatwić *vo coś* **2** (beschaffen) *j-m etw. Akk für j-n* załatwić *vo coś komuś*
besprechen *v etw. Akk mit j-m* omówić *vo coś z kimś*
besser *adj* lepszy ♦ *adv* lepiej
best(er,e,es) *adj* najlepszy
Bestandteil *m etw. Gen* element *m czegoś*
bestätigen *v* **1** (amtlich usw.) *etw. Akk* potwierdzić *vo* **2** (Wahrhaftigkeit usw.) potwierdzić *vo*, zweryfikować *vo*
Bestätigung *w etw. Gen* potwierdzenie *s*
bestechen *v j-n/etw.* przekupywać *uv kogoś/coś*, *j-n* przekupić *vo kogoś*, dać *vo komuś* łapówkę
Besteck *s* sztuciec *m*
bestehen *v* **1** (als Ganzes) *aus etw.* składać się *uv z czegoś* **2** (Prüfung usw.) zdać *vo*, zaliczyć *vo* **3** (von einem Problem usw.) *in etw. Dat* polegać *uv na czymś* **4** (beharren) *auf etw. Dat* upierać się *uv przy czymś*
bestehlen *v j-n um etw.* okraść *vo kogoś z czegoś*, *j-n um etw.* obrabować *vo kogoś z czegoś*, *j-n um etw.* ograbić *vo kogoś z czegoś*
bestellen *v etw. Akk* zamówić *vo coś*
Bestellung *w* zamówienie *s*
bestimmen *v* **1** (Anzahl usw.) *etw. Akk* ustalić *vo*, ustalać *uv* **2** (autoritativ) postanowić *vo*
bestimmt[1] *adj* określony
bestimmt[2] *part* bezspornie, na pewno, zdecydowanie
Bestimmungsort *m* cel (podróży), miejsce przeznaczenia
bestrafen *v j-n für etw.* karać *uv kogoś za coś*, *j-n für etw.* ukarać *vo kogoś za coś*
Besuch *m* **1** *j-s/etw.* odwiedziny *nur Mz n-mpers. czyjeś* **2** (Gast) gość *m*
besuchen *v* **1** *j-n* odwiedzić *vo kogoś* **2** (Kurs usw.) *etw. Akk* chodzić *uv dokądś, gdzieś* ► **die Sehenswürdigkeiten ~** zwiedzić *vo* zabytki
Besucher *m* gość *m*
Betäubung *w* znieczulenie *s*
beten *v* **1** pomodlić się *vo* **2** *zu j-m für etw.* modlić się *uv do kogoś o coś*
Beton *m* beton *m*
betonen *v* **1** (Bedeutung usw.) *etw. Akk* podkreślić *vo coś* **2** *etw. Akk* uwydatnić *vo*
betrachten *v j-n/etw. als j-n/etw.* uważać *uv kogoś/coś za kogoś/coś*

beträchtlich *adj* spory, znaczny ♦ *adv* znacznie
Betrag *m* kwota *w*, suma *w*
betreffen *v* **1** *j-n/etw.* dotyczyć *uv kogoś/czegoś* **2** (Erdbeben) *etw. Akk* dotknąć *vo kogoś/coś* ► **was** *j-n/etw.* **betrifft** jeśli chodzi o *kogoś/coś*
betreffend *adj* rzeczony
betreiben *v etw. Akk* prowadzić *uv coś*
betreten *v etw. Akk* wkroczyć *vo gdzieś, etw. Akk* wejść *vo dokądś*
Betrieb *m* **1** zakład *m*, przedsiębiorstwo *s* **2** (Tätigkeit usw.) *etw. Gen* działanie *s czegoś* **3** (einer Organisation usw.) *etw. Gen* zarządzanie *s czymś* **4** (Treiben) bieganina *w*, zgiełk *m*, harmider *m*, (Treiben) pośpiech *m* ► **außer ~** nieczynny, niedziałający
betrinken **sich ~** *von etw.* upić się *vo czymś*
Betrug *m* oszustwo *s*, podstęp *m*, machlojka *w*
betrügen *v* **1** oszukiwać *uv*, *j-n* oszukać *vo kogoś* **2** (Ehemann usw.) *j-n* zdradzić *vo kogoś* **3** *j-n um etw.* okraść *vo kogoś z czegoś*, *j-n um etw.* oszukać *vo kogoś*
Betrüger *m* oszust *m*
betrunken *adj* pijany
Bett *s* **1** łóżko *s* **2** (eines Flusses usw.) koryto *s*
betteln *v* **1** (um Almosen) *um etw.* żebrać *uv o coś* **2** *um etw.* skomleć *uv o coś*, (bitten) *bei j-m um etw.* błagać *uv kogoś o coś*, *bei j-m um etw.* dopraszać się *uv kogoś o coś*
Bettlaken *s* prześcieradło *s*
Bettler *m* żebrak *m*
Bettwäsche *w* bielizna *w* pościelowa, pościel *f sgt*
Beule *w* **1** (am Kopf) guz *m* **2** (im Blech usw.) wybrzuszenie *s*
beurteilen *v j-n/etw.* ocenić *vo kogoś/coś*, *j-n/etw.* sądzić *uv kogoś/coś*
Beute *w* łup *m*, zdobycz *w*
Bevölkerung *w* ludność *w*, populacja *w*
bevor *adv* zanim
bevorzugen *v* **1** *etw. Akk* woleć *uv coś niż coś*, preferować *uv coś od czegoś*, *j-n/etw. vor j-m/etw.* woleć *uv coś od czegoś* **2** (favorisieren) *j-n/etw. vor j-m/etw.* dać *vo* pierwszeństwo *komuś/czemuś*
bewachen *v* pilnować *uv*, (Haus usw.) *etw. Akk* strzec *uv czegoś*
bewaffnet *adj* uzbrojony
bewässern *v* nawadniać *uv*, nawodnić *vo*
beweglich *adj* ruchomy
Bewegung *w* ruch *m* ► **sich in ~ setzen** ruszyć się *vo*
Beweis *m etw. Gen* dowód *m czegoś*
beweisen *v etw. Akk* udowodnić *vo coś* ► **sich ~** *als* okazać się *vo* (być) *jakimś*
bewerben **sich ~** *um etw.* ubiegać się *uv o coś*
bewohnbar *adj* mieszkalny, mieszkaniowy
bewohnen *v etw. Akk* zamieszkiwać *uv coś*
Bewohner *m* mieszkaniec *m*
bewölkt *adj* zachmurzony ♦ *adv* zachmurzenie
bewundern *v j-n/etw. wegen etw.* podziwiać *uv kogoś/coś za coś*
bewusst *adj* **1** (Lüge usw.) zamierzony, umyślny, świadomy **2** (einer Tatsache usw.) *etw. Gen* świadomy *czegoś* **3** (Mensch usw.) uświadomiony ♦ *adv* **1** (mit Absicht) świadomie, umyślnie **2** (mit Bewusstsein) świadomie ► **sich ~ werden** *etw. Gen* uświadomić sobie *vo coś*
bewusstlos **~ sein** być nieprzytomnym
Bewusstlosigkeit *w* nieprzytomność *w*
Bewusstsein *s* świadomość *w* ► **bei ~ sein** być przytomnym
bezahlen *v j-m etw. Akk* płacić *uv komuś za coś*, *j-m etw. Akk* zapłacić *vo komuś za coś*
Bezahlung *w* zapłata *w*
bezeichnen *v* **1** *etw. Akk mit etw.* oznaczyć *vo coś czymś* **2** (mit einem Namen usw.) desygnować *uv/vo*
Bezeichnung *w* oznaczenie *s*
Beziehung *w* **1** (Handelsbeziehung usw.) stosunek *m* **2** (intime usw.) związek *m* **3** (Zusammenhang usw.) związek *m*
beziehungsweise *adv* ewentualnie ♦ *conj* ewentualnie
Bezirk *m* obwód *m*, okręg *m*
Bezug *m* pokrycie *s*, obicie *s*
bezüglich *prep* odnośnie do
bezweifeln *v etw. Akk* kwestionować *uv coś*, *etw. Akk* mieć *uv* wątpliwości *co do czegoś, odnośnie czegoś*
BH *m* biustonosz *m*, stanik *m*
Bibliothek *w* biblioteka *w*
biegen *v etw. Akk* zgiąć *vo coś*
biegsam *adj* giętki, elastyczny
Biene *w* pszczoła *w*
Bier *s* piwo *s*; **~ vom Fass** piwo z beczki
bieten *v* **1** *j-m etw. Akk* zaproponować *vo coś komuś* **2** (Möglichkeit usw.) *j-m etw. Akk* zaopatrzyć *vo kogoś w coś*
Bikini *m* bikini *s*
Bild *s* obrazek *m*, (Gemälde) obraz *m*
bilden *v etw. Akk* sporządzać *uv coś*, *etw. Akk* tworzyć *uv*
Bildhauer *m* rzeźbiarz *m*
Bildschirm *m* ekran *m*, monitor *m*

Bildung *w* wykształcenie *s*
billig *adj* tani ♦ *adv* tanio
Binde *w* tasiemka *w*
binden *v* **1** wiązać *uv*, (Krawatte) zawiązać *vo* **2** (miteinander) związać *vo*, (zu Bündeln) wiązać *uv* **3** (Beziehung usw.) wiązać się *uv z kimś* **4** (Schleife um Geschenk usw.) *etw. Akk um etw.* przewiązać *vo coś czymś*
binnen *prep etw. Dat* w ciągu *czegoś*
Birne *w* **1** (Frucht) gruszka *w* **2** (Baum) grusza *w* **3** (mattierte usw.) żarówka *w*
bis[1] *prep* (aż) do; **~ zu/an/über** (aż) do; **geöffnet von... ~...** otwarte od... do...
bis[2] *conj* dopóki nie
Bischof *m* biskup *m*
bisher *adv* do teraz, dotąd, do tej pory, dotychczas; **~ nicht** jeszcze nie
bisschen **ein ~** trochę, odrobinę; **ein ~** *etw. Gen* odrobina *w czegoś*
bitte *part* proszę; **B~!** (Einwilligung usw.) Śmiało!; **Hier ~.** (Schenken usw.) Proszę.; **Ja ~?** Halo?, Słucham?; **Wie ~?** Proszę?
Bitte *w um etw. Akk* prośba *w o coś*
bitten *v j-n um etw.* poprosić *vo kogoś o coś*, *j-n um etw.* prosić *uv kogoś o coś*
bitter *adj* gorzki
Blähung *w* wzdęcie *s*
Blase *w* **1** (Seifenblase usw.) bańka *w* **2** (auf Haut) pęcherz *m* **3** (Organ) pęcherz *m*
blasen *v* **1** (Wind usw.) wiać *uv* **2** (Musikinstrument usw.) *etw. Akk* trąbić *uv*
blass *adj* blady
Blatt *s* **1** (Pflanzenteil) liść *m* **2** (Papier) kartka *w* **3** (im Buch) kartka *w* **4** (Propeller usw.) łopata *w*
blau *adj* niebieski; **ein ~er Fleck** siniak *m*
Blaubeere *w* borówka *w*, jagoda *w* czarna
Blech *s* **1** (Material) blacha *w* **2** (Instrumente) instrumenty *m Mz* blaszane
Blechbüchse *w* puszka *w*
Blechdose *w* puszka *w*
Blei *s* **1** (Metall) ołów *m* **2** (Teil einer Angel) ciężarek *m* wędki
bleiben *v irgendwo* zostać *vo gdzieś* ► **(übrig) ~** zostać *vo*
Bleistift *m* ołówek *m*
blenden *v* **1** (mit Licht) *j-n* oślepić *vo kogoś* **2** (entzücken) *j-n* olśnić *vo* **3** *j-n* oślepić *vo kogoś*
Blick *m auf etw. Akk* spojrzenie *s na coś*
blind *adj* niewidomy, ślepy ♦ *adv* po omacku
Blinddarm *m* wyrostek *m* robaczkowy
Blinddarmentzündung *w* zapalenie *s* wyrostka robaczkowego
Blinker *m* migacz *m*
Blinkleuchte *w* migacz *m*
Blitz *m* błyskawica *w*
blitzen *v* błyskać się *uv*; **Es blitzt.** Błyska się.
Blitzlicht *s* flesz *m*
blockieren *v etw. Akk* blokować *uv*
blond *adj* **1** (Haar) płowy **2** (Mensch) blond, jasnowłosy
bloß *adj* sam
blühen *v* **1** kwitnąć *uv* **2** (Schmuggel usw.) narastać *uv*
Blume *w* kwiat *m*
Blumengeschäft *s* kwiaciarnia *w*
Blumenkohl *m* kalafior *m*
Blumenstrauß *m* bukiet *m*
Blumentopf *m* doniczka *w*
Bluse *w* bluzka *w*
Blut *s* krew *w*
Blutdruck *m* ciśnienie *s* krwi
Blüte *w* **1** (einer Pflanze) kwiat *m* **2** (wirtschaftliche usw.) rozkwit *m*
Blutegel *m* pijawka *w*
bluten *v* krwawić *uv*
Blutentnahme *w* pobranie *s* (krwi)
blutig *adj* krwawy ► **~es Steak** krwisty stek
Boden *m* **1** ziemia *w*, gleba *w*, grunt *m* **2** (Oberfläche) ziemia *w* **3** (im Zimmer usw.) podłoga *w* **4** (von einem Gefäß usw.) dno *s*
Bogen *m* **1** łuk *m* **2** (Papierblatt) arkusz *m* **3** (zum Spielen) smyczek *m*
Bohne *w* **1** (Frucht) fasola *w* **2** (Sojabohne usw.) ziarnko *s*
bohren *v* **1** wiercić *uv* **2** (Nägel in Haut usw.) *etw. Akk in etw. Akk* zaryć *vo czymś w coś*
Bohrmaschine *w* wiertarka *w*
Bombe *w* bomba *w*
Bonbon *m* cukierek *m*
Boot *s* łódź *w*
Bord[1] *s* półka *w*
Bord[2] *m* pokład *m*; **an ~ gehen** (Schiff) zaokrętować się *vo*, wsiąść *vo* na statek; **an ~** *etw. Gen* na pokładzie *czegoś*
Bordell *s* burdel *m*
Börse *w* giełda *w*
böse *adj* rozwścieczony, zły; **~ sein** *j-m/auf j-n* złościć się *uv na kogoś*, być złym *na kogoś*
Botschaft *w* **1** (Vertretung) ambasada *w* **2** (Nachricht) poselstwo *s*
Botschafter *m* ambasador *m*
Brand *m* pożar *m*
braten *v* **1** (im Fett) piec *uv*, upiec *vo* **2** usmażyć *vo*, (in der Pfanne) smażyć *uv*
Braten *m* pieczeń *w*
Bratwurst *w* kiełbasa *w*

brauchen *v etw. Akk* potrzebować *uv coś;* **Ihr braucht nicht auf mich zu warten.** Nie musicie na mnie czekać.

braun *adj* brązowy

bräunen *v* **1** (in der Sonne) opalać się *uv* **2** (Zwiebel usw.) *etw. Akk* przyrumienić *vo coś*

Braut *w* panna *w* młoda

Bräutigam *m* pan *m* młody

brav *adj* grzeczny ♦ *adv* posłusznie

brechen *v* **1** (Zweig usw.) *etw. Akk* złamać *vo* **2** (Schwur usw.) naruszyć *vo* **3** (bei Übelkeit) wymiotować *uv* **4** (zerfallen) łamać się *uv* ► **das Gesetz ~** złamać *vo* prawo; **(sich) ~** *etw. Akk* (Knochen usw.) złamać (sobie) *vo coś*

Brei *m* kasza *w*

breit *adj* szeroki ♦ *adv* szeroko

Breite *w* **1** *etw. Gen* szerokość *w czegoś* **2** (geografische) szerokość *w* geograficzna

Bremse *w* hamulec *m*

bremsen *v* hamować *uv*, zahamować *vo*

brennen *v* **1** (Feuer usw.) palić się *uv* **2** (heiß sein) palić *uv*, (Sonne usw.) prażyć *uv* **3** (weh tun) piec *uv* **4** (eine CD usw.) wypalić *vo* **5** (Alkohol) destylować *uv* ► **Es brennt!** Pali się!

Brennstoff *m* materiał *m* palny, paliwo *s*

Brett *s* deska *w*

Brief *m* list *m*

Briefkasten *m* skrzynka *w* pocztowa

Brieftasche *w* portfel *m*

Briefträger *m* listonosz *m*

Briefumschlag *m* koperta *w*

Brille *w* okulary *nur Mz n-mpers.*

bringen *v* **1** (ein Buch usw.) *j-m etw. Akk* przynieść *vo coś komuś*, przynosić *uv* **2** (mit dem Auto usw.) *j-n/etw. irgendwohin* przywieźć *vo kogoś/coś dokądś*, (mit dem Auto) *j-n irgendwohin* dowieźć *vo kogoś dokądś*, zawieźć *vo kogoś dokądś*, (mit dem Auto) *j-n irgendwohin* odwieźć *vo kogoś/coś dokądś* **3** (in Verlegenheit usw.) doprowadzić *vo* **4** *j-n um etw. Akk* pozbawić *vo kogoś czegoś* ► **auf den Markt ~** wprowadzić *vo*; **in Verlegenheit ~** *j-n* wprawić *vo kogoś* w zakłopotanie; **mit sich ~** *etw. Akk* (Konsequenzen usw.) nieść *uv*

Brokkoli *w* brokuł *m*

Brombeere *w* jeżyna *w*

Bronze *w* brąz *m*

Brot *s* chleb *m*

Brötchen *s* bułka *w*

Bruch *m* **1** (Knochen) złamanie *s* **2** (Zahlen) ułamek *m*

Brücke *w* most *m*

Bruder *m* brat *m*

Brühe *w* bulion *m*, (Suppe) rosół *m*

brüllen *v* **1** ryczeć *uv*, (Löwe usw.) zaryczeć *vo* **2** wrzeszczeć *uv*

Brunnen *m* **1** (für Grundwasser) studnia *w* **2** (Fontäne) fontanna *w* **3** (Heilquelle) źródełko *s*

Brust *w* **1** klatka *w* piersiowa, pierś *w* **2** (weibliche) pierś *w*

brutal *adj* bezwzględny, okrutny, brutalny ♦ *adv* brutalnie

Buch *s* książka *w*

buchen *v etw. Akk* zamówić *vo coś*, *etw. Akk* zarezerwować *vo coś*

Bücherschrank *m* biblioteczka *w*

Buchhandlung *w* księgarnia *w*

Büchsenöffner *m* otwieracz *m* do puszek

Buchstabe *m* litera *w*

buchstabieren *v etw. Akk* literować *uv coś*

Bucht *w* zatoka *w*, (klein) zatoczka *w*

Buchung *w* rezerwacja *w*

Bügeleisen *s* żelazko *s*

bügeln *v* prasować *uv*

Bühne *w* scena *w*

bunt *adj* **1** (nicht schwarz-weiß) kolorowy **2** (mit vielen Farben) wielobarwny, różnokolorowy **3** (abwechslungsreich) różnorodny

Burg *w* zamek *m*, gród *m*

bürgen *v für j-n* żyrować *uv komuś*

Bürger *m* obywatel *m*

Bürgermeister *m* burmistrz *m*

Bürgersteig *m* chodnik *m*

Büro *s* biuro *s*

Bürste *w* **1** szczotka *w* **2** (zum Anstreichen usw.) pędzel *m* ► **(kleine) ~** szczoteczka *w*

Bus *m* **1** (Verkehrsmittel) autobus *m* **2** (System) szyna *w* danych

Busbahnhof *m* dworzec *m* autobusowy

Busen *m* biust *m*, piersi *w Mz*

Bußgeld *s* mandat *m*, grzywna *w*

Büstenhalter *m* biustonosz *m*, stanik *m*

Butter *w* masło *s*

C

Café *s* kawiarnia *w*, (Hotel) bufet *m*
Camp *s* kemping *m*
campen *v* obozować *uv*
Camper *m* obozowicz *m*
Campingplatz *m* kemping *m*, pole *s* namiotowe
Chance *w* **1** (Möglichkeit) szansa *w* **2 ~n** (Gewinnquote usw.) szansa *w*
Charakter *m* charakter *m*
charakteristisch *adj* charakterystyczny
Chef *m* lider *m*, szef *m*
Chirurg *m* chirurg *m*
Chirurgie *w* chirurgia *w*
Chor *m* chór *m*
Christ *m* chrześcijanin *m*
Comic *m* komiks *m*
Computer *m* komputer *m*
Couch *w* kanapa *w*, sofa *w*
Cousin *m* kuzyn *m*
Cousine *w* kuzynka *w*
Creme *w* krem *m*
Curry *m,s* curry *s*

D

dabei *adv* równocześnie
Dach *s* dach *m*
Dachboden *m* strych *m*, poddasze *s*
Dachgepäckträger *m* bagażnik *m* dachowy
dafür *adv* zamiast *czegoś*
daheim *adv* (SwD, SüD) w domu
damals *adv* wtedy, wówczas
Dame *w* **1** (Person) dama *w*, pani *w* **2** (Spiel) warcaby *nur Mz n-mpers.* **3 ~n** toaleta *w* damska
Damenbinde *w* podpaska *w*
damit *conj* aby
Dämmerung *w* **1** (am Morgen) świt *m*, brzask *m* **2** (am Abend) zmierzch *m*
Dampf *m* para *w*
dämpfen *v* **1** (Licht) przyciemnić *vo*, (Schall usw.) tłumić *uv*, stłumić *vo* **2** (Stoff usw.) wyparzyć *vo*, (Stoß usw.) osłabiać *uv*, osłabić *vo*
daneben *adv* obok
dank *prep j-m/etw.* dzięki *komuś/czemuś*
dankbar *adj für etw.* wdzięczny *za coś*; **~ sein** *j-m für etw.* być wdzięcznym *komuś za coś*
danke **D~!** Dzięki!, Dziękuję!
danken *v j-m für etw.* podziękować *vo komuś za coś*, dziękować *uv komuś za coś*
dann *adv* potem, następnie
Darm *m* jelito *s*
darstellen *v* **1** (abbilden usw.) przedstawić *vo coś*, (gestalten) przedstawiać *uv coś* **2** (bedeuten) konstytuować *uv* **3** (spielen) *j-n* odtworzyć *vo kogoś*
das *pron* to
dass *conj* **1** że **2** (Zweck) niech **3** (Wunsch, Befehl usw.) żeby
dasselbe *pron* to samo
Daten *Mz* dane *nur Mz n-mpers.*
Dattel *w* daktyl *m*
Datum *s* data *w*
Dauer *w* długość *w czegoś*, trwanie *s*
dauerhaft *adj* stały, trwały ♦ *adv* na stałe
Dauerkarte *w* karnet *m*, (Fahrkarte usw.) bilet *m* okresowy
dauern *v* trwać *uv*; **Wie lange wird es ~?** Jak długo to będzie trwać?
dauernd *adj* stały ♦ *adv* **1** (ohne Unterbrechung) nieprzerwanie, ustawicznie **2** (für immer) na stałe, stale
Daumen *m* kciuk *m*
Debitkarte *w* karta *w* debetowa
Deck *s* pokład *m*
Decke *w* **1** (im Bett) kołdra *w* **2** (im Zimmer) sufit *m* **3** podsufitka *w*
Deckel *m* pokrywa *w*, wieko *s*
decken *v* **1** (schützen) *j-n/etw.* osłaniać *uv kogoś/coś* **2** ***Tisch*** **~** nakryć *vo* (do stołu) **3** *etw. Akk mit etw.* pokryć *vo coś czymś* **4** (finanziell) *etw. Akk* pokrywać *uv coś* ► **die Kosten ~** pokryć *vo* koszty
defekt *adj* uszkodzony; **~ sein** nie działać *uv*
Defekt *m* usterka *w*, defekt *m*
Deich *m* tama *w*, grobla *w*
dein, deine *pron* twój, twoja, twoje
demnächst *adv* wkrótce
Demokratie *w* demokracja *w*
Demonstration *w* demonstracja *w*
denken *v* **1** (im Kopf haben) *an etw. Akk* myśleć *uv o kimś/czymś* **2** (Meinung haben) sądzić *uv* **3** (sich erinnern) *an j-n/etw.* pomyśleć *vo o kimś/czymś* **4** (vorhaben) *an etw. Akk* rozważać *uv coś*
Denkmal *s* pomnik *m*, monument *m*
dennoch *conj* pomimo to
Deodorant *s* dezodorant *m*
der, die, das *pron* **1** ten, ta, to **2** (bei Personen) który
derb *adj* prostacki
derjenige, diejenige, dasjenige *pron* ten, ta, to
deshalb *adv* dlatego ♦ *conj* (a) więc, zatem
Design *s* design *m*

Desinfektion *w* dezynfekcja *w*
Desinfektionsmittel *s* środek *m* odkażający
desinfizieren *v* dezynfekować *uv*
dessen *pron* którego
Dessert *s* deser *m*
desto **je… ~ im…** tym
deswegen *adv* dlatego ♦ *conj* (a) więc, zatem
deutlich *adj* **1** (Änderung usw.) znaczny **2** (klar erkennbar) wyraźny ♦ *adv* **1** (geschrieben usw.) zrozumiale **2** (hören usw.) wyraźnie **3** (verständlich usw.) jasno
deutsch *adj* niemiecki ♦ *adv* po niemiecku
Deutsch(e) *s* język *m* niemiecki
Deutsche *m* Niemiec *m*
Deutschland *s* Niemcy *nur Mz n-mpers.*
Devise *w* dewiza *w*
Dezember *m* grudzień *m*
Dezimalkomma *s* przecinek *m* dziesiętny
Dia *s* przezrocze *s*, slajd *m*
Diabetes *m* cukrzyca *w*
Diamant *m* diament *m*
Diät *w* dieta *w*; **Ich halte ~.** Jestem na diecie.
dich *pron* ciebie, cię
dicht *adj* gęsty
Dichter *m* poeta *m*
Dichtung *w* uszczelnienie *s*
dick *adj* **1** gruby **2** (Suppe usw.) gęsty
die **~ (da)** ci, te
Dieb *m* złodziej *m*
Diebstahl *m* kradzież *w*
dienen *v* **1** *j-m/etw.* służyć *uv komuś/czemuś* **2** (Zweck haben) *als etw. Nom, zu etw.* służyć *uv jako coś, do czegoś*
Dienst *m* służba *w*, (Leistung) usługa *w*; **~e leisten** *j-m/etw.* posłużyć *vo komuś/czemuś*
Dienstag *m* wtorek *m*
Dienstleistungen *w Mz* usługi *w Mz*
diese *pron* ci, te
Diesel *m* **1** diesel *m* **2** (Fahrzeug) diesel *m*, (Kraftstoff) olej *m* napędowy
dieser, diese, dieses *pron* ten, ta, to; **dieses Jahr** w tym roku
diesmal *adv* tym razem
Ding *s* rzecz *w*
dir *pron* tobie, ci
direkt *adj* **1** (Verbindung usw.) bezpośredni **2** (Person) prostolinijny **3** (Lösung usw.) prostolinijny ♦ *adv* **1** (ohne Umstände) bezpośrednio **2** (sofort) zaraz, natychmiast
Direktor *m* dyrektor *m*
Diskothek *w* dyskoteka *w*
Diskussion *w* dyskusja *w*
diskutieren *v über etw. Akk* dyskutować *uv o czymś, über etw. Akk* przedyskutować *vo coś*
dividieren *v etw. Akk durch etw.* dzielić *uv coś przez coś*
doch *part* przecież
Doktor *m* doktor *m*, lekarz *m*
Dollar *m* dolar *m*
dolmetschen *v* tłumaczyć *uv*, *etw. Akk in etw. Akk* przetłumaczyć *vo coś na coś*
Dolmetscher *m* tłumacz *m*
Dom *m* katedra *w*, (christlich) świątynia *w*
Donner *m* grzmot *m*
Donnerstag *m* czwartek *m*
doppelt *adj* podwójny ♦ *adv* podwójnie ► **~ so viel** dwa razy więcej
Dorf *s* wieś *w*, wioska *w*
dort *adv* tam
dorthin *adv* tam
Dose *w* konserwa *w*, pojemnik *m*, puszka *w*
Dosenbier *s* piwo *s* w puszce
Dosenöffner *m* otwieracz *m* do puszek
Draht *m* drut *m*
dramatisch *adj* dramatyczny
draußen *adv* na dworze; **nach ~** na zewnątrz
drehen *v* **1** *etw. Akk* kręcić *uv czymś* **2** (formen) *etw. Akk* skręcać *uv coś*, *etw. Akk* skręcić *vo coś* **3** (Schiff, Wind usw.) zawrócić *vo* **4** (Film) kręcić *uv* ► **sich ~** kręcić się *uv*, odwrócić się *vo*
drei *num* trzy
Dreieck *s* trójkąt *m*
dreißig *num* trzydzieści
dreizehn *num* trzynaście
dringend *adj* bezzwłoczny, pilny, (Aufgabe usw.) nagły ♦ *adv* pilnie
drinnen *adv* w środku, wewnątrz
dritt(er,e,es) *num* trzeci
Drittel *s* jedna trzecia *w*
Droge *w* narkotyk *m*
drohen *v* **1** *j-m mit etw.* grozić *uv komuś czymś* **2** (Gefahr usw.) *j-m/etw.* zagrażać *uv komuś/czemuś*
Drohung *w* groźba *w*, pogróżka *w*
drüben *adv* po drugiej stronie ulicy
Druck[1] *m* **1** (Kraft) ciśnienie *s* **2** (Zwang) nacisk *m*
Druck[2] *m* (Prozess) nadruk *m*, (Prozess) *etw. Gen* druk *m czegoś*, drukowanie *s czegoś*
drucken *v* drukować *uv*, *etw. Akk* wydrukować *vo coś*
drücken *v* **1** (in der Hand usw.) *etw. Akk* ścisnąć *vo coś*, zgnieść *vo coś* **2** (Knopf usw.) *etw. Akk* nacisnąć *vo*, przycisnąć *vo* **3** ściskać *uv*, (pressen) *etw. Akk* gnieść *uv coś* **4** (mit der Hand usw.) *etw. Akk* przyciskać *uv*

coś, naciskać *uv coś* **5** (zu eng sein) cisnąć *uv* **6** *etw. Akk in etw. Akk* wepchnąć *vo coś dokądś*
Druckerei *w* drukarnia *w*
Druckknopf *m* **1** (zum Verschließen) zatrzask *m*, napa *w* **2** (Maschinenteil usw.) guzik *m*, przycisk *m*
du *pron* ty
Dudelsack *m* dudy *nur Mz n-mpers.*
Duft *m* **1** woń *w* **2** (eines Parfüms usw.) zapach *m*
duften *v* pachnieć *uv*
dumm *adj* głupi, tępy ♦ *adv* głupio
Dummheit *w* głupota *w*
Düne *w* wydma *w*
dunkel *adj* **1** ciemny **2** (mit dunkler Haut) śniady ♦ *adv* ciemno
dunkelhaarig *adj* ciemnowłosy
Dunkelheit *w* ciemność *w*, ciemno *s*
dünn *adj* **1** (Ast usw.) cienki **2** (Suppe usw.) rzadki
durch *prep etw. Akk* przez *coś*
durcheinanderbringen *v* zrobić *vo* bałagan, *etw. Akk* pomieszać *vo coś*
durchfahren[1] *v* (durch Tunnel usw.) *durch etw.* przejechać *vo przez coś*
durchfahren[2] *v* (durchreisen) zjeździć *vo*, *etw. Akk* przejechać *vo*
Durchfahrt *w* **1** (Durchfahren) *durch etw.* przejazd *m* **2** (Stelle) przejazd *m*
Durchfall *m* **1** (Erkrankung) biegunka *w* **2** (Film usw.) klapa *w*
durchfallen *v in etw. Dat* nie zdać *vo z czegoś*
durchführen *v* **1** (durch Stadt usw.) *j-n durch etw.* oprowadzić *vo kogoś po czymś* **2** (Aufgabe usw.) *etw. Akk* przeprowadzić *vo coś* **3** (Vorhaben usw.) *etw. Akk* wykonać *vo coś* **4** (Experiment usw.) przeprowadzić *vo* **5** (realisieren) *etw. Akk* zrealizować *vo coś*, urzeczywistnić *vo*
Durchgang *m* pasaż *m*
durchgehen *v* **1** *durch etw.* przejść *vo którędyś* **2** (lesen usw.) *etw. Akk* przejrzeć *vo coś*
Durchmesser *m etw. Dat* średnica *w czegoś*
Durchreise *w durch etw.* przejazd *m*
durchreisen *v* zjeździć *vo*
Durchschnitt *m* średnia *w*
durchschnittlich *adj* średni, przeciętny
durchsehen *v etw. Akk* sprawdzić *vo coś*
durchsichtig *adj* przezroczysty
durchsuchen *v j-n/etw.* przeszukać *vo kogoś/coś*
dürfen *v* móc *uv*; **nicht ~** nie móc *uv*
Durst *m* pragnienie *s*; **~ haben** być spragnionym
durstig *adj* spragniony; **~ sein** być spragnionym
Dusche *w* prysznic *m*; **eine ~ nehmen** wziąć *vo* prysznic
duschen **(sich) ~** brać *uv* prysznic
Dutzend *s* tuzin *m*
duzen *v j-n* być *uv z kimś* na ty
D-Zug *m* pociąg *m* pośpieszny

E

Ebbe *w* odpływ *m*
eben[1] *adj* równy; **~ machen** wyrównać *vo*, wygładzić *vo*
eben[2] *part* po prostu
Ebene *w* **1** (Land) równina *w* **2** (geometrische usw.) płaszczyzna *w*
ebenfalls *adv* też, także, również
ebenso *adv* równie *jakiś*
Echo *s* echo *s*
echt *adj* niepodrabiany, prawdziwy ♦ *adv* na poważnie, naprawdę ♦ *part* serio
Ecke *w* **1** (der Straßen usw.) róg *m* **2** (eines Raumes) kąt *m*
eckig *adj* graniasty, kanciasty
edel *adj* szlachetny
Edelstein *m* kamień *m* szlachetny
egal **Es ist mir ~.** Wszystko mi jedno.
Ehe *w* małżeństwo *s*
Ehefrau *w* żona *w*
Eheleute *w* małżeństwo *s*
ehemalig *adj* były, dawny
Ehemann *m* mąż *m*, małżonek *m*
Ehepaar *s* małżeństwo *s*
eher *adv* wcześniej ♦ *part* raczej
Ehre *w* **1** honor *m*, zaszczyt *m* **2** (Ehrenerweisung) cześć *w*, hołd *m*
ehrlich *adj* **1** uczciwy, rzetelny **2** (offen) szczery ♦ *adv* szczerze, uczciwie ► **E~?** Naprawdę?, Serio?
Ei *s* jajko *s*, jajo *s*
Eiche *w* dąb *m*
Eidechse *w* jaszczurka *w*
Eierschale *w* skorupka *w*
Eierstock *m* jajnik *m*
eifersüchtig *adj* zazdrosny; **~ sein** *auf j-n* być zazdrosnym *o kogoś*
eigen *adj* własny
Eigenschaft *w j-s/etw.* cecha *w kogoś/czegoś*, właściwość *w kogoś/czegoś*
eigentlich *part* właściwie; **~ nicht** niezupełnie
Eigentum *s* majątek *m*, własność *w*
Eigentümer *m etw. Gen* właściciel *m czegoś*
Eile *w* pośpiech *m*

eilen *v* śpieszyć się *uv*
eilig *adv* **1** prędko **2** (schicken usw.) ekspresowo ► **Ich habe es ~.** Śpieszę się.
Eimer *m* wiadro *s*, kubeł *m*
ein *num* jeden
einatmen *v* **1** (Atem holen) wziąć *vo* oddech, zrobić *vo* wdech **2** (Dämpfe usw.) *etw. Akk* nawdychać się *vo czegoś* **3** (Rauch usw.) *etw. Akk* wciągnąć *vo* do płuc
einbahnig *adj* jednokierunkowy
Einbahnstraße *w* droga *w* jednokierunkowa
Einbettzimmer *s* pokój *m* jednoosobowy
einbrechen *v* **1** (Dieb usw.) *in etw. Akk* włamać się *vo dokądś* **2** (Feind usw.) *in etw. Akk* wtargnąć *vo gdzieś* **3** (Decke usw.) zapaść się *vo*, zawalić się *vo*
Einbruch *m* włamanie *s*
einchecken *v j-n* odprawić *vo kogoś*
Eindruck *m* wrażenie *s*
einfach[1] *adj* (unkompliziert usw.) prosty
einfach[2] (ohne Weiteres usw.) *adv* po prostu ♦ *part* po prostu
Einfahrt *w* wjazd *m*
einfallen *v* **1** (Idee usw.) *j-m* przyjść *vo komuś* do głowy **2** (in ein Land usw.) *irgendwohin* najechać *vo gdzieś*
einfliegen *v* przylecieć *vo*
Einfluss *m* wpływ *m*
einfrieren *v* **1** (zu Eis werden) zamarznąć *vo* **2** zamrozić *vo coś*, (Lebensmittel usw.) mrozić *uv*
einführen *v* **1** *etw. Akk irgendwohin* importować *uv coś* **2** (Maßnahme usw.) wprowadzić *vo* **3** (ein Produkt) wprowadzić *vo*
Eingang *m* wejście *s*
Eingemachte *s* konfitura *w*
eingeschaltet *adj* włączony
einheimisch *adj* tubylczy
Einheit *w* **1** (Verbundenheit) jedność *w* **2** (Meter usw.) jednostka *w* **3** (organisatorisch) jednostka *w*
einheitlich *adj* jednolity ♦ *adv* zgodnie
einig *adj* jednolity
einig(er,e,es) *pron* jakiś; **einige** kilka; **einige Male** kilkakrotnie
einigen *v* zjednoczyć *vo*; **sich ~** *über etw. Akk* zgodzić się *vo co do/w kwestii czegoś*
einjährig *adj* roczny
Einkauf *m* zakupy *m Mz*
einkaufen *v* robić *uv* zakupy, zrobić *vo* zakupy
Einkaufspassage *w* centrum *s* handlowe, pasaż *m* handlowy
Einkaufswagen *m* wózek *m* sklepowy
Einkaufszentrum *s* centrum *s* handlowe
Einkommen *s* dochód *m*
einladen *v j-n irgendwohin* zaprosić *vo kogoś dokądś*, *j-n* zapraszać *uv kogoś*
Einladung *w* zaproszenie *s*
einlegen *v* **1** *etw. Akk in etw. Akk* włożyć *vo coś do czegoś* **2** (Geld) *etw. Akk irgendwo* deponować *vo coś gdzieś* **3** (Gurken usw.) zamarynować *vo*
Einlegesohlen *w Mz* wkładki *w Mz* do obuwia
Einleitung *w* wstęp *m*
einloggen **sich ~** zalogować się *vo*
einlösen *v* wykupić *vo*
einmal *adv* kiedyś, pewnego dnia ♦ *num* raz ► **auf ~** nagle, naraz, równocześnie
einmalig *adj* jednorazowy
einmischen **sich ~** *in etw. Akk* mieszać się *uv w coś, do czegoś*, ingerować *uv w coś*
einpacken *v* pakować *uv*, *etw. Akk* zapakować *vo coś*
Einreisevisum *s* wiza *w* wjazdowa
einrichten *v etw. Akk* urządzić *vo coś*, umeblować *vo*
Einrichtung *w* wyposażenie *s* wnętrza
einsam *adj* samotny
einschalten *v* włączyć *vo*; **(Licht) ~** zapalić *vo*; **sich ~** włączyć się *vo*
einschiffen **sich ~** zaokrętować się *vo*, wsiąść *vo* na statek
einschlafen *v* **1** (in Schlaf sinken) zasnąć *vo* **2** (Bein usw.) drętwieć *uv*
einschließen *v etw. Akk* zawierać *uv coś*
einschließlich *adv etw. Gen* włącznie *z czymś* ♦ *prep etw. Gen* łącznie *z czymś*, wliczając *coś*
Einschreiben *s* list *m* polecony
einseitig *adj* jednostronny
einsteigen *v in etw. Akk* wsiąść *vo do czegoś*
einstellen *v* **1** (Arbeiter usw.) *j-n* angażować *uv*, zaangażować *vo*, (Arbeiter usw.) *j-n* zatrudnić *vo kogoś* **2** (Maschine usw.) nastawić *vo* **3** (Sender usw.) *etw. Akk* nastawić *vo coś* **4** (Tätigkeit usw.) *etw. Akk* przerwać *vo coś*, (Tätigkeit) *etw. Akk* zatrzymać *vo coś* ► **sich ~** (kommen) stawić się *vo gdzieś*
Einstellung *w* **1** (von Tätigkeit usw.) wstrzymanie *s* **2** (Meinung) stanowisko *s*, *zu etw.* podejście *s do czegoś*
Einstieg *m* wejście *s* na pokład
Einstiegsgebühr *w* opłata *w* początkowa
einstoßen *v etw. Akk in etw. Akk* wetknąć *vo coś w coś*
einstürzen *v* zawalić się *vo*, (Gebäude usw.) runąć *vo*

einteilen *v* **1** (in Stücke) *etw. Akk in etw. Akk* podzielić *vo coś na coś* **2** (planen) rozplanować *vo*

eintreten *v* **1** *in etw. Akk* wejść *vo dokądś* **2** *für j-n/etw.* stawać *uv* w obronie *kogoś/czegoś, für j-n/etw.* ująć się *vo za kimś/czymś,* stanąć *vo* w *czyjejś* obronie **3** zapanować *vo*, (geschehen) nadejść *vo*, zapaść *vo*

Eintritt *m* **1** wstęp *m* **2** (Geld) opłata *w* za wstęp **3** (der Dunkelheit usw.) początek *m* ► **~ frei** wstęp wolny

Eintrittsgeld *s* opłata *w* za wstęp

Eintrittskarte *w* bilet *m*

einverstanden **E~?** Dobrze?

einwerfen *v etw. Akk in etw. Akk* wrzucić *vo coś do czegoś*

einwickeln *v etw. Akk in etw. Akk* opakować *vo coś w coś*

Einwohner *m* mieszkaniec *m*

einzahlen *v etw. Akk auf etw. Akk* deponować *vo coś gdzieś*

Einzahlung *w* **1** zapłata *w* **2** (Betrag) przekaz *m*

Einzelheit *w* detal *m*, szczegół *m*

einzeln *adj* pojedynczy, poszczególny

Einzelzimmer *s* pokój *m* jednoosobowy

einzig *adj* jedyny ♦ *adv* jedynie, wyłącznie ♦ *num* jeden, jedyny ► **kein ~er** ani jeden

einzigartig *adj* unikalny, wyjątkowy

Eis *s* **1** (Wasser) lód *m* **2** (Speiseeis) lody *nur Mz n-mpers.*

Eisbecher *m* deser *m* lodowy

Eisen *s* żelazo *s*

Eisenbahn *w* linia *w* kolejowa

Eisenbahnwagen *m* wagon *m*

eisig *adj* lodowaty, (Wetter usw.) mroźny

eiskalt *adj* lodowaty

Eiter *m* ropa *w*

ekelhaft *adj* paskudny, wstrętny, obrzydliwy

elastisch *adj* elastyczny

Elch *m* łoś *m*

elegant *adj* elegancki

Elektriker *m* elektryk *m*

elektrisch *adj* elektryczny

Elektrizität *w* elektryczność *w*

Element *s* **1** (Bestandteil) element *m* **2** (Naturkraft) żywioł *m*

Elend *s* cierpienie *s*

elf *num* jedenaście

Ellbogen *m* łokieć *m*

Eltern *Mz* rodzice *m Mz*

E-Mail *w* e-mail *m*; **~ schicken** *j-m* wysłać *vo komuś* e-mail

Empfang *m* **1** (Ware usw.) odbiór *m* **2** (von Gästen usw.) powitanie *s*, przywitanie *s*, (von Gästen usw.) przyjęcie *s* **3** (Signal usw.) odbiór *m* **4** (Veranstaltung) przyjęcie *s*, raut *m*

empfangen *v* począć *vo*

Empfänger *m* **1** *etw. Gen* odbiorca *m czegoś*, (eines Briefes usw.) adresat *m* **2** (Gerät) odbiornik *m*

Empfängnisverhütung *w* antykoncepcja *w*

empfehlen *v j-n/etw. j-m* polecić *vo kogoś/coś komuś*

Empfehlung *w* zalecenie *s*, rekomendacja *w*

empfindlich *adj* **1** (emotional) wrażliwy **2** (leicht beleidigt) drażliwy **3** (gegen Kälte usw.) *gegen etw.* wrażliwy *na coś*, (wenig beständig) delikatny **4** (Verlust usw.) znaczący, znaczny

Ende *s* **1** koniec *m*, zakończenie *s* **2** (von Stock usw.) koniec *m* ► **zu ~ bringen** *etw. Akk* dokończyć *vo coś*, skończyć *vo coś*; **zu ~ sein** skończyć się *vo*

enden *v* skończyć się *vo*

endgültig *adj* definitywny, ostateczny

Endhaltestelle *w* przystanek *m* końcowy

endlich *adv* w końcu, wreszcie

Endstation *w* przystanek *m* końcowy

Energie *w* energia *w*

eng *adj* **1** wąski **2** (Zusammenhang usw.) bliski ► **~er werden** zwęzić się *vo*, zwężać się *uv*; **zu ~ sein** uwierać *uv*

Engel *m* anioł *m*

England *s* Anglia *w*

Engländer *m* **1** (Person) Anglik *m* **2** (Werkzeug) klucz *m* francuski

englisch *adj* angielski ♦ *adv* po angielsku

Enkel *m* wnuk *m*, wnuczek *m*

Enkelin *w* wnuczka *w*

entdecken *v etw. Akk* odkryć *vo coś*

Entdeckung *w* odkrycie *s*

Ente *w* kaczka *w*

entfernen *v* **1** (beseitigen) *etw. Akk von etw.* obrać *vo coś z czegoś* **2** (in Ferne bringen) *etw. Akk von etw.* oddalić *vo coś od czegoś* ► **sich ~** *aus etw.* oddalić się *vo skądś*; **sich ~** *von etw.* oddalić się *vo od czegoś*

entfernt *adj* **1** odległy, odosobniony, daleki, oddalony **2** (Ähnlichkeit usw.) znikomy

Entfernung *w* odległość *w*

entführen *v etw. Akk* uprowadzić *vo coś, j-n* porwać *vo kogoś/coś*

Entführung *w* porwanie *s*, uprowadzenie *s*

entgegengesetzt *adj* przeciwny

enthalten *v etw. Akk* zawierać *uv*; **sich ~** *etw. Akk* powstrzymać się *vo od czegoś*; **sich ~** *etw. Gen* wstrzymać się *vo od czegoś*

entladen *v* **1** (Ladung usw.) wyładować *vo* **2** (Akkumulator usw.) rozładować *vo*, wyładować *vo*
entlang *prep etw. Dat* wzdłuż *czegoś*
entlassen *v* **1** (aus dem Krankenhaus usw.) wypisać *vo*, zwolnić *vo* **2** (Arbeiter usw.) *j-n* zwolnić *vo kogoś*
entschädigen *v j-n für etw.* zrekompensować *vo coś komuś*
Entschädigung *w* odszkodowanie *s*
entscheiden *v etw. Akk* zdecydować *vo o czymś*; **sich ~** zdecydować się *vo*; **sich ~** *für etw.* opowiedzieć się *vo za kimś/czymś*
Entscheidung *w* decyzja *w*
Entschluss *m* wniosek *m*, konkluzja *w*
entschuldigen *v* **1** (Grund mitteilen) *j-n/etw.* usprawiedliwić *vo kogoś/coś* **2** (Verständnis zeigen) *j-n/etw.* usprawiedliwiać *uv kogoś/coś* ► **E~ Sie!** Przepraszam!; **sich ~** *bei j-m für etw.* przeprosić *vo kogoś za coś*
Entschuldigung *w* **1** (Grund) *für etw.* usprawiedliwienie *s czegoś* **2** (Äußerung) *für etw.* przeprosiny *nur Mz n-mpers. za coś* **3** (schriftliche) usprawiedliwienie *s* ► **~!** Przepraszam!
entspannen **sich ~** odprężyć się *vo*
entsprechen *v etw. Dat* odpowiadać *uv czemuś*
entsprechend *adj* **1** *etw. Dat* zgodny *z czymś* **2** (Amt usw.) odpowiedni ♦ *adv* stosownie
entstehen *v* powstać *vo*, *aus etw.* wyniknąć *vo z czegoś*, (sich entwickeln) mieć *uv* początek
enttäuschen *v j-n* rozczarować *vo*, *j-n* rozczarować *vo kogoś*, zawieść *vo kogoś*
Enttäuschung *w* rozczarowanie *s*, zawód *m*
entweder **~... oder** albo..., albo...
entwenden *v j-m etw. Akk* skraść *vo coś komuś*, *etw. Akk* przywłaszczyć (sobie) *vo*
entwerfen *v* obmyślać *uv*, planować *uv*, *etw. Akk* zaprojektować *vo coś*
entwickeln *v* **1** *etw. Akk* rozwijać *uv coś*, (entstehen lassen) *etw. Akk* opracować *vo*, (verbessern) rozwinąć *vo* **2** (Druck usw.) wywrzeć *vo* **3** (Film) wywołać *vo* ► **sich ~** rozwinąć się *vo*, rozwijać się *uv*
Entwicklung *w* rozwój *m*
Entwurf *m* **1** (einer Konstruktion usw.) projekt *m* **2** (schriftlicher) brudnopis *m*
Entzündung *w* zapalenie *s*, stan zapalny
er *pron* on
erbauen *v* wybudować *vo*, zbudować *vo*
erben *v etw. Akk von j-m* dziedziczyć *uv coś po kimś*, *etw. Akk von j-m* odziedziczyć *vo coś*
Erbse **~n** groszek *m*, groch *m*
Erdapfel *m* (ÖrD) ziemniak *m*
Erdbeben *s* trzęsienie *s* ziemi
Erdbeere *w* truskawka *w*
Erde *w* **1** gleba *w*, grunt *m*, ziemia *w* **2** (Oberfläche) ziemia *w* **3** (Planet) Ziemia *w* ► **unter der ~** pod ziemią
Erdgeschoss *s* parter *m*
Erdnuss *w* **1** (Frucht) orzech *m* ziemny, arachid *m* **2** (Pflanze) orzech *m* ziemny
Erdöl *s* ropa *w* naftowa
Ereignis *s* wydarzenie *s*, zdarzenie *s*
erfahren[1] *v etw. Akk*, *über etw. Akk* dowiedzieć się *vo czegoś, o czymś*
erfahren[2] *adj adj* doświadczony ♦ *adv* fachowo
Erfahrung *w* doświadczenie *s*
erfinden *v* wymyślić *vo*, wynaleźć *vo*
Erfindung *w* wynalazek *m*
Erfolg *m* sukces *m*, powodzenie *s*; **~ haben** *bei etw.* udawać się *uv coś komuś*; **~ haben** *bei etw.* osiągnąć *vo* powodzenie *w czymś*
erfolgreich *adj* mający powodzenie, odnoszący sukcesy ♦ *adv* pomyślnie
erforschen *v etw. Akk* badać *uv coś*
Erfrischung *w* przekąska *w*, poczęstunek *m*
ergänzen *v* uzupełnić *vo*
Ergänzung *w* uzupełnienie *s*, (Zusatz usw.) dodatek *m*
Ergebnis *s etw. Gen* wynik *m czegoś*
ergreifen *v* **1** (mit der Hand) *etw. Akk* chwycić *vo coś* **2** (Rettungsring usw.) *etw. Akk* chwycić się *vo czegoś*, złapać się *vo czegoś* **3** (beherrschen) *etw. Akk* przejąć *vo* władzę *nad czymś* **4** (anfangen) *etw. Akk* zająć się *vo czymś* **5** (Krankheit usw.) *etw. Akk* ogarnąć *vo coś*
erhalten *v* **1** (Brief usw.) otrzymać *vo* **2** (Entwicklung usw.) utrzymać *vo* ► **sich ~** zachować się *vo*
erhöhen *v* **1** (Mauer usw.) podwyższyć *vo* **2** *etw. Akk* zwiększyć *vo coś* **3** (Spannung usw.) podwyższyć *vo* ► **den Lohn ~** *j-m* dać *vo komuś* podwyżkę; **sich ~** zwiększyć się *vo*
erholen **sich ~** *von etw.* wyzdrowieć *vo z czegoś*
Erholung *w* **1** (von Krankheit) powrót *m* do zdrowia **2** (Ausruhen usw.) rekreacja *w*
erinnern *v* **1** (an Erlebnis usw.) *j-n an etw. Akk* przypomnieć *vo komuś coś*, (evozieren usw.) *an etw.* przypominać *uv coś* **2** (an Pflicht usw.) *j-n an etw. Akk* przypomnieć *vo komuś o czymś* **3** (Erinnerung wachrufen) *j-n an j-n/etw.* przypominać *uv komuś kogoś* ► **sich ~** *an etw. Akk*, *etw. Gen* pamiętać *uv o czymś*; **sich ~** *an j-n/etw.* przypomnieć sobie *vo o kimś/czymś*

Erinnerung *w* **1** *an j-n/etw.* wspomnienie *s o kimś/czymś* **2** *etw. Dat* przypomnienie *s o czymś*
Erkältung *w* przeziębienie *s*
erkennen *v* **1** (in der Ferne usw.) dostrzec *vo* **2** (Freund usw.) *j-n/etw.* rozpoznać *vo kogoś/coś*, (identifizieren) *j-n* poznać *vo kogoś/coś* **3** (Umrisse in Dunkelheit usw.) *etw. Akk* rozpoznać *vo coś*
erklären *v* **1** *etw. Akk* wyjaśnić *vo coś*, (Problematik usw.) *etw. Akk j-m* wyjaśnić *vo coś komuś* **2** (sagen) oświadczyć *vo*
Erklärung *w* **1** wyjaśnienie *s* **2** (Mitteilung) oświadczenie *s*, deklaracja *w*
erkranken *v an etw. Dat* zachorować *vo na coś*
erlauben *v* pozwolić *vo*, *j-m etw. Akk* pozwolić *vo komuś coś zrobić*, *j-m etw. Akk* umożliwić *vo komuś zrobienie czegoś*
Erlaubnis *w* pozwolenie *s*, zezwolenie *s*
erlaubt *adj* dopuszczalny, dozwolony
erleben *v* **1** (durchmachen) *etw. Akk* przeżyć *vo coś*, doświadczyć *vo czegoś* **2** (miterleben) *etw. Akk* doczekać się *vo*, *etw. Akk* dożyć *vo czegoś* **3** (Alter) *etw. Akk* dożyć *vo kilku*
Erlebnis *s* przeżycie *s*
erledigen *v etw. Akk* załatwić *vo coś*
erleichtern *v* **1** *j-m etw. Akk* ułatwić *vo coś komuś* **2** (seelisch) przynieść *vo* ulgę *w czymś*
Ermäßigung *w* zniżka *w*, obniżka *w*
ermöglichen *v (j-m) etw. Akk* umożliwić *vo komuś zrobienie czegoś*
ermorden *v j-n* zamordować *vo kogoś*
ermüden *v* **1** zmęczyć się *vo* **2** *j-n* zmęczyć *vo kogoś*
Ernährung *w* odżywianie *s*, (Regime) dieta *w*
ernst *adj* **1** (Gesicht usw.) poważny **2** (Interesse usw.) szczery, (nicht amüsant) poważny **3** (Lage usw.) poważny ♦ *adv* poważnie
Ernst *m* powaga *w*; **Im ~?** Naprawdę?, Serio?
ernsthaft *adj* **1** (Versuch usw.) szczery **2** (wichtig usw.) ważny ♦ *adv* poważnie
ernstlich *adv* poważnie
Ernte *w* **1** żniwa, (Ernten) zbiory *m Mz* **2** (geerntete Früchte) plon *m*
ernten *v* **1** (Getreide usw.) *etw. Akk* zebrać *vo* (plony) **2** (Ergebnisse seiner Bemühungen usw.) zbierać *uv*
eröffnen *v* **1** (Ausstellung usw.) *etw. Akk* otworzyć *vo* **2** (Aktion usw.) *etw. Akk* uruchomić *vo coś*, *etw. Akk* wprowadzać *uv* na rynek
Eröffnung *w* otwarcie *s*, początek *m*
erpressen *v etw. Akk von j-m* wymusić *vo coś na kimś*, *j-n* szantażować *uv*
erraten *v* zgadnąć *vo*
erregen *v* **1** (emotional) *j-n* podniecić *vo kogoś*, podekscytować *vo kogoś* **2** (sexuell) *j-n* podniecić *vo kogoś* **3** (hervorrufen) *etw. Akk* wywołać *vo coś*
erreichbar *adj* dostępny, osiągalny
erreichen *v* **1** (berühren) *etw. Akk* dosięgnąć *vo czegoś* **2** (zu Hause usw.) *j-n* zastać *vo kogoś gdzieś* **3** (Niveau usw.) *etw. Akk* osiągnąć *vo coś* **4** *etw. Akk* osiągnąć *vo coś*, (realisieren) *etw. Akk* dokonać *vo coś*
errichten *v* założyć *vo*, *etw. Akk* zbudować *vo*
Ersatz *m* **1** *für etw.* namiastka *w*, substytut *m*, erzac *m* **2** *für etw.* odszkodowanie *s za coś*
Ersatzteile *s Mz* części *w Mz* zamienne
erscheinen *v* pojawić się *vo*
erschießen *v j-n* zastrzelić *vo kogoś*
erschöpfen *v j-n* wyczerpać *vo kogoś*
erschöpft *adj* wyczerpany
ersetzen *v* **1** *j-n/etw. durch j-n/etw.* zastąpić *vo kogoś/coś kimś/czymś* **2** (Geldverlust usw.) *j-m etw. Akk* zrekompensować *vo coś komuś*
ersparen *v etw. Akk* zaoszczędzić *vo coś*
erst *adv* dopiero ♦ *part* aż, (vor kürzer Zeit) dopiero
erst(er,e,es) *num* pierwszy
Erste-Hilfe-Kasten *m* zestaw *m* pierwszej pomocy, apteczka *w*
ersticken *v* **1** udusić się *vo*, (nicht atmen können) dusić się *uv* **2** *j-n* udusić *vo kogoś*
erstmals *adv* pierwszy raz, po raz pierwszy
Ertrag *m* zysk *m*
ertragen *v etw. Akk* wytrzymać *vo coś*, (tapfer usw.) pokonać *vo*
ertrinken *v* utopić się *vo*
erwachsen *adj* dorosły; **~ werden** wydorośleć *vo*, dojrzeć *vo*
Erwachsene *m* dorosły *m*
erwägen *v etw. Akk* rozważyć *vo coś*, *etw. Akk* wziąć *vo coś* pod uwagę
Erwägung *w* rozważanie *s*; **in ~ ziehen** *etw. Akk* wziąć *vo coś* pod uwagę
erwähnen *v j-n/etw.* wspomnieć *vo kogoś/coś*, (Quelle usw.) *etw. Akk* wspomnieć *vo o czymś*
erwärmen *v etw. Akk* podgrzać *vo coś*, zagrzać *vo coś*; **sich ~** (warm werden) rozgrzać się *vo*
erwarten *v* **1** (Besuch usw.) *j-n/etw.* oczekiwać *uv kogoś/coś* **2** (voraussetzen usw.) *etw. Akk* oczekiwać *uv na coś*, spodziewać się *uv czegoś*
Erwartung *w* oczekiwanie *s*
erwecken *v etw. Akk* budzić *uv coś*, *etw. Akk* pobudzić *vo coś*, rozbudzić *vo*

erweitern *v* **1** (Weg usw.) *etw. Akk* poszerzyć *vo coś*, rozszerzyć *vo coś* **2** (Kenntnisse usw.) *etw. Akk* poszerzyć *vo coś*, rozszerzyć *vo coś* ► **sich ~** rozszerzyć się *vo*
erzählen *v j-m etw. Akk* mówić *uv coś komuś, komuś o czymś, j-m etw. Akk* opowiadać *uv coś komuś*
Erzählung *w* **1** opowiadanie *s*, narracja *w* **2** (Werk) opowiadanie *s*
erzeugen *v* produkować *uv*, wyprodukować *vo*, (Energie usw.) wytworzyć *vo*
Erzeuger *m von etw.* producent *m czegoś*
Erzeugnis *s* produkt *m*
erziehen *v j-n* wychować *vo kogoś*
Erziehung *w* wychowanie *s*
es *pron* ono, to
Esel *m* osioł *m*
essbar *adj* jadalny
essen *v* jeść *uv*; **zu Abend ~** jeść *uv* kolację
Essen *s* jedzenie *s*
Essig *m* ocet *m*
Esszimmer *s* jadalnia *w*
Etage *w* piętro *s*
Etui *s* piórnik *m*
etwa *adv* w przybliżeniu
etwas *adv* nieznacznie ♦ *pron* coś
euer, eure *pron* wasz, wasza, wasze
Eule *w* sowa *w*
Euro *m* euro *s*
Europa *s* Europa *w*
Europäer *m* Europejczyk *m*
europäisch *adj* europejski
ewig *adj* wieczny ♦ *adv* **1** na wieki **2** (für immer) wiecznie
existieren *v* istnieć *uv*
Experiment *s* eksperyment *m*
extra *adv* **1** (noch dazu) dodatkowo, ekstra **2** (eingepackt usw.) osobno

F

Fabrik *w* fabryka *w*
Fach *s* **1** (im Schrank usw.) przegródka *w* **2** (in der Schule usw.) przedmiot *m*
Fachausdruck *m* termin *m*
Fächer *m* wachlarz *m*
fachlich *adj* fachowy ♦ *adv* profesjonalnie, (geschult usw.) fachowo
Fachmann *m für etw.* ekspert *m od czegoś*, fachowiec *m od czegoś*
fade *adj* mdły
Faden *m* nić *w*
fähig *adj* **1** (geschickt usw.) zdolny **2** *zu etw.* zdolny *do zrobienia czegoś*
Fähigkeit *w* zdolność *w*
Fahne *w* flaga *w*
Fahrbahn *w* jezdnia *w*, pas *m*
Fähre *w* barka *w*, prom *m*
fahren *v* **1** (sich bewegen) *irgendwohin* jechać *uv dokądś* **2** (transportiert werden) *mit etw.* jechać *uv czymś* **3** *j-n irgendwohin* dowieźć *vo kogoś dokądś*, zawieźć *vo kogoś dokądś*, *j-n/etw. irgendwohin* odwieźć *vo kogoś/coś dokądś* **4** *j-n/etw. irgendwohin* wieźć *uv kogoś/coś*, wozić *uv kogoś/coś gdzieś* **5** (Auto) *etw. Akk* kierować *uv czymś* **6** (Fahrrad usw.) *etw. Akk* jeździć *uv na czymś* **7** (mit der Bahn usw.) *mit etw.* jechać *vo czymś* **8** *j-n/etw. irgendwohin* podwieźć *vo kogoś dokądś* **9** (mit dem Auto) *in etw. Akk* zajechać *vo dokądś, gdzieś*
Fahrer *m* **1** kierowca *m*, (Motorradfahrer usw.) motocyklista *m*, rowerzysta *m* **2** (von Beruf usw.) szofer *m*
Fahrkarte *w* bilet *m*
Fahrkartenautomat *m* automat *m* biletowy
Fahrplan *m* rozkład *m* jazdy
Fahrpreis *m* opłata *w* za przejazd
Fahrrad *s* rower *m*
Fahrschein *m* bilet *m*
Fahrspur *w* pas *m* jezdni
Fahrstuhl *m* winda *w*
Fahrt *w* jazda *w*; **Gute ~.** Szczęśliwej podróży.
Fahrzeug *s* pojazd *m*, (Schiff, Boot usw.) statek *m*
fair *adj* uczciwy, (Verhalten usw.) sprawiedliwy ♦ *adv* fair
Fakt *m,s* fakt *m*
Fall *m* **1** (das Fallen) upadek *m* **2** (Angelegenheit) przypadek *m* **3** (Grammatik) przypadek *m* ► **im ~, dass...** w przypadku, że...
Falle *w* **1** pułapka *w* **2** (Hinterlist usw.) pułapka *w*, zasadzka *w*
fallen *v* **1** (zum Boden) spaść *vo*, spadać *uv* **2** (Preise usw.) opaść *vo*, spaść *vo* **3** (stürzen) upaść *vo* **4** (im Krieg) zginąć *vo* **5** (in eine Kategorie) *in etw. Akk* spadać *uv dokądś* ► **~ lassen** *etw. Akk* upuścić *vo coś*
falls *conj* jeżeli; **~...** w przypadku, że...
falsch *adj* **1** (Diamant usw.) fałszywy **2** (Antwort usw.) błędny, zły ♦ *adv* **1** (antworten usw.) źle **2** (beschuldigen) fałszywie
Falte *w* **1** (Stoff usw.) fałd *m*, zagięcie *s* **2** (Runzel) zmarszczka *w* ► **~n** (im Gesicht) zmarszczki
falten *v* złożyć *vo*
Familie *w* rodzina *w*
Familienname *m* nazwisko *s*

fangen *v* **1** (Tier usw.) złapać *vo*, *etw. Akk* schwytać *vo* **2** (Ball usw.) złapać *vo*
Fantasie *w* **1** (Vorstellungskraft) wyobraźnia *w* **2** (Vorstellung) fantazja *w*
fantastisch *adj* fantastyczny, wspaniały ♦ *adv* fantastycznie
Farbe *w* farba *w*, (blau usw.) kolor *m*
färben *v* farbować *uv*, ufarbować *vo*, zafarbować *vo*
Farbton *m* odcień *m*
Fass *s* beczka *w*
Fassade *w* fasada *w*
fassen *v* **1** zacisnąć *vo coś*, (festhalten) chwycić *vo coś*, złapać *vo* **2** (um nicht zu stürzen usw.) *etw. Akk* chwycić się *vo czegoś*, złapać się *vo czegoś* **3** (Täter usw.) poaresztować *vo* **4** (in Worte usw.) trafnie oddać *vo*
fast *adv* prawie, niemal
Fastenzeit *w* post *m*
faul *adj* **1** (Obst usw.) zgniły **2** (Mensch usw.) leniwy
Faust *w* pięść *w*
Fax *s,m* faks *m*
Faxgerät *s* faks *m*
Februar *m* luty *m*
Feder *w* **1** pióro *s* **2** (aus Stahl usw.) sprężyna *w*
fegen *v etw. Akk* zamieść *vo coś*
fehlen *v* **1** *j-m an etw. Dat* brakować *uv czemuś/komuś czegoś* **2** (nicht teilnehmen) *irgendwo* być *uv* nieobecnym *gdzieś* **3** *j./etw. j-m* tęsknić *uv za kimś/czymś*
Fehler *m* **1** (Verstoß) błąd *m* **2** (an einer Ware usw.) skaza *w*, wada *w* **3** (Funktionsfehler usw.) uszkodzenie *s*
fehlerhaft *adj* wadliwy
Fehlgeburt *w* poronienie *s*
Feier *w* uroczystość *w*, święto *s*
feierlich *adj* ceremonialny
feiern *v* **1** świętować *uv*, *etw. Akk* obejść *vo coś* **2** (eine Party haben) imprezować *uv*
Feiertag *m* święto *s*
feige *adj* tchórzliwy
Feige *w* **1** (Frucht) figa *w* **2** (Baum) figowiec *m*
Feile *w* pilnik *m*
fein *adj* **1** delikatny **2** (Figur usw.) subtelny ♦ *adv* drobno
Feind *m* wróg *m*
feindlich *adj* nieprzyjazny, wrogi
Feld *s* **1** (Grundstück) pole *s* **2** (im Fragebogen usw.) okienko *s*
Fell *s* sierść *w*
Felsen *m* skała *w*
Fenster *s* **1** okno *s* **2** (im Formular usw.) pole *s*, okienko *s*
Ferien *Mz* wakacje *nur Mz n-mpers.*, ferie *nur Mz n-mpers.*
fern *adj* odległy, daleki, oddalony
Fernbedienung *w* pilot *m*, zdalne sterowanie *s*
Ferngespräch *s* rozmowa *w* międzymiastowa
fernsehen *v* oglądać *uv* telewizję
Fernsehen *s* telewizja *w*
Fernseher *m* telewizor *m*, telewizja *w*
Fernstraße *w* magistrala *w*, autostrada *w*
Ferse *w* pięta *w*
fertig *adj* gotowy, skończony, zakończony; **(gerade) ~ sein** *mit etw.* (właśnie) *coś* skończyć *vo*
fest *adj* **1** (Stoff usw.) stały **2** (widerstandsfähig) mocny, solidny **3** (klar bestimmt) ustalony ♦ *adv* pewnie ► **~ (angezogen)** (Schraube usw.) zaciśnięty, dokręcony
Festland *s* **1** (Kontinent) stały ląd *m* **2** (nicht Meer) ląd *m*, suchy ląd *m*
festlegen *v* wytyczyć *vo*, (Termin usw.) *etw. Akk* ustalić *vo*, ustalać *uv*
festlich *adj* świąteczny
festnehmen *v j-n* zatrzymać *vo kogoś*
feststellen *v etw. Akk* stwierdzić *vo*, odkryć *vo*, (sagen usw.) konstatować *uv*
Festung *w* twierdza *w*, forteca *w*
fett *adj* **1** (Fleisch usw.) tłusty **2** (Mensch) gruby
Fett *s* **1** tłuszcz *m* **2** (Schweinefett usw.) sadło *s*
fettig *adj* tłusty
feucht *adj* wilgotny ♦ *adv* wilgotno
Feuchtigkeit *w* **1** (der Luft) wilgotność *w* **2** (Wassertropfen usw.) wilgoć *w*
Feuer *s* **1** (Flammen) ogień *m* **2** ognisko *s* ► **das ~ anmachen** rozpalić *vo* ogień
Feuerlöscher *m* gaśnica *w*
feuern *v j-n* wyrzucić *vo kogoś* z pracy
Feuerwaffe *w* broń *w* palna
Feuerwehr *w* straż *w* pożarna
Feuerwehrmann *m* strażak *m*
Feuerzeug *s* zapalniczka *w*
Fieber *s* gorączka *w*
Figur *w* **1** (Körper) figura *w*, postać *w* **2** (aus Porzellan usw.) figurka *w*, figurynka *w* **3** (eines Films usw.) postać *w* **4** (geometrische) figura *w*
Filet *s* filet *m*, (Lende) kotlet *m*
Filiale *w* filia *w*
Film *m* **1** (Spielfilm) film *m* **2** (Schicht) powłoka *w*
filmen *v* filmować *uv*, *etw. Akk* sfilmować *vo coś*

Filter *m* filtr *m*
finanziell *adj* finansowy
finden *v* znaleźć *vo* ► **(den Weg) ~** *irgendwohin* trafić *vo dokądś;* **Gefallen ~** *an j-m/etw.* polubić *vo kogoś/coś*
Finger *m* palec *m*
finster *adj* zachmurzony
Firma *w* firma *w*
Fisch *m* **1** ryba *w* **2 ~e** Ryby
Fischer *m* rybak *m*
flach *adj* **1** płaski, równy **2** (Stein usw.) płaski **3** (Teich, Teller usw.) płytki
Fläche *w* **1** (sehr große usw.) przestrzeń *w* **2** (Arbeitsfläche usw.) powierzchnia *w* **3** (Ausmaß) powierzchnia *w*
Flagge *w* flaga *w*
Flamme *w* płomień *m*
Flasche *w* butelka *w*
Flaschenöffner *m* otwieracz *m* do butelek
Fleck *m* plama *w*
Fledermaus *w* nietoperz *m*
Fleisch *s* ciało *s*, mięso *s*
Fleischer *m* rzeźnik *m*
Fleischerei *w* rzeźnictwo *s*
fleißig *adj* pilny, pracowity
flicken *v* załatać *vo*, zacerować *vo*; **den Schlauch ~** załatać *vo* dętkę
Fliege *w* **1** mucha *w* **2** (Krawatte) muszka *w*
fliegen *v* **1** latać *uv*, lecieć *uv* **2** *etw. Nom aus etw.* wylecieć *vo skądś* ► **in die Luft ~** (Gebäude usw.) wylecieć *vo* w powietrze
fließen *v* płynąć *uv*, (Wasser, Tränen usw.) cieknąć *uv*
flirten *v mit j-m* flirtować *uv z kimś*
Floh *m* pchła *w*
Flosse *w* płetwa *w*
Flöte *w* flet *m*
fluchen *v* kląć *uv*, przeklinać *uv*, wyzywać *uv*, zakląć *vo*
Flug *m* lot *m*
Flugbegleiter *m* steward *m*
Flugbegleiterin *w* stewardesa *w*
Flügel *m* skrzydło *s*
Fluggesellschaft *w* linia *w* lotnicza
Flughafen *m* lotnisko *s*
Flughafenterminal *m,s* terminal *m* lotniczy
Flugkarte *w* bilet *m* lotniczy
Flugschein *m* bilet *m* lotniczy
Flugticket *s* bilet *m* lotniczy
Flugzeug *s* samolot *m*
Flur *m* korytarz *m*
Fluss *m* **1** (Gewässer) rzeka *w* **2** (des Verkehrs usw.) strumień *m*
flüssig *adj* **1** płynny **2** (Rede usw.) płynny, biegły ♦ *adv* **1** (reden usw.) płynnie **2** (zügig) nieprzerwanie
Flüssigkeit *w* **1** ciecz *w*, płyn *m* **2** (Sprachgewandtheit) biegłość *w*
flüstern *v* szeptać *uv*, zaszeptać *vo*
Flut *w* **1** przypływ *m* **2** (von Geld usw.) *von etw.* napływ *m czegoś*
Föhn *m* suszarka *w* (do włosów)
Folge *w* **1** (von Zahlen usw.) ciąg *m* **2** (einer Tat usw.) *etw. Dat, von etw.* konsekwencja *w czegoś*, skutek *m czegoś* **3** (Ergebnis) *etw. Dat, von etw.* rezultat *m czegoś* **4** (Film usw.) *von etw.* kontynuacja *w czegoś, von etw.* tom *m*, część *w* ► **als ~** *etw. Gen* w wyniku *czegoś*
folgen *v* **1** (nachgehen) *j-m/etw.* podążać *uv za kimś/czymś* **2** (einen Verdächtigen usw.) *j-m/etw.* śledzić *uv kogoś/coś* **3** (in gewisser Reihenfolge) *nach etw.* następować *uv po czymś* **4** (Chef usw.) *j-m/etw.* słuchać *uv kogoś/czegoś*, usłuchać *vo kogoś/coś* **5** (sich ergeben) *aus etw.* wynikać *uv z czegoś*
Folklore *w* folklor *m*, tradycja *w* kulturowa
fordern *v* **1** *etw. Akk* domagać się *uv czegoś* **2** *etw. Akk von j-m* żądać *uv czegoś od kogoś* **3** (viel Zeit usw.) *etw. Akk* wymagać *uv czegoś* **4** (Unfall – Opfer) *etw. Akk* pochłonąć *vo coś*
fördern *v* **1** (Entwicklung usw.) *etw. Akk* wspierać *uv coś* **2** (Kohle usw.) *etw. Akk* wydobywać *uv coś*
Forderung *w* **1** wymaganie *s* **2** (finanzieller Anspruch) należność *w* ► **~en** *an j-n/etw.* wymagania *s Mz*
Forelle *w* pstrąg *m*
Form *w* **1** forma *w*, kształt *m* **2** (Backform usw.) forma *w* **3** (Kondition) forma *w*
Formular *s* druk *m*, formularz *m*
Forschung *w* badania *s Mz*
fortgeschritten *adj* zaawansowany
Fortschritt *m* **1** postęp *m* **2** (einer Krankheit usw.) progresja *w*
fortsetzen *v etw. Akk* kontynuować *uv coś*
Fortsetzung *w* **1** (einer Tätigkeit usw.) *etw. Dat* kontynuacja *w czegoś* **2** (Film usw.) *von etw.* kontynuacja *w czegoś, von etw.* tom *m*, część *w*
Foto *s* fotografia *w*, zdjęcie *s*
Fotoapparat *m* aparat *m* (fotograficzny)
Fotografie *w* **1** fotografia *w*, zdjęcie *s* **2** (Hobby, Bereich usw.) fotografowanie *s*, fotografia *w*
fotografieren *v etw. Akk* fotografować *uv coś, j-n/etw.* sfotografować *vo kogoś/coś*
fotokopieren *v* kserować *uv*, *etw. Akk* powielić *vo coś*, *etw. Akk* skserować *vo coś*
Fracht *w* ładunek *m*

Frage *w* **1** pytanie *s*, zapytanie *s* **2** (Problem usw.) kwestia *w* ► *j-m* **eine ~ stellen** zadać *vo komuś* pytanie

Fragebogen *m* kwestionariusz *m*

fragen *v j-n nach j-m/etw.* pytać *uv kogoś o kogoś/coś, j-n nach j-m/etw.* zapytać *vo kogoś o coś, j-n nach etw.* pytać *uv kogoś o coś*; **Ich frage mich, ob...** Zastanawiam się, czy...; **sich** *etw. Akk* **~** zastanawiać się *uv nad czymś*

Fragezeichen *s* znak *m* zapytania

Frankreich *s* Francja *w*

Franzose *m* Francuz *m*

französisch *adj* francuski ♦ *adv* po francusku

Frau *w* **1** (weibliche Person) kobieta *w* **2** (Gattin) żona *w* ► **~ X** pani X

Fräulein *s* panna *w*

frech *adj* bezczelny ♦ *adv* bezczelnie

frei *adj* **1** wolny **2** (umsonst) bezpłatny, darmowy ♦ *adv* swobodnie ► **~ machen** (Weg usw.) ustąpić *vo*

Freibad *s* kąpielisko *s*, basen *m* odkryty

Freiheit *w* wolność *w*, swoboda *w*

Freitag *m* piątek *m*

freiwillig *adj* dobrowolny ♦ *adv* dobrowolnie

Freizeit *w* wolne *s*

Freizeitpark *m* park *m* rozrywki

fremd *adj* **1** (ausländisch) obcy **2** (nicht mein) cudzy **3** (unbekannt) obcy **4** (Substanz usw.) obcy, odmienny

Fremde *m* obcy *m*, nieznajomy *m*

Freude *w* radość *w*; **~ machen** *j-m* ucieszyć *vo kogoś*

freuen *v j-n* cieszyć *uv kogoś*; **Freut mich.** Miło mi pana/panią poznać.; **sich ~** *auf etw. Akk* nie móc *uv* się doczekać *czegoś*; **sich ~** *über j-n/etw.* (genießen) cieszyć się *uv czymś/z czegoś*, radować się *uv czymś/z czegoś*

Freund *m* **1** (Bekannter) kolega *m*, przyjaciel *m* **2** (Partner) chłopak *m*, partner *m*

Freundin *w* **1** koleżanka *w*, (Bekannte) przyjaciółka *w* **2** (Partnerin) dziewczyna *w*

freundlich *adj* przyjazny, (Wesen) miły, uprzejmy

Frieden *m* **1** (nicht Krieg) pokój *m* **2** (Ungestörtheit) spokój *m*

Friedhof *m* cmentarz *m*

frieren *v* **1** (Wetter) marznąć *uv* **2** (Wasser usw.) zamarzać *uv*, marznąć *uv*, (Wasser usw.) zamarznąć *vo*

frisch *adj* świeży ♦ *adv* świeżo

Friseur *m* fryzjer *m*

Friseursalon *m* zakład fryzjerski, fryzjerstwo *s*

Frist *w* termin *m*

froh *adj* radosny, zadowolony; **~ sein** *über etw. Akk* cieszyć się *uv z czegoś*

fröhlich *adj* wesoły

Frosch *m* żaba *w*

Frost *m* mróz *m*

Frucht *w* owoc, (ungeboren) płód *m*; **Früchte tragen** owocować *uv*

fruchtbar *adj* **1** (Feld usw.) urodzajny **2** (Frau usw.) płodny **3** (Schriftsteller usw.) płodny

früh *adj* **1** wczesny **2** (Anfang usw.) początkowy ♦ *adv* wcześnie

früher *adj* poprzedni, dawny ♦ *adv* wcześniej, (einst) dawniej

frühestens *adv* najwcześniej

Frühling *m* wiosna *w*

Frühstück *s* śniadanie *s*; **Übernachtung mit ~** nocleg *m* ze śniadaniem

frühstücken *v* jeść *uv* śniadanie, zjeść *vo* śniadanie

Fuchs *m* lis *m*, lisica *w*

fühlen *v etw. Akk* czuć *uv coś*, odczuwać *uv coś*; **sich ~** czuć się *uv*

führen *v* **1** *j-n irgendwohin* prowadzić *uv kogoś dokądś* **2** (auf die andere Seite usw.) *j-n über etw. Akk* przeprowadzić *vo kogoś przez coś* **3** (begleiten) *j-n irgendwohin* zaprowadzić *vo kogoś dokądś* **4** (Unternehmen usw.) *etw. Akk* kierować *uv czymś* **5** (im Wettkampf usw.) prowadzić *uv* **6** (Weg) *irgendwohin/durch etw.* prowadzić *uv przez coś*

Führer *m* **1** (Chef) przywódca *m*, (Leiter) lider *m* **2** (Buch) przewodnik *m*

Führerschein *m* prawo *s* jazdy

Führung *w* **1** (eines Betriebes usw.) kierowanie *s* **2** (Führungsorgane) kierownictwo *s*, (Personen) przywództwo *s* **3** (Führungsposition) przewodnictwo *s*

füllen *v* napełnić *vo*, *etw. Akk mit etw.* wypełniać *uv coś czymś*

Füllung *w* **1** (eines Bonbons usw.) nadzienie *s*, (Fleischfüllung usw.) farsz *m* **2** (in Matratzen usw.) wypełnienie *s*

Fundbüro *s* biuro *s* rzeczy znalezionych

fünf *num* pięć

fünft(er,e,es) *num* piąty

fünfzehn *num* piętnaście

fünfzig *num* pięćdziesiąt

Funke *m* iskra *w*

Funktion *w* **1** (Zweck) *etw. Gen* funkcja *w czegoś* **2** (Posten) funkcja *w*

funktionieren *v* działać *uv*; **nicht richtig ~** nie działać *uv*

funktionsfähig *adj* działający, sprawny

für *prep* **1** (Zweck usw.) *etw.* dla *czegoś*, po *coś*, na *coś* **2** (Geschenk, Nachricht usw.)

j-n dla *kogoś* **3** (anstatt usw.) *j-n* za *kogoś* **4** (Preis usw.) *etw.* za *ileś* **5** (Zeitdauer usw.) na ► **Ich brauche ein Zimmer ~ drei Tage.** Potrzebuję pokój na trzy dni.

furchtbar *adj* straszny, okropny, wstrętny ♦ *adv* strasznie

fürchten *v* **1** *j-n/etw.* bać się *uv kogoś/czegoś*, *etw. Akk* obawiać się *uv czegoś* **2** *für j-n/etw., um j-n/etw.* bać się *uv o kogoś/coś*, *für/um j-n/etw.* martwić się *uv o kogoś/coś*

Fuß *m* **1** stopa *w* **2** (eines Berges usw.) podnóże *s* ► **Gehen wir zu ~.** Chodźmy pieszo.; **zu ~** pieszo

Fußball *m* piłka *w* nożna

Fußboden *m* podłoga *w*

Fußgänger *m* pieszy *m*

Fußgängerübergang *m* przejście *s* dla pieszych

Fußgängerüberweg *m* przejście *s* dla pieszych

Fußgängerzone *w* strefa *w* ruchu pieszego, deptak *m*

Fußknöchel *m* kostka *w*

Futter *s* podszewka *w*

G

Gabel *w* **1** widelec *m* **2** (für Heu usw.) widły *nur Mz n-mpers.*

gähnen *v* ziewać *uv*

Galerie *w* **1** galeria *w* **2** (Gang) galeria *w*, pasaż *m*

Galle *w* żółć *w*

Gang *m* **1** (Art des Gehens) krok *m*, chód *m* **2** (Geschwindigkeit) bieg *m* **3** (im Haus usw.) korytarz *m* **4** (zwischen den Sitzen usw.) przejście *s*, nawa *w* **5** (Gericht) danie *s* ► **in ~ setzen** *etw. Akk* uruchomić *vo coś*

gangbar *adj* do przejścia

Gans *w* gęś *w*

ganz[1] *adj* **1** (völlig) cały **2** (komplett) integralny, jednolity **3** (nicht beschädigt) cały, w całości

ganz[2] *adv* *adv* absolutnie, zupełnie, (allein usw.) zupełnie, całkowicie ♦ *part* całkiem

ganztägig *adj* całodzienny

gar *part* wcale; **~ nicht** wcale nie

Garage *w* garaż *m*, warsztat *m* samochodowy

Garantie *w* gwarancja *w*

garantieren *v* gwarantować *uv*, zagwarantować *vo*

Garderobe *w* szatnia *w*

Gardine *w* firanka *w*

Garnitur *w etw. Gen* zestaw *m czegoś*

Garten *m* ogród *m*

Gas *s* gaz *m*, (Pedal usw.) pedał *m* gazu

Gashebel *s* pedał *m* gazu

Gaspedal *s* pedał *m* gazu

Gasse *w* uliczka *w*

Gast *m* gość *m*

gastfreundlich *adj* gościnny

Gastgeber *m* gospodarz *m*

Gasthaus *s* gospoda *w*

Gaststätte *w* gospoda *w*

Gebäck *s* wypieki *m Mz*

gebären *v etw. Akk* rodzić *uv kogoś*; **geboren sein/werden** urodzić się *vo*

Gebärmutter *w* macica *w*

Gebäude *s* budynek *m*, dom *m*

geben *v* dawać *uv coś komuś*, *j-m etw.* dać *vo komuś coś*

Gebet *s* modlitwa *w*

Gebiet *s* dziedzina *w*, (Region) obszar *m*, terytorium *s*

gebildet *adj* **1** (Bildung besitzend) wykształcony **2** *aus etw.* złożony *z kogoś/czegoś*

Gebirge *s* góry, pasmo *s* górskie; **im ~** w górach

Gebiss *s* uzębienie *s*

gebraten *adj* **1** smażony **2** (Fleisch usw.) pieczony

Gebrauch *m etw. Gen* użycie *s czegoś*, *etw. Gen* używanie *s czegoś*

gebraucht *adj* używany

gebrochen *adj* złamany

Gebühr *w für etw.* opłata *w za coś*

Geburt *w* **1** (Gebären) poród *m* **2** (einer Tochter usw.) narodziny *nur Mz n-mpers.*

Geburtsjahr *s* rok *m* narodzenia

Geburtstag *m* urodziny *nur Mz n-mpers.*

Gebüsch *s* gąszcz *m*, zarośla *nur Mz n-mpers.*

Gedächtnis *s* pamięć *w*

Gedanke *m* myśl *w*

Gedicht *s* wiersz *m*, poemat *m*

Geduld *w* cierpliwość *w*

geduldig *adj* cierpliwy

geeignet *adj für etw., zu etw.* zdatny *do czegoś*, (passend) *zu etw., für etw.* odpowiedni *do czegoś*, właściwy *do czegoś*, stosowny *do czegoś* ♦ *adv* odpowiednio

Gefahr *w* niebezpieczeństwo *s*, ryzyko *s*, zagrożenie *s*

gefährlich *adj* niebezpieczny ♦ *adv* niebezpiecznie

gefallen *v j-m* podobać się *uv komuś*, *j-m* przypadać *uv komuś* do gustu, *j-m* spodobać się *vo komuś*; **Es gefällt mir.** To mi się podoba.

Gefallen *m* przysługa *w*

gefangen nehmen *v j-n* pojmać *vo kogoś*
Gefängnis *s* więzienie *s*
Gefäß *s* **1** (Behälter) pojemnik *m*, naczynie *s* **2** (Ader usw.) naczynie *s*
Geflügel *s* drób *m*
Gefrierschrank *m* zamrażarka *w*
Gefriertruhe *w* zamrażarka *w*
gefroren *adj* zmarznięty
Gefühl *s* **1** uczucie *s* **2** (in Fingern usw.) czucie *s* **3** *für etw.* poczucie *s czegoś*
gegen[1] *prep* **1** (wirken usw.) *j-n/etw.* przeciw *komuś/czemuś* **2** *etw.* w porównaniu *z czymś* ► **schützen** *j-n/etw.* ~ *etw.* chronić *uv kogoś/coś* przed *czymś*
gegen[2] *prep* około
Gegend *w* krajobraz *m*
Gegensatz *m zu etw.* przeciwieństwo *s czegoś*
gegenseitig *adj* wzajemny ♦ *adv* nawzajem, wzajemnie
Gegenstand *m* **1** (Sache) przedmiot *m* **2** (Thema usw.) *etw. Gen* przedmiot *m czegoś*
Gegenteil *s von etw.* przeciwieństwo *s*; **im ~** przeciwnie
gegenüber *prep* **1** (sitzen usw.) *j-m/etw.* naprzeciw *kogoś/czegoś*, naprzeciwko *kogoś/czegoś* **2** (Verhalten usw.) *j-m/etw.* wobec *kogoś/czegoś* **3** (verglichen) *etw.* w porównaniu z *czymś* ♦ *adv* po drugiej stronie ulicy
Gegenwart *w* teraźniejszość *w*, współczesność *w*
Gegner *m* przeciwnik *m*
geheim *adj* **1** tajny **2** (Dokument usw.) poufny ♦ *adv* tajnie ► **~ halten** *etw. Akk vor j-m* ukrywać *uv coś przed kimś*
Geheimnis *s* tajemnica *w*, sekret *m*
gehen *v* **1** kroczyć *uv*, (sich bewegen) *irgendwohin* iść *uv dokądś*, (zu Fuß) chodzić *uv* **2** *irgendwohin* udać się *vo dokądś*, pójść *vo dokądś* **3** (in die Schule usw.) *in etw. Akk* chodzić *uv dokądś, gdzieś* **4** (weg) iść *uv*, odejść *vo* **5** *um etw.* chodzić *uv o co* **6** *j-m irgendwie* powodzić się *uv komuś* **7** *mit j-m* chodzić *uv z kimś* **8** (möglich sein) być *uv* możliwym **9** (akzeptabel sein) ujść *vo* ► **es geht** *etw. Akk zu tun* można *coś zrobić*; **Mir geht es gut.** Mam się dobrze.; **spazieren ~** przechadzać się *uv*; **Wie geht es Ihnen?** Jak się pan(i) miewa?
Gehirn *s* mózg *m*
Gehirnerschütterung *w* wstrząs *m* mózgu, wstrząśnienie *s* mózgu
Gehör *s* słuch *m*
gehorchen *v j-m/etw.* słuchać *uv kogoś/czegoś*, usłuchać *vo kogoś/coś*
gehören *v* **1** *j-m* należeć *uv do kogoś* **2** *zu etw.* należeć *uv do czegoś*
Gehweg *m* chodnik *m*
Geige *w* skrzypce *nur Mz n-mpers.*
Geisel *w* zakładnik *m*
Geist *m* duch *m*
geizig *adj* skąpy, chciwy
gekocht *adj* gotowany
Gel *s* żel *m*
Geländer *s* balustrada *w*, poręcz *w*
Geländewagen *m* samochód *m* terenowy
gelangen *v irgendwohin* dojść *vo dokądś*
gelb *adj* żółty
Gelb *s* żółte (światło) *s*
Geld *s* pieniądze *m Mz*
Geldautomat *m* bankomat *m*
Geldbörse *w* portfel *m*
Geldstrafe *w* mandat *m*, grzywna *w*; **mit einer ~ belegen** *j-n* ukarać *vo kogoś za coś* grzywną/mandatem
Geldtasche *w* portfel *m*
Gelegenheit *w etw. Akk zu tun* okazja *w zrobić coś*
Gelenk *s* staw *m*
Geliebte[1] *m* ukochany *m*
Geliebte[2] *w* kochanka *w*
gelingen *v* **1** *j-m etw. Nom* udać się *vo coś komuś* **2** (Sache usw.) powieść się *vo*, udać się *vo*
gelten *v* **1** (Anordnung usw.) obowiązywać *uv* **2** *für j-n/etw.* dotyczyć *uv kogoś/czegoś*
Geltung **zur ~ bringen** *etw. Akk* zastosować *vo coś*
gemahlen *adj* mielony
Gemälde *s* malowidło *s*
gemein *adj* wulgarny, ordynarny
Gemeinde *w* gmina *w*
gemeinsam *adj* wspólny ♦ *adv* wspólnie, (zusammen) razem
Gemeinschaft *w* **1** (von Menschen) wspólnota *w* **2** (von Staaten usw.) społeczność *w* **3** (von Personen usw.) komuna *w*
gemischt *adj* mieszany
Gemüse *s* warzywa *s Mz*
gemütlich *adj* przytulny
genau *adj* dokładny ♦ *adv* akurat, dokładnie, precyzyjnie
genehmigen *v etw. Akk* zatwierdzić *vo coś*
Genehmigung *w* **1** (Urkunde usw.) zezwolenie *s*, licencja *w* **2** zatwierdzenie *s*
genießen *v* **1** (erleben) *etw. Akk* dobrze się bawić *uv*, *etw. Akk* dobrze się zabawić *vo* **2** (Anblick) *etw. Akk* napawać *uv coś* **3** zjeść *vo coś* delektując się, (Speise, Getränk) *etw. Akk* delektować się *uv czymś*
genug *adv* dość, dosyć; **Ist das ~?** Czy to wystarczy?

genügen *v* wystarczyć *vo*
genügend *adj* wystarczający, dostateczny ♦ *adv* dostatecznie
Genuss *m* rozkosz *w*, przyjemność *w*
geöffnet *adj* rozkwitły, (Fenster usw.) otwarty
Gepäck *s* bagaż *m*; **~ einchecken** nadać *vo* bagaż
Gepäckaufbewahrung *w* przechowalnia *w* (bagażu)
Gepäckstück *s* bagaż *m*
Gepäckträger *m* bagażowy *m*
gepflegt *adj* zadbany
gerade[1] (Linie usw.) *adj* **1** (Linie usw.) prosty **2** (Zahl) parzysty ♦ *adv* prosto ► **~ machen** wyprostować *vo*
gerade[2] *adv* (in dem Zeitpunkt) właśnie, akurat
geradeaus *adv* prosto
Gerät *s* aparat *m*, (Messgerät usw.) przyrząd *m*, (Zange usw.) narzędzie *s*
geräuchert *adj* wędzony
Geräusch *s* dźwięk *m*
gerecht *adj* sprawiedliwy ♦ *adv* słusznie
gerechtfertigt *adj* uzasadniony, usprawiedliwiony
Gericht[1] *s* (Institution) sąd *m*
Gericht[2] *s* (Speise) danie *s*, posiłek *m*, jedzenie *s*
gern *adj etw. Akk tun* chętnie *coś zrobić*, *etw. Akk tun* lubić *uv coś robić*
Gerste *w* jęczmień *m*
Geruch *m* zapach *m*, woń *w*
Gerüst *s* rusztowanie *s*, (Grundkonstruktion usw.) szkielet *m*
Gesamtheit *w etw. Gen* zbiór *m czegoś*, ogół *m*
Gesandte *m* wysłannik *m*
Gesang *m* partie wokalne, śpiew *m*
Gesäß *s* pośladki *m Mz*, tyłek *m*
Geschäft *s* **1** (Raum) sklep *m* **2** (Transaktion) interes *m*
geschäftlich *adj* handlowy
Geschäftsführer *m* dyrektor *m* naczelny
Geschäftsmann *m* biznesmen *m*, handlarz *m*
geschehen *v* wydarzyć się *vo*, stać się *vo*, zdarzyć się *vo*
Geschenk *s* prezent *m*
Geschichte *w* **1** (der Welt usw.) historia *w* **2** (Ereignis) historyjka *w*, (Ereignis usw.) opowiadanie *s*, opowieść *w* **3** (Unterrichtsfach) historia *w*
geschickt *adj* wprawny, zgrabny, zręczny ♦ *adv* zręcznie
geschieden *adj* rozwiedziony
Geschirr *s* **1** (zum Essen) naczynia *s Mz*, (zum Kochen) naczynia *s Mz* (kuchenne) **2** (von Zugtieren) uprząż *m*
Geschlecht *s* **1** (sexuell) płeć *w* **2** (Familie) ród *m*
geschlechtlich *adj* płciowy
Geschlechtsverkehr *m* stosunek *m* (płciowy)
geschlossen *adj* zamknięty
Geschmack *m* **1** (des Essens usw.) smak *m czegoś* **2** (von Erdbeeren usw.) smak *m* **3** (Sinn) smak *m* **4** (Vorliebe) gust *m*, smak *m*
Geschwindigkeit *w* prędkość *w*
Geschwister *s* brat *m* lub siostra *w*
Gesellschaft *w* spółka *w*, (menschliche) społeczeństwo *s*; **~ leisten** *j-m* dotrzymać *vo komuś* towarzystwa
gesellschaftlich *adj* towarzyski
Gesetz *s* prawo *s*
gesetzlich *adj* prawny, legalny
Gesicht *s* twarz *w*, oblicze *s*
gespannt *adj* napięty, (Muskeln, Seil usw.) naprężony
Gespräch *s* rozmowa *w*
Gestalt *w* **1** forma *w*, kształt *m* **2** (in einem Roman usw.) postać *w*
gestehen *v etw. Akk* przyznać się *vo do czegoś*
gestern *adv* wczoraj
gestrig *adj* wczorajszy
Gestrüpp *s* zarośla *nur Mz n-mpers.*
gesund *adj* **1** (Person usw.) zdrowy, (Zähne usw.) w dobrym stanie **2** (gut für Gesundheit) zdrowy ► **~er Menschenverstand** zdrowy rozsądek *m*
Gesundheit *w* zdrowie *s*
gesundheitlich *adj* zdrowotny
Getränk *s* napój *m*, picie *s*
Getreide *s* zboże *s*
getrennt *adj* oddzielony, osobny
Getriebe *s* **1** (Vorrichtung) skrzynia *w* biegów **2** (Betriebsamkeit) pośpiech *m*
Gewalt *w* gwałt *m*
gewaltsam *adj* gwałtowny, (unter Gewaltanwendung) dokonany przemocą ♦ *adv* siłą
Gewehr *s* strzelba *w*, karabin *m*
Gewerbe *s* rzemiosło *s*, zawód *m*
Gewerkschaft *w* związki *m Mz* zawodowe
Gewicht *s* **1** (Schwere) *etw. Gen* waga *w czegoś* **2** (Gegenstand) odważnik *m* **3** (Bedeutung) *etw. Gen* waga *w czegoś*
Gewinn *m* **1** (Ertrag) zysk *m* **2** (im Lotto usw.) wygrana *w*

gewinnen *v* **1** (Wettkampf usw.) *etw. Akk, in etw. Dat* wygrać *vo coś, w coś*, zwyciężyć *vo coś, w czymś* **2** *etw. Akk aus etw.* wyciągnąć *vo coś z czegoś*, *etw. Akk* zyskać *vo coś* **3** *j-n* pozyskać *vo kogoś*, (erobern) *j-n* oczarować *vo kogoś* **4** uzyskać *vo coś z czegoś*
Gewinner *m etw. Gen* zwycięzca *m*
gewiss *adj* pewien ♦ *adv* z pewnością, zdecydowanie ♦ *part* na pewno, zapewne
Gewissen *s* sumienie *s*; **ins ~ reden** *j-m* napomnieć *vo kogoś*
Gewitter *s* burza *w*
gewöhnen **sich ~** *an j-n/etw.* przyzwyczaić się *vo do czegoś*
Gewohnheit *w* zwyczaj *m*, nawyk *m*; **schlechte ~** nałóg *m*
gewöhnlich *adj* **1** (normal) powszedni, (normal usw.) zwyczajny, zwykły **2** (Zeit usw.) zwykły ♦ *adv* powszechnie, zwykle
Gewürz *s* przyprawa *w*
Gezeiten *w Mz* przypływ i odpływ *m*
gierig *adj nach etw.* pragnący, (Blick usw.) chciwy
gießen *v* **1** (Wasser in die Tasse usw.) *etw. Akk in etw. Akk* nalać *vo coś do czegoś*, lać *uv coś do czegoś* **2** (durch Gießen verteilen) *etw. Akk in etw. Akk* rozlać *vo coś do czegoś* **3** (Blume usw.) *etw. Akk* podlać *vo coś*
Gift *s* jad *m*, trucizna *w*
giftig *adj* toksyczny, trujący
Giftschlange *w* jadowity wąż *m*
Gipfel *m* **1** (Berg usw.) *etw. Gen* szczyt *m czegoś* **2** (Wert usw.) szczyt *m*
Gips *m* gips *m*
Girokonto *s* rachunek *m* bieżący
Gitarre *w* gitara *w*
Gitter *s* **1** (am Fenster usw.) krata *w* **2** (Lüftunggitter usw.) kratka *w* **3** (in einem Graf usw.) siatka *w*
glänzen *v* **1** (in der Sonne usw.) lśnić się *uv* **2** zabłysnąć *vo*, (Augen vor Freude usw.) *vor etw.* zionąć *uv/vo*, lśnić się *uv* **3** (sich hervortun) *in etw. Dat* celować *uv w czymś*
glänzend *adj* lśniący, błyszczący
Glas *s* **1** (Material) szkło *s* **2** (Gefäß) szklanka *w*
gläsern *adj* szklany
glatt *adj* **1** (Oberfläche usw.) gładki **2** (Gehweg usw.) śliski **3** gładki ► **~ sein** ślizgać się *uv*
Glatteis *s* gołoledź *w*
Glaube *m* wiara *w*
glauben *v* **1** *j-m/etw.* wierzyć *uv komuś/w coś*, *j-m etw. Akk* uwierzyć *vo komuś/czemuś* **2** (Ansicht haben) sądzić *uv* **3** *an etw. Akk* wierzyć *uv w coś* ► **Ich glaube schon./Das glaube ich nicht.** Myślę, że tak/nie.
gleich *adj* **1** taki sam **2** (Chancen usw.) równy ♦ *adv* natychmiast ► **~ (sein)** *etw. Nom* równać się *uv czemuś*
gleichfalls *adv* nawzajem, wzajemnie
Gleichgewicht *s* równowaga *w*
gleichgültig *adj* obojętny
gleichzeitig *adv* naraz, równocześnie
Gleis *s* szyna *w*
Gletscher *m* lodowiec *m*
Glied *s* **1** (einer Kette) ogniwo *s* **2** (Gliedmaße) kończyna *w* **3** (Penis) penis *m*, prącie *s*, członek *m*
Glocke *w* dzwon *m*
Glück *s* szczęście *s* ► **~ haben** mieć *uv* szczęście; **zum ~** na szczęście
glücklich *adj* szczęśliwy ♦ *adv* radośnie
glücklicherweise *part* na szczęście
Glückwunsch *m* życzenia *s Mz*; **Herzlichen ~!** Gratuluję!
Glühbirne *w* żarówka *w*
Glühwein *m* grzane wino *s*
Gold *s* złoto *s*
golden *adj* złoty
Gott *m* Bóg *m*, Pan Bóg *m*
Grab *s* grób *m*
graben *v etw. Akk* kopać *uv coś*, (Grube usw.) pogłębiać *uv*, (Loch) wykopać *vo*
Graben *m* wykop *m*, (Straßengraben usw.) rów *m*
Grad *m* stopień *m*
Gramm *s* gram *m*
Grammatik *w* gramatyka *w*
Grapefruit *w* grejpfrut *m*
Gras *s* trawa *w*
gratis *adv* bezpłatnie, za darmo
gratulieren *v j-m zu etw.* gratulować *uv komuś czegoś*, *j-m zu etw.* pogratulować *vo komuś czegoś*
grau *adj* siwy, szary
Graupen *w* krupy *m Mz*
grausam *adj* okrutny
greifen *v* **1** (mit Hand usw.) *nach etw.* wyciągnąć *vo* rękę *po coś* **2** (Maßnahmen usw.) *zu etw.* uciec się *vo do czegoś*
Grenze *w* **1** (Landesgrenze) granica *w* **2** (Trennungslinie) *etw. Gen* granica *w* **3** (Beschränkung usw.) *etw. Gen* granica *w czegoś*, limit *m czegoś*
Grenzübergang *m* przejście *s* graniczne
Grill *m* grill *m*, ruszt *m*
Grippe *w* grypa *w*
grob *adj* **1** (Oberfläche usw.) szorstki **2** (Struktur usw.) gruboziarnisty **3** (Manieren

usw.) prostacki, (unhöflich) grubiański **4** (ungefähr) przybliżony

groß *adj* **1** (Maß, Menge) duży, wielki **2** (hoch usw.) wysoki **3** (erwachsen) duży

großartig *adj* wspaniały, fantastyczny, (ausgezeichnet usw.) znakomity

Größe *w* **1** (Umfang usw.) wielkość *w* **2** (von Kleider usw.) rozmiar *m* **3** (in Physik) wielkość *w*

Großmutter *w* babcia *w*

Großvater *m* dziadek *m*

großzügig *adj* wspaniałomyślny, wielkoduszny

grün *adj* zielony

Grund *m* **1** (Oberfläche) ziemia *w* **2** (für Tat usw.) *für etw.* powód *m czegoś* ► **auf ~** *etw. Gen* z powodu *czegoś*, wskutek *czegoś*

gründen *v* założyć *vo*

Grundlage *w etw. Gen* podstawa *w*

gründlich *adj* dokładny ♦ *adv* zasadniczo, (untersuchen usw.) dokładnie, (wie es sein soll) porządnie, należycie

grundsätzlich *adj* zasadniczy, fundamentalny ♦ *adv* zasadniczo

Grundschule *w* szkoła *w* podstawowa

Grundstück *s* parcela *w*; **eingezäuntes ~** ogrodzenie *s*

Gruppe *w* **1** grupa *w* **2** (von Fachleuten usw.) panel *m*, grupa *w* **3** (Rettungsgruppe usw.) oddział *m*

Gruß *m* pozdrowienie *s*

grüßen *v* **1** *j-n* pozdrawiać *uv kogoś*, *j-n* pozdrowić *vo kogoś*, (offiziell, formell) powitać *vo* **2** *j-n von j-m* pozdrawiać *uv kogoś od kogoś*

gültig *adj* ważny

Gummi *m,s* guma *w*

Gummiband *s* gumka *w*

Gummistiefel *m Mz* kalosze *m Mz*

Gunst *w* przychylność *w*, łaska *w*

günstig *adj* **1** korzystny **2** (Bedingungen usw.) dogodny **3** (Augenblick usw.) dogodny

Gurke *w* ogórek *m*

Gurt *m* pas *m*

Gürtel *m* pas *m*, pasek *m*

gut *adj* **1** (qualitätvoll usw.) dobry **2** (nett) *zu j-m* uprzejmy *dla/wobec kogoś*, dobry *dla kogoś* **3** *~ gehen* mieć się dobrze ♦ *adv* dobrze ► **Also ~.** Dobrze więc.; **G~e Fahrt.** Szczęśliwej podróży.; **ziemlich ~** znośny

Gutachten *s* ekspertyza *w*, opinia *w*

Gutschein *m* kupon *m*, bon *m*, voucher *m*

Gymnasium *s* liceum *s*

Gymnastik *w* gimnastyka *w*

H

Haar *s* włos *m*; **sich die ~e schneiden lassen** (dać sobie) obciąć *vo* włosy

Haare *s Mz* włosy *m Mz*

Haarschnitt *m* uczesanie *s*

Haarspray *m,s* lakier *m* do włosów

haben *v* **1** *etw. Akk* mieć *uv coś* **2** *+ zu + Inf.* mieć *uv coś zrobić*

hacken *v* **1** *j-n* ciąć *vo kogoś*, (verletzen) *in etw. Akk* rozciąć *vo coś* **2** rąbać *uv*, (Holz usw.) narąbać *vo*, *etw. Akk* rąbać *uv coś* **3** (ein Beet usw.) okopać *vo* **4** (Fleisch usw.) zemleć *vo*

Hackfleisch *s* mielone mięso *s*

Hafen *m* port *m*

Hafer *m* owies *m*

haften[1] *v* **1** (für Qualität usw.) *für etw.* ręczyć *uv za coś*, gwarantować *uv coś* **2** *für j-n* żyrować *uv komuś*

haften[2] *v* (bürgen) *an/auf etw. Dat* przylegać *uv do czegoś*, *auf/an etw. Akk* przylgnąć *vo do czegoś*

Haftung *w* odpowiedzialność *w*

Hagel *m* grad *m*

Hahn *m* **1** (Vogel) kogut *m* **2** (Wasserhahn usw.) kran *m*

Hähnchen *s* kurczę *s*, kurczak *m*

Hai *m* rekin *m*

Haken *m* **1** (zum Angeln usw.) haczyk *m* **2** (zum Aufhängen) hak *m* **3** (Schwierigkeit) haczyk *m*, komplikacja *w*

halb[1] *adj* połowiczny; **vor einer ~en Stunde** pół godziny temu

halb[2] *adv* na pół, wpół; **um ~ fünf** o wpół do piątej

Halbinsel *w* półwysep *m*

Halbmesser *m* promień *m*

Hälfte *w etw. Gen* połowa *w czegoś*

Halle *w* **1** sala *w*, aula *w* **2** (im Hotell usw.) salon *m*, hol *m*

hallo *interj* cześć; **H~!** cześć, Halo?, Słucham?, (Lenkung der Aufmerksamkeit) Halo!

Hals *m* **1** (Körperteil) szyja *w* **2** (einer Flasche usw.) szyjka *w*

Halsband *s* obroża *w*

halt **H~!** Stój!

Halt *m* postój *m*

haltbar *adj* wytrzymały

halten *v* **1** (in der Hand) *etw. Akk* trzymać *uv coś* **2** (fest sein usw.) trzymać się *uv* **3** (in einer Lage usw.) trzymać *uv* **4** utrzymać *vo*, (in Ordnung usw.) utrzymywać *uv coś* **5** *j-n irgendwohin* trzymać *uv kogoś gdzieś* **6** (Zug usw.) *irgendwo* zatrzymywać się *uv gdzieś* **7** *j-n/etw. für j-n/etw.* uważać *uv kogoś/coś za kogoś/coś*

8 (Haustier usw.) *etw. Akk* hodować *uv coś* **9** (frisch bleiben usw.) wytrzymać *vo* ► **das Wort ~** dotrzymać *vo* słowa; **~ (können)** *etw. Akk* utrzymać *vo coś*; **Halt die Klappe!** Zamknij się!; **sich ~** *an etw. Dat* (mit der Hand) trzymać się *uv czegoś*; **sich ~** *irgendwohin* (sich nicht entfernen) trzymać się *uv*; **sich ~** *an etw. Akk* (Anweisungen usw.) trzymać się *uv czegoś*

Halter *m* uchwyt *m*

Haltestelle *w* przystanek *m*

Hammer *m* młotek *m*

Hand *w* ręka *w*

Handbuch *s* podręcznik *m*, poradnik *m*

Handel *m* handel *m*, (Verkehr) komercja *w*

handeln *v* **1** (tun) postępować *uv* **2** (Buch) *von etw., über etw. Akk* traktować *uv o czymś* **3** (über Preis usw.) *mit j-m über etw. Akk* targować się *uv z kimś o coś* **4** (Geschäft betreiben) *mit etw.* handlować *uv czymś*

Handfläche *w* dłoń *w*

Handgelenk *s* nadgarstek *m*

Handgepäck *s* bagaż *m* podręczny

Händler *m* handlarz *m*, sklepikarz *m*

Handlung *w* **1** akt *m*, zachowanie *s* **2** (eines Films usw.) fabuła *w*

Handschellen *w Mz* kajdanki *nur Mz n-mpers.*; **~ anlegen** *j-m* założyć *vo komuś* kajdanki

Handschrift *w* **1** (schön usw.) pismo *s*, charakter *m* pisma **2** (Urkunde usw.) rękopis *m*

Handschuh *m* rękawiczka *w*

Handschuhfach *s* schowek *m* w desce rozdzielczej

Handtasche *w* torebka *w*

Handtuch *s* ręcznik *m*

Handwerk *s* rzemiosło *s*

Handwerker *m* rzemieślnik *m*

Handy *s* komórka *w*

Hang *m* **1** (steil usw.) zbocze *s*, stok *m* **2** (Tendenz) *zu etw.* skłonność *w do czegoś*

hängen[1] *v* (im Schrank usw.) **1** wisieć *uv* **2** (nicht verzichten) *an etw. Dat* trzymać się *uv czegoś* **3** (an Mutter usw.) *an j-m* przylgnąć *vo do kogoś*

hängen[2] *v* (hinrichten) **1** *etw. Akk* powiesić *vo coś* **2** (hinrichten) *j-n* wieszać *uv kogoś*

harmlos *adj* szczery, prostoduszny

hart *adj* **1** twardy **2** (unnachgiebig) surowy **3** (Tag usw.) ciężki, trudny ♦ *adv* mocno

hartnäckig *adj* zawzięty

Hase *m* zając *m*

Haselnuss *w* orzech *m* laskowy

Hass *m* nienawiść *w*

hassen *v j-n/etw.* czuć *uv* wstręt *do kogoś/czegoś*, *j-n/etw.* nienawidzić *uv kogoś/czegoś*, nie znosić *uv kogoś/czegoś*

hässlich *adj* brzydki, ohydny

Haufen *m* **1** stos *m* **2** (Lügen usw.) *etw. Gen* stek *m*

häufig *adj* częsty ♦ *adv* często

Hauptbahnhof *m* dworzec *m* główny

Hauptgericht *s* danie *s* główne

hauptsächlich *part* głównie

Hauptstadt *w* stolica *w*

Hauptstelle *w* centrala *w*

Haus *s* dom *m*; **nach ~(e)** do domu; **zu ~e** w domu

Hausaufgaben *w Mz* praca *w* domowa

Hausfrau *w* gospodyni *w* domowa

hausgemacht *adj* domowy

Haushalt *m* gospodarstwo *s* domowe

Haushaltsgerät *s* przyrząd *m*

Haushaltswaren *Mz* artykuły *m Mz* gospodarstwa domowego

Haustier *s* zwierzątko *s*

Haut *w* **1** (Körpergewebe) skóra *w*, cera *w* **2** (von Pfirsich usw.) skórka *w*

Havarie *w* wypadek *m*, kraksa *w*

Hebel *m* dźwignia *w*

heben *v etw. Akk* podnieść *vo*

Hecke *w* żywopłot *m*

Heer *s* armia *w*, wojsko *s*

Heft *s* zeszyt *m*

heftig *adj* **1** (stark) gwałtowny **2** (Leidenschaft usw.) mocny, silny ♦ *adv* **1** (sehr energisch usw.) naprędce **2** (regnen usw.) mocno, obficie

Heidelbeere *w* borówka *w*, jagoda *w* czarna

heilen *v* goić się *uv*, (Wunde usw.) zagoić się *vo*

heilig *adj* święty

heim *adv* do domu

Heim *s* **1** dom *m* **2** (für Obdachlose usw.) schronisko *s*

Heimat *w* ojczyzna *w*

heiraten *v* **1** (Ehe schließen) pobrać się *vo*, brać *uv* ślub **2** (die Ehe eingehen) *j-n* wziąć *vo* ślub *z kimś*, *j-n* brać *uv* ślub *z kimś* **3** (Ehefrau werden) *j-n* wyjść *vo* za mąż *za kogoś*, (Ehemann werden) *j-n* ożenić się *vo z kimś*

heiser *adj* chrypliwy, (Stimme) zachrypnięty, ochrypły

heiß *adj* **1** (Gegenstand usw.) gorący **2** (Liebe usw.) żarliwy ♦ *adv* gorąco ► **Mir ist ~.** Gorąco mi.

heißen *v irgendwie* nazywać się *uv jakoś*; **das heißt** czyli, to znaczy; **Ich heiße...** Nazywam się...; **willkommen ~** *j-n* przywitać *vo kogoś*, witać *uv kogoś*; **Wie heißt du?** Jak się nazywasz?

heiter *adj* rozweselony

heizen *v* **1** *irgendwo* grzać *uv gdzieś* **2** (Zimmer usw.) ogrzać *vo*
Heizung *w* ogrzewanie *s*
Hektar *s,m* hektar *m*
Held *m* bohater *m*
helfen *v j-m mit etw.* pomóc *vo komuś z czymś*, (bei einer Arbeit usw.) *j-m mit etw.* pomagać *uv komuś w czymś*
hell *adj* **1** jasny **2** płowy ♦ *adv* jasno
Helm *m* kask *m*, hełm *m*
Hemd *s* koszula *w*
Henkel *m* ucho *s*
Henne *w* kura *w*
her *adv* tu, tutaj
heraus *adv aus etw.* na zewnątrz
herausfinden *v etw. Akk* wpaść *vo na coś*
herausnehmen *v* wyciągnąć *vo coś*, *etw. Akk aus etw.* wyjąć *vo coś z czegoś*
Herberge *w* noclegownia *w*, schronisko *s*
Herbst *m* jesień *w*
Herd *m* kuchenka *w*
Herde *w* stado *s*
Herdplatte *w* płyta *w* grzewcza
herein *adv* do środka; **H~!** Proszę wejść!
hereinkommen *v in etw. Akk* wejść *vo dokądś*; **Kommen Sie herein.** Proszę wejść.
Hering *m* **1** (Fisch) śledź *m* **2** **~e** (Pflöcke) śledzie *m Mz* (do namiotu)
Herkunft *w* pochodzenie *s*
Herpes *m* opryszczka *w*
Herr *m* pan *m* ► ~ **X** Pan X
herrlich *adj* wspaniały
herrschen *v* królować *uv*, panować *uv*, rządzić *uv*
herstellen *v* **1** (Produkt usw.) produkować *uv*, wyprodukować *vo* **2** (Ordnung usw.) wprowadzić *vo*
Hersteller *m von etw.* producent *m czegoś*
herunter *adv* w dół
hervorragend *adj* świetny, (Persönlichkeit usw.) wybitny
Herz *s* **1** (Organ) serce *s* **2** (Karten) kier *m*
herzlich *adj* serdeczny ♦ *adv* serdecznie
Heu *s* siano *s*
heucheln *v etw. Akk* udawać *uv coś*
heute *adv* dziś, dzisiaj
heutig *adj* dzisiejszy
Hexe *w* czarownica *w*
hier *adv* tu, tutaj; **~ (durch)** tędy; **von ~ (aus)** stąd
hierher *adv* tu, tutaj
Hilfe *w* **1** (Unterstützung usw.) pomoc *w*, ratunek *m* **2** (Text) pomoc *w*
Hilfsmittel *s* pomoc *w*
Himbeere *w* malina *w*
Himmel *m* niebo *s*
hinabsteigen *v* zejść *vo*
hinaufsteigen *v etw. Akk* wejść *vo na coś*
hinaus *adv* na zewnątrz
hindern *v* **1** *j-n an etw. Dat* powstrzymać *vo kogoś/coś przed czymś*, (nicht erlauben) *j-n an etw. Dat* powstrzymywać *uv kogoś przed czymś* **2** (im Wege stehen) *j-n* blokować *uv komuś*
Hindernis *s* **1** *für etw.* przeszkoda *w na drodze do czegoś*, *in etw. Dat* przeszkoda *w w czymś* **2** (in Athletik usw.) przeszkoda *w*, płotek *m*
hineingehen *v in etw. Akk* zmieścić się *vo gdzieś*, *in etw. Akk* wejść *vo gdzieś*
hinfallen *v* upaść *vo*
hinlegen *v etw. Akk irgendwohin* położyć *vo coś gdzieś*; **sich ~** położyć się *vo*
hinten *adv* z tyłu; **nach ~** do tyłu; **von ~** zza
hinter *prep etw. Dat* za *czymś*; **fallen ~** *etw. Akk* wpaść *vo*
hinter(er,e,es) *adj* tylny
Hintergrund *m* tło *s*
hinunter *adv* w dół; **die Treppe ~** na dół (po schodach)
Hinweis *m* **1** (Warnung usw.) ostrzeżenie *s* **2** (Rat usw.) wskazówka *w*, trop *m* **3** (auf eine Quelle usw.) *auf etw. Akk* odwołanie się *s do czegoś*
hinweisen *v auf etw. Akk* zwrócić *vo* uwagę *na coś*, *auf etw.* wskazać *vo na coś*
hinzufügen *v etw. Akk* dodać *vo coś*
Hirsch *m* jeleń *m*
historisch *adj* historyczny
Hitze *w* gorąco *s*, upał *m*, żar *m*, (Wetter) duchota *w*
Hobby *s* zamiłowanie *s*, hobby *s*
hoch *adj* wysoki ♦ *adv* **1** (nach oben) wysoko **2** wysoko
höchstens *adv* najwyżej
Hochwasser *s* **1** powódź *w* **2** (der Flut) przypływ *m*
Hochzeit *w* wesele *s*
hochziehen *v* wciągnąć *vo*
Hocker *m* stołek *m*, taboret *m*
Hoden *m* jądro *s*
Hof *m* **1** (Platz) podwórze *s* **2** (landwirtschaftlicher) gospodarstwo *s* **3** (königlicher) dwór *m*
hoffen *v auf etw. Akk* mieć *uv* nadzieję *na coś*
hoffentlich *part* zapenne, oby
Hoffnung *w auf etw. Akk* nadzieja *w na coś*
höflich *adj* uprzejmy, grzeczny
Höhe *w* wysokość *w*
Höhepunkt *m* szczyt *m*
höher *adj* wyższy ♦ *adv* wyżej

hohl *adj* pusty

Höhle *w* **1** jaskinia *w* **2** (eines Tieres) nora *w*, jama *w*

holen *v etw. Akk* wpaść *vo po coś*, (Brot usw.) *j-n/etw.* skoczyć *vo po kogoś/coś*, pójść *vo po kogoś*

Hölle *w* piekło *s*

Holz *s* drewno *s*

Honig *m* miód *m*

hören *v* **1** (wahrnehmen) *etw. Akk* słyszeć *uv coś* **2** (erfahren) *etw. Akk* dowiedzieć się *vo coś, o czymś*, usłyszeć *vo coś, o czymś*

Hörer *m* słuchawka *w* (telefoniczna)

Horizont *m* horyzont *m*, widnokrąg *m*

Hose *w* spodnie *nur Mz n-mpers.*

Hotel *s* hotel *m*

hübsch *adj* piękny, przystojny ♦ *adv* pięknie

Hubschrauber *m* helikopter *m*, śmigłowiec *m*

Huf *m* kopyto *s*

Hüfte *w* biodro *s*

Hügel *m* pagórek *m*, szczyt *m*, wzgórze *s*

Humor *m* humor *m*

Hund *m* pies *m*

hundert *num* sto

Hunger *m* głód *m*; **Ich habe ~.** Jestem głodny.

hungern *v* głodować *uv*

hungrig *adj* głodny; **Ich bin ~.** Jestem głodny.

Hupe *w* klakson *m*, syrena *w*

hupen *v* zatrąbić *vo*, trąbić *uv*, (Hupe usw.) trąbić *uv*, zahuczeć *vo*

hüpfen *v* skakać *uv*

husten *v* kaszleć *uv*

Husten *m* kaszel *m*

Hut *m* kapelusz *m*

hüten *v* **1** (Kinder usw.) *j-n* pilnować *uv kogoś* **2** (Schafe usw.) *etw. Akk* paść *uv* ► **Kinder** *j-s* **~** pilnować *uv czyichś* dzieci; **sich ~** *vor j-m/etw.* wystrzegać się *uv kogoś/czegoś*

Hütte *w* **1** (Berghütte usw.) chata *w*, (primitive) chałupa *w*, chałupina *w* **2** (Hüttenwerk) huta *w*

hygienisch *adj* higieniczny

I

ich *pron* ja

ideal *adj* idealny

Idee *w* **1** (Gedanke) pomysł *m*, myśl *w* **2** (Leitbild) idea *w* **3** (Vorstellung usw.) pojęcie *s*

Idiot *m* głupiec *m*, idiota *m*, dureń *m*, kretyn *m*

Igel *m* jeż *m*

ihn *pron* go, jego

ihr[1] *pron* (einer Frau) jej

ihr[2] *pron* (Gruppe) wy; **I~, I~e** pański, pańska

ihr[3] *pron* **1** (3. Person Ez) jej **2** (3. Person Mz) ich

im **~ Gebirge** w górach; **~ Gegenteil** przeciwnie; **~ schlimmsten/besten Fall** w najgorszym/najlepszym razie

Imbiss *m* **1** (Gericht) przekąska *w* **2** (Bahnhof) bufet *m*

immer *adv* stale, ciągle, (stets) zawsze; **wer auch ~** ktokolwiek; **für/auf ~** na zawsze

impfen *v* szczepić *uv*

importieren *v etw. Akk irgendwohin* importować *uv coś*

in *prep* **1** (einem Raum usw.) w, we **2** (der Wüste usw.) na **3** (Richtung) do **4** (die Stadt usw.) do **5** (Dauer) za ► **~ Sicherheit sein** być bezpiecznym

indisch *adj* indyjski

Industrie *w* przemysł *m*

industriell *adj* przemysłowy

Infektion *w* zakażenie *s*, infekcja *w*

Information *w* biuro *s* informacji, informacja *w*

informieren *v j-n über etw. Akk* informować *uv kogoś o czymś*, *j-n über etw. Akk* referować *uv komuś coś*

Ingenieur *m* inżynier *m*

Inhaber *m etw. Gen* właściciel *m czegoś*

Inhalt *m* zawartość *w*, (eines Dreiecks usw.) pole *s*

Inhaltsverzeichnis *s* spis *m* treści

Injektion *w* zastrzyk *m*

Injektionsspritze *w* strzykawka *w*

Inland *s* wnętrze *s* kraju

inmitten *adv* w środku ♦ *prep etw. Gen* wśród, w trakcie

innen *adv* od wewnątrz, w środku, wewnątrz; **von ~** od środka

inner(er,e,es) *adj* wewnętrzny

innerhalb *prep* **1** *etw. Gen* w środku *czegoś* **2** *etw. Gen* w ciągu *czegoś*

Insekt *s* owad *m*, insekt *m*

Insel *w* wyspa *w*

insgesamt *adv* ogółem, razem
Institut *s* instytut *m*
Instrument *s* **1** instrument *m*, narzędzie *s* **2** (Geige usw.) instrument *m* muzyczny
intelligent *adj* inteligentny
interessant *adj* interesujący, ciekawy ♦ *adv* ciekawie ► **~e Sache** ciekawostka *w*
Interesse *s an etw. Dat* zainteresowanie *s czymś*; **Ich habe kein ~.** Nie jestem zainteresowany.; *j-s* **~ wecken** zainteresować *vo kogoś*
interessieren *v* **1** (Interesse haben) *j-n* interesować *uv kogoś* **2** (j-n gewinnen suchen) *j-n für etw., an etw. Dat* zaangażować *vo kogoś w coś* ► **sich ~** *für j-n/etw.* interesować się *uv czymś*
interessiert *adj an etw. Dat* zainteresowany *czymś* ♦ *adv* z zainteresowaniem
international *adj* międzynarodowy
Internet *s* internet *m*
Internetanschluss *m* dostęp *m* do internetu
Interview *s* wywiad *m*
inzwischen *adv* tymczasem
irgendein *pron* jakiś, któryś, niektóry
irgendwann *adv* kiedyś
irgendwie *adv* jakoś
irgendwo *adv* gdzieś
irgendwohin *adv* dokądś, gdzieś
irren **sich ~** pomylić się *vo*; **sich ~** *in etw. Dat* mylić się *uv*
Irrtum *m* pomyłka *w*; **über seinen ~ aufklären** *j-n* wyprowadzić *vo kogoś* z błędu

J

ja *part* **1** (Zustimmung) tak **2** przecież
Jacke *w* kurtka *w*
Jagd *w* **1** polowanie *s* **2** (nach dem Geld usw.) *nach etw.* pogoń *w za czymś*
jagen *v* **1** (Wildtiere usw.) łowić *uv* **2** *j-n* gonić *uv kogoś*
Jäger *m* łowca *m*, myśliwy *m*
Jahr *s* rok *m*; **in diesem ~** w tym roku; **voriges ~** w zeszłym roku
Jahrestag *m etw. Gen* rocznica *w czegoś*
Jahreszeit *w* pora *w* roku
Jahrhundert *s* wiek *m*
jährlich *adj* roczny ♦ *adv* rocznie
Jahrzehnt *s* dekada *w*
Januar *m* styczeń *m*
Jeans *Mz* dżinsy *nur Mz n-mpers.*
jed(er,e,es) *pron* każdy, (beliebige Person) ktokolwiek; **jedes Mal** za każdym razem; **jedes Mal wenn** kiedykolwiek
jedenfalls *adv* tak czy owak, w każdym razie
jedermann *pron* każdy
jederzeit *adv* kiedykolwiek
jedoch *conj* jednak
jemand *pron* ktoś
jenseits *prep etw. Gen* poza *czymś*
jetzt *adv* teraz, obecnie; **bis ~** dotąd, do tej pory; **für ~** w tej chwili, na razie
jeweils *adv* za każdym razem
joggen *v* biegać *uv*
Joghurt *m,s* jogurt *m*
Johannisbeere *w* porzeczka *w*
Journalist *m* dziennikarz *m*
jucken *v* swędzieć *uv*
Jude *m* żyd *m*
Jugend *w* **1** (Zeit) młodość *w* **2** (Menschen) młodzież *w*
Jugendliche *m* nieletni *m*
Juli *m* lipiec *m*
jung *adj* młody; **~er Mann** młody człowiek
Junge[1] *m* chłopak *m*, chłopiec *m*
Junge[2] *s* młode *s*, (von Raubtieren) młode (drapieżnika)
Juni *m* czerwiec *m*
Juwelier *m* jubiler *m*

K

Kabel *s* kabel *m*
Kabeljau *m* dorsz *m*
Kabine *w* **1** (für Passagiere usw.) kabina *w* **2** (zum Umkleiden usw.) przymierzalnia *w*
Käfer *m* chrząszcz *m*
Kaffee *m* kawa *w*
Käfig *m* klatka *w*
kahl *adj* goły, nagi, łysy
Kai *m* molo *s*, nabrzeże *s*
Kaiser *m* cesarz *m*
Kajüte *w* kajuta *w*
Kakao *m* kakao *s*
Kalb *s* cielę *s*
Kalbfleisch *s* cielęcina *w*
Kalender *m* kalendarz *m*
Kalk *m* wapno *s*
kalt *adj* zimny ♦ *adv* zimno, (Wetter) chłodno ► **~es Büfett** szwedzki stół *m*, zimny bufet *m*
Kälte *w* chłód *m*, zimno *s*
Kamera *w* **1** (Video) kamera *w* **2** (fotografisch) aparat *m* (fotograficzny)
Kamin *m* kominek *m*

Kamm *m* grzebień *m*, (Felsenkamm usw.) grzbiet *m*
kämmen *v* czesać *uv*, *j-n/etw.* uczesać *vo kogoś/coś*; **sich ~** uczesać się *vo*
Kammer *w* **1** (Abstellraum) składzik *m* **2** (im Gerät usw.) komora *w* **3** (eines Parlaments) izba *w*
Kampf *m* **1** walka *w* **2** (Wettkampf) spotkanie *s*, mecz *m*
kämpfen *v* **1** (mit Waffen) walczyć *uv* **2** (um Macht usw.) *mit j-m/etw.* borykać się *uv z kimś/czymś* **3** (wetteifern) *mit j-m* współzawodniczyć *uv z kimś* **4** (mit Problemen usw.) *mit etw.* borykać się *uv z czymś*
Kanal *m* **1** (zwischen Meeren usw.) kanał *m* **2** (für Abwässer) kanał *m*, ściek *m* **3** (Wasserleitung usw.) kanał *m* **4** (TV) kanał *m* **5** (diplomatisch usw.) kanał *m*
Kaninchen *s* królik *m*
Kanister *m* kanister *m*
Kanne *w* **1** (für Tee usw.) czajnik *m*, imbryk *m* **2** (Milchkanne usw.) bańka *w*
Kanone *w* armata *w*, (Waffe) działo *s*
Kante *w* ostrze *s*
Kantine *w* kantyna *w*, stołówka *w*
Kap *s* przylądek *m*
Kapazität *w* **1** (Leistungsfähigkeit) wydajność *w* **2** (Volumen usw.) pojemność *w* **3** (Autorität) luminarz *m*
Kapelle[1] *w* (Bau) kaplica *w*
Kapelle[2] *w* (Musikband) zespół *m*, kapela *w*
Kapital *s* kapitał *m*
Kapitän *m* kapitan *m*
Kapitel *s* rozdział *m*
kaputt *adj* uszkodzony, zepsuty; **~ machen** *etw. Akk* zepsuć *vo coś*
kaputtgehen *v* zepsuć się *vo*
kaputtmachen *v etw. Akk* zepsuć *vo*
Kapuze *w* kaptur *m*
Karosserie *w* karoseria *w*
Karpfen *m* karp *m*
Karriere *w* kariera *w*
Karte *w* **1** (Plastikkarte usw.) karta *w* **2** (für Kino usw.) bilet *m* **3** (für Skat usw.) karta *w* **4** (geografisch) mapa *w*
Kartoffel *w* ziemniak *m*
Käse *m* ser *m*
Kasse *w* **1** (Zahlstelle) kasa *w* **2** (im Kino usw.) kasa *w* biletowa
Kassette *w* kaseta *w*
kassieren *v* inkasować *uv*
Kassierer *m* kasjer *m*
Kassiererin *w* kasjerka *w*
Kastanie *w* kasztan *m*
Kasten *m* szafa *w*, (zum Aufbewahren) skrzynka *w*
Kathedrale *w* katedra *w*
Katze *w* kot *m*
kauen *v etw. Akk* żuć *uv coś*
Kauf *m* kupno *s*, zakup *m*
kaufen *v* kupić *vo*, kupować *uv*
Käufer *m* nabywca *m*, kupujący *m*
Kaufhaus *s* dom *m* handlowy
Kaugummi *m* guma *w* (do żucia)
kaum *adv* ledwie, zaledwie, ledwo ◆ *conj* ledwo
Kehle *w* gardło *s*
kehren *v* **1** *etw. Akk* zamieść *vo coś* **2** (zu Haufen usw.) zgarniać *uv*
Keil *m* klin *m*
Keilriemen *m* pasek *m* klinowy
kein *pron* **1** (nicht ein) żaden **2** (von beiden) ani jeden mniej niż…
keineswegs *adv* wcale nie
Keller *m* piwnica *w*
Kellner *m* kelner *m*
kennen *v j-n/etw.* znać *uv kogoś/coś*
kennenlernen *v* **1** *j-n* poznać *vo kogoś*, (neue Freunde usw.) *j-n* poznać się *vo z kimś* **2** *j-n/etw.* poznać *vo kogoś/coś*
Kennzeichen *s* znak *m*
Keramik *w* ceramika *w*, (Töpferware) garncarstwo *s*
Kerl *m* facet *m*
Kern *m* **1** pestka *w* **2** (Nusskern usw.) jądro *s* **3** (Zentrum) jądro *s*
Kerze *w* świeczka *w*, świeca *w*
Kessel *m* **1** (zum Wasserkochen) czajnik *m* **2** (Gaskessel usw.) kocioł *m* **3** (Tal) kotlina *w*
Kette *w* **1** (eisern usw.) łańcuch *m* **2** (Schmuck) łańcuszek *m* **3** (Reihe von Dingen usw.) łańcuch *m* **4** (im Gewebe usw.) osnowa *w*
Keule *w* **1** (zum Schlagen usw.) pałka *w* **2** (bei Schlachtvieh) udziec *m*
Kilogramm *s* kilogram *m*
Kilometer *m* kilometr *m*
Kind *s* dziecko *s*; **ein ~ wickeln** przewinąć *vo* dziecko
Kindergarten *m* przedszkole *s*
Kinderwagen *m* wózek *m* dziecięcy
Kindheit *w* dzieciństwo *s*
Kinn *s* broda *w*
Kino *s* kino *s*
Kiosk *m* kiosk *m*
Kirche *w* **1** (Gebäude) kościół *m* **2** (Glaubensgemeinschaft) Kościół *m*
Kirsche *w* czereśnia *w*
Kissen *s* poduszka *w*
Kiste *w* pudło *s*, skrzynia *w*

Klage *w* powództwo *s*; **~ erheben** *gegen j-n* wnieść *vo* oskarżenie *przeciwko komuś*
Klammer *w* **1** (Gerät) spinacz *m* **2** (Schriftzeichen) nawias *m*
Klang *m* dźwięk *m*
klar *adj* **1** przezroczysty **2** (Himmel usw.) jasny **3** (Bedeutung usw.) jasny ► **sich ~ werden** *über etw. Akk* wyjaśnić *vo* sobie *coś*
klären *v etw. Akk* wyjaśnić *vo coś*; **sich ~** wyjaśnić się *vo*
Klarheit *w* bezchmurna pogoda *w*, (einer Beschreibung usw.) jasność *w*
Klasse *w* klasa *w*
klassisch *adj* klasyczny
Klavier *s* fortepian *m*
Klebeband *s* taśma *w* klejąca
kleben *v* **1** *etw. Akk* zlepić *vo coś*, (befestigen) *etw. Akk an/auf etw. Akk* przylepić *vo coś do czegoś* **2** (Klebkraft haben) kleić się *uv* **3** (klebrig sein) *an etw. Dat* przylegać *uv do czegoś*
klebrig *adj* lepki
Klebstoff *m* klej *m*
Kleid *s* sukienka *w*
Kleider *s Mz* ubrania *s Mz*
Kleiderbügel *m* wieszak *m*
Kleiderschrank *m* szafa *w*
Kleidung *w* ubrania *s Mz*
klein *adj* mały
kleiner *adj* mniejszy
Kleingeld *s* drobne *nur Mz n-mpers.*
Kleinigkeit *w* **1** błahostka *w*, drobnostka *w*, (etwas Kleines) drobnostka *w*, drobiazg *m* **2** (Angelegenheit) błahostka *w*, (Dummheit) drobiazg *m*
kleinlich *adj* wybredny
klettern *v* **1** (auf eine Leiter usw.) *auf etw. Akk* wspinać się *uv po czymś* **2** (hinauf) *auf etw. Akk* wspiąć się *vo* **3** (herauskommen usw.) *aus etw.* wyjść *vo z czegoś* **4** (im Gebirge usw.) wspinać się *uv*
Klima *s* klimat *m*
Klimaanlage *w* klimatyzacja *w*
Klinge *w* ostrze *s*
Klingel *w* dzwonek *m*
klingeln *v* dzwonić *uv*
klingen *v* **1** (hörbar sein) brzmieć *uv* **2** (Glocke) dzwonić *uv*, zadzwonić *vo* **3** (Eindruck vermitteln) *irgendwie* wybrzmieć *vo*
Klinik *w* klinika *w*
Klinke *w* **1** (Türklinke usw.) klamka *w* **2** (Hebel) (mała) klamka *w*
klopfen *v* **1** *an etw. Akk* zapukać *vo do czegoś, w coś*, (an die Tür usw.) *auf/an etw.* postukać *vo w coś*, (ans Fenster usw.) *an etw. Akk* pukać *uv w coś*, zapukać *vo w coś* **2** *etw. Akk* rozbić *vo coś*
Klosett *s* toaleta *w*, ubikacja *w*
Kloß *m* knedel *m*
klug *adj* mądry
Knall *m* huk *m*, trzask *m*
knapp *adj* **1** (Kleidung) ciasny **2** (gekürzt) zwięzły
Kneipe *w* pub *m*
Knie *s* kolano *s*
knien *v* klęczeć *uv*; **sich (nieder)knien** uklęknąć *vo*
Knoblauch *m* czosnek *m*
Knöchel *m* kostka *w*
Knochen *m* kość *w*
Knopf *m* guzik *m*
Knospe *w* pączek *m*
Knoten *m* węzeł *m*
Knotenpunkt *m* **1** (im Verkehr usw.) skrzyżowanie *s* **2** (Verknüpfung) węzeł *m* **3** (von Aktivitäten usw.) centrum *s*
Koch *m* kucharz *m*
kochen *v* **1** (im Wasser usw.) *etw. Akk* gotować *uv coś* **2** (zubereiten) ugotować *vo* **3** (Wasser usw.) gotować się *uv*
Kochherd *m* kuchenka *w*
Kochplatte *w* płyta *w*
Koffer *m* walizka *w*
Kofferraum *m* bagażnik *m*
Kohl *m* kapusta *w*
Kohle *w* **1** (Brennstoff) węgiel *m* **2** (Geld) forsa *w*, szmal *m*
Kohlrabi *m* kalarepa *w*
Kollege *m* kolega *m*, współpracownik *m*
komisch *adj* komiczny ♦ *adv* komicznie
Komma *s* **1** (Satzzeichen) przecinek *m* **2** (in Zahlen) przecinek *m* dziesiętny
kommen *v* **1** *irgendwohin* przyjść *vo* **2** (gelangen) *irgendwohin* dostać się *vo dokądś* **3** (Ansicht usw.) *zu etw.* dojść *vo do czegoś* **4** (verlieren) *um etw.* stracić *vo coś* **5** (Zeit) nadejść *vo* ► **gelegen ~** *j-m etw. Nom* przydać się *vo komuś*; **Komm schon!** No!
Kommunikation *w* komunikacja *w*
kommunizieren *v mit j-m* komunikować się *uv z kimś*
Komödie *w* komedia *w*
Kompass *m* kompas *m*
komplett *adj* kompletny ♦ *adv* kompletnie ► **~er Service** kompletny serwis *m*
Kompliment *s* komplement *m*
komplizieren *v* skomplikować *vo*, *etw. Akk* komplikować *uv coś*
kompliziert *adj* skomplikowany, złożony ♦ *adv* w skomplikowany sposób
Komponist *m* kompozytor *m*
Konditorei *w* cukiernia *w*

Kondom *s,m* prezerwatywa *w*, kondom *m*
Konfitüre *w* dżem *m*, konfitura *w*
König *m* król *m*
Königin *w* królowa *w*
können[1] *v* (beherrschen usw.) *etw. Akk* móc *uv*
können[2] *v* (fähig sein) *tun etw. Akk* potrafić *vo/uv coś zrobić*, umieć *uv coś zrobić*; **Ich kann nicht mehr.** Już dalej nie mogę.
Konserve *w* konserwa *w*
Konstruktion *w* konstrukcja *w*
Konsul *m* konsul *m*
Konsulat *s* konsulat *m*
Kontakt *m* kontakt *m*, styczność *w*; **in ~ stehen** *mit j-m* być w kontakcie *m z kimś*; **~ aufnehmen** *mit j-m* kontaktować się *uv z kimś*, skontaktować się *uv z kimś*
kontaktieren *v j-n* kontaktować się *uv z kimś*, skontaktować się *uv z kimś*
Konto *s* konto *s*; **laufendes ~** rachunek *m* bieżący, rachunek *m* rozliczeniowy
Kontoauszug *m* wyciąg *m* z konta
Kontostand *m* stan *m* konta
Kontrolle *w* **1** kontrola *w* **2** (Zollkontrolle usw.) kontrola *w*, inspekcja *w*
Kontrolleur *m* **1** kontroler *m*, inspektor *m* **2** (in der Straßenbahn usw.) kontroler *m* (biletów)
kontrollieren *v* **1** (überwachen) *etw. Akk* kontrolować *uv coś*, skontrolować *vo coś* **2** (Gebiet usw.) kontrolować *uv*, nadzorować *uv*
Konzert *s* koncert *m*
Kopf *m* **1** głowa *w* **2** (oberer Teil) głowica *w* **3** (Salat usw.) główka *w* **4** (einer Zeitung usw.) nagłówek *m*
Kopfhörer *m Mz* słuchawki *w Mz*
Kopie *w* kopia *w*, (eines Textes) odpis *m*
Korb *m* kosz *m*
Korken *m* korek *m*
Korkenzieher *m* korkociąg *m*
Korn *s* **1** (Frucht) ziarno *s* **2** zboże *s*, ziarna **3** (einer Waffe) muszka *w*
Körper *m* ciało *s*
korrekt *adj* **1** (richtig) właściwy **2** (Benehmen usw.) poprawny
Korrektur *w* **1** (eines Fehlers usw.) poprawka *w* **2** (Fahnenkorrektur usw.) korekta *w*
Korridor *m* korytarz *m*
korrigieren *v* korygować *uv*, poprawić *vo*
Kosmetik *w* kosmetyki *m Mz*
Kost *w* pożywienie *s*
kostbar *adj* cenny, drogocenny
kosten *v wie viel* kosztować *uv ileś* ► **Was/Wie viel kostet es?** Ile to kosztuje?
Kosten *Mz* koszt *m czegoś*
kostenfrei *adj* bezpłatny, darmowy
kostenlos *adj* bezpłatny, darmowy ♦ *adv* bezpłatnie, za darmo
Kostüm *s* kostium *m*
Kot *m* bobek *m*, łajno *s*, odchody *nur Mz n-mpers.*
Kotelett *s* kotlet *m*
Krach *m* hałas *m*
Kraft *w* siła *w*
Kraftstoff *m* materiał *m* napędowy
Kraftwerk *s* elektrownia *w*
Kragen *m* kołnierz *m*, kołnierzyk *m*
Krampf *m* skurcz *m*, kurcz *m*, (krampfhafte Bewegung) konwulsje *w Mz*
krank *adj* chory
Krankenhaus *s* szpital *m*
Krankenschwester *w* pielęgniarka *w*
Krankenversicherung *w* ubezpieczenie *s* zdrowotne
Krankenwagen *m* karetka *w*
Krankheit *w* choroba *w*
kratzen *v* **1** (ritzen) drapać *uv coś, etw. Akk* drapać *uv w coś* **2** (Eis usw.) zeskrobać *vo*, zdrapać *vo* **3** (reiben) drapać *uv*, (wegen Juckreizes) podrapać *vo*
Kraut *s* **1** (Heilpflanze usw.) zioło *s* **2** (der Kartoffeln usw.) nać *w*
Krawatte *w* krawat *m*
Krebs *m* **1** (Tier) rak *m* **2** (Krankheit) rak *m*, nowotwór *m* **3** (Sternzeichen) Rak *m*
Kredit *m* kredyt *m*
Kreditkarte *w* karta *w* kredytowa
Kreide *w* kreda *w*
Kreis *m* koło *s*
kreisen *v um etw.* krążyć *uv wokół czegoś*
Kreislauf *m* cykl *m*
Kreisverkehr *m* rondo *s*
Kreuz *s* **1** krzyż *m* **2** (im Kartenspiel) trefl *m*
Kreuzfahrt *w* rejs *m* wycieczkowy
Kreuzung *w* **1** (Straßen usw.) skrzyżowanie *s* **2** (Pflanze usw.) krzyżówka *w*
kriechen *v* **1** (auf allen vieren usw.) pełznąć *uv*, czołgać się *uv* **2** *aus etw.* wyczołgać się *vo skądś* **3** *vor j-m* nadskakiwać *uv komuś*, (sich erniedrigen usw.) *vor j-m* płaszczyć się *uv przed kimś*, (unterwürfig sein) *vor j-m* podlizywać się *uv komuś*
Krieg *m* wojna *w*
kriegen *v* **1** (Krankheit) zachorować *vo*, złapać *vo* **2** (hineinpressen usw.) *etw. Akk irgendwohin* wcisnąć *vo coś gdzieś*
Krise *w* kryzys *m*
Kritik *w* krytyka *w*
kritisch *adj* krytyczny
kritisieren *v* krytykować *uv*, skrytykować *vo kogoś/coś*

Krone *w* korona *w*
Krug *m* dzban *m*
krumm *adj* krzywy
Küche *w* kuchnia *w* ► **häusliche ~** kuchnia *w* domowa
Kuchen *m* ciastko *s*, ciasto *s*, placek *m*, tarta *w*
Kugel *w* **1** (Körper) kula *w* **2** (Geschoss) kula *w*, pocisk *m*, (Kügelchen) kulka *w*, granulat *m* **3** kula *w* **4** (Eiskugel usw.) gałka *w*
Kugelschreiber *m* długopis *m*, pióro *s* kulkowe
Kuh *w* krowa *w*
kühl *adj* chłodny
kühlen *v* **1** (Getränk usw.) chłodzić *uv*, (Wein usw.) schłodzić *vo* **2** (Lebensmittel usw.) schłodzić *vo*
Kühler *m* chłodnica *w*
Kühlschrank *m* lodówka *w*
Kultur *w* kultura *w*
Kümmel *m* kminek *m*
kümmern **sich ~** *um j-n/etw.* opiekować się *uv kimś/czymś*, zatroszczyć się *vo o kogoś*, (behilflich sein usw.) poświęcać się *uv komuś/czemuś*
Kunde *m* klient *m*
kündigen *v etw. Akk* wypowiedzieć *vo coś*
Kunst *w* **1** (Gestalten) sztuka *w* **2** (Geschick) umiejętność *w* ► **bildende ~** sztuki *w Mz* piękne
Künstler *m* artysta *m*
künstlich *adj* sztuczny
Kunststoff *m* plastyk *m*, tworzywo *s* sztuczne
Kupfer *s* miedź *w*
Kuppel *w* kopuła *w*
Kupplung *w* sprzęgło *s*
Kürbis *m* dynia *w*
Kurort *m* uzdrowisko *s*
Kurs *m* **1** kurs *m* **2** (einer Währung) kurs *m* walutowy
Kurve *w* **1** (Linie) krzywa *w* **2** (scharfe usw.) zakręt *m*
kurz *adj* **1** krótki **2** (nicht ausführlich) zwięzły ♦ *adv* **1** (geschnitten usw.) na krótko **2** (besprechen usw.) zwięźle **3** zwięźle ► **~ weggehen** *irgendwohin* wyskoczyć *vo dokądś*; **vor ~em** niedawno
kürzen *v* **1** (kürzer machen) *etw. Akk* skracać *uv coś*, *etw. Akk* skrócić *vo coś* **2** (Geld) *etw. Akk* obniżać *uv coś*
kürzlich *adv* niedawno
Kurzschluss *m* zwarcie *s*
Kuss *m* pocałunek *m*, buziak *m*
küssen *v j-n/etw.* pocałować *vo kogoś/coś*, *j-n* całować *uv kogoś*
Küste *w* wybrzeże *s*
Kuvert *s* koperta *w*

L

lächeln *v* uśmiechnąć się *vo*
Lächeln *s* uśmiech *m*
lachen *v über j-n/etw.* śmiać się *uv z kogoś/czegoś*, *über j-n/etw.* zaśmiać się *vo z kogoś/czegoś*
Lachen *s* śmiech *m*
lächerlich *adj* śmieszny
Lachs *m* łosoś *m*
Lack *m* lakier *m*
Ladegerät *s* ładowarka *w*
laden *v* **1** (beladen) *etw. Akk auf etw. Akk* załadować *vo coś na coś* **2** (Waffe) załadować *vo* **3** (Batterie) doładować *vo*
Laden *m* kram *m*, sklep *m*
Ladung *w* **1** (Frachtgut) ładunek *m* **2** (von Munition) ładunek *m* wybuchowy **3** (elektrische) nabój *m* **4** (Warenmenge usw.) porcja *w*
Lage *w etw. Gen* położenie *s czegoś*
Lager *s* **1** (Unterkunft) obóz *m* **2** (für Vorräte usw.) magazyn *m*, skład *m* **3** (Gesteinsschicht) złoże *s* **4** (Maschinenelement) łożysko *s*
lagern *v* **1** (im Wald usw.) obozować *uv* **2** (Vorräte usw.) *etw. Akk irgendwohin* umieszczać *uv coś gdzieś*
Laib *m* bochenek *m*
Laken *s* prześcieradło *s*
Lamm *s* jagnię *s*
Lammfleisch *s* jagnięcina *w*
Lampe *w* lampa *w*, latarnia *w*
Land *s* **1** ziemia *w* **2** (ländliches Gebiet) wieś *w* **3** (Staat) kraj *m*
landen *v* wylądować *vo*
Landkarte *w* mapa *w*
Landschaft *w* krajobraz *m*
Landung *w* lądowanie *s*
Landwirt *m* rolnik *m*, gospodarz *m*, ziemianin *m*
Landwirtschaft *w* rolnictwo *s*
lang *adj* długi ♦ *adv* długo
lange *adv* długo
Länge *w* długość *w*
Langeweile *w* nuda *w*
langfristig *adj* długoterminowy
langsam *adj* powolny ♦ *adv* powoli
längst *adv* dawno
langweilen *v j-n* nudzić *uv kogoś*; **sich ~** nudzić się *uv*
langweilig *adj* nudny, nużący

Lappen *m* **1** (zum Abwischen usw.) szmata *w* **2** (eines Organs usw.) płat *m*

Lärm *m* hałas *m*

lassen *v* **1** (erlauben) *j-n etw. Akk zu tun* pozwolić *vo komuś coś zrobić* **2** (nicht ändern) *etw. Akk* zostawić *vo coś* **3** (nicht wegnehmen) *j-m etw. Akk* zostawić *vo coś komuś* ► **Das lässt sich leicht reparieren.** To się łatwo naprawi.; **sich ~** *etw. Akk tun* (veranlassen) kazać *uv coś* zrobić; **sich ~** (möglich sein) być możliwym

Last *w* **1** (auf dem Wagen usw.) ładunek *m* **2** (in Kilogramm usw.) obciążenie *s* **3** (Sorge usw.) brzemię *s*, ciężar *m*

lästig *adj* irytujący, kłopotliwy, nieprzyjemny

Lastwagen *m* ciężarówka *w*

Lauf *m* **1** (einer Maschine usw.) *etw. Gen* bieg *m czegoś* **2** (physische Aktivität) bieg *m* **3** (eines Gewehrs) lufa *w* ► **im ~e** *etw. Gen* podczas, w czasie

laufen *v* **1** (Person usw.) biegać *uv*, biec *uv* **2** (hinüberlaufen) *über etw. Akk* przebiec *vo przez coś* **3** (zu Fuß gehen) iść *uv* piechotą **4** (in Gang sein) działać *uv*, chodzić *uv* **5** (Gefäß usw.) przeciekać *uv*

Laune *w* **1** (gute usw.) humor *m*, nastrój *m* **2** (Einfall) kaprys *m*

launisch *adj* humorzasty

Laus *w* wesz *w*

laut *adj* głośny, hałaśliwy ♦ *adv* głośno ► **~er stellen** *etw. Akk* (Radio usw.) podkręcić *vo coś*

läuten *v* dzwonić *uv*

Lautsprecher *m* głośnik *m*

lauwarm *adj* letni

Lawine *w* lawina *w*

leben *v* żyć *uv*

Leben *s* życie *s*; **am ~** żywy

lebendig *adj* żywy ♦ *adv* żywcem

Lebensmittel *s* **1** artykuł *m* żywnościowy **2** artykuły *m Mz* spożywcze

Lebensmittelgeschäft *s* sklep *m* spożywczy

Leber *w* wątroba *w*

lebhaft *adj* **1** (Kind usw.) żywy, (Mensch) dziarski **2** (Fantasie usw.) bujny **3** (Erinnerung usw.) żywy ♦ *adv* żywo

lecken[1] *v* (mit der Zunge) lizać *uv*, *etw. Akk* oblizać *vo coś*

lecken[2] *v* (Gefäß usw.) przeciekać *uv*

Leckerbissen *m* delikates *m*, przysmak *m*, smakołyk *m*

Leder *s* skóra *w*

ledig *adj* niezamężna, nieżonaty

leer *adj* **1** (Gefäß usw.) pusty **2** (Blatt usw.) pusty, czysty ► **~e Batterie** rozładowana bateria *w*; **Meine Batterie ist ~.** Rozładowała mi się bateria.

leeren *v etw. Akk* opróżnić *vo coś*

legal *adj* prawny, legalny ♦ *adv* legalnie

legen *v* **1** (einräumen) *etw. Akk irgendwohin* położyć *vo coś gdzieś*, ułożyć *vo coś gdzieś*, (hinlegen) kłaść *uv*, *etw. Akk irgendwohin* dać *vo coś gdzieś* **2** (Fundament usw.) położyć *vo*, (Gleise usw.) kłaść *uv* **3** (Eier) znieść *vo*

Lehm *m* ił *m*

Lehrbuch *s* podręcznik *m*

lehren *v j-n etw. Akk* uczyć *uv kogoś czegoś*

Lehrer *m* nauczyciel *m*

Leiche *w* trup *m*, zwłoki *nur Mz n-mpers.*

leicht *adj* **1** (wenig wiegend) lekki **2** (Aufgabe usw.) prosty, łatwy **3** (Berührung usw.) łagodny **4** (Husten usw.) lekki, delikatny ♦ *adv* **1** (ohne Problem) z łatwością **2** (einfach) z łatwością **3** (erreichbar usw.) łatwo **4** (nur wenig) lekko **5** (berühren usw.) delikatnie ► **ein ~er Hang** łagodne zbocze *s*

leiden *v* **1** *an/unter etw. Dat* cierpieć *uv na coś* **2** (Beleidigung usw.) *etw. Akk* znieść *vo*

Leidenschaft *w* namiętność *w*

leider *part* niestety

leidtun **Es tut mir leid.** Przykro mi.

leihen *v j-m etw. Akk* pożyczyć *vo coś komuś*; **sich ~** *etw. Akk von j-m* pożyczyć *vo coś od kogoś*

Leim *m* klej *m*, lep *m*

Leine *w* lejce *Mz*, (für Hund usw.) smycz *w*; **den Hund an der ~ haben** prowadzić *uv* psa na smyczy

leise *adj* cichy ♦ *adv* cicho, po cichu ► **~r stellen** przyciszyć *vo*

leisten *v j-m etw. Akk* zaopatrzyć *vo kogoś w coś*; **Dienste ~** *j-m/etw.* posłużyć *vo komuś/czemuś*

Leistung *w* **1** (sportliche usw.) osiągnięcie *s* **2** (einer Maschine usw.) wydajność *w* **3** (Betrag) zasiłek *w*

leiten *v* **1** (Firma usw.) *etw. Akk* prowadzić *uv coś*, *etw. Akk* zarządzać *uv czymś* **2** *j-n irgendwohin* zaprowadzić *vo kogoś dokądś* **3** (Wasser usw.) prowadzić *uv* **4** (leitfähig sein) przewodzić *uv*

Leiter[1] *m* **1** kierownik *m* **2** (Person) naczelnik *m* **3** (Vorsteher) przywódca *m* **4** (Stoff) przewodnik *m*

Leiter[2] *w* drabina *w*

Leitung *w* **1** (einer Firma usw.) kierowanie *s* **2** (Hauptvertreter) przywództwo *s* **3** (Telefonleitung usw.) sieć *w*, przewód *m*

lenken *v* **1** (Richtung bestimmen) *etw. Akk* nakierować *vo coś* **2** (zum Ziel) *etw. Akk irgendwohin* naprowadzić *vo coś dokądś*

Lenkrad *s* kierownica *w*
lernen *v* **1** (Fertigkeiten erwerben) *etw. Akk* uczyć się *uv czegoś* **2** (für eine Prüfung usw.) uczyć się *uv* **3** (durch Erfahrungen) *aus etw.* wyciągnąć *vo z czegoś* naukę **4** (Handwerk) *etw. Akk* wyuczyć się *vo na kogoś*
lesbisch *adj* lesbijski
lesen *v* **1** (ein Buch usw.) *etw. Akk* czytać *uv coś*, przeczytać *vo coś* **2** (Vorlesungen halten) wykładać *uv*
Leser *m* czytelnik *m*
letzt(er,e,es) *adj* ostatni; **das letzte Mal** ostatnio, ostatnim razem; **zum letzten Mal** ostatni raz
leuchten *v* **1** (Lampe usw.) świecić *uv* **2** (mit Taschenlampe usw.) *auf etw. Akk* poświecić *vo na coś*
Leuchtturm *m* latarnia *w*
Leute *Mz* ludzie *m Mz*
Licht *s* światło *s*
Lid *s* powieka *w*
lieb *adj* drogi; **Das ist ~ von Ihnen.** Miło z pana/pani strony.; **~er** drogi
Liebe *w* miłość *w*; **~ machen** *mit j-m* kochać się *uv z kimś*
lieben *v j-n/etw.* kochać *uv kogoś/coś*, być zakochanym *w kimś*; **sich ~** kochać się *uv*
lieber *adv* raczej; **Ich möchte ~...** Wolałbym...
Liebhaber *m* **1** (Geliebter) kochanek *m* **2** hodowca *m*, (Anhänger) *von etw.* miłośnik *m czegoś*
Liebling *m* **1** kochanie *s* **2** (Favorit) ulubieniec *m*
liebst(er,e,es) **am liebsten** najlepiej
Lied *s* pieśń *w*
liefern *v j-m etw. Akk* dostarczyć *vo coś komuś*
Lieferung *w* dostawa *w*, dowóz *m*, rozwożenie *s*, doręczenie *s*
Lieferwagen *m* furgonetka *w*
Liege *w* kuszetka *w*
liegen *v* **1** (Mensch) leżeć *uv* **2** (Sache) *irgendwo* leżeć *uv gdzieś* **3** (Problem usw.) *in etw. Dat* tkwić *uv w czymś* **4** (an Umständen usw.) *an j-m/etw.* zależeć *uv od kogoś/czegoś* **5** (schätzen) *j-m an etw. Dat* troszczyć się *uv o kogoś/coś* **6** (wichtig sein) *an etw. Dat* mieć *uv* znaczenie
Liegestuhl *m* łóżko *s* polowe
Lift *m* winda *w*
Likör *m* likier *m*
Limo *w,s* lemoniada *w*
Limonade *w* lemoniada *w*
Linie *w* linia *w*
link(er,e,es) *adj* lewy
links *adv* po lewej stronie; **nach ~** (wohin) w lewo; **von ~** z lewej strony
Linse *w* **1** (Samen) soczewica *w* **2** (optisch) soczewka *w*
Lippe *w* warga *w*
Lippenstift *m* szminka *w*
Liste *w etw. Gen* lista *w*, spis *m*
Liter *m,s* litr *m*
Literatur *w* literatura *w*
Lkw *m* ciężarówka *w*, tir *m*
loben *v j-n für etw.* chwalić *uv kogoś za coś*, *j-n für etw.* pochwalić *vo kogoś za coś*, *j-n/etw.* wychwalać *uv kogoś/coś*
Loch *s* dziura *w*
Locke *w* kędzior *m*
Lockenwickler *m* lokówka *w*
locker *adj* **1** (nicht befestigt) luźny, (Schraube usw.) obluzowany **2** (Boden usw.) sypki **3** (Atmosphäre usw.) odprężony **4** (Gebäck usw.) puszysty, puchaty
Löffel *m* łyżka *w*
logisch *adj* logiczny
Lohn *m* wynagrodzenie *s*, pensja *w*; **den ~ erhöhen** *j-m* dać *vo komuś* podwyżkę
lohnen **sich ~** opłacić się *vo*
lokal *adj* miejscowy, lokalny
Lokal *s* lokal *m*
Lokomotive *w* lokomotywa *w*
Los *s* **1** (Lotterieschein) los *m* **2** (Losen) ciągnięcie *s* losów
löschen *v* **1** (Brand usw.) ugasić *vo*, (Feuer) gasić *uv* **2** (Daten) skasować *vo*, wymazać *vo*
lose *adj* luźny, obluzowany
lösen *v* **1** (Krawatte usw.) *etw. Akk* rozluźnić *vo coś* **2** (Gleichung usw.) rozwiązywać *uv*, *etw. Akk* rozwiązać *vo coś*, (Rätsel usw.) rozwiązać *vo* **3** (Haar) *etw. Akk* rozpuścić *vo*
losfahren *v* wyruszyć *vo*
loslassen *v etw. Akk* puścić *vo coś*, *j-n/etw.* wypuścić *vo*
Lösung *w* **1** (einer Aufgabe) *etw. Gen* rozwiązanie *s czegoś* **2** (eines Geheimnisses usw.) rozwiązanie *s* **3** (Flüssigkeit) roztwór *m*
loswerden *v* **1** *j-n/etw.* pozbyć się *vo kogoś/czegoś* **2** (Hemmungen etw.) *etw. Akk* odrzucić *vo coś*, pozbyć się *vo*
Löwe *m* **1** (Tier) lew *m* **2** (Sternzeichen) Lew *m*
Luchs *m* ryś *m*
Lücke *w* luka *w*
Luft *w* powietrze *s*; **sich in ~ auflösen** zniknąć *vo* z powierzchni ziemi
lüften *v* wietrzyć *uv*, wywietrzyć *vo*
Lüfter *m* wentylator *m*, wiatrak *m*
Luftmatratze *w* materac *m* dmuchany

Luftpost *w* poczta *w* lotnicza
Lüge *w* kłamstwo *s*
lügen *v j-m* kłamać *uv komuś, j-m* okłamać *vo kogoś*
Lunge *w* płuca
Lungenentzündung *w* pneumonia *w*, zapalenie *s* płuc
Lust *w an etw. Akk* ochota *w na coś*; **~ haben** *etw. Akk zu tun* mieć *uv* ochotę *zrobić coś*; **~ zu essen** apetyt *m*
lustig *adj* śmieszny, zabawny, (amüsant) wesoły; **sich** *über j-n/etw.* **~ machen** robić *uv* sobie żarty *z kogoś/czegoś*, żartować *uv z kogoś/czegoś*
lutschen *v* **1** (Bonbon usw.) *etw. Akk* ssać *uv* **2** (Daumen usw.) *an etw. Dat* ssać *uv*
Luxus *m* luksus *m*

M

machen *v* **1** (durchführen) czynić *uv coś*, robić *uv coś*, (durchführen) *etw. Akk* robić *uv*, *etw. Akk* zrobić *vo coś* **2** (entstehen lassen) robić *uv*, (schaffen usw.) zrobić *vo* **3** (erzeugen) robić *uv*, produkować *uv* **4** *etw. Akk irgendwie* uczynić *vo coś czymś* **5** (betragen) wynosić *uv* ► **eine Aufnahme** *von etw.* **~** zrobić *vo* zdjęcie *czegoś*; **einen Kopfsprung ~** skoczyć *vo* na główkę; **Macht es nicht!** Proszę tego nie robić.; **sich bekannt ~** *mit etw.* zapoznać się *vo z czymś*; **sich ~** *an etw. Akk* zabrać się *vo za coś*; **sich ~** *an etw. Akk* zabrać się *vo do czegoś*; **Spaß ~** *j-m etw. Nom* bawić *uv kogoś coś*; **unmöglich ~** *etw. Akk* uniemożliwić *vo coś*; **Und was soll ich ~?** I co mam robić?
Macht *w* **1** moc *w*, władza *w* **2** (Staat) mocarstwo *s*
mächtig *adj* potężny
Mädchen *s* dziewczyna *w*
Magazin *s* **1** (einer Waffe) magazynek *m* **2** (Zeitschrift) magazyn *m*
Magen *m* żołądek *m*
mager *adj* chudy
Magnet *m* magnes *m*
mahlen *v* mleć *uv*
Mahlzeit *w* posiłek *m*, jedzenie *s*; **~!** Smacznego!
Mai *m* maj *m*
Mais *m* kukurydza *w*
Make-up *s* makijaż *m*
mal *adv* razy
Mal **das nächste ~** następnym razem; **zum ersten ~** po raz pierwszy
malen *v* malować *uv*, namalować *vo*
Maler *m* **1** (Künstler) malarz *m* **2** (Handwerker) malarz *m* (pokojowy)
Malerei *w* malarstwo *s*
manchmal *adv* niekiedy
Mandarine *w* mandarynka *w*
Mandel *w* **1** (Samen) migdał *m* **2 ~n** migdałki *m Mz*
Mangel *m* **1** (Unvollkommenheit) niedoskonałość *w* **2** (Knappheit) *an etw. Dat* brak *m czegoś* **3** (an einem Produkt usw.) skaza *w*, wada *w* **4** (Defekt usw.) uszkodzenie *s*
Mann *m* mężczyzna *m*
männlich *adj* **1** męski **2** (Pflanze usw.) samczy
Mannschaft *w* drużyna *w*
Mantel *m* **1** (Kleidung) płaszcz *m* **2** (Reifen) płaszcz *m* opony
Mappe *w* teczka *w*
Märchen *s* bajka *w*, baśń *w*
Margarine *w* margaryna *w*
Marke *w* **1** (Ware) marka *w* **2** (Wertzeichen) znaczek *m* **3** (Zeichen usw.) znak *m*
Markt *m* **1** (Straßenmarkt usw.) targ *m* **2** (Platz) targowisko *s* **3** (Warenverkehr) rynek *m*
Markthalle *w* targowisko *s*
Marmelade *w* marmolada *w*
Marmor *m* marmur *m*
März *m* marzec *m*
Maschine *w* **1** maszyna *w* **2 ~n** (Maschinenausstattung) maszyneria *w*
Maß *s* **1** (Größe) miara *w* **2** (Grad usw.) *etw. Gen* stopień *m czegoś*, miara *w czegoś*
Massage *w* masaż *m*
Masse *w* masa *w*
Maßeinheit *w* jednostka *w*
mäßig *adj* łagodny, (im Essen usw.) wstrzemięźliwy, (Wind usw.) umiarkowany
Maßnahme *w* środek *m*
Maßstab *m* **1** (Verhältnis) skala *w* **2** (zum Vergleich) punkt *m* odniesienia
Mast *m* **1** (Telefonmast usw.) słup *m* **2** (auf dem Schiff) maszt *m*
Material *s* materiał *m*
Materie *w* substancja *w*
Matratze *w* materac *m*
Matte *w* mata *w*
Mauer *w* mur *m*
Maurer *m* murarz *m*
Maus *w* mysz *w*
Maut *w* myto *s*, opłata *w* za przejazd
Mayonnaise *w* majonez *m*
Mechaniker *m* mechanik *m*
Medikament *s* lek *m*, medykament *m*
Medizin *w* medycyna *w*
Meer *s* morze *s*; **am ~** nad morzem

Meerrettich *m* chrzan *m*
Mehl *s* **1** mąka *w* **2** (Holzmehl usw.) mączka *w*
mehr *adv* **1** więcej **2** (brauchen usw.) jeszcze
Mehrheit *w j-s/etw.* większość *w kogoś/czegoś*
mehrmals *num* kilkakrotnie, nieraz, wielokrotnie
Mehrwertsteuer *w* podatek *m* od wartości dodanej, VAT
Meile *w* mila *w*
mein, meine *pron* mój, moja, moje
meinen *v* **1** sądzić *uv* **2** *etw. Akk irgendwie* mieć na myśli, rozumieć *uv przez coś* ► **Was ~ Sie damit?** Co chce pan(i) przez to powiedzieć?, Co ma pan(i) na myśli?
Meinung *w über etw. Akk* opinia *w o czymś*, pogląd *m na coś*
meistens *adv* głównie, przeważnie, zazwyczaj
Meister *m* **1** (Weltmeister usw.) mistrz *m* **2** (Könner) *in etw. Dat* mistrz *m w czymś*
Meisterschaft *w* **1** (Weltmeisterschaft usw.) mistrzostwo *s* **2** (Meisterhaftigkeit) biegłe opanowanie *s*
melden *v* **1** (öffentlich usw.) *etw. Akk* ogłosić *vo coś*, zaanonsować *vo coś* **2** (benachrichtigen) *j-m etw. Akk* zgłosić *vo coś komuś* ► **sich ~** zgłosić się *vo*; **sich ~** *bei j-m* (anrufen, schreiben usw.) odezwać się *vo do kogoś*; **sich ~** (beim Chef usw.) zgłaszać się *uv do kogoś/gdzieś*
Meldung *w* **1** (amtliche) komunikat *m* **2** (dienstliche) *über etw. Akk* sprawozdanie *s z czegoś*, raport *m z czegoś*
Melodie *w* **1** melodia *w* **2** (eines Werbespots usw.) dżingiel *m*
Menge *w* **1** ilość *w* **2** (von Ideen usw.) mnóstwo *s* **3** (von Elementen) zbiór *m* ► **eine ~** *von etw.* mnóstwo *s czegoś*
Mensch *m* człowiek *m*
Menschheit *w* ludzkość *w*
menschlich *adj* humanitarny, ludzki
Menstruation *w* menstruacja *w*
Menü *s* menu *s*
merken *v j-n/etw.* zauważyć *vo kogoś/coś*, dostrzec *vo kogoś/coś*; **sich ~** *etw. Akk* zapamiętać *vo coś*, pamiętać *uv coś*
Merkmal *s* cecha *w*
merkwürdig *adj* osobliwy, dziwny ♦ *adv* dziwnie
Messe1 *w* (Gottesdienst) msza *w*
Messe2 *w* (Ausstellung) targi *m Mz*
messen *v* **1** (Geschwindigkeit usw.) zmierzyć *vo*, (Größe bestimmen) *j-n/etw.* mierzyć *uv kogoś/coś* **2** (Größe haben) *wie viel* mierzyć *uv*

Messer *s* nóż *m*
Metall *s* metal *m*
Meter *m,s* metr *m*
Methode *w* metoda *w*
Metzger *m* (SüD) rzeźnik *m*
Metzgerei *w* (SüD) rzeźnictwo *s*
Miete *w* **1** (Geld) czynsz *m* **2** (Verhältnis) dzierżawa *w*, wynajem *m*
mieten *v etw. Akk* wynająć *vo coś*
Mieter *m* dzierżawca *m*, najemca *m*
Migräne *w* migrena *w*
Mikrowelle *w* mikrofalówka *w*, kuchenka *w* mikrofalowa; **in der ~ aufwärmen** *etw. Akk* podgrzać *vo coś* w mikrofalówce
Mikrowellengerät *s* mikrofalówka *w*, kuchenka *w* mikrofalowa
Mikrowellenofen *m* mikrofalówka *w*, kuchenka *w* mikrofalowa
Milch *w* mleko *s*
Milchgeschäft *s* mleczarnia *w*
milde *adj* **1** (gütig) łagodny, pobłażliwy **2** (Klima usw.) łagodny **3** (Essen usw.) łagodny
militärisch *adj* wojskowy
Milliarde *w* miliard *m*
Million *w* milion *m*
Milz *w* śledziona *w*
Minderheit *w* mniejszość *w*
minderjährig *adj* młodociany, niepełnoletni
minderwertig *adj* gorszy, niskiej jakości, podrzędny
mindestens *adv* minimalnie, najmniej, przynajmniej
Mineral *s* minerał *m*
Mineralwasser *s* woda *w* mineralna
minimal *adj* minimalny
Minister *m* minister *m*
Ministerium *s* ministerstwo *s*
Ministerpräsident *m* premier *m*, prezes *m* rady ministrów
minus *adv* minus
Minute *w* minuta *w*
Minze *w* mięta *w*
mischen *v etw. Akk* zamieszać *vo coś*
Mischung *w etw. Gen* mieszanka *w czegoś*, mieszanina *w*
Missbrauch *m* nadużycie *s*
missbrauchen *v* nadużyć *vo*, *j-n/etw.* nadużyć *vo czegoś*, wykorzystać *vo kogoś/coś*
Misserfolg *m* niepowodzenie *s*
Misstrauen *s* nieufność *w*
Missverständnis *s* nieporozumienie *s*
missverstehen *v etw. Akk* źle zrozumieć *vo coś*

mit *prep j-m/etw.* z, ze *kimś/czymś* ♦ *pron* ze sobą
Mitarbeiter *m* współpracownik *m*
mitbringen *v etw. Akk irgendwohin/j-m* przynieść *vo coś gdzieś/komuś*, wnieść *vo*, *j-n* przyprowadzić *vo kogoś*
miteinander *adv* nawzajem
mitfahren *v bei j-m* pojechać *vo z kimś*
Mitgefühl *s* współczucie *s*
Mitglied *s etw. Gen* członek *m czegoś*
Mitleid *s* litość *w*, współczucie *s*
mitnehmen *v* **1** *etw. Akk* wziąć *vo coś* ze sobą **2** (mit dem Auto usw.) *j-n/etw. irgendwohin* wziąć *vo kogoś/coś dokądś*, (mit dem Auto) *j-n irgendwohin* podwieźć *vo kogoś dokądś*
Mittag *m* południe *s*; **zu ~ essen** jeść *uv* obiad
Mittagessen *s* obiad *m*
Mitte *w etw. Gen* środek *m czegoś*; **in der ~** *etw. Gen* w środku *czegoś*
mitteilen *v j-m etw. Akk* oznajmić *vo komuś coś*, *j-m etw. Akk* dać *vo komuś* znać *o czymś*, oznajmić *vo komuś coś*, *j-m etw.* przekazać *vo coś komuś*
Mitteilung *w* komunikat *m*, powiadomienie *s*, zawiadomienie *s*
Mittel *s* **1** (Hilfsmittel) środek *m* **2** (Arzneimittel usw.) *gegen etw.* lekarstwo *s na coś* **3** (Substanz) środek *m* **4** (finanziell) środki *m Mz*
mittels *prep j-s/etw.* za pośrednictwem *kogoś/czegoś*
mitten *adv* w środku ♦ *prep in etw. Dat* w środku *czegoś*, (irgendwo) *in etw. Dat* na środku
Mitternacht *w* północ *w*
mittler(er,e,es) *adj* **1** (Finger usw.) środkowy **2** (durchschnittlich) średni
Mittwoch *m* środa *w*
Mixer *m* mikser *m*
Möbel *s Mz* mebel *m*
Mode *w* moda *w*
Modell *s* **1** (von Gebäude usw.) makieta *w* **2** (von Gebäude usw.) model *m* **3** (Frau) modelka *w* **4** (Mann) model *m* **5** (Erzeugnis) model *m* **6** (Grundlage usw.) wzór *m*
mögen[1] *v* (verlangen) *etw. Akk von j-m* chcieć *uv czegoś/coś od kogoś*; **Ich möchte (mit)... sprechen.** Chciałbym rozmawiać z...
mögen[2] *v* (gernhaben) *j-n/etw.* lubić *uv kogoś/coś*; **am liebsten ~** *j-n/etw.* najbardziej lubić *uv kogoś/coś*
möglich *adj* **1** możliwy **2** (potenziell) ewentualny ► **es ist ~** *etw. Akk zu tun* można *coś zrobić*; **so bald wie ~** jak najszybciej
möglicherweise *adv* może ♦ *part* (być) może
Möglichkeit *w* możliwość *w*
Mohn *m* mak *m*
Möhre *w* marchew *w*
Moment *m* chwila *w*, moment *m*
Monat *m* miesiąc *m*
monatlich *adj* miesięczny ♦ *adv* miesięcznie
Mönch *m* mnich *m*
Mond *m* księżyc *m*
Montag *m* poniedziałek *m*
Mord *m* morderstwo *s*
Mörder *m* morderca *m*
morgen *adv* jutro
Morgen *m* rano *s*, ranek *m*; **am ~** rano; **Guten ~.** Dzień dobry.
Morgendämmerung *w* świt *m*, brzask *m*
morgens *adv* rano
Moschee *w* meczet *m*
Moskitonetz *s* moskitiera *w*
Motiv *s* pobudka *w*, (Beweggrund) motyw *m*
Motor *m* silnik *m*
Motorhaube *w* maska *w*
Motorrad *s* motocykl *m*
Möwe *w* mewa *w*
Mücke *w* komar *m*
müde *adj* wyczerpany, zmęczony; **~ machen** *j-n* zmęczyć *vo kogoś*; **~ sein** być śpiącym; **~ werden** zmęczyć się *vo*
Mühe *w* wysiłek *m*
Mühle *w* **1** (Anlage) młyn *m* **2** (Haushaltsgerät) młynek *m*
Müll *m* odpady *m Mz*, śmieci *m Mz*, odpadki *m Mz*
Mülleimer *m* kosz *m* na śmieci
multiplizieren *v etw. Akk mit etw.* pomnożyć *vo coś przez coś*, mnożyć *uv coś przez coś*
Mund *m* buzia *w*, usta *nur Mz n-mpers.*
mündlich *adj* ustny ♦ *adv* werbalnie
Mündung *w* ujście *s*
Mundwasser *s* płyn *m* do (płukania) ust
Münzautomat *m* automat *m* (na monety)
Münze *w* moneta *w*
Muschel *w* **1** małż *m*, omułek *m* **2** (Schale) muszla *w*
Museum *s* muzeum *s*
Musik *w* muzyka *w*
musikalisch *adj* muzyczny
Musiker *m* muzyk *m*
Muskel *m* mięsień *m*
Muslim *m* muzułmanin *m*
müssen *v etw. Akk tun* musieć *uv coś zrobić*; **Ich muss auf die Toilette.** Muszę iść do łazienki.
Muster *s* **1** wzór *m* **2** (eines Stoffes usw.) deseń *m*, wzór *m* **3** (Probestück usw.) próbka *w*

Mut *m* odwaga *w*
mutig *adj* odważny, śmiały
Mutter[1] *w* (Frau) matka *w*
Mutter[2] *w* (Schraube) nakrętka *w*
Muttersprachler *m* rodzimy użytkownik *m* języka
Mütze *w* czapka *w*

N

Nabel *m* pępek *m*
nach *prep* **1** (räumlich usw.) do, na **2** (später) po **3** (Vorbild) *etw.* według *czegoś*, zgodnie z *czymś*
nachahmen *v j-n/etw.* naśladować *uv kogoś/coś*, *j-n* udawać *uv kogoś*
Nachbar *m* sąsiad *m*
nachdenken *v über etw. Akk* rozmyślać *uv o czymś*, zastanawiać się *uv nad czymś*, *über etw. Akk* zastanowić się *vo nad czymś*, *über etw. Akk* rozmyślać *vo nad czymś*
Nachfolger *m j-s* następca *m kogoś*; *j-s* **~ sein** zastąpić *vo kogoś*
Nachfrage *w nach etw.* popyt *m na coś*
Nachkomme *m* potomek *m*
nachkommen *v j-m* nadążać *uv za kimś*
nachlassen *v* **1** (in Leistung) popuścić *vo*, (Intensität) zelżeć *vo*, (Interesse usw.) słabnąć *uv*, (Schmerz usw.) ustąpić *vo* **2** (Rabatt) *j-m wie viel* dać *vo komuś* zniżkę
nachlässig *adj* byle jaki, niedbały ♦ *adv* niedbale
Nachmittag *m* popołudnie *s*
nachmittags *adv* po południu; **~ um drei** o trzeciej po południu
Nachname *m* nazwisko *s*
Nachricht *w* **1** nowinka *w*, wiadomość *w* **2** (E-Mail usw.) wiadomość *w*
Nachspeise *w* deser *m*
nächst(er,e,es) *adj* **1** (in Reihenfolge usw.) następny **2** (in der Zukunft) najbliższy, następujący **3** (in der Nähe) najbliższy
Nacht *w* noc *w*; **Gute ~!** Dobranoc!; **über ~** przez noc, w nocy
Nachteil *m* minus *m*, wada *w*, (Kehrseite) zła strona *w*
Nachtisch *m* deser *m*
nachts *adv* w nocy
nachweisen *v etw. Akk* udowodnić *vo coś*
nachzahlen *v etw. Akk* dopłacić *vo coś*
Nacken *m* kark *m*
nackt *adj* **1** (Körper) nagi **2** (Stelle usw.) goły, nagi
Nadel *w* **1** (Nähnadel) igła *w* **2** (Stecknadel) szpilka *w* **3** (eines Kompasses usw.) igła *w*
Nagel *m* **1** (Metallstift) gwóźdź *m* **2** (Fingernagel) paznokieć *m*
Nagellack *m* lakier *m* do paznokci
nahe *adj* pobliski, (nicht weit entfernt) bliski ♦ *adv* **1** (nicht weit entfernt) blisko, niedaleko **2** (verwandt usw.) blisko
Nähe *w* bliskość *w*; **aus der ~** z bliska
nähen *v* **1** (Kleid usw.) szyć *uv*, uszyć *vo* **2** (befestigen) *etw. Akk* przyszyć *vo coś*
nähern *v j-m etw. Akk* przybliżyć *vo coś do kogoś/czegoś*; **sich ~** *j-m/etw.* zbliżać się *uv do kogoś/czegoś*
Nähmaschine *w* maszyna *w* do szycia
Nahrung *w* pożywienie *s*
Nahrungsmittel *s* artykuł *m* żywnościowy
Naht *w* szew *m*
naiv *adj* naiwny
Name *m* imię *s*, nazwa *w*
Namenstag *m* imieniny *nur Mz n-mpers.*
nämlich *adv* rzecz w tym, że...
Narbe *w* **1** (nach Verletzung) blizna *w* **2** znamię *s*
Nase *w* nos *m*; **Ich habe davon die ~ voll.** Mam już tego dość.
nass *adj* mokry ♦ *adv* wilgotno
Nation *w* naród *m*
national *adj* narodowościowy, narodowy
Nationalität *w* narodowość *w*
Natur *w* **1** (Tiere, Pflanzen usw.) natura *w* **2** (einer Person) charakter *m*, natura *w*
natürlich[1] *adj* **1** przyrodniczy **2** (Tod usw.) naturalny
natürlich[2] *adv* *adv* naturalnie ♦ *part* oczywiście, naturalnie
Navigation *w* nawigacja *w*
Navigationsgerät *s* nawigacja *w* satelitarna
Nebel *m* **1** mgła *w* **2** (im Weltraum) mgławica *w*
Nebelscheinwerfer *m Mz* światła *s Mz* przeciwmgielne
neben *prep* **1** (an der Seite) *etw. Dat* obok *czegoś* **2** (zusätzlich) *etw. Dat* oprócz
Nebenfluss *m* dopływ *m*
nebensächlich *adj* drugorzędny, uboczny
Neffe *m* bratanek *m*, siostrzeniec *m*
negativ *adj* negatywny
nehmen *v* **1** (in die Hand) *etw. Akk* wziąć *vo coś* **2** (Essen usw.) poczęstować się *vo* **3** (Essen usw.) zamówić *vo coś* **4** (Pillen usw.) *etw. Akk* brać *uv coś*, zażywać *uv coś* **5** (Risiko usw.) brać *uv* na siebie **6** (Einstellung) przyjąć *vo* **7** (schöpfen usw.) nabrać *vo* **8** (essen usw.) spożyć *vo* ► **in Anspruch ~** (Zeit) zająć *vo*; **Wir ~ ein Taxi.** Weźmiemy taksówkę.

neidisch *adj* zawistny
neigen *v* **1** (Kopf usw.) *etw. Akk* schylić *vo coś,* (senken) *etw. Akk* przechylić *vo coś* **2** *zu j-m/etw.* inklinować *do kogoś/czegoś,* (Vorliebe haben) *zu etw.* mieć *uv* tendencję *do czegoś* **3** (Ansicht) *zu etw.* skłaniać się *uv do czegoś*
nein *part* nie
Nektarine *w* nektarynka *w*
Nelke *w* goździk *m*
nennen *v* **1** (einen Namen geben) *j-n/etw. irgendwie* nazwać *vo kogoś/coś jakoś* **2** (bezeichnen) *j-n irgendwie* nazywać *uv kogoś jakoś* **3** (namentlich) wyliczyć *vo*
Neoprenanzug *m* kombinezon *m* piankowy
Nerv *m* nerw *m*; **~en** (System) nerwy
nervös *adj wegen etw.* zdenerwowany *czymś, z powodu czegoś*
Nest *s* gniazdo *s*
nett *adj* **1** (Wesen) miły, uprzejmy **2** (angenehm) miły
Netz *s* sieć *w*
neu *adj* nowy ♦ *adv* nowo
neuest(er,e,es) *adj* niedawny, (Nachricht usw.) najnowszy, ostatni
neugierig *adj* ciekawski
Neuigkeit *w* wiadomość *w*, nowina *w*, (Auskunft usw.) nowinka *w*
Neujahr *s* Nowy Rok *m*
neulich *adv* niedawno
neun *num* dziewięć
neunt(er,e,es) *num* dziewiąty
neunzehn *num* dziewiętnaście
neunzig *num* dziewięćdziesiąt
neutral *adj* neutralny
nicht *part* nie; **eigentlich ~** niezupełnie; **~ (ein)mal** ani; **noch ~** jeszcze nie; **N~ wahr?** Tak?, Czyż nie?; **überhaupt ~** wcale nie; **warum ~** czemu nie
Nichte *w* siostrzenica *w*, bratanica *w*
Nichtraucher *m* niepalący *m*
nichts *pron* nic; **(Das) Macht ~!** Nic nie szkodzi!; **N~ zu danken.** Nie ma za co.
Nichtschwimmer *m* osoba *w* nieumiejąca pływać
nie *adv* nigdy
Niederlage *w* porażka *w*, (im Spiel usw.) przegrana *w*
Niederschläge *w Mz* opady *m Mz* (atmosferyczne)
niedlich *adj* uroczy
niedrig *adj* niski ♦ *adv* nisko
niemals *adv* nigdy
niemand *pron* nikt
Niere *w* nerka *w*
niesen *v* kichnąć *vo*
nirgends *adv* nigdzie
nirgendwo *adv* nigdzie
nirgendwohin *adv* nigdzie, donikąd
noch[1] *adv* **1** (dauern usw.) jeszcze, nadal **2** (ein Bier usw.) jeszcze ► **~ einer** następny; **~ einmal** jeszcze raz; **~ nicht** jeszcze nie; **~ schlimmer/mehr** jeszcze gorszy/więcej
noch[2] *conj* ani; **weder… ~** ani… ani
nochmals *adv* jeszcze raz
Nonne *w* zakonnica *w*
Norden *m* północ *w*
nördlich *adj* północny
normal *adj* normalny
Not *w* **1** bieda *w*, nędza *w* **2** niebezpieczeństwo *s*, zagrożenie *s*, tarapaty *nur Mz n-mpers.*
Notar *m* notariusz *m*
Notaufnahme *w* pogotowie *s*
Notausgang *m* wyjście *s* awaryjne
Notdienst *m* pogotowie *s*
Note *w* **1** (Notenzeichen) nuta *w* **2** (in der Schule) ocena *w*
Notfall *m* niebezpieczeństwo *s*, zagrożenie *s*, wyjątkowa sytuacja *w*, nagły przypadek
notieren *v* zanotować (sobie) *vo*, *etw. Akk* zanotować *vo coś*, zapisać *vo coś*
nötig *adj* niezbędny, potrzebny; **Das ist nicht ~.** Nie trzeba.
Notiz *w* notatka *w*
Notizblock *m* blok *m*
Notlage *w* niebezpieczeństwo *s*, zagrożenie *s*, tarapaty *nur Mz n-mpers.*
Notlandung *w* lądowanie *s* awaryjne
notwendig *adj* niezbędny, potrzebny, wymagany ♦ *adv* koniecznie, niezbędnie ► **~ sein** trzeba *uv*; **wenn ~** w razie potrzeby
November *m* listopad *m*
nüchtern *adj* trzeźwy ♦ *adv* na czczo
Nudeln *w Mz* makaron *m*
Null *w* zero *s*; **Temperaturen unter ~** temperatury *w Mz* poniżej zera
Nummer *w* **1** (zwei usw.) liczba *w* **2** (Schuhe usw.) numer *m* **3** (Zeitschrift usw.) numer *m*
Nummernschild *s* tablica *w* rejestracyjna
nur *adv* tylko; **nicht ~** nie tylko
Nuss *w* orzech *m*
nutzen *v* **1** (Nutzen ziehen) *etw. Akk* wykorzystać *vo coś* **2** (Nutzen bringen) *j-m* przynieść *vo* korzyść *komuś*
nützlich *adj* pożyteczny, *für j-n/etw.* korzystny *dla kogoś/czegoś*
nutzlos *adj* daremny ♦ *adv* bezcelowo

O

ob *conj* czy
obdachlos **~ sein** być bezdomnym
oben *adv* **1** (höher) na górze **2** (an der oberen Stelle) na wierzchu **3** (auf dem Himmel usw.) w górze **4** (im Stockwerk) na górze, na piętrze **5** (im Text) powyżej ► **~ ohne** topless
Ober *m* starszy kelner *m*
ober(er,e,es) *adj* górny
Oberfläche *w etw. Gen* powierzchnia *w czegoś*
Oberschenkel *m* udo *s*
objektiv *adj* obiektywny ♦ *adv* obiektywnie
Obst *s* owoc *m*
obwohl *conj* chociaż, mimo że
oder *conj* albo, lub ► **O~?** Tak?, Czyż nie?
Ofen *m* **1** (im Zimmer usw.) piec *m* **2** (zum Backen usw.) piec *m*, piekarnik *m* **3** (Schmelzofen, Glutofen usw.) piec *m*
offen *adj* **1** otwarty **2** (noch unbezahlt) niezapłacony, niespłacony ♦ *adv* otwarcie, szczerze
offensichtlich *adj* oczywisty, widoczny ♦ *adv* ewidentnie, widocznie
öffentlich *adj* publiczny ♦ *adv* publicznie
offiziell *adj* oficjalny, urzędowy ♦ *adv* oficjalnie, urzędowo
öffnen *v* **1** (Tür usw.) *etw. Akk* otworzyć *vo*, otwierać *uv* **2** (Bluse usw.) *etw. Akk* rozpiąć *vo coś*, (Reißverschluss) rozpiąć *vo* (zamek błyskawiczny)
Öffner *m* otwieracz *m*
Öffnung *w* otwór *m*, szczelina *w*
Öffnungszeiten *w Mz* godziny *w Mz* otwarcia
oft *adv* często
ohne *prep j-n/etw.* bez *kogoś/czegoś* ♦ *conj etw. Akk zu tun* bez
Ohr *s* ucho *s*
Ohrring *m* kolczyk *m*
ökologisch *adj* ekologiczny, środowiskowy
Oktober *m* październik *m*
Öl *s* **1** (Flüssigkeit) olej *m* **2** (Rohstoff) ropa *w* naftowa
Olive *w* oliwka *w*
Onkel *m* wujek *m*
Oper *w* opera *w*
Operation *w* operacja *w*
Opfer *s* **1** (Geschädigte) *etw. Gen* ofiara *w czegoś* **2** (an die Götter usw.) ofiara *w*
opfern *v etw. Akk* poświęcić *vo coś*
Opposition *w* opozycja *w*
Optiker *m* optyk *m*
orange *adj* pomarańczowy
Orange *w* pomarańcza *w*
Orchester *s* orkiestra *w*
Orden *m* order *m*, (Gemeinschaft) zakon *m*
ordentlich *adj* **1** (ordnungsliebend) porządny **2** (angemessen) porządny, odpowiedni, właściwy, (vorschriftsmäßig) przepisowy ♦ *adv* **1** (angemessen) porządnie, należycie, właściwie **2** (angemessen) należycie **3** (viel) mocno, solidnie
ordnen *v etw. Akk* porządkować *uv coś*, układać *uv coś*, *etw. Akk* uporządkować *vo*, posprzątać *vo*; **sich ~** ustawić się *vo* w szeregu
Ordnung *w* **1** (Harmonie) porządek *m*, szyk *m* **2** (Verkehrsordnung usw.) regulamin *m* **3** (Tagesordnung usw.) reżim *m* ► **in ~ bringen** *etw. Akk* uporządkować *vo coś*, doprowadzić *vo* do porządku; **Ich bin in ~.** Czuję się dobrze.
Organ *s* **1** (im Körper) narząd *m* **2** (Gruppe von Personen) gremium *s*, (Kollegium usw.) organ *m*
organisieren *v etw. Akk* organizować *uv coś*
Orgasmus *m* szczytowanie *s*, orgazm *m*
Orgel *w* organy *nur Mz n-mpers.*
orientieren **sich ~** orientować się *uv*
original *adj* oryginalny
Original *s* oryginał *m*
Orkan *m* orkan *m*
Ort *m* miejsce *s*
örtlich *adj* miejscowy, lokalny ♦ *adv* miejscami
Osten *m* wschód *m*; **im ~** na wschodzie
Ostern *s* Wielkanoc *w*
Österreich *s* Austria *w*
Österreicher *m* Austriak *m*
österreichisch *adj* austriacki
östlich *adj* wschodni
Ozean *m* ocean *m*

P

paar **ein ~** kilka, parę
Paar *s* para *w*
packen *v* **1** (in Papier usw.) pakować *uv* **2** (Koffer) *etw. Akk* pakować *uv*, spakować *vo* **3** (fest usw.) *etw. Akk* chwycić *vo coś* **4** (Arm usw.) *etw. Akk* zacisnąć *vo coś* **5** (schnell, fest usw.) *etw. Akk* chwycić *vo coś*
Packung *w* **1** (Hülle usw.) opakowanie *s* **2** (Menge) zestaw *m*
Paket *s* **1** (Verpacktes) pakiet *m* **2** (Sendung) paczka *w* **3** (Ware) zestaw *m*
Palast *m* pałac *m*
Palme *w* palma *w*
Panne *w* awaria *w*
Pantoffel *m* pantofel *m*
Papier *s* papier *m*; **~e** dokumenty *m Mz* (osobiste)
Pappe *w* karton *m*, tektura *w*
Paprika *m* papryka *w*
Papst *m* papież *m*
Paradies *s* raj *m*
Parfüm *s* perfumy *nur Mz n-mpers.*
Park *m* park *m*
parken *v* **1** (abstellen) *irgendwo* parkować *uv gdzieś*, zaparkować *vo gdzieś* **2** (abgestellt sein) *irgendwo* być zaparkowanym *gdzieś*
Parkkralle *w* blokada *w* na koło
Parkplatz *m* parking *m*
Parkuhr *w* parkometr *m*
Parlament *s* parlament *m*
Partei *w* partia *w*
Parterre *s* parter *m*
Partner *m* partner *m*, (Begleiter) towarzysz *m*, (Lebensgefährte) konkubin *m*
Party *w* impreza *w*, przyjęcie *s*
Pass *m* **1** (zum Reisen) paszport *m* **2** (im Gebirge) przełęcz *m*
Passage *w* **1** (Ladenpassage) pasaż *m* handlowy **2** (eines Textes usw.) ustęp *m*
Passagier *m* pasażer *m*, podróżny *m*
passen *v* **1** (Kleidung) *j-m* pasować *uv komuś* **2** (Farben usw.) *zu etw.* pasować *uv do czegoś* **3** (gefallen) *j-m* pasować *uv komuś*, odpowiadać *uv komuś*
passend *adj* **1** (geeignet) odpowiedni **2** (Name usw.) trafny ♦ *adv* odpowiednio
passieren *v* wydarzyć się *vo*, stać się *vo*, zdarzyć się *vo*
Passwort *s* hasło *s*
Paste *w* pasta *w*
Pate *m* ojciec *m* chrzestny
Patenkind *s* chrześniak *m*
Patient *m* pacjent *m*
Pauschalreise *w* wyjazd *m* zorganizowany
Pause *w* **1** (während Tätigkeit) przerwa *w* **2** (in Rede usw.) pauza *w* ► **Machen wir eine ~.** Zróbmy sobie przerwę.
Pech *s* pech *m*
Pedal *s* pedał *m*
peinlich *adj* żenujący ♦ *adv* krępująco ► **sich ~ fühlen** być zażenowanym
Pelz *m* sierść *w*, futro *s*
Penis *m* penis *m*, prącie *s*
Pension *w* pensjonat *m*
perfekt *adj* doskonały ♦ *adv* doskonale
Periode *w* faza *w*, okres *m*
Perle *w* **1** perła *w* **2** (aus Glas usw.) koralik *m* **3** (von Farbe usw.) kropla *w*
Person *w* **1** (Mensch) osoba *w* **2** (juristische usw.) podmiot *m*
Personalausweis *m* dowód *m* (tożsamości)
Personaldaten *w Mz* dane *nur Mz n-mpers.* osobiste
persönlich *adj* osobisty ♦ *adv* osobiście
Perspektive *w* **1** (Sicht) perspektywa *w* **2** (Zukunft) *etw. Gen* perspektywa *w czegoś*
Perücke *w* peruka *w*
Petersilie *w* pietruszka *w*
Pfad *m* szlak *m*, ścieżka *w*
Pfand *s* kaucja *w*, zastaw *m*
Pfanne *w* patelnia *w*
Pfeffer *m* pieprz *m*
Pfeife *w* **1** (Musikinstrument) piszczałka *w* **2** (wulg.) (Penis) kutas *m*, (zum Rauchen) fajka *w* **3** (eines Schiedsrichters usw.) gwizdek *m*
pfeifen *v* **1** gwizdać *uv*, zagwizdać *vo* **2** (mit Pfeife) zagwizdać *vo* **3** (missachten) *etw. Akk* gwizdać *uv na coś*
Pfeil *m* **1** (Geschoss) strzała *w* **2** (Zeichen) strzałka *w*
Pfeiler *m* filar *m*
Pferd *s* koń *m*
Pfirsich *m* brzoskwinia *w*
Pflanze *w* roślina *w*
pflanzen *v etw. Akk* zasadzić *vo coś*
Pflaster *s* **1** (Straßenbelag) bruk *m* **2** (Verband) plaster *m*, przylepiec *m*
Pflaume *w* damaszka *w*, śliwka *w*
Pflege *w j-s* opieka *w nad kimś*
pflegen *v j-n/etw.* opiekować się *uv kimś*
Pflicht *w* obowiązek *m*
pflücken *v* zrywać *uv*, (Früchte usw.) zbierać *uv*, zerwać *vo*
pflügen *v* orać *uv*
Pförtner *m* portier *m*
Pfote *w* łapa *w*, łapka *w*

Pfund *s* funt *m*
Pfütze *w* kałuża *w*
Phase *w* faza *w*
Pickel[1] *m* (Gerät) czekan *m*
Pickel[2] *m* (in der Haut) pryszcz *m*
Picknick *s* piknik *m*
Pille *w* pigułka *w*, tabletka *w*
Pilot *m* lotnik *m*, pilot *m*
Pilz *m* grzyb *m*
pinkeln *v* siusiać *uv*, wysiusiać się *vo*
Pinsel *m* pędzel *m*
Pinzette *w* pęseta *w*
Piste *w* stok *m* zjazdowy
Pistole *w* pistolet *m*
Pkw *m* samochód *m*, auto *s*
Plakat *s* afisz *m*, plakat *m*
Plan *m* **1** (Vorhaben) plan *m* **2** (Landkarte usw.) planik *m*
planen *v etw. Akk* planować *uv coś*, zaplanować *vo coś*
Planet *m* planeta *w*
planmäßig *adv* systematycznie
platt *adj* płaski
Platte *w* **1** płyta *w* **2** (Bauteil) panel *m*, płyta *w* **3** (Schallplatte) płyta *w* (gramofonowa) **4** (zum Servieren) taca *w* **5** (Festplatte) dysk *m*
Platten **Ich habe einen ~.** Złapałem gumę.
Plattenspieler *m* gramofon *m*
Platz *m* **1** (umbaute Fläche) plac *m*, rynek *m* **2** (Teil eines Raumes) miejsce *s* **3** (Kapazität usw.) miejsce *s*, przestrzeń *w*
platzen *v* pęknąć *vo*, (Blase usw.) spłaszczyć się *vo*
platzieren *v etw. Akk irgendwohin* umieścić *vo coś gdzieś*, *j-n/etw. irgendwohin* sytuować *uv kogoś/coś gdzieś*
Platzkarte *w* miejscówka *w*
plaudern *v* gawędzić *uv*, paplać *uv*, *mit j-m über etw. Akk* pogadać *vo z kimś o czymś*
Plombe *w* plomba *w*
plötzlich *adj* nagły ♦ *adv* nagle, raptem
plus *adv* plus, dodać
Pokal *m* puchar *m*
polieren *v etw. Akk* polerować *uv*, *etw. Akk* wypolerować *vo coś*
Politik *w* polityka *w*
Politiker *m* polityk *m*
politisch *adj* polityczny
Polizei *w* policja *w*
Polizeidienststelle *w* posterunek *m* policji
Polizeiwache *w* posterunek *m* policji
Polizist *m* policjant *m*, posterunkowy *m*
Polohemd *s* koszulka *w* polo
Porree *m* por *m*
Portemonnaie *s* portfel *m*, portmonetka *w*
Portion *w* porcja *w*
Porto *s* opłata *w* pocztowa, porto *s*
Porträt *s* portret *m*
Porzellan *s* porcelana *w*
Position *w* **1** (räumliche) *etw. Gen* pozycja *w czegoś* **2** (Haltung) pozycja *w* **3** (einer Liste) pozycja *w*
positiv *adj* **1** pozytywny **2** (Zahl usw.) dodatni
Post *w* poczta *w*
Postamt *s* poczta *w*
Posten *m* **1** (Betrag) pozycja *w* **2** (Stellung) stanowisko *s*
Postfach *s* skrzynka *w* pocztowa
Postkarte *w* widokówka *w*, pocztówka *w*
Postleitzahl *w* kod *m* pocztowy
Postsendung *w* przesyłka *w* pocztowa
prahlen *v mit etw.* chwalić się *uv czymś*, *mit etw.* przechwalać się *uv czymś*
praktisch *adj* praktyczny ♦ *adv* **1** (eigentlich) praktycznie **2** (im Prinzip usw.) praktycznie, (quasi) w gruncie rzeczy
Präservativ *s* prezerwatywa *w*, kondom *m*
Präsident *m* prezydent *m*
Praxis *w* praktyka *w*
Preis *m* **1** (Betrag) cena *w* **2** (für Beschaffung usw.) *etw. Gen* koszt *m czegoś* **3** (Belohnung) nagroda *w*
Presse *w* prasa *w*
Priester *m* ksiądz *m*
Prinz *m* książę *m*
Prinzessin *w* księżniczka *w*
Prinzip *s* zasada *w*
privat *adj* prywatny
pro *prep* na, za
Probe *w* test *m*, próba *w*
probieren *v etw. Akk* wypróbować *vo coś*, spróbować *vo czegoś*
Problem *s* problem *m*
Produkt *s* iloczyn *m*
Produktion *w* produkcja *w*; **landwirtschaftliche ~** produkcja *w* rolna
Produzent *m* **1** *von etw.* producent *m czegoś* **2** (von Filmen usw.) producent *m*
produzieren *v* produkować *uv*, wyprodukować *vo*
Professor *m* profesor *m*
Programm *s* **1** (Ablauf) *etw. Gen* program *m czegoś* **2** (Computer) program *m* **3** (TV) program *m*
Prospekt *m* prospekt *m*
Prostituierte *w* prostytutka *w*

protestieren *v* **1** (öffentlich usw.) *gegen etw.* protestować *uv przeciw czemuś* **2** (zurückweisen) *gegen j-n/etw.* zaprotestować *vo przeciwko komuś/czemuś*

Provinz *w* prowincja *w*

Prozent *s* procent *m*

Prozess *m* **1** (Rechtsstreit) postępowanie *s* (sądowe), proces *m* (sądowy) **2** (Vorgang) proces *m*

prüfen *v* **1** przetestować *vo*, (Qualität) *etw. Akk* wypróbować *vo coś*, poddać *vo coś* próbie **2** przeegzaminować *vo*, *j-n in etw. Dat* egzaminować *uv kogoś z czegoś*, *j-n in etw. Dat* przeegzaminować *vo kogoś z czegoś*

Prüfung *w* **1** (Qualität usw.) test *m*, próba *w* **2** (Kenntnisse) egzamin *m* **3** (im Theater usw.) próba *w*

prügeln *v j-n* bić *uv kogoś*, tłuc *uv kogoś*; **sich** ~ *mit j-m* bić się *uv z kimś*

Publikum *s* publiczność *w*, widownia *w*

Puder *m* **1** (Kosmetik usw.) puder *m* **2** (Kinderpuder usw.) zasypka *w*

Pullover *m* pulower *m*, sweter *m*

Pulver *s* proszek *m*

Pumpe *w* pompa *w*, pompka *w*

pumpen *v* czerpać *uv*, *etw. Akk* pompować *uv coś*, (Wasser usw.) naczerpać *vo*

Punkt *m* **1** kropka *w* **2** (Stelle) punkt *m* **3** (Bewertung) punkt *m*

pünktlich *adj* punktualny ♦ *adv* na czas

Pupille *w* źrenica *w*

Puppe *w* **1** (Spielpuppe) lalka *w* **2** (an Fäden) marionetka *w* **3** (eines Schmetterlings usw.) poczwarka *w* **4** (aus Papier usw.) kukła *w*

Pute *w* indyczka *w*

putzen *v etw. Akk* wyczyścić *vo coś*; **sich die Zähne** ~ umyć *vo* zęby

Putzfrau *w* sprzątaczka *w*

Q

Quadrat *s* **1** (Form) kwadrat *m* **2** (zweite Potenz) druga potęga *w*

Qual *w* cierpienie *s*

quälen *v* dręczyć *uv*

Qualifikation *w* **1** *für etw.* kwalifikacje *w Mz* zawodowe *do czegoś*, (Ausbildung) kwalifikacja *w* **2** (Wettbewerb) zakwalifikowanie się *s*

Qualität *w etw. Gen* jakość *w czegoś*

Qualle *w* meduza *w*

Quantität *w* ilość *w*

Quark *m* twaróg *m*

Quatsch *m* bzdury *w Mz*

Quelle *w* **1** (eines Flusses usw.) źródło *s* **2** *etw. Gen* źródło *s czegoś*

quer *adj* poprzeczny ♦ *prep durch etw., über etw. Akk* w poprzek *czegoś*

Quittung *w* pokwitowanie *s*, rachunek *m*

R

Rache *w* zemsta *w*

Rad *s* koło *s*

Radieschen *s* rzodkiewka *w*

Radio *s* radio *s*

Rahmen *m* **1** rama *w* **2** (Gepräge) ramy *nur Mz n-mpers.*, (Umfang) zakres *m* ► **im** ~ *etw. Gen* w granicach *czegoś*

Rakete *w* **1** rakieta *w* **2** pocisk *m* (rakietowy)

Rand *m* **1** (Kante) brzeg *m*, krawędź *w* **2** (eines Gefäßes usw.) brzeg *m*

Rang *m* **1** (Posten usw.) pozycja *w* **2** (militärischer) ranga *w*, szarża *w* **3** (im Theater usw.) rząd *m*

rasch *adj* szybki ♦ *adv* naprędce

Rasen *m* darń *w*, trawnik *m*

rasieren *v j-n/etw.* golić *uv kogoś/coś*, ogolić *vo kogoś/coś*; **sich** ~ ogolić się *vo*

Rasse *w* rasa *w*

Rast *w* wytchnienie *s*, (Pause) chwila *w* odpoczynku

Raststätte *w* zajazd *m*

Rat *m* rada *w*

raten *v* **1** *j-m etw. Akk* doradzić *vo komuś coś*, poradzić *vo*, *j-m* doradzać *uv komuś* **2** *etw. Akk* zgadywać *uv coś*

Rathaus *s* ratusz *m*

Ratschlag *m* rada *w*

Rätsel *s* **1** (Denkaufgabe) zagadka *w* **2** (Geheimnis) enigma *w*, zagadka *w*

rätselhaft *adj* tajemniczy

Ratte *w* szczur *m*

rau *adj* **1** (Oberfläche usw.) szorstki **2** (Klima usw.) surowy, srogi **3** (Sitten usw.) brutalny **4** (Geräusch usw.) skrzekliwy

Raub *m* rabunek *m*

Räuber *m* rabuś *m*

Raubtier *s* drapieżnik *m*

Rauch *m* dym *m*

rauchen *v* palić *uv* ► **R~ verboten** Palenie wzbronione

Raucher *m* palacz *m*, palący *m*

Raum *m* **1** (Zimmer) pomieszczenie *s*, pokój *m* **2** (leerer usw.) miejsce *s*, przestrzeń *w* **3** (Gebiet) przestrzeń *w*

räumen *v* **1** (abräumen) *etw. Akk* posprzątać *vo coś* **2** (ausräumen) opróżnić *vo*, (Zimmer usw.) opuścić *vo*
Raureif *m* szron *m*, szadź *w*
reagieren *v auf etw. Akk* zareagować *vo na coś*, reagować *uv na coś*
rechnen *v* **1** (Rechenaufgabe) *etw. Akk* liczyć *uv coś*, obliczyć *vo coś* **2** (Risiko usw.) *mit etw.* brać *uv coś* pod uwagę, uwzględniać *uv coś* **3** (annehmen) *mit etw.* kalkulować *uv* **4** *mit etw.* liczyć *uv na coś*
Rechnung *w* faktura *w*, (im Restaurant usw.) rachunek *m*
Recht *s* **1** (Rechtsordnung) prawo *s* **2** (Berechtigung) *zu etw.* prawo *s do czegoś* ► **~ geben** *j-m zu etw.* uprawniać *uv kogoś do czegoś*, upoważniać *uv kogoś do czegoś*; **Sie haben ~.** Ma pan(i) rację.
recht(er,e,es) *adj* prawy
rechtfertigen *v* **1** (entschuldigen) *etw. Akk* usprawiedliwić *vo coś* **2** (eine Tat usw.) potwierdzić *vo* prawdziwość
rechtlich *adj* prawniczy
rechts *adv* w prawo, *von etw.* po prawej stronie *czegoś*; **nach ~** w prawo; **von ~** z prawej strony
Rechtsanwalt *m* adwokat *m*
Rechtschreibung *w* ortografia *w*
rechtzeitig *adj* w (samą) porę ♦ *adv* na czas, zawczasu
Recycling *s* recykling *m*
Rede *w* przemówienie *s*, przemowa *w*
reden *v* **1** (etwas äußern) *mit j-m von etw., über etw. Akk* mówić *uv komuś o czymś* **2** (sich unterhalten) *mit j-m von etw., über etw. Akk* porozmawiać *vo z kimś o czymś*
reduzieren *v* ograniczyć *vo*, *etw. Akk (um etw.)* zredukować *vo coś (o coś)*, (Ausgaben usw.) redukować *uv*
Regal *s* półka *w*
Regel *w* reguła *w*, przepis *m*
regelmäßig *adj* regularny ♦ *adv* regularnie
regeln *v etw. Akk* regulować *uv coś*
Regelung *w* regulacja *w*
Regen *m* deszcz *m*
Regenbogen *m* tęcza *w*
Regenmantel *m* płaszcz *m* przeciwdeszczowy
Regenschauer *m* przelotne opady *m Mz*
Regenschirm *m* parasol *m*
regieren *v* królować *uv*, rządzić *uv*
Regierung *w* rząd *m*
Region *w* region *m*
regional *adj* regionalny, wojewódzki
Regisseur *m* reżyser *m*
registrieren *v* **1** (eintragen) *j-n/etw.* zarejestrować *vo kogoś/coś* **2** (bemerken) *j-n/etw.* zauważyć *vo kogoś/coś* **3** (eintragen) rejestrować *uv*, *etw. Akk* rejestrować *uv coś*, ewidencjonować *uv coś*
regnen *v* padać *uv*
reiben *v* **1** (Hände usw.) zacierać *uv*, *etw. Akk* pocierać *uv coś* **2** trzeć *uv*, (Gemüse usw.) *etw. Akk* ucierać *uv coś*, utrzeć *vo coś* **3** (raspeln) zetrzeć *vo coś z czegoś*
reich *adj* **1** (Mensch usw.) bogaty **2** (Quelle usw.) obfity
reichen *v* **1** (geben) *j-m etw. Akk* podać *vo coś komuś* **2** (Menge usw.) wystarczyć *vo*
Reichtum *m* bogactwo *s*
reif *adj* dojrzały ► **~ werden** dojrzeć *vo*, dojrzewać *uv*
Reifen *m* **1** opona *w* **2** (aus Metall) obręcz *w* ► **platter ~** przebita opona *w*
Reifenpanne *w* guma *w*
Reihe *w* **1** (von Gegenständen) szereg *m* **2** (im Theater usw.) rząd *m* **3** (Schlange usw.) szereg *m* **4** (von Zahlen) ciąg *m*
Reihenfolge *w* kolejność *w*, sekwencja *w*
rein *adj* **1** czysty **2** (Gefühl usw.) autentyczny, (Unsinn usw.) zupełny
reinigen *v* **1** *etw. Akk* wyczyścić *vo coś*, (Kleidung usw.) *etw. Akk* czyścić *uv* **2** (von Zusatzstoffen usw.) oczyszczać *uv*, oczyścić *vo*
Reinigung *w* **1** czyszczenie *s* **2** (Geschäft) pralnia *w* chemiczna
Reinigungsmittel *s* detergent *m*
Reis *m* ryż *m*
Reise *w* podróż *w*, wczasy *nur Mz n-mpers.*; **Gute ~.** Szczęśliwej podróży.
Reisebüro *s* biuro *s* podróży
Reisebus *m* autobus *m* (dalekobieżny), autokar *m*
Reiseführer *m* przewodnik *m*
reisen *v* podróżować *uv*
Reisende *m* podróżnik *m*, podróżny *m*
Reisepass *m* paszport *m*
Reiseschecks *m Mz* czeki *m Mz* podróżnicze
reißen *v* **1** (Papier usw.) *etw. Akk* rozerwać *vo coś* **2** (in Stücke) *etw. Akk* podrzeć *vo coś*, drzeć *uv coś* **3** *an etw. Dat* szarpnąć *vo za coś*
Reißverschluss *m* zamek *m*
reiten *v* jeździć *uv* konno
reizen *v* drażnić *uv*, podrażnić *vo*
Reklamation *w* reklamacja *w*
Reklame *w* reklama *w*
reklamieren *v etw. Akk* reklamować *uv coś*
rekonstruieren *v* rekonstruować *uv*, *etw. Akk* odbudować *vo coś*
Rekord *m* rekord *m*

relativ *adj* relatywny, względny ♦ *adv* stosunkowo, względnie
Religion *w* religia *w*
religiös *adj* religijny
rennen *v* biegać *uv*, biec *uv*
Rennen *s* wyścig *m*
Rente *w* **1** (Geld) emerytura *w* **2** (Status) przejście *s* na emeryturę
Rentner *m* emeryt *m*, rencista *m*
Reparatur *w* naprawa *w*
Reparaturwerkstatt *w* warsztat *m* naprawczy
reparieren *v etw. Akk* naprawić *vo*
Reporter *m* reporter *m*
Republik *w* republika *w*, rzeczpospolita *w*
Reserve *w* rezerwa *w*, zapas *m*
Reserverad *s* koło *s* zapasowe
Reservereifen *m* koło *s* zapasowe
reservieren *v etw. Akk* zamówić *vo coś*, *etw. Akk* zarezerwować *vo coś*
Reservierung *w* rezerwacja *w*
Respekt *m vor j-m* szacunek *m dla kogoś*, (Achtung) respekt *m*
respektieren *v etw. Akk* respektować *uv coś*
Rest *m* **1** (beim Verbrauch) *etw. Gen* reszta *w czegoś* **2** (die Anderen) *j-s/etw.* reszta *w*
Restaurant *s* restauracja *w*
retten *v j-n/etw. vor j-m/etw.* uratować *vo kogoś/coś przed kimś/czymś*, *j-n/etw. vor j-m/etw.* uratować *vo kogoś/coś przed kimś/czymś*
Rettung *w* ratunek *m*
Rettungswagen *m* karetka *w*
Rezept *s* **1** (Heilmittel) recepta *w* **2** (Gericht) *für etw.* przepis *m na coś*
Rezeption *w* recepcja *w*
R-Gespräch **~ führen** dzwonić na R-kę/koszt osoby przyjmującej rozmowę
richten *v* **1** (Fernrohr usw.) *etw. Akk auf j-n/etw.* skierować *vo coś na kogoś/coś* **2** (Augen usw.) skupić *vo* **3** *etw. Akk irgendwohin* kierować *uv coś gdzieś* **4** (eine Tätigkeit usw.) *etw. Akk auf etw. Akk* skierować *vo coś na coś* **5** (seine Anstrengung usw.) *auf etw. Akk* zmierzać *uv do czegoś* **6** (vor dem Gericht usw.) *j-n* sądzić *uv kogoś*
Richter *m* sędzia *m*
richtig *adj* **1** (nicht falsch) właściwy **2** (entsprechend usw.) porządny, odpowiedni, właściwy ♦ *adv* **1** (korrekt) dobrze, słusznie **2** (viel) mocno, solidnie
Richtung *w* kierunek *m*
riechen *v* **1** *etw. Akk* poczuć *vo coś*, (durch den Geruchssinn) wąchać *uv*, *etw. Akk* czuć *uv coś* **2** (Rosen usw.) *nach etw.* pachnieć *uv*, śmierdzieć *uv czymś* **3** *an etw. Dat* powąchać *vo coś*

riesig *adj* **1** ogromny, olbrzymi **2** (Summe usw.) kolosalny
Riff *s* rafa *w*, skalisko *s*
Rind *s* wół *m*
Rinde *w* kora *w*
Rindfleisch *s* wołowina *w*
Ring *m* **1** (Schmuck) pierścień *m* **2** (Boxring usw.) ring *m* **3** kółko *s*
Ringstraße *w* obwodnica *w* miejska
ringsum *adv* wokół
Rippe *w* żebro *s*
Risiko *s* ryzyko *s*, zagrożenie *s*
riskant *adj* ryzykowny ♦ *adv* ryzykownie
riskieren *v etw. Akk* ryzykować *uv czymś*
Riss *m* **1** pęknięcie *s*, szczelina *w* **2** (Zeichnung) szkic *m*
Rock *m* spódnica *w*
Roggen *m* żyto *s*
roh *adj* **1** surowy **2** (Tat usw.) brutalny
Rohr *s* **1** (Hohlkörper) rura *w* **2** (Pflanze) trzcina *w*
Röhre *w* rura *w*, rurka *w*
Rohstoff *m* surowiec *m*
Rolle *w* **1** (Papier usw.) rolka *w*, zwój *m* **2** (Schauspiel) rola *w* **3** (des Flaschenzuges) krążek *m*, (Möbelrolle usw.) kółko *s* **4** (Rad) wałek *m* **5** (Purzelbaum) przewrót *m* **6** (Fleischrolle usw.) rolada *w*
rollen *v* **1** (fortbewegen) *etw. Akk* turlać *uv coś*, (Fass usw.) toczyć *uv coś* **2** (sich rollend bewegen) toczyć się *uv*, turlać się *uv* **3** (Teig usw.) *etw. Akk* wałkować *uv coś*
Rollstuhl *m* wózek *m* inwalidzki
Rolltreppe *w* schody *nur Mz n-mpers.* ruchome, eskalator *m*
Roman *m* powieść *w*
rosa *adj* różowy
Rose *w* róża *w*
Rosenkohl *m* brukselka *w*
rosig *adj* różowy
Rosinen *w Mz* rodzynki *m Mz*
Rosmarin *m* rozmaryn *m*
Rost[1] *m* (Konstruktion) ruszt *m*
Rost[2] *m* (Eisenoxid) rdza *w*
rot *adj* czerwony, rudy; **~ werden** zaczerwienić się *vo*
Route *w* trasa *w*, szlak *m*
Rücken *m* grzbiet *m*, plecy *nur Mz n-mpers.*
Rückfahrkarte *w* bilet *m* powrotny, bilet *m* tam i z powrotem
Rückfall *m* recydywa *w*, nawrót *m*
Rückkehr *w* powrót *m*
Rucksack *m* plecak *m*
Rückseite *w* tył *m*, rewers *m*, odwrotna strona *w*

Rücksicht *w auf etw.* względ *m na coś*; **mit ~** *auf etw. Akk* odnośnie *czegoś*, względem *czegoś*
Rückspiegel *m* lusterko *s* wsteczne
rückwärts *adv* tyłem, w tył
Rückwärtsgang *m* bieg *m* wsteczny
Rudel *s* sfora *w*
Ruder *s* **1** wiosło *s* **2** (Steuerruder) ster *m*
Ruderboot *s* łódź *w* wiosłowa
rudern *v* wiosłować *uv*
Ruf *m* **1** (Reputation) reputacja *w* **2** (Ausruf usw.) wołanie *s*
rufen *v* **1** (schreien usw.) *j-n* wołać *uv kogoś* **2** (Polizei, vor Gericht usw.) powołać *vo* **3** (Arzt usw.) *j-n* wezwać *vo kogoś*
Ruhe *w* **1** spokój *m* **2** (Erholung) odpoczynek *m* **3** (Stille) cisza *w*, spokój *m*
ruhig *adj* **1** (bewegungslos) nieruchomy **2** (Platz) spokojny **3** (gelassen) spokojny **4** (Atmosphäre usw.) spokojny ♦ *adv* spokojnie
rühren *v* **1** (Suppe usw.) *etw. Akk* mieszać *uv coś*, zamieszać *vo coś* **2** (innerlich) wzruszyć *vo kogoś*, poruszyć *vo kogoś*
Ruine *w* ruina *w*, ruiny *w Mz*
rund *adj* okrągły
Runde *w* runda *w*, (in einem Rennen) okrążenie *s*
Rundreise *w* zwiedzanie *s*
russisch *adj* rosyjski ♦ *adv* po rosyjsku
Russland *s* Rosja *w*
rutschen *v* **1** (auf dem Gehweg) ślizgać się *uv*, (auf Rutsche usw.) *auf etw. Dat* poślizgnąć się *vo po czymś* **2** poślizgnąć się *vo* **3** (herunterrutschen) ześlizgnąć się *vo*, zjechać *vo*
rutschig *adj* śliski

S

Saal *m* sala *w*, gabinet *m*
Sache *w* **1** (Gegenstand) rzecz *w* **2** (Sachverhalt) sprawa *w*, rzecz *w* ► **~n** rzeczy *w Mz*
sachlich *adj* rzeczowy
Sack *m* worek *m*
säen *v* siać *uv*
Safe *m,s* sejf *m*
Saft *m* **1** sok *m* **2** (Fleischsaft) sos *m*
Säge *w* piła *w*
sagen *v* **1** (aussprechen) *etw. Akk* powiedzieć *vo coś* **2** *j-m etw. Akk* powiedzieć *vo komuś o czymś*, (mitteilen) *j-m etw. Akk* powiedzieć *vo coś komuś* ► **kurz gesagt** po prostu
sägen *v* **1** (arbeiten) piłować *uv* **2** (Baumstamm usw.) *etw. Akk* pociąć *vo coś*
Sahne *w* śmietana *w*
Saison *w* sezon *m*
Sakko *m,s* marynarka *w*
Salami *w* salami *s*
Salat *m* sałata *w*, (Speise) sałatka *w*, surówka *w*
Salbe *w* maść *w*
Salbei *m,w* szałwia *w*
Salz *s* sól *w*
salzen *v* osolić *vo*, *etw. Akk* posolić *vo coś*, *etw. Akk* solić *uv coś*
salzig *adj* słony
Salzstreuer *m* solniczka *w*
Samen *m* nasienie *s*
sammeln *v* kolekcjonować *uv*
Sammlung *w* **1** (von Gemälden usw.) kolekcja *w* **2** (von Altpapier usw.) zbieranie *s*, zbiórka *w*, gromadzenie *s* **3** (von Müll usw.) zwózka *w*
Samstag *m* sobota *w*
Sand *m* piasek *m*
Sandalen *w Mz* sandały *m Mz*
sanft *adj* łagodny ♦ *adv* delikatnie, lekko
Sänger *m* śpiewak *m*
Sardine *w* sardynka *w*
Sarg *m* trumna *w*
satt *adj* syty
Sattel *m* siodełko *s*, (Pferd usw.) siodło *s*
Satz *m* **1** (Aussage) zdanie *s* **2** (Teller usw.) *von etw.* komplet *m czegoś*, *von etw.* zbiór *m*, *von etw.* zestaw *m czegoś* **3** (Tarif) stawka *w* **4** (im Tennis usw.) set *m* **5** (Bodensatz) osad *m*
sauber *adj* czysty; **~ machen** *etw. Akk* czyścić *uv*
säubern *v* **1** (Wasser usw.) oczyszczać *uv*, oczyścić *vo* **2** (Partei usw.) *etw. Akk* wyczyścić *vo*
sauer *adj* **1** (Geschmack) kwaśny **2** (Gärung usw.) kwasowy, (Säure) kwaśny **3** *auf j-n* zły *na kogoś*, wściekły *na kogoś*, wkurzony *na kogoś*
Sauerkirsche *w* wiśnia *w*
Sauerstoff *m* tlen *m*
Säule *w* **1** (Stütze usw.) kolumna *w* **2** (Rauchsäule usw.) słup *m*
Säure *w* kwas *m*
Schach *s* szachy, (Stellung) szach *m*
Schachtel *w* **1** (große) pudło *s* **2** (Packung usw.) *etw. Gen* pudełko *s czegoś*, paczka *w czegoś*
schade **Das ist ~.** Szkoda.
Schädel *m* czaszka *w*
schaden *v j-m/etw.* zaszkodzić *vo komuś/czemuś*, *j-m/etw.* szkodzić *uv komuś/czemuś*
Schaden *m* **1** (Einbuße) szkoda *w*, uszczerbek *m* **2** (Fehler) uszkodzenie *s*

schädlich *adj* szkodliwy

Schaf *s* owca *w*

schaffen[1] *v* (hervorbringen) stworzyć *vo*, tworzyć *uv*

schaffen[2] *v* **1** (bewältigen) *etw. Akk* zdołać *vo coś* zrobić **2** (rechtzeitig machen) zdążyć *vo* **3** (rechtzeitig kommen) *etw. Akk* złapać *vo*

Schaffner *m* konduktor *m*

Schal *m* szal *m*, szalik *m*

Schale *w* **1** skórka *w* **2** (einer Nuss) łupina *w* **3** (Ei) skorupka *w*

schälen *v* obciąć *vo*, obierać *uv*, *etw. Akk* obrać *vo coś*

Schallplatte *w* płyta *w* (gramofonowa)

schalten *v* zmieniać *uv* bieg(i); **den ersten/zweiten Gang ~** wrzucić *vo* pierwszy/drugi bieg

Schalter *m* **1** (elektrischer) wyłącznik *m* **2** (zur Abfertigung) okienko *s*

schämen **sich ~** *für j-n/etw.* (aus Scham) wstydzić się *uv za kogoś/coś*; **sich ~** (scheu sein) wstydzić się *uv*

Schande *w* wstyd *m*, hańba *w*

scharf *adj* ostry ♦ *adv* gwałtownie

Schatten *m etw. Gen* cień *m czegoś*

schätzen *v* **1** (bestimmen) *etw. Akk* oszacować *vo coś* **2** (taxieren) *etw. Akk* wycenić *vo coś*, oszacować *vo*, ocenić *vo* **3** (hochachten) *j-n/etw.* cenić sobie *uv kogoś/coś*, *j-n/etw.* szanować *uv kogoś/coś* **4** (Verdienst usw.) *etw. Akk* docenić *vo coś*

Schätzung *w* **1** (von Entfernung usw.) szacunek *m* **2** (des Preises) wycena *w*

schauen *v* **1** *auf j-n/etw.* patrzeć *uv na kogoś/coś* **2** (dreinblicken) *irgendwie* wyglądać *uv jak*

Schauer *m* przelotne opady *m Mz*

Schaufel *w* łopata *w*

Schaufenster *s* okno *s* wystawowe, wystawa *w*, witryna *w*

Schaum *m* pian(k)a *w*

Schauspieler *m* aktor *m*

Scheck *m* czek *m*

Scheibe *w* **1** (Gegenstand) dysk *m*, krążek *m* **2** (aus Metall) płyta *w* **3** (Brot usw.) *etw. Gen* plasterek *m czegoś*

Scheibenwischer *m* wycieraczka *w*

Scheide *w* pochwa *w*

Scheidung *w* rozwód *m*

Schein *m* **1** (Urkunde) świadectwo *s* **2** (Geld) banknot *m* **3** (des Lichts) blask *m* **4** (Eindruck usw.) pozór *m*

scheinbar *adj* pozorny ♦ *adv* na oko, pozornie

scheinen *v* **1** (Licht ausstrahlen) świecić *uv* **2** (vorkommen) *j-m irgendwie* wydawać się *uv komuś jakiś*, zdawać się *uv komuś jakiś*

Scheinwerfer *m* reflektor *m*

Schenkel *m* udo *s*

schenken *v* dawać *uv coś komuś*, *j-m etw. Akk* podarować *vo komuś coś*

Schere *w* **1** (Werkzeug) nożyczki *nur Mz n-mpers.* **2** (bei Krebsen) kleszcze *nur Mz n-mpers.*

Scherz *m* żart *m*; **~e machen** żartować *uv*

Scheune *w* stodoła *w*

Schicht *w* **1** warstwa *w* **2** (Arbeitsabschnitt) zmiana *w*

schicken *v* **1** *j-m etw. Akk* posłać *vo coś komuś*, *j-m etw. Akk* wysłać *vo coś komuś* **2** *j-n irgendwohin* wysłać *vo kogoś dokądś*, posłać *vo kogoś gdzieś*

Schicksal *s* dola *w*, los *m*, przeznaczenie *s*

schieben *v* **1** *etw. Akk irgendwohin* pchać *uv coś* **2** (heimlich usw.) *etw. Akk irgendwohin* wsunąć *vo coś gdzieś*

Schiedsrichter *m* sędzia *m*

schief *adj* ukośny ♦ *adv* krzywo

Schienbein *s* goleń *w*, kość *w* goleniowa

Schiene *w* szyna *w*

schießen *v* **1** (losschießen) wystrzelić *vo*, strzelić *vo* **2** (Tränen in die Augen) trysnąć *vo*

Schiff *s* **1** (Wasserfahrzeug) statek *m* **2** (in einer Kirche usw.) nawa *w* ► **mit einem ~ fahren** żeglować *uv*

Schifffahrt *w* żegluga *w*

Schild *s* szyld *m*, (Türschild usw.) tabliczka *w*

Schilf *s* trzcina *w*

Schimmel *m* pleśń *w*

schimpfen *v mit j-m* wymyślać *uv komuś*

Schinken *m* szynka *w*

Schirm *m* abażur *m*, klosz *m*

Schlacht *w* bitwa *w*

schlachten *v* dokonać *vo* uboju

Schlaf *m* sen *m*

Schlafanzug *m* piżama *w*

schlafen *v* **1** (gut, lange usw.) spać *uv* **2** (koitieren) *mit j-m* przespać się *vo z kimś*

Schlafsack *m* śpiwór *m*

Schlaftablette *w* tabletka *w* nasenna

Schlafwagen *m* wagon *m* sypialny

Schlafzimmer *s* sypialnia *w*

Schlag *m* **1** (mit Faust usw.) cios *m* **2** (des Herzens usw.) tłuczenie *s* ► **~ (mit der Faust)** cios *m* (pięścią)

Schlaganfall *m* udar *m* (mózgu)

schlagen *v* **1** (Schlag geben) *j-n* uderzyć *vo kogoś* **2** *j-n mit etw.* chłostać *uv kogoś czymś*, (prügeln) *j-n* bić *uv kogoś*, tłuc *uv kogoś* **3** *an* *etw. Akk* trzasnąć *vo w coś*, (an den Tisch usw.) *an etw. Akk* rąbnąć *vo w coś*, walnąć *vo*, (an die Tür usw.) *an etw. Akk* uderzać *uv* **4** (Herz) bić *uv* **5** (Uhr usw.) bić *uv*, (Uhr) wybić *vo* **6** (im Wettkampf, Krieg) *j-n* pokonać *vo* **7** (Eiweiß usw.) ubić *vo*, (Sahne usw.) ubijać *uv* ► **k.o. ~** *j-n* znokautować *vo kogoś*

Schläger *m* **1** (für Baseball usw.) kij *m*, (Tennisschläger usw.) rakieta *w* **2** (Raufbold) awanturnik *m*

Schlagzeile *w* nagłówek *m*

Schlamm *m* błoto *s*

Schlange *w* **1** (Tier) wąż *m* **2** (Reihe) kolejka *w* ► **in der ~ warten** *auf etw. Akk* stać/czekać *uv* w kolejce *po coś*

schlank *adj* szczupły

schlau *adj* chytry, sprytny, szczwany, wnikliwy

Schlauch *m* **1** (Röhre) wąż *m* **2** (bei Reifen) dętka *w*, (Weinschlauch usw.) bukłak *m*

schlecht *adj* zły ♦ *adv* **1** (minderwertig) źle **2** (körperlich unwohl) niedobrze, źle ► **Mir ist ~.** Niedobrze mi., Źle się czuję.; **~ werden** zepsuć się *vo*

Schleife *w* wstążka *w*, tasiemka *w*, (im Haar usw.) kokarda *w*

schleppen *v* **1** *etw. Akk* ciągnąć *uv coś* **2** (Koffer usw.) *etw. Akk* wlec *uv coś* **3** (mit Gewalt hinbringen) *j-n irgendwohin* wlec *uv kogoś gdzieś*

schließen *v* **1** (Fenster usw.) *etw. Akk* zamknąć *vo coś*, zamykać *uv* **2** (Betrieb) zamknąć *vo coś* **3** (mit dem Schlüssel) zamknąć *vo* **4** (Vertrag) zawrzeć *vo* **5** (Tatsache usw.) wywnioskować *vo*

Schließfach *s* szafka *w* (zamykana)

schließlich *adv* w końcu, ostatecznie ♦ *part* w końcu

Schlitten *m* sanie *nur Mz n-mpers.*

Schlittschuh *m* łyżwa *w*; **~ laufen** jeździć *uv* na łyżwach

Schloss *s* zameczek *m*, pańska rezydencja *w*, (Palast) zamek *m*

Schlucht *w* jar *m*, wąwóz *m*, parów *m*

Schluck *m etw. Gen* łyk *m*

schlucken *v* **1** (Wasser usw.) *etw. Akk* połknąć *vo coś* **2** (Firma usw.) wchłonąć *vo*

Schluss *m* **1** (einer Ära usw.) koniec *m*, zakończenie *s* **2** (gezogener usw.) wniosek *m*, konkluzja *w* ► **zu dem ~ kommen** wywnioskować *vo*

Schlüssel *m* **1** (zum Schließen) klucz *m* **2** (Lösung) *zu etw.* klucz *m do czegoś*

schmackhaft *adj* smaczny

schmal *adj* smukły, wąski

schmecken *v* **1** (Beigeschmack haben) *nach etw.* smakować *uv czymś* **2** (lecker sein) *j-m etw. Akk* smakować *uv coś komuś* ► **Es schmeckt mir nicht.** Nie smakuje mi to.

schmeicheln *v j-m* pochlebiać *uv komuś*, *j-m* schlebić *vo komuś*

schmelzen *v* **1** (zergehen) stopnieć *vo*, roztopić się *vo*, (zergehen) topnieć *uv*, roztapiać się *uv* **2** roztapiać *uv*, (zergehen lassen) roztopić *vo*

Schmerz *m* ból *m*

Schmetterling *m* motyl *m*

Schminke *w* makijaż *m*

schminken *v etw. Akk* pomalować *vo coś*, *j-n/etw.* malować *uv kogoś/coś*; **sich ~** robić *uv* sobie makijaż

Schmuck *m* klejnot *m*, (Zierde) ozdoba *w*

schmücken *v* zdobić *uv*

Schmutz *m* brud *m*, nieczystości *w Mz*

schmutzig *adj* **1** brudny **2** (Details usw.) ohydny **3** (Wort usw.) wulgarny ► **~ machen** *etw. Akk* zabrudzić *vo coś*

Schnabel *m* **1** (eines Vogels) dziób *m* **2** (eines Instruments usw.) ustnik *m*

Schnaps *m* **1** gorzałka *w* **2** kieliszek *m*

schnarchen *v* chrapać *uv*

Schnauze *w* pysk *m*, morda *w*, ryj *m*

Schnecke *w* ślimak *m*

Schnee *m* śnieg *m*

schneiden *v* **1** (mit Messer) kroić *uv*, *etw. Akk* ciąć *uv coś* **2** pokroić *vo* **3** (in Teile) *etw. Akk* przekroić *vo coś* **4** (verletzen) *j-n mit etw.* skaleczyć *vo kogoś czymś* **5** (mit Schere) obciąć *vo* **6** (mit Schere) strzyc *uv coś* **7** (Haar) *j-n* ostrzyc *vo komuś* włosy **8** (Schaf usw.) strzyc *uv* **9** (Film usw.) zmontować *vo* ► **sich die Haare ~ lassen** (dać sobie) obciąć *vo* włosy; **sich ~** *an etw. Dat, in etw. Akk* (Schnittwunde) skaleczyć się *vo czymś*

Schneider *m* krawiec *m*

schneien *v* padać *uv*

schnell *adj* szybki ♦ *adv* **1** (sich bewegen usw.) szybko **2** (eilig usw.) szybko

Schnellstraße *w* autostrada *w*

Schnitt *m* **1** (Kleider) krój *m* **2** (im Film) montaż *m* **3** (Haar) uczesanie *s* **4** (mit dem Messer usw.) cięcie *s*

Schnittlauch *m* szczypiorek *m*

Schnitzel *s* kotlet *m*, sznycel *m*

Schnorchel *m* fajka *w*

Schnuller *m* smoczek *m*

Schnupfen *m* katar *m*

Schnur *w* sznur *m*, sznureczek *m*

Schnurrbart *m* wąs *m*

Schnürsenkel *m* sznurówka *w*

Schock *m* szok *m*, wstrząs *m*

Schokolade *w* czekolada *w*; **heiße ~** gorąca czekolada

schon *adv* już
schön *adj* **1** (Person) piękny, przystojny **2** (Sache) piękny, ładny **3** (Gehalt usw.) piękny, ładny ♦ *adv* pięknie, ładnie ► **Das Wetter ist ~.** Jest ładnie.; **~es Wetter** ładna pogoda
schonen *v j-n/etw.* oszczędzać *uv kogoś/coś*
Schönheit *w* piękno *s*
Schornstein *m* komin *m*
schräg *adj* skośny, ukośny ♦ *adv* skośnie
Schrank *m* szafa *w*
Schranke *w* **1** szlaban *m* **2** *etw. Gen* granica *w czegoś*, limit *m czegoś*
Schraube *w* śruba *w*
schrauben *v etw. Akk irgendwohin* przykręcić *vo coś do czegoś*, (Schraube) *etw. Akk* wkręcić *vo coś*
Schraubenmutter *w* nakrętka *w*
Schraubenschlüssel *m* klucz *m*
Schraubenzieher *m* śrubokręt *m*
Schrecken *m* groza *w*, (Person) postrach *m*
schrecklich *adj* **1** przerażający, straszny, okropny, wstrętny **2** (Qualität usw.) straszny, okropny ♦ *adv* okropnie
Schrei *m* okrzyk *m*, (kreischender) wrzask *m*, skrzek *m*
schreiben *v* **1** (aufzeichnen) pisać *uv* **2** (formulieren) *etw. Akk* napisać *vo coś* ► **Maschine ~** pisać *uv* na komputerze/ maszynie; **S~ Sie es mir auf die Rechnung.** Proszę mi to dopisać do rachunku.
Schreibtisch *m* biurko *s*
Schreibwaren *Mz* artykuły *m Mz* biurowe
schreien *v* **1** wrzeszczeć *uv*, (laut sprechen) krzyczeć *uv* **2** (Eule) hukać *uv*
Schrift *w* **1** (System) pismo *s* **2** (lesbar usw.) pismo *s*, charakter *m* pisma **3** (Druckschrift) czcionka *w*
schriftlich *adj* pisemny ♦ *adv* pisemnie
Schriftsteller *m* pisarz *m*
Schritt *m* **1** (Bewegung) krok *m* **2** (Tempo) tempo *s* **3** (Körpergegend) krocze *s* **4** (Handlung) działanie *s*
Schrott *m* złom *m* metali, (Alteisen) złom *m*
Schublade *w* szuflada *w*
schüchtern *adj* nieśmiały, wstydliwy
Schuh *m* but *m*, trzewik *m*; **~e** obuwie *s*
schuld **~ sein** *an etw. Dat* być *uv za coś* odpowiedzialnym
Schuld *w* **1** (Verantwortung usw.) *an etw. Dat* wina *w* **2** (Fehler) wina *w* **3** (Betrag) dług *m* ► **Es ist nicht meine ~!** To nie moja wina!; *j-m* **die ~** *an etw. Dat* **geben** winić *uv kogoś o coś*, obwiniać *uv kogoś o coś*
schulden *v j-m etw. Akk* być winnym *komuś (za) coś*
schuldig *adj* **1** *etw. Gen* winny *czegoś* **2** (Summe) dłużny
Schule *w* szkoła *w*; **in der ~** w szkole
Schüler *m* uczeń *m*
Schuljahr *s* rocznik *m*, klasa *w*, rok *m* szkolny
Schulter *w* ramię *s*
Schuppe *w* łuska *w*
Schürze *w* fartuch *m*
Schuss *m* wystrzał *m*, strzał *m*
Schüssel *w* misa *w*, miska *w*, półmisek *m*
Schusswaffe *w* broń *w* palna
Schuster *m* obuwnik *m*
schütteln *v etw. Akk* wstrząsnąć *vo czymś*, *j-n/etw.* potrząsać *uv kimś/czymś*; **den Kopf ~** kręcić *uv* głową, potrząsać *uv* głową; **sich ~** (vor Lachen usw.) zatrząść się *vo*, trząść się *uv*
schütten *v etw. irgendwohin* sypać *uv coś gdzieś*, nasypać *vo coś gdzieś*
Schutz *m* **1** *gegen etw., vor etw. Dat* ochrona *w przed czymś* **2** (Naturschutz usw.) ochrona *w* (środowiska)
schützen *v j-n/etw.* chronić *uv kogoś/coś*
schwach *adj* **1** słaby **2** (schlecht) marny, lichy ♦ *adv* słabo
Schwäche *w* **1** (Gefühl usw.) osłabienie *s* **2** (charakterliche usw.) słabość *w*
Schwager *m* szwagier *m*
Schwamm *m* gąbka *w*
Schwan *m* łabędź *m*
schwanger *adj* ciężarna, w ciąży
Schwanz *m* **1** (eines Tiers) ogon *m* **2** (wulg.) (Penis) kutas *m*
schwarz *adj* czarny ♦ *adv* bez pozwolenia, na czarno, nielegalnie
schwarzfahren *v* jechać *uv* na gapę
Schwebebahn *w* kolejka *w*
schweigen *v* milczeć *uv*, być cicho
Schwein *s* świnia *w*, wieprz *m*
Schweiß *m* pot *m*
Schweiz *w* Szwajcaria *w*
Schweizer *m* Szwajcar *m*
schweizerisch *adj* szwajcarski
Schwellung *w* obrzęk *m*, opuchlizna *w*
schwer *adj* **1** (Gewicht) ciężki **2** (intensiv) intensywny ♦ *adv* ciężko, z trudem
Schwert *s* miecz *m*
Schwester *w* siostra *w*
Schwiegermutter *w* teściowa *w*
Schwiegersohn *m* zięć *m*
Schwiegertochter *w* synowa *w*
Schwiegervater *m* teść *m*
schwierig *adj* **1** trudny **2** (Zeit usw.) trudny, męczący ♦ *adv* z trudem

Schwierigkeit *w* **1** (Problem) kłopot *m*, przeszkoda *w*, trudność *w*, problem *m* **2** (Eigenschaft) *etw. Gen* trudność *w z czymś*
Schwimmbad *s* pływalnia *w*
Schwimmbecken *s* basen *m*
schwimmen *v* **1** (Mensch) pływać *uv* **2** (Papierschiff) unosić *uv* się na wodzie
Schwimmen *s* pływanie *s*
Schwimmer *m* **1** pływak *m* **2** (Hilfsmittel) pływak **3** (Teil der Angel) spławik *m*
Schwimmflossen *w Mz* płetwy *w Mz*
Schwimmweste *w* kamizelka *w* ratunkowa
schwindelig **~ werden** mieć/odczuwać *uv* zawroty głowy
schwindeln *v* zawracać się *uv*, *j-m* zakręcić się *vo*; **Mir schwindelt.** Kręci mi się w głowie.
schwitzen *v* pocić się *uv*, spocić się *vo*
schwul *adj* gejowski
sechs *num* sześć
sechst(er,e,es) *num* szósty
sechzehn *num* szesnaście
sechzig *num* sześćdziesiąt
See[1] *m* jezioro *s*
See[2] *w* morze *s*; **an der ~** nad morzem
Seeigel *m* jeżowiec *m*
Seele *w* dusza *w*
seelisch *adj* umysłowy
Seemann *m* marynarz *m*
Segel *s* żagiel *m*
sehen *v j-n/etw.* widzieć *uv kogoś/coś*
Sehenswürdigkeit *w* zabytek *m* (kultury); **~en** atrakcje *w Mz* turystyczne
sehr *adv* bardzo, znacznie
Seide *w* jedwab *m*
Seife *w* mydło *s*
Seil *s* lina *w*, sznur *m*
Seilbahn *w* kolej *w* linowa
sein[1] *v* być *uv* ► **auf ~** być na nogach; **ähnlich ~** *j-m/etw.* być podobnym *do kogoś/czegoś*; **Mir ist kalt.** Zimno mi.; **wach ~** nie spać; **Was ist (los)?** Co się dzieje?; **Wo ist das?** Gdzie to jest?
sein[2] *pron* jego
seit *conj* odkąd ♦ *prep* od, ode
Seite *w* **1** (Fläche usw.) bok *m* **2** (Buch usw.) strona *w* **3** (Seitenteil usw.) bok *m* **4** (einer Zeitung usw.) strona *w* **5** (Standpunkt) *etw. Gen* aspekt *m*, strona *w*
seitlich *adj* boczny
Sekretär *m* **1** (einer Partei usw.) sekretarz *m* **2** (Möbelstück) sekretarzyk *m*
Sekretärin *w* sekretarka *w*
Sekt *m* wino *s* musujące
Sekunde *w* sekunda *w*
selbst *adj* sam
Selbstmord *m* samobójstwo *s*
selbstständig *adj* niepodległy
selbstverständlich *adj* naturalny ♦ *part* oczywiście, naturalnie
Sellerie *m* seler *m*
selten *adj* rzadki ♦ *adv* rzadko, nieczęsto
seltsam *adj* dziwny, nieprawdopodobny, osobliwy ♦ *adv* dziwnie
Semester *s* semestr *m*, półrocze *s*
Seminar *s* seminarium *s*
senden *v* **1** (Brief usw.) *j-m etw. Akk* posłać *vo coś komuś*, *j-m etw. Akk* wysłać *vo coś komuś* **2** (ausstrahlen) nadawać *uv*, transmitować *uv*
Sendung *w* **1** (Ware) przesyłka *w* **2** (Ausstrahlen) transmisja *w* **3** (Programm) program *m*, transmisja *w*
Senf *m* musztarda *w*
senken *v* **1** (Augen usw.) spuszczać *uv*, (Kopf usw.) spuścić *vo* **2** (nach unten) opuścić *vo* **3** (Summe usw.) obniżyć *vo*, zmniejszyć *vo* ► **sich ~** obniżać się *uv*
September *m* wrzesień *m*
Serie *w* **1** seria *w* **2** (TV usw.) serial *m*
Service[1] *s* (Geschirr) serwis *m*
Service[2] *m,s* (Dienst) serwis *m*
servieren *v* serwować *uv*
Serviette *w* serwetka *w*
Sessel *m* fotel *m*
setzen *v* **1** *j-n irgendwohin* posadzić *vo kogoś gdzieś* **2** (außer Betrieb usw.) *etw. Akk in etw. Akk* wprowadzić *vo coś w coś* ► **in Gang ~** *etw. Akk* uruchomić *vo coś*; **sich ~** usiąść *vo*
Sex *m* seks *m*
Shampoo *s* szampon *m*
sich *pron* siebie ► **mit ~** (bringen usw.) ze sobą
sicher *adj* **1** bezpieczny **2** (ohne Zweifel usw.) pewny ♦ *adv* bezpiecznie ♦ *part* na pewno ► **sich** *etw. Gen* **~ sein** być pewnym *czegoś*
Sicherheit *w* **1** pewność *w* **2** (Zustand) bezpieczeństwo *s* **3** (Platz) bezpieczne miejsce **4** (von Betrieb usw.) *etw. Gen* bezpieczeństwo *s czegoś* **5** (Geld usw.) zastaw *m* ► **in ~ sein** być bezpiecznym
Sicherheitsgurt **den ~ anlegen** zapiąć *vo* pasy (bezpieczeństwa)
Sicherheitsnadel *w* agrafka *w*
sichern *v* **1** (schützen) *j-n/etw.* zabezpieczać *uv kogoś/coś*, (vor Gefahr) *etw. Akk* zabezpieczyć *vo coś* **2** (Wagen, Waffe usw.) *etw. Akk irgendwohin* przymocować *vo coś do czegoś* **3** (garantieren) *etw. Akk* zabezpieczyć *vo coś*, zapewnić *vo coś*

Sicherung *w* **1** (Sicherheitsschloss usw.) zabezpieczenie *s* **2** (Stromkreis) bezpiecznik *m*, korek *m* **3** (Schutz) zabezpieczenie *s* ► **Die ~ ist herausgesprungen.** Przepaliły się bezpieczniki.

Sicht *w* punkt *m* widzenia

sichtbar *adj* widzialny

sie *pron* **1** (Einzahl) ona **2** (Mehrzahl) oni, one

sieben *num* siedem

siebent(er,e,es) *num* siódmy

siebt(er,e,es) *num* siódmy

siebzehn *num* siedemnaście

siebzig *num* siedemdziesiąt

Sieg *m* wygrana *w*, zwycięstwo *s*

Sieger *m* zwycięzca *m*

siezen *v j-n* używać *uv* formy grzecznościowej

Signal *s* **1** (Zeichen usw.) sygnał *m* **2** (Anlage) semafor *m*

Silbe *w* sylaba *w*

Silber *s* srebro *s*

singen *v* śpiewać *uv*, zaśpiewać *vo*

sinken *v* **1** (Flugzeug usw.) obniżać się *uv*, opaść *vo* **2** (Wasser usw.) obniżyć się *vo* **3** (Boot) zatonąć *vo* **4** (Wert usw.) opaść *vo*, podupadać *uv*

Sinn *m* **1** (Sehkraft usw.) zmysł *m* **2** (Gerechtigkeit usw.) *für etw.* poczucie *s czegoś* **3** (Gedanken usw.) myśli *w Mz* **4** (Bedeutung) znaczenie *s* **5** (Zweck) *etw. Gen* sens *m czegoś* ► **~ ergeben** mieć *uv* sens

sinnlich *adj* **1** (Wahrnehmung usw.) sensoryczny **2** zmysłowy

sinnlos *adj* bezsensowny, bezcelowy

Sitte *w* zwyczaj *m*, obyczaj *m*

Situation *w* sytuacja *w*

Sitz *m* **1** (Sitzgelegenheit) siedzenie *s* **2** (Institution) siedziba *w* **3** (Haltung) pozycja siedząca

sitzen *v* siedzieć *uv*

Sitzplatz *m* miejsce *s*

Ski *m* narta *w*; **~ fahren** jeździć *uv* na nartach

Skifahrer *m* narciarz *m*

Skilift *m* wyciąg *m*

Skipass *m* karnet *m* narciarski, skipass *m*

Skipiste *w* stok *m* zjazdowy

Skistöcke *m Mz* kijki *m Mz* do nart

Skizze *w* **1** (grobe) szkic *m* **2** (Beschreibung usw.) zarys *m*

so *adv* tak ► **und ~ weiter** i tak dalej

sobald *conj* jak tylko

Socke *w* skarpetka *w*

Sofa *s* kanapa *w*, sofa *w*

sofort *adv* natychmiast; **Jetzt ~?** Od razu?

sofortig *adj* bezzwłoczny, natychmiastowy

sogar *adv* nawet

Sohle *w* podeszwa *w*

Sohn *m* syn *m*

solange *adv* dopóki, póki

solch(er,e,es) *pron* taki

Soldat *m* żołnierz *m*

sollen *v* mieć *uv coś zrobić*; **Sag ihnen, sie ~ warten!** Powiedz im, żeby poczekali.

Sommer *m* lato *s*

Sonderangebot *s* promocja *w*, oferta specjalna

sondern *conj* lecz

Sonnabend *m* (NoD) sobota *w*

Sonne *w* słońce *s*

Sonnenaufgang *m* wschód *m* słońca

Sonnenblume *w* słonecznik *m*

Sonnenbrand *m* oparzenie *s* słoneczne

Sonnencreme *w* krem *m* z filtrem ochronnym

Sonnenstich *m* udar *m* słoneczny

Sonnenuntergang *m* zachód *m* słońca

sonnig *adj* słoneczny

Sonntag *m* niedziela *w*

sonst *adv* poza tym

Sorge *w* **1** *um j-n/etw.* obawa *w o kogoś/coś* **2** *für j-n* opieka *w nad kimś* ► **sich ~n machen** *um j-n/etw.* martwić się *uv o kogoś/coś*; **~n** zmartwienie *s*

sorgen *v* **1** *für j-n/etw.* opiekować się *uv kimś*, (pflegen) *für j-n/etw.* opiekować się *uv kimś/czymś*, (sich kümmern) *für etw.* troszczyć się *uv o coś* **2** (Problem lösen usw.) *für etw.* wystarać się *vo o coś*

sorgfältig *adj* staranny ♦ *adv* starannie

Sorte *w* rodzaj *m*, (von Frucht usw.) gatunek *m*

Sortiment *s* asortyment *m*, kolekcja *w*

Soße *w* sos *m*

Souvenir *s* pamiątka *w*

sowie *conj* jak tylko

sowieso *adv* tak czy owak, w każdym razie ♦ *part* w każdym razie

sowohl **~ – als auch** jak…, tak…

sozial *adj* społeczny

Spalte *w* **1** (Riss) szczelina *w*, szpara *w* **2** (in einem Text) kolumna *w* **3** (Gaumenspalte usw.) rozszczep *m*

spalten *v* rozszczepiać *uv*, *etw. Akk* rozszczepić *vo*, (chemische Verbindung usw.) dysocjować *uv*

Spanien *s* Hiszpania *w*

spanisch *adj* hiszpański ♦ *adv* po hiszpańsku

spannen *v* **1** (Seil usw.) *etw. Akk* naciągnąć *vo coś, etw. Akk* napiąć *vo coś* **2** (einspannen) *etw. Akk* zacisnąć *vo*

Spannung *w* napięcie *s*

sparen *v* **1** *auf etw. Akk* oszczędzać *uv na coś* **2** (Geld usw.) *etw. Akk* zaoszczędzić *vo coś* **3** (Wasser usw.) *etw. Akk* oszczędzać *uv coś*

Spargel *m* szparag *m*

Sparkasse *w* kasa *w* oszczędnościowa

sparsam *adj* **1** (Person) oszczędny **2** (Wagen usw.) ekonomiczny, gospodarny ♦ *adv* oszczędnie

Spaß *m* rozrywka *w*, żart *m*, zabawa *w*

spät *adv* późno; **Wie ~ ist es?** Która godzina?

spätestens *adv* najpóźniej

Spatz *m* wróbel *m*

spazieren **~ gehen** pójść *vo* na spacer

Spaziergang *m* przechadzka *w*, spacer *m*

Speck *m* bekon *m*, boczek *m*, (Schweinespeck) słonina *w*

Speichel *m* ślina *w*

Speicher *m* pamięć *w*

Speise *w* danie *s*, posiłek *m*, jedzenie *s*

Speisekarte *w* menu *s*

Speisesoda *w* soda *w* do pieczenia

Speisewagen *m* wagon *m* restauracyjny

Spende *w* donacja *w*, darowizna *w*

sperren *v* przegrodzić *vo*, zamknąć *vo*

Spezialität *w* specjalność *w*

speziell *adv* specjalnie

Spiegel *m* **1** (Glas) lustro *s*, lusterko *s* **2** (Oberfläche) powierzchnia *w*

Spiel *s* **1** (Spielen) gra *w* **2** (Match) mecz *m*

spielen *v* **1** (Kinder usw.) *mit etw.* bawić się *uv czymś* **2** (Spiele usw.) *etw. Akk* grać *uv w coś, etw. Akk* zagrać *vo w coś* **3** (Instrument) *etw. Akk* grać *uv na czymś* **4** (im Theater usw.) występować *uv* **5** *j-n/etw.* zagrać *vo kogoś/coś*, (Schauspieler) grać *uv* **6** (Film usw.) *etw. Akk* wyświetlać *uv coś*, grać *uv coś* **7** (Wettkampf austragen) zagrać *vo* **8** (leichtfertig) *mit etw.* igrać *uv*

Spielkarte *w* karta *w*

Spielkasino *s* salon *m* gier

Spielplatz *m* boisko *s*, plac *m* zabaw

Spielzeug *s* zabawka *w*

Spinat *m* szpinak *m*

Spinne *w* pająk *m*

Spirale *w* spirala *w*

spitz *adj* ostry, spiczasty

Spitze *w* **1** (eines Pfeils usw.) grot *m*, (scharfe usw.) *etw. Gen* czubek *m czegoś* **2** (Turm usw.) *etw. Gen* szczyt *m czegoś* **3** (Vorderteil) *etw. Gen* czoło *s czegoś* **4** (Posten) czołówka *w* **5** (Gewebe) koronka *w*

Splitter *m* **1** (im Finger usw.) drzazga *w* **2** odłamek *m*, (Bruchstück) odprysk *m* **3** (Granatsplitter usw.) odłamek *m*

Sport *m* sport *m*

Sportler *m* sportowiec *m*

sportlich *adj* sportowy

Sportplatz *m* boisko *s*

spotten *v über j-n/etw.* wyśmiewać się *uv*

Sprache *w* **1** (Sprachfähigkeit) mowa *w* **2** (Deutsch usw.) język *m*, mowa *w*

Spray *m,s* spray *m*

sprechen *v* **1** *mit j-m von etw., über etw. Akk* rozmawiać *uv z kimś o czymś*, (etwas äußern) *mit j-m von etw., über etw. Akk* mówić *uv komuś o czymś* **2** (sich unterhalten) *mit j-m von etw., über etw. Akk* porozmawiać *vo z kimś o czymś* ► **Ich spreche kein Englisch/Deutsch/Französisch.** Nie mówię po angielsku/niemiecku/francusku.

Sprecher *m* **1** (Vertreter) rzecznik *m* **2** (im Fernsehen usw.) spiker *m*

Sprechzimmer *s* gabinet *m* lekarski

springen *v* **1** (einen Sprung machen) skoczyć *vo* **2** (Sprünge machen) skakać *uv* **3** *aus etw.* wyskoczyć *vo z czegoś* **4** *über etw. Akk* przeskoczyć *vo coś* **5** (anbrechen) pęknąć *vo* **6** (Glas usw.) popękać *vo*

Spritze *w* **1** (für Injektionen) strzykawka *w* **2** (Dosis von Impfstoff usw.) zastrzyk *m* **3** (zum Versprühen) rozpylacz *m*, spryskiwacz *m*

spritzen *v* **1** chlapać *uv*, pluskać *uv* **2** (mit Pestiziden usw.) rozpylać *uv* **3** (sprudeln) tryskać *uv* **4** (Fett usw.) skwierczeć *uv* **5** (mit Farbe) malować *uv* sprayem **6** (Medikament usw.) *j-m etw. Akk* wstrzyknąć *vo komuś coś*

sprühen *v* malować *uv* sprayem

Sprung *m* skok *m*

spucken *v* plunąć *vo*

Spülbecken *s* zlew *m*

spülen *v* **1** (Toilette) spłukać *vo*, spuścić *vo* wodę **2** (Wäsche) płukać *uv*

Spülmaschine *w* zmywarka *w*

Spur *w* **1** (im Boden) ślad *m* **2** (Zeichen) *etw. Gen* ślad *m czegoś, po czymś* **3** (einer Tätigkeit usw.) ślad *m* **4** (eines Verbrechens usw.) trop *m*, ślad *m* **5** (Fleck usw.) ślad *m* **6** (eines Rades usw.) ślad *m*

spüren *v etw. Akk* czuć *uv coś*, odczuwać *uv coś*

Staat *m* państwo *s*

staatlich *adj* państwowy

Staatsangehörigkeit *w* obywatelstwo *s*

Staatsanwalt *m* prokurator *m*

Stab *m* **1** (aus Holz usw.) pręt *m* **2** (Offiziere) sztab *m* **3** (Experten) zespół *m*

Stachel *m* **1** (einer Pflanze) kolec *m* **2** (des Igels usw.) kolec *m*, cierń *m* **3** (einer Wespe usw.) żądło *s*

Stadt *w* miasto *s*

Stadtviertel *s* dzielnica *w*

Stahl *m* stal *w*

Stall *m* stajnia *w*

Stamm *m* pień *m*, (Menschengruppe) plemię *s*

stammen *v aus etw.* pochodzić *uv skądś*

Stand *m* stoisko *s*

ständig *adj* nieustanny, stały, ustawiczny ♦ *adv* nieustannie, bezustannie, stale, ciągle

Stange *w* **1** (aus Metall usw.) pręt *m*, drążek *m* **2** (zum Abstoßen usw.) tyczka *w*, pręt *m* **3** (Stütze usw.) laska *w*, maszt *m* **4** (aus Metall usw.) pręt *m*

Stapel *m etw. Gen* stos *m czegoś*

stark *adj* **1** (körperlich) silny **2** (Gefühl) mocny, silny **3** (Effekt usw.) silny **4** (wirksam) potężny ► **~e Regenfälle** obfite opady *m Mz*

Stärke *w* **1** (eines Menschen) siła *w* **2** (Substanz) krochmal *m*

Start *m* start *m*

starten *v* **1** (Rennfahrer usw.) wystartować *vo* **2** *bei etw.* startować *uv w czymś* **3** (Motor usw.) odpalić *vo*, startować *uv* **4** (Vorhaben usw.) *etw. Akk* uruchomić *vo coś*, *etw. Akk* wprowadzać *uv* na rynek

Station *w* **1** (Haltestelle) stacja *w* **2** (in Krankenhaus) oddział *m*

Stativ *s* statyw *m*

statt *adv etw. Gen* zamiast *czegoś*

stattfinden *v* odbyć się *vo*, odbywać się *uv*

Statue *w* statua *w*

Stau *m* korek *m*, zator *m*

Staub *m* kurz *m*; **~ wischen** *irgendwo, von etw.* zetrzeć *vo z czegoś* kurz

staubsaugen *v etw. Akk* odkurzyć *vo coś*

Staubsauger *m* odkurzacz *m*

staunen *v über etw. Akk* dziwić się *uv czemuś*

Stausee *m* zbiornik *m* zaporowy

stechen *v* **1** (mit Messer usw.) *j-n mit etw.* dźgnąć *vo kogoś czymś*, *j-n mit etw.* ukłuć *vo kogoś czymś*, (mit Nadel usw.) *mit etw. in j-n/etw.* kłuć *uv kogoś/coś czymś* **2** (Insekten usw.) *j-n* kąsać *uv*, (Insekten) *j-n* ukąsić *vo kogoś*, *j-n* użądlić *vo kogoś* **3** (Dornen usw.) kłuć *uv*

Steckdose *w* gniazdko *s*

stecken *v* **1** *etw. Akk in etw. Akk* wepchnąć *vo coś do czegoś*, *etw. Akk irgendwohin* wsadzić *vo coś gdzieś* **2** (festsitzen) *irgendwo* utknąć *vo gdzieś* ► **in die Steckdose ~** *etw. Akk* włączyć *vo coś* do kontaktu; **~ bleiben** *irgendwo* utknąć *vo gdzieś*; **~ bleiben** (im Hals) utknąć *vo komuś*

Stecker *m* wtyczka *w*; **den ~ herausziehen** wyciągnąć *vo coś* z gniazdka

Stecknadel *w* szpilka *w*

stehen *v* **1** stać *uv* **2** (bestehen) *zu etw.* obstawać *uv przy czymś* **3** (Kleidung) *j-m* pasować *uv komuś*

stehlen *v* kraść *uv*, łupić *uv*, ukraść *vo*, *j-m etw. Akk* ukraść *vo coś komuś*

steif *adj* **1** (Material usw.) sztywny **2** (Glieder usw.) zdrętwiały **3** (Mensch usw.) sztywny

steigen *v* **1** (Flugzeug usw.) wznosić się *uv*, (Nebel usw.) wznieść się *vo* **2** (Wasserspiegel usw.) podnieść się *vo* **3** (Preise usw.) wzrosnąć *vo*

steigern *v* **1** (vergrößern) *etw. Akk* intensyfikować *uv coś*, *etw. Akk* wzmocnić *vo coś* **2** (Spannung usw.) nasilić się *vo*, (vergrößern) nasilać *uv* **3** (Adjektiv usw.) stopniować *uv*

steil *adj* stromy

Stein *m* kamień *m*

Stelle *w* **1** (Punkt, Gebiet usw.) miejsce *s* **2** (Job) stanowisko *s*

stellen *v* **1** (auf den Tisch usw.) *etw. Akk irgendwohin* postawić *vo coś gdzieś*, (hinstellen) *etw. Akk irgendwohin* dać *vo coś gdzieś* **2** (Wecker usw.) nastawić *vo* **3** (Falle usw.) zastawić *vo* ► **sich ~** *irgendwohin* (ans Fenster usw.) stanąć *vo gdzieś*; **sich ~** *j-m* (widersprechen) sprzeciwić się *vo komuś*, sprzeciwiać się *uv*

Stellung *w* **1** pozycja *w* **2** (Einstellung) postawa *w*, stanowisko *s*

Stempel *m* pieczątka *w*

sterben *v an etw. Dat* umrzeć *vo na coś, z czegoś*

Stern *m* **1** gwiazda *w* **2** (Zeichen usw.) gwiazdka *w*

stets *adv* stale, ciągle

Steuer[1] *s* ster *m*

Steuer[2] *w auf etw. Akk* podatek *m od czegoś*

steuern *v* **1** (Fahrzeug) *etw. Akk* prowadzić *vo coś*, (Schiff usw.) sterować *uv* **2** (Gerät usw.) *etw. Akk* sterować *uv czymś* **3** (sich richten) *irgendwohin* zmierzać *uv dokądś* **4** (Schiff – Kurs nehmen) płynąć *uv*

Steuerung *w* sterowanie *s*

Stich *m* ścieg *m*; *j-n* **im ~ lassen** zawieść *vo kogoś*

sticken *v etw. Akk mit etw.* wyszyć *vo coś czymś*

Stiefel *m* **1** (wysoki) but *m* **2** (Arbeitsstiefel usw.) but *m*

Stiefmutter *w* macocha *w*

Stiefvater *m* ojczym *m*

Stiel *m* **1** (einer Schaufel etc.) trzonek *m* **2** (einer Pflanze) głąbik *m*, łodyga *w*, (Stängel) szypułka *w*

Stift *m* **1** (Schreibgerät) ołówek *m* **2** (Verbindungsteil) bolec *m*, sworzeń *m*
Stil *m* styl *m*
still *adj* cichy ♦ *adv* cicho, po cichu
Stille *w* cisza *w*, spokój *m*
Stimme *w* głos *m*
stimmen *v* **1** (bei Abstimmung) *für etw., gegen etw.* głosować *uv za czymś, przeciwko czemuś* **2** (Geige usw.) *etw. Akk* stroić *uv coś, etw. Akk* nastroić *vo coś* ► **Stimmt so.** Reszty nie trzeba.
Stimmung *w* humor *m*, nastrój *m*
stinken *v* cuchnąć *uv*, *nach etw.* śmierdzieć *uv czymś*, cuchnąć *uv czymś*, *nach etw.* zalatywać *uv czymś*
Stirn *w* czoło *s*
Stock[1] *m* **1** (Zweig) kijek *m*, patyk *m* **2** (Stütze usw.) laska *w* **3** (als Waffe) kij *m*
Stock[2] *m* (Geschoss) piętro *s*
Stockwerk *s* piętro *s*
Stoff *m* **1** (aus Baumwolle usw.) płótno *s*, tkanina *w*, (Gewebe) materiał *m* **2** (chemischer usw.) substancja *w* **3** (für ein Buch usw.) motyw *m*
stolpern *v über etw. Akk* potknąć się *vo o coś*
stolz *adj* **1** (mit Recht) *auf j-n/etw.* dumny *z kogoś/czegoś* **2** (hochmütig) pyszny ♦ *adv* dumnie
Stolz *m* duma *w*
stopfen *v* **1** załatać *vo*, zacerować *vo* **2** (hineinstecken) *etw. Akk irgendwohin* nawpychać *vo coś do czegoś*, nawciskać *vo coś do czegoś*
Stöpsel *m* zatyczka *w*, (in einer Wanne usw.) korek *m*
stören *v* **1** *j-n* przeszkodzić *vo komuś*, (mit Lärm usw.) *j-n* przeszkadzać *uv komuś* **2** (beeinträchtigen) *etw. Akk* zakłócić *vo coś* **3** (missfallen) *j-n* przeszkadzać *uv komuś* ► **nicht ~** *etw. Akk j-n* nie przeszkadzać *uv komuś coś*
stornieren *v* anulować *vo*, unieważnić *vo coś*
Stornierung *w* odwołanie *s*, anulowanie *s*
Störung *w* **1** (der Ruhe usw.) zakłócanie *s* **2** (technische) awaria *w* **3** (gesundheitliche) zaburzenie *s*
Stoß *m* ruch *m*
Stoßdämpfer *m* amortyzator *m*
stoßen *v* **1** *etw. Akk in etw. Akk* wetknąć *vo coś w coś* **2** *j-n/etw.* popchnąć *vo kogoś/coś* **3** (mit Kopf usw.) *gegen/an etw.* uderzyć *vo w coś* **4** (Wand usw.) *gegen etw.* uderzyć *vo w coś* **5** *an etw. Dat* rozbić się *vo o coś*, (beschädigen usw.) *an etw.* zderzyć się *vo z czymś* **6** (begegnen) *auf j-n/etw.* natrafić *vo na kogoś/coś*, napotkać *vo kogoś/coś* **7** (Problem usw.) *auf etw. Akk* napotkać *vo coś*
Stoßstange *w* zderzak *m*
Stoßzeit *w* godzina *w* szczytu
strafbar *adj* karalny
Strafe *w* **1** (Bestrafung) kara *w* **2** (Gefängnisstrafe) wyrok *m* **3** (Geldbuße) grzywna *w*
Strahl *m* **1** (von Licht usw.) promień *m* **2** (Linie) półprosta *w*
strahlen *v* lśnić *uv*
Strand *m* plaża *w*
Strandliege *w* leżak *m*
Straße *w* komunikacja *w*, (in Stadt) ulica *w*, (Verkehrsweg) szosa *w*
Straßenbahn *w* tramwaj *m*
Straßenzoll *m* myto *s*, opłata *w* za przejazd
Strauch *m* krzak *m*, krzew *m*
Strauß[1] *m* (Blumen) bukiet *m*
Strauß[2] *m* (Vogel) struś *m*
Strecke *w* **1** (Rennstrecke usw.) bieżnia *w* **2** (Eisenbahn usw.) tor *m* **3** (in Geometrie) odcinek *m*
streicheln *v* głaskać *uv*, *j-n/etw.* pogłaskać *vo kogoś/coś*
streichen *v* **1** (Wort usw.) *etw. Akk* skreślić *vo coś* **2** (Wände usw.) malować *uv*, pomalować *vo*
Streichholz *s* zapałka *w*
Streifen *m* **1** smuga *w*, (einer Farbe usw.) pasek *m* **2** (eines Landes usw.) pas *m*, strefa *w* **3** (Stoff usw.) *etw. Gen* pasek *m czegoś*, pas *m czegoś*
Streik *m für etw.* strajk *m o coś*
Streit *m* kłótnia *w*, spór *m*, dysputa *w*, sprzeczka *w*
streiten *v mit j-m um/über etw. Akk* spierać się *uv z kimś o coś*, (diskutieren) *mit j-m über etw. Akk* spierać się *uv z kimś o coś*, kłócić się *uv z kimś o coś*; **(sich) ~** *über etw. Akk* kłócić się *uv o coś*
streng *adj* surowy
Strich *m* **1** (Linie) kreska *w* **2** (Pinselstrich usw.) pociągnięcie *s*
stricken *v* robić *uv* na drutach, (Pullover usw.) zrobić *vo* na drutach
Strickjacke *w* sweter *m* rozpinany
Stroh *s* słoma *w*
Strohhalm *m* słomka *w*
Strom *m* **1** (Meeresstrom usw.) prąd *m* **2** (Strömung) nurt *m* ► **Der ~ ist ausgefallen.** Nie ma prądu.; **(elektrischer) ~** prąd *m* (elektryczny)
Stromausfall *m* przerwa *w* w dostawie prądu
strömen *v* **1** (Flüssigkeit usw.) płynąć *uv* **2** (Menschen usw.) napływać *uv*

Strudel *m* strudel *m*
Strumpf *m* pończocha *w*
Strumpfhose *w* rajstopy *nur Mz n-mpers.*
Stück *s* **1** (Teil eines Ganzen) *von etw.* kawałek *m czegoś* **2** (einzige Sache) sztuka *w*
Student *m* student *m*, (an der Uni) student *m* szkoły wyższej
studieren *v an etw. Dat* studiować *uv gdzieś*
Studium *s* studia *nur Mz n-mpers.*; **das ~ abschließen** ukończyć *vo* szkołę wyższą
Stufe *w* stopień *m*, schodek *m*
Stuhl *m* **1** (Möbel) krzesło *s* **2** (Kot) odchody *nur Mz n-mpers.*
stumm *adj* niemy
stumpf *adj* tępy
Stunde *w* godzina *w*, (Unterricht) lekcja *w*
stur *adj* zawzięty
Sturm *m* wicher *m*, wichura *w*
stürmen *v in etw. Akk* wparować *vo gdzieś*, (rennen) *irgendwohin* pędzić *uv dokądś*
Sturz *m* **1** upadek *m* **2** (Türsturz usw.) nadproże *s*
stürzen *v* **1** (stolpern usw.) upaść *vo* **2** (fallen) walić się *uv* **3** (wegeilen) *aus etw.* wylecieć *vo skądś* **4** (in ein Zimmer usw.) *irgendwohin* wpaść *vo gdzieś* **5** (stark zurückgehen) gwałtownie spaść *vo* **6** (Regierung usw.) obalić *vo* ► **sich ~** *irgendwohin* (springen) rzucić się *vo dokądś*
Substanz *w* substancja *w*
subtrahieren *v etw. Akk von etw.* odjąć *vo coś od czegoś*
suchen *v* **1** (Verlorenes usw.) *j-n/etw.* szukać *uv kogoś/czegoś* **2** (Job usw.) *j-n/etw.* szukać *uv kogoś/czegoś*, (Täter usw.) *nach j-m/etw.* poszukiwać *uv*
Süden *m* południe *s*
südlich *adj* południowy
Summe *w* **1** (bezahlte usw.) kwota *w*, suma *w* **2** (einer Addition) suma *w*
summen *v* bzyczeć *uv*, (Maschine usw.) warkotać *uv*
Sumpf *m* bagno *s*, moczary *m Mz*, mokradło *s*
Sünde *w* grzech *m*
Supermarkt *m* supermarket *m*
Suppe *w* zupa *w*
surfen *v* przeszukiwać *uv*, surfować *uv*
süß *adj* słodki
Süßigkeiten *w Mz* słodycze *nur Mz n-mpers.*
Süßstoff *m* słodzik *m*
Süßwaren *Mz* słodycze *nur Mz n-mpers.*, wyroby *m Mz* cukiernicze
Sweatshirt *s* bluza *w*
sympathisch *adj* sympatyczny
Synagoge *w* synagoga *w*
System *s* **1** system *m*, układ *m* **2** (Staatsordnung) ustrój *m*

T

Tabak *m* tytoń *m*
Tabakladen *m* kiosk *m* ruchu
Tabelle *w* tabela *w*
Tablette *w* tabletka *w*
Tafel *w* **1** (zum Schreiben) tablica *w* **2** (Schokolade usw.) tabliczka *w*
Tag *m* **1** (Gegenteil von Nacht) dzień *m* **2** doba *w*, dzień *m* ► **eines ~es** kiedyś, pewnego dnia; **Guten ~.** Dzień dobry.; **während des ~es** za dnia
Tageszeitung *w* dziennik *m*
täglich *adj* dzienny, (Besucher usw.) codzienny ♦ *adv* codziennie ► **zweimal/dreimal ~** dwa/trzy razy dziennie
tagsüber *adv* w ciągu dnia
Taille *w* pas *m*, talia *w*
Tal *s* dolina *w*
Talent *s für etw.* talent *m do czegoś*, uzdolnienie *s do czegoś*
Tampon *m* tampon *m*
Tank *m* cysterna *w*, (für Benzin usw.) zbiornik *m*, bak *m*
Tankstelle *w* stacja *w* benzynowa
Tante *w* ciocia *w*
Tanz *m* taniec *m*
tanzen *v* potańczyć *vo*, tańczyć *uv*
Tapete *w* tapeta *w*
tapfer *adj* odważny
Tarif *m* cennik *m*, taryfa *w*
Tasche *w* **1** (Behälter) torba *w* **2** (in Kleidungsstücken) kieszeń *w*
Taschendieb *m* kieszonkowiec *m*
Taschenlampe *w* latarka *w*
Taschenmesser *s* scyzoryk *m*
Taschenrechner *m* kalkulator *w*
Taschentuch *s* chusteczka *w*
Tasse *w* filiżanka *w*, kubek *m*
Tastatur *w* klawiatura *w*
Taste *w* **1** (eines Gerätes usw.) przycisk *m* **2** (eines Computers usw.) klawisz *m*
Tat *w* czyn *m*, uczynek *m*
Tätigkeit *w* **1** (Sichbeschäftigen) czynność *w*, działalność *w* **2** (Funktionieren) czynność *w*, działalność *w*
Tatsache *w* fakt *m*
taub *adj* głuchy
Taube[1] *w* (Vogel) gołąb *m*
Taube[2] *m* (Person) niesłyszący *m*

tauchen *v* **1** *in etw. Akk* zanurzać się *uv w czymś*, (Ente usw.) zanurkować *vo*, zanurzyć się *vo* **2** (als Taucher) nurkować *uv* **3** *etw. Akk in etw. Akk* zanurzyć *vo coś w czymś* **4** (in den Saft usw.) *etw. Akk in etw. Akk* zamoczyć *vo coś w czymś*

Tauchen *s* nurkowanie *s*

Taucherbrille *w* maska *w* do nurkowania

tauen *v* stopnieć *vo*, roztopić się *vo*, topnieć *uv*, roztapiać się *uv*

Taufe *w* chrzciny *nur Mz n-mpers.*, (Ritual) chrzest *m*

tauschen *v* **1** *etw. Akk gegen etw.* wymienić *vo coś na coś* **2** (Blick usw.) wymienić się *vo* ► **Wollen wir ~?** Zamienimy się miejscami?

täuschen *v* **1** (irreführen) *j-n* oszukać *vo kogoś*, okłamać *vo*, (irreführen) *j-n* zwodzić *uv kogoś* **2** (Augen) zwodzić *uv* ► **sich ~** *in etw. Dat* mylić się *uv*

tausend *num* tysiąc

Taxi *s* taksówka *w*

Taxifahrer *m* taksówkarz *m*

Technik *w* **1** (Erkenntnisse) technologia *w* **2** (Methode) technika *w*

Techniker *m* technik *m*

technisch *adj* techniczny

Tee *m* herbata *w*

Teekanne *w* dzbanek *m* (do herbaty)

Teelöffel *m* łyżeczka *w*

Teich *m* jeziorko *s*, staw *m*

Teig *m* ciasto *s*

Teigwaren *w Mz* makaron *m*

Teil *m* **1** (des Ganzen usw.) *von etw., etw. Gen* część *w czegoś* **2** (organisatorischer usw.) oddział *m*

teilen *v* **1** (in Teile) *etw. Akk in etw. Akk* dzielić *uv coś na coś* **2** (aufteilen) *etw. Akk mit j-m* dzielić się *uv czymś z kimś*, *etw. Akk mit j-m* podzielić się *vo czymś z kimś* **3** (gemeinsam nutzen) *etw. Akk mit j-m* dzielić *uv coś z kimś* ► **sich ~** *in etw. Akk* dzielić się *uv na coś*

teilnehmen *v* **1** (Teilnehmer sein) *an etw. Dat* uczestniczyć *uv w czymś*, *an etw. Dat* wziąć *vo* udział *w czymś* **2** (aktiv usw.) *an etw. Dat* brać *uv* udział *w czymś* ► **an einem Wettkampf** *gegen j-n* **~** rywalizować *uv z kimś*

Teilnehmer *m* zawodnik *m*, *etw. Gen* uczestnik *m czegoś*

teilweise *adv* częściowo

Telefon *s* telefon *m*

Telefonat *s* rozmowa *w* (telefoniczna), telefon *m*

Telefonbuch *s* książka *w* telefoniczna

Telefongespräch *s* rozmowa *w* (telefoniczna), telefon *m*

telefonieren *v* zadzwonić *vo*, zatelefonować *vo*, *mit j-m* telefonować *uv do kogoś*

Telefonzelle *w* budka *w* telefoniczna

Teller *m* talerz *m*

Tempel *m* świątynia *w*

Temperatur *w* temperatura *w*; **erhöhte ~** temperatura *w*, gorączka *w*

Tempo *s* tempo *s*, szybkość *w*

Tempomat *m* automatyczna regulacja *w* prędkości

Tennis *s* tenis *m*

Teppich *m* dywan *m*

Teppichboden *m* dywan *m*

Termin *m* **1** (Datum) termin *m* **2** (bei Arzt usw.) *mit j-m* spotkanie *s z kimś* ► **(letzter) ~** ostateczny termin *m*

Terrasse *w* taras *m*

Test *m* test *m*, próba *w*

teuer *adj* drogi, kosztowny ♦ *adv* drogo ► **~ werden** podrożeć *vo*

Teufel *m* diabeł *m*

Text *m* tekst *m*

Theater *s* teatr *m*

Thema *s* motyw *m*, temat *m*

Thermometer *s* termometr *m*

Thymian *m* **1** (Gewürz) tymianek *m* **2** (Pflanze) macierzanka *w*

tief *adj* głęboki ♦ *adv* głęboko

Tiefe *w* **1** głębokość *w* **2** (tiefe Stelle usw.) głębia *w*

tiefgefroren *adj* mrożony

Tiefland *s* nizina *w*

Tier *s* zwierzę *s*

Tierarzt *m* weterynarz *m*

Tinte *w* atrament *m*

Tintenfisch *m* mątwa *w*

Tisch *m* stół *m*

Tischler *m* stolarz *m*

Titel *m* stopień *m*, (Werk) tytuł *m*

Toast *m* grzanka *w*

Tochter *w* córka *w*

Tod *m* śmierć *w*

tödlich *adj* śmiertelny

Toilette *w* toaleta *w*, ubikacja *w*

Toilettenpapier *s* papier *m* toaletowy

toll *adj* bajeczny, cudowny, wspaniały, fajny ♦ *adv* bajecznie

Tomate *w* pomidor *m*

Tonne *w* tona *w*

Topf *m* garnek *m*

Tor *s* **1** (Eingang) brama *w*, wrota *nur Mz n-mpers.*, furtka *w* **2** (im Fußball usw.) bramka *w* **3** (Treffer) gol *m*

Torte *w* tort *m*

Torwart *m* bramkarz *m*

tot *adj* martwy

töten *v* uśmiercić *vo, j-n/etw.* zabić *vo kogoś/coś*

Tourismus *m* ruch *m* turystyczny

Tourist *m* turysta *m*, (Besucher einer Sehenswürdigkeit usw.) zwiedzający *m*

Tradition *w* tradycja *w*

tragen *v* **1** (Koffer usw.) nieść *uv* **2** (mitbringen) *etw. Akk irgendwohin* zanieść *vo coś dokądś* **3** (umstellen usw.) *j-n/etw. irgendwohin* przenieść *vo kogoś/coś gdzieś* **4** (Kleider) nosić *uv* **5** (Gewicht) nieść *uv* **6** (bei sich haben) nosić *uv* **7** (Baum usw.) *etw. Akk* rodzić *uv coś* ► **die Verantwortung** *für etw.* ~ ponosić *uv* odpowiedzialność *za coś*; **Früchte ~** owocować *uv*; **~ (können)** *etw. Akk* unieść *vo coś*

Träger *m* **1** (Bauteil) belka *w* **2** (für Kleider) ramiączko *s* **3** (eines Preises usw.) laureat *m*

Tragödie *w* tragedia *w*

Trainer *m* trener *m*

trainieren *v* **1** (vorbereiten) trenować *uv* **2** (Muskeln usw.) poćwiczyć *vo*

Traktor *m* traktor *m*

trampen *v* jechać *uv* autostopem

Träne *w* łza *w*

Transport *m* przewóz *m*, transport *m*

transportieren *v* **1** *etw. Akk irgendwohin* transportować *uv coś gdzieś, etw. Akk irgendwohin* przewieźć *vo coś dokądś* **2** *j-n/etw. irgendwohin* wieźć *uv kogoś/coś*, wozić *uv kogoś/coś gdzieś*

Traube *w* kiść *w* winogron; **~n** winogrono *s*

trauen *v* **1** (Vertrauen haben) *j-m/etw.* ufać *uv komuś/czemuś* **2** (ehelich verbinden) *j-n* udzielić *vo komuś* ślubu ► **sich ~** *etw. Akk zu tun* ośmielić się *vo coś zrobić*, śmieć *uv coś zrobić*

Trauer *w* smutek *m*

Traum *m* sen *m*

träumen *v* **1** *von j-m/etw.* śnić się *uv ktoś/coś* **2** *von j-m/etw.* śnić *uv o kimś/czymś*

traurig *adj* smutny

treffen *v* **1** (Ziel) *etw. Akk* trafić *vo w coś, do czegoś* **2** (begegnen) *j-n* spotkać *vo kogoś*, spotkać się *vo z kimś* **3** (erschüttern) zranić *vo* ► **sich ~** *mit j-m* spotkać się *vo z kimś*

Treffen *s* spotkanie *s*; **ein ~ verabreden** umówić się *vo z kimś*, ustalić termin spotkania

treiben *v* **1** *j-n/etw. irgendwohin* nagnać *vo kogoś/coś gdzieś, j-n/etw. irgendwohin* zapędzić *vo kogoś/coś dokądś*, (Kühe usw.) gnać *uv* **2** (veranlassen) *j-n zu etw./in etw. Akk* doprowadzić *vo kogoś do czegoś* **3** (sich befassen) *etw. Akk* uprawiać *uv coś*

Treibstoff *m* materiał *m* napędowy

trennen *v j-n/etw.* rozdzielić *vo kogoś/coś*, (zerlegen usw.) oddzielić *vo*; **sich ~** *von j-m* zerwać *vo z kimś*

Trennung *w* rozstanie *s*

Treppe *w* schody *nur Mz n-mpers.*

Tretboot *s* rower *m* wodny

treten *v* **1** (in Pfütze usw.) *auf/in etw. Akk* nadepnąć *vo na coś* **2** (in Bauch usw.) *j-n/etw., in etw. Akk* kopnąć *vo kogoś/coś*, kopać *uv*, (Tritt versetzen) *j-n/etw.* kopnąć *vo kogoś/coś* **3** *aus etw.* wyjść *vo* **4** (auf dem Fahrrad usw.) *etw. Akk, auf etw. Akk* pedałować *uv*

treu *adj* **1** (zuverlässig) *j-m* wierny **2** (genau) wierny

Trichter *m* lejek *m*

Trick *m* **1** (listiger usw.) trik *m*, sztuczka *w* **2** (Film usw.) efekt specjalny **3** (Zauber usw.) sztuczka *w*

trinkbar *adj* pitny

trinken *v* **1** *etw. Akk* pić *uv coś, etw. Akk* napić się *vo czegoś* **2** (Durst stillen) napić się *vo* **3** *auf j-n/etw.* wznieść *vo* toast *za kogoś/coś*

Trinkgeld *s* napiwek *m*; **~ geben** *j-m* dać *vo komuś* napiwek

Trinkwasser *s* woda *w* pitna

trocken *adj* suchy

Trockenheit *w* suchość *w*, (Trockenzeit) susza *w*

trocknen *v* **1** (trocken werden) wyschnąć *vo* **2** (trocken machen) suszyć *uv, etw. Akk* wysuszyć *vo coś*

Tropen *Mz* tropiki *m Mz*

tropfen *v* kapać *uv*

Tropfen *m* kropla *w*

trösten *v j-n* pocieszyć *vo kogoś*

trotz *prep etw. Gen* mimo *czegoś*, pomimo *czegoś*

trotzdem *conj* mimo to, pomimo to

trüb *adj* **1** (Wasser usw.) mętny **2** (Himmel) zachmurzony **3** (Ort usw.) przygnębiający

tschüss **T~!** Cześć!

T-Shirt *s* koszulka *w*, t-shirt *m*

Tube *w* tubka *w*

Tuch *s* chustka *w*

Tulpe *w* tulipan *m*

tun *v* czynić *uv coś*, robić *uv coś, etw. Akk* uczynić *vo coś, etw. Akk* robić *uv*; **so ~, als ob...** udawać *uv*, że...

Tunnel *m* tunel *m*

Tür *w* drzwi *nur Mz n-mpers.*

Türknauf *m* gałka *w*

Turm *m* wieża *w*

turnen *v* ćwiczyć *uv*

Turnschuhe *m Mz* obuwie *s* sportowe

Tüte *w* rożek *m*, torebka *w*

typisch *adj* typowy

U

U-Bahn *w* metro *s*
übel *adv* niedobrze, źle
Übelkeit *w* mdłości *w Mz*, nudności *w Mz*
üben *v etw. Akk* ćwiczyć *uv*, *etw. Akk* poćwiczyć *vo coś*
über[1] *prep* **1** (höher) *etw. Dat* nad *czymś* **2** (dem Niveau) nad **3** (quer über) przez **4** (sprechen usw.) *etw. Akk* o *czymś* **5** (eine Oberfläche) *etw. Akk* po *czymś* **6** (auf der Oberfläche) po
über[2] *prep* (mehr als) *wie viel* ponad *ileś*
überall *adv* wszędzie
Überblick *m* **1** (Kenntnisse) (ogólna) wiedza *w o czymś* **2** (Zusammenfassung) przegląd *m czegoś* ► **einen (guten) ~** *über etw. Akk* **haben** orientować się *uv w czymś*
übereinstimmen *v* odpowiadać *uv*, (in Einklang stehen) *mit etw.* zgadzać się *uv z czymś*
überfahren[1] *v* (See usw.) *etw. Akk* przepłynąć *vo coś*
überfahren[2] *v* (Fußgänger usw.) *j-n/etw.* przejechać *vo kogoś/coś*
Überfall *m* napad *m*
überfallen *v j-n* napaść *vo*
überflüssig *adj* zbyteczny
Überführung *w* **1** (Brücke) wiadukt *m*, (für Fußgänger) kładka *w* **2** (Transportieren) przewóz *m*, transport *m*
überfüllt *adj* zatłoczony, przepełniony
Übergang *m* **1** (Bahnübergang usw.) przejazd *m*, (für Fußgänger usw.) przejście *s* **2** (Umwandlung) przejście *s*
übergeben *v j-m etw. Akk* oddać *vo coś komuś*, (weiterleiten) *j-m etw. Akk* przekazać *vo coś komuś*
überhaupt *part* wcale, (eigentlich) w ogóle, (insgesamt) na ogół; **~ nicht** wcale nie
überholen *v* **1** *j-n* wyprzedzić *vo kogoś* **2** (Maschine usw.) remontować *uv*, podrasować (ugs.)
überlasten *v etw. Akk* przeciążyć *vo coś*
überleben *v* przeżyć *vo*
übermäßig *adj* nadmierny, zbytni ♦ *adv* nadmiernie
übermorgen *adv* pojutrze
übernachten *v* nocować *uv*, przenocować *vo*
Übernachtung *w* nocleg *m*; **~ mit Frühstück** nocleg *m* ze śniadaniem
übernehmen *v* **1** (Besitz usw.) *etw. Akk* przejąć *vo coś* **2** (Pflicht usw.) przejąć *vo* **3** przyswoić *vo*, (Methode usw.) przejąć *vo*
überprüfen *v* **1** (nochmals prüfen) *etw. Akk* sprawdzić *vo* **2** (Bewerber usw.) lustrować
überqueren *v etw. Akk* przejechać *vo (przez) coś*, (zu Fuß) *etw. Akk* przejść *vo (przez) coś*
überraschen *v* **1** (erstaunen) *j-n mit etw.* zaskoczyć *vo kogoś czymś* **2** (ertappen) *j-n* zaskoczyć *vo kogoś*
überrascht *adj von etw.* zaskoczony *czymś*
Überraschung *w* niespodzianka *w*
überreden *v j-n (zu etw.)* namówić *vo kogoś do (zrobienia) czegoś*, przekonać *vo kogoś do (zrobienia) czegoś*, (etwas zu tun) *j-n zu etw.* namówić *vo kogoś do czegoś*
Überschrift *w* tytuł *m*
Überschwemmung *w* potop *w*, powódź *w*
übersetzen *v* przetłumaczyć *vo z czegoś na coś*, tłumaczyć *uv*
Übersetzer *m* tłumacz *m*
Übersetzung *w* tłumaczenie *s*, przekład *m*
überspringen *v etw. Akk* przeskoczyć *vo coś*
übertragen *v* **1** (Gegenstände usw.) przenosić *uv*, *etw. Akk irgendwohin* przenieść *vo coś dokądś* **2** (Besitz usw.) *etw. Akk auf j-n* scedować *vo coś na kogoś* **3** (Krankheit usw.) *etw. Akk auf j-n* przenieść *vo coś na kogoś*, (Krankheiten usw.) przenosić *uv* **4** (senden) nadawać *uv* **5** (Befugnis usw.) *etw. auf j-n* przekazać *vo coś komuś*
übertreiben *v etw. Akk* wyolbrzymić *vo coś*, wyolbrzymiać *uv coś*, (zu weit treiben) *etw. Akk* przesadzić *vo z czymś*
überweisen *v etw. Akk* przesłać *vo coś*
überwiegend *adj* przeważający ♦ *adv* przeważnie
überzeugen *v j-n von etw.* przekonać *vo kogoś o czymś*
überzeugend *adj* przekonujący
überziehen *v* **1** (Konto usw.) przekroczyć *vo* **2** (Zeit) przeciągnąć *vo*
üblich *adj* pospolity, zwykły, (Satz, Preis usw.) bieżący ♦ *adv* powszechnie
übrig *adj* pozostały ♦ *adv* na wydanie
übrigens *part* nawiasem mówiąc, zresztą
Übung *w* **1** ćwiczenie *s* **2** (Training) ćwiczenie *s*, trening *m* **3** (militärische usw.) musztra *w* **4** (Kräftigung usw.) trening *m*
Ufer *s* brzeg *m*
Uhr *w* **1** (Uhrzeit) godzina *w* **2** (Armbanduhr usw.) zegarek *m*, (Küchenuhr usw.) zegar *m* ► **um sieben ~** o siódmej godzinie
Ultraschall *m* ultradźwięk *m*
um *prep* **1** (räumlich) *etw. Akk* wokoło *czegoś*, dookoła *czegoś* **2** (drei Uhr usw.) o **3** (bei Differenzangaben) o *ileś* **4** (sich handeln usw.) *etw.* o *czymś* ► **Spätestens ~ fünf bin ich da.** Będę tam na piątą.; **~ drei Uhr** o trzeciej (godzinie); **~ halb fünf** o wpół do piątej
umarmen *v j-n* objąć *vo kogoś*

umbinden *v etw. Akk mit etw.* obwiązać *vo coś/kogoś czymś*

umbringen *v* uśmiercić *vo, j-n/etw.* zabić *vo kogoś/coś*

umdrehen *v* **1** (herumdrehen) *etw. Akk* obracać *uv coś, czymś, etw. Akk* obrócić *vo coś czymś* **2** (Seite usw.) *etw. Akk* odwrócić *vo coś* ► **sich ~** (im Kreis) obrócić się *vo*, (woanders gehen usw.) skręcić *vo*

Umfang *m* **1** (Kugelumfang usw.) obwód *m* **2** (einer Stimme usw.) zasięg *m czegoś*, (eines Grundstücks usw.) zakres *m czegoś*

umfangreich *adj* obszerny, masywny ♦ *adv* obszernie

umgeben *v etw. Akk mit etw.* ogrodzić *vo coś czymś* ♦ *adj* ogrodzony ► **~ sein** *von etw.* być *uv* otoczonym *czymś*

Umgebung *w etw. Gen* okolica *w czegoś*, otoczenie *s czegoś*

umgehen[1] *v* (sorgfältig usw.) *irgendwie mit etw.* zabrać się *vo do czegoś*, (benutzen) *mit etw.* posługiwać się *uv czymś*, (manipulieren) *mit etw. irgendwie* obchodzić się *uv z czymś*

umgehen[2] *v* **1** (herumgehen) *etw. Akk* ominąć *vo coś* **2** (Regeln usw.) *etw. Akk* obejść *vo*

Umgehungsstraße *w* obwodnica *w*

umgekehrt *adj* odwrócony, przeciwny ♦ *adv* na odwrót, odwrotnie

umkehren *v* odwrócić *vo*

Umkreis *m* okolica *w*

Umleitung *w* objazd *m*

umrechnen *v etw. Akk in etw. Akk* przekształcić *vo coś w coś, etw. Akk in etw. Akk* przeliczyć *vo coś na coś*

umrühren *v etw. Akk* mieszać *uv coś*, zamieszać *vo coś*

umschalten *v* **1** (Kamera usw.) *etw. Akk auf etw. Akk* przełączyć *vo z czegoś na coś* **2** (Gang) zmienić *vo* bieg

Umschlag *m* **1** (für Briefe) koperta *w* **2** (zu Heilzwecken) kompres *m*, okład *m*, (zu Heilzwecken) owijanie *s*

umsonst *adv* **1** za darmo **2** daremnie, na darmo

umsteigen *v in etw. Akk* przesiąść się *vo do czegoś*

Umstieg *m* transfer *m*

umtauschen *v* wymienić *vo*

Umweg *m* okrężna droga *w*

Umwelt *w* środowisko *s* naturalne

umweltfreundlich *adj* ekologiczny, przyjazny dla środowiska

umwenden *v* odwrócić *vo coś, etw. Akk* przekręcić *vo coś*

umwerfen *v* przewrócić *vo, j-n/etw.* powalić *vo kogoś/coś*, (Glas usw.) strącić *vo*

umziehen *v* **1** (in neue Wohnung usw.) przeprowadzić się *vo dokądś* **2** (Umzug durchführen) *etw. Akk* przenosić *uv coś* **3** (Kleidung wechseln) *j-n* przebrać *vo kogoś* ► **sich ~** przebrać się *vo*

Umzug *m* pochód *m*, korowód *m*

unabhängig *adj von j-m/etw.* niezależny *od kogoś/czegoś*

unangenehm *adj* **1** nieprzyjemny **2** (Situation usw.) niezręczny ♦ *adv* nieprzyjemnie, (überrascht usw.) niemile ♦ *pron* nieswój ► **~ sein** *j-m gegenüber* być *dla kogoś* nieprzyjemnym

unanständig *adj* nieprzyzwoity

unbedingt *adj* mimowolny ♦ *adv* za wszelką cenę

unbegrenzt *adj* nieograniczony

unbekannt *adj* nieznany, nieznajomy

unbequem *adj* niewygodny

und *conj* i, a; **ab ~ zu** czasami

undankbar *adj* niewdzięczny

unecht *adj* fałszywy

unendlich *adj* nieskończony, bezkresny ♦ *adv* bezustannie

unentbehrlich *adj* niezbędny, nieodzowny

unentschieden *adj* remisowy

unerträglich *adj* nieznośny

unerwartet *adj* nieoczekiwany, niespodziewany ♦ *adv* nieoczekiwanie

unfähig *adj* **1** (unbegabt) niekompetentny, nieudolny **2** (nicht imstande) *zu etw.* niezdolny *do czegoś*

Unfall *m* wypadek *m*, kraksa *w*, (Verletzung) uraz *m*

ungeduldig *adj* niecierpliwy ♦ *adv* niecierpliwie

ungefähr *adj* przybliżony ♦ *adv* w przybliżeniu ♦ *prep* około

ungenau *adj* niedokładny

ungenügend *adj* niedostateczny

ungerade *adj* nieparzysty

ungerecht *adj* niesprawiedliwy ♦ *adv* niesprawiedliwie

ungern *adv* niechętnie

ungeschickt *adj* niezdarny, niezgrabny

ungesund *adj* niezdrowy

ungewiss *adj* niepewny

ungewöhnlich *adj* niezwykły, niecodzienny

unglaublich *adj* niewiarygodny ♦ *adv* niewiarygodnie

ungleich *adj* inny

Unglück *s* **1** (Tragödie usw.) katastrofa *w*, nieszczęście *s*, klęska *w* **2** (Pech usw.) nieszczęście *s*

unglücklich *adj* **1** (deprimiert) nieszczęśliwy **2** (Tag usw.) pechowy **3** (Zufall usw.) nieszczęśliwy
ungültig *adj* nieważny
unhöflich *adj* niegrzeczny
Uniform *w* mundur *m*
Universität *w* uniwersytet *m*
unklar *adj* niejasny
unmittelbar *adj* bezpośredni ♦ *adv* bezpośrednio
unmöglich *adj* niemożliwy
unnötig *adj* bezużyteczny
Unordnung *w* nieporządek *m*
unpünktlich *adj* niepunktualny
unrecht **~ haben** nie mieć *uv* racji
Unruhe *w* niepokój *m*, zaniepokojenie *s*
uns *pron* nas
unschuldig *adj* niewinny
unser *pron* nasz, nasza, nasze
unsicher *adj* niepewny
unsichtbar *adj* niewidoczny, niewidzialny
Unsinn *m* nonsens *m*, bzdura *w*
unsympathisch *adj* niesympatyczny
unten *adv* **1** na dole **2** (im Text usw.) poniżej ► **nach ~** w dół; **von ~** spod
unter *prep* **1** (dem Tisch usw.) *etw. Dat* pod *czymś*, poniżej *czegoś* **2** (zwischen) pomiędzy
unter(er,e,es) *adj* dolny, spodni
unterbrechen *v* **1** (Tätigkeit usw.) *etw. Akk* przerwać *vo coś* **2** (Sprecher usw.) *j-n* przerwać *vo komuś*
Unterbrechung *w* przerwanie *s*
unterbringen *v j-n* ulokować *vo kogoś*, zakwaterować *vo kogoś*
unterdrücken *v* **1** (Gefühle usw.) pohamować *vo* **2** (Volk usw.) uciskać *uv* **3** (Aufstand usw.) stłumić *vo* **4** (Bemühung usw.) stłumić *vo*
untereinander *adv* nawzajem, wzajemnie
Unterführung *w* przejście *s* podziemne, (für Verkehrsmittel) przejazd *m* podziemny
Untergang *m* zanik *m*, (einer Zivilisation usw.) koniec *m*
untergehen *v* **1** (Sonne) zajść *vo* **2** (Schiff) zatonąć *vo* **3** (Unternehmen usw.) upaść *vo*, (zugrunde gehen) przestać *vo* istnieć
unterhalb *prep* na spodzie
unterhalten *v* **1** (Verwandte usw.) *j-n* utrzymywać *uv kogoś* **2** (mit Erzählungen usw.) *j-n mit etw.* bawić *uv kogoś czymś* ► **sich ~** *über etw. Akk* rozmawiać *uv z kimś o czymś*
Unterhemd *s* podkoszulek *m*
Unterhose *w* majtki *nur Mz n-mpers.*
Unterkunft *w* zakwaterowanie *s*
unternehmen *v etw. Akk* przedsięwziąć *vo coś*
Unternehmen *s* **1** (Firma usw.) przedsiębiorstwo *s* **2** (Tätigkeit) interes *m*, przedsięwzięcie *s*
Unterricht *m* zajęcia *s Mz*
unterscheiden *v* **1** (Unterschied feststellen) *j-n/etw. von j-m/etw.* odróżnić *vo kogoś/coś od kogoś/czegoś*, *j-n/etw. (von j-m/etw.)* odróżnić *vo kogoś/coś od kogoś/czegoś* **2** (anders machen) *j-n/etw. von j-m/etw.* odróżnić *vo kogoś/coś od kogoś/czegoś* ► **sich ~** *in etw. Dat, von etw.* różnić się *uv w czymś, od czegoś*
Unterschied *m* różnica *w*
unterschiedlich *adj von etw.* inny *niż ktoś/coś* ♦ *adv* odmiennie, różnie
unterschreiben *v etw. Akk* podpisać *vo coś*
Unterschrift *w* podpis *m*
unterstreichen *v* podkreślić *vo*
unterstützen *v* **1** (helfen) *j-n* poprzeć *vo kogoś* **2** (ein Projekt usw.) *etw. Dat* wesprzeć *vo kogoś/coś*
untersuchen *v* **1** *etw. Akk* badać *uv coś* **2** (Patienten usw.) *j-n* zbadać *vo* **3** (überprüfen) *etw. Akk* zbadać *vo coś* **4** (auf Fehler usw.) *etw. Akk* sprawdzić *vo coś*
Untersuchung *w* **1** badanie *s* **2** (polizeiliche) śledztwo *s*, dochodzenie *s*
Unterteil *s,m* spód *m*, spodnia strona *w*
Unterwäsche *w* bielizna *w*
unverantwortlich *adj* nieodpowiedzialny
unvorsichtig *adj* nieostrożny, nieprzezorny
unwohl **Mir ist ~.** Niedobrze mi.
unzufrieden *adj mit etw.* niezadowolony *z czegoś*
Urin *m* mocz *m*, uryna *w*
Urkunde *w* akt *m*, dokument *m*, potwierdzenie *s*
Urlaub *m* urlop *m*, wczasy *nur Mz n-mpers.*, wolne *s*
Ursache *w etw. Gen* przyczyna *w czegoś*
Ursprung *m* pochodzenie *s*
ursprünglich *adj* pierwotny ♦ *adv* pierwotnie
Urteil *s* **1** (richterliches) wyrok *m* **2** (Stellungnahme) opinia *w*
Urwald *m* puszcza *w*

V

Vagina *w* pochwa *w*
Vase *w* wazon *m*
Vater *m* ojciec *m*
vegetarisch *adj* wegetariański
Vene *w* żyła *w*
Ventil *s* zawór *m*, wentyl *m*
Ventilator *m* wentylator *m*, wiatrak *m*
verabreden *v etw. Akk* umówić *vo*; **sich ~** *mit j-m* umówić się *vo z kimś*; **sich ~** *zu etw., auf etw. Akk* zgodzić się *vo coś zrobić*
Verabredung *w* randka *w*, *mit j-m* spotkanie *s z kimś*
verabschieden **sich ~** *von j-m* pożegnać się *vo z kimś*
veraltet *adj* przestarzały
verändern *v* przerobić *vo*
Veränderung *w* zmiana *w*
Veranstaltung *w* wydarzenie *s*
verantwortlich *adj j-m für etw.* odpowiedzialny *przed kimś za coś*, *j-m für etw.* odpowiedzialny *wobec kogoś za coś* ♦ *adv* odpowiedzialnie ► **~ sein** *für etw.* odpowiadać *uv za coś*
Verantwortung *w für etw.* odpowiedzialność *w za coś*
Verband *m* bandaż *m*, (Bandage) opatrunek *m*
Verbandkasten *m* zestaw *m* pierwszej pomocy, apteczka *w*
verbessern *v* **1** (Leistung usw.) *etw. Akk* ulepszyć *vo coś*, poprawić *vo coś*, udoskonalić *vo coś* **2** (Fehler usw.) korygować *uv*
Verbesserung *w* **1** udoskonalenie *s*, ulepszenie *s*, poprawa *m* **2** (eines Fehlers usw.) poprawienie *s*, skorygowanie *s*
verbieten *v j-m etw. Akk* zakazać *vo (komuś) czegoś*
verbilligt *adj* zniżkowy, obniżony
verbinden *v* **1** obandażować *vo*, (mit Verband) zabandażować *vo* **2** (Schnüre usw.) *etw. Akk* związać *vo coś* **3** (mehrere Teile usw.) *etw. Akk mit etw.* połączyć *vo coś z czymś* **4** (Ganzes bilden) *etw. Akk mit etw.* podłączyć *vo coś do czegoś* **5** (miteinander, zusammenschalten) połączyć *vo* **6** (Telefonverbindung) *j-n mit j-m* połączyć *vo kogoś z kimś*, *j-n* przełączyć *vo kogoś* ► **sich ~** *mit j-m* kontaktować się *uv z kimś*, skontaktować się *uv z kimś*; **sich ~** (zu einem Ganzen) połączyć się *vo*
Verbindung *w* **1** (zwischen zwei Teilen) połączenie *s*, złącze *s* **2** (Verkehrsverbindung usw.) połączenie *s* **3** (von einem Gerät usw.) podłączenie *s* **4** (chemische) związek *m*
Verbot *s etw. Gen* zakaz *m czegoś*
verboten *adj* zabroniony, zakazany, wzbroniony
Verbrauch *m* spożycie *s*, konsumpcja *w*
verbrauchen *v etw. Akk* zużyć *vo coś*
Verbrechen *s* zbrodnia *w*
Verbrecher *m* przestępca *m*, zbrodniarz *m*
verbreiten *v* **1** *etw. Akk* szerzyć *uv coś*, (Nachricht usw.) rozgłosić *vo* **2** (Ideen usw.) propagować *uv* ► **sich ~** (Nachricht usw.) rozejść się *vo*
verbreitern *v etw. Akk* poszerzyć *vo coś*, rozszerzyć *vo coś*
verbrennen *v* **1** (verbrannt werden) spłonąć *vo* **2** (Abfall usw.) spalić *vo*, (Reisig usw.) *etw. Akk* palić *uv coś* **3** (verbrauchen) spalić *vo* **4** (durch Feuer zerstören) *etw. Akk* spalić *vo coś* **5** (verletzen) *j-n* poparzyć *vo kogoś* **6** (in Flammen umkommen) spłonąć *vo* **7** (als Ketzer usw.) *j-n* spalić *vo kogoś* ► **sich ~** *an etw. Dat* sparzyć się *vo*, poparzyć się *vo*
Verbrennung *w* **1** (Prozess) spalanie *s* **2** (Wunde) oparzenie *s*
verbringen *v* przeżyć *vo coś gdzieś*, spędzać *uv*, spędzić *vo*
verbunden *adj* **1** *mit etw.* podłączony *do czegoś* **2** (innere Kohärenz) *mit etw.* związany *z czymś*
Verdacht *m* podejrzenie *s*
verdächtig *adj etw. Gen* podejrzany *o coś*
Verdächtige *m* podejrzany *m*
Verdauung *w* trawienie *s*
verderben *v* **1** (Essen) psuć się *uv*, zepsuć się *vo* **2** (Freude usw.) *etw. Akk* zepsuć *vo coś* ► **sich den Magen ~** mieć *uv* rozstrój żołądka
verdienen *v* **1** (Gehalt erwerben) zarobić *vo*, zarabiać *uv* **2** (Gewinn erzielen) *an j-m/etw.* zarobić *vo na kimś/czymś* **3** (als Belohnung) *etw. Akk* zasłużyć *vo na coś*, (würdig sein) *etw. Akk* zasługiwać *vo na coś*
verdoppeln *v etw. Akk* podwoić *vo coś*
verehren *v j-n/etw.* czcić *uv kogoś/coś*
Verein *m* stowarzyszenie *s*, towarzystwo *s*
Vereinbarung *w* umowa *w*
vereinfachen *v etw. Akk* uprościć *vo coś*
vereinigen *v* połączyć *vo coś*, zjednoczyć *vo*
Verfahren *s* **1** (Handlungsmethode usw.) postępowanie *s*, procedura *w* **2** (amtliches usw.) postępowanie *s*
Verfassung *w* konstytucja *w*
verfolgen *v* **1** (beschatten) *j-n* śledzić *uv kogoś* **2** (Polizei usw.) *j-n* gonić *uv kogoś* **3** (Gegner usw.) prześladować *uv* **4** (strafrechtlich) ścigać *uv*
verführen *v j-n* uwieść *vo kogoś*, *j-n* uwodzić *uv kogoś*

vergangen *adj* przeszły, (Woche usw.) miniony
Vergangenheit *w* przeszłość *w*, (Zeitform) czas przeszły
vergeblich *adj* daremny ♦ *adv* daremnie, na darmo
vergehen *v* **1** upływać *uv*, płynąć, (Zeit) upłynąć *vo* **2** (Empfindung) przejść *vo*, (Empfindung usw.) przeminąć *vo*
vergessen *v* **1** (sich nicht erinnern) *etw. Akk* zapomnieć *vo o czymś* **2** (liegen lassen) *etw. Akk irgendwo* zapomnieć *vo czegoś*
vergewaltigen *v j-n* zgwałcić *vo kogoś*
Vergewaltigung *w* gwałt *m*
vergiften *v j-n* otruć *vo kogoś*
Vergiftung *w* zatrucie *s*
Vergleich *m* **1** *mit etw.* porównanie *s z czymś* **2** (Benennung usw.) porównanie *s* **3** (vor Gericht usw.) załagodzenie *s* ► **im ~ zu** *etw.* w porównaniu z *czymś*
vergleichen *v* **1** (Unterschiede) *j-n/etw. mit j-m/etw.* porównać *vo kogoś/coś z kimś/czymś* **2** (angleichen) *j-n/etw. mit j-m/etw.* przyrównać *vo kogoś/coś do kogoś/czegoś*, (Ähnlichkeiten) *etw. Akk mit etw.* przyrównać *vo coś do czegoś* ► **zu ~ sein** *mit etw.* być *uv* porównywalnym, móc się równać
Vergnügen *s* **1** (Freude) przyjemność *w*, uciecha *w* **2** (Amüsement usw.) rozrywka *w* ► **mit ~** *etw. Akk tun* chętnie *coś zrobić*
vergrößern *v* **1** (vermehren) zwiększyć *vo coś* **2** (Foto usw.) powiększyć *vo* **3** (optisch) powiększyć *vo*
vergünstigt *adj* ulgowy
verhaften *v j-n* aresztować *vo kogoś*
Verhalten *s* zachowanie *s*, postępowanie *s*
Verhältnis *s* **1** (Verwandtschaft usw.) stosunek *m* **2** (Liebschaft) *mit j-m* romans *m z kimś*, *mit j-m* związek *m*
verhandeln *v* negocjować *uv*
Verhandlung *w* **1** (Besprechung) negocjacje *w Mz* **2** (vor Gericht) przesłuchanie *s*, rozprawa *w*
verheiratet *adj* zamężna, żonaty
verhindern *v etw. Akk* zapobiec *vo czemuś*
Verhör *s* przesłuchanie *s*
Verhütungsmittel *s* środek *m* antykoncepcyjny
Verkauf *m* sprzedaż *w czegoś*
verkaufen *v etw. Akk j-m für etw.* sprzedać *vo coś komuś za coś*
Verkäufer *m* **1** sprzedawca *m*, ekspedient *m* **2** (Angestellte) sprzedawca *m*
Verkaufsstand *m* stoisko *s*
Verkehr *m* ruch *m*
Verkehrsmittel *s* środek *m* transportu
Verkehrszeichen *s* znak *m* drogowy
verkehrt *adj* przeciwny
verkleben *v etw. Akk mit etw.* zalepić *vo coś czymś*
verkleinern *v* zmniejszyć *vo*
verkürzen *v etw. Akk* skrócić *vo coś*
Verlag *m* wydawnictwo *s*
verlangen *v* **1** *etw. Akk* domagać się *uv czegoś*, (fordern) *etw. Akk* żądać *uv czegoś* **2** (Konzentration usw.) *etw. Akk* wymagać *uv czegoś*
verlängern *v* **1** (räumlich) *etw.* przedłużyć *vo coś* **2** (zeitlich) *etw. Akk* przedłużyć *vo coś*
verlangsamen *v* powstrzymać *vo*, zwolnić *vo*
verlassen *v j-n/etw.* opuścić *vo kogoś/coś*; **sich ~** *auf j-n/etw.* polegać *uv na kimś/czymś*
verlaufen *v* przebiegać *uv*, toczyć się *uv*, (ablaufen) przebiec *vo*
Verleih *m* wypożyczalnia *w*
verleihen *v* **1** (einen Titel usw.) *j-m etw. Akk* nadać *vo komuś coś* **2** (Eigenschaft usw.) *etw. Akk etw. Dat* nadawać *uv coś komuś*, nadać *vo*
verletzen *v* **1** (beschädigen) *j-n* zranić *vo kogoś* **2** (kränken) zranić *vo* **3** (Gesetz usw.) naruszyć *vo*, naruszać *uv* ► **sich ~** zranić się *vo*
verletzt *adj* ranny, zraniony
Verletzung *w* **1** obrażenie *s*, (Wunde) obrażenia **2** (Verstoß) *etw. Gen* naruszenie *s czegoś* ► **~ des Gesetzes** złamanie *s* prawa
verlieren *v* **1** (aus Unachtsamkeit) *etw. Akk* zgubić *vo coś* **2** (Vertrauen usw.) *etw. Akk* stracić *vo coś* **3** (durch Fehler usw.) *etw. Akk* utracić *vo coś* **4** (Kampf usw.) *etw. Akk gegen j-n* przegrać *vo coś z kimś* **5** (Geld) *bei etw.* stracić *vo na czymś* ► **sich ~** (sich verlaufen) zgubić się *vo*; **verloren gehen** zgubić się *vo*, przepaść *vo*, zaginąć *vo*
verlobt *adj* zaręczony
Verlust *m etw. Gen* strata *w czegoś*
vermehren *v* **1** (Eigentum usw.) *etw. Akk* rozmnożyć *vo coś* **2** (Pflanzen usw.) rozmnażać *uv* ► **sich ~** rozmnożyć się *vo*
vermeiden *v etw. Akk* uniknąć *vo czegoś*
vermieten *v etw. Akk an j-n* wynająć *vo coś komuś*; **Zimmer zu ~** pokoje do wynajęcia
vermindern *v* zmniejszyć *vo*
vermischen *v etw. Akk* zamieszać *vo coś*
vermissen *v j-n/etw.* brakować *uv kogoś/czegoś*, *j-n/etw.* tęsknić *uv za kimś/czymś*
Vermögen *s* **1** (Reichtum) majątek *m*, fortuna *w* **2** (einer Firma usw.) aktywa *nur Mz n-mpers.*, majątek *m*
vermuten *v* przypuszczać *uv*, zakładać *uv*
vernachlässigen *v etw. Akk* zaniedbać *vo coś*

verneinen *v* negować
vernichten *v* niszczyć *uv coś*, unicestwić *vo*, zgładzić *vo*, zniszczyć *vo coś*
vernünftig *adj* racjonalny, rozumny
veröffentlichen *v* opublikować *vo coś*, (geheime Dokumente usw.) odtajnić *vo*
verpacken *v* pakować *uv*
Verpackung *w* opakowanie *s*
verpassen *v* **1** (Bus usw.) *etw. Akk* spóźnić się *vo na coś* **2** (Chance usw.) przegapić *vo* ► **Ich habe den Bus verpasst.** Uciekł mi autobus.
Verpflegung *w* wyżywienie *s*
verpflichten **sich ~** *zu etw.* podjąć się *vo (zrobienia) czegoś*
Verpflichtung *w* zobowiązanie *s*, obowiązek *m*
verraten *v* **1** (Geheimnis usw.) *j-m etw. Akk* zdradzić *vo coś komuś* **2** (Identität usw.) *j-n* zdradzić *vo kogoś* **3** (Verrat begehen) *j-n/etw.* zdradzić *vo kogoś/coś*
verringern *v* obniżyć *vo*, zmniejszyć *vo*, (Risiko usw.) *etw. Akk* zmniejszyć, umniejszyć *vo*
verrückt *adj* szalony, zwariowany ♦ *adv* szalenie
versammeln *v* zgromadzić *vo*; **sich ~** spotkać się *vo*, zejść się *vo*
Versammlung *w* **1** (Menschen) zgromadzenie *s*, zebranie *s* **2** (Sitzung) zgromadzenie *s* **3** (politische) zgromadzenie *s*
versäumen *v* **1** (Unterricht usw.) *etw. Akk* opuścić *vo coś* **2** (vergessen zu tun usw.) przeoczyć *vo*
verschieben *v* **1** *etw. Akk irgendwohin* przesunąć *vo coś gdzieś* **2** (zeitlich) *etw. Akk* odłożyć *vo coś* **3** (Handel treiben) *etw. Akk* handlować *uv czymś*
verschieden *adj* różnoraki, różny, (nicht gleich) inny
verschlechtern *v etw. Akk* pogorszyć *vo coś*; **sich ~** pogorszyć się *vo*
verschlimmern *v* pogorszyć *vo*
verschlucken *v etw. Akk* połknąć *vo coś*
Verschluss *m* **1** (einer Flasche) kapsel *m*, nakrętka *w* **2** (eines Kleides usw.) zapięcie *s*
verschmutzen *v* zanieczyścić *vo*, *etw. Akk* ubrudzić *vo*
Verschmutzung *w* zanieczyszczenie *s*
verschreiben *v* przepisać *vo*, zaordynować *vo*
verschütten *v* **1** rozlać *vo coś*, rozsypać *vo coś* **2** (Lawine usw.) *j-n* zasypać *vo kogoś*, zawalić *vo*
Verschwendung *w von etw.* marnowanie *s czegoś*
verschwinden *v* zniknąć *vo*, (untergehen usw.) znikać *uv*; **Verschwinde!** Wynoś się!
Versehen *s* niedopatrzenie *s*; **aus ~** omyłkowo, przez pomyłkę
versichern *v* **1** (Versicherung abschließen) *j-n/etw.* ubezpieczyć *vo kogoś/coś* **2** (bestätigen) *j-n etw. Gen* zapewnić *vo kogoś o czymś* ► **sich ~** *etw. Gen* upewnić się *vo*; **sich ~** *gegen etw.* (Versicherung abschließen) ubezpieczyć się *vo od/na wypadek czegoś*
Versicherung *w* polisa *w*, ubezpieczenie *s*; **eine ~ abschließen** ubezpieczyć się *vo*
versinken *v* zatonąć *vo*
versorgen *v* **1** (beliefern) *j-n/etw. mit etw.* zaopatrywać *uv kogoś/coś w coś*, dostarczać *uv komuś coś* **2** (finanziell usw.) *j-n* utrzymać *vo*
Versorgung *w mit etw.* dostarczenie *s czegoś*, *mit etw.* zabezpieczenie *s czegoś*, (mit Lebensmitteln usw.) zaopatrzenie *s*
verspäten **sich ~** opóźnić się *vo*, (zu spät kommen) spóźnić się *vo*
verspätet *adj* opóźniony, późny, (Tätigkeit usw.) spóźniony
Verspätung *w* opóźnienie *s*
versprechen *v j-m etw. Akk* obiecać *vo komuś coś*
Versprechen *s* obietnica *w*, (Zusicherung) zobowiązanie *s*
Verstand *m* rozum *m*, rozsądek *m*
verständigen *v j-n von etw.* powiadomić *vo kogoś o czymś*; **sich ~** *irgendwie* porozumieć się *vo*
verständlich *adj* zrozumiały ♦ *adv* zrozumiale
verstärken *v* **1** *etw. Akk* wzmocnić *vo coś* **2** wzmocnić *vo* **3** *etw. Akk* intensyfikować *uv coś*, (Spannung usw.) wzmocnić *vo coś* ► **sich ~** wzmocnić się *vo*
verstecken *v etw. Akk vor j-m* schować *vo coś przed kimś*, ukryć *vo coś przed kimś*, (Drogen usw.) *etw. Akk* nielegalnie posiadać *uv coś*; **sich ~** schować się *vo*, ukryć się *vo*
versteckt *adj* ukryty, (geheim) skryty
verstehen *v* **1** *j-n/etw.* rozumieć *uv kogoś/coś* **2** *etw. Akk* zrozumieć *vo coś* **3** *j-n/etw.* rozumieć *uv komuś/czemuś* ► **Ich verstehe nicht.** Nie rozumiem.
verstopft *adj* zatłoczony
Verstopfung *w* **1** (eines Durchgangs usw.) zaparcie *s*, zatwardzenie *s* **2** zaparcie *s*, zatwardzenie *s*
Verstoß *m* przestępstwo *s*
Versuch *m um etw.* próba *w zrobienia czegoś*
versuchen *v etw. Akk* spróbować *vo coś zrobić*, (sich bemühen) *etw. Akk* usiłować *uv coś zrobić*

Versuchung *w* pokusa *w*
verteidigen *v* **1** (vor Angriff) *j-n vor j-m/etw.* bronić *uv kogoś przed kimś/czymś* **2** (Ansichten usw.) *j-n/etw.* bronić *uv kogoś/czegoś* **3** (Titel usw.) obronić *vo*
Verteidigung *w* obrona *w*
verteilen *v* **1** (an mehrere Personen) *etw. Akk an/unter j-n* rozdać *vo coś komuś*, (Lebensmittel usw.) wydzielać *uv*, wydawać *uv*, (Ware usw.) dystrybuować *uv/vo* **2** (über eine Fläche) *etw. Akk irgendwohin* rozłożyć *vo coś*, *etw. Akk irgendwohin* rozmieścić *vo coś gdzieś*
vertiefen *v etw. Akk* pogłębić *vo coś*; **sich ~** *in etw. Akk* (sich konzentrieren) pogrążyć się *vo w czymś*
Vertrag *m* **1** umowa *w* **2** (Staatsvertrag) układ *m*
vertragen *v etw. Akk* wytrzymać *vo coś*
Vertrauen *s* zaufanie *s*
vertraulich *adj* poufny
vertreten *v* **1** (einspringen) *j-n* zastępować *uv kogoś* **2** (als Beauftragter) *j-n/etw.* reprezentować *uv kogoś/coś* **3** (eine Meinung usw.) promować *uv*
Vertreter *m* **1** (Ersatz) zastępca *m* **2** (Repräsentant) przedstawiciel *m* **3** (einer Theorie usw.) *etw. Gen* rzecznik *m czegoś*
vertrocknen *v* uschnąć *vo*
Verunreinigung *w* zanieczyszczenie *s*
verursachen *v etw. Akk* spowodować *vo coś*
verurteilen *v* **1** (zu Strafe) *j-n zu etw.* skazać *vo kogoś na coś* **2** (kritisieren) potępić *vo*
vervollständigen *v* kompletować *uv*
Verwaltung *w* administracja *w*, zarząd *m*
verwandeln *v etw. Akk in etw. Akk* przemienić *vo coś w coś*
verwandt *adj mit j-m* spokrewniony *z kimś*
Verwandte *m* krewny *m*
Verwandtschaft *w* pokrewieństwo *s*, (Verwandte) krewni
verwechseln *v j-n/etw. mit j-m/etw.* pomylić *vo kogoś/coś z kimś/czymś*
verwenden *v* **1** *etw. Akk* użyć *vo czegoś*, używać *uv czegoś* **2** (Mühe, Geld usw.) *etw. Akk auf etw. Akk* zainwestować *vo coś w coś*
Verwendung *w etw. Gen* użycie *s czegoś*, *etw. Gen* używanie *s czegoś*
verwirklichen *v etw. Akk* zrealizować *vo*, (vollziehen) *etw. Akk* wykonać *vo*; **sich ~** spełnić się *vo*
verwirren *v* **1** *j-n* zmylić *vo kogoś* **2** dezorientować *uv* **3** (Fäden usw.) zaplątać *vo*
verwunden *v j-n* zranić *vo kogoś*
verwundet *adj* zraniony
verzeihen *v j-m etw. Akk* przebaczyć *vo komuś coś*
Verzeihung ~! Przepraszam!
verzichten *v auf etw. Akk* odstąpić *vo* od, zrzec się *vo*, *auf etw. Akk* zrzec się *vo czegoś*, *auf etw.* wyrzec się *vo*
Verzierung *w* ozdoba *w*
verzögern *v j-n/etw.* opóźnić *vo kogoś/coś*, (Prozess usw.) *etw. Akk* wstrzymać *vo*; **sich ~** opóźnić się *vo*
Verzögerung *w* opóźnienie *s*, spóźnienie *s*
verzweifelt *adj* zrozpaczony ♦ *adv* desperacko
Videokamera *w* kamera *w* wideo
Vieh *s* bydło *s*, (lebendes Inventar) zwierzęta *s Mz* gospodarcze
viel *adv* **1** (große Menge) dużo *czegoś*, wiele **2** (schlimmer usw.) *irgendwie* daleko ► **so ~** tyle; **~e** dużo; **wie ~** ile; **wie ~e** ile
vielleicht *part* (być) może, prawdopodobnie
vielmals *num* wielokrotnie
vier *num* cztery
viert(er,e,es) *num* czwarty
Viertel *s* **1** ćwierć *w*, ćwiartka *w*, jedna czwarta **2** (in der Stadt) dzielnica *w*
vierzehn *num* czternaście
vierzig *num* czterdzieści
Villa *w* willa *w*
violett *adj* fioletowy
Visitenkarte *w* wizytówka *w*
Visum *s* wiza *w*
Vogel *m* ptak *m*
Volk *s* **1** naród *m* **2** (Bevölkerung) lud *m*
voll *adj* **1** (gefüllt) *etw. Gen* pełny, pełen *czegoś* **2** (komplett) kompletny **3** (Kalender usw.) nabity ♦ *adv* maksymalnie
vollenden *v etw. Akk* dokończyć *vo coś*, skończyć *vo coś*
völlig *adj* absolutny, nieograniczony, (total) całkowity ♦ *adv* absolutnie, zupełnie
volljährig *adj* pełnoletni
vollkommen *adj* **1** (Lösung usw.) doskonały **2** (Unsinn usw.) absolutny, nieograniczony
vollständig *adj* kompletny
Volumen *s* objętość *w*
von *prep* **1** (weg) z, ze **2** (weg) od, ode **3** (Oberfläche usw.) z, ze **4** (Anfang) od, ode **5** (Urheber usw.) od, ode **6** (reden, hören usw.) *etw.* o *czymś* ► **geöffnet ~... bis...** otwarte od... do...; **~ vorne** od przodu
vor *prep* **1** (auf dem Weg usw.) *j-m/etw.* przed, przede *kimś/czymś* **2** (bevor) przed, przede **3** (zwei Jahren usw.) przed, przede **4** (fliehen usw.) przed, przede ► **~ allem** przede wszystkim; **~ einer halben Stunde** pół godziny temu
Voraus **im ~** z wyprzedzeniem, z góry

voraussagen *v etw. Akk* przepowiedzieć *vo coś*
voraussetzen *v* zakładać *uv*
Voraussetzung *w* **1** (Idee usw.) założenie *s* **2** (Bedingung) *für etw.* warunek *m dla czegoś*
vorbei *adv* obok ♦ *prep an etw. Dat* obok
vorbeifahren *v an etw. Dat* przejechać *vo koło czegoś, an j-m/etw.* przejechać *vo* (obok), (mit Auto usw.) *an j-m/etw.* minąć *vo kogoś/coś*
vorbeigehen *v an j-m/etw.* przejść *vo obok kogoś/czegoś,* (zu Fuß) *an j-m/etw.* minąć *vo kogoś/coś*
vorbereiten *v etw. Akk für j-n* przygotować *vo coś dla kogoś, etw. Akk* przygotować *vo coś*
Vorbereitung *w auf/für etw.* przygotowanie *s;* **~en** przygotowania *Mz*
Vorbild *s* wzór *m*
vorder(er,e,es) *adj* przedni
Vorfahrt *w* pierwszeństwo *s* (przejazdu)
vorgestern *adv* przedwczoraj
vorhaben *v etw. Akk zu tun* szykować się *uv do zrobienia czegoś, etw. Akk zu tun* zamierzać *uv coś* zrobić
Vorhang *m* **1** (zu Hause usw.) zasłona *w* **2** (im Theater usw.) kurtyna *w*
vorher *adv* przedtem
Vorhersage *w* przepowiednia *w*
vorig *adj* poprzedni, poprzedzający, ubiegły, zeszły
vorkommen *v* wystąpić *vo*, występować *uv gdzieś;* **sich ~** czuć się *uv jak ktoś/coś*
vorläufig *adj* prowizoryczny, tymczasowy, wstępny ♦ *adv* w tej chwili, na razie
Vorlesung *w* wykład *m*
vorletzt(er,e,es) *adj* przedostatni
Vormittag *m* przedpołudnie *s;* **am ~** przed południem
vormittags *adv* przed południem; **um zehn Uhr ~** o dziesiątej rano
vorn *adj* przedni ♦ *adv* z przodu
Vorname *m* imię *s*
Vorrat *m* zapas *m*, zapasy *Mz;* **Vorräte** zapasy *s Mz*
Vorrichtung *w* urządzenie *s*
Vorschlag *m* propozycja *w*
vorschlagen *v* zaproponować *vo coś*
Vorschrift *w* przepis *m*
Vorschuss *m* zaliczka *w*
Vorsicht ~! Uwaga!
vorsichtig *adj* ostrożny ♦ *adv* ostrożnie
Vorsitzende *m* przewodniczący *m*, prezes *m*
Vorspeise *w* przystawka *w*
Vorstadt *w* przedmieście *s*
vorstellen *v j-n j-m* przedstawić *vo kogoś komuś*, poznać *vo kogoś z kimś;* **sich ~** (Namen nennen) przedstawić się *vo*, (sich ausmalen) wyobrazić *vo* sobie
Vorstellung *w* **1** (Bekanntmachen) prezentacja *w*, przedstawienie *s* **2** (Ahnung) *von etw.* pojęcie *s o czymś*, (Gedanke) *von etw.* wyobrażenie *s* **3** (Aufführung) przedstawienie *s*
Vorteil *m* korzyść *w*, zaleta *w*
Vortrag *m* **1** (wissenschaftlicher) wykład *m* **2** (eines Gedichts usw.) recytacja *m*
vorübergehend *adj* tymczasowy, przejściowy ♦ *adv* chwilowo
Vorurteil *s* uprzedzenie *s*
Vorwahl *w* numer *m* kierunkowy
Vorwand *m* płaszczyk *m*, *für etw.* pretekst *m do czegoś*, wymówka *w*
vorwärts *adv* do przodu, naprzód
Vorwurf *m* wyrzut *m*
vorzeitig *adj* przedwczesny ♦ *adv* przedwcześnie
vorziehen *v etw. Akk etw. Dat* woleć *uv coś niż coś*, preferować *uv coś od czegoś*
Vulkan *m* wulkan *m*

W

Waage *w* **1** (Gerät) waga *w* **2** (Sternzeichen) Waga *w*
wach *adj* przebudzony
Wachs *s* wosk *m*
wachsen *v* **1** (größer werden) rosnąć *uv*, wyrosnąć *vo*, dorosnąć *vo* **2** (entstehen) wyrosnąć *vo*, (sich entwickeln) narosnąć *vo*
Wade *w* łydka *w*
Waffe *w* broń *w*
wagen *v etw. Akk zu tun* ośmielić się *vo coś zrobić*, śmieć *uv coś zrobić*
Wagen *m* **1** (Eisenbahn) wagon *m* **2** (Auto) auto *s*, (Kraftwagen) samochód *m*
Wahl *w* wybór *m* ► **~en** wybory *m Mz*
wählen *v* **1** wybierać *uv*, (Möglichkeit usw.) wybrać *vo* **2** (eine Telefonnummer) wykręcić *vo* **3** (abstimmen) *j-n* głosować *uv na kogoś*, *j-n* wybrać *vo*
wahr *adj* prawdziwy; **Das ist nicht ~.** To nieprawda.; **Nicht ~?** Tak?, Czyż nie?; **~ werden** spełnić się *vo*
während *conj* podczas gdy ♦ *prep* podczas, w czasie
Wahrheit *w* prawda *w*, racja *w*
wahrscheinlich *adj* prawdopodobny ♦ *part* prawdopodobnie, chyba
Währung *w* waluta *w*

Waise *w* sierota *w*
Wald *m* las *m*
Wand *w* ściana *w*
wandern *v* **1** wędrować *uv*, iść *uv* na (pieszą) wędrówkę **2** (ziellos usw.) włóczyć się *uv*, błądzić *uv*
Wanderung *w* wędrówka *w*
Wange *w* policzek *m*
wann *adv* kiedy; **~ auch immer** kiedykolwiek
Wanne *w* wanna *w*
Wanze *w* pluskwa *w*
Wappen *s* herb *m*
Ware *w* towar *m*
warm *adj* **1** ciepły **2** (Empfang usw.) gorący ♦ *adv* **1** ciepło **2** (empfangen usw.) gorąco ► **~ machen** *etw. Akk* podgrzać *vo coś*, zagrzać *vo coś*
Wärme *w* ciepło *s*
wärmen *v* **1** (warm machen) *etw. Akk* ogrzać *vo coś* **2** (heizen) grzać *uv* **3** (Kleider usw.) grzać *uv* **4** (erwärmen) rozgrzać *vo*
warnen *v j-n vor etw. Dat* ostrzegać *uv kogoś przed czymś*
Warnung *w* przestroga *w*, *vor etw. Dat* ostrzeżenie *s przed czymś*
warten *v auf j-n/etw.* czekać *uv na kogoś/coś*, *auf j-n/etw.* poczekać *vo na kogoś/coś*
Warteraum *m* poczekalnia *w*
Wartezimmer *s* poczekalnia *w*
Wartung *w* utrzymanie *s*
warum *adv* dlaczego
was *pron* co ► **~ (auch) immer** cokolwiek; **~ für ein** jaki
Waschanlage *w* myjnia *w* samochodowa
Waschbecken *s* umywalka *w*
Wäsche *w* **1** (schmutzige) pranie *s* **2** (Textilien) bielizna *w*
Wäscheklammer *w* klamerka *w* do bielizny
waschen *v* **1** (Wäsche) *etw. Akk* prać *uv coś*, *etw. Akk* wyprać *vo coś* **2** (reinigen) *etw. Akk* umyć *vo coś* **3** (Gemüse usw.) uprać *vo*
Wäscherei *w* pralnia *w*
Wäschetrockner *m* suszarka *w*
Waschküche *w* pralnia *w*
Waschmaschine *w* pralka *w*
Waschpulver *s* proszek *m* do prania
Waschraum *m* umywalnia *w*
Wasser *s* woda *w*, (kölnisches usw.) płyn *m*
wasserdicht *adj* nieprzemakalny, nieprzepuszczalny, wodoodporny, wodoszczelny
Wasserfall *m* wodospad *m*
Wasserkocher *m* czajnik *m* elektryczny
Wasserleitung *w* wodociąg *m*
Wasserski *m Mz* narty *w Mz* wodne
Wassersportarten *w Mz* sporty *m Mz* wodne
Watte *w* wata *w*
weben *v* tkać *uv*, *etw. Akk* utkać *vo coś*
Wechsel *m* **1** (abwechselnd) zmiana *w* **2** (Änderung) wymiana *w* **3** (Ablösung) zmiana *w* **4** (Wertpapier) weksel *m*
Wechselkurs *m* kurs *m* walutowy
wechseln *v* **1** (ersetzen) *etw. Akk für etw.* wymienić *vo coś na coś* **2** (Geld usw.) wymienić *vo* **3** (Berufe usw.) zmieniać *uv*, zmienić *vo* **4** (Kleingeld) *etw. Akk* rozmienić *vo coś* **5** (Schalter) pstryknąć *vo* ► **sich ~** *bei etw.* zmieniać się *uv*
Wechselstube *w* kantor *m*
wecken *v* **1** *j-n* obudzić *vo kogoś*, zbudzić *vo kogoś* **2** (Interesse usw.) wzbudzić *vo* ► *j-s* **Interesse ~** zainteresować *vo kogoś*
Wecker *m* budzik *m*
weder **~... noch** ani... ani
weg *adv* daleko; **Er ist schon ~.** Już poszedł.
Weg *m* droga *w*; **welchen ~** którędy
wegen *prep j-s/etw.* z powodu; **~ des schlechten Wetters...** z powodu złej pogody...
wegfahren *v* odjechać *vo*
weggehen *v* odejść *vo*
weglaufen *v* odbiec *vo*, uciec *vo*
wegnehmen *v j-m etw. Akk* zabrać *vo coś komuś*
wegwerfen *v* **1** (Kippe usw.) wyrzucić *vo* **2** (zum Abfall tun) wyrzucić *vo coś*
wegwischen *v* zetrzeć *vo*
wehtun *v* **1** boleć *uv* **2** (absichtlich usw.) *j-m* skrzywdzić *vo kogoś*, sprawić *vo komuś* ból
Weibchen *s* samiczka *w*
weiblich *adj* kobiecy, żeński
weich *adj* **1** (nicht hart) miękki **2** (geschmeidig) delikatny ♦ *adv* miękko ► **~ gekocht** na miękko; **~ machen** *etw. Akk* zmiękczyć *vo coś*, zmiękczać *uv*
Weihnachten *s* Boże Narodzenie *s*, gwiazdka *s*
weil *conj* ponieważ, skoro, gdyż
Weile *w* chwila *w*, moment *m*
Wein *m* wino *s*
Weinberg *m* winnica *w*
weinen *v* płakać *uv*
Weinstube *w* winiarnia *w*
Weintraube *w* grono *s*
weise *adj* mądry
Weise *w* **1** sposób *m*, tryb *m* **2** (Melodie) śpiewka *w*
weiß *adj* biały

weit *adv* **1** (entfernt usw.) daleko **2** (geöffnet usw.) szeroko ► **von ~em** z daleka

weiter *adj* dalszy ♦ *adv* dalej ► **und so ~** i tak dalej

weitergehen *v* **1** posuwać się *uv* do przodu, pójść *vo* do przodu, posunąć (się) *vo* naprzód **2** (Prozess usw.) zaczynać *uv* ponownie

weitermachen *v etw. Akk, in etw. Dat* nadal coś robić *uv*, *etw. Akk* robić *uv coś* dalej

Weizen *m* pszenica *w*

welch(er,e,es) *pron* jaki, który

welken *v* więdnąć *uv*

Welle *w* **1** (Wasser) fala *w* **2** (Maschinenteil) wał *m*

Welt *w* świat *m*

Weltall *s* kosmos *m*, wszechświat *m*

Weltraum *m* kosmos *m*, wszechświat *m*

wenden *v* **1** (Seite usw.) odwrócić *vo coś* **2** (Auto usw.) *etw. Akk* obrócić *vo coś*, (in andere Richtung) *etw. Akk* przekręcić *vo coś* **3** (Auto, Schwimmer usw.) zawrócić *vo* ► **An wen soll ich mich ~?** Do kogo mam się zwrócić?; **sich ~** *an j-n/etw.* zwrócić się *vo do kogoś*

wenig *adv* mało; **am ~sten** najmniej; **ein ~** *etw. Gen* odrobina *w czegoś*; **~e** mało; **~er werden** zmaleć *vo*

weniger *adv* mniej

wenigstens *part* co najmniej, przynajmniej

wenn *conj* **1** (konditional) gdyby, jeśli, jeżeli **2** (in der Moment) kiedy **3** (Bedingung) kiedy

wer *pron* kto

Werbespot *m* reklama *w*

Werbung *w* **1** (Werben) reklama *w* **2** (eines Produktes) promocja *w*, reklama *w*

werden *v etw. Akk* stać się *vo kimś, jakimś*

werfen *v* **1** dorzucić *vo*, rzucać *uv*, *etw. Akk* rzucić *vo coś/czymś* **2** (Schatten usw.) *etw. Akk irgendwohin* rzucić *vo coś gdzieś* **3** *etw. Akk irgendwohin* rzucić *vo coś gdzieś* **4** (in Baseball usw.) rzucić *vo* ► **sich ~** *irgendwohin* rzucić się *vo dokądś*

Werk *s* **1** (Schöpfung usw.) dzieło *s* **2** (Mechanismus) maszynka *w*

Werkstatt *w* warsztat *m*

Werktag **~e** dni *m Mz* robocze

Werkzeug *s* **1** narzędzie *s* **2** (Gesamtheit von Werkzeugen) przybory *m Mz* ► **~e** narzędzia *s Mz*, przybory *m Mz*

wert *adj etw. Gen* wart *czegoś*, zasługujący *na coś*; **~ sein** *etw. Gen* (verdienen) być wartym *czegoś*

Wert *m* **1** (finanzieller) *etw. Gen* wartość *w czegoś* **2** (Bedeutung) wartość *w czegoś*

Wertsachen *w Mz* kosztowności *w Mz*

wertvoll *adj* drogocenny, wartościowy, cenny, (teuer) drogi

Wesen *s* natura *w*, (Kern) istota *w czegoś*, sedno *s czegoś*, grunt *m*

wesentlich *adj* istotny ♦ *adv* istotnie

Wespe *w* osa *w*

wessen *pron* czyj

Weste *w* kamizelka *w*

Westen *m* zachód *m*; **im ~** na zachodzie

westlich *adj* zachodni

Wettbewerb *m* rywalizacja *w*, współzawodnictwo *s*, turniej *m*, (Spiel) konkurs *m*

Wette *w* stawka *w*, zakład *m*

wetten *v* **1** *um etw.* założyć się *vo o coś* **2** *auf etw. Akk* postawić *vo na coś*

Wetter *s* pogoda *w*

Wettervorhersage *w* prognoza *w* pogody

Wettkampf *m* rywalizacja *w*, współzawodnictwo *s*, turniej *m*; **an einem ~** *gegen j-n* **teilnehmen** rywalizować *uv z kimś*

wichtig *adj* ważny, (Folgen usw.) doniosły; **das ~ste ist** najważniejsze to...

wickeln *v* **1** (Draht usw.) motać *uv* **2** (Wolle usw.) *etw. Akk auf etw. Akk* owinąć *vo coś wokół czegoś*

Widerspruch *m* **1** (Gegensatz) sprzeczność *w* **2** (Widerrede) *gegen etw.* niezgoda *w*, różnica *w* zdań

Widerstand *m* **1** (Trotz) *gegen j-n/etw.* opór *m wobec kogoś/czegoś* **2** (Bewegung) ruch oporu **3** (physikalisch) opór *m*

widerstehen *v* **1** (Änderung usw.) *etw. Dat* opierać się *uv czemuś*, przeciwstawiać się *uv czemuś* **2** (Angriff, Anprall usw.) *etw. Dat* oprzeć się *vo czemuś*

Widerwille *m gegen j-n/etw.* odraza *w do kogoś/czegoś*, wstręt *m do kogoś/czegoś*

widmen *v etw. Akk j-m/etw.* poświęcić *vo coś komuś/czemuś*; **sich ~** *etw. Dat* (teilnehmen usw.) angażować się *uv w coś*; **sich ~** *j-m/etw.* poświęcać się *uv komuś/czemuś*; **sich ~** *etw. Dat* poświęcać się *uv czemuś*

wie[1] *adv* jak ► **W~ geht es Ihnen?** Jak się pan(i) miewa?; **W~ ist es?** Jakie to jest?

wie[2] *conj* **1** (Ähnlichkeit) jak **2** (beides) jak również ► **~ (zum Beispiel)** taki jak (na przykład); **W~ Sie wollen.** Jak pan(i) sobie życzy.

wieder *adv* ponownie, znowu

wiederherstellen *v* odnowić *vo*

wiederholen *v* **1** (nochmals machen) *etw. Akk* powtórzyć *vo coś* **2** (um es zu betonen) powtórzyć *vo* **3** (Lernstoff usw.) *etw. Akk* powtórzyć *vo coś*

Wiederholung *w* **1** *etw. Gen* powtórzenie *s czegoś* **2** (des Lernstoffes) powtórka *w* **3** (eines Ereignisses) powtarzanie się *s*

wiederkommen *v* wrócić *vo skądś*
wiegen *v* **1** (Gewicht haben) ważyć *uv* **2** (Gewicht feststellen) *j-n/etw.* ważyć *uv*, zważyć *vo kogoś/coś*
Wiese *w* łąka *w*
wievielmal *pron* ile razy
wild *adj* dziki ♦ *adv* dziko
Wild *s* **1** (wild lebend) (dzika) zwierzyna *w* **2** (Fleisch) dziczyzna *w* ► **jagdbares ~** zwierzyna *w* (łowna)
Wille *m* wola *w*
willkommen *adj* mile widziany; **W~!** Witamy!
Wimper *w* rzęsa *w*
Wimperntusche *w* tusz *m* do rzęs
Wind *m* wiatr *m*
Windel *w* pieluszka *w*
windig *adj* wietrzny
Windjacke *w* wiatrówka *w*
Windmühle *w* wiatrak *m*
Windschutzscheibe *w* przednia szyba *w*
Winkel *m* **1** kąt *m* **2** (Augenwinkel) kącik *m* **3** (verborgener) zakątek *m*
winken *v* **1** (Fahne usw.) *mit etw.* machać *uv czymś* **2** *j-m* machać *uv do kogoś*
Winter *m* zima *w*
winzig *adj* drobniutki, drobny, malutki
wir *pron* my
Wirbel *m* **1** (von Wasser usw.) wir *m* **2** (Knochen) kręg *m*
Wirbelsäule *w* kręgosłup *m*
wirken *v* **1** (Wirkung haben) działać *uv*, *auf j-n/etw.* skutkować *uv* **2** (Eindruck machen) *auf j-n irgendwie* robić *uv* wrażenie **3** (Medikament usw.) zadziałać *vo* ► **zu ~ beginnen** skutkować *vo*
wirklich *adj* **1** rzeczywisty **2** (wie es sein soll) prawdziwy ♦ *adv* **1** (in Wirklichkeit) naprawdę **2** (in der Tat) naprawdę ♦ *part* rzeczywiście, serio ► **W~?** Naprawdę?, Serio?
Wirklichkeit *w* realność *w*, rzeczywistość *w*, jawa *w*
wirksam *adj* działający, skuteczny
Wirkung *w* skutek *m*, wynik *m*, (Auswirkung) *auf j-n/etw.* wpływ *m na coś*
Wirt *m* właściciel *m* pubu
Wirtschaft *w* gospodarka *w*
wirtschaftlich *adj* gospodarczy, ekonomiczny
wischen *v* **1** *etw. Akk (von etw.)* zetrzeć *vo coś* **2** (reinigen) *etw. Akk* wytrzeć *vo coś*, (Tafel) *etw. Akk* zetrzeć *vo coś*, zmazać *vo*
wissen *v etw. Akk, von etw.* wiedzieć *uv coś, o czymś*
Wissenschaft *w* nauka *w*
Wissenschaftler *m* naukowiec *m*
wissenschaftlich *adj* naukowy
Witwe *w* wdowa *w*
Witwer *m* wdowiec *m*
Witz *m* **1** dowcip *m* **2** pomysłowość *w*
witzig *adj* dowcipny, komiczny
wo *adv* gdzie; **ach ~** ależ skąd; **~ (auch) immer** gdziekolwiek
Woche *w* tydzień *m*
Wochenende *s* weekend *m*
Wochentag **~e** dni *m Mz* robocze
woher *adv* skąd; **W~ kommen Sie?** Skąd pan(i) jest?
wohin *adv* dokąd
wohl **Ich fühle mich nicht ~.** Niedobrze mi.
wohnen *v irgendwo* mieszkać *uv*, zamieszkiwać *uv*; **Ich wohne im Hotel Alcron.** Zatrzymałem się w hotelu Alcron.
Wohnmobil *s* samochód *m* kempingowy, samochód kempingowy
Wohnsitz *m* miejsce *s* zamieszkania
Wohnung *w* mieszkanie *s*
Wohnwagen *m* przyczepa *w* kempingowa
Wohnzimmer *s* salon *m*
Wolf *m* wilk *m*
Wolke *w* chmura *w*
Wolkenkratzer *m* drapacz *m* chmur
wolkig *adv* pochmurnie
Wolle *w* wełna *w*
wollen *v* **1** (vorhaben) *etw. Akk zu tun* chcieć *uv* **2** (verlangen) chcieć *uv czegoś/coś od kogoś* ► **Was ~ Sie?** Czego pan(i) chce?
Wort *s* słowo *s*
Wörterbuch *s* słownik *m*
Wortschatz *m* słownictwo *s*
Wrack *s* wrak *m*
Wunde *w* rana *w*
Wunder *s* cud *m*
wunderbar *adj* wspaniały ♦ *adv* cudownie
wundern **sich ~** *über etw. Akk* dziwić się *uv czemuś*
Wunsch *m* życzenie *s*
wünschen *v* **1** (erhoffen) *j-m etw. Akk* życzyć *uv komuś czegoś* **2** (guten Appetit usw.) *j-m etw. Akk* złożyć *vo* życzenia *komuś* ► **sich ~** *etw. Akk* życzyć *uv czegoś*
würdig *adj* **1** (Person usw.) dostojny **2** (wert) *etw. Gen* wart *czegoś*, zasługujący *na coś*
Wurf *m* rzut *m*
Würfel *m* **1** sześcian *m*, (Kubus) kostka *w* **2** (zum Spielen) kostka *w*, klocek *m*
Wurm *m* robak *m*
Wurst *w* kiełbasa *w*
Würstchen *s* parówka *w*

Wurzel *w* **1** (einer Pflanze usw.) korzeń *m* **2** (Zahl) pierwiastek *m*
Wüste *w* pustynia *w*
Wut *w* gniew *m*, złość *w*, wściekłość *w*
wütend *adj* rozwścieczony, wściekły

Z

zäh *adj* **1** (Fleisch usw.) twardy **2** (mit Ausdauer usw.) nieustępliwy, wytrwały
Zahl *w* **1** (Zahlwort usw.) liczba *w* **2** (Angabe) cyfra *w*, liczba *w*
zahlen *v j-m für etw.* płacić *uv komuś za coś*, *j-m für etw.* zapłacić *vo komuś za coś*; **Bitte ~!** Poproszę rachunek!
zählen *v* **1** *bis wie viel* policzyć *vo* **2** (Anzahl feststellen) liczyć *uv* **3** (zuordnen) *j-n/etw. zu j-m/etw.* zaliczać *uv kogoś/coś do czegoś* **4** (gehören) *zu etw.* zaliczać się *uv* **5** (Anzahl haben) liczyć *uv* **6** *auf etw. Akk* liczyć *uv na coś*
zahlreich *adj* liczny
Zahlung *w* zapłata *w*
zahm *adj* oswojony
Zahn *m* ząb *m* ► **sich die Zähne putzen** umyć *vo* zęby
Zahnarzt *m* dentysta *m*
Zahnbürste *w* szczoteczka *w* do zębów
Zahnfüllung *w* plomba *w*
Zahnpasta *w* pasta *w* do zębów
Zahnspange *w* aparat *m* ortodontyczny
Zahnstocher *m* wykałaczka *w*
Zange *w* szczypce *nur Mz n-mpers.*, obcęgi *nur Mz n-mpers.*
zart *adj* **1** (körperlich) wątły **2** (Struktur usw.) delikatny **3** (empfindlich usw.) czuły
zärtlich *adj* czuły
Zauber *m* czar *m*
Zaun *m* ogrodzenie *s*, płot *m*
Zebrastreifen *m* przejście *s* dla pieszych
Zehe *w* **1** (am Fuß) palec *m* u nogi **2** (von Knoblauch) ząbek *m* ► **auf den ~n** (gehen usw.) na palcach; **große ~** duży palec *m* u nogi
zehn *num* dziesięć
zehnt(er,e,es) *num* dziesiąty
Zehntel *s* jedna dziesiąta *w*
Zeichen *s* znak *m*
zeichnen *v* narysować *vo*, rysować *uv*, (Dreieck usw.) kreślić *uv*
Zeichnung *w* rysunek *m*
zeigen *v* **1** (in einer Richtung) *auf j-n/etw.* wskazać *vo na kogoś/coś*, (vorzeigen) *j-m etw. Akk* pokazać *vo coś komuś* **2** (vorzeigen) *etw. Akk* pokazać *vo coś* **3** *etw. Akk* wyrazić *vo coś*, (Freude usw.) *etw. Akk* okazać *vo coś* **4** (ausdrücken) *etw. Akk* wykazać *vo coś* ► **sich ~** (sich sehen lassen) pokazać się *vo*, (Wahrheit usw.) okazać się *vo*
Zeile *w* linijka *w*
Zeit *w* **1** czas *m* **2** (Ära) wiek *m* ► **in letzter ~** ostatnio; **Abfahrtszeit/Ankunftszeit** godzina *w* odjazdu/przyjazdu
zeitgenössisch *adj* współczesny
Zeitschrift *w* czasopismo *s*
Zeitung *w* gazeta *w*
Zelle *w* **1** (im Gefängnis usw.) cela *w*, loch *m* **2** (in Lebewesen) komórka *w*
Zelt *s* namiot *m*; **ein ~ aufstellen** rozbić *vo* namiot
Zentimeter *m,s* centymetr *m*
zentral *adj* centralny
Zentrale *w* **1** (einer Organisation usw.) punkt *m* dowodzenia **2** (Telefonzentrale) centrala *w*
Zentrum *s* **1** (Stadtzentrum usw.) centrum *s* **2** (Einrichtung) ośrodek *m*
zerbrechen *v* pęknąć *vo*
zerbrechlich *adj* kruchy
Zeremonie *w* obrzęd *m*, ceremonia *w*
zerreißen *v* **1** (in Stücke) *etw. Akk* podrzeć *vo coś*, drzeć *uv coś* **2** (Seil usw.) rozerwać *vo*, przerwać *vo* **3** (zerfleischen) poszarpać *vo*
zerschlagen *v etw. Akk* rozbić *vo coś* ♦ *adj* rozbity
zerstören *v* zniszczyć *vo coś*
Zettel *m* **1** (Notizzettel usw.) wiadomość *w*, (Stück Papier) karta *w* **2** (Kassenzettel usw.) paragon *m*
Zeuge *m* świadek *m czegoś*; **~** *etw. Gen* **sein** (Unfalls usw.) być świadkiem *czegoś*
Zeugnis *s* atest *m*, zaświadczenie *s*, (vom Arbeitgeber) referencje *w Mz*
Ziege *w* koza *w*
Ziegel *m* cegła *w*
ziehen *v* **1** (Handwagen usw.) *etw. irgendwohin* ciągnąć *uv coś* **2** (Bremse usw.) *an etw. Dat* pociągnąć *vo za coś* **3** (herbeischleppen) *etw. Akk irgendwohin* przywlec *vo coś gdzieś*, (schleppen) *etw. Akk irgendwohin* zaciągnąć *vo coś gdzieś*, zawlec *vo coś gdzieś* **4** *etw. Akk aus etw.* wyciągnąć *vo coś skądś* **5** (Los usw.) wylosować *vo* **6** (Waffe) wyciągnąć *vo* ► **Nutzen ~** *aus etw.* korzystać *uv z czegoś*
Ziel *s* **1** (zu erreichender Punkt) cel *m* **2** (Absicht) cel *m*, zamiar *m* **3** (eines Rennens) finisz *m* ► **ans ~ führen** *j-n* (Fahrer usw.) pilotować *uv kogoś*
ziemlich *adv* dość, dosyć ♦ *part* całkiem
Zigarette *w* papieros *m*
Zigarre *w* cygaro *s*

Zimmer *s* pokój *m*; ~ **zu vermieten** pokoje do wynajęcia
Zimmermädchen *s* pokojówka *w*
Zimt *m* cynamon *m*
Zins *m* odsetek *m*, procent *m*
Zirkus *m* cyrk *m*
Zitrone *w* cytryna *w*
Zitronenlimonade *w* lemoniada *w*
zittern *v* drżeć *uv*, trząść się *uv*, (vor Kälte usw.) zatrząść się *vo*
zögern *v* wahać się *uv*, zawahać się *vo*, zwlekać *uv*
Zoll *m* cło *s*
Zollabfertigung *w* odprawa *w* (celna)
Zollamt *s* urząd *m* celny
Zollbeamte *m* celnik *m*
Zoo *m* zoo *s*
Zopf *m* warkocz *m*, warkoczyk *m*
zu[1] *prep* do, na
zu[2] *adv* (schwer usw.) zbyt
Zubehör *s* akcesoria *s Mz*
Zubereitung *w von etw.* przygotowanie *s*
Zucchini *w* cukinia *w*
züchten *v etw. Akk* hodować *uv coś*
Zucker *m* cukier *m*
Zuckerwürfel *m* kostka *w* cukru
zudecken *v* **1** (bedecken) *j-n/etw. mit etw.* zakryć *vo kogoś/coś czymś*, przykryć *vo kogoś/coś czymś* **2** (mit Deckel usw.) *etw. Akk mit etw.* przykryć *vo coś*
zuerst *adv* na początku, najpierw
Zufall *m* przypadek *m*
zufällig *adj* **1** (Treffen usw.) przypadkowy **2** (Auswahl usw.) przypadkowy, losowy ♦ *adv* przypadkiem
zufliegen *v* przylecieć *vo*
zufrieden *adj mit j-m/etw.* zadowolony *z kogoś/czegoś*
Zug *m* **1** (Verkehrsmittel) pociąg *m* **2** (Wesenszug) rys *m*, cecha *w* **3** (militärische Abteilung) pluton *m* **4** (im Schach usw.) ruch *m*
zugänglich *adj* dostępny; **für die Öffentlichkeit** ~ otwarty dla publiczności
zugeben *v* **1** (hinzufügen) *etw. Akk irgendwohin* dodać *vo coś do czegoś* **2** przyznać *vo*, uznać *vo*
zugleich *adv* jednocześnie, równocześnie, razem
zuhören *v j-m/etw.* przysłuchiwać się *uv komuś/czemuś*, *j-m/etw.* słuchać *uv kogoś/czegoś*
zukleben *v* **1** (Umschlag usw.) *etw. Akk* zapieczętować *vo* **2** *etw. Akk mit etw.* zalepić *vo coś czymś* ► **mit Klebeband** ~ *etw. Akk* zakleić *vo* taśmą *coś*
zuknöpfen *v* zapiąć *vo* na guzik(i)
Zukunft *w* przyszłość *w*
zulassen *v* pozwolić *vo na coś*, (damit es geschieht) *etw.* popierać *uv coś*
zuletzt *adv* w końcu, wreszcie
zum ~ **Beispiel** na przykład; ~ **dritten Mal** po raz trzeci; ~ **letzten Mal** ostatni raz
zumachen *v etw. Akk* zamknąć *vo coś*, zamykać *uv*
Zündkerze *w* świeca *w* zapłonowa
zunehmen *v* **1** (an Gewicht) tyć *uv*, (dicker werden) przytyć *vo* **2** (mehr werden) przybywać *uv*
Zuneigung *w* przychylność *w*
Zunge *w* język *m*
zurück *adv* **1** (gehen usw.) z powrotem, (zum Ausgangspunkt) do tyłu **2** (zurückgeblieben) w tyle
zurückerstatten *v j-m etw. Akk* refundować *uv/vo komuś coś*
zurückfahren *v* cofać *uv*, cofnąć *vo*
zurückgeben *v j-m etw. Akk* oddać *vo coś komuś*, zwrócić *vo*
zurückkommen *v* wrócić *vo skądś*
zurücklegen *v* przebiec *vo*, (mit Auto usw.) przejechać *vo*, (zu Fuß) *etw. Akk* przejść *vo coś*, ujść *vo*
zurücktreten *v* **1** (nach hinten) cofać się *uv*, usunąć się *vo* **2** rezygnować *uv*, zrezygnować *vo*, ustąpić *vo*, (Herrscher usw.) abdykować *uv/vo*
zurzeit *adv* teraz, w tej chwili, w tym momencie
zusammen *adv* **1** (arbeiten usw.) razem, wspólnie **2** (verbinden usw.) razem **3** (betragen usw.) razem
zusammenarbeiten *v mit j-m* współpracować *uv z kimś*
zusammenbrechen *v* **1** (Mensch) załamać się *vo* **2** (Brücke usw.) walić się *uv*
zusammendrücken *v etw. Akk* ścisnąć *vo coś*
Zusammenfassung *w* streszczenie *s*
Zusammenhang *m* powiązanie *s*, *zwischen etw. Dat* związek *m między czymś*
zusammenhängen *v mit etw.* być związanym *z czymś*
zusammensetzen *v etw. Akk* złożyć *vo coś*, poskładać *vo coś*, zestawić *vo*; **sich** ~ *aus etw.* składać się *uv z czegoś*
Zusammenstoß *m* **1** kolizja *w*, zderzenie *s* **2** (Auseinandersetzung) starcie *s*
zusammenstoßen *v* zderzyć się *vo*
zusammentreffen *v mit j-m* spotkać się *vo z kimś*

zusätzlich *adj* dodatkowy ♦ *adv* **1** (als Zusatz) *zu etw.* dodatkowo **2** (übrig) dodatkowo, ekstra
Zuschauer *m* widz *m*, (Schaulustige) obserwator *m*
Zuschlag *m* dopłata *w*, opłata *w* dodatkowa
Zustand *m j-s/etw.* stan *m czegoś*
zuständig *adj* odpowiedni, właściwy
zusteigen *v in etw. Akk* dosiąść się *vo*
zustellen *v j-m etw. Akk* doręczyć *vo coś komuś*
zustimmen *v j-m/etw.* zgadzać się *uv z kimś/czymś*; **nicht ~** *j-m/etw.* nie zgadzać się *uv z kimś/czymś*
Zustimmung *w* aprobata *w*, *zu etw.* zgoda *w na coś*
Zutat *w* składnik *m*
zuteilen *v j-m etw. Akk* przydzielić *vo komuś coś*
Zutritt *m zu etw.* dostęp *m do czegoś*, (Erlaubnis usw.) pozwolenie *s* na wejście; **~** *zu etw.* **bekommen** uzyskać *vo* dostęp *do czegoś*
zuverlässig *adj* rzetelny, solidny ♦ *adv* solidnie
zuziehen *v* **1** (Vorhang usw.) *etw. Akk* zaciągnąć *vo* **2** (Schlinge usw.) zacisnąć *vo coś* **3** (als Einwohner) *irgendwohin* wprowadzić się *vo gdzieś*
Zwang *m* **1** (rücksichtsloser usw.) nacisk *m* **2** (innerer) potrzeba *w*
zwanzig *num* dwadzieścia
zwar *conj* wprawdzie; **und ~** mianowicie
Zweck *m* cel *m*; **Es hat keinen ~.** To nie ma sensu.
zwei *num* dwa
Zweibettzimmer *s* pokój *m* dwuosobowy
zweifach *adj* podwójny
Zweifel *m* wątpliwość *w*; **ohne ~** niewątpliwie, bez wątpienia
zweifelhaft *adj* wątpliwy
zweifellos *adv* niewątpliwie ♦ *part* bezspornie, niewątpliwie, bez wątpienia
zweifeln *v an j-m/etw.* wątpić *uv w kogoś/coś*
Zweig *m* **1** gałąź *w* **2** (Abteilung usw.) dział *m*
zweimal *num* dwukrotnie
zweit(er,e,es) *num* drugi; **zum zweiten Mal** po raz drugi
Zwiebel *w* cebula *w*
Zwilling *m* **1** bliźniak *m*, bliźnię *s* **2 ~e** Bliźnięta
zwingen *v j-n zu etw.* zmusić *vo kogoś do czegoś*, *j-n zu etw.* zmusić *vo kogoś do zrobienia czegoś*, *j-n zu etw.* zmuszać *uv kogoś do zrobienia czegoś*
zwischen *prep* między
Zwischenlandung *w* międzylądowanie *s*
zwölf *num* dwanaście
Zylinder *m* **1** cylinder *m*, walec *m* **2** (Hut) cylinder *m*

Liste der größten Städte in Polen

In der folgenden Liste finden Sie die 65 größten Städte Polens, sortiert nach ihren deutschen Namen.

Allenstein	**Olsztyn**
Bad Königsdorff-Jastrzemb	**Jastrzębie Zdrój**
Bendzin	**Będzin**
Beuthen	**Bytom**
Bialystok	**Białystok**
Bielitz-Biala	**Bielsko-Biała**
Breslau	**Wrocław**
Bromberg	**Bydgoszcz**
Danzig	**Gdańsk**
Deutsch Piekar	**Piekary Śląskie**
Dirschau	**Tczew**
Dombrowa	**Dąbrowa Górnicza**
Elbing	**Elbląg**
Gdingen	**Gdyniak**
Gleiwitz	**Gliwice**
Glogau	**Głogów**
Graudenz.	**Grudziądz**
Grünberg	**Zielona Góra**
Hindenburg	**Zabrze**
Hirschberg	**Jelenia Góra**
Hohensalza	**Inowrocław**
Kalisch	**Kalisz**
Kandrzin-Cosel	**Kędzierzyn-Koźle**
Kattowitz	**Katowice**
Kielce	**Kielce**
Königshütte	**Chorzów**
Konin	**Konin**
Köslin	**Koszalin**
Krakau	**Kraków**
Leslau	**Włocławek**
Landsberg a. d. Warthe	**Gorzów Wielkopolski**
Liegnitz	**Legnica**

Lissa	**Leszno**
Lodz	**Łódź**
Lomscha	**Łomża**
Lublin	**Lublin**
Lüben	**Lubin**
Lyck	**Ełk**
Mühlenz	**Mielec**
Myslowitz	**Mysłowice**
Neu Sandez	**Nowy Sącz**
Oppeln	**Opole**
Ostrolenka	**Ostrołęka**
Ostrowo	**Ostrów Wielkopolski**
Petrikau	**Piotrków Trybunalski**
Premissel	**Przemyśl**
Plotzk	**Płock**
Posen	**Poznań**
Rackwitz	**Rakoniewice**
Ratibor	**Racibórz**
Schneidemühl	**Piła**
Schweidnitz	**Świdnica**
Schwientochlowitz	**Świętochłowice**
Sosnowitz	**Sosnowiec**
Siedlce	**Siedlce**
Sohrau	**Żory**
Stargard (Pommern)	**Stargard Szczeciński**
Stettin	**Szczecin**
Tarnau	**Tarnów**
Thorn	**Toruń**
Tarnowitz	**Tarnowskie Góry**
Tichau	**Tychy**
Tschenstochau	**Częstochowa**
Waldenburg	**Wałbrzych**
Warschau	**Warszawa**